P9-ECI-944

GED
PREPARACIÓN
PARA EXAMEN
EN ESPAÑOL

LEARNINGEXPRESS®

NEW YORK

SP 373.126 GED $18.95
GED preparación para
examen en español.
v, 618 p. :bill. ;

Copyright © 2009 LearningExpress, LLC.

All rights reserved under International and Pan-American Copyright Conventions. Published in the United States by LearningExpress, LLC, New York.

Library of Congress Cataloging-in-Publication Data
LearningExpress's GED preparación para examen en español. — 1st ed.

   p.   cm.

  ISBN 978-1-57685-669-7

  1. General educational development tests—Study guides.   I. LearningExpress (Organization)   II. Title: GED preparación para examen en español.

  LB3060.33.G45L435   2009

  373.126'2—dc22

2008047877

Printed in the United States of America

9 8 7 6 5 4 3 2 1

First Edition

ISBN 978-1-57685-669-7

For more information or to place an order, contact LearningExpress at:
  2 Rector Street
  26th Floor
  New York, NY 10006

Or visit us at:
  www.learnatest.com

COUNTY LIBRARY
TILLAMOOK, ORE.

Índice

Preparando para el GED

ELICITACIONES EN SU DECISIÓN de tomar el GED, un examen que puede cambiar su vida dramáticamente. Claro, usted querrá estar preparado para estos exámenes tan importantes—por eso compró este libro. Una buena preparación necesita mucho más que simplemente tomar algunos exámenes. Por eso, este libro le da la oportunidad de repasar sus conocimientos y desarrollar las tácticas necesarias para los exámenes.

Pero antes de empezar sus estudios de las varias materias que se dan en el GED, necesitará aprender lo más que pueda sobre los exámenes. De esa manera, usted sabrá exactamente cómo prepararse. El Capítulo 1 le explicará todo sobre el GED, incluyendo la estructura de los exámenes, los requisitos de elegibilidad, información de las pruebas, la puntuación y los honorarios.

Su tiempo vale mucho, y usted querrá que su tiempo de estudio sea lo más productivo posible. Por eso, el resto de esta sección está dedicado a estrategias de estudio y tácticas para tomar los exámenes. El Capítulo 2 repasa técnicas de estudio efectivas y básicas. El Capítulo 3 le muestra cómo mejor aprender y recordar el material. El Capítulo 4 provee consejos y estrategias para enfrentarse a los exámenes estandarizados como el GED. Lea cuidadosamente los capítulos en esta sección para que pueda crear un plan de estudio eficaz y estudiar inteligentemente.

1 ▶ Presentación del GED

¿Está pensando tomar el GED? Aquí encontrará lo que necesita para empezar. Este capítulo incluye la información básica sobre estos exámenes importantes. Usted aprenderá cómo los exámenes están estructurados, cómo registrarse y cómo los exámenes son calificados.

Edward dejó la escuela secundaria a los 16 años cuando su madre se enfermó y ya no podía trabajar ni cuidar a Edward ni a su hermanito. Él empezó a trabajar tiempo completo y nunca terminó sus estudios.

Rajesh vino a los Estados Unidos con el equivalente de una educación de décimo año de su país nativo. Él soñaba con ser un programador de computadoras pero tenía que trabajar todo el tiempo. Hasta trabajaba turnos adicionales para ayudar a completar el presupuesto necesario para vivir.

Marie era una enfermera registrada en su país nativo en el Caribe. Pero cuando emigró se dió cuenta de que su certificación no era válida en los Estados Unidos. No podía hacer una solicitud a un programa de enfermería estadounidense sin diploma de escuela secundaria.

HOY, DESPUÉS DE HAN tomado el GED y han adquirido sus diplomas de escuela secundaria, Edward, Rajesh y Marie—como miles de otros que toman el GED cada año—pueden perseguir la educación y carrera de sus sueños. Por la mayoría del siglo, el diploma GED les ha dado a millones de personas la oportunidad de buscar mejor empleo, matricularse en universidades y programas de entrenamiento, mejorar su nivel de vida y sentirse mejor sobre sí mismos y su futuro.

▶ De qué tratan los exámenes

El examen del Desarrollo Educacional General es una serie de exámenes que cubren una variedad de conocimientos y habilidades que los estudiantes deben dominar en la escuela secundaria. Son exámenes para personas que desean ganar un diploma de escuela secundaria pero que no han podido graduarse de una manera tradicional. Tener éxito el GED certifica que tiene un nivel de educación igual a la escuela secundaria y le da el derecho de tener un diploma GED, el equivalente de un diploma de escuela secundaria. Para cientos de miles de personas cada año, el GED es un paso importante para adquirir un mejor trabajo y continuar su educación.

¿Sabe usted?

El GED fue desarrollado originalmente para los veteranos que regresaban de la Segunda Guerra Mundial, para ayudarlos a completar su educación y ganar sus credenciales de escuela secundaria. El primer examen fue administrado hace más de 65 años, en 1942.

El GED es administrado conjuntamente por el Servicio de Prueba del Desarrollo General Educacional, un programa de la Junta Americana de Educación (ACE) y el departamento de educación de cada estado o provincia que participa. El examen GED consiste en una serie de cinco exámenes que miden conocimiento en cinco asignaturas de contenido y habilidades: Escritura, Comprensión de lectura (entendiendo la literatura), Estudios sociales, Matemáticas y Ciencia.

Componentes del GED

El GED es una serie de cinco exámenes distintos:

- Lenguaje, escritura (Partes I y II)
- Estudios sociales
- Ciencia
- Lenguaje, lectura
- Matemáticas (Partes I y II)

La serie completa de los exámenes del GED exige un total de siete horas y cinco minutos. El nivel de dificultad está puesto para que solamente dos tercios de los estudiantes del último año de la escuela secundaria sean aprobados. El promedio de dos tercios de adultos que toman todos los cinco exámenes adquieren su diploma, y muchos estados reportan porcentajes más altos de aprobados.

En muchos centros de la prueba, usted podrá tomar el GED hasta que complete todos los cinco exámenes. En otros centros, usted tendrá que tomar todos los exámenes en una o dos sesiones.

Las preguntas del GED son todas de opción múltiple con dos excepciones importantes. La parte II de Lenguaje, el examen de escritura requiere que usted escriba un ensayo, y casi 25% de las preguntas de matemáticas son preguntas "formato alternativo" que pueden incluir unas respuestas escritas cortas. En el resto de este libro usted aprenderá los detalles sobre cada examen, incluyendo la materia específica cubierta y los tipos de preguntas que puede esperar.

Caja de datos del GED

Según la Junta Americana de Educación, junta que supervisa el Servicio de Prueba del GED:

- Los que toman el examen del GED y son aprobados superan los estudiantes de último año de bachillerato por 40% en el examen.
- Aproximadamente 90% de las universidades estadounidenses reconocen el GED, y más de 95% de los empleadores les ofrecen a los graduados del GED la misma compensación, oportunidad de promoción, y procedimiento de contrato que les ofrecen a los empleados con un diploma tradicional de bachillerato.
- Aproximadamente 1 en 20 estudiantes de primer año de la universidad son graduados del GED.

► ¿Quién toma el GED?— ¿y por qué?

Los que toman el GED cada año son un grupo bastante diverso que provienen de una gran variedad de orígenes. A pesar de que sus situaciones y experiencias son tan distintas, sus razones principales por tomar el GED son las mismas. El salir bien en el GED:

- los hacen capaces de solicitar las universidades
- los hacen capaces de solicitar empleos o promociones que requieren un bachillerato
- demuestra a los demás la importancia de la educación
- es un logro significativo que mejora el respeto de sí mismo

► Los requisitos de elegibilidad del GED

Los candidatos del GED primero tendrán que satisfacer ciertos requisitos puestos por la ACE y los estados y territorios que están participando. Usted es elegible para tomar el GED si satisface las condiciones siguientes:

1. Usted no está matriculado en la escuela secundaria Y
2. Usted no se ha graduado de la escuela secundaria Y
3. No ha recibido ni calificado para un credencial de nivel equivalente al bachillerato.
4. Tiene al menos 16 años de edad Y
5. Satisface los requisitos de su estado, provincia o territorio acerca de la edad, de la residencia y del tiempo que haya pasado desde que dejó la escuela.

► Los centros de la prueba y registración

Hay aproximadamente 3.400 centros de prueba de GED por todo el mundo. Estos centros son típicamente operados por las juntas locales de las escuelas, universidades comunitarias, y/o centros para la educación de adultos. Los que quieran tomar el examen fuera de los Estados Unidos, del Canadá, o de sus territorios podrán hacerlo en un centro de Thomson Prometric.

Ya que los centros de pruebas son dirigidos localmente, los procedimientos de registro, honorarios, y horas de examen varían. Usted necesitará contactar el centro donde le gustaría tomar los exámenes para encontrar la información específica sobre el registro, los honorarios, y las horas de examen.

Si vive dentro de los Estados Unidos, del Canadá o de sus territorios, usted puede encontrar el centro más cercano de las maneras siguientes:

1. Llame el 1-800-62-MY-GED O
2. Consulte las páginas amarillas de su guía telefónica local (busque "GED Testing" bajo la categoría departamento de educación estatal) O
3. Visite www.acenet.edu/resources/GED/center_locator.cfm. Seleccione su región específica para averiguar como contactar su centro de prueba local.

▶ Prueba internacional

Si vive fuera de los Estados Unidos, del Canadá o de sus territorios, todavía puede tomar el GED a través de uno de los centros de pruebas de Thomson Prometric. Thomson Prometric, junto con ACE, ofrece un GED basado en computadora, que fue modificado el primero de enero de 2008. (Note que toda calificación parcial completada antes de esa fecha es inválida.) Si usted reside fuera de los Estados Unidos, del Canadá o de sus territorios y desea tomar el examen en línea, tendrá que tener al menos 17 años de edad. Thomson Prometric procesa solicitudes de diplomas de equivalencia de escuela secundaria estadounidense a través el Departamento de Educación de Maine; los diplomas serán distribuidos por el estado estadounidense de Maine.

Para más información sobre las pruebas internacionales para el GED, contacte el 866-776-6387 o Thomson Prometric, 100 Lancaster Street, Suite 200, Baltimore, MD 21202. Pida el Centro Regional de Registro en su país o provincia. Visite su sitio de Web, www.prometric.com o mande un correo electrónico a ged@prometric.com.

Thomson Prometric tiene aproximadamente 200 centros de prueba mundialmente.

- Australia/Nueva Zelanda
- China
- Europa
- India
- Indonesia
- El Japón
- Corea
- Latino America/Caribe
- Oriente Medio/África del Norte
- Pakistán
- Sudeste asiático
- sub-Sáhara/África
- Taiwan
- Tailandia

Los centros de prueba están abiertos cadadía del año pero sus horarios varían de país a país.

▶ Adaptaciones especiales

Adaptaciones especiales para los exámenes están disponibles para candidatos del GED con incapacidades documentadas que puedan afectar su habilidad de pasar el GED. Estas adaptaciones incluyen pero no se limitan a:

- un examen dado en Braille idioma inglés
- un examen dado en audio casete
- una versión de examen publicado en letra grande
- una extensión de tiempo
- los descansos frecuentes supervisados
- el uso de una audio calculadora o escribano
- los cuartos de examen privado
- las tecnologías para mejorar la visión
- el uso de equipo de video
- el uso de un intérprete del lenguaje de señas
- un examen individual

Los diccionarios y la correción de la ortografía *no* se permiten ni se permite que alguien le lea las preguntas, en voz alta, al candidato.

Si usted necesita acomodos especiales para tomar el GED, pida el formulario apropiado a su centro de examen local. Usted puede bajar los archivos de estos formularios en www.gedtest.org.

Una vez que haya completado el formulario y proveído la documentación necesaria, devuelva el formulario a su centro de examen de GED. Asegúrese de pedir y completar este formulario mucho más antes de la fecha del examen para permitir el tiempo suficiente para procesamiento.

► Los honorarios del examen GED

Los honorarios para el GED varían bastante. En algunos estados usted puede tomar los exámenes gratis. Y en otros, todos los centros de exámenes cobran el mismo honorario (normalmente $20–$90); en otros, los centros de examen individual determinan sus propios honorarios (también normalmente $20–$90).

► Cuándo se ofrecen los exámenes

Cada uno centro de examen determina cuándo y cómo frecuentemente ofrecerán el examen de GED. Algunos centros pueden ofrecer los exámenes solamente dos o tres veces al año; otros los ofrecen mucho más frecuentemente. Contacte su centro de examen local para ver cuándo los exámenes serán ofrecidos. Si las fechas y los tiempos no son convenientes, llame a los otros centros cercanos. Puede ser que sus horarios encajen mejor con el suyo.

► Cómo son los exámenes calificados

Cada uno de los cinco exámenes del GED son calificados individualmente en una escala estandarizada de 200 a 800 puntos. Cada respuesta correcta vale un punto, pero como cada examen tiene un número distinto de preguntas, la calificación para cada examen se convierte a este estándar de 200–800. Esto permite que las calificaciones en todos los cinco exámenes puedan ser comparadas. La calificación del examen de escritura es una combinación estadística de las calificaciones para las preguntas de opción múltiple y el ensayo. Pero una calificación alta en la parte I ya no es suficiente para pasar el examen. Los candidatos deben tener éxito en las dos partes del examen para poder salir bien en el examen de escritura.

La calificación del GED refleja un estimado de sus habilidades y conocimientos en cada sujeto comparado a los recién graduados de escuela secundaria. Su calificación será reportada de dos maneras: un número de 200–800 y un porcentaje. El porcentaje indica como su calificación comparó con el rendimiento de los graduados de escuela secundaria. Si su nivel de porcentaje es 85, por ejemplo, eso quiere decir que usted ha calificado mejor que 85% de los graduados de la escuela secundaria. Aquí hay un ejemplo más detallado:

EXÁMENES GED	CALIFICACIÓN
Lenguaje escritura	606
Ciencias sociales	688
Ciencia	490
Lenguaje lectura	621
Matemáticas	552
Promedio de calificación general	591
Nivel de porcentaje	81%

¿Cuál es la calificación aprobatoria?

La calificación mínima requerida para tener éxito en el GED y ganar el diploma de GED es determinada por cada estado, provincia y territorio. La calificación aprobatoria es normalmente una combinación de la *calificación mínima por examen* y el *promedio de calificación general*. Muchas jurisdicciones usan la calificación aprobatoria determinada por el Servicio de Examen del GED:

- una calificación mínima de **410** en cada examen
- un promedio de calificación mínima de **450** en general

Si usted contesta aproximadamente 60–65% de las preguntas correctamente, usted debe recibir una calificación estándar de aproximadamente 410 puntos por examen.

Suficiente para tener éxito

En muchos estados, usted tiene que tener una calificación de 400 días en cada examen y un promedio de calificación de 450 en general para salir bien en el GED.

Obtener sus calificaciones

Cómo y cuándo usted recibirá sus resultados del GED también varía dependiendo del centro de examen. Muchos centros le mandarán sus resultados para todos los exámenes menos Lenguaje, Escritura por correo en unas 2–4 semanas. La calificación del ensayo del examen típicamente exige más tiempo, así que tendrá que esperar posiblemente unas 4–6 semanas por los resultados. Algunos centros proveen un número para poder llamar para los resultados o pueden anunciar los resultados.

Recibir su diploma

Muchos estados automáticamente expiden su diploma si usted sale bien en el GED. Los nombres de los candidatos con calificación aprobatoria son mandados al departamento de educación del estado y usted puede esperar recibir su diploma por correo en aproximadamente 6–8 semanas.

Volver a tomar el GED

Afortunadamente si usted no pasa todos los exámenes o quisiera mejorar su calificación, usted puede volver a tomar el GED. Muchos estados permiten volver a tomar los exámenes dos o tres veces dentro de un período de tiempo especificado. Muchas veces, usted puede volver a tomar solamente después que haya completado todos los cinco exámenes.

Consulte con su estado o provincia para averiguar las regulaciones respecto a volver a tomar los exámenes. También asegúrese de consultar con su centro de examen respecto a los honorarios para volver a tomar los exámenes. Los honorarios normalmente son mucho más bajos que el honorario inicial, típicamente entre $5–$30.

▶ La estructura del GED

Cada uno de los cinco exámenes del GED contiene 40–50 preguntas de opción múltiple, con la excepción del examen de matemáticas, que también contiene 25% preguntas "formato alternativo" (esto será explicado el en Capítulo 41). El examen del Lenguaje, Escritura también contiene una sección de ensayo. El tiempo dado para cada examen varía de 45 minutos (ensayo) a 90 minutos (examen de matemáticas). El gráfico en la próxima página describe la estructura básica de los exámenes, incluyendo la duración, el número de preguntas y el tipo de preguntas. Usted aprenderá más sobre los tipos de preguntas en cada examen mientras lea las partes III–VII.

Usted aprenderá mucho más sobre cada examen en los capítulos que siguen. Pero primero, es hora de repasar tácticas de estudio y crear su plan de estudio.

EXÁMENES DEL GED	NÚMERO DE PREGUNTAS	TIPO DE PREGUNTAS	CANTIDAD DE TIEMPO
Lenguaje, escritura parte I	50	opción múltiple: 30% en estructura de oración 30% uso 25% mecánica 15% organización	75 minutos
Lenguaje, lectura parte II	1	Ensayo	45 minutos
Ciencias sociales	50	opción múltiple: 40% historia (25% historia nacional, 15% historia mundial) 25% cívica y gobierno 20% economía 15% geografía	70 minutos
Ciencia	50	opción múltiple: 45% biología 35% ciencia física 20% ciencia terrestre y espacial	80 minutos
Lenguaje, lectura	40	opción múltiple: 30–35% análisis 30–35% síntesis 20% comprensión 15% aplicación 75% textos literarios 25% no ficción	65 minutos
Matemáticas, partes I y II (Nota: una calculadora estándar se permite para la parte I del examen de matemáticas. Se distribuyen calculadoras en el sitio de examen. No se permiten calculadoras para la parte II.)	50	opción múltiple (80%) y formato alternativo (20%): 75% cálculo 25% preparación (determinando la forma correcta de resolver el problema) 20–30% geometría y medidas 20–30% operaciones básicas 20–30% álgebra, funciones y patrones 20–30% análisis de datos, estadísticas y probabilidad	90 minutos
Total:	240 + ensayo	7 horas, 5 minutos	

2 ▶ Técnicas de estudio

El tiempo que apartes para estudiar cada semana es importante. Pero la manera en que estudies es la llave para triunfar. Este capítulo le mostrara cómo crear un ambiente eficaz para aprender, determinar su estilo de aprendizaje y crear un plan de estudio eficaz.

Quizás haya pasado bastante tiempo desde que ha tenido que estudiar para un examen, o quizás nunca haya tenido que prepararse para un examen estandarizado como el GED. En todo caso, usted puede estar inseguro de cuál es la mejor manera de prepararse para estos exámenes importantes. Afortunadamente, hay muchas estrategias que lo pueden ayudar a aprender y acordarse del material que necesita para tener éxito en el GED. Hay varios pasos importantes que hay de tomar antes de empezar a estudiar.

▶ El ambiente y la actitud

El estudiar significa "dar su atención al aprendizaje de un tema; mirar con atención especial." Note que la palabra atención se usa dos veces en esta definición. Para estudiar bien, usted necesitará enfocar toda su atención en el material. Así que el primer paso es asegurarse de que tenga el ambiente y la actitud propia para aprender.

El estado de ánimo ideal

El estudiar le puede traer muchas cosas buenas. Usted ganará nuevos conocimientos. Puede salir bien en los exámenes—como el GED—que pueden facilitar la realización de sus metas académicas y profesionales. Pero igual puede ser difícil encontrar el ánimo para estudiar. Después de todo, el estudiar es un trabajo duro, y puede estar preocupado pensando en si va a salir bien o mal. Usted puede tener otras cosas que prefiere hacer, o sólo puede ser que encuentre que es difícil empezar. Todas pueden ser razones que lo hacen demorar y aplazar el trabajo que necesita hacer. Pero el acto de demorar puede causar muchos problemas a la hora del examen. Si demora o aplaza demasiado o por mucho tiempo, usted no estará preparado para los exámenes.

Una de las mejores maneras de vencer las ganas de demorar es usar un sistema de recompensa. A todo el mundo le gusta ser recompensado por un trabajo bien hecho, y si va a haber una recompensa al final de un trabajo, es más fácil empezar. Prométase una recompensa pequeña al final de cada sesión de estudio. Por ejemplo, puede prometerse un viaje al gimnasio o una llamada a un buen amigo como premio después de haber estudiado una hora. Usted se puede prometer una salida a ver una película después de terminar un capítulo o prepararse una merienda nutritiva después de una lección difícil. También puede pensar en la recompensa que se dará cuando salga bien en el GED. ¡Asegúrese que esta recompensa sea buenísima!

También puede ponerse en el estado de ánimo apropiado al pensar en los beneficios a corto y largo plazo que recibirá por sus esfuerzos. Tenga en mente los beneficios que le dará su tiempo de estudio para el GED:

- Ganará o reforzará conocimientos y habilidades importantes en cinco sujetos fundamentales.

- Podrá solicitar para registrarse a universidades estadounidenses.
- Será elegible para programas de entrenamiento y empleos que requieren un bachillerato.
- Tendrá la educación que necesita para un futuro con éxito.

Acuérdese que mientras se prepara para el GED su actitud es muy importante. Puede afectar dramáticamente cuánto aprende y tan bien lo aprende. Asegúrese de que tenga una actitud positiva. Usted estudiará, aprenderá, y lo hará bien. Su tiempo de estudio será tiempo bien empleado.

Levantar el ánimo

Cuando necesita ayuda para motivarse a estudiar, trate de decir lo siguiente en voz alta:

- Sé más hoy de lo que sabía ayer
- Sabré más después de estudiar de lo que sé ahora mismo
- Cada minuto que pase estudiando me ayudará a alcanzar mis metas.

Las condiciones apropiadas

Usted puede tener la mejor actitud del mundo, pero si está cansado o distraído, va a tener dificultad para estudiar. Necesita estar alerta, enfocado y calmado. Esto quiere decir que necesita estudiar bajo condiciones apropiadas.

Cada persona es distinta, por eso tendrá que saber qué condiciones funcionan para usted. Aquí hay varias preguntas para considerar:

1. ¿A qué hora del día trabaja usted mejor—por la mañana, por la tarde, o por la noche? ¿Cómo

temprano o cómo tarde en el día piensa usted que pueda pensar claramente?

2. ¿Trabaja mejor en silencio total o prefiere música u otro ruido en el fondo?

3. ¿Si prefiere música, qué clase le gusta? La música clásica muchas veces ayuda a relajar a la gente porque es suave y no tiene palabras. Pero quizás prefiera usted música que le dé energía como el rock. Otras personas trabajan mejor con música que tiene significado especial para ellos y los pone en un estado de ánimo positivo.

4. ¿Dónde le gusta trabajar? ¿Se siente más cómodo sentado en la cocina, la mesa del comedor, en la oficina o en el dormitorio? (Trate de no estudiar en la cama. Se sentirá relajado, pero a lo mejor muy cómodo y se puede quedar dormido.) ¿O prefiere estudiar fuera de la casa, en una biblioteca o en un café?

5. ¿Qué le gusta tener a su alrededor cuando trabaja? ¿Se siente más cómodo en su silla favorita? ¿Le gusta tener fotos de su familia y amigos cerca?

6. ¿Qué tipo de luz prefiere? ¿Le da sueño la luz suave? ¿Necesita una luz brillante? Si es muy brillante le puede molestar. Si es muy suave le puede dar sueño. Acuérdese de que mala luz puede cansar mucho los ojos y darle dolor de cabeza.

7. ¿Cómo lo afecta la alimentación? ¿Se siente tener más energía después de una comida? ¿O le da sueño después de comer? ¿Qué comidas le da más energía? ¿Cuáles le quitan la energía?

8. ¿Es capaz de poner otros problemas y preocupaciones a un lado para enfocarse en algo distinto? ¿Cómo puede minimizar las distracciones para poder enfocarse totalmente en su trabajo?

Considere bien cada una de estas preguntas. Escriba sus respuestas para poder desarrollar un buen plan de estudio. Por ejemplo, digamos que trabaja mejor por la mañana pero necesita silencio total para trabajar. Si tiene hijos, sería buena idea planear su tiempo de estudio temprano por la mañana antes que se levanten los niños o después que se vayan para la escuela. Si espera hasta que están en la cama, tendrá una casa callada pero a lo mejor estará demasiado cansado para estudiar bien. De la misma manera, si le cuesta concentrarse cuando tiene hambre, planee sus estudios después de sus comidas o esté seguro de empezar su tiempo de estudio con un pasaboca nutritivo.

Las herramientas apropiadas

Ayude a hacer sus estudios más exitosos teniendo las herramientas de aprendizaje a su lado. Mientras estudia para el GED, tenga a su lado:

- Un buen diccionario, como el *HarperCollins Spanish Unabridged Dictionary, 8th Edition*
- Papel o una libreta de notas
- Los lápices (y un sacapuntas) o los bolígrafos
- Un marcador, o varios marcadores en colores diferentes
- Las fichas o las tarjetas de notas
- Las carpetas o las libretas
- Un calendario o asistente digital personal como el Palm Pilot
- Una calculadora
- Papel cuadriculado

A medida que vaya juntando sus materiales, tenga en mente sus preferencias. Puede ser que le guste escribir con cierto tipo de bolígrafo o en cierto tipo de papel. Si es así, asegúrese de que tenga ese papel o bolígrafo cuando estudie. Lo hará sentirse más cómodo y relajado mientras trabaje.

Aprendiendo como se aprende

Imagínese que necesita direcciones a un restaurante nuevo. ¿Cuál de las opciones siguientes tomaría para encontrar cómo llegar?

- Mirar un mapa
- Pedirle a alguien las direcciones
- Dibujar un mapa o copiar las direcciones escritas por alguien
- Hacer una lista de las direcciones paso a paso

Muchas personas aprenden con maneras distintas. Ellos aprenden ver, escuchar, hacer y organizar la información del mundo que los rodea. Pero la mayoría de nosotros usamos una manera más que otras. Eso se llama nuestro estilo de aprendizaje dominante. Cómo usted prefiere conseguir direcciones, por ejemplo, sugiere cuál estilo de aprendizaje usted usa más frecuentemente:

- **Visual.** Estas personas aprenden por *viendo*. Si usted mira un mapa para direcciones, es probable que aprenda visualmente. Usted entiende ideas mejor cuando están en forma de dibujo o gráfico. Usted puede aprender mejor usando distintos colores mientras toma apuntes. Use un marcador (o varios en colores distintos) mientras lea para marcar ideas importantes. Dibujar mapas y diagramas de ideas es una buena estrategia para los que aprenden visualmente.
- **Auditivo.** Estas personas aprenden por *escuchando*. Si usted le pidiera direcciones a alguien, es probable que aprenda auditivamente. Le gusta más escuchar una lectura que leer un capítulo en un libro, y puede aprender mejor si lee en voz alta. Trata de grabar sus notas y luego escucharlas como estrategias principales de estudio.
- **Cinético.** Estas personas aprenden por *haciendo*. (Cinético quiere decir perteneciente o relativo al movimiento.) A estas personas les gusta siempre estar en movimiento. Si usted dibujara un mapa o copiara las direcciones, es probable que sea alguien que aprende haciendo. A usted le beneficia interactuar con el material que está estudiando. Subraya, toma notas y crea fichas de notas. Copiar el material lo ayudará a memorizarlo.
- **Secuencial.** Estas personas aprenden por organizando. Si usted creara una lista paso a paso de direcciones de manejo, es probable que sea alguien que aprende organizando. Crear un esquema y agrupar ideas en categorías lo ayudará a aprender mejor.

Piense bien cómo usted cree que aprende mejor. ¿Cuál es su estilo de aprendizaje dominante? Tenga eso en mente mientras lea sobre las estrategias de aprendizaje en el Capítulo 3.

▶ Creando un plan de estudio

A veces, aplazamos un trabajo porque la tarea parece ser demasiado grande. Pero usted puede manejar cualquier tarea creando un proyecto. Siga estos cuatro pasos para crear un plan de estudio exitoso para el GED:

1. **Reúna la información correcta.** Su primer paso es averiguar todo lo que pueda sobre los exámenes. Entérese de todos los detalles sobre el GED. Contacte su centro de examen local para averiguar:
   - Los requisitos estatales específicos de elegibilidad (asegúrese de que sea elegible para tomar los exámenes)

- Cuándo ofrece los exámenes
- Dónde está localizado
- Qué se necesita hacer para registrarse
- Cuándo necesita registrarse
- Cuánto cuestan los exámenes
- Si es necesario tomar todos los exámenes a la vez o si se puede tomar exámenes individuales

Aparte de estos detalles administrativos, necesitará averiguar todo lo que pueda sobre los exámenes. ¿En qué, exactamente, consisten los exámenes? ¿Qué materias? ¿Qué tipo de preguntas? El Capítulo 1 provee información general de la estructura básica de los exámenes GED. Las Partes III–VII empiezan con un resumen del contenido incluido en cada examen y los tipos de preguntas que le harán. Asegúrese de leer estas secciones cuidadosamente.

2. **Sepa qué es lo que ya sabe y qué necesita aprender.** Para crear un plan de estudio eficaz, necesitará saber qué exactamente necesita estudiar. Puede ser que usted ya sepa bien mucho del material. Parte del material a lo mejor sólo necesitará repasarlo. Y parte del material tendrá que estudiar detalladamente. Tome los exámenes diagnósticos en la parte II para tener una idea de cómo saldría en el examen. ¿Cómo calificó? ¿Qué partes denotan que sabe bien el material? ¿Qué necesita repasar? ¿Qué necesita estudiar detalladamente?

3. **Póngase un horario.** Una vez que tenga buena idea de cuánto de estudio le falta, cree un horario de estudio detallado. Use un calendario para ponerse fechas de límite específicas. Si las fechas de límite lo ponen nervioso, dé suficiente tiempo para cada tarea. Si no, puede ser que le cueste mantenerse calmado y en el camino correcto.

Para crear un buen horario, divida sus estudios en tareas pequeñas que lo ayudarán a alcanzar sus metas de aprender. Un plan de estudio que diga, "Aprender todo para el primero de mayo" no lo va a ayudar. Pero un plan de estudio que impone una fecha fija para aprender cierto material en marzo y abril si lo ayudará a aprender todo para el primero de mayo. Por ejemplo, mire el siguiente plan de estudio de cinco meses creado por un candidato del GED que necesita enfocarse en todos los exámenes:

Semana 1	Tomar todos los exámenes diagnósticos.
Semana 2	Estudiar matemáticas. Enfoque: medida y operaciones básicas.
Semana 3	Estudiar matemáticas. Enfoque: álgebra, geometría, problemas verbales y análisis de datos.
Semana 4	Tomar el primer examen de práctica en matemáticas. Repasar errores.
Semana 5	Estudiar ciencia. Enfoque: conceptos unificadores y procesos, ciencia como investigación, ciencia biológica, ciencia física.
Semana 6	Estudiar ciencia. Enfoque: ciencia y tecnología, perspectivas personales y sociales en ciencia, la historia y naturaleza de ciencia, ciencia terrestre y espacial.
Semana 7	Tomar el primer examen de práctica en ciencia. Repasar errores.
Semana 8	Estudiar ciencias sociales. Enfoque: cívica, gobierno y economía.
Semana 9	Estudiar ciencias sociales. Enfoque: historia mundial y geografía.
Semana 10	Tomar el primer examen de práctica en ciencias sociales. Repasar errores.
Semana 11	Estudiar gramática y escritura. Enfoque: estructura de oración, uso, mecánica y organización.
Semana 12	Estudiar gramática y escritura. Enfoque: escribir en ensayo efectivo.
Semana 13	Tomar el primer examen de práctica en escritura. Repasar errores.
Semana 14	Estudiar lectura. Enfoque: leer estrategias de comprensión y leer literatura.

Crear un plan de estudio evita que tenga que aprender todo en el último minuto. Hacer esto lo puede poner muy nervioso y con razón. Si usted espera hasta unos días antes de los exámenes, es probable que no vaya a poder aprender todo lo que necesite. Y si se queda despierto toda la noche tratando de hacerlo todo, estará demasiado cansado para aprender efectivamente.

Cree un plan de estudio que le dé el tiempo de alcanzar sus metas de aprendizaje. Dése suficiente tiempo para aprender y tiempo para repasar. Aprenda a un paso que sea cómodo para usted.

Semana 15	Estudiar lectura. Enfoque: ficción, no ficción y poesía.
Semana 16	Tomar el primer examen de práctica en lectura. Repasar errores.
Semana 17	Repasar matemáticas, ciencia y ciencia social.
Semana 18	Repasar escritura y lectura
Semana 19	Tomar el segundo examen de práctica para todas las materias. Repasar errores.

Note cómo este horario se desarrolla para repasar *cada materia* y se enfoca en distintos temas cada semana.

A medida que vaya poniendo sus fechas, piense bien en su horario diario. ¿Cuánto tiempo puede tardar en estudiar cada semana? ¿Exactamente cuándo puede cuadrar tiempo para estudiar? Asegúrese de ser realista acerca de cuánto tiempo tiene y cuánto puede lograr. Dése el tiempo de estudio que necesite para tener éxito.

4. **No se desvíe del plan.** Asegúrese de que su plan esté escrito y póngalo dónde lo pueda ver. (¡No lo guarde solamente en su cabeza!) Mírelo regularmente para poder recordar qué y cuándo estudiar. La revisión regular de su plan también puede ayudar a mostrar cuánto ha progresado.

Es muy importante *no darse por vencido* si se atrasa en el horario o plan. Los eventos inesperados pueden interrumpir sus planes. Quizás tenga que pasar más horas en el trabajo, o tendrá que atender a un problema doméstico; aun puede enfermarse. O puede tardar más tiempo de lo que pensaba para hacer cierta tarea. Está bien. Siga con su horario lo más que le sea posible pero acuérdese de que a veces la vida se interpone.

Por ejemplo, si tiene un problema en el hogar que no le deja concentrarse, puede ser que tenga que posponer sus estudios para resolver ese problema. Y esto está bien—con tal que vuelva a programar su tiempo de estudio. Es mejor estudiar más tarde cuando pueda concentrarse que perder el tiempo "estudiando" cuando no es capaz de enfocarse.

Así que si se le pasa una de las fechas que se impuso no se desespere. En cambio, siga en su camino. Trate de consagrar un poquito más tiempo en las próximas semanas para alcanzar su horario original. Si eso no es posible, sólo ajuste su horario. Cambie sus fechas para que sean un poco más realistas. Pero asegúrese de que tenga el tiempo suficiente para terminar todos los estudios antes de los exámenes.

A veces, es muy difícil empezar un proyecto nuevo. Si tiene problema tomando impulso, empiece con una tarea fácil como crear fichas para repasar. De esa manera, podrá lograr algo rápido y fácilmente. Y eso lo motivará a enfrentarse a tareas más difíciles. O trate de empezar su sesión de estudio repasando o copiando sus notas de la última sesión. De esta forma, podrá memorizar mejor lo que ya ha aprendido mientras se prepara para los nuevos temas.

► ¿Cómo sabe usted lo que sabe?

Una de las claves de los estudios exitosos es saber qué es lo que uno ya sabe, y entender qué es lo que no sabe. Los exámenes de práctica son una forma buena de medir esto pero hay otras maneras de hacerlo.

Una de las mejores maneras de medir cómo bien usted sabe algo es ver cómo bien lo puede explicar a otra persona. Si usted conoce el material *de verdad*, debiera poder ayudar a otra persona a entenderlo. Use su estilo de aprendizaje para explicarlo. Por ejemplo, si usted aprende auditivamente, explique el tema verbalmente. Si usted aprende visualmente, cree diagramas y tablas para demostrar su conocimiento. Vuelva a escribir sus notas o cree sus propias pruebas con preguntas y respuestas como las que hay en el examen. Provea una explicación con la respuesta correcta.

¿Cómo puede saber cuál es lo que *no* sabe? Si se siente incómodo o inseguro en un examen de práctica o si le es difícil hacer una explicación a otra persona, es probable que necesite estudiar más. Anote todas sus preguntas e incertidumbres. Si anota lo que no sabe, puede enfocarse en conseguir las respuestas. Cuando tenga las respuestas, puede escribirlas al lado de las preguntas y repasarlas periódicamente. Tome nota de cuántas preguntas usted contesta en el camino—podrá ver el progreso que está haciendo.

Si está evitando ciertos temas, es un buen indicador que usted no conoce esos temas suficientemente bien para los exámenes. Póngase dispuesto a batallar con esos temas en su próxima sesión de estudio. ¡No lo deje para más tarde!

3 ▶ Estrategias de aprendizaje

Una vez que haya creado un ambiente para aprender efectivamente y un plan de estudio detallado, puede empezar a repasar el material que estará en el GED. ¿Pero cómo puede memorizar todo lo que necesita saber? Este capítulo repasa varias estrategias de aprendizaje, incluyendo tácticas para memorizar, tomar apuntes efectivamente y hacer resúmenes.

CUÁNTO ÉXITO TENDRÁ en sus estudios casi siempre tiene que ver menos con cuánto usted sabe y cuánto usted estudia que con *cómo* usted estudia. Eso es porque algunas tácticas de estudio son mucho más eficaces que otras. Usted puede pasar horas y horas haciendo los exámenes de práctica, pero si no repasa sus repuestas cuidadosamente, mucho de su tiempo será gastado. Usted necesita aprender de sus errores y estudiar lo que no sepa. El mejor método es usar varias de las siguientes tácticas de estudio que han sido comprobadas a ser eficaz. Ellas podrán ayudarlo a mejorar su estilo de aprendizaje y grabar información en su memoria de largo plazo.

▶ Hacer preguntas

El hacer preguntas es una estrategia de estudio poderosa porque lo obliga a involucrarse activamente con el material que quiere aprender. En turno, lo ayudará a entender mejor y acordarse del material. Y hay otro beneficio importante—hacer y responder a sus propias preguntas lo ayudará a estar más cómodo con el formato del examen.

Por ejemplo, cuando esté leyendo un cuento, puede hacerse preguntas como esas que podrán salir en el GED como:

1. ¿Cuál es el tema del cuento?
2. ¿Cuál es la actitud del narrador en cuanto a su madre?
3. ¿Por qué es importante el escenario?
4. ¿Qué adjetivo mejor describe el narrador?
5. ¿Cuál es la motivación principal para las acciones del narrador?
6. ¿Qué significa la canasta vacía?
7. ¿Cuál es la relación del narrador con la mujer en la ventana?

De la misma manera, si está analizando un diagrama del oído humano, puede preguntar:

1. ¿Qué está inmediatamente bajo el tubo auditivo?
2. ¿Cuál es el nombre científico del tímpano?
3. ¿Dónde esta localizada el yunque?
4. ¿Por qué partes del oído tiene que viajar una onda de sonido para llegar a la faringe?
5. ¿Cuántos huesos hay en la cavidad del oído medio?

Claro, es posible que usted no pueda responder a todas sus preguntas una vez. Puede ser que tenga que hacer más trabajo para averiguar las respuestas.

▶ Marcar y subrayar

Aquí está un buen hábito de formar: En cualquier momento que esté leyendo, tenga bolígrafo, lápiz o marcador en la mano. De esa manera, mientras lea, podrá marcar palabras e ideas que son las más impor-

tantes para aprender o memorizar. El marcar y el subrayar ayudan que ciertas ideas claves sobresalten. Después, toda la información importante es fácil de encontrar cuando necesite tomar apuntes o repasar.

La clave a ser eficaz con marcar o subrayar es *ser selectivo*. No marque ni subraye todo. Si lo hace, nada le va a sobresaltar. Marque solamente las palabras o ideas claves.

¿Pero como sabe usted que es lo que debiera marcar? Mientras estudia para el GED debiera marcar lo siguiente:

- las palabras definidas en el texto
- las ideas principales
- las detalles claves que apoyan o explican las ideas principales
- las palabras, las reglas de gramática y otras cosas que necesite memorizar
- las ideas o los conceptos que son nuevos para usted
- el vocabulario y las expresiones idiomáticas (para que pueda buscarlas y aprender qué significan)

▶ Tomar apuntes

Tomar apuntes es una estrategia de estudio fantástica. Lo ayuda a entender, a organizar y a memorizar información. El secreto para tomar buenos apuntes es saber qué anotar. Así como hace cuando marca texto, la clave es ser selectivo. Anote las mismas cosas que subrayaría, especialmente las ideas principales, reglas y otros puntos que necesite aprender. Cuando sea posible, incluya ejemplos para que pueda ver el concepto claramente. Por ejemplo, abajo hay unas notas sobre la estructura de una célula de animal.

Estructura de célula animal

Tres partes: *membrana de plasma*, *citoplasma*, *núcleo*.

Membrana de plasma: Aísla célula del ambiente, regula movimiento de materiales dentro y fuera de la célula, comunica con otras células.

Citoplasma: Incluye agua, sales y enzimas que catalizan reacciones. Contiene orgánulos como *mitocondria* que capturan la energía de las moléculas de comida.

Núcleo: Incluye *envoltura nuclear* (aísla el núcleo), *poros nucleares* (regulan el pasaje de material, incluyendo agua, iones, proteínas y ARN; controla flujo de información hacia y del ADN, *cromatina* (ADN y proteínas asociadas) y, en el centro, *núcleo* (sitio donde se montan las ribosomas).

▶ Hacer apuntes

Hacer apuntes es tan importante como *tomarlos*. Hacer apuntes significa que usted está *respondiendo* a lo que lee. Hay varias maneras en que puede responderle al texto:

- **Escriba preguntas.** Si encuentra algo que no entiende, escriba una pregunta. *¿Qué quiere decir esto? ¿Por qué escogió el autor esta palabra? ¿Por qué es éste el mejor título? ¿Qué diferencia hay entre esto y los otros ejemplos? ¿Por qué es importante la información en esta tabla? ¿Cuál fue el impacto de este descubrimiento? Después, conteste a todas sus preguntas.*
- **Haga conexiones.** Cada vez que usted hace una conexión entre ideas, mejora su probabilidad de memorizar ese material. Por ejemplo, si usted está estudiando la Revolución Industrial, usted puede hacer conexiones entre varios inventos por imaginarse como el algodón puede moverse de una finca en Georgia para ser una camiseta en un almacén británico: *desgranadora de algodón, barco de vapor,* locomotora de vapor.

De la misma manera, cuando está repasando la Constitución, puede hacer una conexión entre la enmienda número 19 (dándoles el voto a las mujeres) y la edad de tu única prima (tiene 19 años). Si se imagina a su prima vestida de ropa de los años veinte votando, es probable que se acuerde cuál enmienda les dio el voto a las mujeres.

- **Escribir sus reacciones.** Sus reacciones funcionan como las conexiones, y lo ayudarán a acordarse de la información. Por ejemplo, si está repasando la Constitución, usted puede notar lo siguiente:

¿Por qué tomó 50 años después de la enmienda número 15, la cual les dio el voto a personas de todas razas, para pasar la enmienda número 19 dándoles el voto a los dos sexos?

▶ Las esquemas y mapas de información

Los esquemas son herramientas buenas especialmente para los que aprenden organizando. Ellos ayudan a enfocar en lo más importante haciendo más fácil el repaso de ideas claves y la percepción de relaciones entre esas ideas. Con un esquema usted puede ver cómo la información está relacionada a las ideas principales.

La estructura básica para un esquema es la siguiente:

I.   Tema

   A.   Idea principal

      1.   Idea de apoyo mayor

         a.   Idea de apoyo menor

            i.   información de apoyo adicional

Los esquemas pueden tener muchas capas y variaciones pero ésta es la estructura general. Aquí están los apuntes para la estructura celular animal presentada en forma de esquema:

La estructura celular animal

I.   Tres partes: *membrana de plasma, citoplasma, núcleo*

   A.   *Membrana de plasma*

      1.   Aísla célula del ambiente

      2.   Regula movimiento de materiales dentro y fuera de la célula

      3.   Comunica con otras células

   B.   *Citoplasma*

      1.   Incluye agua, sales y enzimas que catalizan reacciones.

      2.   Contiene *orgánulos*

         a.   Ejemplo: *mitocondria* que capturan la energía de las moléculas de comida.

   C.   *Núcleo*

      1.   *Envoltura nuclear*

         a.   aísla el núcleo (como la membrana de plasma)

      2.   *Poros nucleares*

         a.   Regulan el pasaje de material

            i.   Agua, iones, proteínas y ARN

         b.   Controla flujo de información hacia y del ADN

      3.   *Cromatina*

         a.   ADN y proteínas asociadas

      4.   *Nucléolo*

         a.   sitio donde se montan las ribosomas

Hacer un mapa de información es como hacer un esquema. La diferencia es que los mapas tienen menos estructura. Usted no tiene que organizar ideas de arriba abajo. En cambio, con un mapa, las ideas pueden estar escritas por toda la página. La clave es que todavía hay que mostrar cómo las ideas se relacionan. La próxima página muestra el mismo ejemplo en forma de mapa en vez de esquema.

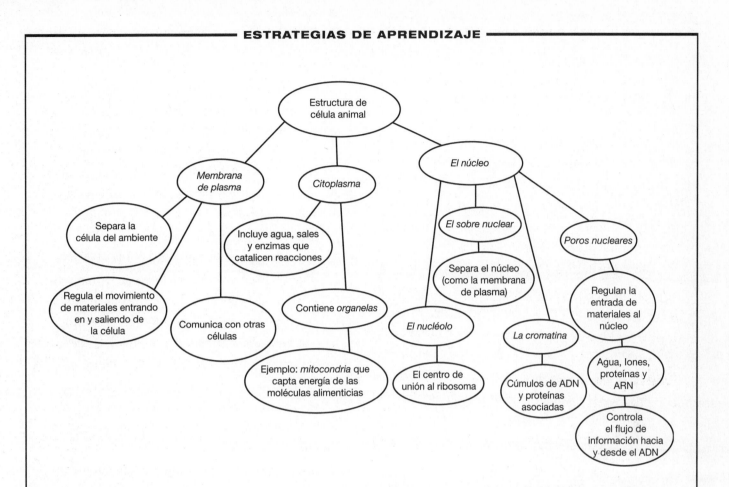

▶ Hacer fichas

Las fichas son una herramienta de estudio muy sencilla pero muy eficaz. Primero compre o corte pedazos pequeños de papel (fichas índices 3 × 5 funcionan bien). En un lado, ponga una pregunta o palabra que necesite aprender. En la parte de atrás, ponga la respuesta. Usted puede usar diferentes colores y dibujos, especialmente si es alguien que aprende viendo.

Por ejemplo, si está estudiando la historia de la Tierra, usted podría hacer fichas como las siguientes:

Frente de ficha	Parte de atrás de ficha
Tiempo precámbrico	Hace 4,600–590 millones de años. Hace 3,500 millones de años; origen de las primeras células vivientes
Era paleozoica	Hace 590–248 millones de años Algas, invertebrados, peces, hongos, plantas, insectos, primeros anfibios y reptiles, coníferas
Era mesozoica	Hace 248–65 millones de años Origen de mamíferos y dinosaurios, aves, plantas florecientes; separación de continentes
Era cenozoica	Hace 65 millones de años–presente Prosperan las aves, mamíferos, insectos, plantas florecientes Evolución del *Homo sapiens*

▶ Memorizar vs. recordar

Imagínese que necesita memorizar una lista de homónimos para el GED. Usted repasa y repasa la lista hasta que está seguro de saber la lista. Después toma el examen de práctica. De pronto, usted no se acuerda de nada. Las palabras de la lista están ahora en contexto (dentro de oraciones), y no en el orden en que las memorizó. Usted falla el examen.

¿Qué pasó? El problema no es que no estudió. El problema es que no estudió sabiamente. Usted se enfocó en *memorizar*, no *recordar*. Usted no aprendió las palabras en *contexto*. No las *uso* ni las *practicó* escribiéndolas en oraciones con la ortografía correcta. Por eso, en el examen, no se pudo acordar de ellas.

Es verdad que "la repetición es la clave de la maestría." Trate de repetir un nuevo número de teléfono varias veces. Tarde o temprano, se lo va a aprender. Pero es posible que el número se quede solamente en su memoria de *corto plazo*. En unos días (o unas horas), se olvidará del número. Usted necesita usarlo para aprenderlo verdaderamente y guardar la información en su memoria de *largo plazo*.

Aunque hay varios trucos que lo puede ayudar a acordarse de cosas por un tiempo corto, lo mejor es usar lo que esta aprendiendo lo más posible y tan pronto como posible. Por ejemplo, usted puede usar vocabulario nuevo o modismos en sus conversaciones. También puede enseñarle la palabra o modismo a otra persona. También puede compartir algo que aprendió de la historia mundial o las ciencias biológicas con un amigo.

Aquí hay unas estrategias generales que lo ayudará a acordarse de información mientras se prepare para el GED:

- **Aprenda información en pequeños trozos.** Nuestros cerebros procesan pedazos pequeños de información mejor que pedazos grandes. Si tiene una lista de 20 palabras, divídala en cuatro listas de cinco palabras.

- **Esparza su tarea de memorizar.** No trate de procesar demasiada información en tiempo corto. Si dividió la lista de 20 palabras en cuatro listas, no trate de aprender las cuatro listas una tras otra. En lugar de eso, trate de aprender una lista cada día en varias sesiones cortas. Por ejemplo, consagre 20 minutos por la mañana a una lista. Repase la misma lista por 15 minutos a la hora del almuerzo. Tome otros 15 minutos cuando esté esperando el autobús o en camino a la casa. Añádele otros 10 minutos antes de acostarse. Este tipo de práctica distribuida es muy eficaz. También es una manera de añadir más tiempo de estudio porque provee bastante repetición sin cansar el cerebro.

- **Haga conexiones.** Uno aprende mejor cuando hace conexiones a las cosas que ya uno sabe. (Vea "Haga conexiones" página 21.)

- **Use medios visuales,** especialmente si es persona que aprende viendo. Ayúdese a "ver" en su mente lo que necesita aprender. Por ejemplo, si está estudiando la Gran Depresión, imagínese viviendo en ese período de tiempo. Esto lo ayudará a acordarse de muchos datos sobre la Gran Depresión.

- **Use su voz,** especialmente si es alguien que aprende escuchando. Diga en voz alta lo que necesite aprender; usted hasta lo puede cantar si quiere, especialmente si puede hacer una rima (por ejemplo, puede decir "pido, pedía, pedí; muevo, movía, moví" para aprender de memoria algunos verbos irregulares). Cada vez que esté aprendiendo gramática y estructura, diga una oración de ejemplo en voz alta varias veces. Trate distintas variaciones también.

Pensar en la oración ayuda; escucharla en voz alta ayuda más. Y si la escribe, toma un paso más hacia guardando el material en su memoria.

- Use ayuda nemotécnica. Ayuda nemotécnica consiste en trucos que ayudan a acordarse de información. El truco más común es crear un acrónimo. Digamos que necesite acordarse de una lista de palabras. Coja la primera letra de cada palabra y crea una palabra con esas letras. Por ejemplo si necesita acordarse de las tres civilizaciones principales de las Américas: los Aztecas, los Incas, los Mayas, puede usar el acrónimo MIA para ayudarlo a recordar.

Otro truco es hacer una oración usando la primera letra (o dos primeras) de cada palabra que quiere recordar. Por ejemplo, si quiere memorizar el orden de las eras históricas principales—Precámbrico, Paleozoico, Mesozoico y Cenozoico—puede escribir la colación siguiente:

Pablo pidió más café.

Claro, cuanto más chistoso tanto más fácil memorizar. Así que puede tratar algo chistoso como:

Perros pintados muerden cocos.

Hay todo tipo de trucos nemotécnicos que puede inventar. Como para distinguir entre el homónimo vello y bello puede acordarse de la oración siguiente:

El bebé es bello.

Si se acuerda que *bebé* empieza con la letra "b" puede acordarse que *bello* también empieza con "b."

Duerma

Un cerebro descansado y relajado es el que mejor aprende información. Cuando sea posible, estudie casi antes de dormirse o apenas despierto. Trate de no hacer nada entre el estudio y la cama. Si estudia por una hora y después mira la televisión antes de acostarse, no se acordará lo mismo que si se hubiese acostado inmediatamente. Antes y después de dormir, usted está en su estado más relajado y eso facilita el aprendizaje.

4 ▶ Estrategias para tomar el examen

Usted ha repasado las técnicas que lo ayudarán a estudiar eficaz-mente. Ahora es tiempo para repasar las técnicas que lo ayudarán a salir bien en el examen. Este capítulo incluye varias estrategias claves para tomar pruebas estandarizadas como el GED. Usted aprenderá a prevenir y a tratar ansiedades sobre el examen; también aprenderá a tratar preguntas con respuestas múltiples y a manten-erse sano para los exámenes.

CONOCER EL MATERIAL en que lo van a examinar mejora sus posibilidades de éxito. Pero no garantiza que usted saldrá lo mejor posible en el examen. Eso es porque el GED prueba no solamente su conocimiento de ciencia, matemáticas, ciencias sociales, lectura y escrit-ura en el idioma inglés. Como todas pruebas estandarizadas, también mide sus habilidades de tomar pruebas.

▶ Aprenda acerca de los exámenes

Una manera segura de mejorar sus posibilidades de éxito es enterarse todo lo que pueda acerca de los exámenes. Si no sabe qué esperar, no sabrá como estudiar. Es probable que tenga bastante ansiedad sobre los exámenes. Cuanto más sepa, mejor se puede preparar— y estará más relajado en el día de examen.

Usted ya sabe que el GED tiene cinco exámenes individuales: *Matemáticas*; *Ciencia*; *Estudios sociales*; *Lenguaje, escritura*; y *Lenguaje, lectura*. Usted sabe que la mayoría de las preguntas tienen respuestas múltiples y que tendrá que escribir un ensayo. Usted sabe cuánto tiempo tendrá para completar cada sección. Pero hasta qué vea las preguntas de ejemplo, usted todavía no sabrá *verdaderamente* qué esperar. Por ejemplo, en el examen de Lenguaje, lectura, ¿qué tipo de pasajes leerá? ¿Qué tipo de preguntas le harán sobre esos pasajes?

Tomar pruebas de ejemplo y trabajar con desarrolladores de habilidades como este libro, lo podrán ayudar de muchas maneras. Usted se acostumbrará a los tipos de preguntas que le harán y el nivel de dificultad de esas preguntas. Usted también se hará familiar con el formato y estará cómodo con el tiempo que dura el examen.

► Manejando la tensión

La ansiedad de tomar pruebas es como el catarro común. Muchos sufren de eso periódicamente. No lo matará, pero puede hacer su vida infeliz por varios días. Y como el catarro, la ansiedad puede ser suave o grave. Puede ser que soló se sienta un poco nervioso sobre el examen que viene, o puede estar paralizado con preocupación, especialmente si mucho depende de salir bien en él. En cualquier caso, si tiene ansiedad sobre el examen, necesitará manejarlo. Afortunadamente, hay muchas estrategias para ayudar a prevenir y tratar la ansiedad de tomar pruebas.

La prevención

La mejor "cura" para la ansiedad es prevenir que ocurra. La ansiedad casi siempre es causada por falta de preparación. Si usted aprende todo lo que pueda sobre el examen y crea y sigue un plan de estudio, debería estar en buena forma cuando llegue la hora del examen. Aquí hay otras estrategias más generales:

- **Establecer y mantener una rutina.** Las rutinas nos ayudan a sentirnos más cómodos y en

control. Cuando sea posible, estudie a la misma hora y en el mismo lugar. Haga su preparación para el examen una costumbre difícil de romper. Estudiar para el GED se hará más fácil cuando llegue a ser rutina. Será más fácil evitar las distracciones y las otras personas ya sabrán no molestarlo durante su tiempo de estudio. Póngase una rutina para otros aspectos de su vida como hacer ejercicio o cuadrar las cuentas.

- **Mantenga bajo su nivel de estrés.** Si tiene muchos otros estreses en su vida, es probable que un examen importante haga esos estreses más difíciles de manejar. Acuérdese de mantener las cosas en perspectiva. Si algo está fuera de su control, no gaste su energía preocupándose por ello. En cambio, piense cómo puede manejar lo que sí está bajo su control.

- **Mantener confianza.** Acuérdese de que usted es inteligente y capaz. Usted puede tomar estos exámenes y triunfar. Acuérdese de que usted sabe más hoy de lo que sabía ayer.

- **Manténgase sano.** Cuando su cuerpo está cansado y enfermo, su cerebro sufrirá también. Es más probable que las preocupaciones lo sobrecarguen. Cuídese durante las preparaciones para tomar el examen. (Vea más información en la página 30–31.)

El tratamiento

Si es demasiado tarde para prevenir la ansiedad, no se ponga en pánico. Usted todavía puede tratarlo eficazmente. Aquí hay algunas estrategias para ayudarlo a disminuir el estrés:

- **Haga frente a sus miedos.** Admita que está preocupado por el examen y estudie las razones por las cuales es así. Sus miedos no cambiarán el hecho que tiene que tomarlo, pero sí pueden paralizarlo y no dejarlo estudiar y salir bien en su examen. Reconozca sus miedos, póngalos en perspectiva, y no permita que le hagan daño.

Una estrategia buena es escribir sus miedos. Cuando usted pone sus preocupaciones en papel, muchas veces parecen ser más manejables que cuando están dando vueltas en su cerebro y no lo dejan dormir. Cuando estén escritos, usted puede buscar soluciones. Por ejemplo, imagínese que está preocupado de no encontrar el tiempo suficiente para terminar su trabajo y terminar sus estudios. Cuando usted tenga este miedo escrito puede empezar a ver cómo podrá sacar el tiempo necesario para hacerlo todo. Se sentirá más en control.

■ **Mantenga la perspectiva.** Sí, el GED es un examen tremendo. Pero si no tiene éxito, ¿se acabará el mundo? ¿Su familia lo dejará de querer? ¿Será usted menos ser humano? Claro que no. Y siempre puede volver a tomar el examen.

La perspectiva es muy importante para su actuación. Claro, usted debiera ser serio sobre sus posibilidades de éxito. Pero no pierdas vista de los otros aspectos importantes de su vida.

■ **Está preparado suficientemente.** La ansiedad casi siempre nace cuando uno se siente inseguro en una nueva situación. Pero si se prepara bien usando este y otros textos, el GED no será algo nuevo e inesperado para usted. Si usted sigue su plan de estudio, usted sabrá cómo contestar a las preguntas que encontrará en el examen. Si se encuentra atrasado en su plan u horario, acuérdese de que nunca es demasiado tarde para ponerse de nuevo en el camino.

■ **No haga excusas.** Las excusas le pueden dar consuelo por un tiempo corto—pero no le quitarán la ansiedad—y no lo ayudarán a hacer un buen trabajo en el examen. Y además, las excusas casi siempre empeoran las cosas porque hacen que uno se sienta culpable y sin poder. No se deje sentir como víctima. Usted puede tener muchas cosas sucediendo en su vida y muchas cosas que puedan interferir con sus estudios, pero usted tiene el poder de escoger cómo manejar sus circunstancias.

■ **Imagínese el éxito.** Las personas exitosas le dirán que uno de sus secretos es la *visualización*. En su mente, ellos se ven triunfando. Se imaginan las situaciones que enfrentarán, y se imaginan manejando esas situaciones exitosamente.

La visualización es un arma poderosa. Es una forma de decirse que uno cree en sí mismo. Este tipo de poder es grande. Si usted cree que puede alcanzar algo, tendrá más posibilidades de alcanzarlo. De la misma manera, si piensa que *no* puede hacer algo, es probable que falle en el alcance de esa meta. La visualización positiva facilitará el estudio y el manejo del proceso entero.

Quien quiera puede usar el poder de la visualización. Imagínese sentado tranquilamente durante el examen, contestando a las preguntas correctamente. Véase recibiendo resultados excelentes por correo. Imagínese contándole a sus amigos y familia que salió muy bien en los exámenes. Imagínese recibiendo la carta de entrada a la universidad o la oferta de empleo que tanto desea.

■ **No se desvíe de su plan de estudio.** La ansiedad puede paralizarlo si usted lo permite. Antes de que lo sepa se habrán ido varias fechas que se habían puesto en su plan. Eso sólo lo hará sentirse peor. Si siente su estómago temblar con ansiedad, vuelva a su plan de estudio. Haga un esfuerzo para no desviarse de su horario.

▶ Ser sano

Es difícil salir bien en un examen si no se siente bien. Su mente y su cuerpo tienen que estar en buenas condiciones para el examen. Si usted deja que su cuerpo se agote, se puede enfermar. Eso lo atrasará en su horario de estudio. Eso puede causar ansiedad, y hacer que se sienta agotado. Eso es un círculo vicioso que hay que evitar. Si se siente cansado, tómese un día o dos para descansar y sentirse mejor. Quizás esté atrasado dos días en su horario, pero cuando continúe con sus estudios será más eficaz. Con tal que no sea un problema constante para usted y que no esté usando el no sentirse bien para evitar estudiar, usted se estará haciendo un favor con descansar.

Cuídese durante todo el proceso y especialmente en la semana antes del examen. Aquí hay unas sugerencias específicas para mantenerse sano:

1. **Descanse lo suficiente.** Algunos necesitan ocho horas o más de sueño cada noche. Otros están contentos con cinco o seis. Sepa qué necesita su cuerpo para sentirse con energía y mente clara. Haga que su descanso sea una prioridad para que se pueda concentrar en los días de los exámenes. Si le cuesta dormirse, trate una de las estrategias siguientes:

   - Haga más ejercicio durante el día. Un cuerpo cansado pide más sueño.
   - Despiértese y estudie. Si estudia de noche cuando no puede dormir, puede cortar un poco de tiempo de estudio el día siguiente. Así puede dormir la siesta o acostarse más temprano. (Claro, a veces el estudiar lo ayudará a dormirse.)
   - Relájese con un baño tibio, un buen libro o comidas que dan sueño. Un vaso de leche tibia, por ejemplo, lo puede ayudar a dormirse.
   - Haga estiramientos suaves o dóblese hacia adelante mientras esté sentado. Trate de tocar los dedos de los pies con sus piernas estiradas. Esta postura estira músculos tensos, mejora la circulación, y ayuda a relajar el cuerpo entero. O practique unas poses de relajación de yoga: pose de niño, pose de cadáver o estiramiento de gato (vea www.yoga.com para detalles).
   - Respire profundamente por varios minutos. Llene sus pulmones completamente y despacio. Aguante la respiración por unos segundos y después bote el aire completamente y despacio. Usted puede practicar la respiración profunda en cualquier momento que necesite relajarse o enfocarse.
   - Escriba sus preocupaciones. De nuevo decimos que poner sus miedos en papel los vuelven más manejables.

2. **Coma bien.** Mantener una dieta sana es tan duro como coger suficiente descanso cuando está ocupado preparándose para un examen. Pero lo que usted come puede tener un impacto tremendo en la manera en que estudia y cómo actuará en los exámenes. Puede ser que piense que está economizando tiempo al comer comidas rápidas en vez de cocinar una comida saludable. En realidad, se está privando de la nutrición que su cuerpo necesita para estar en buena condición. Puede pensar que unas tazas más de café al día son una cosa buena porque lo deja quedarse más despierto y estudiar. En realidad está engañando su cerebro haciéndolo pensar que está despierto y haciéndose más dependiente de la cafeína.

   Las comidas que evitar—especialmente a la hora del examen—incluyen comidas bajas en nutrición pero altas en azúcar y calorías como las galletas, crispetas y donuts. Busque en cambio substitutos saludables como los siguientes:

EN VEZ DE . . .	COMA . . .
donuts	cereal integral bajo en azúcar
crispetas	palitos de zanahoria
galletas	barra de granola
helado	yogur bajo en grasa
gaseosa	jugo fresco
café tamaño gigante	té verde

3. **Haga ejercicio.** Casi no tiene tiempo para estudiar. ¿Cómo va a encontrar el tiempo para hacer ejercicio? Tan difícil como sea, es importante buscar una manera de hacer ejercicio en su horario atareado. Hasta un ejercicio suave, como una caminata rápida a la tienda puede mejorar dramáticamente el poder de su cerebro. El ejercicio puede ayudarlo a aclarar la mente, especialmente si está preocupado por muchas cosas y necesita enfocarse en su trabajo. Si hace ejercicio tendrá más energía durante el día y dormirá mejor. Eso quiere decir que su tiempo de estudio será más productivo. Y su tiempo de ejercicio puede también servir de tiempo de estudio. Puede repasar material mientras hace bicicleta estacionaria. Puede componer un ensayo en su cabeza mientras camina rápidamente en el parque. Si hace ejercicio con un amigo que también está estudiando para el GED, se pueden poner a prueba sobre el material en el examen. Y finalmente, el ejercicio ayuda a aliviar el estrés. Así que si esta sufriendo de ansiedad, haga el ejercicio una prioridad.

► Las estrategias para examen de respuesta múltiple

La respuesta múltiple es el formato más popular para las pruebas estandarizadas como el GED y con razón: Las preguntas de respuesta múltiple son fáciles de calificar. También son tan populares porque generalmente se consideran como *objetivas*: Son preguntas basadas solamente en la información y no deja que el que esté tomando el examen exprese sus opiniones.

Las preguntas de respuesta múltiple tienen tres partes:

Raíz: la pregunta
Opciones: las respuestas
Distractor: las respuestas incorrectas

Aquí hay un ejemplo:

Raíz: El narrador sabía que su mamá estaba mintiendo porque:
Opciones:
- **a.** su mamá estaba actuando extrañamente
- **b.** lo que su mamá dijo no cuadra con su carácter
- **c.** su mamá siempre estaba mintiendo
- **d.** ella tiene percepción extrasensorial

En esta pregunta, la respuesta correcta es **b.** Las otras respuestas son distractores.

Aquí hay unas estrategias para ayudarlo a contestar a las preguntas de respuesta múltiple correctamente:

1. **Identificar palabras claves en la raíz.** Éstas son las palabras que lo ayudarán a encontrar la respuesta correcta. Por ejemplo, en la raíz:

   Los pacientes que sufren de depresión clínica tienen todos los síntomas siguientes MENOS

   Las palabras claves son "depresión clínica," "síntomas" y "menos." Usted necesita mirar en el pasaje para encontrar la respuesta que no se menciona específicamente en el pasaje.

2. **Eliminar inmediatamente todas las respuestas que sabe son incorrectas.** Esto lo ayudará a encontrar la respuesta correcta. Es un paso muy importante, especialmente si tiene que adivinar la respuesta.

3. **Esté prevenido de técnicas de distracción.** Los desarrolladores de las pruebas siempre pondrán opciones que son parecidas, opciones que se confunden fácilmente, y opciones ridículas. Por ejemplo, en la pregunta sobre la mamá del narrador, la respuesta **a** puede ser verdad dependiendo del pasaje, pero puede ser que la mamá del narrador siempre actúe extrañamente, o que hay otra razón por la cual está actuando de esta manera. Si lee cuidadosamente el cuento se dará cuenta de que lo que dijo la mamá contradice sus valores. Las respuesta **d** es la opción más ridícula y es la respuesta que debiera eliminar primero.

4. **Lea las raíces cuidadosamente** para asegurarse de que entienda *exactamente* lo que están pidiendo. Tenga cuidado con frases como "todas son verdaderas MENOS las siguientes." Usted encontrará distractores que son correctas y que suenan bien pero que no se aplican a la raíz.

Por ejemplo, si no se da cuenta de la palabra "menos" en la pregunta sobre la depresión clínica, usted podrá escoger una respuesta que si es un síntoma de la depresión clínica. Su respuesta sería incorrecta porque no leyó la pregunta cuidadosamente.

5. **Tenga cuidado con los absolutos.** Lea cualquier raíz que incluya palabras como *siempre*, *nunca*, *ninguno* o *todo*. Una respuesta puede sonar correcta y la idea general puede ser correcta. Pero puede ser que no sea verdad en todas las circunstancias.

¿Debiera adivinar?

Si no sabe cuál respuesta escoger, ¿debiera de adivinar? En el GED, usted no será castigado por respuestas incorrectas. Así que sí, debiera adivinar cuando no sabe la respuesta. Pero, cuando sea posible, trate que sea una *adivinación educada*. Elimine cualquier respuesta que sepa que es incorrecta. En el GED, las preguntas de respuesta múltiple tienen cinco opciones. Eso le da una probabilidad de 20% de adivinar correctamente.

▶ Casi allí: estrategias para los últimos días antes de los exámenes

Sus meses de preparación ya pronto pagarán. Usted ha trabajado duro, y los exámenes ya le faltan solamente una o dos semanas para llegar. Aquí hay unos consejos para asegurar que las cosas caminen bien.

La semana antes de los exámenes:

- Asegúrese de saber exactamente dónde va a tomar los exámenes. Consiga direcciones detalladas. Vaya al sitio para que sepa exactamente cuánto tiempo tardará en llegar.
- Repase todo lo que ha aprendido.
- Duerma bien cada noche.
- Practique la visualización—*véase* saliendo bien en el GED.

El día antes de los exámenes:

- Acuéstese temprano.
- Haga ejercicio liviano. No se canse. No quiere estar dolorido o exhausto el día de los exámenes.
- Recoja todo lo que va a necesitar: bolígrafos/lápices, materiales de entrada/documentación, mentas o meriendas que le gustaría traer.
- Haga una lista de todo lo que necesita traer para que no se le olvide nada en la mañana.

El día de los exámenes:

- Levántese temprano. Asegúrese de poner su alarma. Pídale a un miembro de la familia o un amigo que lo despierte a tiempo.
- Coma un desayuno saludable y ligero como yogur y granola, o un cereal bajo en azúcar y fruta.
- Vístase cómodamente. Póngase capas así puede quitarse una camisa o suéter si le da calor.

- No cambie drásticamente su dieta. Por ejemplo, si usted bebe café todas las mañanas, no deje de tomarlo ese día—le puede ocasionar un dolor de cabeza. Pero no se tome la segunda taza o el tamaño más grande. Demasiada cafeína lo puede poner nervioso durante los exámenes y puede bajarle la energía cuando el efecto de la cafeína se acabe.

En el sitio de examen:

- Hable con los otros, pero *no* sobre el examen. Eso lo pondrá más nervioso.
- Piense positivamente. Acuérdese de que usted está preparado.
- No trate de hacer un repaso de última hora. En cambio, visualice su éxito y planee su recompensa para cuando se terminen los exámenes.
- Asegúrese de que lea y entienda todas las direcciones claramente. ¿Cómo debiera llenar la hoja de respuestas? ¿Qué debe hacer si quiere cambiar una respuesta? ¿Cuál es el límite de tiempo? ¿Qué pasa si tiene dificultades técnicas durante el examen? No se aguante de hacer preguntas sobre *cualquier* cosa que no entienda o que no sea clara.

Después de los exámenes:

- ¡Celebre!

II ▶ Diagnosticando puntos fuertes y débiles

AQUÍ SEGUIRÁN LOS exámenes diagnósticos para cada sujeto del GED. La clave de respuestas al final de cada examen lo ayudará a identificar en qué sujeto necesita trabajar.

Antes de tomar estos diagnósticos, encuentre un sitio callado donde no va ser interrumpido. Debiera tener varias hojas de papel en blanco y tres o cuatro lápices afilados. (Ya que el GED tiene que ser tomado con lápiz, es buena idea acostumbrarse a trabajar con lápiz en vez de bolígrafo.)

Puede ser que quiera tener un reloj muy cerca. Si estuviera tomando estos diagnósticos bajo condiciones de pruebas actuales, usted tendría los siguientes límites de tiempo para cada examen:

> **Escritura**—75 minutos (Parte I); 45 minutos (Parte II)
> **Lectura**—65 minutos
> **Ciencia**—80 minutos
> **Ciencias Sociales**—70 minutos
> **Matemáticas**—90 minutos

Por esa razón, es posible que quiera ver cuánto tiempo necesita para tener idea de cuántas preguntas en cada sujeto puede contestar en el límite de tiempo. Sin embargo, usted debiera continuar trabajando hasta que haya completado cada examen. Trabaje rápido, cuidadosamente, y no gaste demasiado tiempo en una sola pregunta. Si una pregunta le da dificultad, bríncela, haciendo una nota en el margen. Usted puede volver a esa pregunta si quiere. Cuando esté tomando el examen actual, usted volverá a la pregunta brincada si el tiempo lo permite. Es buena práctica aprender a mantener su ritmo cuando esté contestando a las preguntas.

Las preguntas de respuesta múltiple son seguidas por cinco respuestas posibles. Trate de saber o buscar solo la respuesta antes de mirar las opciones. Usted puede ser engañado por las respuestas que parecen ser correctas pero son incorrectas.

5 ▶

GED artes del lenguaje, examen diagnóstico de redacción

▶ Parte I

Instrucciones: En cada uno de los pasajes siguientes, los párrafos aparecen precedidos por letras y las oraciones aparecen numeradas. Lea cuidadosamente cada pasaje y conteste a las preguntas que siguen.

Por favor, utilice el texto siguiente para contestar a las preguntas 1–7.

A

(1) ¿No te gustaría tener una tarántula como mascota para asustar y asombrar a tus amigos? (2) Tal vez preferirías maravillar a la gente paseando las calles con un hurón acicalado y adorable. (3) Un gato suave y sedoso o un perro juguetón pueden ser algo convencional si se comparan con una mascota exótica y extravagante. (4) Estas mascotas exóticas pueden ser fascinantes, pero sus posibles dueños deben examinar cuidadosamente la situación antes de asumir la responsabilidad de uno de estos compañeros insólitos.

B

(5) Antes de decidir adoptar una mascota exótica, debes asegurarte de que la ley lo permite. (6) Investiga las leyes estatales locales y nacionales que prohíben o restringen la posesión de ciertas especies. (7) Una vez que estés seguro de que tu mascota será legal, también deberás considerar si has podido proporcionarle a tu mascota todo lo que necesita.

1. Oración 1: ¿No te gustaría tener una tarántula como mascota para asustar y asombrar a tus amigos?

¿Qué modificación se debe hacer a la ubicación de la oración 1?

a. Hacer que la oración 1 siga a la oración 2.

b. Hacer que la oración 1 sea la última del párrafo A.

c. Hacer que la oración 1 sea la primera del párrafo B.

d. Eliminar la oración 1.

e. No es necesaria ninguna modificación.

2. Oración 2: Tal vez preferirías maravillar a <u>la gente paseando</u> las calles con un hurón acicalado y adorable.

¿Cuál es la mejor manera de escribir de nuevo la parte subrayada de esta oración? Si cree que la forma original es la mejor, elija la opción **a**.

a. la gente paseando

b. la gente, paseando

c. la gente que está paseando

d. la gente en vez de pasear

e. la gente por pasear

3. Oración 3: Un gato suave y sedoso o un perro juguetón pueden ser algo convencional si se comparan con una mascota exótica y extravagante.

¿Qué corrección necesita esta oración?

a. Insertar una coma después de <u>gato</u>.

b. Cambiar <u>son</u> por <u>es</u>.

c. Insertar una coma después de <u>perro</u>.

d. Insertar una coma después de <u>convencional</u>.

e. No es necesario hacer ninguna corrección.

4. Oración 4: Estas mascotas exóticas pueden ser <u>fascinantes,</u> <u>pero sus posibles dueños</u> deben examinar la situación cuidadosamente antes de asumir la responsabilidad de uno de estos compañeros insólitos.

¿Cuál es la mejor manera de escribir de nuevo la parte subrayada de esta oración? Si cree que la forma original es la mejor, elija la opción **a**.

a. fascinantes, pero sus posibles dueños

b. fascinantes pero sus posibles dueños

c. fascinantes. Pero sus posibles dueños

d. fascinantes; Pero sus posibles dueños

e. fascinantes; pero sus posibles dueños

5. Oración 5: Antes de decidir adoptar una mascota exótica, debes asegurarte de que la ley lo permite.

Si tuviera que rescribir la oración 5 comenzando con <u>Deberías asegurarte de que la ley lo permite</u>, la palabra siguiente debería ser:

a. adoptar.

b. mascota.

c. cuando.

d. después.

e. antes.

6. Oración 6: Investiga las <u>leyes estatales locales y nacionales</u> que prohíben o restringen la posesión de ciertas especies.

¿Cuál es la mejor manera de escribir de nuevo la parte subrayada de esta oración? Si cree que la forma original es la mejor, elija la opción **a**.

a. leyes estatales locales y nacionales

b. leyes estatales, locales y nacionales

c. leyes estatales locales, y nacionales

d. leyes estatales locales y, nacionales

e. leyes, estatales, locales y nacionales

7. Oración 7: Una vez que estés seguro de que tu mascota será legal, también deberás considerar si has podido proporcionarle a tu mascota todo lo que necesita.

¿Qué corrección necesita esta oración?

a. Cambiar <u>será</u> por <u>fue</u>.

b. Cambiar <u>si</u> por <u>sí</u>.

c. Cambiar <u>tu</u> por <u>tú</u>.

d. Cambiar <u>has podido</u> por <u>puedes</u>.

e. No es necesario hacer ninguna corrección.

Por favor, use el texto siguiente para contestar a las preguntas 8–14.

A

(1) Cuando se lanzó el formato de Disco de Video Digital (DVD) en abril de 1997, algunos expertos pronostican un fracaso rápido. (2) Estos analistas pensaron que los consumidores los cuales estaban acostumbrados a los videocasetes no estarían dispuestos a cambiar a otro formato, a pesar de la superioridad. (3) El DVD, sin embargo, ha sido uno de los nuevos productos más exitosos en la historia. (4) Las estadísticas de venta indican que la calidad del DVD ha impresionado favorables a los telespectadores por la alta calidad de la imagen digital. (5) Los consumidores compraron 315.000 reproductores de DVD el primer año que salieron al mercado; se vendió un millón de reproductores el año siguiente. (6) Hoy los fabricantes han vendido más de 17 millones de reproductores y han pronosticado que el mercado de estos aparatos sólo seguirá en aumento. (7) La potencia, precisión y capacidad de esta tecnología que recién florece, es hoy elogiada por los escépticos que antes pronosticaban el fracaso del nuevo formato.

8. Oración 1: Cuando se lanzó el formato de Disco de Video Digital (DVD) en abril de 1997, algunos expertos pronostican un fracaso rápido.

¿Qué corrección necesita esta oración?

a. Cambiar <u>abril</u> por <u>Abril</u>.

b. Eliminar la coma después de <u>1997</u>.

c. Cambiar <u>algunos expertos</u> por <u>algunos de los expertos</u>

d. Cambiar <u>pronostican</u> por <u>pronosticaron</u>.

e. No es necesario hacer ninguna corrección.

9. Oración 2: Estos analistas pensaron que <u>los consumidores los cuales estaban acostumbrados a</u> los videocasetes no estarían dispuestos a cambiar a otro formato, a pesar de la superioridad.

¿Cuál es la mejor manera de escribir de nuevo la parte subrayada de esta oración? Si cree que la forma original es la mejor, elija la opción **a**.

a. los consumidores los cuales estaban acostumbrados a

b. los consumidores, los cuales estaban acostumbrados a

c. los consumidores que estaban acostumbrados a

d. los consumidores frecuentemente acostumbrados a

e. los consumidores estando acostumbrados a

10. Oración 3: El DVD, sin embargo, ha sido uno de los nuevos productos más exitosos en la historia.

¿Qué corrección necesita esta oración?

a. Eliminar la coma después de DVD.

b. Cambiar ha sido por es.

c. Cambiar en la historia por de la historia.

d. Cambiar más exitosos por más exitosamente.

e. Cambiar nuevos productos por nuevo producto.

11. Oración 4: Las estadísticas de venta indican que la calidad del DVD ha impresionado favorables a los telespectadores por la alta calidad de la imagen digital.

¿Qué corrección necesita esta oración?

a. Cambiar indican por indica.

b. Cambiar indican por habrían indicado.

c. Cambiar favorables por favorablemente.

d. Cambiar del DVD por DVD.

e. No es necesario hacer ninguna corrección.

12. Oración 5: Los consumidores compraron 315.000 reproductores de DVD el primer año que salieron al mercado; se vendió un millón de reproductores el año siguiente.

¿Cuál es la mejor manera de escribir de nuevo la parte subrayada de esta oración? Si cree que la forma original es la mejor, elija la opción **a**.

a. mercado; se vendió un millón de reproductores

b. mercado, se vendió un millón de reproductores

c. mercado se vendió un millón de reproductores

d. mercado porque se vendió un millón de reproductores

e. mercado y se vendió un millón de reproductores

13. Oración 6: Hoy los fabricantes han vendido más de 17 millones de reproductores y han pronosticado que el mercado de estos aparatos sólo seguirá en aumento.

¿Cuál es la mejor manera de escribir de nuevo la parte subrayada de esta oración? Si cree que la forma original es la mejor, elija la opción **a**.

a. reproductores y han pronosticado

b. reproductores y pronostican

c. reproductores; han pronosticado

d. reproductores; pronostican

e. reproductores y pronostica

14. Oración 7: La potencia, precisión y capacidad de esta tecnología que recién florece, es hoy elogiada por los escépticos que antes pronosticaban el fracaso del nuevo formato.

Si usted tuviera que escribir de nuevo la oración 7 comenzando con los escépticos que antes pronosticaban el fracaso del nuevo formato, las siguientes palabras deberían ser:

a. no elogiarán.

b. deberían elogiar.

c. podrían elogiar.

d. han elogiado.

e. ahora elogian.

Por favor, use el texto siguiente para contestar a las preguntas 15–21.

A

(1) Lo mismo si estás evaluando a todo un equipo o sólo a un orador, hay que saber mantener la imparcialidad. (2) Para ser un buen juez de debate hay algo importante que debes tener en cuenta. (3) El contenido se refiere a la lógica de los argumentos, la efectividad de los ejemplos que brindan apoyo a las ideas y la minuciosidad de las refutaciones. (4) A pesar de tener tus propias ideas con respecto a lo que se debate tus opiniones no deben interferir en la evaluación.

B

(5) Mientras escuchas el debate, puede ser útil considerar las agilidades de expresión oral y la calidad del contenido. (6) La expresión oral se refiere al estilo, y la claridad de los que intervienen. (7) Observa el uso del ingenio, la repetición y otras figuras retóricas, que el orador utiliza para cautivar a su auditorio y mantener la atención.

15. Oración 1: Lo mismo si estás evaluando a todo un equipo o sólo a un orador, hay que saber mantener la imparcialidad

   Si tuviera que escribir de nuevo la primera oración comenzando por <u>hay que mantener la imparcialidad</u>, a continuación debe seguir:

   a. siempre que.

   b. lo mismo si.

   c. porque.

   d. evaluando.

   e. y.

16. Oración 2: Para ser un buen juez de debate hay algo que debes tener en cuenta.

   ¿Qué corrección necesita esta oración?

   a. Hacer que la oración 2 siga la 3.

   b. Hacer que la oración 2 sea la primera del párrafo A.

   c. Hacer que la oración 2 sea la primera del párrafo B.

   d. Hacer que la oración 2 siga la 4.

   e. No es necesaria ninguna modificación.

17. Oración 3: El contenido se refiere a la lógica de los argumentos, la efectividad los ejemplos que brindan apoyo a las ideas y la minuciosidad de las refutaciones.

   ¿Qué corrección necesita esta oración?

   a. Hacer que la oración 3 siga la 1.

   b. Hacer que la oración 3 sea la última del párrafo A.

   c. Hacer que la oración 3 siga la 6.

   d. Hacer que la oración 3 sea la última del párrafo B.

   e. No es necesaria ninguna modificación.

18. Oración 4: A pesar de tener tus propias ideas con respecto a lo que se debate tus opiniones no deben interferir en la evaluación.

   ¿Qué corrección necesita esta oración?

   a. Insertar un punto y coma después de <u>debate</u>.

   b. Insertar una coma después de <u>debate</u>.

   c. Insertar una coma después de <u>ideas</u>.

   d. Cambiar el punto por un signo de interrogación.

   e. No es necesario hacer ninguna corrección.

19. Oración 5: Mientras escuchas el debate, puede ser útil considerar las agilidades de expresión oral y la calidad del contenido

   ¿Qué corrección necesita esta oración?

   a. Eliminar la coma después de <u>debate</u>.

   b. Cambiar la coma después de <u>debate</u> por un punto y coma.

   c. Insertar una coma después de <u>agilidades</u>.

   d. Insertar una coma después de <u>expresión oral</u>.

   e. No es necesario hacer ninguna corrección.

20. Oración 6: La expresión oral se refiere <u>al estilo, y la claridad de los que intervienen</u>.

¿Cuál de las maneras siguientes es la mejor para escribir la parte subrayada de la oración? Si la original es la mejor, escoja la opción **a.**

a. al estilo, y a la claridad de los que intervienen

b. al estilo, claridad, de los que intervienen

c. a la claridad estilística de los que intervienen

d. a la claridad del estilo del que interviene

e. al estilo y la claridad de los que intervienen

21. Oración 7: Observa el uso del ingenio, la repetición y otras figuras retóricas, que el orador utiliza para cautivar a su auditorio y mantener la atención.

¿Qué corrección necesita esta oración?

a. Eliminar la coma después de <u>repetición</u>.

b. Eliminar la coma después de <u>figuras retóricas</u>.

c. Cambiar <u>su auditorio</u> por <u>sus auditorios</u>.

d. Cambiar <u>su auditorio</u> por <u>los auditorios</u>.

e. No es necesario hacer ninguna corrección.

Por favor, use el texto siguiente para contestar a las preguntas 22–29.

Memorándum

A: Todos los Empleados de InterCorp
De: Departamento de Envíos

A

(1) Este memorándum describe las nuevas normas que tendrán afecto el lunes 12 de abril. (2) Consulte las siguientes directrices sobre correos internos, entrega al día siguiente y entrega inmediata.

B

(3) El correo interno ahora será entregado tres veces al día, en lugar que dos veces al día. (4) Por favor, identifique claramente el nombre del destinatario y la ubicación de la oficina y use las etiquetas de dirección amarillas o los sobres de correo interno.

C

(5) Los paquetes de entrega al día siguiente deben ser recibidos por el Departamento de envíos a más tardar a las cinco de la tarde. (6) Ofrezca un margen de por lo menos una hora adicional si necesita enviar artículos que necesitan ser empaquetados. Tales como libros, videocasetes o papeles sueltos. (7) Asegúrese de llenar el formulario de entrega al día siguiente de forma completa y con precisión.

D

(8) Los paquetes de entrega inmediata, que normalmente llegan entre dos y cinco días hábiles, se enviarán el día posterior a su llegada al departamento de envío.

22. Oración 1: Este memorando describe las nuevas normas que tendrán afecto el lunes 12 de abril.

¿Qué corrección necesita esta oración?

a. Cambiar <u>describe</u> por <u>describen</u>.

b. Cambiar <u>afecto</u> por <u>efecto</u>.

c. Cambiar <u>lunes</u> por <u>Lunes</u>.

d. Eliminar la coma después de <u>lunes</u>.

e. No es necesario hacer ninguna corrección.

23. Oración 2: Consulte las siguientes directrices sobre <u>correos internos, entrega al día siguiente y entrega inmediata.</u>

¿Cuál de las maneras siguientes es la mejor para escribir la parte subrayada de la oración? Si la original es la mejor, escoja la opción **a.**

a. correos internos, entrega al día siguiente y entrega inmediata.

b. correos internos entrega al día siguiente, y entrega inmediata.

c. correos internos, entrega al día siguiente y entrega inmediata.

d. correos internos, entrega al día siguiente y entrega, inmediata.

e. correos internos; entrega al día siguiente; y entrega inmediata.

24. Oración 3: El correo interno ahora será entregado tres veces al día, en lugar que dos veces al día.

¿Qué corrección necesita esta oración?

a. Cambiar <u>será</u> por <u>ha sido</u>.

b. Cambiar <u>entregado</u> por <u>entregar</u>.

c. Eliminar la coma después de <u>día</u>.

d. Cambiar <u>de</u> por <u>que</u>.

e. No es necesario hacer ninguna corrección.

25. Oración 4: Por favor, identifique claramente el nombre del destinatario y la ubicación de la oficina y use las etiquetas de dirección amarillas o los sobres de correo interno.

Si tuviera que escribir de nuevo la oración 4 comenzando con <u>Por favor, use las etiquetas de dirección amarillas o los sobres de correo interno</u>, las frase que sigue debe ser:

a. y claramente.

b. pero claramente.

c. porque claramente.

d. no claramente.

e. o claramente.

26. Oración 5: Los paquetes de entrega al día siguiente deben ser recibidos por el Departamento de envío a más tardar a las cinco de la tarde.

¿Qué corrección necesita esta oración?

a. Cambiar <u>Los paquetes</u> por <u>El paquete</u>.

b. Cambiar <u>Departamento</u> por <u>departamento</u>.

c. Insertar una coma después de <u>recibidos</u>.

d. Insertar una coma después de <u>Departamento</u>.

e. No es necesario hacer ninguna corrección.

27. Oración 6: Ofrezca un margen de por lo menos una hora adicional si necesita enviar artículos que necesitan ser <u>empaquetados. Tales como libros,</u> videocasetes o papeles sueltos.

¿Cuál de las maneras siguientes es la mejor para escribir la parte subrayada de la oración? Si la original es la mejor, escoja la opción **a.**

a. empaquetados. Tales como libros

b. empaquetados tales como libros

c. empaquetados. Libros

d. empaquetados; tales como libros

e. empaquetados, tales como libros

28. Oración 7: Asegúrese de llenar <u>el formulario de entrega al día siguiente completo y preciso.</u>

¿Cuál de las maneras siguientes es la mejor para escribir la parte subrayada de la oración? Si la original es la mejor, escoja la opción **a.**

a. el formulario de entrega al día siguiente completo y preciso.

b. el formulario de entrega al día siguiente, completo y preciso.

c. el formulario de entrega al día siguiente completamente y con precisión.

d. el formulario de entrega al día siguiente completo y con precisión.

e. el formulario de entrega al día siguiente, sea completo y preciso.

29. Oración 8: Los paquetes de entrega inmediata, que llegan normalmente entre dos y cinco días hábiles, se enviarán el día posterior a su llegada al departamento de envío.

¿Qué corrección necesita esta oración?

a. Cambiar que por los cuales.

b. Cambiar llegan por llega.

c. Cambiar día por del día.

d. Eliminar la coma después de inmediata.

e. No es necesario hacer ninguna corrección.

Por favor, use el texto siguiente para contestar a las preguntas 30–36.

A

(1) De los dos tipos de eclipses, el eclipse de luna es el más común de todos, el cual ocurre cuando la luna llena atraviesa la sombra de la Tierra. (2) La luna en forma de disco desaparece lentamente por completo o se vuelve de un rojo cobrizo. (3) Los eclipses de sol y de luna ocurren de vez en cuando.

B

(4) Durante el eclipse de sol, la luna pasa entre la Tierra y el sol. (5) Cuando la luna se va interponiendo, obstruye la luz del sol, lo cual crea una oscuridad sobrecogedora. (6) Cuando la luna está completamente en posición, la luz del sol se percibe como un anillo, o una corona, que rodea el disco oscuro de la luna. (7) El eclipse de luna se puede ver desde cualquier lugar de la mitad nocturna de la Tierra, el eclipse de sol sólo se puede ver desde una zona que tiene solamente 200 millas de ancho, lo cual constituye aproximadamente la mitad del uno por ciento de la superficie total de la Tierra.

30. Oración 1: De los dos tipos de eclipses, el eclipse de luna es el más común de todos, el cual ocurre cuando la luna llena atraviesa la sombra de la Tierra.

¿Qué corrección necesita esta oración?

a. Cambiar más común de todos por más común.

b. Cambiar ocurre en ocurren.

c. Cambiar que en la cual.

d. Cambiar de la Tierra en de las Tierras.

e. No es necesario hacer ninguna corrección.

31. Oración 2: La luna en forma de disco desaparece lentamente por completo o se vuelve de un rojo cobrizo.

Si tuviera que escribir de nuevo la segunda oración comenzando con La luna en forma de disco lentamente se vuelve de un rojo cobrizo, la palabra siguiente debería ser:

a. y.

b. pero.

c. cuando.

d. porque.

e. o.

32. ¿Qué modificación le daría más efectividad al párrafo A?

a. Eliminar la primera oración.

b. Hacer que la segunda oración sea la primera.

c. Eliminar la segunda oración.

d. Hacer que la tercera oración sea la primera.

e. No es necesaria ninguna modificación.

33. Oración 4: Durante el eclipse de sol, la luna pasa entre la Tierra y el sol.

¿Qué corrección necesita esta oración?

a. Cambiar la coma después de <u>eclipse</u> por un punto y coma.

b. Cambiar <u>pasa</u> por <u>pasan</u>.

c. Insertar una coma después de <u>pasa</u>.

d. Insertar una coma después de <u>Tierra</u>.

e. No es necesario hacer ninguna corrección.

34. Oración 5: Cuando la luna se va interponiendo, obstruye <u>la luz del sol, lo cual crea</u> una oscuridad sobrecogedora.

¿Cuál de las maneras siguientes es la mejor para escribir la parte subrayada de la oración? Si la original es la mejor, escoja la opción **a.**

a. la luz del sol, el cual crea

b. la luz del sol. Lo cual crea

c. la luz del sol y crea

d. la luz del sol; creando

e. la luz del sol que crea

35. Oración 6: Cuando la luna está completamente en posición, la luz del sol se percibe como un anillo, o una corona, que rodea el disco oscuro de la luna.

¿Qué corrección necesita esta oración?

a. Eliminar la coma después de <u>posición</u>.

b. Cambiar <u>del sol</u> por <u>de los soles</u>.

c. Eliminar la coma después de <u>anillo</u>.

d. Eliminar la coma después de <u>corona</u>.

e. No es necesario hacer ninguna corrección.

36. Oración 7: El eclipse de luna se puede ver desde cualquier lugar de la mitad nocturna de la <u>Tierra, el eclipse de sol</u> sólo se puede ver desde una zona que tiene solamente 200 millas de ancho, lo cual constituye aproximadamente la mitad del uno por ciento de la superficie total de la Tierra.

¿Cuál de las maneras siguientes es la mejor para escribir la parte subrayada de la oración? Si la original es la mejor, escoja la opción **a.**

a. la Tierra, un eclipse de sol

b. la Tierra un eclipse de sol

c. la Tierra; un eclipse de sol

d. la Tierra, porque un eclipse de sol

e. la Tierra, cuando un eclipse de sol

Por favor, use el texto siguiente para contestar a las preguntas 37–43.

A

(1) El fiscal de distrito judicial, que puede llamarse "fiscal" a secas, es un abogado federal que investiga y enjuicia casos criminales. (2) Los fiscales trabajan codo a codo con los detectives policiales. (3) Los policías no ganan tanto dinero como los fiscales. (4) Los policías se encargan de identificar y arrestar a los sospechosos y de recopilar evidencias como las huellas dactilares. (5) Los fiscales estudian esta evidencia y deciden cómo se debe presentar a la corte. (6) Durante el juicio, el fiscal interroga a testigos tratando de descubrir inconsistencias o detalles omitidos. (7) Aunque los jurados de hoy en día son bastante sofisticados, a menudo los fiscales deben explicar tecnologías que son complejas, como los muestreos de ADN. (8) El fiscal puede ayudar al jurado a evitar confusiones y llegar a un veredicto.

37. Oración 1: Un fiscal de distrito judicial, que puede llamarse "fiscal" a secas, es un abogado federal que investigan y enjuicia casos criminales.

¿Qué corrección necesita esta oración?

a. Quitar la coma después de abogado.

b. Quitar la coma después de fiscal.

c. Cambiar es por son.

d. Cambiar investigan por investiga.

e. No es necesario hacer ninguna corrección.

38. Oración 2: Los fiscales trabajan codo a codo con los detectives policiales.

¿Qué corrección necesita esta oración?

a. Cambiar fiscales por fiscal.

b. Cambiar trabajan por trabaja.

c. Insertar una coma después de codo a codo.

d. Cambiar detectives por detective.

e. No es necesario hacer ninguna corrección.

39. Oración 5: Los fiscales estudian esta evidencia y deciden cómo se debe presentar a la corte.

¿Qué corrección necesita esta oración?

a. Cambiar fiscales por fiscal.

b. Cambiar deciden por decide.

c. Cambiar estudian por estudia.

d. Cambiar presentar por presenta.

e. No necesita ninguna corrección.

40. Oración 6: Durante el juicio, el fiscal interroga a testigos tratando de descubrir inconsistencias o detalles omitidos.

¿Cuál de las siguientes es la mejor manera de escribir la parte subrayada de esta oración? Si la forma original es la mejor, elija la opción **a.**

a. testigos tratando de descubrir

b. testigos y tratando de descubrir

c. testigos. Tratar de descubrir

d. testigos quienes tratan de descubrir

e. testigos y trata de descubrir

41. Oración 7: Aunque los jurados de hoy en día son bastante sofisticados, a menudo los fiscales deben explicar tecnologías que son complejas, como los muestreos de ADN.

Si tuviera que escribir de nuevo la oración 7 comenzando por A menudo los fiscales deben explicar tecnologías que son complejas, como los muestreos de ADN, la frase que sigue sería:

a. porque los jurados de hoy en día.

b. si los jurados de hoy en día.

c. cuando los jurados de hoy en día.

d. aun a los jurados de hoy en día.

e. a los jurados de hoy en día.

42. Oración 8: El fiscal puede ayudar al jurado a evitar confusiones y llegar a un veredicto.

¿Cuál de las frases siguientes corrige mejor el inicio de la oración 8?

a. Aunque explica los hechos en el caso, el

b. Explicando claramente los hechos en el caso, el

c. Siéndole posible explicar los hechos en el caso, el

d. Teniendo que explicar los hechos en el caso, el

e. No pudiendo explicar los hechos en el caso, el

43. ¿Qué modificación mejoraría la efectividad del párrafo?

a. Insertar la oración 5 detrás de la oración 1.

b. Insertar la oración 2 detrás de la oración 6.

c. Eliminar la oración 3.

d. Comenzar un nuevo párrafo con la oración 7.

e. No necesita modificaciones.

Por favor, use el texto siguiente para responder a las preguntas 44–50.

A

(1) Muchos inversionistas de hoy en día creen que los fondos mutuos ofrece una oportunidad incomparable de inversión. (2) Un fondo mutuo es una compañía que reúne dinero, de varias entidades y lo invierte en acciones, bonos u otros valores. (3) La cartera de inversiones del fondo—sus valores reunidos—son seleccionada por un administrador financiero profesional. (4) Los inversionistas que compran acciones en este fondo pueden beneficiarse de la experiencia del administrador y de que conoce el mercado.

B

(5) Algunos fondos mutuos, como los fondos de mercado de valores, se dedica a inversiones de bajo riesgo. (6) Sin embargo, los fondos de acciones, que se dedican a comprar cuotas en otras compañías, ofrecen un riesgo potencial mayor aunque mejores beneficios. (7) Los inversionistas deben recordar que las inversiones mutuas siempre acarrean riesgos—no están garantizadas ni aseguradas por ningún banco o agencia federal.

44. Oración 1: Muchos inversionistas de hoy en día creen que los fondos mutuos ofrece una oportunidad incomparable de inversión.

¿Qué corrección necesita esta oración?

a. Cambiar <u>Muchos</u> por <u>Más</u>.
b. Cambiar <u>creen</u> por <u>cree</u>.
c. Cambiar <u>ofrece</u> por <u>ofrecen</u>.
d. Insertar una coma después de incomparable.
e. No necesita ninguna corrección.

45. Oración 2: Un fondo mutuo es una compañía que reúne <u>dinero, de varias entidades</u> y lo invierte en acciones, bonos, u otros valores.

¿Cuál de las siguientes es la mejor manera de escribir la parte subrayada de esta oración? Si la forma original es la mejor, elija la opción **a**.

a. dinero, de varias entidades
b. dinero; de varias entidades
c. dinero, de varias entidades,
d. dinero de varias entidades
e. dinero. De varias entidades

46. Oración 3: La cartera de inversiones del fondo—sus valores reunidos—son seleccionada por un administrador financiero profesional.

¿Qué corrección necesita esta oración?

a. Cambiar <u>del fondo</u> por <u>de los fondos</u>.
b. Cambiar <u>sus</u> por <u>son sus</u>.
c. Cambiar <u>son</u> por <u>es</u>.
d. Insertar una coma después de <u>financiero</u>.
e. No necesita ninguna corrección.

47. Oración 4: Los inversionistas que compran acciones en este fondo pueden beneficiarse de la experiencia del administrador <u>y de que conoce el mercado</u>.

¿Cuál de las siguientes es la mejor manera de escribir la parte subrayada de esta oración? Si la forma original es la mejor, elija la opción **a**.

a. y de que conoce el mercado.
b. y de su conocimiento del mercado.
c. y, de que conoce el mercado.
d. y de que conoce acerca del mercado.
e. y de que conoce al mercado.

48. Oración 5: Algunos fondos mutuos, como los fondos de mercado de valores, se dedica a inversiones de bajo riesgo.

¿Qué corrección necesita esta oración?

a. Quitar la coma después de <u>mutuos</u>.

b. Quitar la coma después de <u>valores</u>.

c. Cambiar <u>se dedica</u> por <u>se dedican</u>.

d. Cambiar inversiones de bajo riesgo por inversiones-de-bajo-riesgo.

e. No necesita ninguna corrección.

49. Oración 6: Sin embargo, los fondos de acciones, que se dedican a comprar cuotas en otras compañías, ofrecen <u>un riesgo potencial mayor aunque</u> mejores beneficios.

¿Cuál de las siguientes es la mejor manera de escribir la parte subrayada de esta oración? Si la forma original es la mejor, elija la opción **a.**

a. un riesgo potencial mayor aunque

b. un riesgo potencial mayor; aunque

c. un riesgo potencial, mayor aunque

d. el riesgo potencial mayor aunque

e. potencialmente más arriesgado

50. Oración 7: Los inversionistas deben recordar que las inversiones mutuas siempre acarrean riesgos—no están garantizados o asegurados por ningún banco o agencia federal.

Si tuviera que escribir de nuevo la oración 7 empezando con: <u>Los inversionistas deben recordar que las inversiones mutuas no están garantizadas ni aseguradas por ningún banco o agencia federal</u>, la palabra siguiente debe ser:

a. por lo tanto.

b. pues.

c. si.

d. a no ser que.

e. para.

▶ Respuestas

1. e. Esta oración constituye un buen tema para este párrafo. Las colocaciones que sugieren el resto de las respuestas podrían introducir incoherencias o falta de unidad.

2. e. En la oración original, la frase *paseando por las calles con un lustroso y adorable hurón* constituye un predicado que se refiere al sujeto de la oración, *tú*, no a *la gente*, porque *tú* es quien camina por la calle con el hurón. La opción **e.** hace más clara esta relación. Las otras respuestas son incorrectas.

3. b. Un sujeto compuesto por dos sustantivos en singular unidos por la conjunción *o* debe llevar el verbo en singular. En esta oración, el sujeto es *Un gato suave y sedoso o un perro juguetón*. El verbo *ser* debe aparecer en singular: *es*. Las otras respuestas introducen errores en la oración.

4. a. La puntuación de estas oraciones esta correcta como aparece. La coma separa dos cláusulas independientes unidas por la conjunción *pero*. Las otras formas de puntuación son incorrectas.

5. e. Cuando reescriba esta oración, debe mantener la secuencia de los sucesos de la misma forma que en la oración original. Para mantener el sentido del original, la cláusula siguiente en la oración rescrita será *antes de decidir adoptar a una mascota exótica*. El resto de las palabras sugeridas pueden introducir cláusulas con significados diferentes.

6. b. El uso de las comas de enumeración ayudan a comprender al lector que se trata de tres niveles legales: local, estatal y nacional. Las otras puntuaciones sugeridas no son claras ni precisas.

7. d. Los tiempos verbales deben seguir un progreso lógico. Como la primera cláusula de la oración sugiere una acción futura, el verbo en la segunda cláusula debe reflejar este tiempo. Como no has adoptado la mascota aún, *has podido* es impreciso. En este caso *puedes* es una forma del verbo más lógica. Los otros cambios introducen errores en la oración.

8. d. Como la primera cláusula de la oración está en pretérito, el verbo de la segunda necesita estar en pretérito también. *Pronostican* debe cambiarse por *pronosticaron*. El resto de los cambios introducen errores.

9. c. Como el sustantivo *consumidores* se refiere a un tipo específico de personas, la cláusula siguiente que modifica a *consumidores* debe empezar con el relativo *que*. La forma *los cuales* es incorrecta en este caso.

10. c. En esta oración el uso correcto de la preposición que antecede a *historia* es *de* y no *en* cuando se refiere a la historia en sentido general. Se utiliza la frase *en la historia* cuando se va a especificar un tipo de historia determinada, por ejemplo: "el más vendido *en la historia de los reproductores de video.*" El resto de los cambios introducen errores.

11. c. Para que esta oración tenga sentido debe cambiarse *favorables* por un adverbio, *favorablemente*, de manera que modifique a la forma verbal *ha impresionado*. El resto de los cambios introducen errores.

12. a. El punto y coma en la oración original separa correctamente estas dos cláusulas independientes. El resto de los cambios introducen errores.

13. b. El tiempo verbal en la segunda cláusula tiene más sentido cuando se cambia por *pronostican*, pues de esta manera se refiere a una predicción actual sobre ventas futuras. Cuando se usa el pretérito, como aparece en la oración original, se refiere a una predicción pasada que es ilógica.

14. e. Para mantener el significado de la oración original, la frase que sigue debe indicar que los escépticos han cambiado de parecer; por tanto la oración debe proseguir con *ahora elogian*. El resto de las frases introducen otras relaciones que la oración original no sugiere.

15. b. Para mantener el significado de la oración, la cláusula que sigue debe ser *lo mismo si estás evaluando a todo un equipo o sólo a un orador*. El uso de cualquier otra de las frases sugeridas creará una oración con un significado distinto.

16. b. La oración 2 resulta ideal para encabezar el párrafo A. Colocándola al inicio nos conduce directamente a la oración 1.

17. c. Esta oración interrumpe la unidad y coherencia del párrafo A. Pertenece al párrafo B. La oración 5 se refiere a las agilidades de expresión oral y al contenido. La oración 6 habla sobre lo primero, la expresión. La oración 3 habla sobre el contenido, por lo tanto debe seguir a la oración 6.

18. b. La cláusula adverbial que comienza con *a pesar de*, debe aparecer precedida por una coma. La coma después de *debate* separa la frase introductoria subordinada de la cláusula independiente. El resto de los cambios introducen errores.

19. e. La puntuación en esta oración es correcta. La coma separa una cláusula introductoria independiente de otra cláusula independiente. Los cambios sugeridos introducen errores.

20. e. En esta oración tanto el estilo como la claridad son cualidades que pertenecen a los que intervienen. El resto de los cambios introducen errores o cambian el significado.

21. b. La coma que sigue a *figuras retóricas* es innecesaria. La cláusula siguiente *que el orador utiliza para cautivar a su auditorio* no necesita ir precedida de una coma. El resto de los cambios introducen errores.

22. b. En esta oración la palabra *efecto* se usa como sustantivo que significa "resultado." La palabra *afecto* significa *cariño*, lo cual no tiene sentido en esta oración.

23. a. En la oración original se usan las comas correctamente para separar las tres partes de la enumeración.

24. d. Este uso del *que* como si fuera una comparación es incorrecto. Para referirnos a un cambio de lugar o tiempo, la frase correcta es *en lugar de*.

25. a. Ambas partes de esta oración están relacionadas por una conjunción copulativa. Al escribir de nuevo la oración esta relación debe mantenerse usando la misma conjunción y.

26. b. La palabra departamento no debe aparecer en mayúscula pues no se trata de un sustantivo propio. El resto de los cambios introducen errores.

27. e. La frase *Tales como libros, videocasetes o papeles sueltos* no constituye una oración completa. Con ella se brindan ejemplos de los tipos de artículos que se necesitan empacar y no deben aparecer separados de la oración que los precede por una coma.

28. c. La palabra *completamente* y la frase *con precisión* constituyen formas adverbiales que modifican al verbo *llenar*. Estas formas adverbiales son las correctas en este caso.

29. a. La cláusula explicativa independiente que va precedida de una coma debe comenzar por *los cuales*, no por *los que*.

30. a. Use la forma comparativa *más . . . de todos* cuando haya tres o más términos que comparar. En este caso solo se comparan dos tipos de eclipse; por lo tanto *más común* está correcto.

31. e. Las cláusulas están unidas por la conjunción *o* en el original. Al mantener esta conjunción se conserva la relación inicial entre ambas ideas.

32. d. Si colocamos la oración 3 al inicio del párrafo, éste se hará más efectivo; pues sirve perfectamente como encabezamiento. A su vez, esta colocación nos remite directamente a la oración 1.

33. e. La puntuación en esta oración es correcta. La coma separa la cláusula introductoria. No se necesitan comas después del verbo o para separar los dos términos de la comparación. El verbo *pasa* concuerda correctamente con el sustantivo singular *luna*.

34. c. El complemento directo *oscuridad sobrecogedora* pertenece al sujeto *luna*, quien realiza la acción de interponer. La opción **c** es la adecuada para establecer este significado.

35. e. Las correcciones sugeridas introducen errores. La coma que sigue a la frase introductoria es correcta. La coma que sigue a *anillo* remite al sustantivo en aposición *corona*. La coma que sigue a *corona* da por terminada la aposición.

36. c. Las dos oraciones relacionadas deben aparecer unidas por un punto y coma. El resto de los cambios sugeridos introducen una puntuación incorrecta o relaciones imprecisas entre las oraciones.

37. **d.** El sujeto de la oración *que investigan y enjuicia casos criminales* es el sustantivo singular *abogado*; por lo tanto el verbo *investigar* debe ir también en singular.

38. **e.** Las correcciones sugeridas introducen errores. El sujeto en plural *fiscales* concuerda correctamente con el verbo *trabajan*. La preposición final *con los detectives policiales* no necesita ir precedida de coma. El plural en *detectives* también está correcto.

39. **b.** El verbo *decide* debe concordar con *fiscales* en número; por lo tanto debe aparecer en plural. El resto de los cambios introducen errores.

40. **e.** La oración original contiene un modificador que crea confusión. Los testigos no están tratando de descubrir inconsistencias o detalles omitidos, sino el fiscal. Este significado se hace claro con el cambio sugerido en la opción **e.**

41. **d.** Para mantener el significado original, se necesita utilizar una conjunción que muestre que el fiscal necesita explicar la tecnología independientemente del hecho que el jurado sea sofisticado. El adverbio *aun* sugiere este significado.

42. **b.** Solo la frase *Explicando claramente* expresa cómo el fiscal puede ayudar al jurado a evitar confusiones cuando llegan a un veredicto. El resto de los cambios sugeridos no se corresponden con la lógica de la oración.

43. **c.** La oración 3 no tiene apenas relación con el resto del párrafo. El párrafo sería más efectivo si se elimina la oración 3.

44. **c.** El verbo *ofrece* debe concordar con un sujeto en número singular. El sujeto de la oración es *los fondos mutuos*; por lo tanto el verbo debe ir en plural.

45. **d.** La frase preposicional *de varias entidades* no debe ir precedida de ninguna puntuación.

46. **c.** El sujeto de esta oración es el sustantivo singular *la cartera de inversiones*; por lo que el verbo debe ir también en singular. *Es* es la forma correcta del verbo.

47. **b.** Para crear la igualdad, los términos finales deben ser ambos sustantivos. Cuando se cambia *de que conoce el mercado* por *de su conocimiento del mercado* se crea el paralelismo requerido.

48. **c.** El sujeto en plural, *fondos*, debe ir seguido del verbo en plural *se dedican*.

49. **a.** Los signos de puntuación en esta oración están correctos. Las dos ideas de la serie no deben aparecer separadas por comas u otros signos.

50. **a.** El significado de la oración escrita de nuevo debe sugerir que los inversionistas deben recordar que los fondos mutuos no están garantizados; y como resultado, ello puede traer ciertos riesgos. La conjunción *por lo tanto* aclara esta relación entre las ideas.

▶ Parte II

Conteste a la siguiente pregunta de discusión. Cuando prepare su ensayo, usted debe tomar los pasos siguientes:

1. *Lea las instrucciones y el tema de ensayo con cuidado.*
2. *Planee su ensayo en detalle antes de empezar a escribir.*
3. *Use papel en blanco para hacer anotaciones.*
4. *Escriba su ensayo en el espacio provisto.*
5. *Repase su trabajo minuciosamente. Hacer cualquier cambio que vaya a mejorar su ensayo.*
6. *Revise de sus párrafos, estructura de oración, deletreo, puntuación, uso de mayúsculas y uso. Hacer las correcciones necesarias.*

Tema de discusión:

Las investigaciones nos indican que lo que los niños aprenden en sus primeros años es muy importante para su éxito futuro en la escuela. Por esta razón, las escuelas públicas en todo el país han empezado a ofrecer clases para los párvulos.

¿Cuáles son los beneficios de empezar la escuela a una edad menor? ¿Cuáles son algunos problemas que usted ve en mandar niños de cuatro años de edad a la escuela? Escriba un ensayo en que usted pesa lo positivo y negativo de la educación pública escolar para los niños muy jóvenes. Dé razones y ejemplos específicos para apoyar su opinión. No hay límite específico de palabras para su ensayo, pero debiera escribir suficientemente para dar una presentación clara y completa de sus ideas.

► Ejemplo de composición con puntuación de 4

Hoy en día, cada vez más y más niños de cuatro años de edad se suman a sus hermanos y hermanas mayores en el bus de la escuela para ir al jardín de infancia. Aunque son claros los beneficios de empezar en la escuela muy temprano, también es obvio que el jardín de infancia no es propio para todos los niños.

Los estudiantes exitosos en el jardín de infancia llevan la delantera cuando empiezan la etapa preescolar. Los profesores del jardín les enseñan cómo jugar adecuadamente con los demás. Aunque no se les enseñan habilidades como leer y escribir, sí se les prepara para la escuela "de verdad." Los estudiantes del jardín de infancia aprenden canciones, bailan, pintan, dibujan, corren y escalan. Aprenden a compartir y a seguir las instrucciones. Cuentan historias y responden a preguntas; y cuando lo hacen, añaden nuevas palabras a su vocabulario. El jardín de infancia también les ofrece experiencias a sus estudiantes que no tendrán en la casa. Pueden visitar el parque zoológico o la granja, recibir visitas de músicos o científicos y demás. Estas experiencias ayudan a los estudiantes a entender mejor el mundo.

Sin embargo, existen grandes diferencias entre los niños de estas edades. Algunos pequeños de 4 años no están listos aún para la vida estructurada de la escuela. Algunos pasan mucho trabajo para dejar el hogar, aun por sólo tres o cuatro horas al día. Otros niños puede ser que ya estén recibiendo una educación preescolar en casa o en la guardería.

Al comparar las ventajas y desventajas del jardín de infancia, es justo decir que cada niño es diferente. Para algunos niños ésta es una manera maravillosa de empezar la escuela. Sin embargo, otros no pueden ni deben ser obligados a asistir al jardín de infancia.

Evaluación de la composición con puntuación de 4: Esta composición está bien organizado y propone un punto de vista sólido. El texto abre con una introducción y cierra con una conclusión. Tanto la introducción como la conclusión expresan la opinión del autor de manera combinada. Se han hecho conexiones entre las diversas opiniones del autor a través del texto. Los ejemplos siguientes aparecen en la composición:

<u>Pros</u>	<u>Contras</u>
Prepara a los estudiantes para la escuela real	**Diferencias reales entre los niños de esta edad**
Ejemplos:	Ejemplos:
Aprenden a jugar con los demás	No están listos para la vida estructurada de la escuela
Cantan, bailan, pintan, dibujan, escalan, corren	Pasan trabajo para dejar el hogar
Aprenden a compartir	Ya reciben una buena educación en casa o la guardería
Aprenden a seguir instrucciones	
Añaden palabras a su vocabulario	
Ofrece nuevas experiencias a los estudiantes	
Ejemplos:	
Visitas al parque zoológico o la granja	
Visitas de músicos o científicos	

► Ejemplo de composición con puntuación de 3

Como todo en la vida, existen pros y contras en la educación preescolar de los menores. Las clases del jardín de infancia son beneficiosas para muchos niños, pero no son igualmente para todos.

Las ventajas del jardín de infancia son obvias. Estos niños aprenden muchas habilidades que les servirán luego en la etapa preescolar y más adelante. Probablemente lo más importante que aprenden es seguir instrucciones. Ésta es una habilidad que necesitarán en todas las etapas de su vida.

Otras ventajas pueden ser actividades sencillas como cortar, colorear en el cuaderno, o aprender las letras mayúsculas. Muchos niños no aprenden estas habilidades en casa y necesitan asistir al jardín para la preparación preescolar.

Las desventajas del jardín de infancia no son tan obvias, pero sí son verdaderas. A estas edades, los niños necesitan la comodidad del hogar. Necesitan pasar tiempo con sus padres, no con extraños. Necesitan esta seguridad. Si los padres están dispuestos, les pueden ofrecer a sus hijos la preparación que necesitan para asistir a la escuela.

Otra desventaja puede ser el hecho de que muchos niños de 4 años de edad no pueden adaptarse a la escuela. No tienen la madurez suficiente para sentarse quietos, prestar atención, o compartir con los demás. Si se espera un año más, quizá puedan madurar bastante para que les vaya bien en la escuela. A veces es mejor esperar.

En fin, definitivamente hay muchas cosas buenas en los programas de los jardines de infancia, y me gustaría que tuviéramos uno en nuestras escuelas locales. Creo que los padres deben decidir si sus hijos están listos o no para este tipo de educación.

Evaluación de la composición con puntuación de 3: En esta composición puede apreciarse una estructura planificada, con los pros y contras mencionados en orden. El desarrollo es fácil de entender, aunque es también algo sencillo. El lenguaje del texto no es regular, presenta algunos giros de frase algo imprecisos— "Como todo en la vida" y "definitivamente hay muchas cosas buenas." Sin embargo, la composición es clara y controlada; y en general sigue las normas convencionales de escritura. Si el autor hubiera incluido ejemplos más explícitos y mejor desarrollados, y si hubiera utilizado una mayor variedad de vocablos, esta composición hubiera alcanzado una puntuación mayor.

<u>Pros</u>	<u>Contras</u>
Los niños aprenden habilidades.	**Los niños necesitan su hogar.**
Ejemplos:	Razones:
Seguir instrucciones	Necesitan seguridad.
Cortar	**Los padres pueden ofrecerles la**
Dibujar	**preparación necesaria.**
Aprenden las letras	**Algunos niños de 4 años**
mayúsculas	**de edad no pueden**
	adaptarse a la escuela.
	Ejemplos:
	No se sientan
	tranquilos.
	No prestan atención.
	No pueden compartir
	con los demás.

► Ejemplo de composición con puntuación de 2

¿Es buena idea la educación preescolar de los menores? Depende del niño a quien te refieres. Es probable que algunos niños necesiten más educación en los primeros años de vida y que necesiten algo que hacer para no meterse en problemas. Si no tienen una guardería u otro centro de enseñanza para menores sería bueno tener un jardín de infancia en la escuela para que puedan tener un buen comienzo en la vida. Pueden aprender muchas habilidades en el jardín; por ejemplo, pueden aprender a escribir sus nombres, a cortar papel, hacer arte, etc.

Por supuesto a muchos niños no les convendría muy bien, se portarían mal y demás; así que sería mejor que se quedaran en casa antes de ir al jardín, porque al fin y al cabo no están listos para la escuela, y aun pueden no estar listos para el preescolar el año siguiente tampoco. Algunos niños no se portan de acuerdo a su edad o son demasiado malcriados para la escuela.

De modo que yo aprobaría el jardín de infancia en nuestras escuelas, me parece una buena idea tener un lugar para que esos niños asistan. Aun cuando a algunos de ellos no les convenga bien, creo que a muchos de ellos sí les convendría bien, y eso significaría mejores notas a medida que vayan creciendo. Todas esas habilidades que aprendieron les servirán en el futuro. Si tuviéramos jardín de infancia, ayudaría también a los padres que trabajan, para que sepan que sus hijos están en un lugar seguro y aprenden cosas importantes para la vida.

Evaluación de la composición con puntuación de 2: Aunque el autor de esta composición hace algunos buenos razonamientos, la falta de habilidades lingüísticas y una cierta desconexión entre las ideas no le aportan al texto la calidad requerida. La composición comienza con una vaga introducción al tema y termina con un párrafo que expresa la opinión personal del autor, pero el resto del texto está desorganizado. En muchos casos los argumentos expresados no se soportan con ejemplos; y cuando estos aparecen, son muy débiles.

Pros	Contras
Evita que los niños se busquen problemas.	**Algunos niños no están listos para la escuela.**
Enseña habilidades	Ejemplos:
Ejemplos:	Actúan inferior a su edad.
Escribir su nombre	Se portan mal.
Cortar papel	
Hacer arte	

► Ejemplo de composición con puntuación de 1

¿Que beneficios hay? ¿Cuáles son algunos problemas en mandar a los niños de cuatro años a la escuela? Bueno, para empezar, sería bueno ver cómo esos pequeñitos se relacionan con todos los niños mayores que hay en la escuela. Pueden recibir insultos o aprender malas costumbres; así que no me gustaría ver a mi niño de cuatro años de edad en el mismo bus que los mayores y demás. Es difícil saber lo serio que es para un niño de cuatro años. En nuestra zona si tenemos un jardin de infancia en nuestra escuela, pero no tienen que ir allí. Hay muchos niños en el programa; creo que 50 o más. Los ves en el patio de recreo principalmente; así que es difícil saber cómo eso puede ser útil. Para eso

pueden jugar en la misma casa. Una razón para no hacer el jardín es entonces que aprendes en el preescolar. ¿Por qué tener que hacer la misma cosa dos años en vez de hacerlo en uno solo cuando seas un poquito más grande (mayor). No sé si la gente que quiere el jardín quiere que los niños no estén en casa o quieren una niñera para sus hijos. No veo por qué hay que pagar eso. No sé ni siquiera si el jardín es bueno, a diferencia del primer grado donde aprendes algo realmente. Así que yo diría que hay muchos problemas con el jardín de infancia.

Evaluación de la composición con puntuación de 1:

Esta composición apenas corresponde con el tema de escritura sugerido. Expresa algunas razones para no asistir a la enseñanza del jardín de infancia, pero no expresa ninguno de los beneficios de comenzar la escuela temprano. El autor repite ciertas frases ("es difícil saber") que no aportan ningún efecto, y tanto la escasez ortográfica como la gramática y la puntuación impiden sustancialmente la comprensión. Algunas oraciones se alejan completamente del tema ("hay muchos niños en el programa; creo que 50 o más. Los ves en el patio de recreo," "No sé ni siquiera si el jardín es bueno, a diferencia del primer grado donde aprendes algo realmente"). En vez de comenzar con una introducción, el autor sólo copia algunas frases del tema de escritura. La conclusión expresa la opinión del autor, pero las razones que se dan son ilógicas y vagas. En vez de organizar la composición en forma de párrafos, el autor ha escrito todo el texto con punto y seguido. La falta de organización, las escasas habilidades lingüísticas, y el error de no ajustarse al tema, otorgan a esta composición la puntuación de 1.

6 ▶ Examen diagnóstico de lectura GED

Instrucciones: Leer con cuidado el pasaje y responder a las preguntas de opción múltiple que siguen. Escoja la mejor respuesta para cada pregunta.

Por favor use lo siguiente para contestar a las preguntas 1–6.

¿Qué pasa cuando cuatro hombres luchan para mantenerse vivos después que su barco se hunde?

Ninguno de ellos conocía el color del cielo. Sus ojos miraban nivelados, y estaban atados sobre las olas que los azotaban. Estas olas eran el color de pizarra, menos las puntas, que eran espumosas y blancas, y todos los hombres conocían los colores del mar.

El cocinero se agachaba en el fondo mientras sacaba agua del barco.

El engrasador, manejando con uno de sus dos remos en el barco, a veces se levantaba de repente para mantenerse fuera del agua que formaba un espiral en la popa del barco. Era un remo chiquito y a veces parecía que se iba a partir.

El correspondiente, jalando el otro remo, miraba las olas y se preguntaba por qué él estaba ahí.

El capitán herido, acostado en la proa, estaba en ese momento enterrado en la indiferencia y desánimo profundo que a veces, al menos temporalmente da a los más valientes y más perdurables cuando, sin razón, la firma falla, el ejército pierde y el barco se hunde.

A medida que cada pared gris de agua se acercaba, cortaba todo de la vista de los hombres en el barco, y no era difícil imaginarse que esta ola en particular era la última exclamación del mar. Había una gracia terrible en el movimiento de las olas, llegaba el silencio, con excepción de sus crestas gruñentes.

En oraciones quebradas el cocinero y el corresponsal discutían la diferencia entre una estación de salvavidas y una casa de refugio. El cocinero había dicho: "hay una casa de refugio al norte de Mosquito Inlet Light, y tan pronto nos vean, vendrán en sus botes a recogernos."

"¿Tan pronto nos vea quien?" Dijo el corresponsal.

"El equipo," dijo el cocinero.

"Casas de refugios no tienen equipos," dijo el corresponsal. "Como yo lo entiendo, son solamente sitios donde la ropa y comida son almacenadas para el beneficio de gente náufraga. No tienen equipos."

"Sí los tienen," dijo el cocinero.

"No los tienen," dijo el corresponsal.

"Pues, todavía no estamos allí de todas formas," dijo el engrasador, en la popa.

"Gracias a Dios que es un viento de mar a tierra," dijo el cocinero. "Si no, ¿dónde estaríamos? No tendríamos un chance."

Mientras tanto el engrasador y el corresponsal se sentaban juntos en el mismo asiento, y cada uno remaba con un remo. Después el engrasador cogió ambos remos; después el corresponsal cogió ambos remos; después el engrasador, después el corresponsal.

El capitán, levantandose cuidadosamente en la proa después que el bote se alzó en una ola grande, dijo que él había visto el faro en Mosquito Inlet.

"¿Lo ves?" dijo el capitán.

"No," dijo el corresponsal lentamente, "no veo nada."

"Mira otra vez," dijo el capitán. Él señaló. "Está exactamente en esa dirección."

"¿Piensas que podemos lograrlo capitán?"

"Si sigue este viento y el barco no se inunda, no hay mucho más que podamos hacer," dijo el capitán.

—Stephen Crane, del "Barco Abierto" (1898)

1. ¿Por qué ninguno de los cuatro hombres conocían el color del cielo?
  a. Porque estaban manteniendo sus ojos en las olas.
  b. No sabían cuál sombra de gris era el cielo.
  c. Estaban muy cansados para mirar al cielo.
  d. El cielo era del mismo color del agua.
  e. Las olas estaban demasiado altas para ver el cielo.

2. ¿Por qué el cocinero dice ". . . gracias a Dios que es un viento de mar a tierra. Si no, dónde estaríamos"?
  a. Un viento de mar a tierra revuelve ondas más peligrosas y altas.
  b. Un viento de mar a tierra nos llevaría hacia la tierra.
  c. Está tratando de contentar a sus compañeros con mentiras.
  d. Verdaderamente no sabe en qué dirección está la tierra.
  e. Está repitiendo lo que ha dicho el capitán.

3. ¿Por qué el capitán estaba deprimido y desalentado?

   a. Estaba triste de perder su barco.

   b. El temía que viniera una tormenta.

   c. Tenía miedo de que las olas hundieran el bote.

   d. El sabía que el viento estaba empujando el bote lejos de la tierra.

   e. Estaba débil y cansado de remar.

4. Más tarde en el cuento, el autor escribe: "sería difícil describir la hermandad sutil de los hombres que estaba establecida aquí en la mar . . . [H]abía una camaradería que el corresponsal, por ejemplo, que había sido enseñado ser cínico de los hombres, sabía en ese momento que era la mejor experiencia de su vida. Pero nadie dijo que era así. Nadie lo mencionó."

   ¿Cuál de las siguientes es la razón más probable por la cual corresponsal pensó que esta experiencia era la mejor de su vida?

   a. Él se dió cuenta de que el capitán era el hombre más sabio que había conocido.

   b. Él descubrió que trabajar en un barco en el mar era una vida maravillosa.

   c. Él se dió cuenta de que las mejores cosas en la vida pasan accidentalmente.

   d. Él descubrió el valor de la camaradería al encarar de un peligro que amenazaba la vida.

   e. Él se dió cuenta de que él y los otros sobrevivientes se ahogarían, cualquiera que hicieran.

5. ¿Cuál de las declaraciones siguientes compara mejor los puntos de vista del corresponsal y el cocinero sobre una casa de refugio?

   a. Ambos hombres creen que los equipos de una casa de refugio los rescatarán.

   b. El corresponsal dice que una casa de refugio tiene un equipo, pero el cocinero dice que no.

   c. Ambos hombres están seguros de que no hay casas de refugio por la costa.

   d. El cocinero dice que una casa de refugio tiene un equipo, pero el corresponsal dice que no.

   e. Ambos hombres dudan que encuentren una casa de refugio.

6. ¿Cómo piensa usted que el corresponsal reaccionaría si el barco tuviera un agujero serio? Él probablemente

   a. Tendría mucho miedo y voltearía el barco.

   b. Ignoraría todas las órdenes del capitán.

   c. Brincaría fuera del barco y se iría nadando.

   d. Diría a todo el mundo que brinque.

   e. Ayudaría al equipo a sacar el agua y a mantener el barco a flote.

Por favor use lo siguiente para contestar a las preguntas 7–11.

¿Como puede una foto hacer un impacto?

En la primera foto profesional de Gordon Parks, titulada "American Gothic," tomando su titulo de un cuadro famoso hecho por Grant Wood, permanece una de las imágenes más poderosas de minorías creadas en los años que llegaron al Movimiento de los Derechos Civiles. La composición de la foto de Parks repite la del cuadro de Wood. Pero mientras el cuadro representa un rígido y estoico granjero y a su esposa aguantando una horquilla contra el fondo de una granja americana rústica, la foto muestra una mujer de limpieza afro-americana aguantando una escoba y un trapo contra el fondo de la bandera americana. La mirada de la mujer es directa pero no acusa. La mirada es un poco apartada sugiriendo una tendencia natural de evitar confrontaciones. El poder de la imagen viene del contraste de la expresión dolorosamente profunda del sujeto con los ideales gloriosos simbolizados por la bandera americana.

Parks capturó esta imagen en 1942 en su primer día trabajando por la administración de seguridad de granjas. Esta agencia gubernamental fue establecida por el presidente Franklin D. Roosevelt para ayudar a los trabajadores durante los años duros de la Depresión. Fotógrafos como Parks fueron empleados para crear imágenes que pudieran comunicar la situación de estos americanos. Como un afro-americano, Parks tuvo muchas experiencias propias con la discriminación y el prejuicio. Pero todavía él estuvo sorprendido por las actitudes que él encontró cuando empezó a trabajar para la agencia en Washington, D. C. Él fue obligado a entrar en los restaurantes por la puerta de atrás y le fue prohibido entrar en algunos teatros y otros sitios. El nuevo jefe de Parks, Roy Stryker, sugirió que él hablara con algunos residentes afro-americanos en Washington y que usara su cámara para grabar sus experiencias.

Parks siguió el consejo de su jefe, que lo llevó a Ella Watson, el sujeto de "American Gothic." Parks la conoció mientras limpiaba los pisos del edificio de la agencia. Ella le contó su vida, que incluía muchos casos de intolerancia y penuria extrema. Cuando ella se puso de acuerdo en dejar que el fotógrafo joven le tomara su foto, Watson dío un paso a ser una de las imágenes más reconocidas e influyentes de nuestro tiempo.

Pero cuando Parks le trajo la foto a Stryker, éste estuvo impresionado pero incierto. "Si entendiste la idea," comentó Stryker, "pero vas a buscar que nos boten a todos." Parks aceptó la evaluación de Stryker, reconociendo que la foto podía ser muy sensacional para publicarla en una escala grande. Por eso fue asombro y orgullo lo que sintió Parks cuando él vió "American Gothic" en la primera página del Washington Post. La cara de Ella Watson contaba volúmenes sobre su pasado, y la composición desgarradora de Parks añadía un comentario editorial inescapable.

—Stanley Isaacs

7. ¿Por qué Gordon Parks decidió titular su fotografía "American Gothic"?
   a. porque la foto era oscura y misteriosa
   b. porque la foto duplicaba exactamente las imágenes del cuadro del mismo nombre de Grant Wood
   c. porque la foto tenía una composición parecida al cuadro de Grant Wood
   d. porque él admiraba la vida y trabajo de Grant Wood
   e. porque Ella Watson se parecía demasiado a la esposa del granjero en el cuadro de Grant Wood

8. ¿Por qué la administración de seguridad de granjas contrató fotógrafos como Gordon Parks?

    a. para crear avisos que reclutarían nuevos granjeros

    b. para producir fotos que mostraban las condiciones de la vida de los trabajadores americanos

    c. para tomar fotos que pudieran ser vendidas como recuerdos

    d. para hacer el periodismo gráfico más influyente que el periodismo de letras

    e. para proveer ayuda directa a los granjeros y trabajadores que lo necesitaban

9. Basado en su entendimiento de este extracto, ¿cuál de estas generalizaciones sobre el trabajo de Gordon Parks es más probable ser verdad?

    a. Todas las fotos de Parks son fotos de celebridades.

    b. Los trabajos de Parks más importantes son sátiras o parodias del arte existente.

    c. Parks prefiere tomar fotos de gente común trabajadora.

    d. Parks usa la parte mayor de su tiempo en fotografía de moda.

    e. Parks es famoso por sus fotos de los paisajes en el oeste de América.

10. ¿Cómo piensa usted que Gordon Parks hubiera respondido a un trabajo de capturar imágenes de la pobreza de las regiones urbanas? Él hubiera

    a. buscado una manera de hacer el trabajo sin tomarle fotos a la gente.

    b. rechazado el trabajo porque el mensaje de las fotografías sería muy perturbador.

    c. tratado de encontrar imágenes distintas pero absorbentes que encarnaran sus sentimientos sobre el tema.

    d. tomado solamente fotos de la gente rica para mostrar como su riqueza afectaba a los otros.

    e. limitado a sí mismo de tomarle fotos a mujeres que habían tenido experiencias con las penurias de la pobreza.

11. Hablando sobre su carrera, Parks ha dicho, "yo agarré una cámara porque fue mi arma preferida contra lo que yo odiaba más del universo: racismo, intolerancia, pobreza."

Usando lo que ustedes saben del extracto y esta cita, ¿por qué dice Parks que una cámara es un "arma"? Parks cree que una cámara

    a. crea fotos que pueden hacer que boten a la gente de sus trabajos.

    b. es una herramienta que usa un artista para capturar belleza y luz.

    c. puede capturar y destruir el alma de la gente que son fotografiadas.

    d. es peligroso porque puede ser usado para crear propaganda.

    e. puede crear fotos que lleguen a cambios políticos y sociales.

Por favor use lo siguiente para contestar a las preguntas 12–17.

¿Qué pasa cuando dos chanchulleros echan a perder un secuestro?

Parecía una idea buena: pero espera hasta que te diga. Estábamos en el sur, en Alabama—Bill Driscoll y yo—cuando la idea del secuestro nos llegó.

Había un pueblo llamado Summit. Bill y yo teníamos un capital junto de casi $600, y necesitábamos solamente $12,000 más para poder hacer un plan fraudulento de parcelas en un pueblo en la parte oeste de Illinois.

Seleccionamos para nuestra víctima el hijo único de un ciudadano prominente llamado Ebenezer Dorset. El papá era respetable, un financiero de hipotecas (el narrador quiere decir financiero, alguien que presta dinero a la gente que quieren comprar propiedad). El hijo era un niño de 10 años. Bill y yo esperábamos que Ebenezer se derritiera y daría un rescate de $2000 hasta el último centavo.

Cerca de dos millas de Summit había una montaña pequeña. En la parte trasera de la elevación de esta montaña había una cueva. Allí guardábamos provisiones.

Una tarde después que cayó el sol, pasamos por la casa del viejo Dorset en una calesa. El niño estaba en la calle, echándole piedras a un gato en una cerca al otro lado.

"¡Oye niño!" dijo Bill, "¿quieres unos dulces y pasear en la calesa?"

El niño le dio a Bill por el ojo con un pedazo de ladrillo.

"Eso le costará al viejo unos $500 de más," dijo Bill.

El niño peleó, pero al final, lo metimos al fondo de la calesa y nos fuimos. Lo llevamos a la cueva. Cuando anocheció manejé la calesa al pequeño pueblo donde lo habíamos contratado, y caminé hacia la montaña.

Había una fogata quemando detrás de una piedra grande a la entrada de la cueva, y el niño estaba mirando una olla de café hirviendo, con dos plumas de un gallinazo metidas en su pelo rojo. Señala hacia mí con un palo cuando llega, y dijo:

"¡Ha! ¿Te atreves a entrar al campamento del Jefe Rojo, el terror de los llanos?"

"Está bien ahora," dije Bill, arremangándose sus pantalones y examinando unos morados en sus piernas.

"Yo soy el viejo Hank, el Trampero, el prisionero del Jefe Rojo, y al amanecer me arrancará la cabellera. ¡Por Dios! Ese niño puede patear duro."

Sí señor, ese niño parecía estar teniendo el mejor tiempo de su vida. Él inmediatamente me puso el apodo Ojo de Culebra, el Espía, y anunció que cuando saliera el sol me quemarían en una estaca.

"Jefe Rojo," le dije yo al niño, " ¿te gustaría volver a tu casa?"

"¿Y para qué?" dije él. "No me divierto en la casa. Odio la escuela. Me gusta campar. No me vas a llevar a la casa otra vez Ojo de Culebra? Nunca me he divertido así."

Nos dormimos a eso de las 11. Yo caí en un sueño no profundo y preocupado.

Al amanecer, me despertaron unos gritos horribles de Bill. El Jefe Rojo estaba sentado sobre el pecho de Bill, con una mano metida en el pelo de Bill. En la otra mano tenía la navaja que usábamos para cortar el tocino; y él estaba tratando de arrancarle la cabellera a Bill, de acuerdo con la sentencia que había sido pronunciada sobre él la noche anterior.

Le quité la navaja del niño y lo hice acostarse otra vez. Pero desde ese momento, el espíritu de Bill estaba quebrado. El nunca cerró un ojo al sueño mientras que ese niño estuvo con nosotros.

Yo me volví a dormir por un rato, pero cuando salió el sol ya me acordé de que el Jefe Rojo había dicho que me iban a quemar en una estaca cuando saliera el sol. No estaba nervioso ni miedoso; pero me senté, prendí mi pipa y me recosté contra una piedra.

"¿Por qué te levantas tan temprano, Sam?" preguntó Bill.

"¿Yo?" dije yo. "Ah, me dio un dolor en mi hombro. Pensé que el sentarme lo aliviaría."

"¡Mentiroso!" dijo Bill. "Tienes miedo. A ti te iban a quemar a la salida del sol y tú tenías miedo de que lo hicieran. Y él lo haría también, si pudiera encontrar un fósforo."

"¿No es horrible, Sam?" dijo Bill. "¿Tú crees que alguien va a pagar dinero para que le devuelvan el diablillo a la casa?"

—O. Henry, de "El Rescate del Jefe Rojo" (1907)

12. ¿Por qué quieren Sam y Bill secuestrar al hijo de Ebenezer Dorset?

a. Ellos saben que Ebenezer pagará un rescate para evitar publicidad.

b. Han fallado secuestrara otros niños de Summit.

c. Necesitan $100 y saben que Ebenezer pagará esa suma.

d. El hijo de Ebenezer es enfermizo y débil y será fácil secuestrarlo.

e. Ellos piensan que él tiene suficiente dinero para pagar bastante para rescatar a su único hijo.

13. ¿Cuál de las siguientes frases NO es cierta sobre la relación entre Red Chief y sus captores?

a. Red Chief les asigna nuevos nombres a sus captores.

b. Hasta cierto punto, los captores les tiene miedo de Red Chief.

c. Red Chief termina abusando de sus captores y los hiere.

d. Los captores piensan soltar a Red Chief a primera hora.

e. Red Chief prefiere abandonar a su familia para siempre.

14. ¿Cómo es el Jefe Rojo diferente de una víctima de secuestro típico?

a. Jefe Rojo actúa miedoso y ruega irse para casa.

b. Jefe Rojo asusta y lastima a sus secuestradores.

c. A Jefe Rojo no le gusta hacer escondido en una cueva.

d. Jefe Rojo tiene miedo de que su papá no pueda pagar el rescate.

e. Jefe Rojo tiene miedo de que sus secuestradores lo maten.

15. ¿Cuáles palabras mejor describen el tono del extracto?

a. oscuro y misterioso

b. alegre

c. amargado y enfadado

d. irónico y chistoso

e. objetivo y realista

16. Más tarde en el cuento, después de otro día con el Jefe Rojo, Sam y Bill escriben otra nota de rescate a Ebenezer. Ellos firman la nota, "Dos Hombres Desesperados." Normalmente los criminales usan esta frase para indicar que ellos harán lo que sea—hasta matar—para conseguir lo que quieren. Basado en la información y el extracto, ¿por qué es irónica esta frase en este pasaje?

   a. Muestra que no pueden con el Jefe Rojo y que están dispuestos a hacer lo que sea para salir de la situación.

   b. Muestra que ellos matarán al Jefe Rojo.

   c. Que son buscados por crímenes en otros estados.

   d. Tienen hambre y urgentemente necesitan comida.

   e. Que viene una tormenta y necesitan más refugio de lo que la ofrece.

17. Si Sam le pidiera a Bill que se juntara con él en otra conspiración riesgosa para hacer dinero, ¿cómo piensa usted que Bill contestaría? Él probablemente

   a. estaría de acuerdo porque él le debe a Sam mucho dinero.

   b. estaría de acuerdo porque le gusta hacer cosas riesgosas.

   c. rechazaría porque él ya no confía en Sam.

   d. rechazaría porque no quiere ir a la cárcel.

   e. no podría decidir porque no está acostumbrado a hacer sus propias decisiones.

Por favor use lo siguiente para contestar a las preguntas 18–23.

¿Cómo puede un sueño cambiar su punto de vista de vida?

Él Tuvo Su Sueño

(1)   Él tuvo su sueño, y por toda la vida,
Trabajó hacía él a través del trabajo y luchas.
A flote para siempre ante sus ojos,
Le dió color a todos sus cielos:
(5)   Las nubes oscuras de tormenta
Sobre su corteza,
La cripta calmada y lánguida de azul
Tomó su color de esperanza,
Tinturaba cada rayo que pasaba—
(10)   Él tenía su sueño.

Él trabajó duro y al final falló,
Sus velas muy débiles para aguantar la ráfaga,
La brava tempestad arrancó
y mandó su corteza latiendo, a descarriarse.
(15)   ¡Pero que le importaba
El viento o el mar!
Él dijo, "La tempestad será corta,
Mi corteza llegará a un puerto."
Él vió a través de cada nube un brillo—
(20)   Él tuvo su sueño.

            —Paul Lawrence Dunbar

18. ¿Cuál es el significado de la palabra *corteza* en las líneas 6, 14 y 18?

   a. el corazón

   b. la tormenta

   c. el océano

   d. el árbol

   e. el barco

19. ¿Qué representa la nube en la línea 20 de este poema?

   a. el obstáculo

   b. la determinación

   c. la naturaleza

   d. la oscuridad

   e. la perseverancia

20. ¿Cuál es la imagen principal presentada en este poema?

   a. un hombre trabajador enfrentando dificultades

   b. un barco siendo desbaratado por una tormenta en el mar

   c. un viento fuerte del oeste

   d. un puerto pacífico

   e. un hombre insensato

21. ¿Cuál palabra mejor describe el hombre *que tuvo su sueño*?

   a. realista

   b. optimista

   c. sarcástico

   d. pesimista

   e. analítico

22. ¿Cuál de estos dichos expresa mejor el mensaje de este poema?

   a. Un pájaro en la mano vale más que dos en el árbol.

   b. Un amigo en hora de necesidad es un amigo de verdad.

   c. La necesidad es la madre de la invención.

   d. Mantén tome entre en tu meta y nunca la renuncies.

   e. El desear no lo hace así.

23. En uno de sus discursos más famosos, Dr. Martín Luther King, Jr., declaró, "Yo tengo un sueño." En el discurso, el doctor King habló de su esperanza de lograr una sociedad en que la gente de todas razas sea tratada igualmente. ¿Cómo compara el mensaje del discurso de King con el tema del poema de Dunbar?

   a. Ambos escritores enfatizan la importancia de perseguir una meta positiva.

   b. Ambos escritores compartan sus experiencias personales sobre la igualdad racial.

   c. Ningún escritor cree realmente que los sueños puedan ser verdaderamente logrados.

   d. Ningún escritor acepta la responsabilidad personal por tomar pasos para lograr una meta.

   e. Ambos escritores creen que los sueños son importantes, pero la realidad es importante.

Por favor use lo siguiente para contestar a las preguntas 24–29.

¿Qué pasa cuando un vecino pide un favor?

Él se ríe y pregunta, "¿Tengo una risa chistosa?"

"No," dijo, "no." Pero sí lo tiene. Jorge tiene una risa chistosa. Fwa fwa fwaaaa. Con chillidos. Usted se pararía y cambiaría de asiento en un teatro si estuviera sentado detrás de alguien que tuviera esta risa, porque ¿cómo puede uno mirar una película con ese ruido?

"La gente me ha dicho que yo tengo una risa chistosa."

"No, no," yo digo, "no." Mis palabras son específicas, escogidas. Cada no es una mentira precisa. Una quiere decir" no, no tienes una risa chistosa." La próxima quiere decir "no, no debieras de ponerle atención a tus amigos." La otra quiere decir "no, yo no diría eso porque, después de todo, tu me estás haciendo un favor de llevarme a la escuela." Pudiera mentir más explícitamente pero las palabras que salen son "no, no, no."

"Estoy un poco alegre que tu hermana se enfermó," él dice, y ¡zas! La implicación incómoda de su declaración cae como pescado muerto sobre el salpicadero. Después de un momento de silencio incómodo, Jorge se da cuenta de lo que acaba de decir y nerviosamente ofrece una explicación. "Lo que quiero decir, no estoy contento que ella se enfermó. Cuando dije que estaba contento que se enfermó, no quería decir eso. Lo que quería decir es que estoy contento que ella no te pudo llevar a la escuela. O sea, no estoy contento que ella no pudo, pero estoy contento que yo sí pude, ¿si entiendes? Porque he querido conocerte desde que te mudaste aquí."

Yo señalo que entiendo con la cabeza. Debiera decir algo como "sí, yo también," o "yo he querido conocerte también, Jorge," pero esas mentiras se traban en mi garganta.

El silencio del carro se hace más espeso mientras deceleramos el carro a una parada. Por fuera de la ventana, un obrero esta desviando el tráfico mientras que un equipo de construcción se prepara para acabar una gran porción de la carretera. Dentro del carro, Jorge trabaja para llenar el silencio, es aire caliente.

"Quiero decir, somos vecinos ahora, entonces debiéramos de conocer más sobre uno a otro, ¿no? Buenos vecinos hacen buenas cercas," Jorge dice y se ríe otra vez. Fwa fwa fwaaaaa.

Los obreros en el hoyo están acelerando un taladro grande, preparándose para abrirle el inocente pavimento. Yo sé cómo se siente el pavimento.

—Eric Reade

24. ¿Qué evento probablemente ocurrió antes del principio de este extracto?
   a. Jorge manejó el narrador a la escuela por varios días.
   b. La hermana del narrador se recuperó de su enfermedad.
   c. Jorge preguntó si él tenía una risa chistosa.
   d. El narrador le pidió a Jorge que la llevara a la escuela.
   e. El narrador anotó la construcción en la carretera cuando iba a la escuela.

25. ¿Por qué el narrador le miente a Jorge al principio de este extracto? El narrador

a. quiere evitar la incomodidad que vendaría al decir la verdad.

b. espera tener una amistad cercana con Jorge.

c. es un mentiroso compulsivo que no es capaz de distinguir entre la verdad y las mentiras.

d. piensa decirle a Jorge la verdad sobre su risa cuando llegue a la escuela.

e. quiere castigar a Jorge por sus chistes pobres.

26. ¿Cuáles palabras describen mejor la actitud de la narradora cuando Jorge trata de saber más?

a. bravo y hostil

b. miedoso y disgustado

c. interesado y entusiasmado

d. distante y cuidadoso

e. frío e indiferente

27. ¿Por qué incluye el autor algunos fragmentos de oración, como *Con chillidos*?

a. para sugerir que los personajes no son educados

b. para indicar que el narrador habla como un dialecto regional

c. para imitar a los patrones del hablado cotidiano

d. para mostrar los límites de las convenciones formales de la escritura

e. para ilustrar errores gramáticos comunes

28. Más tarde en el cuento, uno de los personajes dice, "la construcción de carreteras siempre me recuerda de ir al dentista. Quiero decir, no es exactamente la misma cosa, pero con todo ese taladro o y grita de día, ¿verdad?" El personaje que dice esto es probablemente el

a. narrador, porque la cita describe la construcción de carretera.

b. narrador, porque la cita contiene dicción formal.

c. Jorge, porque la cita refleja su uso de lenguaje.

d. Jorge, porque la cita contiene una metáfora precisa y colorida.

e. alguien nuevo, porque las palabras son totalmente de diferentes de las que usa el narrador o Jorge.

29. El título de este cuento es "Inquietud y Alegría." ¿Qué sigiere este título que pasará con la tensión entre los dos personajes en el carro? La tensión probablemente

a. se desarrollará a un clímax violento.

b. será resuelta, haciendo una relación mejor entre el narrador y Jorge.

c. desaparecerá tan pronto como dejen de taladrar en las paradas de construcción de carretera.

d. aumentará mientras que el carro se acerca a la escuela.

e. resultará estar en la imaginación del narrador todo el tiempo.

Por favor use lo siguiente para contestar a las preguntas 30–34.

JULIETA: Mi querida ama . . . Dios santo, ¿tan
seria?
Si las noticias son malas, dilas alegre;
si son buenas, no estropees su música
viniéndome con tan mala cara.

AMA: Estoy muy cansada. Espera un momento.
¡Qué dolor de huesos! ¡Qué carreras!

JULIETA: Por tus noticias te daría mis huesos.
Venga, vamos, habla, buena ama, habla.

AMA: ¡Jesús, qué prisa! ¿No puedes esperar?
¿No ves que estoy sin aliento?

JULIETA: ¿Cómo puedes estar sin aliento, si lo
tienes
para decirme que estás sin aliento?
Tu excusa para este retraso
es más larga que el propio mensaje.
¿Traes buenas o malas noticias? Contesta.
Di una cosa a otra, y ya vendrán los detalles.
Que sepa a qué atenerme: ¿Son buenas o malas?

AMA: ¡Señor, qué dolor de cabeza! ¡Ay, mi
cabeza!
Palpita como si fuera a saltar en veinte trozos.
Mi espalda al otro lado . . . ¡Ay, mi espalda!

JULIETA: Me da mucha pena verte así.
Querida, mi querida ama, ¿qué dice mi amor?

AMA: ¿Es esta la cura para mi dolor de huesos?
¿Tienes permiso para ir hoy a confesarte?

JULIETA: Sí.

AMA: Pues corre a la celda de Fray Lorenzo:
te espera un marido para hacerte esposa.
Corre a la iglesia. Yo voy a otro sitio
por una escalera, con la que tu amado,
cuando sea de noche, subirá a tu nido.
Yo me voy a comer. Tú vete a la celda.

JULIETA: ¡Con mi buena suerte! Adiós, ama
buena.

—William Shakespeare,
de *Romeo y Julieta* (1597)

30. ¿Cuál es la respuesta de Julieta al ama cuando
ella se queja de que no tiene aliento?
   a. Ella dice que si el ama tiene aliento suficiente
      para quejarse, no puede no tener aliento.
   b. Dice que el ama no tiene aliento porque está
      enferma.
   c. Está preocupada que el ama se desmayará.
   d. Le dice al ama que descanse y que vuelva
      después.
   e. Dice que si el ama no tiene aliento, ella
      debiera sentarse y descansar.

31. ¿Cuál es la verdadera razón por la cual el ama
sigue quejándose sobre su cabeza y su espalda?
   a. Ella no quiere decirle a Julieta las malas noti-
      cias.
   b. Romeo le dijo que no le dijera nada a Julieta.
   c. Tenía miedo de que Julieta se escapara.
   d. Está jugando con Julieta para no darle infor-
      mación sobre lo que Romeo le ha dicho a ella.
   e. El ama verdaderamente está sufriendo como
      resultado de ir a verse con Romeo.

32. ¿Por qué mandó Julieta al ama a conocer a Romeo?

    a. para enterarse si alguien de su familia había estado espiando a Romeo

    b. para enterarse si Romeo estaba bien

    c. para enterarse dónde y cuándo Romeo pensaba casarse con ella

    d. para decirle que ella ya no quería casarse con él

    e. para darle al ama algo de hacer mientras Romeo estaba en el jardín

33. ¿Por qué le pregunta el ama a Julieta si tiene permiso para confesarse?

    a. El ama piensa que Julieta debiera impedir que el padre Lorenzo la visite.

    b. El ama quiere asegurarse de que Julieta tenga una excusa para ver al padre Lorenzo.

    c. El ama está brava porque Julieta ha sido desobediente.

    d. El ama quiere que Julieta se quede con ella hasta que Romeo llegue.

    e. El ama no quiere que Julieta vaya a confesarse sin ella.

34. ¿Cuál de los eventos siguientes parece más probable según la información en este extracto?

    a. Los padres de Julieta van a prevenir que ella vaya a ver al padre Lorenzo.

    b. Romeo será matado antes de que él y Julieta se casen.

    c. Julieta tendrá un accidente antes de que ella pueda ver al padre Lorenzo.

    d. El padre Lorenzo secretamente casará a Romeo y Julieta.

    e. Julieta se escapará con Romeo a otro país.

Use por favor lo siguiente para contestar a la pregunta 35.

En esta obra, esta conversación tiene lugar entre Romeo y el ama.

    ROMEO: Dile que vea la manera de acudir esta tarde a confesarse, y allí, en la celda de Fray Lorenzo, se confesará y casará.

    AMA: ¿Esta tarde, señor? Pues allí estará.

    ROMEO: Ama, espera tras la tapia del convento. A esa hora estará contigo mi criado y te dará la escalera de cuerda . . .

35. Según esta conversación y el extracto, ¿cuál es la mejor conclusión?

    a. El ama esta espiando a Romeo y Julieta según las órdenes de los padres de Julieta.

    b. El ama no va a proveer la escalera que Romeo ha pedido para poder llegar al cuarto de Julieta.

    c. Romeo no confía en el ama.

    d. El ama quiere ayudar a Julieta a casarse con Romeo.

    e. El ama no quiere que Romeo logre casarse con Julieta.

Use por favor lo siguiente para contestar a las preguntas 36–40.

¿Qué aprenderán los participantes del taller?

VISIÓN GENERAL DE TALLER DE COMUNICACIÓN

Bienvenidos al Taller de comunicación. En la conferencia de hoy discutiremos muchos aspectos de la comunicación en el negocio. Usted aprenderá muchas estrategias útiles que usted puede usar para hacer las discusiones en su sitio de trabajo eficaces y productivas. Esta lista presenta mucho de los conceptos claves que explicaremos durante el seminario.

1. **Escuchar, escuchar, escuchar**

   Usted tiene que escuchar antes de poder contestar. Parece fácil, pero estaría sorprendido que a menudo la gente se mete en una conversación sin verdaderamente haber escuchado lo que los otros han dicho. Enfóquese en lo que la otra persona está diciendo, no lo que usted quiere decir. Otra estrategia útil es hacer un resumen de lo que acaba de escuchar antes de añadir sus propios comentarios. Esta técnica lo puede ayudar a corregir cualquier mal entendimiento.

2. **Usa el lenguaje profesional**

   Acuérdese de que un sitio de trabajo es un escenario profesional. No importa cómo se siente usted sobre un tema; usted debiera elegir sus palabras con cuidado. Algunas palabras o frases que son apropiadas para la casa no son apropiadas en el trabajo.

3. **Sea específico**

   Cuanto más específico usted es tanto, más claramente puede comunicar. En vez de decir "el reporte es un desastre," tómese el tiempo de describir los problemas exactos que ha identificado. Una declaración general es más probable ser malentendida que una específica.

4. **Evite declaraciones negativas**

   Usted puede pensar en esto como la regla de no "no." El trabajo muchas veces requiere la resolución de problemas, pero demasiadas declaraciones negativas pueden crear una atmósfera pesimista y negativa en el trabajo. Usted recibirá mejores reacciones si balancea declaraciones negativas con positivas. Usted podrá querer gritar "¡no hay manera en que lleguemos a terminar para esta fecha!" Pero usted ayudará su equipo mucho más si dice "La última vez que podíamos terminar para una fecha como ésta parecía imposible, pero nos reunimos y ¡terminamos el trabajo!"

5. **Usa notas**

   Las notas pueden ayudarlo a mantener su comunicación de negocio enfocada y productiva. Antes de una reunión, haga una lista de los temas que usted quiere cubrir o las preguntas que quiere hacer. Durante o después de la reunión, escriba un resumen breve que cubra los puntos principales discutidos. Usted puede mandar sus notas por correo electrónico a todos que participaron en la discusión, así todos tendrán el mismo archivo.

36. ¿Cuál resumen describe mejor el tema de esta conferencia?

a. hacer decisiones basadas en comunicación eficaz

b. usar prácticas de negocio para promover la eficiencia

c. evitar declaraciones negativas para crear un ambiente positivo de trabajo

d. usar tácticas de comunicación para manipular a los consumidores

e. maneras de mejorar sus tácticas de comunicación de negocio

37. Según este extracto, ¿cuál de las declaraciones siguientes es el mejor ejemplo de comunicación de negocio eficaz?

a. "Tú y yo nunca vemos ojo a ojo en nada."

b. "La reunión de ayer fue totalmente inútil."

c. "Vamos a tratar de resolver las contradicciones en este reporte."

d. "Nunca más volveré a hacerle un favor al departamento de producción."

e. " No sirve discutir esto más."

38. De acuerdo con esta visión general, ¿qué conclusión puede usted sacar de los líderes de la compañía que patrocinan este taller? Los líderes de la compañía

a. han recientemente identificado un declive en la productividad.

b. creen en la importancia de la comunicación entre los empleados.

c. piensan que los empleados debieran ser vistos y no escuchados.

d. piensan patrocinar talleres de comunicación para otros negocios.

e. esperan aumentar el número de empleados en la administración.

39. ¿Cómo se organizó este extracto?

a. declaraciones de opinión apoyadas por evidencia de datos

b. puntos seguidos por direcciones de paso a paso

c. temas generales divididos en subtemas

d. reglas seguidas por elaboraciones y explicaciones

e. anécdotas apoyadas por datos de estadísticas

40. Además de la visión general del taller de comunicación, se le dio a cada participante también un gráfico organizado en que podía tomar notas sobre la conferencia. ¿Cuál de las siguientes conclusiones sobre los líderes de este taller es apoyada por esta información y el extracto? Los líderes del taller

a. creen que tomar notas es la táctica de comunicación más importante.

b. no creen que los participantes se acuerden de lo que escuchen.

c. quieren ayudar a los empleados a desarrollar el hábito beneficioso de tomar notas.

d. piensan que tomar notas puede reemplazar la comunicación verbal.

e. van a calificar a los participantes en la calidad de sus notas.

► Respuestas

1. a. El primer párrafo insinuó por la cual la razón que los hombres no conocían el color del cielo es que estaban muy ocupados mirando a las olas. Esto era la única forma de evitar que una ola le pegara al bote y los hundiera (opción **a**). Las opciones **b, c, d** y **e** pueden parecer razonables pero no están apoyadas en el pasaje.

2. b. Un viento que corre de mar a tierra. La opción **a** es incorrecta porque un viento que viene de tierra a mar empujaría el bote más lejos. No hay evidencia en el texto para apoyar las opciones **c, d** o **e**. Todos los marineros saben la dirección donde está la tierra, y un poquito más tarde, el capitán ve señas de tierra.

3. a. El texto hace claro que el capitán está desalentado porque su barco se ha hundido. La opción **b** es incorrecta porque nada en el texto sugiere que vieron la tormenta. La opción **c** es incorrecta porque nadie, menos de todo el capitán, ha dejado la esperanza de sobrevivir las olas. La opción **d** es incorrecta porque el viento está corriendo hacia la costa. La opción **e** no es correcta porque el corresponsal y el engrasador, no el capitán, están remando. El capitán está en cargo del bote pequeño y su equipo pequeño.

4. d. El autor claramente declara que la camaradería de los hombres luchando juntos para salvar sus vidas es la mejor experiencia de su vida. Ninguno de las otras opciones es apoyada por el extracto. El corresponsal nunca habla del capitán como hombre sabio (opción **a**). No hay referencia en el extracto a la vida en el barco antes de que se hundiera (opción **b**), o a las ocurrencias accidentales (opción **c**). Y nadie en el bote le da voz a sus miedos que todos se vayan a ahogar (opción **e**).

5. d. En la conversación entre el corresponsal y el cocinero, es el cocinero que dice que una casa de refugio tiene un equipo. El corresponsal dice que no. Entonces la opción **d** es la respuesta correcta. El pasaje no apoya ninguna de las otras respuestas.

6. e. No hay evidencia de que el corresponsal haría más sino ayudar a los otros a mantener el bote a flote (opción **e**). Él ha sido calmado a través de la experiencia terrible, y no es probable que de pronto hiciera algo para voltear el bote (opción **a**). Siempre ha seguido las órdenes del capitán así que no es probable que el corresponsal ignorara al capitán si hubiese un agujero (opción **b**). El no abandonaría el bote para salvarse a sí mismo (opción **c**), ni trataría de tomar el comando y dar una orden para brincar fuera del bote (opción **d**).

7. c. El texto explica cómo la foto de Parks repite la composición del famoso cuadro de Grant Wood. No hay indicación de que la foto es oscura y misteriosa (opción **a**), ni de que Ella Watson se parecía a la esposa del granjero en el cuadro de Grant Wood (opción **e**). Aunque Parks hubiera podido admirar a Grant Wood (opción **d**), el texto no apoya esa opción, y el ensayo muestra que las imágenes en la foto son distintas de las imágenes en el cuadro (opción **b**). La opción **c** cuadra con la información dada.

8. b. El extracto declara que la agencia contrató fotógrafos para comunicar el estado de los americanos en dificultad; entonces la opción **b** es la mejor respuesta.

9. c. Se puede suponer que Parks continuó creando imágenes fotográficas de la clase obrera; entonces la opción **c** presenta una generalización válida. Nosotros opciones hacen su posición es que no están basadas en evidencia en el extracto.

10. c. Parks probablemente usaría la misma técnica en un nuevo trabajo que había usado cuando creó "American Gothic"; entonces él trataría probablemente de compartir sus sentimientos sobre el tema de pobreza para mostrar imágenes poco comunes pero absorbentes. La opción **a** no tiene sentido porque Parks era fotógrafo. Las opciones **b** y **d** son incorrectas porque parte de la misión de Parks era mostrar las penurias de la vida. La opción **e** es incorrecta porque no hay evidencia en el texto de que Parks se concentra en las mujeres y nada más.

11. e. Parks llama a su cámara un arma porque puede crear imágenes influyentes como "American Gothic." Es un arma que contribuye directamente al cambio social y político; entonces la opción **e** es la mejor respuesta. Aunque las opciones **a**, **b** y **d** pueden ser puntos válidos, no cuadran con la cita de Parks que dice que quiere exponer los males del mundo. La opción **c** no tiene sentido.

12. e. El texto dice claramente que Ebenezer Dorset es un ciudadano prominente que les presta dinero a las personas que necesitan hipotecas. Entonces es adinerado. Por esa razón la opción **e** es la respuesta correcta. Ninguna de las otras respuestas es apoyada por el texto.

13. d. Aunque los captores entienden que tal vez nadie pagaría pagar ecuperar a un hijo como Red Chief, el pasaje no indica cuáles son los planes de los captores. La respuesta **a** es incorrecta porque los captores ya se identifican por los nombres indígenas asignados por Red Chief. La respuesta **b** es incorrecta por el hecho que los captores no pueden dormir tranquilamente, lo cual demuestra que le tienen miedo de Red Chief. La respuesta **c** es incorrecta porque Hill fue atacado dos veces por Red Chief. La repuesta **e** es incorrecta ya que Red Chief les suplicó que no lo devolviera a su vida aburrida.

14. b. La ironía en este pasaje es que el Jefe Rojo no actúa como víctima de secuestro común. En vez de estar asustado y maltratado, él asusta a sus captores y lastima a Bill repetidamente. Entonces la opción **b** es la respuesta correcta. Ninguna de las otras opciones es apoyada por el texto. Ellas describen a las víctimas de secuestro típico, no al Jefe Rojo.

15. d. El tono del extracto es chistoso y único. La ironía básica (lo opuesto de lo que se esperaba) en la situación es que los papeles de los secuestradores y la víctima son invertidos. Los secuestradores sufren a la mano de su víctima. Su víctima se está disfrutando, pero Bill y Sam están abatidos. La opción **d** es la respuesta correcta porque ninguna de las otras opciones describe precisamente tonos reflejados en la situación o el lenguaje usado.

16. a. La respuesta correcta es la opción **a**. La opción **b** es incorrecta porque los dos nunca amenazado con matar al Jefe Rojo. Las opciones **c**, **d** y **e** no son apoyadas por evidencia del texto.

17. c. En este extracto, Bill parece ser el que recibe el peor tratamiento del Jefe Rojo. Su declaración al final del pasaje muestra que él está preocupado de que nunca puedan zafarse del niño. La opción **a** es incorrecta porque no hay evidencia de que Bill le deba dinero a alguien. La opción **b** puede ser verdad, pero no hay evidencia en el extracto de que a Bill le guste tomar riesgos. La opción **d** es incorrecta porque Bill no muestra señales de estar preocupado de ir a la cárcel por sus actos ilegales. La opción **e** puede ser verdad, pero no hay evidencia de que Bill sea incapaz de hacer cosas por sí mismo.

18. e. El contexto del poema hace claro que "corteza" aquí quiere decir barco o bote. Las imágenes de la primera y segunda estrofas pintan un barco que ha sido sacudido y estropeado por una tormenta.

19. a. En esa línea la nube representa algo que impida o prevenga que se realice un sueño. La línea implica que cada vez que ve una nube, busca lo positivo. Por eso, las respuestas **b**, **d** y **e** son incorrectas ya que son cualidades positivas. Ya que la segunda parte de la frase menciona lo positivo que encuentra en cada nube, podemos deducir que la nube es algo negativo, ya sea un obstáculo. La respuesta **c** es incorrecta porque el poema tiene mucho simbolismo y la nube es una representación obvia de la naturaleza.

20. b. Aunque el poema trata de un hombre motivado por una meta o un sueño, la imagen presentada al lector es de un barco en el mar luchando para sobrevivir los vientos y el agua. Entonces, la opción **b** es correcta. Las otras opciones son interpretaciones literales o nombran partes pequeñas de la totalidad.

21. b. El sueño del hombre le facilita permanecer optimista (opción **b**) a pesar de las dificultades de su vida, simbolizadas por la metáfora de las tormentas en el mar. Como él luchó y falló al final, el soñador no puede ser llamado realista (opción **a**). Nada sobre el soñador y su sueño es sarcástico (opción **c**), y su esperanza lo hace lo opuesto de pesimista (opción **d**). Él no es particularmente analítico (opción **e**); si lo fuera, se daría cuenta de la imposibilidad de su sueño.

22. d. El poema describe cómo el soñar ayudó al hombre a mantener su optimismo en la cara de las dificultades. El dicho que expresa mejor esta idea es la opción **d**. La opción **e** es precisamente lo opuesto de esta idea. La opción **a** quiere decir que uno debiera estar satisfecho con lo que uno puede lograr, que también va contra el tema de luchar a pesar de todo. Las opciones **b** y **c** no tienen nada que ver con el contenido del poema.

23. a. Dunbar no está compartiendo una experiencia personal; entonces la opción **b** no es correcta. El protagonista de Dunbar y el mismo King creen que los sueños pueden ser alcanzados; esto hace la opción **c** incorrecta. La responsabilidad personal en la forma de trabajo duro es importante para el protagonista de Dunbar, y la responsabilidad personal de la forma de trabajo hacia el cambio social es importante para King; entonces la opción **d** no cuadra bien. El contraste entre la realidad y los sueños (opción **e**) es importante para ambos escritores. El poema de Dunbar muestra cómo perseguir una meta puede enriquecer y alegrar una vida; el discurso de King muestra como perseguir un sueño puede llegar a cambio político y social.

24. d. Jorge está llevando al narrador a la escuela porque la hermana del narrador está enferma y no puede hacerlo. Entonces, es más probable que el narrador le haya pedido a Jorge este favor. La opción **d** es la mejor respuesta. La incomodidad de la conversación indica que ésta es la primera vez que esto ha pasado; entonces la opción **a** no puede ser correcta. Si la hermana del narrador se hubiese recuperado de su enfermedad (opción **b**), la escena no hubiera tenido lugar. Jorge pregunta si su risa es chistosa al principio de la escena, no antes de que la escena empiece (opción **c**). El narrador nota la construcción de carretera (opción **e**) hacia el final del pasaje.

25. a. El narrador admite que Jorge tiene una risa molestosa pero no comparte esta información con Jorge porque Jorge le está haciendo al narrador un favor. La motivación del narrador es evitar la incomodidad social. El narrador hace ver muy claro en el pasaje que no tiene deseo de ser amigo de Jorge (opción **b**), y que no hay indicación de que él tiene la intención de hablar con Jorge cuando lleguen a la escuela (opción **d**). Su falla de decirle a Jorge la verdad es bondadosa en vez de un castigo (opción **e**), y no hay apoyo para la idea que él es un mentiroso compulsivo (opción **c**); de hecho, él agoniza sobre la diferencia entre sus palabras y sus pensamientos. La opción **a** es la respuesta correcta.

26. d. El narrador no está bravo ni hostil (opción **a**); su denegación de confrontar a Jorge con la verdad es un indicativo de eso. Él no le tiene miedo a Jorge (opción **b**), aunque él encuentra que su conversación es incómoda. Por sus sentimientos negativos hacia Jorge, él trata de no aparecer interesado ni entusiasmado (opción **c**); pero su consideración cuidadosa de los sentimientos de Jorge no lo hace parecer frío e indiferente (opción **e**). El narrador permanece un poco distante y distraído durante la conversación que tiene lugar en el carro. El narrador también tiene mucho cuidado de revelar sentimientos personales. La opción **d** es la respuesta correcta.

27. c. Los fragmentos de oraciones pueden indicar un personaje sin educación (opción **a**), pero la construcción de la oración en otros sitios es compleja. Por lo que los personajes están en vía a la escuela, esta opción no es probable. No hay apoyo en el pasaje para la idea de que el autor tiene intención de mostrar los límites de las convenciones de escritura formal o ilustrar errores de gramática común. Una obra ficticia como ésta no sería el sitio de hacerlo; por lo tanto, las opciones **d** y **e** no son posibles. El escritor usa algunos fragmentos de oración porque ésa es la manera en que la gente habla todos los días. Pero, no hay indicativo que este lenguaje refleje un dialecto regional (opción **b**); entonces la opción **c** es la mejor respuesta.

28. c. Aunque el narrador primero se da cuenta de la construcción de carretera, esta cita no es típica de sus respuestas breves a los comentarios de Jorge; entonces la opción **a** no puede ser correcta. La cita no contiene dicción formal; entonces la opción **b** también es incorrecta. Aunque la comparación de la construcción de carretera a la dentistería es colorida, no es particularmente precisa, y este lenguaje figurativo no es típico de los comentarios previos de Jorge; entonces la opción **d** no es la respuesta correcta. A pesar de esto, la cita suena como Jorge, entonces atribuyéndolo a un nuevo personaje (opción **e**) sería ilógico. La cita refleja la manera casual de hablar de Jorge, incluyendo la frase "quiero decir," que el usa repetidamente en el cuento; por eso, la opción **c** es la mejor respuesta.

29. b. El extracto de "Incomodidad y Alegría" sugiere incomodidad a medidas que la conversación el carro se desarrolla. La tensión no es imaginada (opción **e**), aunque el narrador lo siente más fuertemente que Jorge. Aunque la tensión crece, como en las opciones **a** y **d**, la palabra alegría sugiere una resolución que no es violenta—ni brusca, como lo sugiere la opción **c**. Entonces es probable que el cuento siga para incluir algo que alivie suavemente la tensión entre el narrador y Jorge y traiga algún sentido de alegría; entonces la mejor respuesta es la opción **b**.

30. a. Julieta le dice a su ama que no puede no tener aliento si tiene suficiente aliento para decirle a Julieta que no tiene aliento. El texto no apoya ninguna de las otras opciones.

31. d. Es claro del diálogo entre Julieta y su ama que el ama se demora a propósito de decirle a Julieta lo que ha dicho Romeo. Julieta pregunta, "¿qué ha dicho él de nuestra boda?" y "¿qué dice mi amor?" pero no recibe respuesta directa. El ama está jugando con Julieta antes de decirle las noticias. La opción **d** es la respuesta correcta. Ninguna de las otras respuestas es apoyada por la información en el extracto.

32. c. El diálogo en el extracto hace claro que Julieta ha mandado a su ama para averiguar de Romeo cuándo y dónde él piensa casarse con ella. Es claro que ella quiere casarse con él; entonces la opción **d** es incorrecta. Romeo no está en el jardín, y mandar al ama es una manera de deshacerse de ella; entonces la opción **e** es incorrecta. Julieta puede o no puede sospechar que su familia está espiando o que Romeo no está bien, pero no hay evidencia en el texto para estas opciones. Entonces las opciones **a** y **b** son incorrectas.

33. b. Antes de decirle a Julieta que vaya a ver al padre de Lorenzo, el ama pregunta primero si Julieta tiene permiso para ir a confesarse. Ella quiere asegurarse de que Julieta tenga una excusa para ir a la celda del padre donde la boda secreta va a tener lugar. Las opciones **a**, **c**, **d** y **e** no son apoyadas por la evidencia del extracto.

34. d. No hay nada en el extracto que sugiera que los padres de Julieta se van a enterar o prevenir los planes de Julieta para casarse con Romeo; entonces la opción **a** no es correcta. No hay nada en el extracto que sugiera que algo le pasará a Julieta, que Romeo será matado, o que Julieta y Romeo tienen planes para escaparse a otro sitio; entonces las opciones **b**, **c** y **e** no son correctas. La opción **d** es la respuesta correcta.

35. d. La información de estos dos extractos hace claro que el ama está haciendo lo que pueda para facilitar los planes de boda de Romeo y Julieta. Entonces la opción **d** es la respuesta correcta. El ama dice que ella va a proveer una escalera, como lo pidió Romeo; entonces la opción **b** es incorrecta. Romeo confía en el ama; si no, no hubiera confiado en ella. Entonces la opción **c** es incorrecta. Nada en los dos pasajes sugiere que el ama está espiando a la pareja para los padres de Julieta, o que el ama no quiere que Julieta se case con Romeo. Entonces las opciones **a** y **e** son incorrectas.

36. e. El tema general de la conferencia es mejorar sus habilidades de comunicación en el negocio (opción **e**). Los otros resúmenes son imprecisos (**a** y **d**) o definen el tema demasiado estrechamente (opción **c**) o demasiado ampliamente (opción **b**).

37. c. La opción **c** usa lenguaje profesional y positivo para identificar un problema específico. Las otras opciones de respuesta incluyen lenguaje negativo o declaraciones no precisas y no apoyan prácticas de comunicación buenas.

38. b. El hecho de que los líderes de la compañía autorizaron este taller de comunicación sugiere que ellos creen en la importancia de la comunicación entre empleados. Las otras opciones no son apoyadas por el texto.

39. d. Cada número presenta una regla, elaborada o explicada después. Entonces, la opción **d** es la mejor respuesta.

40. c. El hecho de que los líderes proveen un gráfico para tomar notas, combinado con el apoyo para tomar notas eficaces en la visión general, sugiere que los líderes quieren ayudar a los empleados a aprender a tomar notas efectivas. Las otras conclusiones no son apoyadas por el texto.

7 ▶ Examen diagnóstico de ciencia GED

Instrucciones: Lea las preguntas siguientes con cuidado y escoja la mejor respuesta para cada pregunta. Algunas de las preguntas pueden referirse a un pasaje, ilustración, o gráfico.

1. En una reacción de base ácida, un ácido reacciona con una base para producir agua y una sal. La escala PH puede ser usada para describir la acidez de un líquido. Mira el gráfico siguiente.

¿Cuáles dos líquidos pueden sostener una reacción de base ácida?

a. blanqueador y amoniaco

b. lejía y amoniaco

c. sangre y saliva

d. blanqueador y vinagre

e. ácido estomacal y cerveza

2. Según a las leyes de moción de Newton, un objeto puesto de moción permanece en moción a menos que una fuerza actúe sobre ella. Si usted suspende un objeto de una tira y la hace oscilar, el objeto oscila por un rato; después irá más lento y parará. ¿Por qué para de oscilar el objeto suspendido?

a. porque un objeto en descanso permanece en descanso a menos que una fuerza actúe sobre ella

b. porque la masa de un objeto es muy pequeña para mantener la moción

c. porque la energía es la habilidad de hacer trabajo

d. porque la gravedad está jalándola hacía la tierra

e. porque la energía de moción se convierte en calor a través de fricción con el aire

3. En un proceso exotérmico, el calor se suelta a su ambiente. Un ejemplo de un proceso exotérmico es quemar madera. Un proceso endotérmico requiere aportación de calor de su ambiente. Un ejemplo de un proceso endotérmico es hervir agua. ¿Cuál de lo siguiente es un proceso endotérmico?

a. detonación de un explosivo

b. derretir hielo

c. quemar papel

d. la formación de helio en el sol

e. congelar agua

4. El hielo flota sobre el agua porque

a. el hielo es menos denso que el agua.

b. el agua conduce el calor mejor que el hielo.

c. el hielo tiene una temperatura más baja.

d. el calor del centro de la tierra viaja hacia arriba enfriando el fondo primero.

e. necesita energía del sol para derretirse.

5. ¿Cuál de los siguientes NO es verdad acerca de la gravedad?

a. Cuanto más sólidos son dos objetos, tanto más grande será la fuerza gravitacional entre ellos.

b. La fuerza gravitacional entre dos objetos depende solamente de la masa del objeto más grande.

c. La fuerza gravitacional entre dos objetos depende de la distancia entre ellos.

d. La gente puede brincar más alto en la luna que en la tierra porque la fuerza gravitacional entre una persona y la luna es más baja que la fuerza gravitacional entre una persona y la tierra.

e. Existe una fuerza gravitacional entre la luna y el sol.

6. Cambio de fase es un proceso donde la materia cambia de forma (sólido, líquido, gas). ¿Cuál de las siguientes constituye un cambio de fase?

a. condensación de vapor de agua

b. fotosíntesis

c. digestión de comida

d. limpiar en seco

e. exhalar

7. Dos esferas cargadas negativamente

a. se repelan uno a otro.

b. se atraen uno a otro.

c. ni se atraen ni se repelan uno a otro.

d. pueden o atraer o repelar uno a otro dependiendo de su posición.

e. atraen uno a otro solamente cuando la distancia entre ellos es pequeña.

8. ¿Cuál declaración sobre la energía y o la materia es INCORRECTA?

   a. La materia y la energía no pueden ser destruidas.

   b. La materia y la energía no pueden ser creadas.

   c. Toda materia tiende hacia estados más desordenados.

   d. La energía puede ser almacenada y transferida.

   e. La energía de calor es compuesta de átomos de calor.

9. Además de magnificar la imagen de un objeto, un microscopio invierte la imagen de izquierda derecha. La imagen del objeto observado a través del microscopio también está bocabajo. Mirando a través del ocular, usted vería la contra imagen bocabajo del objeto bajo el entera del microscopio. ¿Cómo se vería el objeto siguiente si fuera observado a través de un microscopio?

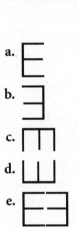

   a.

   b.

   c.

   d.

   e.

10. La gente usa guantes de lana en el invierno porque los guantes

   a. generan energía de calor a través de radiación.

   b. aumentan la temperatura del aire frío a través de convección.

   c. disminuyen la pérdida del calor corporal al ambiente a través de un aislante

   d. aumentan la cantidad de energía de calor generada por el cuerpo a través de conducción.

   e. trasforman la energía del viento frío a energía termal.

11. Distintos colores de luz corresponden a distintas ondas de longitud. Ondas de longitud son casi siempre citadas en nanómetros (nm). Las ondas de longitud de la parte visible del espectro se muestran en el gráfico siguiente.

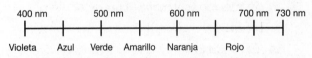

   Según el gráfico, sería más probable que la luz azul verde tuviera una onda de longitud de

   a. 670 nm.

   b. 550 nm.

   c. 350 nm.

   d. 475 nm.

   e. 700 nm.

12. ¿Qué siempre permanece lo mismo cuando una reacción química tiene lugar?

   a. el número de átomos

   b. el número de moléculas

   c. la cantidad de gas

   d. la cantidad de materia sólida

   e. la cantidad de desorden

13. ¿Cuál de las siguientes NO es verdad sobre la luz solar?

   a. Es una forma de radiación.

   b. Se usa como una fuente de energía en calculadoras solares.

   c. Contiene los colores de un arco iris.

   d. Su velocidad es infinita.

   e. Puede ser absorbida por las plantas.

14. Para protegerse de ser comidos, los animales acuden al camuflaje y defensa química. Los animales usan el camuflaje para imitar la apariencia de su ambiente. Los animales que tienen defensas químicas contienen químicas nocivas a los predadores ¿Cuál de estas NO es un ejemplo de camuflaje o de defensa química?

   a. Un insecto de palo parece una ramita.

   b. Una mofeta tiene un olor horrible.

   c. Las plumas del pájaro pitohui en Nueva Guinea contienen una toxina letal.

   d. Las rosas tienen espinas.

   e. Un cangrejo arquelín se ve lo mismo como el pepino de mar donde vive.

15. La ósmosis es el movimiento de agua a través de una membrana selectivamente permeable para igualar la concentración (la cantidad de proteína por milímetro de agua) en los dos lados de la membrana. Considere el gráfico siguiente. El recipiente es dividido en dos compartimentos, A y B, por una membrana selectivamente permeable. Cada círculo representa 100 moléculas de proteína que no pueden pasar a través de la membrana. La cantidad de agua en los dos lados de la membrana es inicialmente igual. ¿Qué pasará como resultado de la ósmosis?

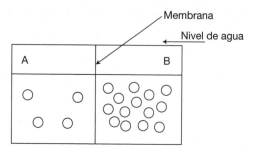

   a. La proteína correrá del compartimento B al compartimento A.

   b. La proteína correrá del compartimento A al compartimento B.

   c. El agua correrá del compartimento B al compartimento A.

   d. El agua correrá del compartimento A al compartimento B.

   e. El agua y la proteína correrán del compartimento B al compartimento A.

16. ¿Cuál de las siguientes declaraciones sobre la genética humana es VERDAD?

   a. La mitad de los cromosomas humanos son heredados de la mamá, y la otra mitad del papá.

   b. Un humano se parece de 50%, al papá y de 50%, a la mamá.

   c. Los gemelos fraternales son genéticamente más parecidos que los hermanos que no son gemelos.

   d. Ser expuesto a los rayos X no tiene efecto en los cromosomas de un humano.

   e. Los genes son partículas encontradas en el núcleo de un átomo ADN.

17. Los gemelos idénticos tienen los mismos genes. Los gemelos idénticos resultan cuando

   a. un huevo fertilizado por un esperma se divide en dos.

   b. dos huevos son fertilizados con dos células de esperma.

   c. un huevo se divide en dos y es fertilizado por dos células de esperma.

   d. la misma célula de esperma fertiliza dos huevos.

   e. el mismo huevo es fertilizado por dos células de esperma.

18. En los guisantes, el gene para el color verde es dominante sobre el gene para el color amarillo. Nosotros vamos a especificar el gene para los guisantes amarillos como **y**, y el gene para los guisantes verdes como **Y**. Cada guisante tiene dos genes para color (es uno de cada padre), y dona solamente un gene de color a sus descendientes. Los guisantes que son amarillos tienen el genotipo **yy**. Y cualquier otro genotipo da guisantes verdes. Consideren el siguiente cuadro de Punnett:

	Padre o madre	
	Y	y
y	Yy	yy
y	Yy	yy

El descendiente de estos dos padres

   a. nunca podría ser amarillo.

   b. nunca podría ser verde.

   c. podría ser verde o amarillo.

   d. podría ser verde amarillo.

   e. podría ser amarillo, pero nunca podría tener descendientes amarillos.

19. ¿Cuál de lo siguiente NO es verdad?

   a. Todos los organismos son hechos de átomos.

   b. Todos los organismos son hechos de moléculas.

   c. Todos los organismos son hechos de una o más células.

   d. Todos los organismos tienen materia genética.

   e. Todos los organismos tienen una pared celular.

20. En los humanos, un par de cromosomas (uno de cada padre) determina el sexo del hijo. Las hembras tienen dos cromosomas X, mientras que los machos tienen un cromosoma X y un cromosoma Y. El blanco siempre recibe un cromosoma X de la mamá, así que en los humanos, es el papá que determina el sexo del hijo por proveer o un cromosoma X para formar una hembra, o un cromosoma Y para formar un macho. En los pájaros, como en los humanos, un par de cromosomas determina el sexo. Los pájaros que tienen dos cromosomas W son machos. Los pájaros que tienen un cromosoma W y un cromosoma Z son hembras. ¿Cuál declaración es VERDAD sobre los pájaros?

a. El pájaro macho determina el sexo del hijo por proveer un cromosoma W. o un cromosoma Z.

b. El pájaro macho determina el sexo del hijo por proveer uno de sus cromosomas W.

c. El pájaro macho determina el sexo del hijo por proveer un cromosoma X o un cromosoma Y.

d. Un pájaro hembra determina el sexo del hijo por proveer un cromosoma X o un cromosoma Y.

e. Un pájaro hembra determina el sexo del hijo por proveer un cromosoma W o un cromosoma Z.

21. Una especie puede vivir en asociación con otra especie. Este arreglo se llama simbiosis. La simbiosis en que ambas especies benefician se llama mutualismo. Si la simbiosis es beneficiosa a una especie pero no es ni beneficiosa ni nociva a la otra, se llama comensalismo. Si una especie beneficia al costo de otra, la relación se llama parasitismo. Una garrapata que se pega a la piel de un humano o un animal y se alimenta con su sangre es un ejemplo de

a. comensalismo.

b. parasitismo.

c. competencia.

d. coevolución.

e. mutualismo.

Las preguntas 22–24 son basadas en el pasaje siguiente.

Una isla en el mar Adriático estaba superpoblada de culebras. Los marineros que llegaron a la isla trajeron y soltaron mangostas, animales que se alimentan de culebras. La población de culebras empezó a disminuir, porque las mangostas se las estaban comiendo. La población de mangostas empezó a aumentar porque había bastante comida. Las mangostas no son indígenas a la isla y no había predadores en la isla para mantener la población de mangostas bajo control. Llegó un momento cuando casi no había culebras en la isla, y los humanos empezaron a poblar. La mangosta, confrontada con falta de culebras, empezó a comer pollos que la gente mantenía para huevos y carne. Pero la gente se daba cuenta y protegía los pollos. La población de mangostas disminuyó. Todavía quedan algunos en la isla, pero su número está ahora en equilibrio, controlado por la disponibilidad de comida.

22. Este pasaje ilustra
   a. la interdependencia de los organismos.
   b. la fragilidad de un ecosistema.
   c. la habilidad de los humanos de cambiar un ecosistema.
   d. la relación entre la población del predador y la presa.
   e. todo lo de arriba.

23. Casi no había culebras en la isla porque
   a. las mangostas se las habían comido.
   b. la gente las había matado.
   c. no había predadores para las mangostas.
   d. los marineros le traían sus presas.
   e. los pollos no eran tan gustosos para las mangostas.

24. ¿Cuál declaración mejor describe el cambio en la población de las mangostas en la isla?
   a. La población era cero antes de que los marineros trajeran unos pocos. Los pocos se multiplicaron, y el número de mangostas en la isla todavía está creciendo.
   b. La población era cero antes de que los marineros trajeran unos pocos. Los pocos se multiplicaron, aumentando el número de mangostas. Cuando las culebras casi desaparecieron, la población de mangostas empezó a disminuir.
   c. La población era pequeña antes de que los marineros trajeran más mangostas, aumentando el acervo genético. El número de mangostas siguió creciendo, hasta que la gente empezó a proteger los pollos.
   d. La población era pequeña antes de que los marineros trajeran más culebras, aumentando la comida para la mangosta. El número de mangostas siguió creciendo, hasta que la población de culebras era casi extinta. Las mangostas se murieron, porque no tenían comida.
   e. La población era inicialmente grande, pero cuando un predador fue traído por los marineros, el número de mangostas disminuyó.

Las preguntas 25–27 son basadas en el pasaje siguiente.

Una compañía de embotellar llena varios barriles con azúcar, agua, y otros ingredientes naturales. Durante el proceso de mezclar se añade levadura. La mezcla la dejan fermentar un largo periodo de tiempo; después es embotellada, y después vendida.

25. ¿Cuál de lo siguiente es un predicho resultado razonable basado en la descripción del proceso?

a. Los niveles de CO_2 y la temperatura de la mezcla suben.

b. Los niveles de CO_2 y la temperatura de la mezcla bajan.

c. NH3 será producido.

d. La mezcla se evaporará.

e. Nada va a pasar.

26. ¿De lo siguiente, cuál bebida es el producto más probable de este proceso?

a. soda

b. vino

c. agua destilada

d. jugo de fruta

e. nueva bebida de deporte

27. ¿Qué tipo de respiración está trabajando en este ejemplo?

a. abiótico

b. anaeróbico

c. aeróbico

d. fotosintético

e. bidireccional

28. A principios del siglo XIX, casi todas las palomillas coleccionadas por biólogos en la U.K. eran pálidas y manchadas. Era raro que un coleccionista encontrara una palomilla manchada y oscura. Después de la revolución industrial, cuando las calderas llenaban el aire como hollín oscuro, la palomilla pálida se hizo rara y la palomilla oscura era la más común en ciudades industriales. Una explicación razonable por este cambio es que la palomilla oscura tenía menos posibilidad de ser vista y comida por pájaros contra un fondo oscuro. Esta explicación ilustra el principio de

a. conservación de energía.

b. selección natural.

c. flujo genético

d. competencia de machos.

e. rasgos adquiridos.

29. Todos de los siguientes son mamíferos MENOS

a. humanos.

b. conejos.

c. ballenas.

d. pingüinos.

e. ratas.

30. Todos los siguientes son primates MENOS

a. humanos.

b. gorilas.

c. ballenas.

d. chimpancés.

e. orangutanes.

31. Un eclipse solar ocurre cuando la luna bloquea nuestra vista del sol. Seleccione el gráfico que representa mejor la posición del sol, la tierra, y la luna durante un eclipse solar (no dibujado a escala), y las órbitas correctas.

a.

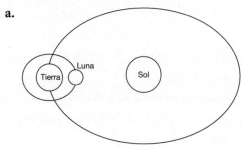

b.

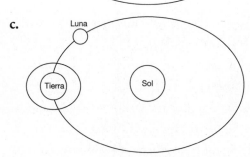

c.

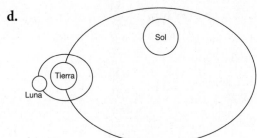

d.

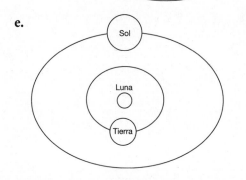

e.

32. Corrientes de convección de piedra líquida dentro del manto de la tierra causa todo lo siguiente menos

   a. la luz del sol.

   b. el movimiento de placas en la corteza terrestre.

   c. erupciones volcánicas.

   d. terremotos.

   e. el flujo de piedra líquida de las grietas al fondo del océano.

33. ¿Cuál de lo siguiente NO causa cambios en la superficie de la tierra como la formación de montañas y valles?

   a. colisión de placas

   b. separación de placas

   c. erupciones volcánicas

   d. erosión

   e. ozono

34. Los Estados Unidos está en el hemisferio del norte. ¿Cuál declaración sobre el hemisferio del sur es verdad?

   I.   Siempre hace calor en el hemisferio sureño.

   II.   Cuando es verano en el hemisferio norteño, es invierno en el hemisferio sureño.

   III. En el hemisferio sureño, el sol cae en el este.

   IV. Cuando es invierno en el hemisferio norteño, es verano en el hemisferio sureño.

   a. declaración I solamente

   b. declaración II solamente

   c. declaraciones II, III y IV

   d. declaraciones II y IV

   e. declaraciones I, II y IV

35. La humedad es una medida de
   a. temperatura del aire.
   b. cantidad de vapor de agua en el aire.
   c. presión de aire.
   d. presencia de nubes.
   e. resistencia de aire.

36. Se cree que la vía láctea tiene aproximadamente 100,000 años luz de ancho en su diámetro más grande. Un año luz es una medida de
   a. el tiempo desde el Big Bang.
   b. distancia.
   c. claridad.
   d. el número de estrellas en una galaxia.
   e. la velocidad de luz.

Las preguntas 37–38 son basadas en el pasaje siguiente.

Según los científicos, el sol existe desde hace 4.6 billones de años. El sol produce energía por una conversión nuclear del hidrógeno al helio. Cuando el hidrógeno se acabe, recuerda esta teoría, el sol va expandirse, tragándose la tierra y otros planetas. No se preocupe—la expansión no nos afectará, porque el sol tiene suficiente hidrógeno para otros 4.6 billones de años. Cuando se expanda, el sol se convertirá en lo que se llama una gigante roja estrella. En otros 500 millones de años, el sol se encogerá al tamaño actual de la tierra y será llamado un enana blanca, enfriándose se por varios billones de años.

37. Según pasaje, el sol al final
   a. se va a expandir y después encoger.
   b. se va a encoger y después expandir
   c. se va a encoger y después se le acabará el helio.
   d. se va a expandir porque se le acabó el helio.
   e. se va a encoger porque se le acabó el hidrógeno.

38. Según esta teoría, el sol por último será
   a. estrella azul.
   b. estrella gigante roja.
   c. estrella enana blanca.
   d. asteroide.
   e. galaxia.

39. Los pies palmeados de los patos los ayudan a nadar mejor porque
   a. hacen el pato aerodinámico.
   b. aumentan el área de superficie con que los patos propulsan el agua.
   c. previenen que partículas se le peguen entre los dedos de los patos.
   d. hacen el pato menos denso.
   e. aumentan la tasa de pérdida de calor, para que el pato pueda refrescarse más rápidamente.

40. ¿Cuál de las declaraciones siguientes es una OPINION y no un hecho?
   a. Todos los organismos están compuestos de una o más células.
   b. Es malo matar a cualquier organismo.
   c. Todos los organismos necesitan energía.
   d. Algunos organismos se reproducen asexualmente.
   e. Algunos organismos pueden respirar debajo del agua.

41. Aquí hay unas cuantas observaciones experimentales y datos conocidos:

I. Una substancia espumosa casi siempre se forma en soluciones de un aminoácido en agua.

II. Cuando el agua es purificada y expuesta a radiación UV, la substancia espumosa no se forma en la solución de aminoácido.

III. La radiación UV mata bacteria.

¿Cuál sería una hipótesis válida basada en I, II y III?

a. La substancia espumosa es una forma del aminoácido.

b. La substancia espumosa no apareciera si el agua fuera tratada por un método, que no fuera radiación UV, que matara bacteria.

c. La substancia espumosa es causada por organismos que los humanos no son capaces de detectar.

d. El aminoácido no formaría la substancia espumosa en otra galaxia.

e. La luz UV contribuye al calentamiento global.

42. La hipertensión, o presión de sangre alta, es una condición que puede llegar al ataque cardiaco o derrame cerebral. Un científico puso los siguientes datos coleccionados de un estudio sobre la hipertensión en un gráfico. ¿Cuál es una conclusión lógica basada en los datos?

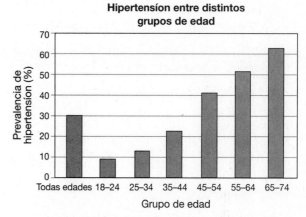

a. La preponderancia de hipertensión es más alta que normal en el grupo de edad 35–44.

b. La preponderancia de hipertensión es más alta en el grupo de edad 45–54.

c. La preponderancia de hipertensión aumenta con la edad.

d. No hay adolescentes que sufran de la hipertensión.

e. Todos los mayores de edad sufren de hipertensión.

Las preguntas 43–44 son basadas en el pasaje siguiente.

¿Es Plutón un planeta?

Basado en perturbaciones en la órbita de Neptuno, la búsqueda del noveno planeta fue conducida y Plutón fue descubierto en 1930. Pero el último planeta nunca tuvo una definición oficial hasta agosto 2006. Como definición, un planeta es un objeto que órbita el sol, dominando el vecindario alrededor de su órbita; tiene que ser suficientemente grande para amasar una forma redonda. Dada la fuerza de su propia gravedad, Plutón gira alrededor del sol y es suficientemente grande para citar su fuerza gravitacional como razón por su redondez. Plutón no domina su vecindario porque no es más grande que su luna, Charon. Muchos creen que Plutón debiera ser visto como planeta porque ha sido clasificado como un planeta por más de 70 años desde su descubrimiento.

43. ¿En referencia a las declaraciones abajo, cuál respuesta explica correctamente la clasificación de Plutón?

I.   Plutón orbita el sol.
II. Plutón es suficientemente grande para haber amasado una forma redonda dada la fuerza de su propia gravedad.
III. Plutón domina su región.

a. Plutón es un planeta porque la declaración I es cierta.
b. Plutón es un planeta porque las declaraciones I y II son ciertas.
c. Plutón no es un planeta porque la declaración I es falsa.
d. Plutón no es un planeta porque la declaración II es falsa.
e. Plutón no es un planeta porque la declaración III es falsa.

44. Un grupo de científicos desean justificar la clasificación de Plutón como planeta. ¿Basado en la información en el pasaje, cuál de las estrategias siguientes ayudaría mejor a alcanzar esto?

a. Comprobar que Plutón ha sido considerado como planeta por más de 70 años.
b. Usar evidencia para mostrar que Plutón cumple con los requisitos de la definición de 2006.
c. Cambiar la definición del último planeta.
d. Usar datos para mostrar que la atmósfera de Plutón es parecida a la de Mercurio.
e. Usar datos para mostrar que Plutón no es ni asteroide ni cometa.

45. El instrumento mostrado aquí puede ser usado para estudiar

a. orgánulos células.
b. el patrón de vuelo de las aves.
c. el movimiento de las estrellas en otras galaxias.
d. manuscritos viejos.
e. defectos en la visión humana.

Los preguntas 46–47 son basadas en el pasaje siguiente.

Los animales de hacienda pueden llevar salmonella, un tipo de bacteria que puede causar envenenamiento a través de la comida. Pero, los animales a los cuales les dan antibióticos pueden llevar una forma de la salmonella particularmente letal. En Minnesota en 1983, 11 personas fueron hospitalizadas con envenenamiento de salmonella. Este número no era alarmante. Cuarenta mil americanos son hospitalizados con envenenamiento de salmonella cada año. Lo que resaltaba sobre los casos en Minnesota es que cada paciente tenía síntomas severos y que todos los pacientes fueron infectados con el mismo tipo raro de salmonella, resistente a varios antibióticos comunes. Un científico joven, Scott Holmberg, notó que ocho pacientes estaban tomando los mismos antibióticos para la garganta. Él rechazó a la posibilidad de que los antibióticos mismos estuvieran infectados con la bacteria porque tres de los pacientes no estaban tomando ningún antibiótico. Él mostró después que la gente fue infectada con la salmonella antes de tomar los antibióticos, pero que los antibióticos causaron el comienzo del envenenamiento de salmonella. Él postuló que la salmonella de pronto floreció cuando los pacientes tomaron antibióticos porque los antibióticos mataron todas las otras bacterias de competencia. También él fue capaz de atribuir el tipo de salmonella resistente al antibiótico a una carne que fue exportada a Minnesota de un matadero blanco en Dakota del Sur donde al ganado normalmente les dan antibióticos y donde un ternero había muerto del mismo tipo de salmonella.

46. Como resultado de este encuentro, la administración de droga y comida debe
a. regular cuidadosamente las recetas de antibióticos para las gargantas.
b. prevenir la exportación de carne de Dakota del Sur a Minnesota.
c. limitar la práctica de darle antibióticos al ganado.
d. quitar el antibiótico que causó la salmonella del mercado.
e. requerir una receta especial para antibióticos resistentes a la salmonella.

47. ¿Basado en el pasaje, cuál de las declaraciones siguientes es FALSA?
a. El envenenamiento de salmonella es una infección bacterial común.
b. Algunos tipos de bacterias son resistentes a los antibióticos.
c. Los antibióticos matan bacteria que no es resistente a los antibióticos.
d. Los antibióticos trasmiten salmonella.
e. Los animales de hacienda pueden llevar la salmonella.

48. ¿Cuál de lo siguiente es el resultado más común del consumo excesivo prolongado de alcohol?
a. ataque cardiaco
b. tumor de cerebro
c. cáncer del pulmón
d. daño del hígado
e. cataratas

49. ¿Cuál de lo siguiente puede ser transmitida a través de los versos?
a. cáncer del pulmón
b. tumor de cerebro
c. la influenza
d. diabetes
e. lupus

50. A través de fricción, la energía de moción se convierte en calor. Usted usa esto a su favor cuando
a. usa guantes para calentar las manos.
b. frota las manos para calentarlas.
c. enjuaga las manos con agua caliente para calentarlas.
d. pone las manos cerca de una fogata para calentarlas.
e. aguanta una taza de té para calentar las manos.

▶ Respuestas

1. d. Reacciones de base ácida ocurren entre un ácido y una base. La opción **d** es correcta porque contiene el único par de líquidos en que uno es claramente ácido (vinagre—pH3) y el otro es claramente blanco (blanqueador—pH9). En la opción **a** el blanqueador y el amoniaco son bases. En la opción **b** la lejía y el amoniaco son bases. En la opción **c** la sangre y la saliva están muy cercanas a ser neutrales, y no se espera que una reacción de base ácida ocurra. En la opción **e**, el ácido estomacal y la cerveza son ácidos.

2. e. El objeto puesto en moción pierde velocidad y para de oscilar porque la fuerza de fricción actúa sobre ella. La energía cinética de un objeto se convierte en energía de calor a través de fricción con el aire. Las declaraciones **a**, **c** y **d** son ciertas, pero no es la razón por cual el objeto para de oscilar. Un objeto que tiene masa puede mantener movimiento, así que la opción **b** es incorrecta.

3. b. Un proceso endotérmico requiere el aporte de energía de calor. El único que requiere aporte de energía (calor) es el hielo que se derrite (el hielo se derrite cuando es calentado). Esto hace la opción **b** correcta. Los otros procesos dados dan calor; por eso ellos son exotérmicos.

4. a. La densidad es la medida de masa por volumen. Si una substancia tiene menos masa por dado volumen que otra, es menos densa. Las cosas que flotan son menos densas que la substancia en que están flotando; si fueran más densas, se hundirían. Esto hace la opción **a** correcta. Ninguna de las otras opciones ofrece una explicación válida científica de por qué el hielo flotaría.

5. b. La declaración en la opción **b** es falsa porque la fuerza gravitacional entre dos objetos depende de la masa de los dos objetos. Todas las otras declaraciones son ciertas y consistentes con la ley de gravitación de Newton. Ya que usted está buscando una declaración que NO es verdad, la opción **b** es la respuesta correcta.

6. a. Cuando el vapor de agua se condensa, el gas se convierte en líquido; entonces la opción **a** es correcta. Las opciones **b**, **c** y **d** involucran reacciones químicas, y no pueden ser consideradas procesos físicos. El exhalar empuja el aire fuera de los pulmones, pero no hay cambio de fase en la opción **e**.

7. a. Dos cargos negativos siempre se repelen uno a otro, como indicado en la opción **a**. Las opciones que declaran que estos se atraen (opciones **b**, **d** y **e**) son incorrectas. Como la opción **c** declara que ellos ni se atraen ni se repelan, también es incorrecto.

8. e. La declaración en la opción **e** es falsa porque la energía no está compuesta de materia (átomos). Todas las otras declaraciones son verdaderas. La materia y la energía no pueden ser ni creadas ni destruidas (haciendo las opciones **a** y **b** declaraciones verdaderas). En el universo, siempre hay una tendencia para entropía (desorden), haciendo **c** una declaración verdadera. La opción **d** declara que la energía puede ser almacenada y transferida, los que es verdad. Como está buscando una declaración incorrecta, la opción **e** es la respuesta correcta.

9. b. Solamente la opción **b** representa como se viera el objeto cuando es invertido de izquierda derecha (contra imagen) y después puesta bocabajo. El segundo paso (volteando la E bocabajo después de invertir la de izquierda derecha) no cambia actualmente como la figura invertida aparece a nosotros, porque hay un eje de simetría.

10. c. Los guantes son aislantes, así que la opción **c** es correcta. Los aislantes previenen la pérdida de calor, y es por eso que los guantes calientan nuestras manos. Los guantes no pueden generar calor, así que sabemos que los guantes afuera serían fríos; entonces la opción **a** es incorrecta. Los guantes no pueden tener efecto en la temperatura, así que la opción **b** es incorrecta. También no afectan la cantidad de energía que su cuerpo produce (como en la opción **d**) ni transforman energía de cualquier manera (como en la opción **e**).

11. d. La longitud de onda de azul verde debe ser de entre la longitud de onda de luz azul y luz verde. La longitud de onda de luz azul es aproximadamente 450 nm, y la longitud de onda de luz verde está aproximadamente a 500 nm. 475 nm se sitúa entre estas longitudes de onda, haciendo la opción **d** la única respuesta.

12. a. El número de átomos permanece constante a través de una reacción química, así que la opción **a** es correcta. El número de moléculas puede cambiar, así que la opción **b** es incorrecta. Por ejemplo, en la fotosíntesis, 6 moléculas de carburo dióxido y 6 moléculas de agua (total de 12 moléculas) pueden reaccionar para formar 1 molécula de glucosa y 6 moléculas de oxígeno (total de 7 moléculas). De la misma manera, la cantidad de gas y sólido puede cambiar (haciendo las opciones **c** y **d** incorrectas). La cantidad de desorden en el universo siempre está aumentando, así que no tiene que permanecer constante a través de una reacción, haciendo la opción **e** incorrecta.

13. d. La declaración en la opción **d** es falsa porque la luz tiene una velocidad finita muy grande, pero no es infinita. Todas las otras declaraciones son verdaderas.

14. d. Las espinas son una forma de defensa, pero no son ni el camuflaje ni la defensa química. Como la pregunta le pide que encuentre la opción que no es ejemplo de camuflaje ni de defensa química, la opción **d** es la respuesta correcta. Las opciones **a** y **e** son ejemplos de camuflaje. Las opciones **b** y **c** son ejemplos de defensa química.

15. d. La concentración de proteína en el compartimento B es más alta. Por la naturaleza de la membrana, la proteína no puede atravesarla. Esto hace las opciones **a**, **b** y **e** incorrectas. La única forma para que la concentración llegue al mismo nivel en los dos compartimientos es para que el agua corra de A a B. Este movimiento de agua es representado en la opción **d**. La opción **c** es incorrecta porque tiene el agua corriendo en la dirección opuesta.

16. a. Cada humano hereda normalmente 23 cromosomas de la madre y 23 cromosomas del padre, haciendo la opción **a** incorrecta ya que heredar 23 cromosomas de la madre y 23 cromosomas del padre no quiere decir que los humanos se vean 50% como el padre y 50% como la madre (como en la opción **b**), porque los genes de un padre pueden ser más dominantes, y porque los genes de los dos padres a veces pueden producir un efecto mixto. Los gemelos fraternales salen del vientre al mismo tiempo, pero genéticamente, no son más parecidos que dos hermanos que no son gemelos, haciendo la opción **c** incorrecta. Los gemelos fraternales vienen de dos huevos diferentes fertilizados por dos células de esperma diferentes. Ser expuesto a los rayos X. puede alterar los cromosomas, así que la opción **d** es incorrecta. Los genes no son partículas. El ADN no es un átomo y no tiene núcleo; entonces la opción **e** es incorrecta. Los genes se encuentran en el núcleo de una célula y están hechos de ADN.

17. a. Para que los gemelos tengan los mismos genes, ellos tienen que venir de un huevo y una célula de esperma, y es el huevo que se divide en dos después de ser fertilizado por una célula de esperma; así que la opción **a** es correcta. La opción **b** representa lo que pasa en el caso de gemelos fraternales.

18. c. De acuerdo con el cuadro Punnett, la combinación de genes del padre I con los genes de padre II resultan en hijos con yy (amarillo) o Yy (verde), haciendo **c** correcta, y todas las otras opciones incorrectas.

19. e. La declaración en la opción **e** es falsa, así que **e** es la respuesta correcta. Las células de animales no tienen una pared celular. Las otras declaraciones son verdaderas.

20. e. En los humanos, el esperma determina el sexo del hijo porque el macho tiene dos cromosomas distintos. En las aves, la hembra es la que tiene dos cromosomas distintos, así que ella determina el sexo del blanco; entonces la opción **e** es correcta, y **a** y **b** son incorrectas. Las aves tienen Ws y Zs, no Xs y Ys como los humanos, así que las opciones **c** y **d** son incorrectas.

21. b. El texto en la pregunta define el parasitismo cuando una especie se beneficia al costo de la otra. La garrapata es un parásito. La garrapata beneficia, mientras que el animal del cual se alimenta sufre; entonces la opción **b** es correcta.

22. e. Declaraciones **a** aun fueron ilustradas en el pasaje. Las mangostas dependen de las culebras para comida (opción **a**). El balance en el ecosistema fue desnivelado cuando un nuevo predador fue introducido (opción **b**). Los humanos totalmente cambiaron el ecosistema cuando trajeron los blancos (opción **c**). Cuando la población de mangostas aumentó, la población de culebras disminuyó, causando una caída en la población de mangostas (opción **d**).

23. a. No hubo mención de la opción **b** en el pasaje. La opción **c** es cierta, pero no tan directamente relacionada a la desaparición de las culebras como la opción **a**. La opción **d** es falsa. Los marineros no trajeron presas para las culebras; ellos trajeron un predador. No hay suficiente información para respaldar la opción **e**, y si fuera verdad, no sería directamente relacionada a la desaparición de las culebras.

24. b. La opción **b** declara precisamente lo que pasó basado en el pasaje. No hay respaldo para las otras declaraciones en el pasaje.

25. a. De acuerdo con la descripción del proceso, la fermentación está teniendo lugar durante este proceso, y durante la fermentación los niveles de CO_2 suben a causa de la respiración anaeróbico. También, los calores producidos durante el proceso causan un aumento en la temperatura. Entonces, la opción **a** es correcta.

26. b. Como indicado en la descripción del proceso, la fermentación está teniendo lugar y el proceso involucra a su cara y agua. Esto indica que el alcohol también es un subproducto de este proceso, haciendo vino (opción **b**) la única respuesta lógica.

27. b. Cuando la levadura es involucrada en un proceso químico que usa azúcar para hacer CO_2 y alcohol, el proceso que ocurre es la respiración anaeróbica (opción **b**). La respiración aeróbica consumiría oxígeno y daría CO_2, lo que en este ejemplo, no es el caso.

28. b. La selección natural es el proceso donde los miembros de la especie que son mejores son capaces de sobrevivir y reproducirse en un ambiente prosperan, pasando sus genes a la próxima generación. La contaminación en el ambiente seleccionó un nuevo rasgo ventajoso: el color oscuro de las palomillas.

29. d. Los pingüinos son aves. Ellos salen de huevos y tienen alas. Ellos no son mamíferos; ellos no paren ni amamantan a sus hijos. Como usted está buscando la opción que NO es un mamífero, la opción **d** es la respuesta correcta. Todas las otras respuestas son mamíferos.

30. c. Las ballenas no son primates. Los primates tienen cinco dedos en cada mano y pie, visión binocular y coyunturas de hombros flexibles. Como usted está buscando la opción que NO es primate, la opción **c** es la respuesta correcta. Todas las otras opciones son primates.

31. a. El gráfico en la opción **a** corresponde al arreglo correcto de la tierra, la luna, y el sol durante un eclipse solar. La luna está localizada entre la tierra y el sol, bloqueando la vista del sol de la tierra. También corresponde a la órbita correcta, con la luna girando alrededor de la tierra, y la tierra alrededor del sol. La opción **b** es incorrecta porque muestra que el sol gira alrededor de la tierra, y la luna alrededor del sol. La opción **c** es incorrecta porque la tierra, la luna y el sol no son alineadas como debieran estar durante un eclipse; y la luna no estaba girando alrededor de la tierra. La opción **d** muestra las órbitas correctas, pero la luna no está bloqueando el sol de la vista de la tierra. De hecho, la opción **d** corresponde a un eclipse lunar. La opción **e** es incorrecta porque muestra la tierra y el sol girando alrededor de la luna.

32. a. La luz del sol es causada por reacciones nucleares en el sol, no por corrientes de convección de piedra líquida dentro del manto de la tierra, así que la opción **a** es la respuesta correcta. Todo lo otro listado es causado por corrientes de convección de piedra líquida dentro del manto de la tierra.

33. e. El ozono (opción **e**) no puede cambiar directamente la superficie de la tierra, mientras que los procesos en las opciones **a** hasta **d** sí pueden.

34. d. Cuando es verano en el hemisferio norteño, es invierno en el hemisferio sureño, y viceversa; entonces las declaraciones II y IV son correctas. Esto hace la opción **d** la respuesta correcta; **b** es incorrecta. En general, el hemisferio sureño no es más caliente que el hemisferio norteño, así que declaración I es incorrecta; y todas las opciones de respuestas conteniendo I son incorrectas (**a** y **e**). El sol siempre cae en el oeste en todas partes del mundo; así que declaración III es incorrecta, y las opciones que contienen III son incorrectas (**c**).

35. b. La humedad es una medida de la cantidad de vapor de agua en el aire; entonces, la opción **b** es correcta.

36. b. Un año luz es la medida de la distancia que la luz viaja en un año (aproximadamente 5.88 trillones de millas), así que la opción **b** es correcta.

37. a. El pasaje declara que el sol primero va a expandirse (no encogerse, así que las opciones **b**, **c** y **e** son incorrectas) cuando se acabe el hidrógeno (no el helio, así que la opción **d** es incorrecta), y después de 500 millones de años se encogerá. Entonces, la opción **a** es correcta.

38. c. La opción **c** es la respuesta correcta basada en el pasaje: cuando se expanda, el sol se convertirá en lo que llamamos una estrella gigante roja.

39. b. Los pies palmeados les permiten a los patos que naden mejora porque podrá aumentar el área de superficie en sus pies, así que la opción **b** es correcta. En nadar, siendo hidrodinámico, no aerodinámico (opción **a**), es importante. Las partículas pegadas entre los dedos de un pato (opción **c**) sería un problema frecuente. Los pies palmeados no afectaría la densidad de un pato (opción **d**) por mucho. La tasa de pérdida de calor (opción **e**) puede hacer un poco más alta por el área de superficie más grande, pero la pérdida de calor no es esencial para nadar.

40. b. La opción **b** contiene una declaración que no pueden ser comprobada por métodos científicos. Todas las otras declaraciones sí.

41. b. La opción **a** no es consistente con la observación II. Las opciones **c** y **d** no pueden ser probadas, y por eso son inválidas. La opción **e** no tiene nada que ver con las observaciones.

42. c. La opción **c** contiene la única declaración respaldada por el gráfico. Note que la altura de las barras en el gráfico aumenta de izquierda a derecha, empezando con la barra llamada 18–24. Entonces, a menudo que la edad sube, la preponderancia de hipertensión aumenta. La barra de todas edades sería el promedio. Como la barra para el grupo de edad 35–44 es más corta que el promedio, la opción **a** es incorrecta. La barra más alta es la barra 65–74; entonces **b** es incorrecto. No podemos ver si un adolescente ha sufrido de hipertensión pero porque hay una barra para el grupo de edad 18–24, es posible que algunos sí; entonces la opción **d** no es lógica. De la misma manera, solamente porque algunos mayores de edad sufren de hipertensión, no sería lógico suponer que todos sufren; entonces la opción **e** es incorrecta.

43. e. El argumento más breve es la opción **e** porque es justificada por la autoridad, tradición, y creencias del pasado, en vez de datos científicos. La gente se ha equivocado en el pasado, y notando que algo ha sido hecho de alguna manera por años no quiere decir que no hay mejores formas. Entonces, **e** no es un argumento científico que convence.

44. e. Plutón no es planeta según la definición de 2006 porque no cumple con todo el criterio. Las declaraciones I, II y III tendrían que ser ciertas para que Plutón sea clasificado como planeta. El pasaje dice: "Plutón gira alrededor del sol y es suficientemente grande para citar su fuerza gravitacional como la razón por su redondez." La declaración I y II son verdaderas. El pasaje también dice: "Plutón no domina su vecindario porque no es mucho más grande que surge una, Charon." Entonces declaración III es falsa. Ya que uno de los tres criterios no se cumple, y el que no se cumple está especificado en la declaración III, la opción **e** es correcta.

45. c. Ya que la definición actual de planeta establece criterio que Plutón no cumple, la única forma de establecer Plutón como planeta sería cambiar la definición. La opción **a** es una debida estrategia porque trata de justificar la clasificación con tradición y creencias del pasado, en vez de datos científicos. La opción **b** es también débil porque no hay evidencia para respaldar la definición 2006—de hecho, todo evidencia contradice la clasificación de Plutón como planeta. Las opciones **d** y **e**, aunque refieren la información verdadera, ni muestran que Plutón cumple con la definición actual del ultimo planeta, ni sugiere la nueva definición del término, y serían inútiles las dos estrategias.

46. c. La opción **a** ya se está haciendo: una receta se necesita para adquirir antibióticos. Y como los antibióticos no estaban directamente enfermando a la gente (opción **d**), estas medidas no serían necesarias. No hay nada que indique que toda la carne de Dakota del Sur tiene salmonella o que la carne y otro sitio es siempre sana; entonces la opción **b** no sería necesaria. La opción **e** es incorrecta porque los antibióticos no son resistentes a la salmonella; alguna salmonella es resistente a los antibióticos. Solamente la opción **c** tiene sentido, y ésta es la respuesta correcta.

47. d. La declaración en la opción **d** es falsa. Los antibióticos no transmiten la salmonella. El problema vino porque la salmonella era resistente a los antibióticos. Todas las otras opciones de respuestas contienen declaraciones verdaderas.

48. d. Mientras el alcohol daña otros tejidos, muchos alcohólicos primeros sufren de la falla del hígado; entonces la opción **d** es correcta. Una de las funciones del hígado es quitar las toxinas del cuerpo. El alcohol es una toxina al cuerpo.

49. c. Solamente ciertas enfermedades contagiosas pueden ser transmitidas a través de los besos, y la influenza (opción **c**) es contagiosa. Los problemas de salud asociados con las otras opciones no son contagiosos. Uno no puede contraer cáncer de pulmón, un tumor de cerebro, diabetes o lupus por besar a alguien que lo tiene.

50. b. La única acción en la opción **b** involucra fricción (de una mano contra la otra), entonces está es la respuesta correcta. La opción **a** demuestra aislamiento. Las opciones **c**, **d** y **e** involucralan transferencia de energía de calor de un sitio a otro, y no la generación de calor a través de la energía de movimiento.

8▶

Examen
diagnóstico
de matemáticas
GED

▶ **Parte I**

Usted va a comenzar la parte una de este examen diagnóstico. Usted puede usar su calculadora para estas preguntas.

1. La señora Klein compró 4 libras de carne y $3\frac{1}{2}$ libras de pollo por $13.98. ¿Si la carne cuesta $2.76 por libra, cuál fue el precio del pollo por libra?

   a. $0.72

   b. $0.80

   c. $0.84

   d. $0.87

   e. $0.92

La pregunta 2 está basada en el gráfico que sigue.

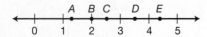

2. ¿Cuál punto en la línea de números representa la aproximación más cercana a la raíz cuadrada de 12?

a. *A*

b. *B*

c. *C*

d. *D*

e. *E*

3. Una casa y parcela cuestan $120,000. Si la casa cuesta tres veces más que la parcela, ¿cuánto cuesta la casa?

a. $30,000

b. $40,000

c. $60,000

d. $90,000

e. $100,000

4. Latrice hizo tres llamadas de larga distancia. De acuerdo con su cuenta telefónica, las llamadas fueron 19 minutos, 24 minutos y 8 minutos de largo. Si Latrice paga nueve centavos por minuto por todas sus llamadas de larga distancia, ¿cuánto le cobraron por las tres llamadas?

a. $2.70

b. $4.59

c. $5.10

d. $13.77

e. $15.30

5. Evalúe: $3[2(3 + 9) - 10]$

a. 42

b. −42

c. 720

d. −720

e. 12

La pregunta 6 está basada en la figura siguiente.

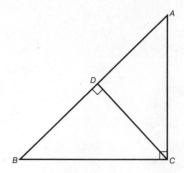

6. $\triangle ABD$ es un triángulo derecho, y $\overline{CD} \perp \overline{AB}$. Si la medida de $\angle CAD = 40°$, ¿cuál es la medida de $\angle DCB$?

a. 10°

b. 20°

c. 40°

d. 50°

e. 90°

7. El indicador en un tanque de agua muestra que el tanque está $\frac{1}{3}$ lleno de agua. Para llenar el tanque, se añaden 16 galones de agua. ¿Cuántos galones de agua puede aguantar el tanque cuando está llena?

a. 20

b. 24

c. 30

d. 32

e. 48

La pregunta 8 es basada en la figura siguiente.

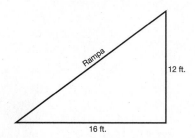

8. ¿Cuánto pies de largo tiene la rampa?

a. 13

b. 17

c. 20

d. 24

e. No hay información suficiente.

9. En un almuerzo, 48 media pintas de jugo se servin. ¿Cual es el precio, a $3.50 por galón, de cada porción de jugo?

a. $6.00

b. $7.00

c. $10.50

d. $12.50

e. $15.00

La pregunta 10 es basada en la figura siguiente.

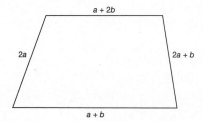

10. ¿Cuál es el perímetro de la figura?

a. $6a + b$

b. $5a + 5b$

c. $6a + 4b$

d. $3a + 5b$

e. $3a^2 + 5b^2$

La pregunta 11 es basada en la figura siguiente.

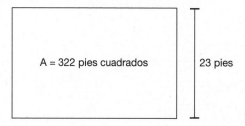

11. Un comedor rectangular tiene una superficie de piso de 322 pies cuadrados. Si lo largo del cuarto es de 23 pies, ¿cuánto es el perímetro?

a. 28 pies

b. 37 pies

c. 45 pies

d. 60 pies

e. 74 pies

La pregunta 12 es basada en el gráfico siguiente.

Este gráfico da las instrucciones que acompañan una forma de impuestos de ingreso.

Si sus ingresos imponibles son:

AL MENOS	PERO NO MÁS QUE	SU IMPUESTO ES
0	$3,499	2% de la cantidad
$3,500	$4,499	$70 más 3% de cualquier cantidad más que $3,500
$4,500	$7,499	$100 más 5% de cualquier cantidad más que $4,500
$7,500		$250 más 7% de cualquier cantidad más que $7,500

12. ¿Cuánto impuesto se tiene que pagar en un ingreso imponible de $5,800?

a. $120

b. $135

c. $150

d. $165

e. $175

La pregunta 13 es basada en el gráfico siguiente.

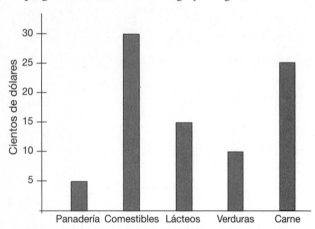

13. ¿Las ventas en el departamento de carne sobrepasan las ventas en el departamento de lácteos por cuántos dólares?

a. $100

b. $1,000

c. $1,500

d. $1,800

e. $10,000

La pregunta 14 es basada en el gráfico siguiente.

14. ¿Cuántos dólares fueron gastados por labor?

a. $4,800

b. $9,600

c. $48,000

d. $96,000

e. $960,000

La pregunta 15 es basada en el gráfico siguiente.

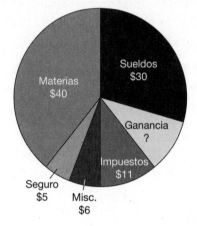

15. El gráfico muestra qué pasa con cada $100 obtenidos por una empresa pequeña. ¿Cuántos dólares de cada $100 hechos representan ganancias?

a. $5

b. $6

c. $7

d. $7.50

e. $8

16. ¿Cuál es el valor mediano de $268; $1258; $654; $1258; $900; $1558; y $852?

a. $1,258

b. $960

c. $900

d. $913

e. $852

17. ¿Cuál es el modo de los números siguientes: 14, 17, 14, 12, 13, 15, 22 y 11?

   a. 13. 5

   b. 14

   c. 14. 75

   d. 16. 5

   e. No hay suficiente información.

18. Una bolsa contiene bolitas: 12 rojas, 3 azules, 6 verdes y 4 amarillas. Si una bolita se saca de la bolsa al azar, ¿cuál es la probabilidad de que la bolita sea o azul o amarilla?

   a. 7%

   b. 12%

   c. 16%

   d. 25%

   e. 28%

19. Danny trabajó 40 horas y ganó $6.30 por hora. Su amiga Erika ganó $8.40 por hora en su trabajo. ¿Cuántas horas tendría Erika que trabajar para ganar el equivalente a las ganancias del Danny por 40 horas?

   a. 20

   b. 25

   c. 30

   d. 252

   e. No hay suficiente información.

20. El número de estudiantes en una clase es x. Un día, cinco estudiantes estaban ausentes. ¿Qué parte fraccional de la clase estaba presente?

   a. $\frac{x}{5}$

   b. $\frac{5}{x}$

   c. $\frac{5}{(x-5)}$

   d. $\frac{(x+5)}{5}$

   e. $\frac{(x-5)}{5}$

21. Dada la ecuación $x^2 + x - 6 = 0$, ¿cuál de las siguientes da una solución completa de la ecuación?

   a. 2

   b. 2 y –3

   c. –2 y 3

   d. 2 y 3

   e. 3 y –3

22. Henry tiene $5 más que Oliver y tiene la misma cantidad de dinero que Murray. Juntos, ellos tienen $85. ¿Cuánto dinero tiene Oliver?

   a. $10

   b. $12

   c. $15

   d. $25

   e. No hay suficiente información.

23. Una caja de cereal tiene un precio de x centavos por caja. Un cliente tiene un cupón por 15 centavos de rebaja. Si la tienda baja los precios por doblar el valor de cada cupón, ¿cuánto, en centavos, paga cada cliente por la caja de cereal?

   a. $x - 15$

   b. $x - 30$

   c. $x + 15$

   d. $x + 30$

   e. No hay suficiente información.

24. Si 1 dólar vale x euros, ¿cuál es el valor, en dólares, de y euros?

   a. xy

   b. $\frac{x}{y}$

   c. $\frac{y}{x}$

   d. $\frac{1}{xy}$

   e. $x + y$

25. Si su sueldo horario es $12.50 y usted necesita ganar al menos $250, ¿cuántas horas tendrá que trabajar?

   a. 10 horas

   b. 12 horas

   c. 15 horas

   d. 18 horas

   e. 20 horas

▶ Parte II

Usted va a comenzar la parte II de este examen diagnóstico. En esta sección, usted tiene que contestar a unas 25 preguntas adicionales. Usted NO puede usar su calculadora para estas preguntas. Asegúrese de guardarla para simular la experiencia de la prueba GED actual.

26. Un motel cobra $48.00 por día por un cuarto doble. Y también un impuesto de 5%. ¿Cuánto paga una pareja para quedarse varios días?

   a. $144.00

   b. $151.20

   c. $156.20

   d. $158.40

   e. No hay suficiente información.

27. La distancia entre dos cuerpos celestes es 63,150,000,000 millas. ¿Cuál es este número expresado en notación científica?

   a. 631.5×10^8

   b. 63.155×10^9

   c. 63155×10^7

   d. 6.3155×10^{10}

   e. 6.3155×10^{-10}

28. Andrea se compró una bicicleta usada por $250. Ella pintó la bicicleta; reemplazó las llantas, la cadena, y el sistema de engranajes; y vendió la bicicleta por 150% del precio que ya pagó. ¿Por qué cantidad, en dólares, vendió ella la bicicleta? Marque su respuesta en la figura que sigue.

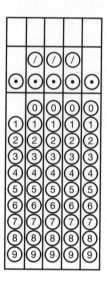

29. La suma de tres números enteros consecutivos es 90. ¿Cuál es el número más grande de la serie?

   a. 26

   b. 28

   c. 30

   d. 32

   e. 34

30. ¿Cuál de los siguientes números enteros no es divisible por 3?

   a. 18,423

   b. 7,690

   c. 351

   d. 128,502

   e. 90

31. Evalúe $-5(-65 \times 11) + 7^2$

Marque su respuesta en la figura que sigue.

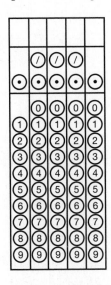

La pregunta 32 es basada en la figura siguiente.

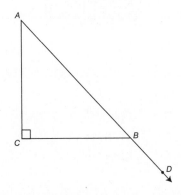

32. Si $\overline{AC}$ es perpendicular a $\overline{CB}$ y m$\angle CBD = 125°$, entonces m$\angle A$ iguala

a. 15°

b. 20°

c. 35°

d. 45°

e. No hay suficiente información.

La pregunta 33 es basada en la figura siguiente.

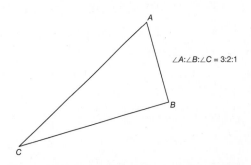

$\angle A:\angle B:\angle C = 3:2:1$

33. Las medidas de los ángulos de un triángulo están en la proporción 3:2:1. ¿Cual es la medida del ángulo más grande del triángulo?

a. 65°

b. 70°

c. 72°

d. 80°

e. 90°

La pregunta 34 es basada en la figura siguiente.

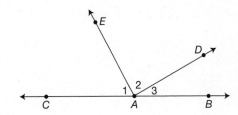

34. Si m$\angle 1 = 36°$ y m$\angle 2 = 2($m$\angle 3)$, entonces m$\angle 3$ iguala

a. 36°

b. 40°

c. 44°

d. 48°

e. No hay suficiente información.

La pregunta 35 es basada en el gráfico siguiente.

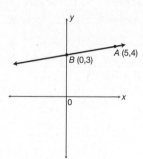

35. ¿Cuál es el pendiente de la línea pasando a través de los puntos A (5,4) y B (0,3)?

a. $\frac{1}{10}$

b. $\frac{1}{5}$

c. $\frac{3}{5}$

d. $\frac{4}{5}$

e. 5

La pregunta 36 se refiere al gráfico siguiente.

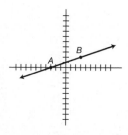

36. ¿Cuál es el pendiente de la línea que pasa a través de los puntos A y B en el gráfico coordenado? Marque su respuesta la figura siguiente.

37. Ajani encuentra que la distancia entre dos monumentos en un mapa es $6\frac{1}{2}$ pulgadas. Si la escala del mapa dice que $\frac{3}{4}$ pulgada= 120 millas, ¿cuál es la distancia actual, en millas, entre los dos monumentos? Marque su respuesta en la figura siguiente.

38. En un plano coordenado, se ha dibujado una línea vertical a través del punto (−3,4). En el mismo plano, se ha dibujado una línea horizontal a través del punto (2,−1). ¿En qué punto del plano cruzarán las dos líneas? Marque su respuesta en la figura siguiente.

Las preguntas 39–41 se refieren al gráfico siguiente.

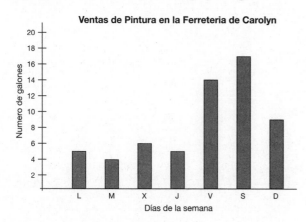

39. ¿Cuántos galones de pintura se vendieron el miércoles?

a. 3

b. 4

c. 5

d. 6

e. 7

40. ¿Qué cantidad de pintura de más se vendió el sábado en comparación con el lunes?

a. 6 galones

b. 8 galones

c. 10 galones

d. 11 galones

e. 12 galones

41. ¿Cual fue la cantidad total, en galones, de pintura vendida por la tienda esa semana? Marque su respuesta de la figura siguiente.

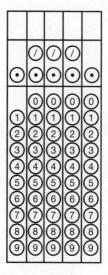

Las preguntas 42 y 43 se refieren al gráfico siguiente.

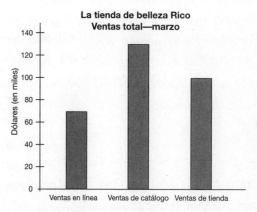

42. Los clientes de la tienda de belleza de Rico pueden hacer compras en línea, de un catálogo o en la tienda. En el mes de marzo, ¿cuántas ganancias hizo la compañía de más de ventas de catálogo comparado a ventas hechas en línea?

a. $35,000

b. $65,000

c. $130,000

d. $195,000

e. $650,000

43. ¿Aproximadamente qué fracción de las ventas total de la compañía fueron hechas de ventas en la tienda?

a. $\frac{2}{3}$

b. $\frac{1}{3}$

c. $\frac{1}{2}$

d. $\frac{1}{4}$

e. $\frac{1}{6}$

44. ¿Cuál fue el promedio de puntaje de Edmundo para un recorrido de golf en agosto si su puntaje para cada recorrido fue 78, 86, 82, 81, 82 y 77?

a. 77

b. 78

c. 81

d. 82

e. No hay suficiente información.

45. Norm pide un préstamo de $8,000 por 5 años para hacer renovaciones en su oficina de casa. ¿Si la tasa de interés simple es 13%, ¿cuánto tendrá que pagar en interés? Marque su respuesta en la figura siguiente.

46. ¿La solución $x = -5$ hace cuál de las siguientes ecuaciones verdaderas?

a. $14 - x = 9$

b. $\frac{x}{5} = 1$

c. $x + 3 = 8$

d. $\frac{30}{x} = 6$

e. $12x = -60$

47. Marc tenía $572.18 en su cuenta bancaria. Después de escribir un cheque, él tenía $434.68. ¿Cuál de las ecuaciones siguientes puede ser usada para encontrar la cantidad del cheque (c)?

a. $572.18 + c = \$434.68$

b. $572.18 - c = \$434.68$

c. $572.18c = \$434.68$

d. $572.18 - 2c = \$434.68$

e. $434.68 + c = \$572.18$

48. ¿Cuál es el valor de la expresión $3(2x - y) + (3 + x)^2$, cuando $x = 4$ y, $y = 5$? Marque su respuesta en la figura siguiente.

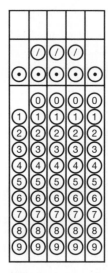

49. Una vitrina de ñames enlatados tiene un letrero que lee "5 latas por $3." ¿Cuánto cobraría la tienda, redondeando al próximo centavo entero, por 8 latas? Marque su respuesta en la figura siguiente.

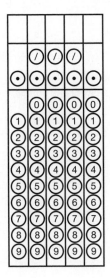

50. Deb tiene 12 veces la cantidad de CDs que John. Si Deb le da a John 24 CDs, ella tendrá cuatro veces la cantidad de CDs que John. ¿Cuántos CDs tienen Deb y John juntos? Marque su respuesta en la figura siguiente.

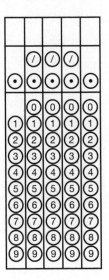

▶ Respuestas

1. c. La carne cuesta $4(\$2.76) = \$11.04$. El pollo cuesta $\$13.98 - \$11.04 = \$2.94$. Para encontrar el precio por libra de pollo, divide $\$2.94$ por $3\frac{1}{2}$ o por $7\frac{1}{2}$; $2.94 \div 7\frac{1}{2} = 2.94 \div 7\frac{1}{2} = 0.84$.

2. d. Ya que $3^2 = 9$ y $4- = 16$, $\sqrt{12}$ es entre 3 y 4. Solamente el punto D queda entre 3 y 4.

3. d. x = precio el del lote y $3x$ = precio de la casa.
$x + 3x = 120,000$
$4x = 120,000$
$x = \frac{120,000}{4} = 30,000$
$3x = 3(30,000) = \$90,000$

4. b. Sumar los tiempos y multiplicar por 9 centavos. $19 + 24 + 8 = 51$ minutos. $51 \times .09 = \$4.59$.

5. a. Seguir el orden de operaciones:
$3[2(3 + 9) - 10] =$
$3[2(12) - 10] =$
$3[24 - 10] =$
$3[14] =$
42

6. c. Ya que $m\angle ACB = 90°$ y $m\angle CAD = 40°$, entonces $m\angle B = 180 - 90 - 40 = 50°$. En BCD, $m\angle CDB = 90°$ y $m\angle B = 50°$. Entonces, $m\angle DCB = 180 - 90 - 50 = 40°$.

7. b. Si el tanque está $\frac{1}{3}$ lleno, está $\frac{2}{3}$ vacío. x = la capacidad del tanque; $\frac{2}{3}x = 16$, entonces $x = 16 \div \frac{2}{3} = 16 \times \frac{3}{2} = 24$.

8. c. x = el largo de la rampa. Use el teorema de Pitágoras para obtener la ecuación:
$x- = 12- + 16- = 144 + 256 = 400$
$x = \sqrt{400} = 20$

9. c. 48 media pintas = 24. Ya que 2 pt. = 1 qt., 12qt. = 3 gal., $3(\$3.50) = \$10.50$.

10. c. Para encontrar el perímetro de la figura, encuentren la suma de lo largo de sus lados.
$2a + a + b + 2a + b + a + 2b = 6a + 4b$.

11. e. x = la anchura del cuarto; $23x = 322$; $x = 322 \div 23 = 14$. Perímetro $= 23 + 14 + 23 + 14 = 74$ pies.

12. d. $\$5,800 - \$4,500 = \$1,300$. Su impuesto es $\$100 + 5\%$ de $\$1,300 = 100 + 0.05(1,300) = 100 + 65 + \$165$.

13. b. Ventas de departamento de carne $= \$2,500$
Ventas de departamento de lácteos $= \$1,500$
Diferencia $= \$1,000$

14. d. 40% de los gastos totales de $\$240,000$ fueron por labor; $0.40 (\$240,000) = \$96,000$.

15. e. Son las cantidades dadas: $11 + 6 + 5 + 40 + 30 = \$92$. $\$100 - \$92$ de $\$8$ para ganancias.

16. c. La mediana es la cantidad del medio cuando los números son arreglados en orden. Arregle las cantidades en orden, y encuentre la cantidad de la mitad, $\$900$.

17. b. El modo es el número que ocurre lo más frecuentemente. Solamente 14 ocurre más que una vez en los datos dados.

18. e. Sume la cantidad de bolitas: $12 + 3 + 6 + 4 = 25$. El total de bolitas azules y amarillas son $3 + 4$, o 7. $\frac{7}{25}$ de las bolitas pueden ser azules o amarillas. $\frac{7}{25} = 0.28$, o 28%.

19. c. Danny ganó un total de $40(\$6.30) = \$252$. Para encontrar el número de horas que Erika tardaría en Erika ganar $\$252$, dividida $\$252$ hora $\$8.40$; $252 \div 8.4 = 30$.

20. e. Si la clase tiene x estudiantes y 5 estudiantes están ausentes, entonces $x - 5$ estudiantes están presentes: $\frac{(x-5)}{5}$

21. b. Si x es reemplazado por las opciones de respuesta, solamente 2 y -3 a ser la expresión verdadera.

$(2)^2 + 2 - 6 = 0 \qquad (-3)^2 + -3 - 6 = 0$

$4 + -4 = 0 \qquad\qquad 9 + -3 - 6 = 0$

$\qquad\qquad\qquad\qquad 9 + -9 = 0$

$0 = 0 \qquad\qquad\quad 0 = 0$

22. d. Haga una ecuación con el dinero de Oliver como lo desconocido, y resuelva. Oliver $= x$, Henry $= 5 + x$ y Murray $= 5 + x$. Entonces,

$O + H + M = 85$

$x + 2(5 + x) = 85$

$x + 10 + 2x = 85$

$3x + 10 = 85$

$3x = 75$

$x = 25$

23. b. Ya que el cupón tiene doble valor, la reducción es $2(.15) = 30$ centavos. El precio del cereal es $x - 30$ centavos.

24. c. Si usted no ve que necesita dividir y por x, una proporción. z = el número de dólares necesitados para comprar y euros.

$\frac{\text{dollars}}{\text{euros}} = \frac{1}{x} = \frac{z}{z}$

$y\left(\frac{1}{x}\right) = \left(\frac{z}{y}\right)y$

$\frac{y}{x} = z$

25. e. $412.50x \geq \$250$; $x \geq 20$ horas

26. e. Usted no puede computar el precio a menos que usted sepa el número de días que la pareja se queda en el hotel. Esta información no se da.

27. d. Para expresar un número en notación científica, expresen la, el producto de un número entre 1 y 10 y un poder de 10. En este caso, el número entre 1 y 10 es 6.315. En ir de 6.315 a 63,150,000,000, o usted no mueve el punto decimal 10 espacios hacia la derecha. Cada movida representa una multiplicación por 10^{10}, y $63,150,000,000 = 6.315 \times 10^{10}$.

28. 375.

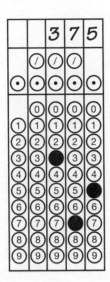

Multiplique $250 por 1.5, que equivale $375. No incluya el símbolo de dólar.

29. d. Los tres números pueden ser representados por x, $x + 2$ y $x + 4$. Resuelva la ecuación:

$x + x + 2 + x + 4 = 90$

$3x + 6 = 90$

$3x = 84$

$x = 28$

28, 30, 32.

30. b. Según las reglas de divisibilidad, cuando la suma de los dígitos de cualquier número equivale un múltiplo de 3, entonces el número entero es divisible igualmente por tres. La suma de los dígitos de 7,690 = 22, que no es divisible igualmente por 3.

31. 379.

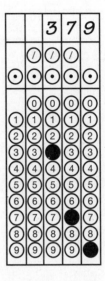

Haga las operaciones dentro de los paréntesis primero:

$-6 - 11 = -66$

Después resuelva el exponente: $7^2 = 7 - 7 = 49$

Simplifique: $-5(-66) + 49$

$330 + 49 = 379$

32. c. m∠CBD = 125

m∠ABC = 180 − 125 = 55

m∠A + m∠ABC = 90

m∠A + 55 = 90

m∠A = 90 − 55 = 35

33. e. x, $2x$, y $3x$ son las medidas de los tres ángulos. Entonces:

$x + 2x + 3x = 180$

$6x = 180$

$x = 180 ÷ 6 = 30$

$3x = 3(30) = 90$

34. d. x = m∠3 y $2x$ = m∠2

m∠1 + m∠2 + m∠3 = 180

$36 + 2x + x = 180$

$3x + 36 = 180$

$3x = 180 − 36 = 144$

$x = 144 ÷ 3 = 48°$

35. b. Pendiente = $\frac{y_1 - y_2}{x_1 - x_2}$; en este caso, $y_1 = 4$, $y_2 = 3$, $x_1 = 5$ y $x_2 = 0$. Pendiente = $\frac{(4-3)}{5-0} = \frac{1}{5}$.

36. $\frac{1}{3}$.

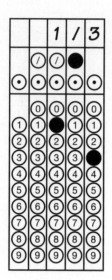

Las coordenadas del punto A son $(-3,0)$. Las coordenadas del punto B son $(3,2)$. Use la fórmula del pendiente:

$$\frac{y_2 - y_1}{x_2 - x_1}$$

Reemplace y resuelva:

$$\frac{2 - 0}{3 - (-3)} = \frac{2}{6}, \text{ o } \frac{1}{3}$$

37. 1040.

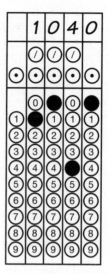

Haga la proporción y resuelva: $x = $ el número de millas entre los dos monumentos.

$$\frac{(\frac{3}{4})}{120} = \frac{(6\frac{1}{2})}{x}$$

$6\frac{1}{2} \times 120 = 780$ y

$380 \div \frac{3}{4} = 1,040$

La respuesta es 1,040. Acuérdese de que usted no incluye las comas; entonces la respuesta es 1040.

38. (–3,–1).

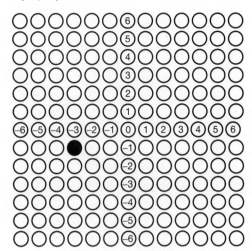

La línea vertical es paralela al eje de *y*, y todos sus puntos tienen el *x* coordenado de –3. La línea horizontal es paralela al eje de *x*, y todos sus puntos tienen del *y* coordenado de –1. Entonces, las coordenadas son –3 y –1.

39. d. La parte de arriba de la barra para el miércoles está en 6 en la escala vertical.

40. e. La parte de arriba de la barra para el lunes está entre 4 y 6; entonces 5 galones fueron vendidos el lunes. La parte arriba de la barra para el sábado está entre 16 y 18; entonces 17 galones fueron vendidos el sábado. La diferencia entre 17 y 5 es 12.

41. 60.

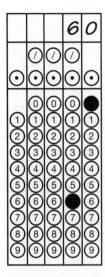

Las partes de arriba de la barra para el lunes al domingo están a 5, 4, 6, 5, 14, 17 y 9. Éstas suman a 60.

42. b. $130,000 (ventas de catálogo) – $65,000 (ventas en línea) = $65,000

43. b. $130,000 + $65,000 + $100,000 = $295,000, que es aproximadamente $300,000. Trabajando con números compatibles $100,000 de $300,000 es $\frac{1}{3}$.

44. c. Media = promedio Sume las calificaciones y vida por el número de calificaciones.

78 + 86 + 82 + 81 + 82 + 77 = 486

486 ÷ 6 = 81

45. 5200.

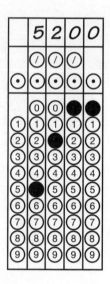

I = prt Multiplique: $8000 × 0.13 × 5 = $5200. Acuérdese de que no debe incluir con más o signos de dólares.

46. e. Trate –5 por *x* en cada ecuación. Solamente la opción **e** es verdadera cuando –5 es sustituida por *x*.

$12x = -60$

$12(-5) = -60$

$-60 = -60$

47. b. Cuando usted no resta el cheque de la cantidad en la cuenta de cheques, el resultado será el balance actual $572.18 − c = $434.68

48. 58.

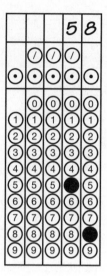

Sustituya los valores para x y y en la expresión, después simplifique.

$3(2 × 4 − 5) + (3 + 4)- = 3(3) + 7^2 = 9 + 49 = 58$

49. 4.8 o 4.80.

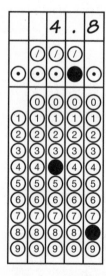

Haga la proporción $\frac{5}{3} = \frac{8}{x}$, donde *x* es el precio de 8 latas de ñames., $3 × 8 = 24$ y $24 ÷ 5 = $4.80.

50.   195.

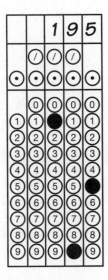

Haga las dos ecuaciones que representan lo que usted sabe.

$D = (12J)$

$(D) - 24 = 4(J + 24)$

Sustituya $12J$ por D:

$(12J)\ 24 = 4J + 96$

$8J = 120$

$J = 15$

Si $J = 15$, $(12J) = 180 = D$

$D + J = 180 + 15 = 195$

9▶ Examen diagnóstico de ciencias sociales GED

Instrucciones: Lea cada pregunta con cuidado. Las preguntas son de opción múltiple y pueden estar basadas en un pasaje, una ilustración o un gráfico. Seleccione la mejor respuesta para esta pregunta. Note: en el GED, no se permite a escribir en la libreta de examen. Haga notas en una hoja de papel separada.

Por favor use lo siguiente para contestar a las preguntas 1–4.

Cantidad de votantes en elecciones nacionales: 1980–2000

Año	Población de edad de votante	Cantidad de votantes	Cantidad de votantes como porcentaje de población de edad de votante
2000	205,822,000	105,380,929	51.2
1998	200,929,000	73,117,022	36.4
1996	196,511,000	96,456,345	49.1
1994	193,650,000	75,105,860	38.8
1992	189,529,000	104,405,155	55.1
1990	185,812,000	67,859,189	36.5
1988	182,778,000	91,594,693	50.1
1986	178,566,000	64,991,128	36.4
1984	174,466,000	92,652,680	53.1
1982	169,938,000	67,615,576	39.8
1980	164,597,000	86,515,221	52.6

Note: Años resaltados representan años de elecciones presidenciales.

1. ¿En términos de porcentaje de población de edad votante, en que año hubo la cantidad más grande de votantes?

   a. 2000

   b. 1996

   c. 1994

   d. 1992

   e. 1988

2. Supongamos que usted tuvo que decidir cuantos boletos imprimir para la elección del año 2002. Basado en el patrón mostrado, ¿cuántos boletos piensa usted que hubiese necesitado?

   a. La misma cantidad del año 2000

   b. El doble de la cantidad del año 2000

   c. La mitad de la cantidad del año 2000

   d. Tres cuartos de la cantidad del año 2000

   e. Cerca de uno y medio más que la cantidad del año 2000

3. ¿Cómo se compara el cambio de la asistencia de los votantes entre 1984 y 1986 con el cambio entre 1988 y 1990?

   a. En ambos casos, la asistencia de los votantes aumentó por varios puntos de porcentaje.

   b. En ambos casos, la asistencia de los votantes disminuyó por varios puntos de porcentaje.

   c. En el primer caso, la asistencia de los votantes aumentó; en el segundo, disminuyó.

   d. En el primer caso, la asistencia de los votantes disminuyó; en el segundo, aumentó.

   e. En el primer caso, la existencia de los votantes aumentó; en el segundo, no cambió.

4. ¿Qué conclusión es mejor respaldada por la información en el gráfico?

   a. La asistencia es más alta en los años de elección presidencial.

   b. La asistencia disminuye de repente a través de los años noventa.

   c. La asistencia aumenta regularmente durante los años ochenta y noventa.

   d. La asistencia sube de repente a través los años ochenta.

   e. La asistencia es más alta en los años que terminan en 0.

Por favor use lo siguiente para contestar la pregunta 5.

Rutas marítimas de Portugal al este

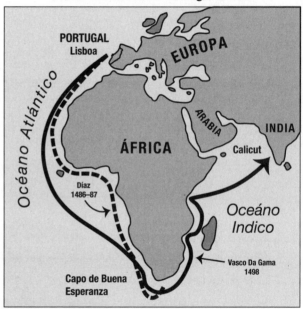

▄▄▄ **Bartolomeu Díaz**
▬▬▬ **Vasco Da Gama**

5. ¿Que logró el explorador portugués Bartolomeu Díaz en su viaje de 1486–87?

   a. Él compró especias y joyas en la India y las trajo a Portugal.

   b. Él comprobó la existencia de una ruta marina alrededor del sur de África al océano Indio.

   c. Él cruzó África a pie y llegó a Arabia.

   d. Él logró llegar a Calicut en la India en menos de dos años.

   e. Él círculo al globo y comprobó de una vez y por todas que el mundo era redondo.

Por favor use lo siguiente para contestar a las preguntas 6–7.

El término **estándar de vida** se usa para describir el nivel mínimo de necesidades y lujos de vida al cual una persona o un grupo están acostumbrados. El promedio de estándar de vida en un país puede ser medido dividiendo el PNB (el valor de productos y servicios producidos en la economía nacional en dado año) por el número de ciudadanos en el país. La cifra que resulta es el per cápita PNB. El per cápita PNB muestra cuanto recibe cada persona si todos los productos y servicios producidos en el país durante el año se dividen igualmente. El nivel de vida de un individuo, claro, puede mejorar o empeorar dependiendo de las circunstancias. El retiro del empleo, por ejemplo, casi siempre causa un declive en el nivel de vida porque los retirados tratan de vivir de un porcentaje de sus antiguos ingresos. El promedio de nivel de vida en un país puede ser sujeto a cambio por la agitación política, las fuerzas de la naturaleza o la economía global.

6. ¿Cuál de estas circunstancias casi garantiza que el estándar de vida de una persona mejore?

   a. Divorciarse de un cónyuge

   b. Tener un hijo

   c. Recibir un diploma universitario

   d. Ser despedido del empleo

   e. Hacer sus formularios de impuestos a tiempo

7. El país X tiene un producto nacional bruto más grande que el país Y. ¿Para saber si el nivel de vida es más alto en el país X, que más necesitaría saber?

   a. El número de niños de edad escolar en los países X y Y.

   b. El tamaño de la población en los países X y Y.

   c. El número de retirados en los países X y Y.

   d. El número de desempleados en los países X y Y.

   e. Los climas de los países X y Y.

8. "Los Estados Unidos nació en el pueblo y se mudó a la ciudad en el siglo XIX."

                        —Anónimo

¿A cuál gran movimiento se refiere esta cita?

   a. Expansión oeste

   b. Colonización

   c. Industrialización

   d. Imperialismo

   e. Populismo

Por favor use lo siguiente para contestar las preguntas 9–12.

Conquista Romana de Galia, 58–51 a.C.

	Frontera del dominio romano en 51 a.C.
	Área conquistada por ejércitos romanos bajo César
□ 54	Sitios y fechas de batallas a.C.

200 km
100 millas

9. Complete la oración siguiente. Una batalla tuvo lugar por el río _____en 54 a.C.
   a. Garona
   b. Rin
   c. Sena
   d. Mosa
   e. Marne

10. ¿Cuál respuesta muestra las batallas en orden cronológica según el mapa?
   a. Avaricum, Lugdunum, Bahía de Quiberon
   b. Gergovia, Bahía de Quiberon, Lugdunum
   c. Alesia, Lugdunum, Bahía de Quiberon
   d. Bahía de Quiberon, Agedincum, Bibracte
   e. Bibracte, Bahía de Quiberon, Gergovia

11. ¿Cuál conclusión es mejor respaldada por la información presentada en el mapa?
   a. Los romanos conquistaron a Aquitania y Bélgica.
   b. Los romanos empezaron su guerra de conquista en el norte y de ahí se metieron al sur.
   c. La batalla en Lugdunum duró varios meses.
   d. Después de la conquista de Galia, los romanos hicieron planes para cruzar los Pirineos.
   e. El clima en Bélgica afectó los ejércitos romanos.

12. ¿Qué tienen en común los ríos Loira y Garona?
   a. Los dos corren del oeste al este.
   b. Los dos corren del norte al sur.
   c. Los dos se vacían en el Océano Atlántico.
   d. Los dos se vacían en el Mar Mediterráneo.
   e. Cada uno tiene 1000 millas de largo.

Por favor use lo siguiente para contestar a las preguntas 13–16.

Lo siguiente es un pasaje acerca de la decisión de la Corte Suprema en 1954 en el caso Brown et al v. la Junta de Educación de Topeka et al.

En cada uno de estos casos, menores de la raza negra, a través de sus representantes legales, buscan la ayuda de las cortes para obtener entrada a las escuelas públicas de su comunidad en una base no segregada. En cada caso, a ellos se les ha negado entrada a las escuelas donde van los niños blancos bajo leyes que requieren o permiten segregación por raza. Esta segregación sirve para privar a los demandantes de igualdad de protección frente a las leyes bajo la enmienda 14. [. . . .] una corte distrital federal de tres jueces les negó alivio a los demandantes de acuerdo con la doctrina de "separados pero iguales" anunciada por esta corte en Plessy v. Ferguson, 163 U.S.537. Bajo esa doctrina, la igualdad de tratamiento se concede cuando a las razas se les dan instalaciones substancialmente iguales, aunque estas instalaciones sean separadas. [. . . .] Los demandantes sostienen que las escuelas públicas segregadas no son "iguales" y no pueden ser "iguales," y que por eso son privados de igualdad de protección ante las leyes. [. . . .] Entonces llegamos a la pregunta presentada: ¿es que la segregación de niños en las escuelas públicas, a base solamente de raza, aunque las instalaciones físicas y otros factores "tangibles" puedan ser iguales, privan a los niños del grupo minoría de igualdad de oportunidades educacionales? Nosotros creemos que sí. [. . . .] La segregación de niños blancos y negros tiene un efecto perjudicial en los niños negros. [. . . .] nosotros concluimos que en el campo de educación pública la doctrina de "separados pero iguales" no tiene lugar. Las instalaciones educacionales separadas son intrínsecamente desiguales.

—Juez del tribunal Earl Warren, escribiendo por la mayoría de la Corte

13. Según el juez Warren, ¿cuál es la pregunta que la Corte tiene que contestar?

   a. ¿Es la segregación por raza en las escuelas públicas injusta a los niños de minoría?

   b. ¿Debe la Corte mandar instalaciones iguales en las escuelas segregadas?

   c. ¿Tiene la Corte la autoridad sobre los sistemas públicos escolares?

   d. ¿Debe el Congreso pasar leyes que le pongan fin a toda segregación a base de raza?

   e. ¿Es que la Constitución le da control de la educación a los estados?

14. ¿La mayoría en esta Corte aprobarían cuál de las siguientes?

   a. Crear en los teatros y sitios de deportes secciones de asientos para "minorías solamente"

   b. Pasar leyes que les dan derechos especiales a los grupos de minorías de raza en el campo de la educación

   c. Establecer ligas separadas para jugadores de minoría en el béisbol

   d. Asegurar que las universidades públicas no excluyan a los estudiantes de minoría a base de raza

   e. Crear distritos de voto separados para las minorías

15. Según el pasaje, ¿cuál de lo siguiente es verdad acerca de la enmienda 14?

   a. Autoriza la separación de razas en las escuelas públicas.

   b. Provee para el establecimiento de un sistema de escuela pública nacional.

   c. Especifica procedimientos estandarizados de voto nacional.

   d. No es razonable y debe ser revocado.

   e. Requiere que la gente reciba igualdad de protección frente a las leyes.

16. ¿Qué razón dio la Corte por rechazar la doctrina de "separados pero iguales"?

   a. Las cortes federales de distrito no tienen poder sobre los sistemas escolares públicos.

   b. Las escuelas pueden ser segregadas pero tienen que tener instalaciones iguales.

   c. Las escuelas privadas les ofrecen oportunidades educacionales iguales a todos los niños.

   d. Las escuelas segregadas son desiguales por su naturaleza.

   e. El logro educacional es difícil medir.

Por favor use lo siguiente para contestar las preguntas 17–20.

Tasa de desempleo en paises seleccionados

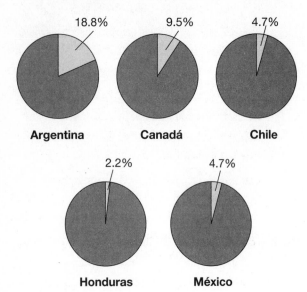

18.8%   9.5%   4.7%

Argentina   Canadá   Chile

2.2%   4.7%

Honduras   México

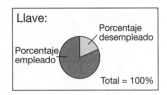

Llave:
Porcentaje desempleado
Porcentaje empleado
Total = 100%

17. ¿Cuál fue la tasa de desempleo aproximada en el Canadá en 1995?

   a. 40%

   b. 25%

   c. 10%

   d. 3%

   e. Menos de 1%

18. ¿Cuál dos países tenían más o menos la misma tasa de desempleo?

   a. Chile y México

   b. El Canadá y la Argentina

   c. Chile y la Argentina

   d. La Argentina y México

   e. Honduras y el Canadá

19. El alto desempleo es generalmente asociado con una tasa baja de crecimiento y un bajo nivel de inflación. Basado en los gráficos, ¿qué país esperaría tener el nivel de inflación más bajo?

   a. La Argentina

   b. Chile

   c. Honduras

   d. México

   e. El Canadá

20. ¿Qué conclusión puede sacar de estos datos?

   a. Los obreros viajan a Chile de México para ganar sueldos más altos.

   b. Un obrero de Honduras puede fácilmente encontrar trabajo en la Argentina.

   c. Honduras es el país más pobre del hemisferio occidental.

   d. Él desempleo está directamente relacionado a la riqueza de un país.

   e. Chile y la Argentina, aunque vecinos, tienen condiciones económicas distintas.

21. "La historia del mundo es el archivo de un hombre en búsqueda de su pan de cada día."

                —Hendrik Willem van Loon

¿En cuál de estos métodos de mirar la historia encontraría más valor van Loon?

   a. Estudios de género

   b. Geografía histórica

   c. Autobiografía

   d. Historia económica

   e. Antropología

Por favor use lo siguiente para contestar a las preguntas 22–24.

El centro del imperio iroqués se extendía del río Hudson al río Genesee en la parte central del estado de Nueva York del día presente, y del lago Ontario a lo que ahora es la frontera de Pennsylvania-Nueva York. Hacia 1700, los iroqueses extendieron su territorio hacia el oeste, cubriendo unas 800 millas entre las Apalaches y el río Mississippi.

El poder de los iroqueses empezó en 1500, cuando Hiawatha reunió las cinco naciones iroquesas del valle de Nueva York y formó la liga iroquesa para tratar y mantener la paz. Aunque la liga duró 300 años, la "Gran Paz" no duraría. Una razón importante por la destrucción de la paz fue el comercio de pieles.

Cuando los franceses empezaron el comercio de pieles sistemático, los algonquinos se convirtieron en sus proveedores principales de pieles de castor. Mientras tanto, los comerciantes holandeses crearon un pacto semejante con los iroqueses. Dentro de poco, los territorios algonquinos e iroqueses fueron despojados de fauna y flora; y una lucha por los terrenos de cazar siguió. Los iroqueses desviaron a los algonquinos, quienes huyeron hacia el este a la orilla del mar. Los franceses entonces buscaron los hurones para reemplazar los algonquinos como socios de comercio, pero los holandeses alentaron a sus aliados iroqueses a romper el monopolio de los hurones. Por la mitad del siglo diez y siete, los iroqueses tuvieron éxito en destruir la civilización hurona y a mandar los sobrevivientes hacia el oeste a los llanos.

22. Según este pasaje, ¿por qué creó Hiawatha la liga iroquesa?

    a. Para asegurar la paz entre las cinco naciones iroquesas

    b. Para fortalecer su posición como comerciante en las negociaciones con los holandeses

    c. Para amortiguar contra una invasión por los algonquinos

    d. Para extender las fronteras del imperio iroquesa

    e. Para fortalecer los lazos entre los hurones y los iroqueses

23. ¿Qué conclusión sobre el comercio de pieles es mejor apoyada por la información presentada?

    a. El comercio de pieles construyó amistad entre las tribus.

    b. Los comerciantes europeos eran generosos a sus socios indígenas.

    c. El comercio de pieles mejoró el estándar de vida para todos.

    d. Los comerciantes de pieles viajaban hasta las Montañas Rocosas.

    e. Los comerciantes de pieles eran una mala influencia en la vida tribal.

24. Según este pasaje, ¿por qué querían los iroquois hacer la guerra con los huron?

    a. Ellos querían el terreno de los hurones para sembrar.

    b. Ellos habían sido atacados por los socios de los hurones, los franceses.

    c. Ellos tenían miedo de que los hurones se aliaran con los algonquinos.

    d. Ellos eran alentados de hacerlo por los holandeses.

    e. Ellos no estaban de acuerdo sobre el trato que tenían los hurones con los franceses.

Por favor use lo siguiente para contestar la pregunta 25.

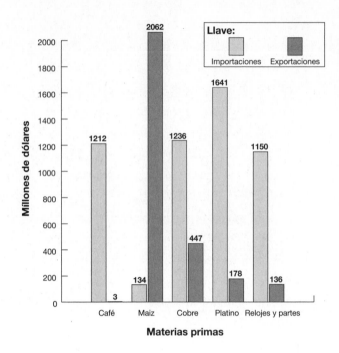

25. Según el gráfico, ¿cuál de los siguientes, si se encontrara en una tienda en los Estados Unidos, sería más bien hecho enteramente en América?

    a. Tubos de cobre

    b. Un anillo de boda de platino

    c. Un paquete de maíz congelado

    d. Una lata de café

    e. Un despertador

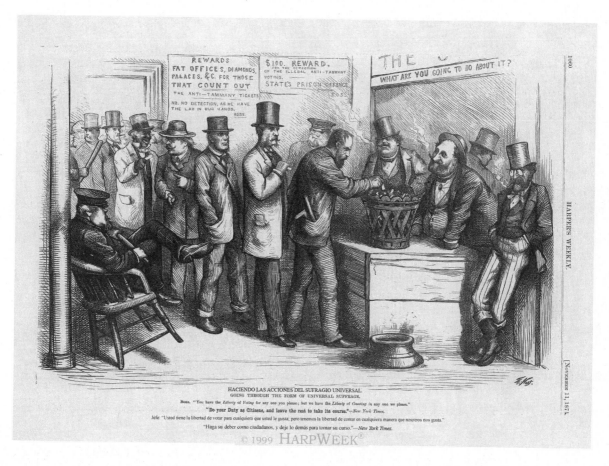

HACIENDO LAS ACCIONES DEL SUFRAGIO UNIVERSAL.
GOING THROUGH THE FORM OF UNIVERSAL SUFFRAGE.

Boss. "You have the *Liberty of Voting* for any one you please; but we have the *Liberty of Counting* in any one we please."

"Do your Duty as Citizens, and leave the rest to take its course." — *New York Times.*

Jefe: "Usted tiene la libertad de votar para cualquiera que usted le gusta, pero tenemos la libertad de contar en cualquiera manera que nosotros nos gusta."

"Haga su deber como ciudadanos, y deje lo demás para tomar su curso." — *New York Times.*

© 1999 HARPWEEK®

26. ¿Cuál es la idea principal del dibujo político de arriba, "Haciendo las acciones del sufragio universal"?

a. Votar es un privilegio que tiene que ser ganado por la ciudadanía.

b. Los votantes siempre debieran votar estrictamente de acuerdo con las líneas del partido.

c. El sufragio universal no tiene sentido cuando los jefes políticos controlan las urnas.

d. El votar es el derecho de toda persona quien trabaja.

e. Una vez que los ciudadanos cumplan con su deber, la democracia está asegurada.

27. Según el respetado historiador americano Frederick Jackson Turner, la frontera oeste americana finalmente cerró en el año 1890. ¿Cual de los siguientes datos del censo del año 1890 es la mejor evidencia para la declaración de Jackson?

a. En 1890, 35% de americanos vivían en ciudades.

b. En 1890, no había ninguna área en el oeste ni habitantes.

c. En 1890, la población de Los Ángeles alcanzó 50,000.

d. En 1890, Chicago se había convertido en la segunda ciudad más grande de los Estados Unidos.

e. En 1890, más de 10% de la población estadounidense había nacido fuera del país.

Por favor use lo siguiente para contestar las preguntas 28–30.

La edad neolítica vio cambios de clima significantes que permitieron el principio de la agricultura en muchas partes del mundo.

El crecimiento de agricultura en la época neolítica

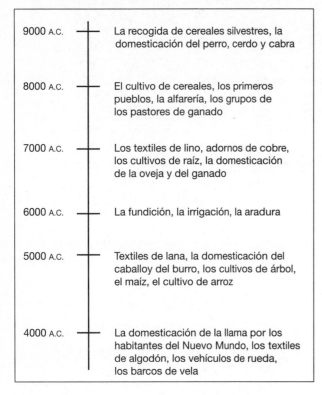

9000 A.C.	La recogida de cereales silvestres, la domesticación del perro, cerdo y cabra
8000 A.C.	El cultivo de cereales, los primeros pueblos, la alfarería, los grupos de los pastores de ganado
7000 A.C.	Los textiles de lino, adornos de cobre, los cultivos de raíz, la domesticación de la oveja y del ganado
6000 A.C.	La fundición, la irrigación, la aradura
5000 A.C.	Textiles de lana, la domesticación del caballo y del burro, los cultivos de árbol, el maíz, el cultivo de arroz
4000 A.C.	La domesticación de la llama por los habitantes del Nuevo Mundo, los textiles de algodón, los vehículos de rueda, los barcos de vela

28. ¿Cómo cambió la vida de la gente cuando empezaron a cultivar cosechas de cereal?

a. Empezaron a perder el miedo a los animales salvajes.

b. Empezaron a pintar en las paredes de cuevas.

c. Empezaron a usar el fuego para cocinar su comida.

d. Empezaron a usar hachas y otras herramientas.

e. Empezaron a colonizar pueblos.

29. ¿Es razonable concluir que el ganado fue usado para arar la tierra antes de los caballos?

a. No, porque los caballos fueron domesticados antes que el ganado.

b. No, porque el ganado todavía era salvaje cuando se introdujo el concepto de arar.

c. Así, porque los caballos todavía no habían sido domesticados cuando el concepto de arar fue introducido.

d. Si, porque el ganado era más común que los caballos.

e. No, porque igual habrían podido usar las llamas fácilmente.

30. ¿Cuál declaración basada en el diagrama es una opinión y no un hecho?

a. La rueda fue inventada mucho tiempo después que la gente colonizaron pueblos.

b. Las canoas precedieron los veleros por miles de años.

c. Los árboles de olivo y los árboles de fruta fueron cultivadas primero hacia 5000 a.C.

d. Que en el nuevo mundo, la llama servía un propósito parecido a una oveja o vaca en el viejo mundo.

e. La irrigación fue la innovación más importante de la edad neolítica.

Por favor use lo siguiente para contestar a la pregunta 31.   *Por favor use lo siguiente para contestar a la pregunta 32.*

Exigencias de implantación para votacíon

Estado	Exigencia de implantación
California	Debe ser un votante certificado 29 días antes de una elección; exigen del implantación de 20 diás
Colorado	Exigencia de implantación de 25 días
Illinois	Exigencia de implantación de 30 días
Kansas	Exigencia de implantación de 14 días
Misuri	Ninguna exigencia de implantacion durational; debe ser registrado an del cuarto miércoles antes de la elección

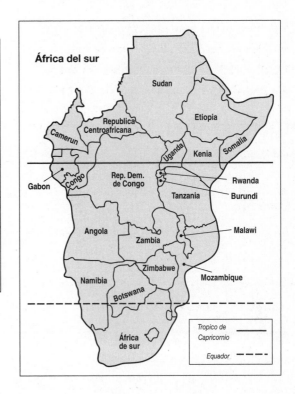

31. Una elección va a tener lugar el martes, 6 de noviembre. ¿En cuál de estos estados podría alguien votar si se mudó al estado el lunes, 1 de octubre y se registró inmediatamente para votar?

a. Solamente California

b. California y Kansas solamente

c. Todos los estados de la lista menos Missouri

d. Todos los estados de la lista menos Illinois

e. Todos los estados de la lista.

32. ¿Cuáles países quedan enteramente entre el trópico de Capricornio y el Ecuador?

a. Namibia y Botswana

b. Angola y Malawi

c. La República Sudafricana y Kenia

d. Angola y la República Sudafricana

e. Botswana y Mozambique

Por favor use lo siguiente para contestar a la pregunta 33.

Tan perjudicial como fue en términos de vidas americanas perdidas, la Segunda Guerra Mundial II tuvo un efecto hasta más grande en las vidas de los soldados y civiles soviéticos, franceses e ingleses. Este gráfico compara las pérdidas.

Pais	Pérdidas militares	Pérdidas civiles
Estados Unidos	292,131	menos que 10
Gran Bretaña	397,76	270,000
Francia	210,671	173,260
Uníon Soviética	14,500,000	7,700,000

33. ¿Cual de lo siguiente explica mejor por qué las pérdidas civiles fueron tan bajas en los Estados Unidos comparado a Europa?

a. El militar de los Estados Unidos fue más capaz de proteger a sus civiles.

b. Fuera de ciertas islas de Alaska, no se perdió el terreno americano.

c. Los civiles americanos no fueron permitidos ver las batallas.

d. Más civiles americanos fueron reclutados en las fuerzas armadas.

e. Los Estados Unidos era más despoblado.

34. Una guerra civil es definida como una guerra entre facciones o regiones del mismo país. Basado en esta definición, ¿cuál de estas NO es guerra civil?

a. La lucha de 1742 entre los partidarios del rey y los parlamentarios de Inglaterra

b. El conflicto de 1918 entre el ejército blanco anticomunista y el ejército rojo de los soviéticos en Rusia

c. La guerra entre los hutus y los tutsis en Ruanda actual

d. El conflicto de 1904 entre Rusia y el Japón sobre el control de Manchuria y Corea

e. La guerra durante los años viente entre los republicanos irlandeses y las fuerzas estatales de Irlanda libre en Irlanda.

Por favor use lo siguiente para contestar a la pregunta 35.

Exploradores famosos de la Edad Media

NOMBRE	NACIONALIDAD	VIAJES	FECHAS
Eric el Rojo	noruego	de Groenlandia a Islandia	h. 982
Leif Ericsson	noruego	pudo haber llegado a la masa territorial de Norteamérica	h. 1000
Marco Polo	italiano	Sri Lanka, China, India, Irán, Sumatra	1271–1295
Odoric de Pordenone	italiano	Turquía, Irán, cruzando los océanos del Sur Pacífico, Asia Central, la India	h. 1314–h. 1330

35. ¿Cuál de las oraciones siguientes mejor explica por qué los exploradores noruegos viajaron hacia el oeste mientras que los exploradores italianos viajaron hacia el este?

a. Los italianos buscaban riquezas, pero los noruegos buscaban tierra.

b. La geografía hizo más fácil viajar hacia el este de Italia y hacia el oeste de Noruega.

c. Los exploradores italianos ya habían visitado Norteamérica.

d. Los exploradores noruegos no tenían nada para cambiar con la gente de Asia.

e. Los exploradores del norte de Europa no podían soportar el clima del Extremo Oriente.

36. La soberanía es el poder o autoridad de un gobierno. Antiguamente, la gente creía que el gobierno gobernaba por derecho divino, con poder dado por Dios. Los gobiernos democráticos de hoy reciben su soberanía de la gente. ¿De qué manera demuestra la gente soberanía en una democracia?

a. Coronando un rey

b. Servir en las fuerzas armadas

c. Poder votar acerca de los temas

d. Asistir a servicios religiosos

e. Obedecer la ley

Por favor use el gráfico al final de esta página para contestar a la pregunta 37.

37. ¿Qué país pertenece a la OPEC y ASEAN pero no a la Liga Árabe?

a. Indonesia

b. Argelia

c. Irak

d. Kuwait

e. Brunei

ORGANIZACIÓN INTERNACIONAL	MIEMBROS
Liga Árabe	Argelia, Bahrein, Comores, Djibouti, Egipto, Irak, Jordania, Kuwait, Líbano, Libia, Mauritania, Marruecos, Omán, Qatar, Arabia Saudita, Somalia, Sudán, Siria, Túnez, Emiratos Árabes Unidos, Yemen, Palestina
Organización de Petróleo de Países Exportadores (OPEC)	Argelia, Indonesia, Irán, Irak, Kuwait, Libia, Nigeria, Qatar, Arabia Saudita, Emiratos Árabes Unidos, Venezuela
Asociación de las Naciones Asiáticas del Sureste (ASEAN)	Brunei, Burma, Camboya, Indonesia, Laos, Malasia, Filipinas, Singapur, Tailandia, Vietnam

Por favor use lo siguiente para contestar la pregunta 38.

Primera fase del conflicto Coreano, 1950

25 de junio	Corea del Norte invade Corea del Sur.
27 de junio	Las Naciones Unidas les piden a las otras naciones miembros que ayuden Corea del Sur.
1 de junio	Las tropas aliadas de Estados Unidos y otros miembros de la U.N. empiezan a llegar a Corea del Sur.
19 de octubre	Las tropas aliadas capturan Pyongyang, la capital de Corea del Norte.
25 de octubre	China entra en la guerra al lado de Corea del Norte.
26 de noviembre	Las tropas aliadas empiezan a retirarse

38. ¿Cuál fue la razón por el retiro de los aliados el 26 noviembre?

   a. La llegada de las tropas chinas aumentó mucho la fuerza enemiga.

   b. Las fuerzas chinas se retiraron de la península coreana.

   c. Las Naciones Unidas pidieron un fin al conflicto.

   d. Corea del Sur hizo una tregua con Corea del Norte.

   e. La captura de Pyongyang fue la única meta del avance de los aliados.

Por favor use lo siguiente para contestar la pregunta 39.

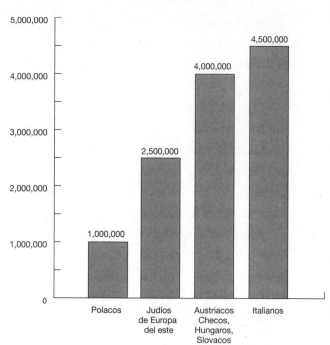

Inmigrantes estadounidenses par origen étnico

39. ¿Qué conclusión acerca de la emigración a los Estados Unidos es apoyada por la información en el gráfico?

   a. Los italianos eran el grupo más grande de inmigrantes durante este período.

   b. Los italianos y los polacos inmigraron por persecución religiosa.

   c. Los italianos y los polacos inmigraron al mismo paso y el mismo número.

   d. Durante este período, la población de Italia era más grande que la de Polonia.

   e. Muchos inmigrantes durante este período eran judíos.

Por favor use lo siguiente para contestar a las preguntas 40–41.

La economía liberal o "laissez-faire" se refiere a la idea de que la gente es más productiva cuando los gobiernos los dejan hacer lo que quieran. El término fue creado por los fisiócratas, un grupo de filósofos franceses del siglo 18. Los fisiócratas creían que el gobierno no debiera hacer nada para bloquear la competencia libre entre los vendedores y los productores. Ellos también pensaban que no debiera haber restricciones en el comercio extranjero, y que los países que practicaban el comercio libre se harían ricos. Pero, otros economistas, llamados mercantilistas, creían lo opuesto. Los mercantilistas pensaban que el gobierno debiera tratar de controlar el comercio extranjero para hacerlo más rentable. Claro ni los fisiócratas ni los mercantilistas se imaginaron el mundo de hoy de empresas multinacionales. Hoy, laissez-faire puede a veces significar permitir que las empresas libres aformen monopolios injustos. De todos modos, el comercio libre es popular en la mayoría de los países exportadores como los Estados Unidos.

40. ¿Cuál es la actitud del autor hacia la economía laissez-faire?
   a. Es la policía económica más útil que hayan inventado.
   b. Era equivocado desde el principio.
   c. Debe ser inmediatamente aplicada en los Estados Unidos.
   d. No es siempre la mejor policía del mundo de hoy.
   e. Involucra demasiada interferencia del gobierno en los negocios.

41. ¿Cómo son diferentes los fisiócratas de los mercantilistas?
   a. Los mercantilistas estaban a favor de la agricultura; los fisiócratas estaban a favor de la industria.
   b. Los fisiócratas estaba a favor de la regulación del gobierno; los mercantilistas, no.
   c. Los fisiócratas estaba a favor de los ricos; los mercantilistas estaban a favor de los pobres.
   d. Los fisiócratas estaban a favor de los monopolios; los mercantilistas, no.
   e. Los mercantilistas estaban a favor de la regulación del gobierno; los fisiócratas no.

Por favor use lo siguiente para contestar la pregunta 42.

Por favor use lo siguiente para contestar la pregunta 43.

Tipo de cambio de euros

El primero de enero de 1999, 11 países europeos empezaron a usar el "euro" en reemplazo de sus monedas nacionales. El gráfico siguiente muestra el valor del euro en cada una de las monedas de los 11 países.

1 EURO =	
13.76	schillings austríacos
40.34	francos bélgicos
2.20	guilders holandeses
5.95	marcos finlandeses
6.56	francos franceses
1.96	marcos alemanes
0.79	libras irlandesas
1936.27	liras italianas
40.34	francos luxemburgueses
200.48	escudos portugueses
166.39	pesetas españolas

42. ¿Qué conclusión es mejor apoyada por la información en el gráfico?

  a. Un marco alemán vale más que un marco finlandés.

  b. Una libra irlandesa es la moneda con más valor que el euro.

  c. Bélgica y Luxemburgo comparten un gobierno.

  d. Se necesita más de €200 para equivaler un escudo portugués.

  e. El euro vale más en marcos finlandeses que en francos franceses.

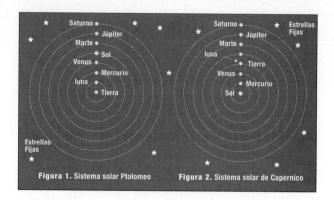

Figura 1. Sistema solar Ptolomeo   **Figura 2.** Sistema solar de Capernico

43. En 150 d.C. el astrónomo griego Ptolomeo enseñó que el sistema solar estaba estructurado como se muestra en la figura 1. Mucho después, en el siglo 16, el astrónomo polaco Nicolás Copérnico propuso la estructura mostrada en la figura 2. ¿Cual es la diferencia más grande entre las ideas de Ptolomeo y Copérnico?

  a. Ptolomeo pensaba que Marte y Venus eran cometas, pero Copérnico dijo que eran planetas.

  b. Ptolomeo pensaba que la tierra estaba en el centro del sistema solar, pero Copérnico dijo que el sol estaba en el centro.

  c. Ptolomeo pensaba que Saturno era el planeta más distante, pero Copérnico dijo que había otro planeta más distante que Saturno.

  d. Ptolomeo pensaba que el sol estaba en el centro del sistema solar, pero Copérnico dijo que la tierra estaba en el centro.

  e. Ptolomeo pensaba que las órbitas de los planetas eran circulares, pero Copérnico dijo que eran de forma oval.

Por favor use lo siguiente para contestar a la pregunta 44.

Las primeras civilizaciones

FECHA	EGIPTO	SUMERIA	INDIA	CHINA
Fecha	3000 a.C.	3200 a.C.	2500 a.C.	2100 a.C.
Lugar	El Valle del Río Nilo	Valle del Río Eufrates	Valle del Río Indo	el valle del Río Huang Ho
Sitios principales	Menfis, Tebas	Ur, Eridu	Harappa, Mohenjo-daro	Zhengzhou, Anyang
Tipos de escritura	jeroglíficos	cuneiforme	escritura indo	caracteres chinos
Formas de gobierno	monarquía	monarquía	desconocido	monarquía

44. ¿Cuál conclusión es mejor apoyada por la información presentada en el gráfico?

   a. Todas las primeras civilizaciones tenían monarquías.

   b. Egipto es la civilización del mundo más antiguo.

   c. Muchas de las primeras civilizaciones del mundo se desarrollaron en valles del río.

   d. Todas las primeras civilizaciones usaban algún tipo de escritura llamado jeroglíficos.

   e. La civilización empezó en China y se esparció hacia el oeste a través de Asia.

Por favor use lo siguiente para contestar a la pregunta 45.

- **Doctrina Monroe, 1823:** Los Estados Unidos jura oponer cualquier atentado por países europeos para establecer colonias en Latinoamérica o en cualquier otra parte del hemisferio occidental.
- **Política de Buena Vecindad, 1933:** Los Estados Unidos y los países latinoamericanos juran no interferir en los asuntos internos de cada uno.
- **El Plan Marshall, 1948:** Los Estados Unidos ayuda a los países europeos a recuperarse de la destrucción de la Segunda Guerra Mundial.
- **Alianza para el Progreso, 1961:** Los Estados Unidos jura ayudar a promover el desarrollo económico y social en Latinoamérica.

45. ¿Cuál en la lista no cuadra con los otros?

   a. Política de Buena Vecindad, porque involucra a los Estados Unidos.

   b. Doctrina Monroe, porque involucra a Latinoamérica.

   c. Política de Buena Vecindad, porque fue introducida después de 1900.

   d. Alianza para el Progreso, porque no tenía objetivo de guerra.

   e. Plan Marshall, porque no involucra a Latinoamérica.

46. El comercio de esclavos del siglo 18 era un comercio "triangular." Un barco viajaría de Europa a África del Oeste cargando telas de algodón, pistolas y armas. En África, estas cosas serían cambiadas por esclavos; el barco entonces llevaría a los esclavos a las Antillas y las colonias suramericanas. Finalmente, el barco volvería a Europa cargando azúcar y tabaco. ¿Cuál de lo siguiente encontraría usted en un barco de esclavos del siglo XVIII viajando de las Antillas a Gran Bretaña?

   a. Esclavos

   b. Telas de algodón

   c. Azúcar

   d. Pistolas

   e. Armamentos

Por favor use lo siguiente contestar a las preguntas 47–50.

Guía de votantes de California
Competencia para la asamblea legislativa de California

La asamblea legislativa del estado de California está compuesta de dos casas: el Senado y la Asamblea. El Senado es la casa superior. Hay 40 senadores, cada uno representando a aproximadamente 800,000 personas. La Asamblea es la casa inferior. Hay 80 miembros de asamblea, cada uno representando a aproximadamente 400,000 personas. Los senadores y los miembros de la asamblea reciben un salario anual de $99,000; los líderes legislativos reciben un salario un poco más alto.

Los miembros de la Asamblea son elegidos a términos de dos años y son limitados a servir tres términos. Los senadores son elegidos a términos de cuatro años y son limitados a servir dos términos. Los distritos legislativos de California son "como nidos," así que dos distritos de asamblea hacen un distrito del Senado.

La fundación de votantes de California ha compilado este año información sobre cada uno de los 80 concursos para la asamblea estatal y los 20 concursos para el senado estatal. (La mitad de los asientos del Senado están disponibles para elección en cada año electoral—este año los asientos del número impar están disponibles para elección.) En esta guía usted encontrará una lista de los candidatos que están compitiendo en cada distrito, su afiliación de partido, y su información de contacto. Usted también aprenderá cómo tener acceso a los sitios de Web de los candidatos, los cuales muestran típicamente literatura de campaña, listas de referendos, papeles de posición, información de cómo contribuir o ser voluntario.

47. Basado en la guía, ¿cuál declaración es verdadera sobre los legisladores de California?

a. Cada senador representa más personas que cada miembro de la asamblea.

b. Cada miembro de la asamblea representa más personas que cada senador.

c. Los senadores tienen límites de término; pero los miembros de la asamblea, no.

d. Los miembros de la asamblea tienen términos limitados; pero los senadores, no.

e. Los senadores ganan el doble del dinero que ganan los miembros de la asamblea.

48. ¿Por qué los votantes no escogerán a todos los senadores del estado de California en la próxima elección?

a. Algunos asientos del Senado tienen límites de término.

b. Típicamente solamente la mitad de los votantes elegibles votan.

c. Los distritos legislativos de California son "como nidos."

d. Solamente la mitad de los asientos del Senado están disponibles para elección en cualquier año electoral.

e. Hay la mitad del doble de senadores que miembros de la asamblea.

49. Un miembro de la asamblea de California fue elegido primero en 1996 y el reelegido en 1998. ¿Cual de lo siguiente sería verdad acerca de su campaña del año 2000 para reelección a la asamblea?

a. Es ilegal bajo las leyes de California.

b. Si él gana en 2000, podrá competir para la asamblea otra vez en 2002.

c. Él estaría compitiendo para su último término en la asamblea en el año 2000.

d. Él tendría que cambiar su afiliación de partido para competir para la asamblea otra vez.

e. Él competiría sin oposición y ganaría el asiento de la asamblea.

50. Basado en la guía, si usted vive en un distrito del número impar, ¿cuál de lo siguiente es verdad?

a. Usted sólo tiene que votar por un senador en la elección que viene.

b. Usted puede votar por un miembro de la asamblea y un senador en la elección que viene.

c. Usted sólo necesita votar por un miembro de la asamblea en la elección que viene.

d. Usted es representado solamente por un senador.

e. Usted es representado solamente por un miembro de la asamblea.

▶ Respuestas

1. d. La cuarta columna del gráfico muestra la cantidad de votantes como porcentaje de la población de edad votante. Según el gráfico, ese porcentaje fue más alto en 1992 (opción **d**). Las opciones **a**, **b**, **c** y **e** incluyen los años cuando el porcentaje de la cantidad de votantes fue más baja.

2. d. El gráfico muestra un patrón marcado en la cantidad de votantes: en cada otra elección, la cantidad de votantes sube; después, en la próxima elección, baja. Basado en este patrón, 2000 fue un año "arriba," y la cantidad de votantes más probablemente bajó en 2002. Además, el patrón parece mostrar que la cantidad de votantes en cada año "bajo" es aproximadamente tres cuartos de la cantidad de votantes en el año "arriba" anterior. (La cantidad de votantes en 1990 fue de 73% de la cantidad de votantes en 1988; la cantidad de votantes en 1994 fue de 72% de la cantidad de votantes en 1992; la cantidad de votantes en 1998 fue de 76% de la cantidad de votantes en 1996.) Basado en este patrón, para 2002 usted tendría que imprimirle aproximadamente tres cuartos de boletos más de los que fueron usados en 2000 (opción **d**). Las opciones **a**, **b**, **c** y **e** no cuadran con este patrón.

3. b. El patrón mostrado en el gráfico es que en cada otra elección, la cantidad de votantes sube; después, en la próxima elección, baja. Los dos años 1984 y 1988 fueron años "arriba," seguido en 1986 y 1990 por años "bajo." La opción **b** es la única que cuadra con este patrón. Nada en el gráfico apoya las opciones **a**, **c**, **d** o **e**.

4. a. El patrón mostrado en el gráfico es que en cada otra elección, la cantidad de votantes sube; después, en la próxima elección, baja. Los años "arriba" (1980, 1984, 1988, 1992, 1996 y 2000) fueron todos años de elección presidencial; entonces la opción **a** es la respuesta correcta. No hay evidencia en el gráfico para apoyar las conclusiones en las opciones **b**, **c**, **d** o **e**.

5. b. El mapa muestra que Díaz viajó al sur de Portugal, rodeó la punta sureña de África, y entró en el océano indio. Las opciones **a** y **d** no pueden ser correctas porque, a diferencia del explorador Vasco de Gama, Díaz nunca llegó a la India. La opción **c** no puede ser correcta porque Díaz hizo un viaje de mar, no un viaje de tierra. La opción **e** no puede ser correcta porque Díaz no circuló el globo. La opción **b** es la única conclusión que puede ser sacada del información del mapa: el viaje de Díaz comprobó que existía una ruta de mar alrededor del sur de África al océano indio.

6. c. El pasaje dice que el estándar de debilidad de un individuo puede mejorar o empeorar dependiendo de las circunstancias personales, como el retiro. Pero la opción **a**, divorciarse de un esposo, no es una garantía de mejoramiento; de hecho, muchas personas divorciadas sienten un declive en sus estándares de vida. La opción **b**, tener un hijo, tampoco es una garantía de mejoramiento; y la opción **d**, ser despedido, muchas veces lleva un declive en los estándares de vida. La opción **e**, hacer sus formularios de impuestos a tiempo, no tiene efecto de una manera u otra. Solamente la opción **c**, recibir un diploma de la Universidad, casi garantiza un nivel de vida más alto, porque es razonable concluir que un mejoramiento en el nivel de educación resultará en ingresos más altos.

7. b. Según el pasaje, el promedio del estándar de vida en un país es calculado dividiendo el producto nacional bruto por el número de habitantes. Entonces, para comparar los estándares de vida en el país X y el país Y, usted necesitará saber el PNB de cada país y también el número de personas en cada país para que pueda calcular y comparar. Ninguna de la información descrita en las opciones **a**, **c**, **d** y **e** ayudaría a calcular el PNB por cabeza.

8. c. Los Estados Unidos ciertamente fue "nacido en el campo" en el sentido de que a su principio, el país era generalmente rural. Pero en el siglo 19, a los Estados Unidos llegó la revolución industrial. Durante este período, las factorías fueron construidas en las ciudades, y gran cantidad de personas dejaron las fincas y los pueblecitos para hacerse obreros de factoría que vivían en las ciudades. Éste es el movimiento al cual se refiere la cita; entonces **c** es la mejor respuesta. La opción **a** es incorrecta porque la expansión hacia el oeste se refiere a la adquisición del nuevo territorio por los Estados Unidos durante el siglo 19; esa migración resultó en un aumento en la población rural del país. La opción **b** es incorrecta porque la colonización se refiere al establecimiento de las colonias inglesas al borde de la costa este en los siglos 17 y 18. La opción **d** es incorrecta porque el imperialismo se refiere a la tomada de territorios en África, Asia y el Pacífico, en gran parte por países europeos durante el siglo 19 y a principios del siglo 20. La opción **e** es incorrecta porque el populismo fue un movimiento político del siglo 19 que representaba generalmente los intereses de las fincas; pedía el control gubernamental de los monopolios y los carteles.

9. d. Según el mapa de la conquista romana de Galia, una batalla tuvo lugar en 54 a.C. a las orillas del río Mosa en la región que entonces se llamaba Belgica. Entonces la opción **d** es correcta. La información en el mapa no apoya ninguna de las otras opciones.

10. e. Según el mapa de la conquista romana de Galia, varias batallas se pelearon entre 58 y 51 a.C. Tenga en mente que las fechas a.C. corren hacia atrás; por ejemplo, 58 a.C. vino siete años antes de 51 a.C. La opción **e** es correcta porque es la única que enumera tres batallas en el orden de tiempo apropiado desde la más antigua a la más reciente: Bibracte (58 a.C.), Bahía de Quiberon (56 a.C.) y Gergovia (52 a.C.). Ninguna de las otras opciones pone las batallas en el orden apropiado.

11. a. De las conclusiones presentadas, el mapa apoya solamente lo que está declarado en la opción **a**, que dice que los romanos conquistaron a Aquitania y Bélgica. Las fechas de las batallas no muestran ningún patrón de conquista particular empezando en el norte y yendo hacia el sur; entonces no hay apoyo para la opción **b**. No hay manera de saber cuánto tiempo duró la batalla de Lugdunum; entonces no hay apoyo para la opción **c**. No hay información sobre lo que planearon los romanos después de conquistar a Galia; entonces no hay apoyo para la opción **d**. También no hay información sobre el efecto del clima en el ejército romano; entonces no hay apoyo para la opción **e**.

12. c. El mapa muestra que los ríos Loira y Garona corren hacia el Océano Atlántico; entonces la opción **c** es correcta. Los dos corren generalmente del este al oeste (un río corre hacía el cuerpo más grande de agua que lo alimenta); entonces las opciones **a** y **b** son incorrectas. Ellos no corren hacia el Mar Mediterráneo; entonces la opción **d** es incorrecta. Basado en la escala del mapa, ninguno está cerca de 1,000 millas de largo; entonces la opción **e** es incorrecta.

13. a. El pasaje dice, "llegamos ahora a la pregunta presentada: ¿es que la segregación de los niños en las escuelas públicas basada solamente en raza [. . . .] privan a los niños del grupo de minoría de oportunidades educacionales iguales?" La opción **a**, "es la segregación por raza en las escuelas públicas injusto a los niños de minoría?," es un resumen de esta porción del pasaje; entonces, la opción **a** es la mejor respuesta. Las preguntas presentadas en las otras opciones pueden ser relevantes al tema de segregación en las escuelas, pero no son las que la corte ha decidido que tiene que resolver en este caso.

14. d. El juez Warren, escribiendo para la mayoría de la corte, dice, "en el campo de la educación pública la doctrina de 'separado pero igual' no tiene lugar." Aunque el caso involucra la educación al nivel pre-universitario, la declaración de Warren se aplica a toda educación financiada públicamente, incluyendo universidades estatales; entonces, la opción **d** es la mejor respuesta. Por el bien del argumento del juez Warren, no es probable que la corte aprobara la creación de centros separados de los tipos descritos en las opciones **a**, **c** y **e**. Basado en el principio de la protección igual de las leyes en la enmienda 14, no es probable que la corte aprobara derechos especiales para grupos raciales de mayoría, lo que elimina la opción **b**.

15. e. El pasaje dice, "esta segregación sirve para privar a los demandantes de protección igual bajo las leyes de la enmienda 14." Es entonces lógico concluir que la enmienda 14 requiere que la gente reciba protección igual de las leyes. Entonces, la opción **e** es correcta. No hay apoyo en el pasaje para ninguna de las otras opciones.

16. d. La corte concluyó que la doctrina de "separado pero igual" debiera ser rechazada porque "la segregación de niños blancos y negros tienen un efecto perjudicial sobre los niños negros," y como resultado, "los centros de educación separados son intrínsicamente desiguales." La opción **d** es un buen resumen de esta porción de la decisión de la corte. La decisión de la corte no dice nada sobre el poder de la corte federal sobre el sistema público escolar (opción **a**), las oportunidades ofrecidas por escuelas privadas (opción **c**), con la medida de logros educacionales (opción **e**). La opción **b** es incorrecta porque declara lo opuesto de la conclusión de la corte.

17. c. En el gráfico de círculo para el Canadá, la porción sombría hada es aproximadamente 10% de la totalidad. Entonces, el desempleo estaba aproximadamente a 10%; y opción **c** es correcta. Las otras opciones muestran porcentajes que son mucho más grande o mucho más pequeño que el 10% mostrado en el gráfico.

18. a. En el gráfico de círculo para Chile y México, las porciones sombreadas son más o menos lo mismo; cada una está aproximadamente a 5%; entonces, la opción **a** es la mejor respuesta. Todas las otras opciones muestran pares de países que han tenido visiblemente distintas tasas de desempleo en 1995.

19. a. Si el desempleo alto está asociado con la inflación baja, entonces es más probable que el país con la tasa de desempleo más alta tenga el nivel de inflación más bajo. De los países mostrados, la Argentina tiene la tasa de desempleo más alta; entonces, la opción **a** es la respuesta correcta. Las otras opciones muestran países que tienen tasas de desempleo más bajas que la Argentina.

20. e. Los gráficos muestran tasas de desempleo parecídas en Chile y México; entonces no hay razón para pensar que la demanda para obreros es más alta en Chile que en México. Entonces, no es probable que los obreros de México pudieran ganar sueldos más altos en Chile. La opción **a** es incorrecta. Los gráficos también muestran que el desempleo en la Argentina es muy alto entonces la probabilidad de que un obrero de Honduras pudiera fácilmente encontrar trabajo en la Argentina es mínima. Entonces, la opción **b** es incorrecta. Las opciones **c** y **d** son incorrectas porque los gráficos no proveen suficiente información para apoyar esas conclusiones. La única conclusión razonable es la opción **e**: Chile y la Argentina tienen tasas de desempleo muy distintas y entonces tienen condiciones económicas muy distintas.

21. d. La cita insinúa que el aspecto más importante de la historia es la historia económica, "la historia del hombre en búsqueda de su pan de cada día." Entonces, la opción **d** es la mejor respuesta. Cada una de las disciplinas nombradas en las otras opciones puede incorporar la economía en una disciplina de estudio más grande, pero no se enfocan en los temas económicos y por eso no serían el método más valioso de mirar la historia para el propósito de van Loon.

22. a. El pasaje dice que Hiawatha juntó a las Cinco Nacionces Iroquesas en un equipo "diseñada para mantener la paz." Entonces, la opción **a**, "asegurar una paz que perdure," es la respuesta correcta. La opción **b** es incorrecta porque Hiawatha vivió antes de la llegada de los holandeses. Las opciones **c** y **e** son incorrectas porque nada en el pasaje sugiere que los iroqueses tenían miedo de una invasión algonquina o que ellos trataban de mejorar sus lazos con los hurones. La opción **d** es incorrecta porque el pasaje dice que el equipo fue formado para mantener la paz, no como una manera de extender el poder iroqués.

23. e. La competencia para el mercado de pieles causó la guerra entre los iroqueses, los algonquinos y los hurones; entonces la opción **e** ("el mercado de pieles era una influencia negativa en la vida tribal.") es una conclusión razonable sacar del pasaje. Por la misma razón, la opción **a** es incorrecta. Nada en el pasaje apoya las opciones **b**, **c** o **d**.

24. d. De acuerdo con el pasaje, los holandeses apresuraron a sus aliados iroqueses a atacar a los hurones para romper el monopolio hurón sobre el mercado de pieles. Entonces, la opción **d** es la mejor respuesta. Las otras opciones son incorrectas porque no hay apoyo para ellas en el pasaje.

25. c. El gráfico muestra que los Estados Unidos importa cantidades grandes del café, cobre, platino y relojes. También muestra que los Estados Unidos exporta solamente cantidades pequeñas de estas mismas mercaderías. Estos dos datos sugieren que la Estados Unidos no produce cantidades grandes de estas cosas particulares. Los Estados Unidos exporta una gran cantidad de maíz, pero importa muy poca; entonces, es razonable concluir que los Estados Unidos produce la mayor parte del maíz disponible en su mercado doméstico. Y sigue que si usted compra un paquete de maíz congelado en una tienda en los Estados Unidos, es más probable que ese maíz sea americano. Entonces, la opción **c** es la mejor respuesta. Todas las otras respuestas son incorrectas según en la información en el gráfico.

26. c. El dibujo muestra hombres que votan mientras un jefe político y sus compinches miran. El comentario del jefe, provisto abajo, hace claro que el votar es un ejercicio inútil cuando el jefe va a declarar a su candidato elegido, a pesar de cuántos votos haya ganado. La opción **c** es la mejor respuesta porque refleja el punto del dibujo. Ninguna de las otras opciones es apoyada por el dibujo o su comentario.

27. b. La frontera se refería a la frontera hipotética entre las regiones pobladas de los Estados Unidos y el territorio abierto que todavía no había sido poblado. Con la falta de una región del oeste sin gente en 1890, la frontera, en efecto, ya no existía. Entonces, la opción **b** es la mejor respuesta. La opción **c**, la cual se refiere a la población de Los Ángeles, al principio puede parecer relevante; pero no es legítimo sacar conclusiones sobre una región basada en la población de una ciudad dentro de esa región. Ninguna de las otras opciones apoya la declaración de Jackson.

28. e. De acuerdo con la línea de tiempo, el cultivo de cosechas cereales ocurrió hacia 8000 a.C. En ese tiempo, el desarrollo más significante fue la aparición de pueblos. Entonces, la opción **e** es la mejor respuesta. Ninguna de las otras opciones se aplica al periódo de tiempo apropiado. La opción **a** se refiere a la domesticación de los animales, la cual ocurrió más temprano en 9000 a.C. Los cuadros de pared (opción **b**) nunca son mencionados en la línea de tiempo; tampoco el uso del fuego para cocinar (opción **c**). El uso de herramientas (opción **d**) puede ser deducido de la información sobre textiles en 7000 a.C. y el fundir y arar en 6000 a.C., pero no hay evidencia en la línea de tiempo de que eso ocurrió antes de 8000 a.C.

29. c. La línea de tiempo hace claro que el arar ocurrió antes de la domesticación del caballo; entonces es razonable concluir que el ganado fue usado para arar. La opción **c** es la mejor respuesta. Las otras respuestas son incorrectas porque cada una está basada en un error de lectura de la información en la línea de tiempo.

30. e. La opción **e** es la respuesta correcta porque es la única opinión entre las cinco opciones. Las palabras más importantes dan una pista de que la declaración es una opinión y no un hecho. Todas las otras respuestas son hechos y no son opiniones.

31. e. Ninguno de los estados en el gráfico tiene un requisito de residencia de más de 30 días. El tiempo de 1 de octubre a 6 de noviembre es más de 30 días. Si alguien se registre inmediatamente, los requisitos de reinstalación de California y Missouri serán cumplidos. La opción **e** es la mejor respuesta.

32. b. Entre las opciones, los únicos dos países enumerados que quedarán enteramente entre el Trópico de Capricornio y el Ecuador son Angola y Malawi (opción **b**). Ninguna de las otras opciones cumple este requisito.

33. b. Durante la Segunda Guerra Mundial, no hubo batallas en terreno estadounidense menos en las Islas Aleutianas cerca de Alaska. No hubo batallas en Gran Bretaña tampoco, pero los soldados británicos delinearon en las batallas mayores en Europa. También los soldados franceses y soviéticos lo hicieron, y todos estos países sufrieron pérdidas civiles del bombardeo y/o la ocupación alemana. Entonces, la opción **b** es la mejor respuesta. Las otras respuestas son opiniones que no son apoyadas por datos ni pueden ser refutadas por datos.

34. d. Las opciones **a**, **b**, **c** y **e** se refieren a conflictos civiles entre grupos o facciones dentro de un país. El único conflicto entre dos países distintos es el conflicto entre Rusia y el Japón. Entonces la opción **d** es la mejor respuesta.

35. b. La opción **b** es la explicación más probable. La diferencia en la geografía de estos dos países probablemente explica por qué los noruegos viajaron hacia el oeste y los italianos viajaron hacia el este. No hay apoyo de datos para las opciones **a** y **c**. Las opciones **d** y **e** son especulaciones sin ninguna base en los datos.

36. c. La opción **c** es la mejor respuesta. Ninguna de las otras opciones es relevante a las democracias. En una democracia, solamente el votar permite que la gente escoja quién los representará en el gobierno.

37. a. El único país que pertenece al OPEC y ASEAN pero no a la Liga Árabe es Indonesia (opción **a**). Los países nombrados en las otras opciones no cumplen con estas especificaciones.

38. a. La proximidad en el tiempo entre la entrada de China en el conflicto y el retiro de las tropas aliadas sugiere que la entrada de China en la guerra fue la causa del retiro de los aliados. Entonces, la opción **a** es la mejor respuesta. La opción **b** contradice los datos. Las opciones **c** y **d** no ocurrieron. La opción **e** no es verdad; la captura de la capital de Corea del Norte solamente no significaría mucho sin una victoria sobre Corea del Norte.

39. a. El único dato apoyado por el gráfico es la opción **a**. Aproximadamente 4.5 millones de italianos emigraron a los Estados Unidos durante ese período. Ninguna información en el gráfico apoya las opciones **b**, **c**, **d** o **e**.

40. d. Las dos últimas oraciones del pasaje sugieren que la economía Laissez-faire puede causar a problemas, como monopólicas injustos que impiden la competición. Entonces la opción **d** es una declaración justa de la actitud del autor. Ninguna de las otras opciones declara la posición del autor. Cuando conteste a preguntas sobre la actitud del autor, tenga cuidado con respuestas que hagan declaraciones absolutas o que declaren opiniones fuertes que serían difíciles de apoyar.

41. e. La única opción que indica correctamente la diferencia entre los puntos de vista de dos fisiócratas y los mercantilistas es la opción **e**. Los mercantilistas querían la regulación del gobierno en el mercado; Los fisiócratas querían la falta de interferencia del gobierno.

42. b. Un euro vale aproximadamente $\frac{4}{5}$ de una libra irlandesa. La opción **a** es incorrecta porque un marco alemán vale más que un marco finlandés. Un marco es igual a aproximadamente $\frac{1}{6}$ de un euro. La opción **e** es incorrecto: un euro vale más francos franceses (6.56) que marcos finlandeses (5.95).

43. b. La única declaración verdadera sobre los puntos de vista del sistema solar de Ptolomeo y Copérnico es la opción **b**. La opción **a** es incorrecta porque Marte y Venus se consideran como planetas. La opción **c** es incorrecta porque ambas figuras muestran a Saturno como el planeta más distante de los tres planetas. La opción **d** es incorrecta porque Ptolomeo colocó la Tierra en el centro y Copérnico colocó el Sol en el centro. La opción **e** es incorrecta porque ambas muestran que las órbitas son circulares.

44. c. La opción **a** es incorrecta porque el gráfico no da información sobre el tipo de gobierno de la civilización india. La opción **b** es incorrecta porque la civilización de Sumer es la más vieja mostrada en el gráfico. La opción **d** también es incorrecta; solamente una de las cuatro civilizaciones mencionadas usó jeroglíficos. La opción **e** es incorrecta porque la civilización china empezó más tarde que las otras, no más temprano. Entonces, la opción **c** es la mejor respuesta.

45. e. Es la única respuesta que describe una política que no tiene nada que ver con Latinoamérica.

46. c. Los barcos que estaban viajando de las Antillas a Europa llevaban azúcar y tabaco. Entonces, la opción **c** es la mejor respuesta. Según la opción **a**, los esclavos, fueron cargados de África a las Antillas. Según las opciones **b**, **d** y **e**, fueron cargados de Europa a África del Oeste.

47. a. Cada senador representa a 800,000 personas, pero cada miembro de la Asamblea representa a 400,000. Entonces la opción **a** es la mejor respuesta. La opción **b** contradice estas figuras. Las opciones **c** y **d** son incorrectas porque los senadores y los miembros de la Asamblea tienen límites de término. La opción **e** es incorrecta porque cada legislador, sea un senador o un miembro de la Asamblea, gana el mismo salario.

48. d. La única respuesta apoyada por el texto es la opción **d**. Todos los asientos del Senado tienen límites del término; entonces la opción **a** es incorrecta. Las opciones **b**, **c** y **e** no son relevantes a la pregunta.

49. **c.** Los miembros de la Asamblea son elegidos a términos de dos años y pueden servir por tres términos. Entonces, un miembro de la Asamblea que sirvió dos términos de 1996 a 2000 podría servir solamente un término más. Entonces, la opción **c** es la mejor respuesta.

50. **b.** Los asientos del Senado de número impar están disponibles para la elección este año. Entonces usted votaría por un senador y un miembro de la Asamblea, ya que hay una elección para miembros de la Asamblea cada dos años. Entonces, la opción **b** es la mejor respuesta.

III ▶ GED examen del lenguaje, escritura

EN ESTA SECCIÓN usted aprenderá acerca del examen de escritura: cómo será el examen, qué tipos de preguntas esperar y cómo enfrentarse a esas preguntas. También repasará la gramática fundamental y habilidades de escritura que necesitará para salir bien en el examen.

Antes de empezar con el Capítulo 10, tome algun tiempo para hacer el examen preliminar que sigue. El pasaje y las preguntas son parecidos a los que usted encontrará en el GED. Cuando usted termine, repase la clave de respuestas con ciudado para evaluar sus resultados. Su calificación de pre-examen lo ayudará a determinar cuánta preparación usted necesitará y los campos que necesitará practicar y repasar.

▶ Examen preliminar: artes de lenguaje GED, escritura

Instrucciones: En el siguiente pasaje, los párrafos están marcados con letra y las frases están enumeradas. Lea con cuidado el pasaje y luego conteste las preguntas de respuesta múltiple que siguen. Seleccione la mejor respuesta para cada pregunta. Para practicar el límite de tiempo del examen, tome 15 minutos para completar este examen preliminar. Anote sus respuestas en la hoja de respuestas proveída. Asegúrese de marcar la respuesta en el círculo que corresponde a la pregunta.

Ojo: En el examen GED, no se le permite escribir en el libreto de examen. Haga cualquier anotación en una hoja de papel separada.

Hoja de respuestas

```
1.  ⓐ  ⓑ  ⓒ  ⓓ  ⓔ
2.  ⓐ  ⓑ  ⓒ  ⓓ  ⓔ
3.  ⓐ  ⓑ  ⓒ  ⓓ  ⓔ
4.  ⓐ  ⓑ  ⓒ  ⓓ  ⓔ
5.  ⓐ  ⓑ  ⓒ  ⓓ  ⓔ
6.  ⓐ  ⓑ  ⓒ  ⓓ  ⓔ
7.  ⓐ  ⓑ  ⓒ  ⓓ  ⓔ
8.  ⓐ  ⓑ  ⓒ  ⓓ  ⓔ
9.  ⓐ  ⓑ  ⓒ  ⓓ  ⓔ
10. ⓐ  ⓑ  ⓒ  ⓓ  ⓔ
```

Las preguntas 1–10 se refieren al siguiente pasaje:

Batman

A

(1) Año tras año, uno de los disfraces del Día de los Muertos más populares tanto entre niños como adultos es el de Batman. (2) De hecho, este superhéroe, fue creado en 1939 y conocido mundialmente, sigue siendo uno de los personajes más populares de tira cómica jamás creados de la historia.

B

(3) Batman fue la idea del artista de tira cómica Bob Kane. (4) Quien tenia apenas 22 años cuando se le pidió que creara un nuevo superhéroe para DC Comics. (5) Superman fue un éxito fenomenal, y DC Comics quizo otro héroe, igual de poderoso, para llamar la atención a sus lectores. (6) La idea de Kane para Batman vino, según se informa, del famoso dibujo de Leonardo Da Vinci de un hombre volando con alas parecidas a las del murciélago y de los héroes de la serie *Shadow* y *Zorro*, quienes llevaban máscaras.

C

(7) El Batman de Kane fue un éxito que fue grande desde el principio. (8) El héroe enmascarado pronto se cambió de las revistas de tiras cómicas a su propia tira en el periódico, y en 1943, los episodios de Batman se dieron por la radio. (9) En 1966, los programas de acción en vivo llegaron a la pantalla de televisión. (10) La serie era sumamente popular, y el programa sindicado todavía se da en canales como La Cadena de Dibujos Animados.

D

(11) Batman realmente es Bruce Wayne un millonario quien presenció el asesinato de sus padres cuando era niño. (12) ¿Por qué fue tan popular Batman? (13) La respuesta puede encontrarse en la historia personal que Kane le dio a su personaje. (14) Prometió vengar sus muertes y la llevada de los criminales a justicia. (15) No poseía ningún poder supernatural. (16) En cambio, se dedica a entrenar su mente y cuerpo a luchar el crimen y usó su riqueza para desarrollar herramientas y armas de alta-tecnología, tal como su famoso Batmóvil. (17) Así, Kane creó a un superhéroe quien es tan humano como nosotros. (18) En Batman, Kane nos dio la imagen de nuestra propia potencial superhéroe.

1. Frase 2: De hecho, <u>este superhéroe, fue creado en 1939 y conocido mundialmente, sigue</u> siendo uno de los personajes más populares de tira cómica jamás creados de la historia.

¿Cuál es la mejor manera de escribir la parte subrayada de esta frase? Si la forma original es la mejor manera, escoja la opción **a.**

- **a.** este superhéroe, fue creado en 1939 y conocido mundialmente, sigue
- **b.** este superhéroe, habiendo sido creado en 1939 y conocido mundialmente, sigue
- **c.** este superhéroe, creado en 1939 y conocido mundialmente, sigue
- **d.** este superhéroe fue creado en 1939 y conocido mundialmente, y siguiendo
- **e.** este superhéroe, quien fue creado en 1939 y siendo conocido mundialmente, sigue

2. Frases 3 y 4: Batman fue la idea del artista de tira cómica <u>Bob Kane. Quien tenía</u> apenas 22 años cuando se le pidió que creara un nuevo superhéroe para DC Comics.

¿Cuál es la mejor manera de escribir la parte subrayada de esta frase? Si la forma original es la mejor manera, escoja la opción **a.**

- **a.** Bob Kane. Quien tenía
- **b.** Bob Kane; quien tenía
- **c.** Bob Kane. Kane tenía
- **d.** Bob Kane, quien tenía
- **e.** Bob Kane, mientras él tenía

3. Frase 5: Superman fue un éxito fenomenal, y DC Comics quizo otro héroe, igual de poderoso, para llamar la atención a sus lectores.

¿Cuál corrección debe hacerse en la frase 5?

- **a.** Cambiar <u>héroe</u> a <u>héroe</u>.
- **b.** Cambiar <u>a</u> por <u>de</u>.
- **c.** Reemplazar <u>Superman fue</u> con <u>Superman es</u>.
- **d.** Insertar una coma después de <u>Comics</u>.
- **e.** No hace falta una corrección.

4. Frase 6: La idea de Kane para Batman según se informa vino del dibujo famoso de Leonardo Da Vinci de un hombre volando con alas como las del murciélago y de los héroes de la serie *Shadow y Zorro* quienes llevaban mascaras.

¿Cuál revisión debe hacerse en la frase 6?

- **a.** Cambiar <u>hombre volando</u> a <u>volando hombre</u>.
- **b.** Reemplazar <u>alas como las del murciélago</u> con <u>teniendo alas como un murciélago.</u>
- **c.** Comenzar una frase nueva después de la palabra <u>alas</u>.
- **d.** Cambiar <u>según se informa vino</u> a <u>se reportó viniendo de.</u>
- **e.** Mover <u>quienes llevaban mascaras</u> y colocarlo después de <u>los héroes.</u>

5. Frase 7: El Batman de Kane <u>fue un éxito que fue grande</u> desde el principio.

¿Cuál es la mejor manera de escribir la parte subrayada de frase 7? Si la forma original es la mejor manera, escoja la opción **a.**

- **a.** fue un éxito que fue grande
- **b.** fue un gran éxito
- **c.** fue exitoso de una gran manera
- **d.** fue exitosamente grande
- **e.** es una cosa exitosa

6. Frase 11: Batman realmente es Bruce Wayne un millonario quien presenció el asesinato de sus padres cuando era niño.

¿Cuál corrección debe hacerse en la frase 11?

- **a.** Insertar una coma después de <u>Wayne</u>.
- **b.** Reemplazar <u>quien</u> con <u>que</u>.
- **c.** Cambiar <u>percibió</u> a <u>vio</u>.
- **d.** Reemplazar <u>cuando era niño</u> a <u>durante su niñez</u>.
- **e.** No hace falta ningún cambio.

7. Frase 11: Batman realmente es Bruce Wayne un millonario quien presenció el asesinato de sus padres cuando era niño.

¿Cuál revisión debe hacerse a la colocación de frase 11?

a. Mover frase 11 a que siga frase 7.

b. Mover frase 11 al final del párrafo C.

c. Mover frase 11 a que siga frase 12.

d. Mover frase 11 a que siga frase 13.

e. Mover frase 11 a que siga frase 14.

8. Frase 14: Prometió vengar sus muertes <u>y la llevada de criminales a justicia</u>.

¿Cuál es la mejor manera de escribir la parte subrayada de esta frase? Si la forma original es la mejor manera, escoja la opción **a**.

a. Y la llevada de criminales a la justicia.

b. Y les llevó a los criminales a la justicia.

c. Y les llevará a los criminales a la justicia.

d. Y llevarles a los criminales a la justicia.

e. Y que les llevaría a los criminales a la justicia.

9. Frase 16: En cambio, se dedica a entrenar su mente y cuerpo a luchar el crimen y usó su riqueza para desarrollar herramientas y armas de alta tecnología, tal como su famoso Batmóvil.

¿Cuál corrección debe hacerse en la frase 16?

a. Cambiar <u>se dedica</u> a <u>se dedicó</u>.

b. Reemplazar <u>luchar</u> con <u>luchando</u>.

c. Reemplazar <u>alta-tecnología</u> con <u>alta, tecnología</u>.

d. Insertar una coma después de <u>cuerpo</u>.

e. No hace falta ningún cambio.

10. Frase 18: En Batman, Kane nos dio la imagen de nuestra propia potencial superhéroe.

¿La revisión más efectiva de la frase 18 comenzaría con cual grupo de palabras?

a. Sin embargo, Batman fue alguien en quien Kane

b. Por lo tanto, en Batman se nos da

c. Más importantemente, en Batman, Kane nos da

d. Por otra parte, en Batman, vemos

e. Agradecidamente, es con Batman que tenemos

▶ Respuestas

1. c. La información no esencial en esta frase es mejor separada por comas, y la respuesta **c** es la única versión que es correcta gramaticalmente. La respuesta **a** es incorrecta porque la información separada por comas es incompleta (*fue* debe ser eliminado o *quien* debe ser insertado antes de *fue*). La respuesta **b** es incorrecta porque la frase verbal *habiendo sido creado* es incorrecta; el correcto verbo auxiliar sería *había*, no *habiendo*, y la cláusula requeriría *que* antes de *había*. La respuesta **d** es incorrecta por la misma razón que la respuesta **a**; también, el verbo *siguiendo* debe estar en el tiempo pasado. La respuesta **e** es incorrecta porque el verbo *siendo* debe estar o en el tiempo presente o pasado, no un participio pasado.

2. d. La frase 4 está mejor vinculada a la frase 3 como una cláusula *quien*, así proveyendo información adicional con relación a la creación de Batman. La respuesta **a** es incorrecta porque la frase 4 es un fragmento de una frase. La respuesta **b** es incorrecto; un punto y coma sólo puede usarse entre dos frases completas (cláusulas independientes) y la frase 4 es una frase incompleta. La respuesta c es correcta, pero repite *Kane* innecesariamente; combinando las frases con una cláusula *quien* elimina el problema. La respuesta **e** es incorrecta porque es verbosa y no se lee bien.

3. b. Esta opción sugiere el uso correcto de la preposición de manera que la oración se ajuste de manera lógica al pasaje. No se trata de regañar a los lectores ("llamar la atención a los lectores") sino de atraer su atención. La opción **a** es incorrecta porque héroe no es un nombre propio en este caso. La opción **c** es incorrecta porque no se ajusta al tiempo verbal usado en el resto de la oración. La opción **d** es incorrecta porque este uso de la coma es incorrecto. La opción **e** es incorrecta porque es necesario hacer la corrección que sugiera la opción **b**.

4. c. El modificativo *quienes llevaban mascaras* debe ser colocado después de héroes para estar lo más cerca posible del sustantivo que modifica. La respuesta **a** es incorrecta porque *volando* debe estar lo más cerca posible a la frase preposicional *con alas como las del murciélago*; intercambiando *hombre* y *volando* de posición indicaría que el hombre fuera un hombre volador, no un hombre que volaba con alas como las del murciélago. La respuesta **b** es incorrecta porque *alas como las del murciélago* es un modificativo más conciso que *teniendo alas como las del murciélago*; además el verbo *teniendo* no puede seguir *volando con*. La respuesta **c** es incorrecta porque la nueva frase empezando con *Y* sería un fragmento de frase (una frase incompleta). En la respuesta **d**, la frase verbal *se reportó viniendo de* es incorrecta.

5. b. Esta es la forma más concisa y correcta de comunicar esta idea. La respuesta **a** es innecesariamente verbosa. La respuesta **c** es muy informal (*en una gran forma* es jerga).La respuesta **d** no se lee bien y expresa que el tamaño fue un éxito, no que la tira cómica fuera un éxito. La respuesta **e** es incorrecta porque cosa es demasiado general; se debe usar un sustantivo más preciso.

6. a. La información después de *Wayne* es una cláusula descriptiva no esencial que necesita ser separada por comas. La respuesta **b** es incorrecta porque *quien* debe usarse cuando se refiere a las personas; *que* debe usarse para referirse a las cosas. La respuesta **c** es incorrecta porque *presenció* es una palabra más precisa que *vio*. La respuesta **d** es incorrecta porque es más verbosa y también sugiere un periodo de tiempo más largo, como si el asesinato hubiera ocurrido durante un tiempo. La respuesta **e** es incorrecta porque la coma después de *Wayne* no es necesaria.

7. d. La frase 11 es la primera frase que describe la historia personal de Batman, pues el lugar más lógico y efectivo para esta información es después de la frase 13: *La respuesta puede encontrarse en la historia personal que Kane le dio a su personaje*. La respuesta **a** es incorrecta porque el párrafo C describe el éxito de Batman, no su historia personal. La respuesta **b** es incorrecta por la misma razón. La respuesta **c** es incorrecta porque la frase no contesta directamente la pregunta hecha en la frase 12; la frase 13 necesita expresar la respuesta (la historia personal de Batman) primero. La respuesta **e** es incorrecta porque necesitamos saber que los padres de Batman fueron asesinados antes de aprender que él prometió vengar sus muertes; no sabríamos cuyas muertes vengara Batman.

8. d. Esta respuesta usa estructura paralela y es correcta y concisa. La respuesta **a** es incorrecta porque requiere que los verbos *vengar* y *llevar* estén en la forma infinitivo. La respuesta **b** es incorrecta por la misma razón; *llevó* está en el tiempo pasado, no la forma infinitivo. De la misma manera, la respuesta c usa el tiempo futuro (*llevará*), entonces es incorrecta. La respuesta **b** es correcta gramaticalmente, pero es verbosa y menos efectiva que la estructura paralela de la respuesta **d**.

9. a. Los tiempos verbales son inconsistentes (el tiempo presente *se dedica* y el tiempo pasado *usó*) Las otras frases sobre la historia personal de Batman están en el tiempo pasado, así que *se dedica* debe ser cambiando por el tiempo pasado *se dedicó*. La respuesta **b** es incorrecta porque *a* es necesario para mostrar la relación entre *la mente* y *luchar*; un gerundio (*luchando*) no tiene sentido aquí. La respuesta **c** es incorrecta porque *alta* y *tecnología* trabajan juntos para crear un modificador, entonces el guión entre ellos no es necesario. La respuesta **d** es incorrecta porque sólo hay dos términos en la lista (*cuerpo* y *mente*) entonces no debe haber un coma entre ellos. La respuesta **e** es incorrecta porque el tiempo verbal inconsistente necesita ser corregido.

10. **c.** La frase de transición más efectiva para empezar esta frase es *más importantemente*. La idea expresada en esta frase—que Batman nos da una imagen de nuestra propia potencial superhéroe—es la explicación más poderosa porque muchas personas fueron atraídas a personaje de Batman. La respuesta **a** es incorrecta porque la idea en la frase 18 no contrasta con la idea de la frase 17. Mientras que la respuesta **b** es lógica (la idea en la frase 18 es un "efecto" de la idea en la frase 17), la repuesta **c** es más apropiada en el contexto. La respuesta **d** es incorrecta porque la frase 18 no contrasta con la idea en la frase 17. La respuesta **e** es incorrecta porque es verbosa, y la palabra transitoria *agradecidamente* parece estar fuera de lugar tanto en estilo como en contexto.

Evaluación del examen preliminar

¿Cómo le fue el examen preliminar? Si Usted contestó siete o más preguntas correctamente, Usted ha recibido el equivalente de una nota aprobada en Parte I del examen GED Lenguaje, Examen de Escritura. Pero eso no significa que Usted deba omitir el Capítulo 10. El examen preliminar no se diseña para darle un medida exacta de cómo saldría en el examen CD. En cambio se diseña para ayudarle a determinar dónde enfocar sus esfuerzos de estudiar. Recuerde que este examen preliminar no cubre todo el material que pueda estar incluido en el examen de GED Artes de Lenguaje, Examen de Escritura y no incluye un ensayo.

10 ▶

Presentación del GED examen del lenguaje, escritura

Para prepararse eficazmente para el examen del lenguaje, escritura, usted necesitará saber exactamente cómo será el examen. Este capítulo explica la estructura del examen, incluyendo los tipos de preguntas y pasajes que usted va a ver en el examen.

▶ Qué esperar en el examen escritura

El examen de escritura tiene dos partes. La **Parte I** consiste en 50 preguntas de opción múltiple que miden su conocimiento en cuatro campos de escritura claves:

- estructura de oración—30%
- uso—30%
- mecánica—25%
- organización—15%

Usted tendrá 75 minutos para completar esta parte del examen. Cada pregunta tendrá cinco opciones; solamente una será la correcta.

La redacción de un ensayo eficaz involucra mucho más que buena gramática y organización lógica. La escritura eficaz es esencial si usted va a tener éxito en la universidad o en el trabajo. Por esta razón el examen de escritura del GED también incluye un ensayo. La **Parte II** consiste en un tema de ensayo. Usted tendrá 45 minutos para escribir un ensayo de acuerdo con la pregunta de discusión.

A muchas personas les intimidan los exámenes de ensayo. Después de todo, a usted le están pidiendo que escriba bien bajo presión; y si usted no sale bien en el examen de ensayo, usted no tendrá éxito en el examen de escritura del GED. Pero sí hay buenas noticias sobre esta parte del examen. Primero, el ensayo no tiene que ser largo. De hecho, usted tendrá solamente 45 minutos. Por esta razón sólo se espera que escriba aproximadamente cinco párrafos. (En contraste, muchos ensayos de nivel universitario deben tener al menos tres a cinco páginas de largo.) Segundo, a usted le darán solamente un tema de discusión. Esto quiere decir que usted no tiene que gastar tiempo decidiendo cuál tema de discusión escoger. Usted sólo tendrá que decidir cómo va a responder a la pregunta.

No importa qué tema de discusión le toque, usted podrá responder a la pregunta. Todos los temas de ensayos son suficientemente generales que quien quiera puede escribir sobre ellos. Ninguno requiere que usted tenga conocimiento especializadó ni experiencia.

Si termina su ensayo dentro de 45 minutos usted podrá volver a la Parte I por el resto del tiempo del examen. Esto le dará la oportunidad de revisar sus respuestas, especialmente ésas donde usted adivinó.

Un examen, dos partes

El examen de lenguaje, escritura consiste en dos partes distintas:

- Parte I: preguntas de opción múltiple sobre estructura de oración, uso, mecánica, y organización (75 minutos)
- Parte II: un ensayo de aproximadamente 250 palabras (45 minutos)

Usted tiene que salir bien en *ambas* partes para tener éxito en el examen de escritura del GED.

Preguntas en contexto

En contraste con muchos otros exámenes en inglés estandarizados, las preguntas de la Parte I del examen de escritura no miden el conocimiento y las habilidades de escritura aisladamente. En cambio, todas las preguntas son hechas en contexto. Usted puede estar acostumbrado a ver exámenes de gramática o uso con preguntas como lo siguiente:

Identifique el deletreo correcto de la palabra que sigue:

- **a.** addornar
- **b.** adorrnar
- **c.** adurnar
- **d.** adornar
- **e.** adornor

En el examen de escritura del GED, cada pregunta se refiere a palabras, oraciones o párrafos específicos sacados de un pasaje completo. Todas las preguntas en el examen preliminar usan este formato, y usted puede esperar que todas las preguntas de la Parte I parezcan así:

Oración 8: Asegúrese de ser honesto y no adornar la verdad en sus vida.

- **a.** Cambiar <u>asegúrese</u> a <u>cerciórese</u>.
- **b.** Poner una coma después de <u>honesto</u>.
- **c.** Cambiar <u>honesto</u> a <u>honestidad</u>.
- **d.** Reemplazar <u>sus</u> con <u>su</u>.
- **e.** Cambiar <u>ser honesto</u> a <u>siendo honesto</u>.

(La respuesta correcta para los dos ejemplos es **d.**)

Para contestar a este tipo de pregunta, muchas veces usted necesitará leer y entender la oración entera y a veces las oraciones que siguen también. Una parte pequeña de las preguntas requieren que uno lea y entienda los párrafos que rodean para seleccionar la respuesta correcta. Puede ser que usted también necesite un sentido del propósito del autor y sus estrategias de escritura. Esto es especialmente verdad acerca de las preguntas de corrección que le piden que encuentre el mejor lugar para las oraciones o decidir el mejor lugar de empezar un nuevo párrafo.

Tipos de pasajes

En la Parte I del examen de escritura, se sacarán preguntas sacadas de los pasajes de lectura que tienen entre 200–300 palabras y 12–22 oraciones de largo. Muchos pasajes tendrán de tres a cinco párrafos. La parte I tendrá tres tipos distintos de pasajes de lectura:

1. **informativo**, con temas como computadoras de casa, actividades recreativas, eventos históricos, asuntos de familia, salud y carreras

2. **comunicaciones del negocio**, como memorandos, cartas, reportes, actas de reuniones, correos electrónicos, aplicaciones y resúmenes ejecutivos

3. **documentos de instrucciones**, que proveen direcciones o instrucciones en temas como encontrar un trabajo, tener éxito en una entrevista, comprar una computadora, escoger una universidad, etcétera.

Tipos de preguntas de opción múltiple

Las preguntas en la Parte I serán de tres tipos: *corrección* (45%), *revisión* (35%) y *cambio de estructura* (20%).

1. **Corrección.** Estas preguntas le presentarán una oración (u oraciones) y le pedirán que identifique la corrección que se debe hecha en esa oración (u oraciones). Las preguntas de corrección miden su habilidad de corregir errores en la estructura de una oración, uso, y mecánica. Estas preguntas son típicamente escritas de esta manera:

> *¿Cuál corrección se debe hacer en la oración 4?*

2. **Revisión.** Estas preguntas también presentarán una oración (u oraciones) y le pedirán que identifique la revisión que se debe hacer en la oración (u oraciones). Revisar quiere decir mirar algo de nuevo (*examinarlo de nuevo*) para mejorarlo o modificarlo. Esto es muy distinto de evitar errores gramáticos. Las preguntas de revisión se enfocan en cambios que clarifican ideas más que corregir errores. Las preguntas de revisión también tratarán con el mejoramiento de organización, la fluidez y el impacto general. Las preguntas de revisión típicamente se escriben así:

> *¿La revisión más eficaz de la oración 3 empezaría con cuál grupo de palabras? ¿Cuál revisión se debe hacer a la posición de la oración 9?*

3. **Cambio de estructura.** Estas preguntas le presentarán una oración (u oraciones) con parte de la oración (u oraciones) subrayada. A usted le pedirán que identifique en la mejor manera de escribir de nuevo la parte subrayada o la mejor manera de combinar las oraciones. Estas preguntas pueden tratar de revisión o de corrección. Por ejemplo, el conectar dos oraciones puede corregir un fragmento. Las preguntas de cambio de estructura típicamente se escriben de esta manera:

> *¿Cuál es la mejor manera de escribir la parte subrayada de la oración? Si la original es la mejor manera, escoja la opción **a**. ¿Cuál es la combinación más eficaz de las oraciones 2 y 3?*

Tipos de preguntas de discusión para el ensayo

La Parte II del examen de escritura es el ensayo. El examen incluye una pregunta de discusión o un tema e instrucciones para su ensayo. Las preguntas de discusión son suficientemente generales; son diseñadas para que todos los candidatos puedan responder en un ensayo pequeño (200–300 palabras) que explica o describe una idea, situación o experiencia. (En otras palabras, usted debiera escribir un ensayo basado en sus opiniones, conocimientos y experiencias personales, no un cuento ficticio.)

La pregunta de discusión en la Parte II será típicamente una de tres tipos:

1. **Narrativa**—que le pide a usted que describa una experiencia y por qué es significante para usted. Aquí hay un ejemplo:

   A veces los eventos toman un turno inesperado y las cosas salen distintas a lo que uno se imaginaba. Cuente algo sobre un momento en que algo inesperado le pasó a usted. En su ensayo, describa lo que se suponía iba a pasar y como las cosas cambiaron. Use detalles de apoyo en su ensayo.

2. **Persuasivo**—que le pide que tome una posición de un tema y explicar por qué os te ha tomado esa posición. Aquí hay un ejemplo:

   El Internet comprende muchos sitios con imágenes y contenido que no son apropiados para los niños. Otros sitios en el Internet promueven violencia o intolerancia contra ciertos grupos de personas. ¿Debieran ser censurados estos sitios? En su ensayo, declare su posición sobre este tema y explique por qué toma esa posición. Use sus observaciones, experiencias y conocimientos personales para apoyar su ensayo.

3. **Expositivo**—que le pide que explique o describa su respuesta a una situación o pregunta específica. Estos temas pueden variar bastante. Aquí hay un ejemplo:

Nuestras relaciones con nuestros vecinos son muy importantes. A veces estas relaciones son una fuente de mucha alegría en nuestra vida; otras veces, puede ser la fuente de muchos problemas. En su opinión, ¿qué cosas hacen un buen vecino? En su ensayo, identifique las características de un buen vecino y explique por qué estas características son importantes para personas que viven una al lado de otra. Use sus observaciones, experiencias y conocimientos personales para apoyar su ensayo.

La importancia de responder precisamente a la pregunta de discusión no puede ser enfatizada más. **Si usted no lo escribe sobre el tema asignado, usted no recibirá una calificación para el examen de ensayo.**

▶ Cómo son calificados los exámenes

Usted recibirá un punto por cada respuesta correcta en la Parte I. La Parte II es calificada en una escala de 1 (más bajo) a 6 (más alta). El ACE usa una fórmula especial para combinar estas calificaciones y después convertirlas a una escala estándar de 200–800. Entonces, usted recibirá una calificación para ambas partes del examen de escritura. Las calificaciones individuales del ensayo no son reportadas. Para la calificación combinada, los resultados de opción múltiple representan 65% y el ensayo representa 35%.

La Parte II, el ensayo, es calificada por dos lectores independientes. Las calificaciones de los lectores independientes son combinadas y de ahí se saca el promedio.

Calificación aprobatoria

Un candidato tiene que ganar una calificación de 2 o más alta en la Parte II para recibir una calificación compuesta (opción múltiple y ensayo) y obtener una calificación aprobatoria. El candidato recibe una calificación de ensayo de 1 o 1.5; no habrá calificación compuesta, y el candidato tendrá que tomar de nuevo *ambas* partes del examen, la de opción múltiple y el ensayo.

Los estados individuales pueden designar una calificación aprobatoria compuesta que es más alta que la calificación aprobatoria mínima del GED actual (410); pero, esta calificación no puede ser más baja que el mínimo del GED.

El ensayo es calificado integralmente, lo cual quiere decir que el lector hace una valoración de la efectividad general del ensayo, no solamente la parte de gramática. Usted todavía puede ganar una calificación alta si tiene algunos errores de ortografía (después de todo, no se permitido usar el diccionario). Si ese ensayo

- tiene una idea principal clara
- mantiene su enfoque
- desarrolla sus ideas
- provee apoyo suficiente
- es organizado lógicamente
- mantiene las convenciones del español escrito estandarizado

usted está en buen camino a una calificación aprobatoria.

Aunque calificar un ensayo es mucho más subjetivo que corregir un examen de opción múltiple, el ACE ha desarrollado un **esquema de valores para calificar** bastante detalladamente. Ese esquema guía a los lectores por el proceso de calificación. Este esquema hace una lista del criterio específico que cada ensayo debe tener para cada calificación. Lo que sigue es un esquema de calificación modelado en la guía oficial de calificación para la Parte II del examen de escritura del GED. Asegúrese de repasar la guía de calificación con cuidado. Cuanto más sabe de los requisitos esperados, mejor podrá cumplir con esos requisitos.

Seguir instrucciones

Su ensayo no será calificada si usted entrega una página en blanco, si su ensayo no es legible, o si usted escribe en un tema que no sea el que fue asignado. **Entonces, es sumamente importante que usted responda a la pregunta de discusión que le den. No escriba sobre un tema distinto.**

También asegúrese de escribir su ensayo en las páginas dadas en la libreta de respuesta. Solamente la escritura en esa libreta será calificada.

El ejemplo de guía de calificación para ensayo

El examen ensayo es calificado en una escala de cuatro puntos—de 4 (alto) a 1 (bajo). Los cuatro niveles de escritura son:

4. Efectivo
3. Adecuado
2. Mínimo
1. Inadecuado

La evaluación general será basada en los cinco campos siguientes:

1. Respuesta al tema asignado
2. Organización del ensayo
3. Muestra de desarrollo y detalles

4. Convenciones del lenguaje (gramática, uso, mecánica)
5. Selección de palabras

Un ensayo "4"

- presenta una idea principal bien desarrollada y un enfoque claro que responde a la pregunta y tema asignado
- demuestra un plan de organización claro y lógico
- ofrece apoyo que es específico, sustantivo y/o sumamente ilustrativo
- consistentemente sigue la estructura de oración y las convenciones del español estandarizado
- demuestra la selección de palabra apropiada, diversa y precisa

Un ensayo "3"

- usa el tema de discusión para establecer una idea principal
- demuestra suficientemente un plan de organización
- demuestra un desarrollo razonablemente enfocado con algunos detalles y ejemplos pertinentes
- generalmente controla la estructura de oración y las convenciones del español estandarizado
- demuestra la selección de palabra apropiada

Un ensayo "2"

- responde al tema de discusión, pero en enfoque puede cambiar
- demuestra alguna indicación de un plan de organización
- demuestra algún desarrollo, pero los detalles y los ejemplos pueden ser redundantes o generalizados
- demuestra inconsistencia en la estructura de oración y las convenciones del español estandarizado

- demuestra un campo estrecho de selección de palabra, frecuentemente incluyendo frases o palabras inapropiadas

Un ensayo "1"

- no tiene propósito claro o presenta más de un propósito
- muestra evidencia de falta de plan de organización
- es significementente subdesarrollada u ofrece apoyo inapropiado o inadecuado
- demuestra poco o ningún control de estructura de oración y las convenciones del español estandarizado
- demuestra selección de palabra débil o inapropiada

Una calificación de "0" será para ensayos que están en blanco, son ilegibles, o desarrollar un tema otro que el que fue asignado.

Escriba nítidamente por favor

Aunque la calidad de su escritura debe ser la única cosa que cuenta, la calidad de su *letra* cuenta también. Usted tendrá que escribir nítidamente para que los lectores entiendan cada palabra. No importará que su ensayo sea maravilloso si los lectores no pueden entender lo que haya escrito.

11 ▶ Estructura de la oración

En apoyo de la preparación correcta para el examen, los Capítulos 11–16 le ofrecen un resumen de los cuatro campos que abarca la Parte I del GED artes del lenguaje: la estructura de la oración, uso gramatical, ortografía y puntuación y organización. En el capítulo presente aprenderá acerca de las partes de la oración y cómo se relacionan entre sí para expresar ideas.

L A ESTRUCTURA DE LA ORACIÓN se refiere a la forma en que componemos las oraciones: cómo se juntan los sujetos, verbos, complementos y modificadores gramaticales en cláusulas y frases. La colocación incorrecta o poco elegante de las frases y cláusulas puede traer como resultado que las oraciones sean imprecisas o no claras, e incluso pueden llegar a expresar significados no deseados. La estructura de la oración es importante además para el estilo. Si la estructura de la oración es muy sencilla o repetitiva, la escritura se hace monótona para el escritor (el resumen de la Parte II tratará de la diversidad de oraciones).

▶ Sujeto, predicado y complementos

Cuando escribimos, expresamos nuestras ideas en oraciones. ¿Y qué es una oración?

La oración es nuestra unidad básica de expresión. Consiste en dos partes fundamentales—un **sujeto** y un **predicado**—y debe expresar una idea completa. El sujeto de la oración nos indica quién o de qué trata la oración—quién o qué realiza la acción expresada en la oración. El predicado nos indica algo *sobre* el sujeto—qué o quién es o qué hace. Por lo tanto, en la oración siguiente:

> *El teléfono está sonando.*

La palabra *teléfono* es el sujeto. Nos indica de qué trata la oración—quién o qué realiza la acción. La frase verbal *está sonando* es el predicado. Nos indica qué acción realiza (o nos brinda información sobre) el sujeto.

El sujeto de una oración puede ser **simple** o **compuesto** (más de una parte):

> *Yo dormí todo el día.*   *Kendrick y yo trabajamos toda la noche.*

sujeto simple   sujeto compuesto (dos sujetos realizan la acción)

El predicado también puede ser simple o compuesto:

> *Yo compré un regalo.*   *Yo compré un regalo y lo envolví con esmero.*

predicado simple   predicado compuesto (el sujeto realiza dos acciones)

En muchas oraciones, el sujeto recibe "algo" de la acción expresada en el predicado. A este "algo" se le llama el **complemento directo**. En la oración siguiente, el sujeto y el predicado aparecen separados por una oblicua (/) y el complemento directo aparece subrayado:

> *Yo / compré un regalo.* (¿Cuál es lo *comprado*? El regalo.)
>
> *Jane / adora el helado.* (¿Cuál es lo *adorado* por Jane? El helado.)

Como apreciamos en el ejemplo anterior, una manera fácil de identificar el complemento directo es mediante la pregunta ¿Cuál es lo . . . ? + el verbo participio usado en la oración.

Las oraciones también pueden tener un **complemento indirecto**: la persona o cosa que "recibe" al complemento directo. En las oraciones siguientes, el complemento directo aparece subrayado; y el indirecto, en negrilla:

> *Yo / compré un regalo para **Sunil**.* (Sunil recibe el regalo; el regalo recibe la acción de ser comprado)
>
> *El periodista / hizo al **presidente** una pregunta.*

(El presidente recibe la pregunta; la pregunta recibe la acción de hacer.)

El complemento indirecto puede identificarse si se pregunta ¿a quién? o ¿para quién?

▶ Cláusulas dependientes e independientes

Cada cláusula presenta un sujeto y un predicado y puede además tener complementos directos e indirectos. Una **cláusula independiente** expresa una idea completa; puede funcionar como oración por sí misma. Por otro lado, una **cláusula dependiente** no puede funcionar sola porque expresa una idea incompleta. Cuando una cláusula dependiente aparece misma, tenemos un **fragmento de oración**.

> Cláusula independiente: *Ella estaba entusiasmada.*
>
> Cláusula dependiente: *Porque ella estaba entusiasmada.*

Observe que la cláusula dependiente está incompleta; necesita una idea adicional para constituir una oración completa, por ejemplo:

Ella habló muy rápido porque estaba
entusiasmada.

Sin embargo, la cláusula independiente puede aparecer sola porque constituye una idea completa.

Conjunción coordinante o subordinante

El elemento de oración que convierte una cláusula dependiente en independiente se llama **conjunción subordinante o coordinante**, por ejemplo, la palabra *porque*. Las conjunciones subordinantes conectan las cláusulas y sirven para mostrar las relaciones entre ellas. A continuación aparece una lista de las conjunciones subordinadas más comunes:

aunque	cuando	hasta que
así que	para	si
de modo que	para que	siempre que
de manera que	pero	sino
como	porque	tan pronto como

Cuando una cláusula comienza con una conjunción subordinante es dependiente; tiene que aparecer unida a una cláusula independiente para llegar a expresar una idea completa.

Nunca supe lo que era   *hasta que te conocí.*
la felicidad verdadera
cláusula independiente   cláusula dependiente

Después que Jonson   *tuve que trabajar*
dimitió   *horas extras.*
cláusula dependiente   cláusula independiente

Una oración que se compone de una cláusula dependiente (CD) y otra independiente (CI) se llama **oración compleja**. Ambas oraciones anteriores son oraciones complejas.

Adverbios conjuntivos

Uno de los errores gramaticales más comunes consiste en confundir palabras como *sin embargo*, y *por lo tanto* con las conjunciones subordinadas. *Sin embargo* y *por lo tanto* pertenecen a un grupo de palabras llamadas **adverbios conjuntivos**. Estas palabras indican las diferentes relaciones entre las partes de la oración. Cuando se usan seguidas de un punto y coma, pueden combinar cláusulas independientes.

también	de hecho	ahora
de todos modos	en su lugar	de lo contrario
además	igualmente	similarmente
ciertamente	mientras tanto	aun
finalmente	por otra parte	luego
es más	digamos	por lo tanto
sin embargo	no obstante	de este modo
incidentalmente	después	sin dudas

Aquí tiene algunos ejemplos:

No fui a la fiesta; <u>en su lugar</u>, me quedé en casa y
vi una buena película.

Samantha es una cocinera fabulosa; <u>de hecho</u>,
puede ser que sea mejor que Jacque.

Necesito pagar este recibo de inmediato. <u>De lo</u>
<u>contrario</u>, me cortarán el servicio telefónico.

► **Oraciones compuestas y conjunciones coordinantes o subordinantes**

Cuando dos cláusulas independientes aparecen combinadas, el resultado es una oración compuesta como la siguiente:

Llegó tarde, así que perdió el contrato.

La manera más común de unir dos cláusulas independientes es utilizar una coma y una conjunción coordinante: *y, pero, o, tampoco, pues, aun.* Las cláusulas independientes pueden ser unidas entre sí mediante un punto y coma si las ideas en las oraciones tienen una relación estrecha.

Yo soy alto, y él es bajo.
[CI, conjunción coordinante + CI]

Yo soy alto; el es bajo.
[CI + CI]

Yo llegué tarde, sin embargo no perdí mi contrato.
[CI, conjunción coordinante + CI]

PARTES DEL DISCURSO	FUNCIÓN	EJEMPLOS
sustantivo	nombra una persona, lugar o concepto	*agua, Byron, teléfono, calle Main, tina, virtud*
pronombre	toma el lugar del sustantivo para evitar su repetición	*yo, tú, el, ella, nosotros, ellos, esto, aquello, alguien, quien, el cual*
verbo	describe una acción, suceso o circunstancia	*esperar, parecer, ser, visitar, renovar*
verbo auxiliar	se combina con otros verbos (comunes) para crear frases verbales que indican diferentes tiempos verbales	formas de *ser, hacer y haber, poder, podría, pudiera, deber, tener que*
adjetivos	describe al sustantivo y al pronombre; también puede identificar o expresar una cantidad	*verde, redondo, viejo, sorprendente; aquel* (e.g., *aquel elefante*); *varios* (e.g., *varios elefantes*)
adverbio	describe al verbo, a adjetivos, a otros adverbios o a cláusulas completas	*pacientemente, rápidamente, siempre, muy, entonces*
preposición	expresa la relación de tiempo o lugar entre dos palabras de la oración	*en, sobre, bajo, entre, junto a, con, tras* (ver la lista siguiente)

Preposiciones: una lista abreviada

Las preposiciones son extremadamente importantes; nos ayudan a comprender cómo los objetos se relacionan entre sí en el tiempo y el espacio. Su identificación nos puede indicar rápidamente la coordinación entre el sujeto y el verbo, entre otros detalles gramaticales. A continuación aparece una lista de las preposiciones más comunes. Mira la página 140 con notas sobre las frases preposicionales más comunes.

a	con	entre	por	versus
allende	contra	excepto	salvo	vía
ante	de	hacia	según	
aquende	desde	hasta	sin	
bajo	durante	mediante	sobre	
cabe	en	para	tras	

► Límites de la oración

La expresión de ideas completas y la identificación clara del comienzo y final de las oraciones son esenciales para la efectividad de la escritura. Dos de los errores gramaticales más comunes en cuanto a los límites de la oración son la fragmentación y la escritura de corrido.

Oraciones incompletas (fragmentos)

Como indicamos anteriormente, una oración completa debe (1) tener al menos un **sujeto** (quien, o lo que realiza la acción) y un **verbo** (que expresa una acción o circunstancia), y (2) debe expresar una idea completa. Si no se completa la idea, o si falta el sujeto o el verbo (o ambos), entonces tenemos una **oración incompleta** (también llamada **fragmento de oración**). Para corregir un fragmento, añadimos el sujeto o verbo que falta, o simplemente modificamos la oración para completar la idea.

Incompleta: Lo cual simplemente no es correcto. [Ausencia del sujeto (*cual* no es un sujeto)]

Completa: *Eso* simplemente no es correcto.

Incompleta: Por ejemplo: la Revolución Francesa. [Ausencia del verbo]

Completa: *El mejor ejemplo es* la Revolución Francesa.

Incompleta: Aun cuando los polos terrestres se están derritiendo. [Hay sujeto y verbo, pero no una idea completa]

Completa: <u>Algunas personas todavía dudan que exista el efecto invernadero</u> aun cuando los polos terrestres se están derritiendo.

Escritura de corrido

Las oraciones escritas de corrido son aquéllas en las que se omiten los signos de puntuación que las separan entre sí. En muchos casos se omiten todos los signos o sólo se escribe una coma entre las dos ideas. Las comas solas no son suficientemente fuertes para separar dos ideas completas. A continuación aparecen dos ejemplos de escritura de corrido:

Salgamos se hace tarde.
Si me crees o no me crees ese es tu problema, yo no te he mentido.

Hay cinco maneras de corregir una oración escrita de corrido:

1. Con un punto
2. Con una coma y una conjunción coordinante: *y, o, tampoco, pues, pero, aun.*
3. Con un punto y coma
4. Con un guión
5. Con una conjunción coordinante para crear una cláusula dependiente: *aunque, porque, durante, mientras que,* etc.

Aquí tiene una oración escrita de corrido que ha sido corregida utilizando las técnicas anteriores:

escritura de corrido:	El debate ha terminado, ahora es el momento de hacer la votación.
con punto:	El debate ha terminado. Ahora es el momento de hacer la votación.
con coma+ conjunción:	El debate ha terminado, y ahora es elmomento de hacer la votación.
con punto y coma:	El debate ha terminado; ahora es el momento de hacer la votación.
con guión:	El debate ha terminado— ahora es el momento de hacer la votación.
con una conjunción coordinante:	Como el debate ha terminado, ahora es elmomento de hacer la votación.

▶ Partes de la oración: breve resumen

La *forma* y la *función* de una palabra se determinan por el papel que tiene en la oración. Por ejemplo, la palabra *calma*, puede ser un verbo (en forma de

orden: *calma* tus nervios) o un adjetivo (una tarde *en calma*); y también se puede transformar en el adverbio *calmadamente* (se acercó *calmadamente*). Es bueno recordar las diferentes partes del discurso y el papel que cada una tiene en la oración. La tabla de la página 125 ofrece una referencia rápida sobre las partes principales del discurso.

▶ Frases y modificadores (o calificadores) gramaticales

A menudo las oraciones aparecen "repletas" de **frases y modificadores gramaticales**. Las frases son grupos de palabras que *carecen* de sujeto o de predicado; puede ser que tengan un sujeto y o un verbo, pero no ambos; y algunas veces, ninguno de los dos. Los modificadores gramaticales son palabras y frases que califican o describen a personas, lugares, cosas y acciones. Las frases más comunes son las **frases preposicionales**, las cuales consisten en una preposición y un sustantivo o pronombre (e.g., *en el ático*). Los modificadores gramaticales pueden ser **adjetivos** (e.g., lento, triste, excelente) y **adverbios** (e.g., alegremente, sospechosamente). En los ejemplos siguientes, las frases preposicionales aparecen subrayadas y los modificadores gramaticales en negrilla:

*Él llegó **demasiado** tarde <u>a una reunión</u> <u>importante</u> <u>con el</u> **nuevo** cliente.*

*Tomó la billetera <u>de su bolsa</u> **descaradamente** cuando ella se levantó **<u>de la mesa</u>** para ir <u>al baño de las damas</u>.*

Colocación de los modificadores gramaticales

Por regla general, las palabras, frases o cláusulas que describen a los sustantivos y pronombres deben aparecer lo más cerca posible de éstos. Por ejemplo, es mejor escribir *La música relajante* (resulta más claro, conciso y preciso) que *La música que es relajante*. En la primera oración, el modificador *relajante* aparece junto a la palabra que califica (*música*).

Cuando el modificador no aparece junto a la palabra que califica, pueden introducirse palabras innecesarias. Del mismo modo también puede ocupar un lugar equivocado o quedar sin referencia o antecedente, y ello puede provocar que la oración signifique algo diferente de lo que se intenta expresar. Esto ocurre principalmente en las frases y cláusulas que funcionan como modificadores, por ejemplo:

Mientras corría hacia el auto, lo vi tropezar y dejar caer su bolso.

¿Quién corría hacia el auto? Como el modificador *cuando corría hacia el auto* aparece junto al sujeto omitido *yo*, la oración dice que era *yo* quien corría hacia el auto. Sin embargo el complemento directo *lo* nos indica que era él quien corría hacia el auto. Dos maneras de corregir lo anterior:

Lo vi correr hacia el auto y dejar caer su bolso.
Vi que, mientras corría hacia el auto, dejó caer su bolso.

En la primera oración, la frase *corría hacia el auto* ha sido sustituida por *correr hacia el auto* y ahora el verbo *correr* se refiere a la persona correcta (*él*). En la segunda oración, *mientras corría hacia el auto* aparece precedido de la palabra *que* y de una coma, lo cual separa de manera efectiva los verbos *ver* y *correr* dentro de la oración de acuerdo a quienes desarrollan estas acciones. Mediante la coma que sigue a la palabra *auto*, la cláusula *mientras corría hacia el auto* se convierte en una subordinación de: *dejó caer su bolso*, lo cual nos aclara quién es el sujeto verdadero (*él*) de las acciones *correr* y *dejar caer*.

Aquí tiene otro ejemplo:

Rugiendo ferozmente, vi como los leones se acercaban entre sí.

Es evidente que los leones, no el que nos habla, estaban rugiendo ferozmente. Como el modificador (*rugiendo ferozmente*) no aparece junto a lo que califica (*los leones*), la oración en realidad indica que era *yo* quien rugía ferozmente. Esta es la forma correcta:

Vi como los leones, rugiendo ferozmente, se acercaban entre sí.

Nuevamente la oración es mucho más clara porque el modificador aparece junto a lo que está calificando.

A veces estos errores se pueden corregir simplemente moviendo el modificador a su lugar correcto (junto a lo que califica). En otros casos, es necesario añadir un sujeto y un verbo para aclarar quién o cuál es calificado en la frase. A continuación aparecen más ejemplos de modificadores mal ubicados o escritos de forma ambigua con las correcciones correspondientes:

Incorrecto: *Ya vieja y maltratada, la tía Jane bajó la bandera.*

Correcto: *La tía Jane bajó la bandera, que ya estaba vieja y maltratada, O La tía Jane bajó la bandera maltratada y vieja.*

Incorrecto: Mientras tomaba el desayuno, la alarma de incendio empezó a sonar y el bebé se despertó.

Correcto: *Mientras yo tomaba el desayuno, la alarma de incendio empezó a sonar y el bebé se despertó. O La alarma de incendio empezó a sonar y despertó al bebé mientras yo tomaba el desayuno.*

▶ Construcción en paralelo

La **construcción en paralelo** es uno de los requisitos importantes para una escritura eficaz. En paralelo significa que las palabras o frases de la oración siguen un mismo orden gramatical. Esto hace que las ideas sean más fáciles de combinar y se lean de una manera más elegante. Observe cómo funciona el paralelismo en los ejemplos siguientes:

No paralelo: *Vinimos, vimos y fue conquistado*
                por nosotros.

(Las dos primeras cláusulas usan el verbo en forma directa en primera persona del pretérito. Sin embargo la tercera, a pesar de tener el mismo número y persona, utiliza una forma pasiva compuesta por una frase preposicional.)

En paralelo: *Vimos, vimos y vencimos.*

(En las tres cláusulas los verbos aparecen de forma directa y con el mismo número y persona.)

No paralelo: *Por favor asegúrate de botar tus*
                sobras, poner tus cubiertos en
                la bandeja y tu plato debe ir en
                la meseta.

(Los dos primeros verbos siguen la estructura *verbo + tus + sustantivo*; el tercero coloca al sustantivo antes del verbo.)

En paralelo: *Por favor asegúrate de botar tus*
                sobras, poner tus cubiertos en
                la bandeja y colocar tu plato en
                la meseta.

(En cada una de las cláusulas se sigue el mismo orden gramatical verbo + tus + sustantivo [+ frase preposicional].)

Las construcciones en paralelo se utilizan más frecuentemente en las enumeraciones o listados, como vimos en los ejemplos anteriores y también siguiendo el orden *no sólo/sino también.*

El nerviosismo de Hermione iba en aumento, no sólo por el gran número de espectadores, sino también por el fuerte brillo de las luces.
(Cada frase lleva una preposición, un adjetivo y un sustantivo.)

Su idea fue no sólo la más original, sino también la más práctica.
(Cada frase utiliza la forma superlativa del adjetivo—ver la página 139 para más información sobre los superlativos.)

▶ Voz pasiva y voz activa

En muchos casos, la escritura eficaz intentará utilizar la **voz activa** tanto como sea posible. En una oración en voz activa, el sujeto realiza la acción:

James completó los formularios ayer.
Jin Lee escribió una carta con mucho esmero.

Por otro lado, en una oración en **voz pasiva**, la acción no *se realiza* directamente sino que *es realizada* por el sujeto de manera indirecta:

Los formularios fueron completados por James ayer.
La carta fue escrita por Jin Lee con mucho esmero.

Las oraciones en voz activa son más directas, objetivas y claras. A menudo necesitan menos palabras y no tienden a confundir al lector. Hay casos cuando se prefiere la voz pasiva, como cuando se desconoce el origen de la acción o cuando el autor quiere enfatizar el recipiente de la acción en lugar del que la realiza:

Los medios de protección deben llevarse siempre que se acceda a este edificio.

Sin embargo, por regla general, siempre debe usarse la voz activa que sea posible.

Uso de la gramática española

En el examen de redacción del GED artes del lenguaje, las preguntas sobre el uso gramatical cubrirán temas como la concordancia sujeto-verbo, la conjugación y el uso correcto de los tiempos verbales, y la utilización adecuada de los pronombres. Este capítulo contiene un resumen de estas leyes gramaticales y otros aspectos importantes que le ayudarán en su preparación para el examen.

EL USO GRAMATICAL se refiere a las reglas que rigen la forma, el uso y el encadenamiento de las palabras que componen las oraciones. El uso gramatical correcto resulta esencial para la efectividad de la comunicación. En esta sección se cubrirán los siguientes aspectos de la gramática básica y su uso:

1. Conjugación verbal: modos y tiempos verbales.
2. Balance temporal de la oración.
3. Concordancia sujeto-verbo
4. Clases de pronombres
5. Concordancia pronombre-sustantivo y pronombre-pronombre.
6. Adjetivos y adverbios

► El verbo

El verbo es el "corazón" de la oración. Expresa la acción que realiza el sujeto o la circunstancia (el estado) en que se encuentra; es decir, nos indica qué hace, siente o piensa el sujeto.

> *Ella me **gritó** desde la ventana.* (acción)
> ***Estoy** feliz de haber venido.* (estado del ser)
> *Nos **sentimos** muy dichosos de estar vivos.* (estado del ser)
> ***Debo preguntar** a Winston qué cree.* (acción)

Formas impersonales del verbo

Las formas impersonales del verbo en español son el *infinitivo*, el *gerundio* y el *participio*. Reciben este nombre porque no están conjugados; es decir, no nos dan ninguna indicación de quién realiza la acción ni cuándo la realiza. Por sí solos no hacen referencia a ninguna persona.

1. **Infinitivo:** Con el infinitivo se expresa solamente el nombre de la acción de forma pura. No necesita ir acompañado de ninguna persona y siempre se escribe con la terminación -ar, -er o -ir.

   > *Ir, ser, soñar, admirar, vivir*

2. **Gerundio:** Nombra una acción que se está realizando continuamente. Se escriben con la terminación *-ando* en el caso de los verbos terminados en -ar o -ir, y con la terminación *-iendo* para los verbos terminados en -er.

   > *estud**iando**, corr**iendo**, mir**ando**, sint**iendo***

3. **Participio:** Nombra una acción que ha terminado, y también puede describir una cualidad o característica; por lo cual en muchas ocasiones equivale a un adjetivo. Presenta la terminación **-ado** en el caso de los verbos terminados en -ar e **-ido** para los verbos terminados en -er o -ir. Las formas verbales irregulares forman su participio mediante las terminaciones **-to, -so** o **-cho**. Por ejemplo:

   > *La señora va <u>vestida</u> con una falda roja.*
   > *El niño está <u>sentado</u> en la escalera.*
   > *Hace tiempo que ese reloj está <u>roto</u>.*

Modos verbales

El **modo** es la forma en que se manifiesta la acción expresada por el verbo. Los modos verbales más comunes del español son: **indicativo, subjuntivo e imperativo**. Cada uno de estos modos verbales posee a su vez distintos **tiempos**, puesto que las acciones pueden realizarse de una misma manera, pero en momentos diferentes. Los tiempos verbales del español se dividen en simples y compuestos. A continuación aparece un breve resumen sobre los modos verbales mencionados y sus tiempos verbales más comunes.

Modo indicativo

Este modo se expresan las acciones cuando existe absoluta convicción de que una persona las realiza, realizó, realizará o realizaría. Es decir, el modo indicativo no puede expresar una acción que fue, es o será realizada posiblemente. Todas las conjugaciones temporales de los verbos toman formas y terminaciones distintas según la terminación del infinitivo.

Tiempos simples

Tiempo presente: expresa una acción que ocurre ahora, en este momento. Por ejemplo:

> *Creo que Ud. no **quiere** venir con nosotros.*
> *Jessica **hace** ejercicios de yoga todas las mañanas.*

La tabla siguiente muestra las terminaciones del modo indicativo para el tiempo presente. Observe que la raíz del verbo se mantiene igual en cada caso.

INFINITIVO	AMAR	COMER	PARTIR
yo	amo	como	parto
tú	amas	comes	partes
él/ella/usted	ama	come	parte
nosotros	amamos	comemos	partimos
vosotros	amáis	coméis	partís
ustedes	aman	comen	parten
ellos/ellas	aman	comen	parten

Presente histórico: Aunque la conjugación es la misma que el presente común visto anteriormente, se utiliza para referirse a acciones que sucedieron en el pasado. Por ejemplo:

> *El continente americano **se descubre** en el siglo XV.*
> *En el año 1969 el hombre **llega** a la luna por primera vez.*

Tiempo pasado o pretérito indefinido: Expresa una acción que ocurrió en un tiempo definido del pasado con respecto al momento en que se habla. La tabla siguiente muestra las terminaciones del modo indicativo para el tiempo pasado. Por ejemplo:

> *El señor **olvidó** su billetera en el auto.*
> ***Cayó** una llovizna ligera esta mañana.*

INFINITIVO	AMAR	COMER	PARTIR
yo	amé	comí	partí
tú	amaste	comiste	partiste
él/ella/usted	amó	comió	partió
nosotros	amamos	comimos	partimos
vosotros	amasteis	comisteis	partisteis
ustedes	amaron	comieron	partieron
ellos/ellas	amaron	comieron	partieron

Pretérito imperfecto: Indica una acción pasada inacabada y se emplea mucho en las narraciones y descripciones. Por ejemplo:

> *La muchacha **iba** y **venía** por el pasillo con mucha ansiedad.*
> *Juan y Ana siempre **estudiaban** juntos en la biblioteca.*

INFINITIVO	AMAR	COMER	PARTIR
yo	amaba	comía	partía
tú	amabas	comías	partías
él/ella/usted	amaba	comía	partía
nosotros	amábamos	comíamos	partíamos
vosotros	amabais	comíais	partíais
ustedes	amaban	comían	partían
ellos/ellas	amaban	comían	partían

Tiempo futuro: Se utiliza para expresar acciones que van a ocurrir en un tiempo posterior al momento en que se habla. Por ejemplo:

> *Si sigue lloviendo no **llegaré** a tiempo.*
> *Me aseguró de que **vendrá** mañana sin falta.*

INFINITIVO	AMAR	COMER	PARTIR
yo	amaré	comeré	partiré
tú	amarás	comerás	partirás
él/ella/usted	amará	comerá	partirá
nosotros	amaremos	comeremos	partiremos
vosotros	amaréis	comeréis	partiréis
ustedes	amarán	comerán	partirán
ellos/ellas	amarán	comerán	partirán

Tiempos compuestos

Pasado o pretérito perfecto: Expresa una acción pasada pero que todavía dura en el momento en que se habla. Se forma con la combinación del verbo auxiliar *haber* conjugado más el verbo en forma de participio. La conjugación del verbo *haber* es la misma para todas las terminaciones verbales. Por ejemplo:

> *Hoy James se **ha levantado** temprano.*
> *James no **ha visitado** nunca España.*
> ***Hemos cumplido** con nuestro deber.*
> ***Hemos escrito** su dirección en esta hoja.*

INFINITIVO	AMAR	COMER	PARTIR
yo	he amado	he comido	he partido
tú	has amado	has comido	has partido
él/ella/usted	ha amado	ha comido	ha partido
nosotros	hemos amado	hemos comido	hemos partido
vosotros	habéis amado	habéis comido	habéis partido
ustedes	han amado	han comido	han partido
ellos/ellas	han amado	han comido	han partido

Pasado o pretérito pluscuamperfecto: Este tiempo pretérito (más que perfecto) expresa una acción ya pasada que se presenta como anterior a otra acción también pasada. Se forma con la combinación del verbo auxiliar *haber* conjugado más el verbo en forma de participio. La conjugación del verbo *haber* es la misma para todas las terminaciones verbales. Por ejemplo:

> *Cuando me desperté, ya te **habías ido**.*
> (Te habías ido *antes* de que yo me despertara)

> *Hugo se sentó con nosotros, pero ya **había comido**.*
> (Hugo había comido *antes* de sentarse)

INFINITIVO	AMAR	COMER	PARTIR
yo	había amado	había comido	había partido
tú	habías amado	habías comido	habías partido
él/ella/usted	había amado	había comido	había partido
nosotros	habíamos amado	habíamos comido	habíamos partido
vosotros	habíais amado	habíais comido	habíais partido
ustedes	habían amado	habían comido	habían partido
ellos/ellas	habían amado	habían comido	habían partido

Modo subjuntivo

En este modo se expresa el estado del verbo de una manera pasiva; es decir, la acción realizada puede tener un carácter posible, probable, hipotético, deseado, temido, creído, necesario, oportuno, etc. Las expresiones más comunes del modo subjuntivo son:

> *Mi padre quiere que **estudie** medicina.* (deseo)
> *Te dije que no **escribieras** en la pared.* (orden negativa)
> *Es posible que María no **venga** hoy.* (duda)

Presente: Se forma de una manera parecida al modo indicativo, pero utilizando terminaciones verbales distintas. Ejemplos:

*No te **comas** mi emparedado.*

*¿Quieres que **salgamos** al cine esta noche?*

INFINITIVO	AMAR	COMER	PARTIR
yo	ame	coma	parta
tú	ames	comas	partas
él/ella/usted	ame	coma	parta
nosotros	amemos	comamos	partamos
vosotros	améis	comáis	partáis
ustedes	amen	coman	partan
ellos/ellas	amen	coman	partan

Pretérito imperfecto: Se forma de una manera parecida al modo indicativo, pero utilizando terminaciones verbales distintas. Ejemplos:

*Si te **compraras** una bicicleta, llegarías a tiempo.*

*Me gustaría que **tuvieras** más cuidado.*

INFINITIVO	AMAR	COMER	PARTIR
yo	amara	comiera	partiera
tú	amaras	comieras	partieras
él/ella/usted	amara	comiera	partiera
nosotros	amáramos	comiéramos	partiéramos
vosotros	amarais	comierais	partierais
ustedes	amaran	comieran	partieran
ellos/ellas	amaran	comieran	partieran

Pretérito pluscuamperfecto: Se forma con la combinación del verbo auxiliar *haber* conjugado en el presente de subjuntivo más el verbo en su forma de participio. La conjugación del verbo haber es la misma para todas las terminaciones verbales. Ejemplos:

*Estos regalos son para quienes **hayan terminado** la tarea.*

*Espero que no **hayas dicho** nada a tus compañeros.*

INFINITIVO	AMAR	COMER	PARTIR
yo	haya amado	haya comido	haya partido
tú	hayas amado	hayas comido	hayas partido
él/ella/usted	haya amado	haya comido	haya partido
nosotros	hayamos amado	hayamos comido	hayamos partido
vosotros	hayáis amado	hayáis comido	hayáis partido
ustedes	hayan amado	hayan comido	hayan partido
ellos/ellas	hayan amado	hayan comido	hayan partido

Modo imperativo

Este modo se utiliza para expresar órdenes, mandatos o ruegos. El imperativo tiene sus formas propias solamente en la segunda persona del singular y del plural. Para la tercera persona del singular o del plural, y para la primera persona del plural, se emplea la forma equivalente del subjuntivo. Ejemplos:

(ustedes)	***Vengan** pronto que se enfría la cena.*
(vosotros)	*¡**Caminad** más de prisa!*
(usted)	*Por favor, **salga** por la puerta de atrás.*
(tú)	***Compra** dos helados, por favor.*

INFINITIVO	AMAR	COMER	PARTIR
tú	ama	come	parte
usted	ame	coma	parta
vosotros	amad	comed	partid
ustedes	amen	coman	partan

Verbos irregulares

Los verbos irregulares del idioma español reciben este nombre porque en algunos tiempos y modos verbales sus conjugaciones no siguen las mismas reglas que el resto de los verbos. En muchos casos esta irregularidad radica en que, a diferencia de los verbos comunes o regulares, la raíz no se mantiene igual; es decir, no es la misma para todas las personas. Los verbos irregulares también pueden presentar terminaciones diferentes de las de los verbos regulares conjugados en el mismo tiempo y modo.

Las tablas siguientes muestran las conjugaciones de algunos de los verbos irregulares más usados. Compare estas conjugaciones con las vistas anteriormente. Preste atención a las irregularidades (destacadas en negrilla) que sufren tanto las raíces como las terminaciones en cada caso.

Presente de indicativo

INFINITIVO	DAR	CABER	DECIR	SER
yo	doy	quepo	digo	soy
tú	das	cabes	dices	eres
él/ella/usted	da	cabe	dice	es
nosotros	damos	cabemos	decimos	somos
vosotros	dais	cabéis	decís	sois
ustedes	dan	caben	dicen	son
ellos/ellas	dan	caben	dicen	son

Pretérito indefinido de indicativo

INFINITIVO	IR	TRAER	VENIR	PONER
yo	fui	traje	vine	puse
tú	fuiste	trajiste	viniste	pusiste
él/ella/usted	fue	trajo	vino	puso
nosotros	fuimos	trajimos	vinimos	pusimos
vosotros	fuisteis	trajisteis	vinisteis	pusisteis
ustedes	fueron	trajeron	vinieron	pusieron
ellos/ellas	fueron	trajeron	vinieron	pusieron

Presente de subjuntivo

INFINITIVO	SAB**ER**	QUER**ER**	TRADUC**IR**	PENS**AR**
yo	sepa	quiera	traduzca	piense
tú	sepas	quieras	traduzcas	pienses
él/ella/usted	sepa	quiera	traduzca	piense
nosotros	sepamos	queramos	traduzcamos	pensemos
vosotros	sepáis	queráis	traduzcáis	penséis
ustedes	sepan	quieran	traduzcan	piensen
ellos/ellas	sepan	quieran	traduzcan	piensen

Otras clasificaciones de los verbos

Verbos impersonales propios: Estos verbos se utilizan para expresar acciones que no pueden ser realizadas por ningún sujeto. Los verbos impersonales más comunes son los llamados verbos meteorológicos, en los que la acción carece de un sujeto definido. Los verbos meteorológicos o climáticos se conjugan solamente en la tercera persona del singular. Por ejemplo:

Siempre que **llueve,** **escampa.**	(llover y escampar son acciones impersonales)
Amaneció *de repente.*	(amanecer es una acción impersonal)

Verbos impersonales impropios: En muchos contextos estos verbos pueden referirse a un sujeto específico, pero también pueden ser usados para describir acciones impersonales, de una manera parecida a los casos anteriores. Por ejemplo:

Hace mucho calor.
Hay un desorden muy grande en este cuarto.
Se hizo de noche.

Balance temporal

Una de las maneras más fáciles de confundir al lector, especialmente cuando se está narrando una historia o describiendo un suceso, es la irregularidad en el uso de los tiempos verbales. Para ayudar al lector a saber cuándo ocurren las acciones, debe mantenerse el mismo tiempo verbal a través del texto. Por ejemplo, si se comienza a contar una historia en el presente, se debe mantener el presente y no cambiarlo o mezclarlo con otros tiempos de manera repentina. Es importante ser cuidadoso con los cambios temporales para mantener la lógica de lo que se escribe. (Por ejemplo,

en una historia contada en el presente histórico es posible hacer referencias a acciones que sucedieron antes de lo que se cuenta.) De lo contrario, el lector se quedará con la duda de si lo que se está contando ocurre en el presente o en el pasado.

Incorrecto:	*Ella <u>salió</u> de la casa y <u>olvida</u> sus llaves de nuevo.*
Correcto:	*Ella <u>salió</u> de la casa y olvidó sus llaves de nuevo.*
Incorrecto:	*Cuando <u>seguí</u> tus instrucciones, <u>obtengo</u> mejores resultados.*
Correcto:	Cuando <u>seguí</u> tus instrucciones, <u>obtuve</u> mejores resultados. O: Cuando <u>sigo</u> tus instrucciones, <u>obtengo</u> mejores resultados.

Concordancia

En la gramática del idioma español, la concordancia se refiere a la correspondencia requerida entre los elementos de la oración. Por ejemplo, los verbos deben concordar con los sujetos en cuanto al número. Si el sujeto es singular, el sujeto debe ir en singular y si el sujeto es plural, el verbo debe ir en plural.

Incorrecto:	*Ellos no tiene oportunidad de ganar.* (sujeto plural, verbo singular)
Correcto:	*Ellos no tienen oportunidad de ganar*

Para estar seguros de la concordancia entre verbo y sujeto, se necesita dejar claro quién o qué realiza la acción. Por ejemplo, ¿cuál es el sujeto en las oraciones siguientes, y cuál es la forma correcta del verbo?

Solamente uno de los estudiantes [estaba/estaban] registrado en la clase oficialmente.

El sujeto de esta oración es *uno*, no *estudiantes*. Aunque parezca que los *estudiantes* realizan la acción de estar registrado, éste no puede ser el sujeto de la oración porque forma parte de una frase preposicional (*de los estudiantes*) y **los sujetos nunca forman parte de las frases preposicionales**.

Por lo tanto, el verbo debe aparecer en singular (*estaba*, no *estaban*) para concordar con el sujeto *uno*. Además, solamente **uno** de los estudiantes—no todos—estaba registrado; por lo tanto, una vez más, el verbo debe ir en singular.

A continuación aparecen algunas indicaciones importantes para la coordinación correcta entre el sujeto y el verbo:

- Si un sujeto compuesto va unido por la palabra *y*, el verbo debe ir en plural.

    Vanessa y Xui quieren unirse al comité.

- Si un sujeto compuesto singular va unido por *o*, el verbo debe ir en singular.

    Vanessa o Xui va a unirse al comité.

- En algunos casos resulta menos obvio cuál es el sujeto de la oración: por ejemplo en las **oraciones invertidas** (como algunas oraciones que utilizan el verbo *haber* de manera impersonal) y en las que el predicado se coloca delante del sujeto. En estos casos debemos determinar primero cuál es el sujeto para poder asegurarnos de que el verbo coordina correctamente.

Incorrecto:	*Deben haber muchas razones para ir.*
Correcto:	*Debe haber muchas razones para ir.*
Incorrecto:	*¿Cuáles efectos secundarios tienen esta medicina?*
Correcto:	*¿Cuáles efectos secundarios tiene esta medicina?*

▶ Los pronombres

Como vimos anteriormente, los pronombres son las palabras que reemplazan a los sustantivos. Con ellos podemos evitar la repetición constante de los nombres y objetos. Sin embargo, el uso de los pronombres puede traer ciertos problemas en algunas ocasiones. En esta parte se describen los diferentes tipos de pronombres y las reglas que siguen.

Pronombres personales

Se refieren a una persona o cosa específica. Pueden ir en singular (*yo*) o en plural (*nosotros*), y pueden realizar la acción como sujeto (*yo*) o recibirla como objeto (*a mí* o *conmigo*). Existen cuatro tipos diferentes de pronombres personales: **tónicos**, **átonos**, **reflexivos** y **recíprocos**.

Los pronombres **tónicos** son aquéllos que pueden funcionar como sujeto, o forman parte de una frase preposicional como objeto. Por ejemplo:

Yo estudio para el examen. (sujeto)
Nosotros vamos a la playa. (sujeto)
Él nos prometió flores a Betty y a mí. (objeto)
Este secreto queda entre nosotros. (objeto)

Los pronombres **átonos** funcionan como complemento verbal no preposicional; es decir, no forman parte de la frase preposicional y siempre van acompañandos de un verbo. Pueden aparecer delante del verbo (proclítico) o después del verbo (enclítico). Ejemplos:

¿Me ayudas a cargar esta caja? (proclítico)
Ayúdame a cargar esta caja. (enclítico)

Pronombres personales tónicos

	SUJETO	OBJETO
1ª persona sing.	yo	mí, conmigo
2ª persona sing.	tú, usted	ti, contigo
3ª persona sing.	él, ella, ello	sí, consigo
1ª persona pl.	nosotros, nosotras	nosotros, nosotras
2ª persona pl.	vosotros, vosotras, ustedes	vosotros, vosotras, ustedes
3ª persona pl.	ellos, ellas	sí, consigo

Pronombres personales átonos

	SINGULAR	PLURAL
1ª persona	me	nos
2ª persona	te	os, les
3ª persona	lo, la, le, se	los, las, les, se

En las oraciones de comparación que utilizan la palabra *que* (*más que, menos que, igual que*) siempre deben utilizarse los pronombres como sujeto. En estas oraciones generalmente se evita repetir el verbo en la segunda parte de la comparación:

Me di cuenta de que Antonio tiene más talento que yo. (del que yo tengo)

Sandra es más confiable que él. (de lo que él es)

Los pronombres **reflexivos** describen las acciones que realiza y a su vez recibe el propio sujeto. En otras palabras, quien realiza la acción verbal (sujeto) es también quien la recibe (objeto). Por ejemplo:

Marta se lava las manos.

Nos apuramos para llegar a tiempo.

Pronombres personales reflexivos

	SINGULAR	PLURAL
1ª persona	me	nos
2ª persona	te	os, se
3ª persona	se	se

Los pronombres **recíprocos** se utilizan para describir las acciones que presentan reciprocidad hacia el sujeto singular o plural, o que las realizan dos o más sujetos al mismo tiempo y las ejercen unos sobre otros. Por ejemplo:

Helen y yo nos escribimos cartas todas las semanas.

Andy y Karina se dijeron todas las verdades.

Como el sujeto de estas acciones siempre es plural, las formas de los pronombres recíprocos son solamente 4:

1ª persona: *nos*
2ª persona: *os, se*
3ª persona: *se*

Pronombres demostrativos

Los pronombres **demostrativos** se utilizan para señalar o mostrar una persona, animal o cosa en el tiempo o el espacio. Por ejemplo:

Aquélla fue la mañana más hermosa de mi vida.

Mi auto es éste y no aquél.

Pronombres demostrativos

	SINGULAR			PLURAL	
	MASCULINO	**FEMENINO**	**NEUTRO**	**MASCULINO**	**FEMENINO**
cercanía	éste	ésta	esto	éstos	éstas
media dist.	ése	ésa	eso	ésos	ésas
lejanía	aquél	aquélla	aquello	aquéllos	aquéllas

Pronombres posesivos

Los pronombres **posesivos** son los que indican propiedad o pertenencia. Se forman por la combinación de un artículo más un adjetivo posesivo. El adjetivo posesivo es quien acompaña al sustantivo para determinarlo o calificarlo. Por ejemplo:

El auto nuestro es más nuevo que el tuyo.

Esa casa tiene dos cuartos; la suya tiene tres.

Pronombres posesivos

	SINGULAR			PLURAL	
	MASCULINO	**FEMENINO**	**NEUTRO**	**MASCULINO**	**FEMENINO**
1ª persona	el mío	la mía	lo mío	los míos	las mías
2ª persona	el tuyo	la tuya	lo tuyo	los tuyos	las tuyas
3ª persona	el suyo	la suya	lo suyo	los suyos	las suyas
1ª persona	el nuestro	la nuestra	lo nuestro	los nuestros	las nuestras
2ª persona	el vuestro	la vuestra	lo vuestro	los vuestros	las vuestras
3ª persona	el suyo	la suya	lo suyo	los suyos	las suyas

Pronombres indefinidos

A diferencia de los pronombres personales, los pronombres **indefinidos** como *nadie o todos* no se refieren a ninguna persona específica. Se utilizan para expresar nociones de cantidad o identidad de una manera indeterminada, es decir, cuando no es importante definir a la persona o cosa de la que se habla. Por ejemplo:

Todo el mundo tiene oportunidad de ganar.
Ninguno de los niños quiso admitir su culpa.
Algunas aves pueden volar muy alto.

Los pronombres indefinidos tienen una gran variedad de formas; entre ellas, las más comunes son:

Singular:
Masculino: *uno, alguno, ninguno, poco, demasiado, todo, tanto.*
Femenino: *una, alguna, ninguna, poca, demasiada, toda, tanta.*
Neutro: *uno, algo, nada, poco, demasiado, todo, tanto.*

Plural:
Masculino: *unos, algunos, ningunos, pocos, demasiados, todos, tantos.*
Femenino: *unas, algunas, ningunas, pocas, demasiadas, todas, tantas.*

Los pronombres indefinidos *alguien, nadie* y *nada* sólo se usan en singular, no se refieren nunca a un conjunto de elementos y designan una persona o cosa sin determinación de género.

Pronombres relativos

Los pronombres **relativos** son cuatro. Se refieren a un sustantivo que ya se ha mencionado dentro de la oración; por lo que cumplen sus mismas funciones gramaticales. Los pronombres relativos del idioma español son:

Que: Puede ir acompañado de artículos o preposiciones. Ejemplos:

La visita que hicimos fue exitosa.
La voz del que cantaba era irreconocible.

Quien, Quienes: pueden ir acompañados de preposiciones. Ejemplos:

Aquí están los muchachos de quienes hablábamos.
La señora a quien pedí ayuda me atendió en seguida.

Cual, cuales: pueden ir acompañados de artículos o preposiciones. Ejemplos:

Arrendó un cuarto en el cual no había ventanas.
Hicieron muchas preguntas de las cuales sólo respondí una.

Cuyos, cuyas: pueden ir acompañados de preposiciones.

Esta es la propiedad de cuyo señor hablamos.
Es un hombre de cuya historia es mejor no hablar.

Concordancia pronombre-sustantivo

De la misma manera que el sujeto (sustantivos o pronombres) debe concordar con el verbo, los pronombres también deben concordar con el sustantivo **antecedente** al que se refieren. Por ejemplo:

Los <u>hijos</u> casi siempre creen todo lo que le dicen <u>sus</u> padres.

La palabra *hijos* es el antecedente y se sustituye por el posesivo *sus* en esta oración. Como *hijos* está en plural, el pronombre también debe ir en plural.

Los pronombres indefinidos también pueden funcionar como antecedentes. Si aparecen en singular, los pronombres que les sustituyen también deben ir en singular:

<u>Todo</u> el mundo tiene <u>su</u> razón para asistir.
<u>Ninguno</u> de los físicos pudo explicar lo que ella vio.

Uso balanceado de los pronombres

De la misma manera que se debe mantener un equilibrio en el uso de los tiempos verbales, también se debe tener cuidado con los pronombres en cuanto al punto de vista de quien habla. Por ejemplo, si se escribe con la primera persona del plural se debe mantener la misma perspectiva a través del pasaje:

<u>Incorrecto:</u>   *Hemos comprobado nuestra hipótesis, y el equipo considera que es correcta.*

<u>Correcto:</u>   *Hemos comprobado nuestra hipótesis, y creemos que es correcta.*

<u>Incorrecto:</u>   *Si uno se ha preparado con cuidado, puedes esperar salir bien en el examen.*

<u>Correcto:</u>   *Si te has preparado con cuidado, puedes esperar salir bien en el examen. O*
Si uno se prepara con cuidado, puede esperar salir bien en el examen.

▶ Adjetivos y adverbios

Los adjetivos y adverbios dan color a la oración; describen o califican a los objetos y acciones. Los **adjetivos** pueden realizar funciones parecidas a los pronombres; por eso presentan las clasificaciones siguientes:

- Adjetivos **calificativos**: expresan una cualidad de la persona, animal o cosa que modifican. Por ejemplo: *casa <u>pequeña</u>, mañana <u>hermosa</u>, <u>buen</u> libro.*
- Adjetivos **demostrativos**: destacan un elemento o más dentro de un grupo. Por ejemplo: *<u>esta</u> calle, <u>esa</u> noche, <u>aquel</u> vestido.*
- Adjetivos **posesivos**: se usan para indicar pertenencia o posesión del sustantivo. Por ejemplo: *<u>tu</u> casa, <u>nuestro</u> patio, <u>su</u> vida.*
- Adjetivos **numerales**: se usan para indicar una cantidad precisa y se dividen en *cardinales* (uno, dos, tres . . .), *ordinales* (primero, segundo, tercero . . .), *múltiplos* (doble, triple, cuádruple . . .) o *partitivos* (medio, tercio, cuarto . . .).

Los adjetivos deben concordar en número y persona con el sustantivo que describen o califican. Algunas excepciones de esta regla son los llamados adjetivos *invariables*, los cuales se pueden usar da la misma manera para ambos géneros. Por ejemplo: *agradable, inteligente, consciente, grande, infiel* y muchos más. Cuando un mismo adjetivo se refiere a dos sustantivos, uno en masculino y otro en femenino, el adjetivo siempre debe ir en plural y masculino.

Los **adverbios**, por otro lado, sirven para describir al verbo, a los adjetivos y a otros adverbios. Con ellos expresamos *dónde, cuándo, cómo y en qué medida o hasta qué punto*. Por ejemplo:

El avión voló rumbo <u>sur.</u>	(dónde)
Pon la silla <u>aquí</u>.	(dónde)

Cantó <u>maravillosamente</u>.	(cómo)
El tren llega <u>velozmente</u>.	(cómo)

Jude llegó <u>temprano</u>. (cuándo)
Ella se registró <u>tarde</u>. (cuándo)

Anthony tiene <u>mucho</u> *talento.* (medida)
Está <u>sumamente</u> enferma. (medida)

13▶ Ortografía

¿Cuándo son necesarias las comas? ¿Cuándo se debe utilizar el guión o el punto y coma? ¿Cuándo se deben usar las mayúsculas? En este capítulo daremos respuesta a estas y otras preguntas. En él se resumen las reglas básicas de ortografía, puntuación y uso de las mayúsculas correspondientes al examen de redacción del GED artes del lenguaje.

E MODO SIMILAR a las reglas de uso gramatical, las leyes ortográficas de la oración contribuyen a expresar las ideas y sus significados de una manera clara y eficiente

▶ Puntuación

Los signos de puntuación se utilizan para separar oraciones, expresar emociones y señalar relaciones entre los elementos y las ideas que componen la oración. El uso correcto de los signos de puntuación precisa el significado de las ideas y añade dramatismo y estilo a lo que se expresa. El uso indebido de los signos de puntuación puede provocar gran confusión para el lector e incluso hacer que el significado de la oración cambie por completo. Observemos estas versiones de la misma oración:

> *Xavier, el maestro te saluda.*
> *Xavier, el maestro, te saluda.*

En estas oraciones aparecen las mismas palabras, pero tienen significados diferentes debido al uso de los signos de puntuación. En la primera oración, la coma indica que quien habla le indica a Xavier que el maestro lo saluda. La segunda oración nos dice que el maestro llamado Xavier *te* saluda. Este es otro ejemplo de cómo la puntuación puede cambiar drásticamente el significado:

Debes comer Zac para que puedas pensar con claridad durante tu entrevista

Como se han omitido los signos de puntuación, la oración expresa algo muy diferente de la intención del autor. Quien habla no quiere decir al lector que debe comer Zac; en realidad le dice a Zac que debe comer. La oración debe corregirse de la manera siguiente:

Debes comer, Zac, para que puedas pensar con claridad durante tu entrevista.

La puntuación contribuye a generar el significado y además tiene otra función: ayuda a quien escribe a expresarse en una variedad de tonos y emociones. Por ejemplo, observemos las dos versiones siguientes:

Espera, ¡quiero ir contigo!
Espera, quiero ir contigo.

La primera oración expresa claramente más urgencia y disposición mediante el uso de los signos de exclamación. La carencia de estos signos en la segunda oración no expresan emoción sino neutralidad.

OBJETIVO	SIGNO APROPIADO	EJEMPLO
Terminar la oración	punto (.)	*La mayoría de las oraciones terminan con un punto.*
Separar cláusulas independientes cuando ya se ha usado la coma o cuando son muy largas. Para sustituir *porque, pues, puesto que, así que.*	punto y coma (;)	*Fuimos al cine, al aeropuerto, a casa de mi hermana; ese día terminó muy cansado.* *Eduardo prefiere ir en auto; es más rápido.*
Separar los elementos de una serie sin usar conjunciones	coma (,)	*Compramos frutas, verduras, vegetales, queso, leche y jugos.*
Introducir un listado	dos puntos (:)	*Quiero hacer tres cosas antes de morir: tener un hijo, escribir un libro y plantar un árbol.*
Aclarar la frase precedida	dos puntos (:)	*Ya sabes lo que dicen los de bienes raíces: la ubicación es lo más importante.*
Antes de las expresiones adversativas *pero, mas, aunque,* o consecutivas *así que, puesto que,* etc.	coma (,)	*Me iré a la cama temprano, así que ven, antes de las diez.*
Para dirigirse a una persona específica	coma (,)	*Mamá, ¿qué día es hoy?*
Introducir una cita	dos puntos (:)	*Jane gritó: "¡Salgamos de aquí!"*

Indicar una cita	comillas (" ")	*"Ser o no ser"* es una de las frases más célebres de Hamlet.
Indicar una pregunta	**signos de interrogación (¿?)**	*¿Qué hora es?*
Dividir palabras al final del renglón, juntar palabras compuestas	**guión (-)**	*Realizó el examen teórico-práctico sin ninguna dificultad.*
Indicar las intervenciones en un diálogo	**raya o guión largo (—)**	—Hola, me llamo Luis. —Mucho gusto, soy Ana.
Separar una palabra o frase que es relevante pero no es información esencial	**coma (,)**	Elaine, mi compañera de piso, viene de Chicago.
Separar una frase o palabra relevante pero que es información secundaria	**paréntesis [()]**	Hay una excepción para cada regla (incluyendo ésta).

Muchas de las preguntas sobre la ortografía y la puntuación tendrán que ver con el uso de las comas, ya que son los signos más comunes dentro de las oraciones. La presencia y ubicación de las comas puede afectar drásticamente el significado del texto. La tabla anterior menciona algunos usos de las comas, pero existen muchos otros. En su preparación para este examen, es muy importante que aprenda a detectar el uso correcto e incorrecto de las comas en una oración.

Use la coma:

1. con una conjunción *copulativa* para separar dos oraciones completas.

    Comamos primero, y luego iremos a ver una película.

    Me siento mayor, pero no me siento más sabio.

    Yo lo admiro, porque es un gran estudiante.

2. antes de expresiones adversativas o consecutivas

    No quiero estudiar más, pero aún me quedan dudas.

    Hace mucho frío, así que llevaré el abrigo.

    Julia llevaba gafas, aunque ya era de noche.

3. Después de expresiones explicativas como *por tanto, por consiguiente, como resultado, sin embargo, en resumen, pues, en fin,* etc.

    La última vez fue un fracaso. Sin embargo, la actuación de hoy fue memorable.

    Edgard siempre ha cumplido y, por lo tanto, hemos decidido hacerlo miembro honorario.

4. Para intercalar una frase aclarativa o explicativa.

    La ciudad de Oviedo, donde nací, se destaca por su belleza.

    Al finalizar el certamen, de las tres ganadoras, eligieron solamente una.

5. Para intercalar detalles o comentarios relevantes, pero no son esenciales.

> No son esenciales, separados por comas:
> *Perdido y confundido, el perro deambulaba por la ciudad.*
> (El hecho de que el perro estaba perdido y confundido no es lo esencial en esta oración.)
> *Leeland, que primero había renunciado a atestiguar, luego admitió haber mentido bajo juramento.*
>
> Son esenciales, sin separar:
> *La señora <u>que escribió Feliz Luna</u> visitará hoy nuestra librería.*
> *Los testigos <u>que mientan bajo juramento</u> serán penados por la ley.*

6. Para separar los elementos de una serie o enumeración, pero nunca antes de la y final.

> *El precio del crucero incluye desayuno, almuerzo, merienda, comida y atracciones.*
>
> *La receta lleva cilantro fresco, cebollas picadas, tomates cortados y jugo de limón.*

7. Para separar una cita. Por regla general, las citas cortas van precedidas de comas, mientras que las largas (varias oraciones) van entre comillas. Las intervenciones a mediado de oración también pueden ir precedidas de comas.

> *Dijo impacientemente: "Pongámonos en camino."*
>
> *René Descartes es famoso por su frase "Pienso, luego existo."*

▶ Uso de las mayúsculas

El uso de las mayúsculas es importante para (1) identificar el inicio de las oraciones y (2) escribir correctamente los nombres propios, títulos, fechas importantes, etc.

1. Use la mayúscula al inicio de la oración.

> *Cierre la puerta por favor.*
>
> *¿Qué quieres decir?*
>
> Si se cita una oración completa dentro de otra oración, se utiliza la mayúscula (excepto cuando la cita va precedida de *que*).
>
> *En su nota el director comenta: "Fue vergonzoso comprobar que tres de los cuatro estudiantes habían cometido fraude."*
>
> *En su nota el director comenta que "fue vergonzoso comprobar que tres de los cuatro estudiantes habían cometido fraude."*

2. Use la mayúscula para los nombres propios y los apodos. Ver la tabla siguiente.

3. Use la mayúscula para los días feriados, pero no para los días de la semana, meses, o estaciones del año.

> *El Día de Acción de Gracias se reúne toda la familia.*
>
> *Este sábado iremos de excursión.*
>
> *El otoño llegó de repente.*

4. Use la mayúscula para los nombres de ciudades y lugares, pero no para los accidentes geográficos, gentilicios, idiomas o religiones.

> *En la <u>ciudad</u> de <u>San Sebastián</u> se habla tanto el español como el euskera.*

> *Desde su casa se veía el Monte Santa Helena.*

> *Era un católico devoto; vivió y murió en el Vaticano, pero no era italiano.*

5. Utilice la mayúscula para los títulos y cargos de personas cuando no acompañan al nombre propio.

> *El Rey se dirigió al pueblo.*

> *El rey Arturo se dirigió al pueblo.*

6. Utilice la mayúscula para los nombres de negocios y los títulos de publicaciones y obras de arte como pinturas, películas, y composiciones musicales.

> *Pasamos por la cafetería El Rodeo para ver si estabas.*

> *Aseguró haberse leído Los Miserables en una semana.*

> *Guernica, el famoso cuadro de Picasso, capta la agonía de la Guerra Civil Española.*

> *La Declaración de Independencia es un documento sagrado.*

7. Utilice la mayúscula para nombrar períodos históricos importantes.

> *La Revolución Francesa dio origen a una nueva clase social.*

> *Haití celebra el Día de la Independencia Nacional el primero de enero.*

USAR LA MAYÚSCULA (ESPECÍFICO)	NO USAR LA MAYÚSCULA (GENERAL)
Jennifer Jonson (nombre específico)	la muchacha
Álgebra 101 (materia específica)	mi clase de matemáticas
Calle Central (calle específica)	en la calle
Frosted Flakes (marca específica)	buen cereal
Mar Caspio (mar específico)	mar profundo
Memorial Lincoln (memorial específico)	memorial impresionante
USS Cole (barco específico)	destructor naval
Instituto Bates (escuela específica)	nuestro instituto
Período Precámbrico (período específico)	hace mucho tiempo atrás
Compañía Microsoft	esa compañía

▶ Leyes fundamentales de ortografía

Las siguientes leyes ortográficas resumen los requisitos básicos del Examen de Redacción GED artes del lenguaje.

Uso de las letras *b* o *v*:

a. Se escribe *b* delante de consonantes: *abrir, mueble.*

b. Se escribe *b* en todas las formas verbales de *beber* y *deber*: *beberemos, debiste.*

c. Se escribe *b* en todas las terminaciones del pretérito imperfecto de los verbos terminados en -ar: *-aba, -abas, -ábamos* y *-aban*: *limpiábamos, colgaba.*

d. Se escribe *b* siempre después de *m*: *cambio, ambiente, zamba, cumbia*

e. Se escribe la *v* siempre después de *n*: *convidar, convento, envidiar*

f. Se escriben con *v* las palabras que comienzan con *ad-, di-, ob-* y *sub-*: *obvio, observar, diversión, subvertir.*

Uso de las letras *y* o *ll*:

a. Se escriben con *ll* las palabras que terminan en *-alle, -elle, -ello, -illa* o *-illo*: *silla, cuchilla, cuchillo, muelle, detalle, valle.*

b. Se escriben con *ll* las palabras que comienzan con *fa-, fo-, fu*: *fallo, follaje, fuelle.*

c. Se escriben con *y* las palabras que terminan en el sonido vocálico *i* cuando va precedido de otra vocal: *rey, buey, soy, convoy.*

d. Las palabras que contienen la sílaba *-yec*: *abyecto, inyectar.*

e. Algunas formas de los verbos irregulares *leer, creer, huir, oír, haber*: *haya, leyera, huyéramos, oyeras.*

Uso de las letras *r* y *rr*:

a. Se usa *r* siempre al inicio de la palabra: *raqueta, ratón, redondo, rápido.*

b. Se usa la *r* siempre detrás de *l, n* o de *s*: *honra, Israel, alrededor.*

c. Se usa *rr* solamente en medio de la palabra, cuando tiene una vocal delante y otra detrás, y cuando el sonido debe ser más fuerte que la *r* simple como en: *perro, carro, arroba, cierre, amarre, corrige, carril, arrebatar, zorro, hierro.*

Uso de las letras *c* y *z*:

a. Se usa la *c* delante de las vocales *e, i*: *mecer, nacer, felicidad, encender.*

b. Se escribe *z* delante de las vocales *a, o* y *u*: *zapato, azorar, azúcar.*

c. Las palabras terminadas en *-azgo*: *liderazgo, hallazgo.*

d. El plural de las palabras que terminan en *z* como *paz, luz, vez, codorniz, lápiz, tapiz* se escribe con *c*: *paces, luces, veces, codornices, lápices, tapices.*

e. Se escribe *z* antes de algunas formas verbales de verbos terminados en *-acer, -ecer, -ocer, -ucir* como *nacer, conocer, traducir*: *nazco, nazcamos, conozco, traduzco, traduzcamos.*

Uso de las letras *c, k* y *q*:

a. Se usa la *c* antes de las vocales *a, o, u* o al final de la sílaba: *camisa, condado, cuento, atraco, seco, muñeca.*

b. Se escribe la *k* en palabras que provienen de otros idiomas como: *kilo, kilómetro, kinescopio, kárate, kimono, kiosco.*

c. Se escribe *q* delante de las vocales *e, i* como en: *que, quien, quizás, aunque, quemar, quinto, querer, queso, aquí.*

Uso de las letras *g* y *j*:

a. Se escribe *g* delante de las vocales *a, o, u* cuando tiene un sonido suave como en: *pegar, gato, goma, gorra, Guatemala.*

b. Muchas terminaciones de palabras se escriben con *g.* Algunas de estas son *-gélico, -ginal, -gia, -gio, -gional, -gírico, -gente, -gencia, -igerar, -ger* y *-gir* como en: *angélico, marginal, logia, elogio, regional, panegírico, urgente, emergente, urgencia, agencia, aligerar, recoger, dirigir, exigir.*

c. Se escriben con *j* las palabras que terminan en *-je, -aje, -eje, -uje, -jero: paje, ropaje, eje, maneje, traduje, conduje, mensajero, pasajero, consejero.*

Uso de las letras *m* y *n*:

a. Siempre se escribe *m* antes de *p* o *b*, como en: *campo, siembra, sombra, siempre, compañero.*

b. Se escribe *m* antes de *n* en palabras como: *alumno, solemne, columna.*

c. Muy pocas palabras llevan *m* duplicada como: *gamma, Emmanuel.*

d. Algunas palabras que llevan *n* duplicada son: *perenne, ennegrecer, innovar, innumerable, innato, innecesario.*

Uso de la letra *h*:

a. Se escriben con *h* las palabras que comienzan con *hie-, hue-, hui-* como: *hierro, hielo, hueso, hueco, huida.*

b. Se escriben con *h* todas las formas de los verbos *haber, hacer, hallar, hablar, habitar, holgar: hago, haces, hacían, haremos, he, has, hemos, habremos, habrá, hallemos, hallan, hable, hablas, habites, huelgan, huelgas.*

c. Se escriben con *h* las interjecciones: *ah, eh, oh, bah, hurra.*

Homófonos

Las palabras se llaman homófonos sonoquellas que se pronuncian de la misma manera pero que tienen significados diferentes. Algunos homófonos pueden escribirse de la misma manera y otros no. Por ejemplo:

Había una <u>valla</u> en el camino que indicaba peligro.
<u>Vaya</u> a la cocina y tráigame un plato.

Con lo que hemos comprado nos <u>basta</u> para una semana.
Alquilamos una casa en medio de una <u>vasta</u> pradera.

Puso una <u>cara</u> de espanto cuando se lo dije.
Encontramos una casa perfecta, aunque algo <u>cara</u>.

▶ Reglas de acentuación

Las reglas de acentuación son también indispensables para expresar el significado correcto de la palabra. Todas las palabras poseen un **acento prosódico** que indica en qué sílaba va la fuerza de pronunciación. Algunas palabras necesitan además un **acento gráfico** o tilde para especificar la persona o el tiempo al que se refieren. Por ejemplo, algunas formas verbales cambian completamente de tiempo y persona en dependencia del acento gráfico como: *amo/amó, miro/miró, creo/creó.* El acento gráfico también sirve para distinguir homófonos entre sí. Por ejemplo:

de	(preposición)
dé	(de dar)
más	(adverbio de cantidad)
mas	(sinónimo de pero)
tu	(pronombre posesivo)
tú	(pronombre personal)

La conjunción disyuntiva *o* se escribe con acento gráfico, *ó*, cuando aparece entre números.

Las reglas generales para el uso del acento gráfico son las siguientes:

a. **Palabras agudas:** tienen la fuerza de pronunciación en la última sílaba. Llevan acento gráfico cuando terminan en *n*, *s* o en vocal. Ejemplos: *camión, servirás, amarás, amaréis, cantó, salí, empecé.*

b. **Palabras llanas:** tienen la fuerza de pronunciación en la penúltima sílaba y sólo llevan acento gráfico cuando terminan en una consonante que no sea *s* o *n*. Por ejemplo: *árbol, azúcar, lápiz.*

c. **Palabras esdrújulas:** tienen la fuerza de pronunciación en la antepenúltima sílaba y siempre llevan acento gráfico o tilde. Por ejemplo: *artífice, recógela, sírvete, lápices, árboles.*

d. **Palabras sobreesdrújulas:** tienen la fuerza de pronunciación en la sílaba anterior a la antepenúltima y siempre llevan acento gráfico. Por ejemplo: *recógeselas, sírveselo, súmaselas.*

14 ▶ Organización

El examen de redacción del GED artes del lenguaje incluirá preguntas sobre la organización de las ideas en el texto. En este capítulo se resumen las estrategias y los patrones de escritura fundamentales para organizar las ideas de manera efectiva.

L̲AS PREGUNTAS SOBRE la organización del examen de redacción del GED artes del lenguaje están diseñadas para medir las habilidades del estudiante en cuanto a la disposición correcta de las ideas en la composición. Algunas de estas preguntas tratan de la secuencia más adecuada en que deben aparecer las oraciones o los párrafos, o de la mejor colocación de una oración o párrafo determinado. Otras tratan de cuál oración o párrafo se debe eliminar para mejorar la unidad o coherencia del párrafo. En esta sección se resumen tres aspectos sobre la organización:

1. estructura de composición y patrones de organización
2. efectividad del párrafo
3. transiciones

▶ Estructura de composición y métodos organizativos

La mayoría de los textos que no son de ficción giran alrededor de una idea central, también llamada tema o tesis, que controla al texto completo. La idea central es lo que se desarrollará en el texto. El texto de la composición provee sustento a la idea central mediante ejemplos, definiciones, argumentos y más. La mayoría de los párrafos funcionan también de esta manera; es decir, se pueden considerar como mini-composiciones.

En el nivel básico de la estructura *idea central → desarrollo o sustento*, todo el contenido de la composición o del párrafo debe apoyar o desarrollar esa idea central. Cuando las oraciones o los párrafos pierden su objetivo central y se alejan del tema o de la idea central, también pierden su efectividad.

El autor puede utilizar varias estrategias para organizar el apoyo que se le debe dar a la idea central. Una de estas estrategias puede convertirse en el método general en que se organizan todas las ideas de la composición, o simplemente puede ser el método particular que se sigue para organizar una parte o segmento de la composición. Por ejemplo, imaginemos una composición que compara dos versiones del film *Frankenstein*. El apoyo a la idea central estará condicionado por la comparación y el contraste, pero el autor también puede utilizar otras técnicas de escritura dentro de esas propias comparaciones y contrastes. Por ejemplo, puede usar un orden de importancia determinado para describir los detalles que hacen que una versión del film sea mejor que la otra.

Los cuatro patrones organizativos de la escritura son:

1. orden cronológico.
2. orden de importancia.
3. comparación y contraste.
4. causa y efecto.

Para responder a muchas de las preguntas del examen de redacción del GED Artes del Lenguaje, es necesario poder determinar cuál es el propósito principal del autor y cuáles son los patrones organizativos que utilizan a nivel de párrafo y en la composición como un todo. Cuando se identifican estos patrones organizativos, se puede determinar dónde insertar las oraciones o párrafos y si alguno de éstos aparece en el lugar equivocado, como en el caso de las oraciones que carecen de orden cronológico.

Orden cronológico

Cuando el autor utiliza el tiempo como principio organizativo de la composición, se trata de **orden cronológico**. Mediante este principio se describen eventos según el orden en que suceden, sucedieron o deben suceder. Gran parte de todo lo que se lee está organizado de esta manera, como los textos de historia, las instrucciones, los procedimientos y las composiciones o ensayos sobre las experiencias personales.

Frecuentemente, los pasajes que se organizan de manera cronológica usan **palabras o frases de transición** para ayudar al lector a seguir el paso del tiempo. Las transiciones contribuyen a identificar los momentos en que ocurren los sucesos y en qué orden ocurren. También contribuyen a que el lector pueda seguir los cambios temporales que ocurren dentro del texto de un período a otro. Las palabras o frases de transición mantienen los sucesos narrados o descritos unidos entre sí y en un orden adecuado. (Las transiciones se tratan con mayor detalle en las páginas 200–201.)

La lista siguiente enumera algunas de las palabras y frases de transición más comunes:

primero, segundo, tercero, etc.	a continuación	antes
después	cuando	ahora
entonces	de repente	tan pronto como
inmediatamente, de inmediato	mientras que	pronto
durante	mientras tanto	a su vez
luego	finalmente	justo cuando
eventualmente	primeramente	

El tercer párrafo sobre Batman de la página 112, utiliza este método organizativo de la escritura. Las transiciones aparecen subrayadas:

El Batman de Kane tuvo un éxito rotundo desde el comienzo. El héroe enmascarado pronto saltó de los libros de historietas a ocupar una tira cómica propia en los periódicos, y <u>en 1943</u>, los episodios de Batman salieron al aire en la radio. <u>En 1966</u>, el show televisivo de acción en vivo, Batman, llega a las pantallas. La serie obtuvo una popularidad inmensa, y el show original puede verse aún hoy en canales como Cartoon Network.

Orden de importancia

Con este método organizativo se disponen los sucesos de acuerdo con su rango, en lugar del momento en que suceden. Lo más importante se puede mencionar al principio o se puede dejar para el final, según los propósitos del autor.

Si se organizan las ideas colocando lo más importante al comienzo, la información esencial aparecerá primero. Muchos autores prefieren este método cuando necesitan ofrecer consejos o cuando es necesario que el lector conozca de antemano cuál es la información esencial. Los artículos periodísticos, por ejemplo, utilizan esta estructura. Éstos comienzan por mencionar la información más importante sobre el suceso (*quién, qué, cuándo, cómo, por qué*), de manera que el lector no tenga que esperar el final del artículo para conocer estos elementos clave. La información detallada y los antecedentes de suceso deben aparecer más adelante en el artículo.

Cuando el autor organiza su texto mencionando lo menos importante al comienzo, está guardando la idea o la información más importante

para lo último. Usualmente se utiliza este método para presentar un argumento, ya que genera un tipo de estructura que resulta por lo general más convincente que el método organizativo visto anteriormente. Mientras más polémico sea el argumento, más importante será este tipo de estructura. Muchos autores guardan "lo mejor para el final" porque en muchas ocasiones "lo mejor" es lo que causa un mayor impacto.

Las transiciones son muy importantes en este método organizativo. A continuación aparece una lista de las transiciones más comunes que utilizan los autores al ordenar las ideas según su importancia:

primero que todo	lo más importante
más importante	por otra parte
ante todo	primero, segundo, tercero
por último pero no por eso	lo menos importante

Comparación y contraste

Cuando se muestra las semejanzas entre una cosa y otra, se realiza una **comparación**. Cuando se muestran las diferencias entre dos cosas, se produce un **contraste**. Como métodos organizativos, tanto la comparación como el contraste colocan lado a lado dos (o más) elementos para medirlos entre sí y definir en qué se asemejan o se diferencian, y por qué. Por ejemplo, si un escritor compara y contrasta las versiones fílmicas de *Frankenstein* de los años 1931 y 1994, su objetivo puede ser que la versión del año 1994 es más fiel a la novela original porque retrata a Víctor Frankenstein de manera parecida al monstruo que él mismo crea.

Al igual que con los métodos organizativos de la escritura, una de las claves más importantes de una buena comparación o de un buen contraste consiste en el buen uso de las transiciones. A continuación aparece un listado de algunas palabras y frases que denotan semejanzas:

similarmente	del mismo modo/ manera/forma	justo como
igualmente	de igual modo/ manera/forma	ambos
y	al igual que	a semejanza de

Las siguientes palabras y frases, por otro lado, denotan diferencias:

pero	por otro lado	mientras que
sin embargo	por otra parte	a diferencia de
mas	por el contrario	a la inversa de

Causa y efecto

El cuarto método organizativo de la escritura es el patrón de causa y efecto. La **causa** de algo puede ser una persona o cosa que crea una acción u objeto (crea un efecto), mientras que el **efecto** de algo es un suceso o cambio ocurrido por otra acción (o **causa**). Un texto sobre las causas de algo explicará el *por qué* de algo. Por ejemplo, "¿cuál fue el motivo de la Guerra Fría?" Un texto sobre los efectos de algo, por otro lado, explicará *que sucedió después* o *como resultado* de aquello. Por ejemplo, ¿qué sucedió como resultado de la Guerra Fría?

Del mismo modo que algunas palabras y frases indican si se trata de una comparación o de un contraste, otras indican si se trata de las causas o de los efectos de algo. A continuación aparece una lista parcial de algunas de ellas:

PALABRAS QUE INDICAN CAUSAS	PALABRAS QUE INDICAN EFECTOS
porque	por lo tanto
producido por	entonces
como	de ahí que
a causa de	consecuentemente
	como resultado

▶ Efectividad del párrafo

Las oraciones son las unidades estructurales de los párrafos, y los párrafos a su vez son las unidades estructurales de las composiciones. La organización efectiva de la composición depende de la unidad correcta dentro de esos párrafos.

Cada uno de los párrafos de la composición debe contribuir al desarrollo y al soporte de la idea central. Lo mismo puede decirse de los propios párrafos. Un **párrafo** es, por definición, una serie de oraciones acerca de una sola idea central. Si existe más de una idea central, debe desarrollarse en un párrafo distinto.

El párrafo consiste en una o más oraciones que tratan de una idea central. Para separar un párrafo de otro, se debe utilizar el punto y aparte y saltar al próximo renglón usando la sangría en la primera línea.

La oración introductoria es la que expresa la idea principal que se desarrolla en el párrafo.

El tema central de la composición puede expresarse de manera objetiva en una oración. A nivel de párrafo, este tema o idea central se expresa con una **oración temática**, la cual se coloca generalmente al comienzo del párrafo, aunque puede aparecer al final también. Menos frecuentemente, la oración temática del párrafo aparecerá en medio o de manera implícita. En el primer párrafo de los que siguen, la oración temática aparece al comienzo; y en el segundo, aparece al final.

Muchas personas temen a las serpientes, pero muchas de estas no son tan peligrosas como se piensa. Existen más de 2,500 especies diferentes de serpiente alrededor del mundo. Solamente un porcentaje mínimo de estas especies son en realidad venenosas, pocas de las cuales contienen un veneno suficientemente fuerte para herir mortalmente a un ser humano. Como consecuencia de eso, solamente entre 1,000 y 2,000 personas sufren mordeduras de serpiente cada año en los Estados Unidos; y solamente diez de esas mordeduras (menos de 1%) resultan fatales. En términos estadísticos, existen muchos otros animales que representan peligros mucho mayores que las serpientes. De hecho, en este país, más personas mueren a causa de ataques de perros que por mordeduras de serpiente.

Existen más de 2,500 especies diferentes de serpiente alrededor del mundo. Solamente un porcentaje mínimo de estas especies son en realidad venenosas, pocas de las cuales contienen un veneno suficientemente fuerte para herir mortalmente a un ser humano. Como consecuencia de eso, solamente entre 1,000 y 2,000 personas sufren mordeduras de serpiente cada año en los Estados Unidos; y solamente diez de esas mordeduras (menos de 1%) resultan fatales. En términos estadísticos, existen muchos otros animales que representan peligros mucho mayores que las serpientes. De hecho, en este país, más personas mueren a causa de ataques caninos que por mordeduras de serpiente. *De manera que, aunque muchas personas temen a las serpientes, muchas de ellas no son tan peligrosas como se piensa.*

Además de mantener un orden lógico, la eficacia de los párrafos radica en su capacidad de mantener la atención sobre la idea central. ¿Hay algún fragmento del texto que distraiga la atención hacia otro tema no pertinente? Si omitiéramos una de las oraciones o uno de los párrafos, ¿mejoraría la atención al tema central? ¿Es necesario añadir otra oración para dejar en claro la relación que deben mantener el resto de las ideas del texto?

Observemos en el párrafo siguiente cómo se pierde la atención sobre la idea central:

(1) El correo electrónico (e-mail) es muy conveniente, pero no debe ser utilizado para todas las gestiones de una compañía y debe manejarse con cuidado. (2) Los mensajes electrónicos deben ser concisos y limitarse a un solo tema. (3) La línea para el asunto debe dejar en claro de qué trata el mensaje, y la primera o la segunda oración del mismo debe resumir lo más importante. (4) En materia de negocios, la comunicación debe ser objetiva y directa. (5) Además es importante ser muy respetuoso. (6) Es bueno decir lo que se quiere de la manera más sucinta posible. (7) Para comunicar asuntos de cierta complejidad, el uso del teléfono es aún la mejor vía.

Las oraciones 4, 5 y 6, aunque expresan algo cierto, no entran dentro del tema de este párrafo que trata del correo electrónico. El párrafo tuviera más solidez si se omitieran estas oraciones.

▶ Transiciones

Las palabras o frases se llaman transiciones utiliza para la mover de una idea a otra dentro del texto. Las transiciones contribuyen a la fluidez de las palabras y a mostrar al lector cómo se relacionan las ideas entre sí, ya sea entre las oraciones de un mismo párrafo, o entre los párrafos de la composición. Las transiciones resultan esenciales para la escritura correcta. Observemos por ejemplo las diferencias entre los dos párrafos siguientes. En el primero, se han omitido las transiciones; y en el segundo aparecen subrayadas.

¿Por qué castigamos a los criminales? Existen dos teorías sobre el castigo: la retribución y la disuasión. La retribución explica que aquel que comete un crimen merece ser castigado, y que el castigo debe guardar una proporción directa con el crimen. Esto se conoce por filosofía del "ojo por ojo." La teoría de la disuasión señala que el castigo a los criminales contribuye a prevenir futuros crímenes.

¿Por qué castigamos a los criminales? Existen dos teorías sobre el castigo: la retribución y la disuasión. La primera de ellas, la retribución, explica que aquél que comete un crimen merece ser castigado, y que el castigo debe guardar una proporción directa con el crimen. En otras palabras, esto se conoce como la filosofía del "ojo por ojo." Por otro lado, la teoría de la disuasión señala que el castigo de los criminales contribuye a prevenir crímenes futuros.

Mediante las transiciones apropiadas, el segundo párrafo se lee mucho más fácilmente; y las ideas aparecen expresadas con mayor claridad.

Algunas transiciones son mejores que otras para funciones específicas. Por ejemplo, *por ejemplo* es una transición ideal para introducir un ejemplo específico. A continuación aparece un breve listado de algunas de las palabras y frases de transición más comunes:

SI SE QUIERE:	SE DEBEN USAR ESTAS PALABRAS Y FRASES DE TRANSICIÓN:		
presentar un ejemplo	por ejemplo en otras palabras de hecho	como ejemplo particularmente primero que todo	esto es específicamente
añadir un comentario	y otra vez además	de nuevo por añadidura	es más también
hacer énfasis	de hecho	ciertamente	por cierto
reconocer otro punto de vista	aunque	de acuerdo pero	a pesar de que
expresar rango	más importante	sobre todo	primero que todo
mostrar causa y efecto	porque por lo tanto	consecuentemente como resultado	como

mostrar una comparación	del mismo modo	similarmente	de modo similar
mostrar un contraste	a diferencia de mientras que	sin embargo en lugar de	por otra parte/lado en vez de
mostrar el paso del tiempo	entonces después entretanto	luego antes mientras	durante pronto más adelante

15 ▶ Escribir un ensayo eficaz

La Parte II del examen lenguaje, escritura del GED tiene solamente una pregunta—un tema de ensayo. Pero ésta es tan importante como la Parte I, y usted tiene que salir bien en este examen de ensayo para tener éxito en el examen entero del lenguaje, escritura del GED. Este capítulo le enseñará a escribir un ensayo eficaz para el GED. Usted aprenderá seis pasos para tomar durante un examen de ensayo, incluyendo cómo esbozar y organizar ideas y cómo escribir con estilo.

E N LA PARTE II del examen del lenguaje, escritura a usted le pedirán que escriba un ensayo corto sobre un tema general. Usted tendrá 45 minutos para demostrar cómo puede expresar sus ideas en escritura eficaz.

Un buen ensayo tendrá estos cinco elementos:

1. Una idea principal clara (una tesis). ¿Tiene usted algo que decir?
2. Desarrollo suficiente. ¿Ha explicado sus ideas?
3. Fuerte apoyo. ¿Ha respaldado sus ideas?
4. Organización eficaz. ¿Ha presentado sus ideas y su apoyo en un orden lógico?
5. Gramática. ¿Ha seguido las convenciones del español estandarizado?

Como guía general, usted tendrá que escribir aproximadamente cuatro o cinco párrafos para tener un ensayo suficientemente desarrollado. Esto incluye un párrafo de introducción que declara su idea principal, dos o tres párrafos que desarrollan y apoyan esa idea principal, y un breve párrafo de conclusión. Su ensayo debe ser de aproximadamente 250–300 palabras.

▶ Las estrategias de escritura general

Para salir bien en el ensayo, usted tendrá que dominar las estrategias de escritura general. Estas estrategias son técnicas básicas que los escritores usan para desarrollar un texto legible y atractivo. Ellas incluyen la habilidad de:

- escribir de una manera apropiada para la **audiencia** y el **propósito**
- proveer apoyo suficiente y apropiado
- crear introducciones y conclusiones eficaces
- usar transiciones eficaces
- modificar para escritura más eficaz

La audiencia y el propósito

La escritura eficaz tiene como base una conciencia constante de, y una atención a, la **audiencia** y el **propósito**. Los buenos escritores siempre están pensando en sus lectores: ¿Quiénes son? ¿Qué saben ellos sobre el tema? ¿Pueden tener prejuicios o ideas preconcebidas? ¿Qué mantendrá su atención?

Los buenos escritores también siempre están pensando en el propósito. ¿Es su meta enseñar una lección? ¿Proveer información? ¿Entretener? ¿Contestar a una pregunta? ¿Convencer o persuadir?

Escribir para su audiencia

El conocer su audiencia lo ayudará a tomar decisiones sobre la escritura. Primero, lo ayuda a determinar su *nivel de ceremonia*. ¿Usar jerga o lenguaje muy formal? Eso depende de su relación con su lector. En el GED se espera que usted escriba para una *audiencia general*. Es decir, usted debe suponer que sus lectores son gente común con una gran variedad de intereses y antecedentes. Usted necesitará un nivel de ceremonia apropiado para esta audiencia. Trate a sus lectores con respeto, pero no los aleje pareciendo muy formal o pretencioso. Evite la jerga (muy informal) o el lenguaje especializado o técnico. Deje que su escritura sea natural sin ser demasiado informal.

Su audiencia también determina el *nivel de detalle* y la *especificidad* de su ensayo. Como está escribiendo para una audiencia general y no para sus amigos, usted no puede suponer que los lectores sepan el contexto de sus ideas y experiencias. Por ejemplo, si su argumento es que los sitios de Internet debieran estar censurados, no suponga que los lectores han visto los tipos de sitios de los cuales usted está hablando—o que han estado en el Internet. Usted necesitará describir brevemente esos sitios para darles a sus lectores el contexto suficiente.

Conocer su propósito

Tan importante es saber para quién usted está escribiendo; también es importante saber por *qué* está escribiendo. ¿Cuál es la meta de su ensayo? ¿Qué desea usted expresar a través de su escritura? Cuanto más claramente puede articular su propósito mientras esboza su ensayo, tanto más eficaces serán su escritura y sus modificaciones.

Aquí hay unos verbos que usted puede encontrar útiles para describir su propósito:

mostrar	describir	explicar
comprobar	convencer	demostrar
comparar	contrastar	repasar
informar	resumir	proponer
defender	explorar	alentar

Claro, sus metas específicas serán guiadas por el tema que le darán en la Parte II. En un ensayo narrativo, por ejemplo, su propósito principal será el describir. En un ensayo persuasivo, su propósito principal será el convencer. En un ensayo expositivo, usted querrá informar, comparar, proponer o explicar, según su tema.

Mientras piensen en cómo escribir su ensayo, piense en cómo llenaría el espacio en blanco en la oración siguiente:

Mi meta en este ensayo es_____.

El principio, la mitad y el fin

Como usted ya sabe, los ensayos tienen tres partes distintas:

- El principio (introducción)
- La mitad (cuerpo)
- El fin (conclusión)

Se esperará que usted tenga todas tres partes en su ensayo.

Introducciones

Las primeras impresiones cuentan; por eso una buena introducción es tan importante en la escritura. Una buena introducción:

1. Indica de qué trata el ensayo (su tema) y qué el escritor va decir sobre el tema (su idea principal)
2. Mantiene la atención del lector
3. Establece el tono del pasaje

Técnicas para mantener la atención incluyen abrir con:

- una pregunta
- una cita
- los datos o declaraciones sorprendentes
- un escenario o situación imaginaria
- una anécdota
- la información de antecedentes interesantes
- una nueva forma de presentar una frase familiar

Por ejemplo una introducción que agarre más la atención en el pasaje de Batman en el examen preliminar puede ser algo como lo siguiente:

¡Paf! ¡Zas! Batman triunfa otra vez, salvando a los ciudadanos de Gotham City de las fuerzas del mal.

Esta introducción juega con las convenciones de las tiras cómicas y la serie de televisión de Batman. Y ya que es única y usa puntos de exclamación, genera interés para el lector.

Conclusiones

Las conclusiones, debieran ser poderosas también. Después de todo, la gente tiende a acordarse de lo que vino primero y último; y las últimas palabras tienen el poder de quedarse en los oídos de los lectores por mucho tiempo después. Una buena conclusión:

1. Vuelve a declarar la idea principal
2. Provee un sentido de conclusión (no abrir un nuevo tema)
3. Estimula las emociones de los lectores para hacer memorables la conclusión y la idea principal

El texto de Batman provee un buen ejemplo.

En Batman, Kane nos dio una imagen de nuestro propio superhéroe potencial.

Esta oración de conclusión hace un resumen de todo lo que hace Batman tan popular. El pasaje está escrito de tal manera que hace que el lector piense en su propia similitud a Batman y qué tipo de superhéroe podría ser.

Muchas de las mismas técnicas que se usan en las introducciones pueden ser utilizadas para hacer memorables las conclusiones:

- una cita
- una pregunta
- una anécdota
- una predicción
- una solución o recomendación
- una llamada a acción

Por ejemplo, la conclusión de un ensayo sobre una dieta sana puede terminar con una llamada a acción:

Analice bien su nevera y su despensa. ¿Qué comidas no sanas tienen hogar en su nevera y su despensa? Encuéntrelas, y deshágase de ellas. Busque comidas que le ayuden a vivir una vida más larga y más sana.

▶ El proceso de escritura y ensayos eficaces

Los escritores con experiencia saben que la buena escritura no sucede de repente. Al contrario, se desarrolla en etapas. Por eso la escritura es no sólo un producto sino también un proceso. Y es difícil producir algo bueno sin pasar por cada paso en el proceso de escritura.

El proceso de escritura se puede dividir en tres pasos básicos:

1. Planear
2. Redactar el borrador
3. Repasar y modificar

Cuando usted está bajo presión para escribir un buen ensayo en solamente 45 minutos, puede tener la tentación de brincar estos pasos y simplemente escribir su ensayo de un solo. Puede ser que usted termine con un buen ensayo de esta manera. Pero sus posibilidades de salir bien en la Parte II del examen lenguaje, escritura—o en cualquier tarea de escritura—aumentarán dramáticamente si usted toma el tiempo de seguir cada paso. Aunque usted tiene solamente 45 minutos, los 10 minutos que usted pasa planeando y realizando su ensayo será tiempo buen empleado. De hecho, para los exámenes de ensayo, la etapa de planear es tan importante que ha sido dividida en seis pasos distintos en la parte siguiente.

Cómo dividir su tiempo en un examen necesario

Cuando su tiempo es limitado, ¿cuánto tiempo debiera pasar en cada paso en el proceso de escritura? En un examen de escritura, use esta regla para dividir su tiempo:

un cuarto del tiempo: planear

mitad del tiempo: escribir

un cuarto del tiempo: repasar y modificar

sus 45 minutos en la redacción del ensayo se pueden dividir de esta manera:

10 minutos planeando

25 minutos escribiendo

10 minutos repasando y modificando

▶ Seis pasos para un buen ensayo

Estos seis pasos lo ayudarán a escribir un ensayo fuerte y eficaz en el examen lenguaje, escritura.

Paso uno: entender el tema de escritura

Antes de que pueda empezar a planear su ensayo, usted necesitará estar seguro de entender el tipo de ensayo que necesita escribir. Como indicado anteriormente, es esencial que responda precisamente al tema dado en el examen. Si usted escribe sobre un tema distinto, *usted no recibirá crédito para su ensayo.* Entonces, es muy importante entender exactamente qué le están pidiendo que haga.

Anteriormente en esta parte, dividimos los tipos de ensayo en tres categorías: narrativo, persuasivo y expositivo. ¿Cómo sabe usted qué tipo de ensayo le están pidiendo que escriba? Las instrucciones tendrán palabras claves que lo ayudarán a entender qué hacer. Estas palabras claves incluyen términos como:

decir   describir   identificar   explicar

Tome nota, por ejemplo, de las palabras claves subrayadas en el párrafo siguiente y pregunta de discusión:

El Internet incluye muchos sitios con imágenes y contenido que no es apropiado para los niños. Otros sitios en el Internet promueven violencia o intolerancia contra ciertos grupos de gente. ¿Debieran censurar sitios como éste? En su ensayo, declare su posición en este tema y explique por qué usted toma esa posición. Use sus observaciones, experiencias, y conocimiento personal para respaldar su ensayo.

A veces los eventos toman un camino inesperado y las cosas terminan diferente de lo que nos habíamos imaginado. Cuente acerca de un tiempo cuando algo inesperado le pasó a usted. En su ensayo, describa cuál era lo que tenía que pasar y cómo las cosas salieron realmente. Use detalles de respaldo a través de su ensayo.

Usted está en camino a un buen ensayo si:

1. **Entiende qué tipo de ensayo escribir:** narrativo (echar un cuento), persuasivo (hacer un argumento) o expositivo (explicar una idea o responder a una situación o escenario).

2. **Usted sigue las direcciones precisamente y contesta a la pregunta** directamente en el tema de discusión. En el primer ejemplo, usted tiene que declarar su posición sobre el tema tratado en el párrafo de discusión—la censura de ciertos tipos de sitios en Internet. En el segundo ejemplo, usted debe contar un tipo de experiencia específica—algún tiempo cuando algo inesperado le pasó.

Paso dos: formular una tesis clara

Antes de empezar a escribir, usted necesita decidir de qué va a escribir. Una vez que usted esté seguro de entender la pregunta de discusión, ¿cómo contestará a la pregunta? Su respuesta formará el corazón de su ensayo. Será la idea principal que controla todo lo que usted escriba y determina el tipo de respaldo que usted va a proveer. En otras palabras, su respuesta a la pregunta en el tema de discusión es su **tesis**—su idea principal. Es el "argumento" que usted va a hacer y la idea que necesita respaldar.

Una tesis no repite ni expresa de otra manera la pregunta o el tema de discusión. No hace declaraciones generales sobre el tema ni declara cómo otros puedan responder a la pregunta. Una buena tesis toma una posición clara y personal. Por ejemplo, mire otra vez el siguiente tema de discusión:

Nuestra relación con nuestros vecinos es muy importante. A veces estas relaciones son una fuente de gran alegría en nuestra vida; otras veces, puede ser una fuente de grandes problemas. En su opinión, ¿qué es un buen vecino? En su ensayo, identifique las características de un buen destino y explique por qué estas características son importantes para los que viven juntos. Use sus observaciones, experiencias y conocimiento personal para respaldar su ensayo.

Las oraciones siguientes no son declaraciones de tesis (no contestan a la pregunta).

- Hay todo tipo de vecinos.
- ¿Qué hace un buen vecino?
- Hay muchas características de un buen vecino.

Estas sí son declaraciones de tesis. Ellas responden directamente a la pregunta.

- Los buenos vecinos son serviciales y amables.
- El mejor vecino ayuda cuando uno se lo pide y si no, no se mete en los asuntos.
- Los buenos vecinos son amables, serviciales y respetuosos de los límites.

Paso tres: esbozar ideas de apoyo para su tesis

Una vez que usted ha decidido cómo responder a su pregunta(s) en el tema de discusión, decida cómo va a apoyar su respuesta. En una hoja de papel, haga una lista de tres a cinco razones, ejemplos o detalles específicos para respaldar su tesis o eventos para desarrollar su cuento.

Como esto todavía está en la etapa de planear, escriba lo que le venga a la mente. Usted no tiene que incluir todo de su lista en su ensayo. Cuantas más ideas usted ponga en el papel, más libertad tendrá de escoger las mejores para respaldar su tesis.

Por ejemplo, aquí se muestra cómo usted podrá esbozar ideas de respaldo para el tema de discusión previo:

Tesis: los buenos vecinos son amables, serviciales y respetuosos de límites.

¿Por qué?
Los vecinos amables hacen un ambiente bueno y bonito en que vivir. Ser servicial es importante—saber que uno puede contar con

ellos para favores pequeños cuando está en necesidad. Es necesario respetar límites, no tomar lo que no es de ellos, ni involucrarse mucho en la vida de otros—si no, no serán bienvenidos.

Los ejemplos

amable—mi vecina Selma y su familia—siempre me saludan, a veces conversan y dan galletas en las Navidades

Servicial—prestar herramientas a papá, prestar azúcar, cuidar a los niños.

Respetar límites—no entra en la casa sin avisar, no se meten en los asuntos personales; son sus vecinos, no su familia

Hacer una lista es una estrategia. Usted también puede ser un mapa de sus ideas. Esto es especialmente eficaz si usted es una persona que aprende viendo, como se muestra en la página 210.

Escritura libre

Si no puede pensar cómo contestar a su pregunta o cómo respaldar su tesis emplee la **escritura libre**. Esta técnica es exactamente lo que dice—*escritura libre*—lo que le. Lo que le venga a la mente sobre el tema o la pregunta. No se preocupe de la gramática ni de la estructura. Escriba su propio lenguaje si quiere. No deje de escribir. Si usted mantiene el movimiento de las manos por dos o tres minutos, es probable que le resulten algunas buenas ideas.

Paso 4: crear un esquema detallado

El próximo paso es su oportunidad de asegurarse de que el ensayo que escriba esté bien organizado y bien desarrollado. Para crear un esquema detallado, usted puede:

- Poner sus ideas en orden lógico y eficaz
- Llenar vacíos en su respaldo

La estructura básica de esquema

Los ensayos siguen esta estructura básica:

1. Introducción (declarar tesis)
2. Cuerpo (explicar y respaldar tesis)
3. Conclusión (cerrar y declarar la tesis)

Su esquema debe seguir esta estructura básica también. Como usted está escribiendo un ensayo muy corto, usted debe tener al menos un punto en su esquema para cada párrafo. Entonces, el cuerpo de su esquema debe dividirse en las ideas de respaldo individuales para su ensayo:

1. Introducción
2. Respaldo 1
3. Respaldo 2
4. Respaldo 3
5. Conclusión

Este esquema básico tiene tres puntos de respaldo. Si cada punto del esquema tiene un párrafo, usted tendrá un total de cinco párrafos en su ensayo aunque no hay regla de cúantos. Mientras no hay reglas de cúantos párrafos usted debe tener en su ensayo, será muy útil lo siguiente: tres párrafos de respaldo generalmente le darán suficiente respaldo para hacer un argumento fuerte (si está escribiendo

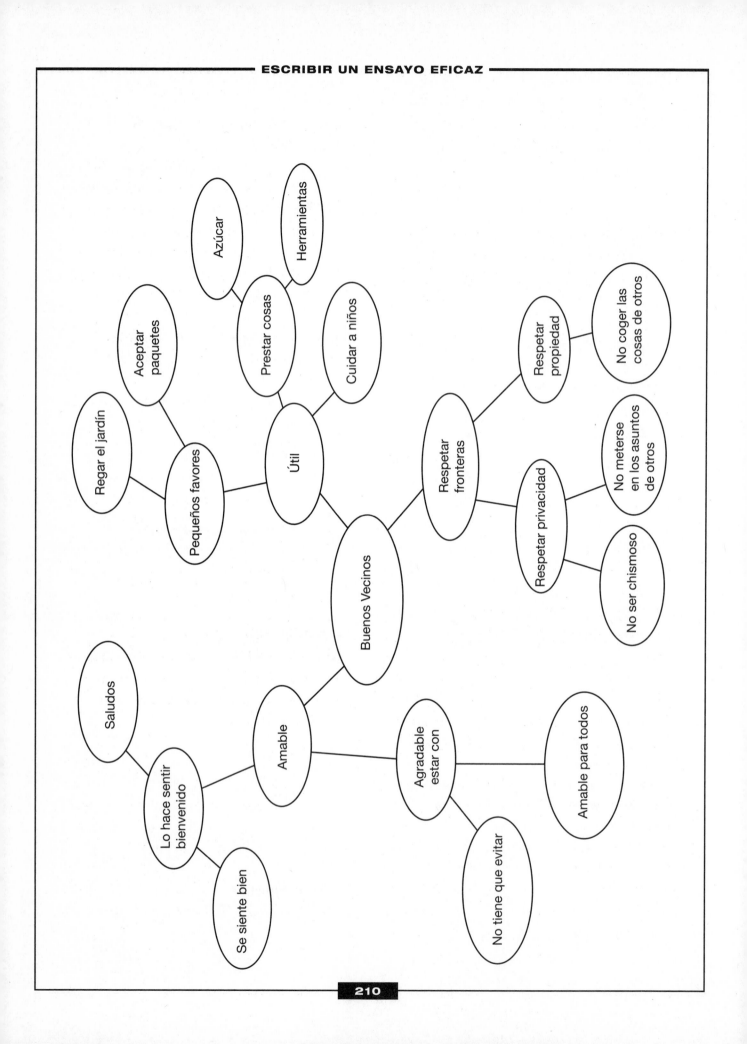

un ensayo persuasivo), para explicar suficientemente sus ideas (ensayo expositivo) o contar su historia (ensayo narrativo).

Estructura de tres partes del ensayo

Introducción: decirles a sus lectores lo que les va a decir; declarar su tesis.

Cuerpo: decirlo. Desarrollar sus ideas y proveer respaldo específico para su tesis.

Conclusión: decirles lo que les ha dicho. Declarar de nuevo su tesis.

Organizar su respaldo

Por supuesto usted sabe dónde poner sus párrafos de introducción y de conclusión. Pero, ¿cómo organiza las ideas en el cuerpo de su ensayo? ¿Cuál de los cuatro patrones de organización que repasó anteriormente—cronología, contraste y comparación, causa y efecto, y orden de importancia—debiera usar para su respaldo? (Ver las páginas 204–206.)

Si usted está respondiendo a un tema de discusión narrativo, el orden cronológico es claramente su mejor opción. Describa los eventos en el orden en que pasaron. Asegúrese de usar transiciones fuertes y detalles mientras narre su cuento.

Si está respondiendo a un tema de discusión persuasivo, **es probable que el orden de importancia sea** es probablemente el patrón más eficaz. Ya que el tema de discusión le pide a usted que tome una posición, su respaldo principal consistirá en las razones por las cuales usted ha tomado esta posición. Una manera lógica y eficaz de presentar esas razones es por orden de importancia. Organice bien y vaya de las menos importantes a las más importantes, del ejemplo menos al más convincente.

Si usted está respondiendo a un tema de discusión expositivo, su patrón de organización va a depender de su propósito. Casi siempre, el orden de importancia sería su opción más eficaz. Esto es verdad para el tema de los buenos vecinos. Tome nota, por ejemplo, de cómo usted puede organizar el respaldo de las ideas anteriores:

Introducción: los buenos vecinos son amables, serviciales y respetuosos de límites.

1. Es un placer tener vecinos amables para hacer más bonito el sitio donde uno vive.

   Ejemplo: mi vecina Selma y su familia

2. Es importante tener vecinos serviciales—saber que uno puede contar con ellos por favores pequeños cuando no lo necesite.

   Ejemplo: prestando cosas

3. Es necesario de respetar límites, no coger lo que no es de uno, no involucrarse mucho en su vida—si no, ellos no serán los bienvenidos. (Está bien no ser amable y no ser servicial, yo puedo vivir con eso—pero no está bien no respetar los límites.)

   Ejemplo: límites físicos (jardín, casa) y límites sociales (asuntos privados familiares)

Aquí, las características que hacen un buen vecino están organizadas por orden de importancia. La característica más importante y el ejemplo más convincente viene al final.

Los párrafos de respaldo fuertes

Hacer un esquema de sus ideas no sólo desarrolla una organización eficaz sino también le puede mostrar si su ensayo es suficientemente desarrollado. Para que un ensayo sea eficaz, cada párrafo tiene que ser eficaz también. Y eso quiere decir que *cada párrafo* tiene que estar suficientemente desarrollado.

Mientras no hay fórmula mágica, sí hay algunas guías generales acerca de lo largo de un párrafo. Un párrafo que tiene solamente una oración—a menos que esta oración esté específicamente puesta aparte para crear un efecto especial—es muy corto. No desarrolla suficientemente su idea. Un párrafo de diez oraciones a lo mejor es muy largo. Es probable que haya más de una idea desarrollada en ese párrafo. (Acuérdese de que un párrafo, por definición, es un grupo de oraciones sobre la misma idea.) Para un ensayo de este tipo, los párrafos de tres o cuatro oraciones cada uno son suficientes para explicar y proveer detalles específicos y ejemplos para cada una de sus ideas de respaldo.

Para ayudarlo a desarrollar sus párrafos, expanda su esquema. Para cada idea de respaldo principal, haga una lista de al menos un detalle específico o ejemplo. Imagine cada párrafo como un ensayo corto, con su propia tesis (oración de tema) y respaldo (ejemplos y detalles específicos). Note, por ejemplo, cómo el esquema anterior puede ser expandido abajo:

Introducción: los buenos vecinos son amables, serviciales y respetuosos de límites.

1. Es un placer tener vecinos amables, y hace donde uno vive un lugar bonito.

    Ejemplo: mi vecina Selma y su familia—

    - siempre saludan
    - conversan
    - galletas de Navidad

2. Serviciales importantes—saber que uno puede contar con ellos por favores pequeños, cuando lo necesite.

    Ejemplo:

    - prestar azúcar
    - prestar herramientas a papá
    - ayudar a mamá a coser cortinas

3. Necesita respetar límites, no coger lo que no es de ellos, no involucrarse mucho su vida—si no, no serán los bienvenidos. (Está bien no ser amable y no ser servicial, yo puedo vivir con eso—pero no está bien no respetar límites.)

    Ejemplo:

    - límites físicos: no entrar de repente en la casa; no es su casa, no coger cosas
    - viejos vecinos, los Wilcox, sacan cosas de nuestro garaje sin pedir
    - límites sociales: no ser entrometido; no es su familia; respetar la privacidad
    - lo que pasó cuando los vecinos del tío Andy se pusieron muy chismosos
    - vecinos se involucran en un divorcio
    - hicieron una experiencia dolorosa más complicada y confusa para todo el mundo

Tome nota de cómo el orden de importancia del patrón organizacional resalta, especialmente en la última parte. Y cómo este esquema tiene tantos detalles, ofrece una guía para casi cada oración en el cuerpo del ensayo.

Paso cinco: escribir su ensayo

Ahora que ya tiene un esquema claro y detallado, usted puede empezar a escribir. Si rápidamente puede pensar en una manera de empezar su ensayo, fantástico. Si no, no gaste minutos preciosos tratando de crear la primera oración perfecta. Usted no tiene tiempo. Acuérdese de que usted tiene solamente 45 minutos para el ensayo entero—planear, escribir, y modificar. Usted necesita empezar a escribir tan pronto como organice sus ideas. Una buena manera de empezar es **poner en otras palabras** el tema de discusión declarado en el examen después de declarar su tesis. Aquí tiene un ejemplo de este tipo de introducción:

> *Es muy importante tener buenas relaciones con nuestros vecinos. En mi opinión, hay tres características que facilitan el vivir lado a lado con alguien. Los vecinos deben ser amables, deben ser serviciales y deben respetar los límites.*

Note cómo esta introducción también hace un **esquema** de los tres puntos principales que van a desarrollarse en el cuerpo de su ensayo: ser amable, ser servicial y respetar límites.

Una vez que usted haya escrito su introducción, escriba el cuerpo de su ensayo párrafo por párrafo, siguiendo su esquema. Asegúrese de que cada párrafo tenga una oración de tema clara y respaldo específico. No se olvide de las transiciones entre párrafos. Las frases y las palabras claves como *similarmente y más importante* pueden ayudar a guiar a su lector por su argumento. (Ver " Transiciones" para repasar frases y palabras de transición.)

Después de esos párrafos de respaldo, escriba una breve conclusión. Declare de nuevo su tesis, pero no en las mismas palabras. No introduzca nuevos temas. En cambio, haga que sus lectores crean que usted ha cubierto su tema completamente y que han recibido algo significativo después de leer su ensayo. Aquí hay un ejemplo:

> *Cuando usted vive lado a lado con alguien, es importante tener una buena relación. Para ser un buen vecino, usted necesita ser amable y servicial. Más importante, usted necesita respetar los límites. Su casa es su casa; su vida su vida. No le pertenece a su vecino.*

Escribir con estilo

El estilo se refiere a la manera en que se hace algo. Por ejemplo, todos compramos y llevamos ropa que cuadra con nuestro estilo personal—de la manera que nos gusta parecer y sentirnos cuando estamos vestidos. Lo mismo es verdad acerca de nuestra escritura; cada persona tiene su propio estilo, y cuanto más usted entiende las técnicas estilísticas, más eficazmente puede expresarse con su escritura.

El estilo en la escritura es creado por varios elementos distintos como:

- selección de palabras
- tono apropiado y consistente
- variedad de estructura de oración y uso de puntuación y otras técnicas para efecto

La selección de palabras

Una de las decisiones más importantes que un escritor pueda hacer es una constante: la **selección de palabras**. Mientras escribe cada oración, siempre está pensando en las palabras correctas para expresar sus ideas. La palabra "correcta" tiene tres características esenciales:

1. Expresa la idea que usted desea comunicar.
2. Es exacta; precisa.
3. Es apropiada para la audiencia y el tono.

Note cómo la selección de palabras efectivas crea una oración mucho más poderosa en el ejemplo siguiente:

Él entró en el cuarto *caminando muy rápidamente*.
Él entró en el cuarto *corriendo*.
Él enteró *de sopetón* en el cuarto.
Él entró *deprisa* en el cuarto.

Cada uno de estas palabras en letra cursiva tiene mucho más impacto que el verbo *caminando* y sus dos modificadores, *muy rápidamente*. Estas palabras exactas crean un cuadro vivido; nos dicen cómo él entró en el cuarto.

Los sustantivos precisos mejorarán sus oraciones también. Aquí hay un ejemplo de una oración general hecha más precisa:

La máquina hizo un ruido duro y después paró.
El generador hizo un estrépito y después paró.

La segunda oración, con sus sustantivos precisos, nos dice qué tipo de máquina era, y qué tipo de ruido hizo, dándonos un cuadro más claro de lo que pasó. Los adjetivos también deben ser precisos. En vez de escribir:

Estoy muy cansado.

Trate de usar un adjetivo preciso:

Estoy agotado.

"Agotado" quiere decir muy cansado—y es una palabra mucho más poderosa para comunicar su idea.

El nivel apropiado de ceremonia

La selección de palabras determina el nivel de ceremonia, y viceversa. ¿Usted le diría a su jefe, "¿Q'hubo?" Claro que no. Pero usted puede hablarles de esa manera a sus amigos. Nosotros normalmente tomamos cuidado de usar el nivel apropiado de ceremonia cuando hablamos con alguien. Lo mismo debiera ser verdad cuando uno escribe. Los escritores tienen que decidir entre formal o informal cuando escriben, y ellos toman esta decisión basada en su audiencia y su propósito. El nivel de ceremonia puede abarcar lo muy informal, como la jerga, o lo muy formal, como lo ceremonial. Los escritores usan selección de palabras y estructura de oración para manipular el nivel de ceremonia. Aquí hay un ejemplo:

A: Fue muy chévere. Como sea, nunca he visto algo como eso antes. Tremenda película. Tienes que verla.

B: Realmente es una película impresionante. No es parecida a ninguna cosa que haya visto anteriormente. Definitivamente debieras verla.

Estas dos oraciones son drásticamente distintas en estilo y particularmente en nivel de ceremonia. Aunque las dos dicen lo mismo hay claramente una relación distinta para el lector. Desde la lección de palabras y estilo—las oraciones cortas, el lenguaje casual—podemos darnos cuenta de que el escritor del pasaje A tiene una relación más informal, más amable con el lector que el escritor del pasaje B.

La emoción del escritor en el pasaje A es mucho más transparente también porque el lenguaje es más informal y natural. Usted se hace la idea de que el pasaje A está dirigido a un amigo cercano, mientras que el pasaje B está dirigido a un colega o supervisor.

En su ensayo, asegúrese de escribir a un nivel de ceremonia apropiado. No use jerga, pero no sea excesivamente formal tampoco.

El tono consistente y apropiado

Un tono consistente y apropiado es otro elemento esencial de la escritura eficaz. Todo es la actitud comunicada por palabras. Piense, por ejemplo, en todas las maneras distintas de decir *hola* o *de acuerdo*. Es la manera en que uno dice la palabra que comunica tanto acerca de su significado.

Cuando usted escucha a los otros, es fácil escuchar el tono de su voz. Pero, ¿cómo establece usted el tono de la escritura?

Cuando usted habla, usted utiliza tono porque por rápido o por despacio que diga una palabra, o por fuerte o por suave lo diga, usa las expresiones faciales y el lenguaje corporal. Cuando escribe, sus lectores no pueden escuchar cómo sus palabras suenan. Y claro, no pueden ver sus expresiones faciales ni su lenguaje corporal. Pero usted puede escoger palabras, así como puntuación y estilo, para establecer tono. Por ejemplo:

Espere, yo vengo con usted.
¡Espere—yo vengo con usted!

Aquí, es la puntuación que cambia el tono. La primera oración es calmada y neutral. La segunda oración es emocional y entusiasmada.

Hay variedades infinitas de tono cuando no habla. De la misma manera, hay variedades infinitas de tono en la escritura. Aquí hay una lista de algunas de las palabras más comunes para describir tono:

alegre	*optimista*	*triste*	*lúgubre*
arrepentido	*crítico*	*sincero*	*insincero*
sarcástico	*irónico*	*juguetón*	*demandante*
mandón	*indiferente*	*ansioso*	*respetuoso*
irrespetuoso	*aprehensión*	*incierto*	*amenazante*
práctico	*sombrío*	*agradecido*	*molesto*
chistoso	*burlón*	*vencido*	*elevador*
tímido	*audaz*	*seguro*	*orgulloso*
inseguro	*bravo*	*descortés*	*pícaro*
elogioso			

Mientras escriba, seleccione palabras que comuniquen su tono deseado. Por ejemplo, si está describiendo un evento chistoso usted puede usar la frase bocabajo en vez de caótico o desorganizado. De la misma manera, si está describiendo un evento no placentero, usted puede usar la palabra tumultuoso para comunicar la misma idea.

La variedad de estructura de oración y las técnicas retóricas para énfasis

Un buen ensayo demostrará una habilidad de manipular la estructura de una oración y puntuación para efecto. La estructura de una oración es un elemento importante de estilo. Si todas sus oraciones tienen el mismo patrón, usted va a terminar con una escritura que es monótona y seca, como en el pasaje siguiente:

Ella es maestra. Ella vive en Montana. Ella tiene un rancho allí. Ella va a California bastante. Ella tiene familia allí. Ella tiene dos mascotas, un gato y un perro.

Es un poco aburrido, ¿no? Eso es porque todas las oraciones son cortas y comparten la misma estructura; todas empiezan con ella y tiene el mismo tipo de verbo. Esto es muy diferente de la estructura paralela. El paralelismo quiere decir usar un patrón de oración repetidamente para crear ritmo dentro de una oración o párrafo. Pero, este tipo de repetición crea monotonía y muestra una falta de flexibilidad en crear patrones de oraciones. Aquí está el mismo párrafo, modificado para mostrar variedad en la estructura de la oración:

Ella es una maestra y vive en un rancho en Montana con su gato y su perro. Como ella tiene familia en California, ella viaja allí frecuentemente.

Note que el párrafo es mucho más interesante ahora. Las siete oraciones han sido combinadas en dos, y solamente una oración empieza con ella. Muchas de las oraciones cortas han sido trastornadas en modificadores que hacen un patrón más variado de oración.

La estructura de la oración y la puntuación también se pueden ser usar para manipular énfasis. El mejor sitio para poner elementos de la oración que quiere enfatizar es al final. Lo que llega al final es lo que se queda en los oídos del lector.

Él es *alto, oscuro* y *guapo*. [El énfasis está en *guapo*. Si *alto* era la característica más importante, entonces eso debiera llegar al final.]

Ella es inteligente, responsable y tiene experiencia. [El énfasis está en tiene *experiencia*; si *inteligente* es la característica más importante, entonces eso debiera colocarse al final.]

Usted también puede usar un guión para separar parte de una oración para énfasis:

Él es alto, oscuro, guapo y casado.

Aquí el énfasis en el último elemento es marcado por el guión que hace resaltar el sentido de desilusión en la oración.

No se repita

En las oraciones, en general, menos es más. Menos palabras usted usa para comunicar su punto, mejor será. La redundancia es la repetición innecesaria de ideas. Muchas palabras a veces se usan cuando unas pocas pueden expresar la misma idea más clara y precisamente. Evite estas dos cosas mientras que usted escriba su ensayo.

El uso de demasiadas palabras y la redundancia típicamente tienen tres causas:

- El uso de palabras o frases innecesarias
  Redundante: cuando llegué a la casa color verde, viré hacia la izquierda.
  Correcto: cuando llegué a la casa verde, viré hacia la izquierda.
- La repetición innecesaria de sustantivos o pronombres
  Redundante: Rita ella no podía creer sus oídos.
  Correcto: Rita no podía creer sus oídos.
- El uso de frases con muchas palabras en vez de adverbios
  Demasiadas palabras: ella habló en una manera que convencía mucho.
  Conciso: ella habló convincentemente.
- No tenga falta de detalles, pero trate de no gastar palabras.

Paso seis: corrija seis con cuidado sexto

En el proceso de escritura de seis pasos, el sexto paso es repasar y modificar. ¿Cuál es exactamente es la diferencia entre modificar y editar?

Modificar quiere decir leer su ensayo con cuidado y hacer cambios para mejorarlo. Modificar se enfoca en mejorar el **contenido**—lo que usted dice— y **estilo**—, *como* lo dice. En otras palabras, cuando usted modifica, usted se concentra en el ensayo entero: sus ideas y como usted las organizó y las presentó en su ensayo. Editar tiene que ver con **gramática**—oraciones correctas; **mecánica**—ortografía y puntuación; y **uso**—el uso correcto de palabras y modismos.

Editar es muy importante; su escritura debe ser tan clara y correcta como posible. Pero por lo general, no es lógico modificar cada oración solamente para darse cuenta de que tiene que escribir de nuevo varios párrafos.

Pero—y esto es un gran pero—la guía es un poco distinta en un examen de ensayo con límite de tiempo, especialmente cuando hay poco tiempo. Como su tiempo está limitado, usted debiera repasar todo antes de escribir, mientras que está haciendo su esquema para su ensayo. Mientras usted hace su esquema, asegúrese de tener una tesis clara que se dirige al tema de discusión, respaldo suficiente, y organización lógica. Puede ser que no tenga tiempo para volver a escribir párrafos o añadir nuevos párrafos. Por eso es crucial hacer un esquema con cuidado. Sin embargo, es probable que tenga unos cuantos minutos para cambiar el orden de palabras, cambiar palabras y corregir errores de ortografía. Éste es el último paso que permitirá que sus ideas se comuniquen más claramente para sus lectores.

► Ensayo de ejemplo

Usted ha visto las ideas y el esquema para el tema de buenos vecinos. Ahora, aquí está el ensayo completo. Este ensayo calificaría un como "6" en la Parte II del examen lenguaje, escritura.

Dondequiera que usted viva, tendrá vecinos. Los vecinos que tendrá puede hacer una gran diferencia en que tan feliz será. Yo soy dichoso de tener algunos vecinos maravillosos. Los que viven al lado de mí son amables y serviciales; respetan los límites.

Los vecinos amables ayudan a hacer agradable el sitio donde uno vive. Los vecinos que no son amables normalmente no le hacen daño a usted daño, pero no lo hace sentirse bien tampoco. Un vecino amable lo hace sentirse bienvenido. Por ejemplo, nuestros vecinos, el señor y la señora Del Río y sus hijos, son muy amables. Cuando los vemos, ellos nos saludan alegremente y nos preguntan cómo estamos. Muchas veces ellos conversan con mis padres; y cada Navidad, la señora y su hija nos traen galletas hechas a mano. Ellos nos hacen sentir como si ellos estuvieran contentos de tenernos al lado.

Los buenos vecinos no sólo son amables; también son serviciales. Si a nosotros se nos acaba el azúcar mientras estemos preparando algo o necesitamos un juego más para una receta, nosotros sabemos que podemos ir a casa de los Del Río o casa de otros vecinos, los Hernández. El señor Hernández es particularmente servicial con mi papá. Y papá no tiene muchas herramientas, pero el señor Hernández sí; y el siempre está dispuesto a prestárselas a mi papá. El también ayuda a mi papá con proyectos de vez en cuando, como arreglar el techo en la casa del perro. Muchas veces nos hemos quedado con la señora Del Río mientras que nuestros padres estaban fuera de casa.

Quizás el aspecto más importante de ser un buen vecino es respetar los límites. Yo pienso que muchos de nosotros podríamos vivir con nuestros vecinos que no son amables y que nunca ofrecen ayudarnos. Pero muy pocos de nosotros podríamos tolerar a vecinos que no respetan ni nuestra propiedad ni nuestra privacidad. Nuestros antiguos vecinos por ejemplo entraban y sacaban

juguetes o herramientas de nuestro garaje sin pedir permiso. A veces tendríamos que ir a su casa y pedir nuestras cosas porque no las habían devuelto. Peor aún, los vecinos de mi tío Andy eran muy chismosos. Ellos se involucraron en el divorcio de Andy e hicieron la experiencia más complicada y dolorosa para todos. Es difícil encontrar a buenos vecinos como los míos. Yo espero siempre tener vecinos como los Del Río y los Hernández. Ellos son amables, saben cuándo ayudar, y respetan nuestra propiedad y nuestra privacidad.

16▶ La estructura de la oración

La estructura de una oración se refiere a la manera en que colocamos las palabras dentro de la. En el Capítulo 11 hablamos de las unidades estructurales de las oraciones: sujeto, predicado, complementos, cláusulas dependientes e independientes, límites entre oraciones, partes del discurso y estructuras paralelas.

APROXIMADAMENTE UN TERCIO de las preguntas en la Parte I tratarán de la estructura de las oraciones. Estas son algunas sugerencias para responder a ese tipo de pregunta de manera correcta:

1. Detectar las palabras que producen relaciones o conexiones como: conjunciones subordinantes y adverbios conjuntivos. Estas palabras ayudan a determinar las relaciones entre las ideas y muestran los límites de las oraciones y dónde debe colocarse la puntuación.
2. Observar cuidadosamente el orden de las palabras. ¿Aparecen los modificadores o calificadores cerca de lo que modifican o califican?
3. Detectar patrones gramaticales. ¿Hay (o debe haber) un orden de estructura paralela en la oración?
4. Analizar la combinación posible de las oraciones. ¿Pudieran organizarse las oraciones de manera más efectiva?

5. Si sospecha la ineficacia de algún fragmento, intente aislarlo para ver si tiene significado por sí solo. Si no lo tiene, es posible que sea necesario combinarlo con otra oración o simplemente volver a escribirlo.

6. Si sospecha que hay alguna oración escrita de corrido, deténgase en cada cláusula. ¿Se trata de cláusulas independientes? De ser así, ¿se utilizan los signos de puntuación o las palabras de conexión suficientemente fuerte en cada caso?

▶ El uso gramatical

Otro tercio de las preguntas de la Parte I tratará del uso gramatical: las leyes que gobiernan la forma de las palabras que usamos y cómo las colocamos y enlazamos dentro de las oraciones. En el Capítulo 12 se resumieron las leyes básicas del uso gramatical que serán esenciales para un buen examen. Éstas son algunas sugerencias para responder a las preguntas sobre el uso gramatical:

Los verbos

Como los verbos son la fuerza motriz de cada oración, y como los verbos pueden adoptar formas tan variadas, puede estar seguro de que muchas de las preguntas sobre el uso gramatical tratarán de los verbos.

Algunas sugerencias para su preparación:

1. Aprenda de memoria las *formas verbales irregulares*.
2. Recuerde que se debe mantener un balance temporal entre las formas verbales.
3. Tenga en cuenta la conjugación correcta del verbo según el modo y el tiempo y su concordancia con el sujeto.

4. Asegúrese de que los verbos auxiliares brinden el significado correcto.
5. Use los infinitivos y gerundios correctamente.

La concordancia

Es importante recordar que la oración funciona como una balanza, con el sujeto a un lado y los verbos al otro, o con los antecedentes de pronombres a un lado, y los pronombres al otro. Ambos grupos de elementos deben coincidir o coordinar con su pareja según el género y el número.

La ortografía, puntuación uso de las mayúsculas

Cerca de un cuarto de las preguntas de la Parte I tratarán de ortografía, de puntuación y del uso de las mayúsculas. En el Capítulo 13 se resumieron las leyes que gobiernan estos mecanismos; se habló sobre el concepto de homófonos, y se explicaron las reglas de acentuación. A continuación aparecen algunas sugerencias específicas en cuanto a estos aspectos:

La puntuación

Es preciso recordar que la puntuación sirve para delimitar oraciones, mostrar la relación entre las ideas, brindar un tono específico o introducir emociones al texto, y aclarar el significado. Cada signo de puntuación posee una función específica y sólo debe ser utilizado en situaciones específicas. Memorice los usos de cada signo de puntuación. Estas son algunas sugerencias para su aprendizaje:

1. Preste atención al uso de los signos mientras lee. Si conoce las reglas, es recomendable ponerlas a prueba cada vez que realiza una lectura. A mayor práctica, más fácil será recordar su uso.

2. Escriba sus propias oraciones usando todas las reglas de puntuación. Observe cómo los signos pueden cambiar el significado de las oraciones.

3. Trate de enseñarle las reglas de puntuación a otra persona.

El uso de las mayúsculas

La materia de mayúsculas, pregúntese a sí mismo si la palabra en cuestión trata de algo específico o general. Si se trata de una persona, lugar u objeto específico, es probable que se escriba con mayúscula. Recuerde que, en cuanto a este aspecto, *específico* significa *particular* o *individual*, no *detallado*. Por ejemplo, un caniche es un tipo específico de perro, pero no lleva mayúscula porque no se refiere a un perro (individual o particular) específico. *Rover*, sin embargo, se escribe con mayúscula porque es un perro específico (particular, individual).

▶ La organización

Una menor parte de las preguntas de la Parte I tratará de la organización: cómo el autor ordena sus ideas. El Capítulo 14 trató de la estructura de la composición, la efectividad del párrafo y las transiciones. Cuando responda a una pregunta sobre la organización, debe tener en cuenta los consejos siguientes:

1. Identifique el método organizativo que se sigue. ¿Cómo se organizan las ideas en el párrafo? Luego considere lo siguiente: ¿hay alguna oración o párrafo que se aleje de este método?

2. Identifique la idea central del párrafo o el pasaje. ¿Qué mantiene la unidad de las ideas en el párrafo o pasaje? ¿Hay alguna oración temática que exprese esta idea central? Luego observe si hay alguna oración (o algún fragmento) que no se adecue a la idea central.

3. Busque las transiciones dentro del párrafo o pasaje. ¿Hay transiciones precisas y sólidas que conecten las ideas entre sí? ¿Se haría este párrafo o pasaje más efectivo (o más apropiado) si se le insertaran transiciones?

IV ▶ GED examen del lenguaje, lectura

E N ESTA PARTE, usted aprenderá acerca del GED examen de lenguaje, lectura. Usted sabrá cómo es el examen, qué tipos de pasajes y preguntas esperar y cómo enfrentarse a esas preguntas. Usted también repasará los géneros y los elementos de literatura y las habilidades fundamentales de la comprensión de lectura que usted necesitará para salir bien en este examen.

Antes de empezar este capítulo, tome unos cuantos minutos para hacer la prueba siguiente. Las preguntas y los pasajes son del mismo tipo que usted encontrará en el GED examen de lenguaje, lectura. Cuando usted termine, revise la clave de respuestas con cuidado para evaluar sus resultados. Su calificación en esta prueba lo ayudará a determinar cuánta preparación usted necesite y los campos en que usted necesite más práctica.

▶ Prueba: GED examen de lenguaje, lectura

Instrucciones: Lea los pasajes siguientes con cuidado. Escoja la mejor respuesta para cada pregunta.

Usted tendrá aproximadamente 15 minutos para completar estas pruebas. Grabe sus respuestas en la hoja de respuestas dada aquí.

Nota: En el GED, no se permite escribir en la libreta de examen. Haga sus notas en una hoja de papel separado.

Hoja de respuestas

1. ⓐ ⓑ ⓒ ⓓ ⓔ
2. ⓐ ⓑ ⓒ ⓓ ⓔ
3. ⓐ ⓑ ⓒ ⓓ ⓔ
4. ⓐ ⓑ ⓒ ⓓ ⓔ
5. ⓐ ⓑ ⓒ ⓓ ⓔ
6. ⓐ ⓑ ⓒ ⓓ ⓔ
7. ⓐ ⓑ ⓒ ⓓ ⓔ
8. ⓐ ⓑ ⓒ ⓓ ⓔ
9. ⓐ ⓑ ⓒ ⓓ ⓔ
10. ⓐ ⓑ ⓒ ⓓ ⓔ

Los preguntas 1–5 se refieren al poema siguiente.

¿Cómo se siente el orador sobre las águilas?

El águila

(1)　Él agarra el peñasco, con manos jorobadas;
　　Cerca del sol en tierras solitarias,
　　Rodeado con el mundo azul, él se para.

　　El mar arrugado debajo de él se arrastra;
(5)　Él mira desde sus paredes montañosas,
　　Y como un relámpago él cae.
　　　　　—Alfred Lord Tennyson, "El águila" (1851)

1. El "él" al cual se refiere el orador en el poema es
a. el poeta.
b. el orador.
c. un águila.
d. un hombre en una montaña.
e. el lector.

2. En la línea 6, el orador compara el águila a un relámpago. Esta comparación sugiere que el águila
a. le pegó un relámpago.
b. es tan poderosa como un relámpago.
c. es tan ruidosa como un relámpago.
d. está volando durante una tormenta.
e. está fuera de control.

3. La meta del poeta es
a. hacer que lector sa sienta tan solo como el águila.
b. pintar un cuadro detallado de un águila en una montaña.
c. comunicar el poder y la magnificiencia de las águilas.
d. convencer al lector para que participe en la protección de una especie en peligro de extinción.
e. echar un cuento sobre un águila especial.

4. La línea 6 nos dice que la águila "cae" de la montaña. El águila más probablemente
a. se está cayendo porque le pegó un relámpago.
b. está muriendo.
c. va a buscar otra águila.
d. va hacia el mar donde no va a estar tan cerca del sol.
e. se está casando con un animal que vio desde la montaña.

5. Si el poeta pudiera pertenecer a una organización contemporánea, ¿a cuál grupo se uniría?
   a. NAACP (Asociación Nacional Para el Adelanto de las Minorías)
   b. WWF (Conservación de la Naturaleza)
   c. La Organización Nacional de los Derechos Humanos
   d. El Club Internacional de los Escaladores de Montaña
   e. La Sociedad Vegetariana

Las preguntas números 6–10 se refieren al extracto siguiente.

¿Por qué está John Wade molesto?

(1) A finales de noviembre de 1968 John Wade extendió su gira por un año más. No era una decisión con significado. Después de lo que pasó en Thuan Yen, él había perdido el sentido

(5) de alguna parte de sí mismo que lo definía. No podía sacarse del pantano. "Es una decisión personal," él escribió a Kathy. "A lo mejor algún día podré explicarlo, pero ahora mismo no puedo irme de este sitio. Tengo que hacer unas

(10) cuantas cosas; o si no, nunca llegaré a casa. No de la manera correcta."

La respuesta de Kathy, cuando al fin llegó, fue enigmática. Ella lo quería. Ella esperaba que no fuera para avanzar su carrera.

(15) Durante los próximos meses John Wade intentó lo mejor posible para aplicar el truco de olvidar. Se concentró en ser soldado. Ascendió rangos dos veces: primero a *spec four* y después a sargento *buck*; y con el tiempo aprendió a

(20) comportarse con una dignidad modesta bajo el fuego. No era valor, pero al menos era un principio. En la primera semana de diciembre, recibió una herida bastante fea en las montañas al oeste de Chu Lai. Un mes después recibió

(25) media libra de metralla en los muslos y la espalda posterior. El necesitaba el dolor. Él necesitaba reclamar su propia virtud. A veces se apresuraba para confrontar el peligro, encabezando la patrulla de noche que eran

(30) actos de borrar, una manera de enterrar un error muy grande bajo el peso de muchos horrores pequeños.

A veces el truco casi trabajaba. A veces él casi se olvidaba.

(35) En noviembre de 1969 John Wade regresó a casa con muchas decoraciones. Cinco meses después se casó con Kathy en una ceremonia al aire libre, con globos rosados y blancos meneándose de los árboles, y casi antes de las

(40) Pascuas se mudaron a un apartamento en Minneapolis.

"Seremos felices," dijo Kathy, "Yo lo sé." John se rió y la llevo adentro.

—Tim O'Brien
de *En el Lago de los Bosques* (1994)

6. John Wade extiende su giro en Vietnam porque
   a. él tiene que servir otro año.
   b. él está buscando algo que perdió.
   c. él no quiere ver a Kathy.
   d. él necesita reconciliarse con algo que él ha hecho.
   e. él necesita sanar de sus heridas físicas.

7. Después de extender su giro, John Wade a veces "se apresuraba para confrontar el peligro" (28). Él hace esto porque
   a. él quiere morir.
   b. él espera que lo ayudará a olvidar.
   c. él piensa que él es invencible.
   d. én espera subir de rango.
   e. él quiere que Kathy piense que él es valiente.

8. El extracto nos dice que John Wade "intentó lo mejor posible para aplicar el truco de olvidar" (16–17) y que "a veces el truco casi trabajaba. A veces él casi se olvidaba" (33–34). ¿Cuál es lo que John se está tratando de olvidar?
   a. Kathy, porque su amor por ella lo distrae de ser soldado
   b. sus planes de carrera, porque puede ser que no vuelva a casa
   c. algo horrible que tuvo lugar en Thuan Yen
   d. algo horrible que él hizo en Chu Lai
   e. algo horrible que le pasó a él cuando era niño

9. Kathy le dice a John, "Seremos felices . . . Yo lo sé." El extracto sugiere que
   a. John ha sanado física y emocionalmente, y que Kathy tiene razón.
   b. John ha sanado físicamente, pero no emocionalmente.
   c. Kathy se está mintiendo a sí misma y no quería casarse con John.
   d. Kathy está preocupada de que John verdaderamente no la quiera.
   e. Kathy sabe que John no puede ser feliz sin ella.

10. El extracto sugiere que leer este cuento nos puede ayudar a
   a. saber qué hacer es si estamos en una situación de combate.
   b. entender lo difícil que es tener un matrimonio feliz.
   c. damos cuenta de que a veces las cosas malas son mejor olvidadas.
   d. entender la importancia del valor en el combate.
   e. entender la experiencia de los veteranos de Vietnam.

▶ **Respuestas**

1. **c.** El poema describe un águila sentada encima de una montaña. Aunque la palabra águila no aparece en el poema, es el título del poema, indicándoles a los lectores que las líneas que siguen tratarán de un águila. El título elimina el poeta (opción **a**), el orador del poema (opción **b**) y el lector (opción **e**) como respuestas. Es posible que las líneas puedan estar describiendo a un hombre (opción **d**), pero el título hace claro que el poema trata de un águila.

2. **b.** Este símil sugiere el poder del águila. Los relámpagos son poderosos, una fuerza de la naturaleza más allá del control humano. Comparando el vuelo determinado de un águila cayendo hacia el mar, el poeta captura el poder del ave. El orador no nos dice que al águila le pegó un relámpago (opción **a**); él compara el pájaro a un relámpago. Los relámpagos son ruidosos (opción **c**), pero la comparación tiene que ver son el águila que cae (vuela) y lo ruidosa que es; entonces, **c** es incorrecta. No hay evidencia de una tormenta en el poema; entonces la opción **d** es incorrecta. La rima y el metro del poema y el sentido de propósito comunicado en la línea 5 sugiere que el águila volará cuando esté lista, cuando persiga a su presa. Nos sugiere que el padre está fuera de control; entonces la opción **e** es incorrecta.

3. c. La lección de palabras del poema comunica el sentimiento del poder y la magnificiencia del águila. El águila está "coronada con el mundo azul" como si tuviera una corona; la frase "él se para" está puesta aparte para sugerir su poder y el hecho de que él está aparte de los otros en su poder y belleza. El águila es comparada a un relámpago, una fuerza de naturaleza poderosa. La opción **a** es incorrecta porque aunque el orador menciona que el pájaro vive en tierras solitarias, el tono del poema no comunica un sentimiento de soledad. El enfoque está en las acciones del águila. La opción **b** es incorrecta porque se describen pocos detalles sobre la apariencia del águila su ambiente, pero no sabemos cómo se ve el águila. La opción **d** es incorrecta se describen porque no hay ningún atentado de convencer a los lectores para que se involucren en salvar especies en peligro de extinción. La apreciación de las águilas puede llevar a alguien a involucrarse, pero eso no es la meta del poema. El poema tampoco echa un cuento—hay muy poca acción y no hay conflicto—entonces la opción **e** es incorrecta.

4. e. La línea 5 declara que el águila "mira de sus paredes de montaña." Esto sugiere que está buscando algo, a lo mejor una presa, y está esperando el momento apropiado para caer hacia el mar. La opción **a** es incorrecta porque no hay sugerencia de una tormenta; el relámpago sólo tiene valor de comparación. La opción **b** es incorrecta porque no hay evidencia de que la águila se esté muriendo. Hay varios verbos activos en el poema que comunican la fuerza del águila. No hay evidencia de que el águila esté buscando otra águila (opción **c**) o que él sólo quiere alejarse del sol (opción **d**). Como él cae "como un relámpago," hay sugerencia de un propósito definido en la acción del águila.

5. b. El poema comunica un respeto para las águilas, sugiriendo que al poeta le importan mucho los animales. La organización a la cual más probablemente pertenecería es la WWF. El poema no comunicalos sentimientos del poeta sobre los derechos civiles, los derechos humanos, el escalar montañas o el comer carne; entonces las opciones **a**, **c**, **d** y **e** son incorrectas.

6. d. El primer párrafo revela que John Wade necesita reconciliarse con algo que él ha hecho. Las líneas "después de lo que pasó en Thuan Yen, él perdió el sentido de una parte de sí mismo que lo definía" y su carta a Kathy ("es una decisión personal . . . ahora mismo no puedo irme de este sitio. Tengo que hacer unas cosas; o sí no nunca llegaré a casa. No de la manera correcta.") nos dicen que él estaba involucrado en algo sumamente perturbador en Thuan Yen. Es claro del primer párrafo que él decidió extender su gira; entonces la opción **a** es incorrecta. El está buscando algo perdido, pero solamente metafóricamente, no físicamente; entonces la opción **b** es incorrecta. No hay evidencia de que quiera ver a Kathy; entonces la opción **c** es incorrecta. Él no recibe sus heridas hasta que haya extendido su giro; entonces la opción **e** también es incorrecta.

7. b. La oración dice, " A veces se apresuraba para confrontar el peligro, encabezando la patrulla de noche que eran actos de borrar, una manera de enterrar un error muy grande bajo el peso de muchos horrores pequeños." El gran horror es lo que ocurrió en Thuan Yen; entonces, él confronta el peligro para enterrar (olvidar) ese horror. La opción **a** es incorrecta porque no hay evidencia de que él quiera morir; él estaba tratando de olvidar, no ser matado. El buscaba dolor, pero no la muerte. La opción **c** es incorrecta porque el pasaje sugiere que él era un poco cobarde: "con el tiempo aprendió a comportarse con una dignidad modesta bajo el fuego. No era valor, pero al menos era un principio." No hay evidencia de que él estuviera buscando subir de rango; entonces la opción **d** es incorrecta. El subió de rango porque él "puso atención a ser soldado" como una manera de olvidar. No hemos sugerencia de que él está tratando de hacer una buena impresión con Kathy, entonces opción **e** es incorrecta.

8. c. La clave principal viene de las líneas que dicen: "Después de lo que pasó en Thuan Yen, él perdió sentido de alguna parte de sí mismo que lo definía. Él no podía sacarse del pantano." Este evento es lo que lo hace tratar de olvidar, para poder llegar a casa "de la manera correcta." No hay evidencia de que él esté distraído por Kathy; entonces la opción **a** es incorrecta. La opción **b** es incorrecta porque el pasaje no trata de sus planes de carrera aparte del comentario breve de Kathy que ella espera que su gira extendida no sea para avanzar su carrera. La opción **d** es incorrecta porque en Chu Lai recibió su herida en diciembre; esto es un mes después que el extendió su gira para tratar de olvidar. No hay evidencia de que él esté tratando de olvidarse de algo de su niñez; entonces la opción **e** también es incorrecta.

9. b. Ciertas líneas nos dicen que "a veces el truco casi trabajaba. A veces él casi se olvidaba." Esto sugiere que él no fue capaz de olvidarse; no fue capaz de sanar. Esto, en turno, sugiere que John todavía estaba emocionalmente perturbado y que él y Kathy podrían tener un matrimonio difícil. La opción **a** es incorrecta. El pasaje nos dice que Kathy quería a John y no hay evidencia de que ella se esté mintiendo a sí misma, que ella tenga miedo de que él no la quiera, que él no pueda ser feliz sin ella. Las opciónes **c**, **d** y **e** son incorrectas.

10. **e.** El extracto trata de un soldado de Vietnam que vive algo horrible durante la guerra y tiene dificutad en reconciliarse con lo que ha visto y lo que ha hecho. No hay consejos sobre cómo comportarse en una situación de combate; entonces la opción **a** es incorrecta. El extracto termina en el día de su matrimonio; entonces la opción **b** es incorrecta. El extracto sugiere que John necesita aceptar lo que ha pasado, no olvidarlo; entonces la opción **c** es incorrecta. El enfoque en el extracto está en el dolor de John (de hecho, no hay detalles sobre las batallas); entonces la opción **d** también es incorrecta.

▶ La evaluación de la prueba

¿Cómo calificó usted en su prueba? Si usted contestó a siete o más preguntas correctamente, usted ha ganado el equivalente de una calificación aprobatoria en el examen de lectura. Pero acuérdese de que esta prueba tiene solamente 10 preguntas. En el examen de lectura, usted tendrá que contestar a 40 preguntas sobre textos de una gran variedad de géneros y períodos de tiempo. Aunque haya calificado bien en esta prueba, lea a los capítulos siguientes con cuidado. Use la prueba para ayudarlo a determinar dónde necesita enfocar sus esfuerzos de estudio.

17 ▶ Presentación del GED examen del lenguaje, lectura

En este capítulo, usted aprenderá acerca del examen de lectura, incluyendo qué tipo de preguntas y pasajes de lectura esperar.

▶ Qué esperar en el examen de lectura

El GED Examen de Lenguaje, Lectura prueba su habilidad de entender textos literarios y no ficción. A usted le pedirá que lea estos textos y luego contestar a 40 preguntas de opción múltiple sobre esos pasajes. Un cuarto (25%) de esas preguntas serán basadas en pasajes no ficción; el otro 75% será basado en textos literarios, incluyendo cuentos, poemas y obras teatrales. Usted tendrá 65 minutos para este examen.

Tipos de pasajes

Los pasajes de lectura en el GED, menos poemas, son típicamente entre 300–400 palabras. Muchos de estos pasajes serán extractos de obras grandes. Cada examen incluye:

- un *poema* de 8–25 líneas
- un extracto de una *obra teatral*

- un *comentario* sobre las artes (sobre una experiencia de arte visual, como una película, exposición del museo o cuadro)
- un *documento relacionado al negocio* (como un extracto de un manual de empleado)
- uno o más extractos de ficción (novelas y cuentos) y prosa no ficción (ensayos, editoriales/artículos, autobiografía/memorias)

Los pasajes incluyen literatura de una gama amplia de períodos históricos y movimientos literarios. Usted puede esperar textos de tres distintas épocas:

- pre-1920 (literatura clásica)
- 1920–1960 (literatura moderna)
- 1960–presente (literatura contemporánea)

Los pasajes en el examen de lectura son cuidadosamente escogidos para reflejar una rica diversidad de escritores y temas en la literatura. Por ejemplo, su examen puede incluir un poema por un indígena americano, un extracto de una historia escrita por una mujer china americana y un extracto de una obra teatral sobre la guerra civil en África.

La literatura definida

Técnicamente, el término **literatura** quiere decir *cualquier texto escrito o publicado*. Esto puede incluir todo desde una obra clásica *Huckleberry Finn* de Mark Twain a su última lista de compra. Claro, a muchos de nosotros no nos gusta leer nuestra lista de compra al lado de una fogata o darle un manual de computadora a un amigo como regalo de cumpleaños. Estos textos sirven una función, pero no nos proveen necesariamente con el placer de un texto literario.

Los **textos literarios** son fundamentalmente distintos de los **textos funcionales**. Los textos literarios son valorados por:

- el mensaje que comunican
- la belleza de su forma
- su impacto emocional

Mientras un texto funcional pueda tener un mensaje práctico y comunicar información importante o útil, típicamente no comunica un mensaje sobre los valores o la naturaleza humana como hacen los textos literarios. También, un texto funcional normalmente sigue un formato estandarizado y tiene muy poco impacto emocional.

Generalmente uno piensa en **ficción** (cuentos inventados) cuando no piensa en textos literarios, pero los textos literarios también pueden ser no ficción (cuentos verdaderos). Por ejemplo, la autobiografía de Maya Angelou, *Sé por qué la Ave Caged Canta*, es literario, no funcional, aunque es la verdadera historia de su vida. Asimismo, "El Cuchillo," un ensayo por Richard Selzer, describe sus verdaderas experiencias y reflexiones como cirujano. Su asombro con la belleza y la complejidad del cuerpo humano y la belleza de sus descripciones y su estilo lo hacen innegablemente un texto literario.

Géneros literarios

Hay muchos distintos tipos o géneros de literatura. En el examen de lectura usted puede esperar literatura de estos géneros:

Ficción:

- novelas
- cuentos
- poemas
- drama

No ficción:

- autobiografía/memorias
- ensayos
- comentario sobre las artes
- documentos sobre los negocios

Estadísticas de examen

- 65 minutos
- 40 preguntas
- 7–9 pasajes de lectura
- 4–6 preguntas por pasaje
- 5–7 pasajes literarios
- 2–3 textos de no ficción (opcional)

El 75% de los pasajes en el examen de lectura se describen como "literario" y 25% como "no ficción." Claro, los textos de no ficción también pueden ser literarios. El no ficción al cual se refieren aquí es el comentario sobre las artes y los documentos relacionados a los negocios. Cada examen tendrá de siete a nueve pasajes, con cuatro a seis preguntas para cada pasaje. Cinco a siete de sus pasajes serán literarios (uno o más poemas, extractos de obras teatrales, y extractos de cuentos o novelas, y posiblemente uno o más extractos de texto literario no ficción como autobiografías o ensayos). Dos o tres de sus pasajes serán no ficción funcional (comentario y documentos sobre los negocios).

Tipos de preguntas

Hay cuatro tipos de preguntas de opción múltiple en el examen de lectura:

1. **Preguntas de comprensión** (**20%**) prueban su entendimiento básico de lo que haya leído. Pueden pedirle que declare de nuevo la información, que haga resumen de ideas, que identifique datos o detalles específicos, que saque conclusiones básicas sobre la información presentada, o que identifique las implicaciones de las ideas que acaba de leer. Por ejemplo, la pregunta 1 del examen preliminar es una pregunta de comprensión:

   El "él" al cual se refiere el orador en el poema es
   a. el poeta.
   b. el orador.
   c. un águila.
   d. un hombre en una montaña.
   e. el lector.

2. **Preguntas de análisis (30–35%)** prueban su habilidad para desglosar información y explorar relaciones entre ideas (una idea principal y un detalle de respaldo); distinguir entre opinión y hecho; comparar y contrastar cosas e ideas; reconocer una suposición no declarada; identificar relaciones de causa y efecto; y hacer deducciones básicas. Por ejemplo, la pregunta 7 del examen preliminar es una pregunta de análisis:

Después de extender de su gira, John Wade a veces "se apresuraba para confrontar el peligro" (línea 28). Él hace esto porque

a. él quiere morir.

b. él espera que lo ayude a olvidar.

c. él se cree invencible.

d. él espera que lo ayude a recibir otro ascenso.

e. él quiere que Kathy piense que él es valiente.

3. **Preguntas de síntesis (30–35%)** le piden a usted que desarrolle teorías y hipótesis sobre los textos. Al hablar de la comprensión de lectura, esto es esencialmente una extensión de la habilidad de hacer deducciones. Las preguntas pueden pedirle a usted que determine el propósito del autor por el intento que deduzca la causa y el efecto, el autor o un personaje reciente sobre un tema relacionado, o que determine el efecto de una técnica particular. Por ejemplo, la pregunta 3 del examen preliminar es una pregunta de síntesis:

La meta del poeta es

a. hacer que el lector se sienta tan solo como el águila.

b. pintar un cuadro detallado de un águila en una montaña.

c. comunicar el poder y magnificiencia de las águilas.

d. convencer al lector para que participe en la protección de una especie en peligro de extinción.

e. echar un cuento sobre un águila especial.

4. **Preguntas de aplicación (15%)** le piden a usted que use las ideas de un pasaje en un contexto distinto. Por ejemplo, la pregunta 5 del examen preliminares una pregunta de aplicación:

Si el poeta pudiera pertenecer a una organización contemporánea, ¿a cuál grupo se uniría?

a. NAACP (Asociación Nacional Para el Adelanto de las Minorías)

b. WWF (Conservación de la Naturaleza)

c. La Organización Nacional de los Derechos Humanos

d. El Club Internacional de los Escaladores de Montaña

e. La Sociedad Vegetariana

Para salir bien en el examen del lenguaje, lectura del GED requiere habilidades sólidas de comprensión de lectura y un entendimiento de los tipos y elementos de la literatura. Los otros capítulos en esta parte repasarán las estrategias de comprensión de lectura, los elementos de cada uno de los tipos de pasajes que usted encontrará en el examen, y los consejos específicos para entender cada tipo de texto.

18▶ Estrategias para la comprensión de lectura

Leer, como escribir, es basado en unas cuantas habilidades fundamentales. Este capítulo repasa cinco estrategias esenciales para la comprensión de lectura, incluyendo encontrar idea principal y sacar conclusiones lógicas del texto.

PARA ENTENDER LO QUE LEE, usted usa una combinación de habilidades que juntas lo permite que obtenga el significado de un texto. Estas habilidades pueden ser agrupadas en cinco estrategias esenciales para la comprensión de lectura:

1. Determinar la idea o tema principal
2. Identificar detalles y datos de apoyo específicos
3. Distinguir entre opinión y hechos
4. Hacer deducciones
5. Identificar relaciones de causa y efecto

► Determinar la idea o tema principal

Los exámenes de comprensión de lectura estandarizados siempre tienen preguntas sobre la idea principal del pasaje. Pero, ¿qué es una idea principal y por qué es tan importante? ¿Y cuál es la diferencia entre la idea principal y el contenido?

Muchas veces los estudiantes confunden la idea principal o el tema de un pasaje con su contenido. Pero son dos cosas muy distintas. El **contenido** de un pasaje indica de qué trata el pasaje. La **idea principal** y el **tema** indican qué el escritor quiere decir sobre ese contenido. Por ejemplo, diremos más acerca del poema que usted leyó en el examen preliminar, "El águila":

El águila

Él agarra el peñasco, con manos jorobadas;
Cerca del sol en tierras solitarias,
Rodeado con el mundo azul, él se para.

El mar arrugado debajo de él se arrastra;
Él mira desde sus paredes montañosas,
Y cómo un relámpago él cae.

—Alfred Lord Tennyson, "El águila" (1851)

El poema *trata de* un águila; entonces, un águila es el contenido del poema. Pero ese no es el tema del poema. Las ideas principales y temas deben expresar una actitud o una idea; necesitan decir algo sobre su contenido y debieran declararse en oraciones completas.

Contenido: de qué trata el pasaje
Idea principal: los datos, los sentimientos o los pensamientos que un escritor quiere comunicar sobre su contenido
Tema: el impacto emocional, la idea o el significado general de una obra de ficción, poesía o drama

La idea principal y los temas son tan importantes porque ellos son la parte esencial del texto. La idea principal o el tema es lo que junta todas las ideas en el pasaje. Es el punto principal del escritor. Es la razón por la cual el escritor escribe en primer lugar: para expresar esta idea. En "El águila," la acción y selección de palabras en el poema revelan cómo el poeta se siente sobre su contenido. La imagen de una noble águila parada en el peñasco de una montaña y de pronto cayendo en picado hacia el mar captura el respeto del escritor para esta ave maravillosa. La reverencia para el poder y la belleza del águila es el tema del poema.

Para juntar todas las ideas en el pasaje una idea principal o tema tiene que ser suficientemente general. O sea, tiene que ser suficientemente amplia para que todas las otras ideas en el pasaje puedan caber, como gente debajo de un paraguas. Por ejemplo, mire las opciones siguientes para el tema de "El águila":

a. Las águilas frecuentemente viven en las montañas.

b. Las águilas pueden caer del cielo rápidamente.

c. Las águilas son aves poderosas y majestuosas.

La única respuesta que puede ser correcta es **c**, porque esto es la idea que abarca el poema entero. Es lo que junta todas las ideas en el poema. Las opciones **a** y **b** no son suficientemente específicas para ser el tema. También, no expresan ni sentimientos ni actitud. Sólo declaran hechos específicos.

Encontrar la idea principal en no ficción

Muchos textos de no ficción siguen un patrón muy básico de **idea general → apoyo específico**. Es decir, el escritor declara la idea principal que él quiere comunicar sobre el contenido y después apoya la idea, típicamente en forma de detalles y datos específicos. Este formato se puede ver en el diagrama siguiente:

Idea principal
(Afirmación general sobre el tema)

Idea sustentadora
(hecho o detalle específico)

Idea sustentadora
(hecho o detalle específico)

Idea sustentadora
(hecho o detalle específico)

En el párrafo siguiente, por ejemplo, note como la primera oración declara una idea principal (hace una declaración general sobre las cámaras de vigilancia). El resto del párrafo provee datos y detalles específicos para mostrar por qué esta declaración es verdadera:

Las cámaras de vigilancia pueden proveer servicios inmensamente importantes. En primer lugar, nos pueden ayudar a encontrar a los que cometen crímenes, como ladrones, secuestradores, vándalos y hasta asesinos. Además, pueden servir como un elemento poderoso para disuadir el crimen. Un ladrón que piensa a robar un carro puede pensar dos veces si él sabe que va a ser capturado en video. Una mujer que desea secuestrar a un niño puede abandonar sus planes si ella sabe que será capturada en video.

Esta idea principal → Estructura de apoyo trabaja en dos niveles: para el texto en su totalidad y para cada parte individual o párrafo dentro del texto.

Distinguir las ideas principales de las ideas de apoyo

Si no sabe si algo es una idea principal o una idea de apoyo, hágase la pregunta siguiente: ¿Se está haciendo una *declaración general*, o se está dando *información específica*? El párrafo siguiente, por ejemplo, muchas de las oraciones (menos una) no son suficientemente

específicas para hacer la idea principal del párrafo. Solamente una oración—la primera—es suficientemente general para servir de "paraguas" o "red" para el párrafo entero.

Muchas personas les tienen miedo a las culebras, pero muchas culebras no son tan peligrosas como se piensa. Hay más de 2,500 especies distintas de culebras en todo el mundo. Solamente un porcentaje pequeño de esas especies son venenosas y solamente unas cuantas especies tienen veneno suficientemente fuerte para matar a un ser humano. Además, las culebras muerden solamente a 1,000–2,000 personas en los Estados Unidos cada año y solamente diez de esas mordeduras (eso es menos de 1%) resultan en la muerte. Estadísticamente, muchos otros animales son mucho más peligrosos que las culebras. De hecho, en este país, más personas mueren de mordeduras de perros cada año que de mordeduras de culebras.

Note cómo la primera oración hace una declaración general acerca de las culebras (que ellas "no son tan peligrosas como las personas piensan"). Después, todas las otras oraciones en el párrafo proveen detalles y datos específicos que apoyan la idea principal.

Los escritores dan claves muchas veces que lo puedan ayudar a distinguir entre ideas principales y su apoyo. Aquí hay unas frases y palabras comunes usadas para introducir ejemplos específicos:

por ejemplo	*en este caso*	*en particular*
también	*además*	*algunos*
otros	*específicamente*	

Estas palabras normalmente quieren decir que un dato o una idea de apoyo seguirá. Si usted tiene problema para encontrar la idea principal de un párrafo trate de eliminar las oraciones que empiecen con estas frases. (Note que una de estas oraciones en el párrafo acerca de las culebras empieza con una de estas palabras de transición.)

Oraciones de tema

En los textos de no ficción, la idea principal es apoyada por ideas expresadas en párrafos. Cada uno de estos párrafos también tiene su propia idea principal. De hecho, es la definición de un **párrafo**: *un grupo de oraciones sobre la misma idea.* La oración que expresa la idea principal de un párrafo se llama **oración de tema**. La primera oración en los párrafos sobre las cámaras de vigilancia y las culebras declara sus ideas principales. Estas oraciones entonces son las oraciones de tema para estos párrafos.

Las oraciones de tema casi siempre se encuentran al principio del párrafo, pero no siempre. A veces los escritores empiezan con ideas específicas de apoyo y la idea principal sigue. En este caso, la oración de tema estará al final del párrafo. Note cómo podemos volver a escribir el párrafo sobre las culebras y poner la oración de tema al final del pasaje:

Hay más de 2,500 especies distintas de culebras en todo el mundo. Solamente un porcentaje pequeño de esas especies son venenosas y solamente unas pocas especies tienen el veneno suficientemente fuerte para matar a un ser humano. Las culebras muerden solamente a 1,000–2,000 personas en los Estados Unidos cada año y solamente diez de esas mordeduras (eso es menos de 1%) resultan en la muerte. Estadísticamente, muchos otros animales son mucho más peligrosos que las culebras. De hecho, en este país, más personas mueren de las mordeduras de perros cada año que de las mordidas de culebras. Claramente, las culebras no son tan peligrosas como las personas piensan.

A veces las oraciones de tema no se encuentran ni al principio ni al final del párrafo sino en la mitad. Otras veces, no hay relación de tema clara. Pero eso no quiere decir que el párrafo no tiene idea principal. Está allí, pero la autora ha decidido no expresarla en una oración de tema clara. En ese caso, usted tendrá que mirar cuidadosamente el párrafo para claves sobre la idea principal.

Encontrando una idea principal implícita

Cuando la idea principal es **implícita**, no hay oración de tema; entonces, en necesario ser detective para encontrar la idea principal. Si usted mira con cuidado lo dicho, así como la *estructura, la selección de palabras, el estilo* y *el tono* del pasaje, usted podrá encontrar la idea principal. (Estos términos serán discutidos en más detalle más adelante en el capítulo.)

Por ejemplo, mire el párrafo siguiente:

Este verano leí *Las ventanas del tiempo.* Aunque tiene más de 100 páginas de largo, lo leí en una tarde. Estaba ansioso de ver qué iba a pasar con Evelyn, el personaje principal. Pero cuando llegué al final, me puse a preguntar si hubiera debido utilizar mi tarde de otra manera. El final fue tan horrible que se me olvidó que había disfrutado la mayor parte del libro.

No hay oración de tema aquí, pero usted todavía debiera de ser capaz de encontrar la idea principal. Mire con cuidado lo que dice el escritor y cómo lo dice. ¿Qué está sugiriendo?

a. *Las ventanas del tiempo* es una novela fantástica.
b. *Las ventanas del tiempo* desilusionó.
c. *Las ventanas del tiempo* está llena de suspenso.
d. *Las ventanas del tiempo* es una novela horrible.

La respuesta correcta es la opción **b**: la novela desilusionó. ¿Cómo puede usted determinar que sea la idea principal? Primero, podemos eliminar la opción **c** porque no es suficientemente específica para ser la idea principal. Sólo trata de un aspecto específico de la novela (el suspenso).

Las opciones **a**, **b** y **d** expresan una idea más grande. Expresan alguna afirmación general sobre la calidad de la novela. Pero solamente una de estas declaraciones puede servir de "red" para el párrafo entero. Note que mientras las primeras cuantas oraciones *alaban* la novela, las dos últimas dos *critican*. (La palabra "pero" al principio de la tercera oración significa que el resumen positivo se va a volver negativo.) Claramente, este resumen es mixto. Entonces, la mejor respuesta es **b**. La opción **a** es muy positiva y no explica el fin "horrible." La opción **d** es muy negativa y no explica ni el suspenso ni el interés en el personaje principal. Pero la opción **b** incluye lo positivo y lo negativo—cuando una cosa buena se vuelve mala, muchas veces uno se siente desilusionado.

Aquí hay otro ejemplo. En este pasaje, la selección de palabras es muy importante; entonces lea con cuidado.

Afortunadamente, ninguno de los amigos de Toby habían visto el apartamento donde vivía Toby con su mamá y su hermana. Situado entre dos edificios quemados, su edificio de dos pisos era ciertamente el más feo de la cuadra. Era verdaderamente feo: pintura anaranjada agrietada (¡anaranjada!), ventanas rotas, escaleras torcidas, todo torcido. Él se podía imaginar qué dirían sus amigos si en algún momento vieran este pobre edificio.

¿Cual de las siguientes expresa la idea principal de este párrafo?

a. Toby desearía mudarse a un edificio mejor.
b. Toby desearía que su papá todavía viviera con ellos.
c. Toby se preocupa de qué pensarían sus amigos de donde él vive.
d. Toby está triste porque no tiene amigos.

Según la descripción, podemos suponer que a Toby no le gusta su edificio y desearía poder mudarse a un mejor edificio (opción **a**). Pero esa idea no es suficientemente general para cubrir el párrafo entero, porque no dice nada sobre sus amigos. La opción **d** no dice nada sobre su edificio; entonces no es suficientemente general tampoco. Aparte de eso, la primera oración declara que Toby tiene amigos. Sabemos que Toby vive solamente con su mamá y su hermanita; entonces podemos suponer que él quisiera que su papá todavía viviera con ellos (opción **b**). Pero no hay nada en el párrafo para apoyar a esa suposición y esta idea no incluye los dos temas principales del párrafo—el edificio y los amigos de Toby.

En resumen, el párrafo sugiere que Toby está avergonzado de su edificio y está contento que ninguno de sus amigos lo haya visto (opción **c**). Esta es la idea principal. El párrafo abre con la palabra "afortunadamente"; entonces nosotros sabemos que él piensa que es una buena cosa que nadie haya estado allí. Aparte de eso, miremos la selección de palabras. Note lo que se escribe acerca del edificio. Es "el más feo de la cuadra"; es decir mucho porque está en medio de dos edificios quemados. El escritor lo llama "verdaderamente feo" y repite "anaranjado" como un punto de exclamación para enfatizar lo feo que es el color. Todo está "torcido" en este "pobre edificio." El está avergonzado de dónde él vive y se preocupa por lo que sus amigos pensaran si lo vieran.

Determinar el tema en la literatura

Tema es el mensaje general o idea que el escritor quiere comunicar. Como una idea principal, el tema es distinto del contenido en que el tema *dice algo* *sobre el contenido*. Por ejemplo, el poema de John Donne, "Muerte, no envanezcas." El *contenido* del poema es la muerte. Pero el *tema* del poema dice algo sobre la muerte. El mensaje del poema es que la muerte es un regalo para esos que creen en Dios.

Soneto 72. Muerte, no envanezcas, pues aunque se te juzga . . .

(1) Muerte, no envanezcas, pues aunque se te juzga
poderosa y temible, no lo eres;
porque aquellos que piensas que derrumbas
como tampoco puedo yo, magra muerte, no mueren.
(5) Si encontramos placer en el sosiego y el sueño
que no son sino tu imitación,
traerás tú entonces mayor satisfacción.
Y entre nosotros los mejores pronto irán contigo
¡libertad de sus almas y descanso de sus huesos!
(10) De reyes y suicidas esclava,
del azar y el destino.
Tu morada es el veneno, la guerra y las plagas;
y nos hacen dormir la amapola y el hechizo
mejor que tu estocada.
(15) ¿Por qué entonces te has de envanecer?
Cuando el breve sueño pasa, despertamos eternos.
Tú morirás, muerte y dejarás de ser.

La idea principal de un texto es el pensamiento que junta todo. De la misma manera, el tema de una obra de literatura es el pensamiento que junta todo: los personajes y la acción. Es la idea que guía cada selección que el escritor hace a través del texto.

Por ejemplo, miremos el poema "Un árbol de veneno," de *Canciones de Inocencia y Experiencia* de William Blake. El poema tiene cuatro **estrofas** (grupos de líneas en un poema como un párrafo es un grupo de líneas en un ensayo o cuento). Lea el poema con cuidado y léalo en voz alta porque la poesía está hecha para escucharla tanto como leerla.

Un árbol de veneno

(1) Me enfadé con un amigo
Se lo dije, mi ira cesó.
Me enfadé con mi enemigo
No se lo dije, mi ira creció.

(5) Y la regué con temores,
noche y día con mis lágrimas.
Y la alumbré con sonrisas,
y con argucias sutiles y engañosas.

Y creció día y noche,
(10) hasta dar una hermosa manzana.
Y mi enemigo la vio brillar allí,
y supo que era mía.

Y en mi jardín entró a escondidas,
cuando la noche velaba el mundo:
(15) y alegre vi al otro día muerto
al pie del árbol a mi amigo.

Para entender el tema de Blake, usted necesita mirar con cuidado qué ocurrió y después mirar por qué ocurrió. En la primera estrofa, Blake presenta dos situaciones. Primero, el orador (la "voz" o "narrador" del poema) está enfadado con su amigo (línea 1) y se lo cuenta a su amigo (línea 2). Como resultado, la rabia se pasa (línea 2—"mi ira cesó"). Pero él actúa de otra manera con su enemigo. Él no le dice a su enemigo nada de su rabia (línea 4) y, como resultado, la rabia crece (línea 4).

En la segunda estrofa el orador "regó" su vida con temores y la "alumbró" con sonrisas y argucias. Blake lo está haciendo literal aquí; él está haciendo una comparación entre la ira del orador y algo que puede crecer con agua y sol. Es como un tipo de planta. ¿Cómo sabemos que es exactamente lo que es?

Blake lo dice en dos partes claves: en el título y en la última línea. El poema se llama "El árbol de veneno." "árbol" se menciona de nuevo en la última línea del poema.

Este tipo de comparación se llama metáfora y es una clave importante para el significado del poema. Blake habría podido comparar la ira del orador con cualquier cosa, pero él decidió compararlo con un árbol. Los árboles tienen raíces fuertes y profundas y muchas veces dan fruto. (Este árbol da una manzana.) Necesitan cuidado (agua y sol) para crecer.

En la tercera estrofa, el enemigo de la manzana es el orador. En la cuarta, él entra en el jardín a escondidas. Finalmente, al final del poema, el enemigo es matado por la manzana venenosa (la manzana envenenada por la ira del orador).

¿Esto es lo que pasa en el poema, pero que significado tiene? ¿Qué quiere decir? ¿En otras palabras, cuál es el tema?

Mire de nuevo la acción. La causa y el efecto son centrales al tema de este poema. ¿Qué hace el orador? Él le habla a su amigo acerca de su ira. ¿Qué *no* hace el orador? Él *no* le habla a su enemigo acerca de su vida. ¿Qué pasa con su ira entonces? Crece y crece y ofrece la fruta que tenta a su enemigo. ¿Y qué pasa con el enemigo? Él se comió la manzana, pero es la fruta de ira. Está envenenada y lo mata. Entonces, la idea que mejor hace un resumen de la idea del poema es ésta: si usted no habla sobre su ira, puede ser fatal. Éste es el mensaje o la "lección" del poema.

En muchos poemas, el tema es una idea, mientras que en otros, el tema es un sentimiento. El poeta quiere que el lector sienta una emoción fuertemente. Los poetas pueden hacer esto con el lenguaje. "El águila" es un buen ejemplo de un poema cuyo tema es emocional. El próximo poema, escrito por Stephen Crane en 1899, combina acción y lenguaje para comunicar tema. Lea el poema en voz alta al menos dos veces.

Un hombre le dijo al universo

Un hombre le dijo al universo:
"¡Señor, yo existo!"
"Sin embargo," dijo el universo,
"el hecho no ha creado en mi
un sentido de obligación."

Mire con cuidado el lenguaje en el poema. ¿Qué tipo de palabras ha escogido el poeta? ¿Son palabras amables, o son palabras frías y distantes? ¿Lo hace sentirse más cómodo, bienvenido? ¿O incómodo, rechazado? ¿Son específicas o generales? ¿Cree usted que haya una relación personal aquí? ¿O son las cosas formales?

La selección de palabras de Crane ayuda a comunicar su tema. Las palabras "señor," "hecho" y "obligación" son frías y formales. No hay sentido de relación personal entre el hombre y el universo. Esto se destaca por la naturaleza general del poema. Es solamente "un hombre"—nadie específico, nadie que usted conozca. No es nadie que el universo conozca tampoco. También está escrito en punto de vista de la tercera persona. El poema tendría un efecto distinto si empezara, "Yo le dije al universo."

El tono del poema es frío e indiferente. Eso combinado con la acción y la selección de palabras comunica el tema de Crane: el universo es indiferente a los humanos (aunque desearía que fuera de otra forma).

▶ Identificando datos y detalles específicos

En los exámenes estandarizados, muchas veces a usted le pedirá que identifique datos y detalles específicos de lo que ha leído. Esto, también es verdad en cuanto al examen de Lectura del GED.

La idea detrás de ese tipo de pregunta no es que usted aprenda de memoria todo en el pasaje. En cambio, estas preguntas prueban (1) cuán cuidadosamente usted leyó, (2) su habilidad de saber dónde buscar información específica dentro de un pasaje y (3) su habilidad de distinguir entre la idea principal y el apoyo. Algunas preguntas pueden pedirle que identifique cómo un autor apoya su argumento o qué tipos de ejemplos se usan para ilustrar una idea. Otros le pedirán que identifique un detalle o dato específico del texto. Por ejemplo, miremos el párrafo acerca de las culebras:

> Muchas personas les tienen miedo a las culebras, pero muchas culebras no son tan peligrosas como se piensa. Hay más de 2,500 especies distintas de culebras en todo el mundo. Solamente un porcentaje pequeño de esas especies son venenosas y solamente unas cuantas especies tienen veneno suficientemente fuerte para matar a un ser humano. Además, las culebras muerden solamente a 1,000–2,000 personas en los Estados Unidos cada año y sólo diez de esas mordeduras (eso es menos de 1%) resultan en la muerte. Estadísticamente, muchos otros animales son mucho más peligrosos que las culebras. De hecho, en este país, más personas mueren de mordeduras de perros cada año que de mordeduras de culebras.

> ¿Cuántas especies de culebras hay mundialmente?

a. entre 1,000–2,000

b. menos de 100

c. menos de 2,500

d. más de 2,500

Hay varios números en este pasaje y si usted no leyó con cuidado, sería fácil escoger la respuesta inco-

rrecta. La respuesta correcta es **d**, más de 2,500. Este dato se declara en la segunda oración.

La mejor manera de encontrar esta información es usar las palabras claves de la pregunta como su guía. En este ejemplo, las palabras claves son *cuantas* y *especies*. Estas dos palabras le dejan saber que tiene que buscar una oración en el pasaje que tenga un número y la palabra especie. De esa manera usted puede encontrar la oración que provee la información correcta. Usted no tendrá que leer el pasaje entero de nuevo—de hecho, no puede, porque no tendrá tiempo para las otras preguntas. En lugar de eso, lea por encima los párrafos para buscar sus palabras claves.

Además, usted puede usar la *estructura* del pasaje para ayudar a encontrar la información correcta. Si usted lee con cuidado, habrá notado que el párrafo habla primero de especies, después de veneno y después de mordeduras. Entonces, usted puede usar su entendimiento de la estructura para guiarlo al sitio donde se encuentra la respuesta correcta.

▶ Distinguir entre datos y opiniones

En el examen de lectura del GED, es posible que a usted no le pidan directamente que identifique si una declaración es un dato o una opinión. Pero el distinguir entre datos y opiniones es una habilidad importante de la comprensión de lectura, la cual usted usará cuando se trata de ficción y de no ficción, especialmente el comentario.

Datos o hechos son:

- cosas que se *saben* haber ocurrido por cierto
- cosas que se *saben* ser verdaderas por cierto
- cosas que se *saben* existir por cierto

Los opiniones en cambio son:
- las cosas que se *creen* haber pasado
- las cosas que se *creen* verdaderas
- las cosas que se *creen* existir

La diferencia entre datos y opiniones no es más que la diferencia entre *creer* y *saber*. Las opiniones pueden ser *basadas* en datos, pero todavía son lo que las personas piensan y creen; no son lo que saben. Las opiniones son discutibles; dos personas distintas pueden tener dos opiniones distantas sobre un tema. Los datos, en cambio, no son discutibles. Dos personas distintas discutirían con dificultad un dato si no estuvieran de acuerdo de cómo *interpretar* los datos, pero podrían que estar de acuerdo sobre los datos mismos.

Considere este ejemplo: "los poemas son más divertidos que los cuentos." Esta declaración es discutible. Uno puede argumentar que los cuentos son más divertidos de leer que los poemas, o que los dos son divertidos, o que los dos son aburridos. Todas estas declaraciones son opiniones. Pero "los poemas se escriben en versos" no es discutible; es imposible no estar de acuerdo con esta declaración. Es algo que se sabe ser verdad. Entonces, es un hecho.

Hacer preguntas

Una buena prueba para ver si algo es hecho o dato o opinión es hacerse a sí mismo dos preguntas:

- ¿Puede ser discutida esta declaración?
- ¿Es esto algo que se sabe ser verdad?

Si usted puede contestar que "sí" a la primera pregunta, es probable que sea opinión. Si usted puede contestar que "sí" a la segunda pregunta, es probable

que sea un hecho o dato. Por ejemplo, mire la oración que sigue:

Tim O'Brien es un novelista contemporáneo americano y un escritor de cuentos.

¿Expresa esta oración de tema un dato o una opinión? ¿Es discutible? ¿Es posible que alguien no esté de acuerdo? No. Es un dato, algo que se puede verificar en la biblioteca o en el Internet. En cambio, mire la declaración siguiente:

Tim O'Brien es uno de los mejores novelistas contemporáneos americanos y escritores de cuentos.

Ahora, ¿es esta declaración algo que se sabe ser verdad? ¿Es discutible? Claramente, distintas personas pueden tener distintas opiniones sobre este tema. Es una opinión.

Buscando claves

Los escritores muchas veces usan palabras claves cuando están expresando un dato u opinión. *De hecho*, por ejemplo, es una señal clara que el escritor va presentar un dato. Las opiniones muchas veces se declaran con palabras como deber, como en el ejemplo siguiente:

- Nosotros debiéramos pedir perdón por ser tan groseros.
- El debiera devolver esos libros a la biblioteca.

Las palabras que muestran juicio o evaluación como *bueno*, *malo*, *interesante* e *importante*, normalmente señalan una opinión. Aquí hay unos ejemplos:

- Ella es una maestra fantástica.
- Esto fue el desarrollo más significante de la historia científica.

Palabras y frases que señalan opiniones

debiera	malo	fenomenal
bueno	terrible	interesante
excelente	importante	insignificante
fascinante	extraordinario	desilusionante
aburrido		

Las personas pueden tener y muchas veces tienen, opiniones sobre cualquier cosa. Pero algunas opiniones son más razonables que otras. Una opinión *razonable* es una que es apoyada por datos relevantes. De hecho, de eso se trata mucha escritura de no ficción. Los escritores hacen una declaración sobre su contenido o tema y esa declaración es muchas veces una opinión. Después ellos ofrecen datos para apoyar esa opinión.

Los buenos escritores ofrecen apoyo para sus opiniones porque saben que las opiniones son discutibles. Ellos saben que los lectores quieren ver *por qué* piensan lo que piensan. La mayor parte de su evidencia llegará en forma de datos. Claro, esto no quiere decir que el lector esté de acuerdo con la opinión del escritor. Pero una opinión apoyada por datos es mucho más fuerte que una opinión aislada apoyada solamente por otras opiniones.

▶ Hacer deducciones

Las **deducciones** son conclusiones que han sido sacadas en base a la evidencia. Por ejemplo, si usted mira el cielo cubierto de nubes de lluvia, usted puede lógicamente deducir que va a llover. Los exámenes de comprensión de lectura como el del GED muchas veces le pedirán que haga deducciones basadas en lo que usted haya leído en un pasaje.

La llave para sacar las conclusiones correctas (hacer las deducciones correctas) es buscar claves en el contexto. Algunas de las mejores claves vienen de la **selección de palabras** del escritor.

La selección de palabras

Muchas veces las mejores llaves al significado vienen de palabras específicas que un escritor escoge para describir gente, sitios y cosas. La selección de palabras de un escritor (también llamado dicción) puede revelar mucho de cómo él (o un personaje) se siente sobre un tema.

Para ver cómo la selección de palabras revela la actitud del escritor, lea las dos oraciones abajo:

A: María miró a Bill fijamente mientras él hablaba con su ex esposa, Irene.

B: María miró Bill hostilmente mientras él hablaba con su ex esposa, Irene.

No es difícil ver la diferencia entre estas dos oraciones. En la oración A, el escritor dice que María miró *fijamente*. En la oración B, el escritor usa la palabra *hostilmente*. Las dos oraciones indican que María estaba mirando a Bill fijamente. Pero hay una diferencia. Una ración es más fuerte que la otra porque una palabra es más fuerte que la otra. De esta manera, el escrito de la oración B nos puede decir no sólo lo que está ocurriendo pero también lo que María siente por medio de una palabra efectiva.

La denotación y la connotación

Hasta las palabras que parecen decir lo mismo tienen significados sutilmente distintos y a veces efectos menos sutiles. Por ejemplo, mire las palabras *flaca* y *delgada*. Si usted dice que su tía es *flaca*, eso quiere decir una cosa. Si usted dice que ella es *delgada*, eso quiere decir algo un poquito más distinto. Eso es porque *delgada* tiene una connotación distinta de *flaca*. La **connotación** es el significado *sugerido* de una palabra; es lo que la palabra te hace pensar o sentir. *Delgada* y *flaca* tienen casi la misma **denotación**—su definición del diccionario—pero delgada sugiere más gracia y clase que *flaca*. *Delgada* es una palabra muy positiva. Sugiere que su tía estaba sana y a la línea; *flaca*, en cambio, no. *Flaca* sugiere que su tía puede estar un poquito muy bajo de peso para su salud. *Flaca* y *delgada*, entonces tienen connotaciones distintas. Así que la palabra que usted escoge para describir a su tía puede decir mucho a los demás.

Buscando las claves

La selección de palabras, acciones y otras claves pueden ayudarlo a hacer deducciones sobre otras cosas también, como la relación entre dos personajes. Por ejemplo, si las direcciones del escenario para una obra teatral indican que dos personajes están inquietos y mantienen su distancia mientras hablan uno con otro, usted puede deducir que ellos están incómodos uno con otro en la conversación.

La llave a hacer deducciones correctas es prestar atención a los detalles y asegurarse de que haya evidencia para apoyar sus afirmaciones. A veces sacamos conclusiones basadas en lo que queremos creer, y no según la evidencia del texto. Mire las palabras y las acciones, lo que se dice (o no se dice) y cómo se dice; y saque sus conclusiones de allí.

▶ Identificando relaciones de causa y efecto

Una **causa** es una persona o cosa que hace que algo ocurra. Un efecto es el cambio creado por la acción o la causa. La causa le dice a usted por qué algo ocurrió; el efecto le dice a usted qué ocurrió como resultado de esa acción.

Muchas preguntas en el examen de lectura del GED le pedirá que identifique relaciones de causa y efecto. En los pasajes de no ficción, usted lee para identificar causas y acontecimientos de eventos históricos o acciones personales. Cuando las causas y o los efectos son explícitos en el pasaje, entonces este tipo de pregunta verdaderamente trata de los detalles y datos específicos. Pero, la causa y el efecto muchas veces son tácitos, especialmente en textos literarios; y por eso usted tendrá que sacar sus propias conclusiones sobre la causa y el efecto. En textos literarios, por ejemplo, muchas veces a usted le pedirán que determine por qué los personajes hacen lo que hacen y sienten lo que sienten.

Deducir la causa

Los escritores sugieren causa de muchas maneras. A veces, las claves son más bien claves de acción—lo que la gente hace y dice. Por ejemplo, si un personaje ha salido para buscar trabajo y llega a la casa desalentado, usted puede deducir que su actitud es causada por no haber tenido suerte consiguiendo trabajo.

Las claves también pueden llegar en forma de detalles, selección de palabras y estilo. Por ejemplo, mire el pasaje siguiente:

Dennis estaba asustado—verdaderamente asustado. Sus rodillas estaban débiles. El miró hacia abajo, 20 pies, al agua debajo. El miró hacia arriba otra vez rápidamente. El trató de pensar en otra cosa. El trató de asegurarse. "¡Solamente 20 pies!" él dijo en voz alta. Pero eso sólo sonaba peor. ¡20 pies! Él se sentía mareado y caliente.

El autor sólo habría podido escribir, "Dennis estaba asustado. Él le tenía miedo a las alturas." En cambio, él sugiere la causa del miedo de Dennis mostrando cómo se siente Dennis. De esta manera, usted puede ver por sí mismo lo que está ocurriendo con Dennis. Y a través de estos detalles, usted puede concluir que él le tiene miedo a las alturas. La repetición de "20 pies" es otra clave, como también lo es la estructura de la oración. Note que las oraciones son cortas y picadas. De hecho, las suenan nerviosas. Esto ayuda a reflejar cómo se siente Dennis.

Lo siguiente es un extracto de cuento. Lea el pasaje con cuidado para ver si puede determinar por qué los personajes hacen lo que hacen.

¿Por qué están discutiendo Stan y Anne?

Anne se puso tensa cuando escuchó abrir la puerta delantera. Ella esperaba en la cocina cerca de los trastes sucios en el fregadero. Ella sabía que Stan miraría allí primero. Respirando profundo, ella pensó en lo que ella le diría. Ella esperó.

Un momento después, Stan estaba en la cocina. Ella lo observaba mirar alrededor del cuarto, observaba sus ojos enfocarse en el fregadero, observaba su cara endurecerse cuando él vio los trastes amontonados allí. Señalando rabiosamente los trastes, él dijo seriamente, " ¿Qué hacen esas cosas mugrientas todavía en el fregadero?" ¡Cuántas veces te he dicho que yo quiero esta casa limpia cuando yo llegue!"

"Ay, todos los días. Tú me dices cada día. De hecho, me dices cada día exactamente qué debiera hacer y cómo debiera hacerlo. ¿Tú piensas que eres dueño de mí?"

"Yo sí soy dueño de esta casa, eso es por cierto. ¡Y yo quiero que mi casa esté limpia!" gritó Stan.

"Pues contrata a una sirvienta," dijo Anne amargamente.

"¿Qué?"

"Tú me escuchaste. Contrata a una sirvienta. Si puedes encontrar a alguien que soporte trabajar por ti. Tú nunca estás satisfecho. ¿Y alguna vez has dado las gracias?"

Stan miró a Anne por un momento. Tenía los ojos fríos y duros. El se volvió y salió del cuarto.

Este pasaje crea varias preguntas sobre causa y efecto. ¿Por qué se enoja Stan? ¿Por qué no lavó Anne los trastes? ¿Por qué está Anne brava con Stan? Las acciones y las palabras de los personajes y la selección de palabras nos dicen qué está pasando debajo de la superficie.

La cara de Stan se "endurece" con rabia cuando él ve los trastes en el fregadero. Uno se da cuenta de que él espera que la cocina esté limpia cuando llegue a casa. Al entrar, él mira alrededor de la cocina como si la estuviera inspeccionando. Después él ve los trastes y su cara se endurece. Le pregunta por qué los trastes todavía están en el fregadero. Además, él le dice a Anne que él espera una casa limpia cuando llegue.

Uno se puede dar cuenta de que Anne quiere pelear desde el primer párrafo. Ella espera en la cocina cerca de los trastes sucios a propósito. Ella sabe que Stan va a estar bravo sobre los trastes cuando los vea. Mientras ella espera, ella piensa en qué le va decir ya a él.

La respuesta de Anne a Stan le indica al lector por qué ella está brava: ella está cansada que él le diga qué hacer "todos los días." Ella se siente como si él fuera su dueño. Ella también está frustrada porque él "nunca está satisfecho." Y ella está brava porque él nunca "le ha dado las gracias."

Deducir los efectos

Así como los escritores pueden sugerir causa, también pueden sugerir efectos. En el pasaje que usted acaba de leer, Anne tenía una meta específica. Ella decidió no lavar los trastes al propósito porque ella quería empezar una pelea. ¿Por qué? ¿Qué piensa usted que Anne pensaba ganar de la pelea? ¿Qué efecto piensa usted que ya estaba buscando?

a. que Stan lavara a los trastes él mismo al menos una vez

b. que Stan contratara a una sirvienta para que ella se pudiera relajar

c. que Stan dejara de ser tan mandón y empezar a apreciar su trabajo

¿Cómo puede usted saber qué la opción **c** es la mejor? Usted tiene que mirar con cuidado el pasaje. Anne dice, "tú me dices todos los días exactamente lo que debo hacer y cómo debiera hacerlo. ¿Tú piensas que eres dueño de mí?" Esto muestra que es es muy mandón—y que a Anne no le gusta. Ella también dice, "si tú puedes encontrar a alguien que soporte trabajar por ti. Tú nunca estás satisfecho. ¿Y alguna vez has dado las gracias?" Esto sugiere que Stan es muy difícil de contentar y que él no aprecia las cosas que Anne hace. Anne ya se ha cansado de esto.

El pasaje no lo dice directamente; pero de estas claves, usted puede deducir que Anne esperaba un cambio en Stan. Por eso ella no lavó los trastes. Por eso ya empezó una pelea. Ella quería que él supiera cómo ella se siente y por qué ella se siente de esa manera. Ella quería que él cambiara. ¿Pero encontrará ella el efecto que ella esperaba? Mire otra vez al pasaje y póngale atención al final. ¿Qué piensa usted? ¿Será que Anne recibirá su deseo? ¿Cambiará Stan? ¿Por qué piensa usted así?

Es más probable que Anne no reciba su deseo. ¿Cómo puede uno saber esto? Al final del pasaje hay una clave fuerte. Mire la reacción de Stan. Él no responde a Anne; sólo se acaba la conversación. El decide irse en vez de tratar de arreglar las cosas.

Es posible que Stan se vaya porque él quiere darle a Anne un rato para calmarse. Puede ser que él vuelva más tarde para hablar. Pero esto no es probable el final ofrece una clave importante. Al final del cuento, los ojos de Stan estaban "fríos y duros." Esto sugiere que él es terco. Uno no puede esperar que él vaya a cambiar.

19 ▶ Leyendo la literatura

En el examen del lenguaje, lectura del GED, usted encontrará distintos tipos de literatura de varias épocas. Este capítulo le muestra cómo leer activamente y describe las tres épocas incluidas en este examen.

LEER LA LITERATURA es buscar significado. Hasta en los textos más prácticos, su trabajo como lector es descubrir lo que el escritor quiere decir. En muchos textos prácticos, los escritores se aseguran de hacer sus metas y sus ideas principales muy claras a sus lectores. Los textos literarios, en cambio, son mucho más sutiles en la expresión de sus temas. Para ambos tipos de textos, y especialmente para los textos literarios, usted entenderá más si lee *activamente*.

▶ Leer activamente

Aunque la lectura muchas veces parece una actividad pasiva, hay muchas cosas que usted puede (y debe) hacer mientras está leyendo.

Antes de leer

Para ayudarlo a entender mejor lo que lee, tome unos cuantos pasos antes de empezar a leer.

1. **Leer el título con cuidado.** Esto le dará una clave al tema y el contenido del texto. Por ejemplo, si el extracto es de una novela llamada *Crimen y castigo*, usted puede adivinar uno de los temas centrales de la novela.

   Nota: en el examen del lenguaje, lectura del GED, cada pasaje estará típicamente precedido de una pregunta. Esto no es el título del texto, aunque pueda parezca que sí. Usted necesitará mirar el final del pasaje para el nombre del autor, título del texto, y la fecha de publicación. La pregunta todavía sirve el mismo propósito como el título: te da una clave sobre el tema principal del pasaje y qué información debieras sacar mientras lea el texto.

2. **Tome nota del nombre del autor y la fecha de publicación**, si se da. Si es un autor que usted ha leído anteriormente, puede ser que usted ya sepa algo sobre el pasaje o los tipos de temas con que el escritor trabaja. Aunque usted nunca haya leído el autor, usted todavía puede tener algún conocimiento sobre el autor. (Puede ser que usted sepa, por ejemplo, que Stephen King escribe novelas de horror, aunque usted nunca haya leído ninguno de sus libros.) La fecha de publicación puede ayudarlo a prepararse para el contexto histórico del texto y confirmar sus expectativas de la lectura. Considere lo que se sabe sobre el período de tiempo durante el cual el texto fue escrito—contextos históricos, políticos, sociales y religiosos.

3. **Lea las preguntas sobre el pasaje.** Leer las preguntas antes del pasaje lo ayudarán a "entrenar" su mente para buscar esas respuestas mientras lea. Pero asegúrese de no leer solamente para

las respuestas. Casi siempre, la respuesta viene solamente del entendimiento del texto entero, especialmente con textos literarios (y con la poesía en particular).

▶ Mientras está leyendo

1. **Marque el texto.** Cuando sea posible, subraye palabras claves en el texto. Escriba de sus preguntas y reacciones en los márgenes o en una hoja de papel separada. Cuando no se permite a escribir en el texto—y usted no tendrá permiso para escribir en la libreta del examen de GED—use un pedazo de papel para anotar palabras, preguntas y reacciones claves.

2. **Observe.** Mire las palabras con cuidado, la estructura, todo lo que vea. ¿Se dio usted cuenta, por ejemplo, de que la palabra *pena* se repetió cinco veces en el pasaje? ¿O se dio cuenta de que el autor escribió con mayúsculas las palabras *amor* y *odio*? En los textos literarios, el significado se expresa no sólo a través de las palabras sino también a través de la forma; y los escritores siempre están escogiendo cosas que ayuden a expresar sus ideas.

▶ Períodos del tiempo

Para cubrir la amplitud de formas y temas literarias, los textos son seleccionados de tres períodos de tiempo distinto: antes de 1920, 1920–1960 y 1960–presente. El énfasis está en los trabajos de la historia reciénte, con aproximadamente dos tercios de los textos siendo de los últimos 80 años. Esto es en parte porque el último siglo ha visto una gran cantidad de experimentación y cambio en las formas literarias, y también porque la literatura moderna y contemporánea y los temas son más probables de ser familiares y tener un impacto profundo sobre los lectores de hoy.

Pre-1920: literatura clásica y antigua

Este período, claro, cubre un lapso de tiempo bien grande. Los textos pueden ser tan viejos como un soneto de Shakespeare del siglo 17 o una tragedia griega del siglo 5 a.C. Muchos distintos movimientos literarios caben en este período de tiempo, incluyendo la literatura del renacimiento (1450–1600), romanticismo (años 1800) y el realismo (a fines de los años 1800– principios de los años 1900).

Aunque el conocimiento de estos periodos literarios pueda ayudar, usted no necesita este conocimiento para salir bien en el examen. Por distintos que puedan ser estos textos antiguos, la razón por la cual nosotros todavía los leemos (la razón por la cual son *clásicos*) es que tienen personajes y temas que todavía son importantes para los lectores de hoy. Por distinta que pudiera ser la vida en la Grecia antigua o en la Italia del siglo 16, los lectores de hoy todavía pueden relacionar a los deseos de Edipo de ser un buen líder y encontrar su a verdadero padre.

De todas maneras, los textos antiguos *son* distintos que los textos de hoy. Como hay diferencias de idioma, de estilo de sus contexto histórico, pueden ser más exigentes para entender. Aquí tiene unas cuantas cosas que tener en mente mientras lea textos antiguos:

1. **Escenario.** El contexto histórico es importante. Tome nota de cuándo el texto fue escrito y trate de identificar el tiempo específico y el sitio donde el cuento tiene lugar. Trata de acordarse de cualquier dato significante sobre los contextos sociales, políticos y religiosos de ese tiempo. Por ejemplo, si un cuento tiene lugar en Virginia en 1860, usted sabe que esto fue un año antes de la Guerra Civil americana, y las tensiones entre el Norte y el Sur sobre la esclavitud estaban altas.

2. **Estilo.** En muchos textos antiguos, usted encontrará oraciones más largas y más complejas y un estilo más formal que los textos contemporáneos. No deje que esto lo desafíe. Simplemente tome una oración tras otra. Usted también puede tratar de reinterpretar el texto en términos contemporáneos (¿Cómo lo escribiría si lo estuviera escribiendo para un compañero de clase?).

3. **Vocabulario.** Ya que el uso de palabras y los estilos de escritura cambian, es probable que usted encuentre algunas palabras y frases que no son familiares. Mire con cuidado el contexto (las palabras y oraciones alrededor de la palabra que no es familiar) para claves a su significado. No se espera que usted sepa qué quieren decir estas palabras, y usted no encontrará claves a su significado a menos que el significado pueda ser determinado por el contexto.

4. **Tema.** Muchos temas son eternos: la profundidad del amor, el dolor de la tradición, lo fácil que el poder corrompe. Aunque el escenario pueda ser muy específico y pueda proveer las circunstancias para el tema, es más probable que el tema sea uno que pueda ser aplicado a muchos períodos de tiempos distintos y muchos sitios. Busque una idea sobre la cual hoy día todavía pudiera escribir.

1920–1960: literatura moderna

Mientras muchos escolares no están de acuerdo de cuándo exactamente el período "moderno" empieza y termina, sí están de acuerdo en cuanto a los eventos que definen el período de tiempo: Primera Guerra

Mundial (1914–1917), la Gran Depresión (1929–1939), Segunda Guerra Mundial (1939–1945) y el principio de la Guerra Fría.

El escenario, estilo y vocabulario de los textos modernos no difieren mucho de los trabajos contemporáneos. Pero la literatura siempre es un producto de su tiempo; entonces el contexto histórico es importante. Mientras usted lea obras de este período de tiempo, acuérdese de los eventos claves y cómo ellos cambiaron la sociedad. Aquí tiene algunas notas generales sobre el período moderno que lo pueden ayudar a entender las preocupaciones de los escritores modernos y sus temas:

- Confrontación de la autoridad y tradición, especialmente los papeles tradicionales; mayor énfasis en los derechos y la importancia del individuo
- Exigencia de derechos iguales para todos
- Adelantos tremendos en la ciencia y la tecnología; aumento de la especialización y mecanización
- Psicoanálisis de Sigmund Freud: un nuevo entendimiento del ser y de los deseos y motivaciones escondidas
- Gran batalla político económica: capitalismo contra comunismo
- Experimentación en forma, estilo y tema como una manera de reflejar más precisamente la realidad de nuestra experiencia humana (textos fragmentados, escritura de monólogo interior)
- Un sentido grande de pérdida e incertidumbre; la escala increíble de la Primera Guerra Mundial (unos 37 millones estimados muertos) dejó una generación sintiéndose perdida,

fragmentada e insegura. Esto fue aumentado por la Segunda Guerra Mundial (La Primera Guerra Mundial, después de todo, debía de ser la guerra que terminaría todas las guerras) y fue intensificado por el principio de la época nuclear.

1960–Presente: la literatura contemporánea

La literatura contemporánea presentará escenarios, personajes y temas en un lenguaje que les será muy familiar a muchos lectores. La lectura contemporánea incluirá un campo amplio de voces y reconocimiento de escritores y temas que en el pasado han sido marginalizados (dejados por fuera). Algunos momentos, temas y características claves que definen nuestro período contemporáneo incluyen:

- los movimientos de los derechos civiles, los derechos de mujeres y derechos de homosexuales
- la exploración espacial
- la globalización y aumento de la interdependencia
- el fin de la Guerra Fría y expansión de la democracia
- la revolución de la computadora y principio de la época de información; adelantos en y aumento de la dependencia en la tecnología
- la confrontación de la realidad (inteligencia artificial, realidad virtual)
- la epidemia de sida
- el ambientalismo
- el multiculturalismo y la celebración de raíces

20 ▶ Ficción

El tipo de literatura con que los estudiantes son más familiares (y más cómodos) es la ficción. Este capítulo repasa los ocho elementos principales de la ficción: argumento, personaje, escenario y tema.

L A PALABRA "FICCIÓN" viene del latín *fingere* (palabra que quiere decir "hacer o formar"). Las obras de **ficción** cuentan cosas sobre personajes y eventos creados y formados por la imaginación del autor. La ficción incluye los géneros mencionados anteriormente: novelas, cuentos, poemas y obras teatrales. Pero como los poemas y las obras teatrales tienen sus características y convenciones especiales, se incluirán en partes separadas. El enfoque aquí es la ficción en prosa. La **prosa** es ta escritura que no está ni en forma poética (verso) ni en forma dramática (obra teatral o guión).

Hay ocho elementos importantes de la ficción:

1. el argumento
2. el personaje
3. el escenario
4. el tono
5. el punto de vista
6. el lenguaje y estilo

7. el simbolismo
8. el tema

► El argumento

El argumento se refiere a la serie de los eventos en un cuento—el orden en que las acciones tienen lugar. El argumento de un cuento siempre gira alrededor de algún tipo del *conflicto*. El conflicto puede ser entre dos personajes, entre el personaje principal y una idea o fuerza (por ejemplo, la naturaleza o el racismo), o entre el personaje y sí mismo.

El argumento muchas veces está arreglado **cronológicamente** (en orden de tiempo), pero los autores a veces varían el orden de eventos para ayudar a crear suspenso y para controlar cuánto nosotros sabemos acerca de cada personaje. Por ejemplo, un autor puede emplear **escenas retrospectivas** para describir eventos que tuvieron lugar antes del tiempo de línea de la acción—eventos que nos pueden ayudar a entender al personaje y sus características o motivaciones.

El argumento normalmente sigue un patrón de "pirámide" de cinco puntos, aunque el pirámide debe ser torcido porque el clímax o el punto culminante típicamente sucede hacia el fin del cuento:

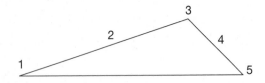

1. **La exposición** introduce a los lectores a las personas, los sitios y las circunstancias básicas o a la situación del cuento.
2. **La complicación** (a veces llamada "acción creciente") es la serie de eventos que "complican" el cuento y se desarrollan hasta el punto culminante.
3. **El clímax** es el "punto alto" del cuento, el momento más tenso (la cumbre del pirámide). Muchas veces es el punto de desenlace del cuento, cuando un personaje tiene que tomar una decisión difícil o algún tipo de acción.
4. **La acción** menguante ocurre cuando los pedazos del rompecabezas se juntan: por ejemplo, secretos revelados, misterios resueltos, confesiones hechas.
5. **La resolución** o desenlace es la conclusión del cuento en que los conflictos se resuelven (al menos a cierto grado), las preguntas se contestan y los personajes se ponen a seguir con nuevo entendimiento o bajo nuevas circunstancias.

► El personaje

Los **personajes** son las personas creadas por el autor para narrar el cuento. Ellos cometen las acciones, dicen las palabras y comunican las ideas del cuento. Como lectores, nosotros vemos que los personajes piensan, hacen y dicen; y tratamos de entender por qué ellos piensan, hacen y dicen esas cosas.

Los personajes pueden ser redondeados o planos. Los **personajes redondeados** son criaturas totalmente desarrolladas, complejas, de tres dimensiones. Son personajes dinámicos que abarcan contradicciones y cambian o carecen de alguna manera a través del cuento. Los **personajes planos** son criaturas no desarrolladas, estáticas, de una dimensión. Son típicamente definidos por una característica principal y no cambian. Muchas veces ellos son *estereotipos* o *símbolos*.

Así como cada cuento tiene conflicto, cada cuento tiene un protagonista y un antagonista. El **protagonista** es el "héroe" o el personaje principal del cuento, el que se enfrenta al conflicto y cambia. El

antagonista es la persona, fuerza (como una enfermedad o un desastre natural) o idea (como prejuicios o la duda de sí mismo que incapacita) que trabaja contra el protagonista.

En la ficción los personajes se revelan a través del **diálogo** y de la **acción**. Por medio del diálogo, los personajes nos dicen lo que ellos piensan, sienten y creen. Cómo un personaje habla puede proveer información sobre los antecedentes de su personaje (por ejemplo, un dialecto sureño puede querer decir que el personaje se crió en el Sur) y su educación (por ejemplo, un personaje que habla con un vocabulario complejo habría podido pasar varios años en la universidad). La acción cometida por los personajes mueve el cuento hacia adelante mientras crea personajes dinámicos y redondeados.

► El escenario

El **escenario** es el *sitio* y *época* en que el cuento se desarrolla. Esto le da al cuento algún contexto particular social e histórico. ¿Qué está pasando en el mundo en esa época? ¿Qué está pasando en ese sitio particular en esa época? Acuérdese de que el escenario de una obra de ficción no es lo mismo como la fecha de publicación. Había muchos cuentos escritos durante tiempos contemporáneos tienen escenarios puestos hace 100 años o más. Cuando consideramos el escenario, debiéramos considerar los contextos políticos, sociales, históricos de la época y el sitio. Por ejemplo, si un cuento tiene lugar en 1762 en Boston, hay ciertas expectativas históricas. Uno puede esperar alta tensión entre los americanos y los británicos. Uno puede esperar ciertos detalles de la vida cotidiana, con antorchas, carruajes, y baños exteriores. Si el cuento no cumple con esas expectativas (así, por ejemplo, un personaje llega al pueblo en un convert-

ible), usted necesita considerar por qué el autor ha roto con esas expectativas.

El escenario puede ser específico o universal. Algunos cuentos, por ejemplo, pueden tener lugar en cualquier sitio y en cualquier época; el argumento y los personajes no son únicos a ninguna circunstancia histórica. Otros cuentos, como un cuento de la revolución americana, tiene que pasar en cierto sitio y época. Alguno, de los temas del cuento (por ejemplo, la importancia de la libertad) se consideran universales.

► El tono

El escenario es muchas veces importante para crear el tono del cuento. **El tono** es la atmósfera o actitud comunicada en la escritura. Por ejemplo, note cómo Edgar Allan Poe usa el escenario para establecer un tono apropiadamente lúgubre para su cuento de horror "La caída de la casa de Usher":

> Durante la totalidad de un día oscuro, sin brillo, y sin sonido, en el otoño, cuando las nubes colgaban bajas de manera opresiva en el cielo, yo había estado pasando sólo, en caballo, a través de un pedazo de tierra singularmente sombrío; y a lo largo me encontré, mientras las sombras del atardecer crecían, dentro de la vista de la melancólica Casa de Usher.

La selección de palabras de Poe—*sin brillo, oscuro, sin sonido, de manera opresiva, sólo, sombrío, melancólica*—trabajan juntas para crear un tono oscuro y misterioso para el cuento.

Muchas veces el tono más importante de la ficción es la ironía. La **ironía situacional** ocurre cuando lo que se espera pasar y lo que actualmente ocurre son incongruentes. Por ejemplo, en el cuento clásico "El Collar," de Guy de Maupassant, Madame Loisel pasa diez años de su vida esforzándose para pagar la deuda de un collar que ella compró para reemplazar la que le había prestado una amiga pero después perdió. En las últimas líneas del cuento, Madame Loisel se encuentra con esa vieja amiga y se entera de que se ha sacrificado en vano:

¿Recuerdas aquel collar de brillantes que me prestaste para ir al baile del Ministerio?

¡Sí, pero . . .

Pues bien: lo perdí . . .

¡Cómo! ¡Si me lo devolviste!

Te devolví otro semejante. Y hemos tenido que sacrificarnos diez años para pagarlo. Comprenderás que representaba una fortuna para nosotros, que sólo teníamos el sueldo. En fin, a lo hecho pecho, y estoy muy satisfecha.

La señora de Forestier se había detenido.

¿Dices que compraste un collar de brillantes para sustituir al mío?

Sí. No lo habrás notado, ¿eh? Casi eran idénticos.

Y al decir esto, sonreía orgullosa de su noble sencillez. La señora de Forestier, sumamente impresionada, le cogió ambas manos:

¡Oh! ¡Mi pobre Matilde! ¡Pero sí el collar que yo te presté era de piedras falsas! . . . ¡Valía quinientos francos a lo sumo! . . .

▶ El punto de vista

El punto de vista se refiere la persona que está contándonos el cuento. Todos los cuentos tienen un **narrador**—la persona que describe a los personajes y eventos. *Nota: el la autor NO es el narrador. En ficción,* *el narrador siempre es un "personaje" creado por el autor para narrar el cuento.*

Un **narrador de primera persona** cuenta la historia desde su punto de vista usando **Yo**. Con este punto de vista, usted ve y escucha el cuento de alguien directamente involucrado en la acción. Este es un punto de vista muy personal y subjetivo. Aquí hay un ejemplo:

Me limpié los ojos y miré en el espejo. Estaba sorprendida de lo que vi. Tenía puesto un traje muy bonito de color rojo pero lo que vi era más precioso. Yo era fuerte. Yo era pura. Yo tenía pensamientos sinceros que nadie podía haber, que nadie jamás pudiera quitarme. Yo era como el viento.

—Amy Tan, de *El Joy Luck Club* (1989)

En una historia contada desde el **punto de vista de segunda persona**, el escritor usa el pronombre *usted*, y de esa manera el lector se convierte en un personaje en el cuento, pensando los pensamientos y haciendo las acciones del personaje principal:

Moss Watson, el hombre que usted verdaderamente ama como ningún otro, está cantando el 23 diciembre en la producción del Owonta Opera de *Amahl y los visitantes de noche*. El hace el papel de Kaspar, el Hombre Sabio parcialmente sordo. La sabiduría, dice Moss, llega en todas formas. Y usted piensa, sí, a veces como un rey y a veces como una llamada de teléfono que nerviosamente dice que el rey va a estar hasta tarde en el ensayo y que no esperes, y después cuando usted vuelve a llamar para decirle que no deje el gato salir cuando llegue a casa, usted descubren que no ha habido ensayo.

—Lorrie Moore, "Amahl y los visitantes de noche," de *Auto ayuda* (1985)

Con un **narrador de tercera persona**, el autor usa los pronombres *él, ella* y *ellos* para narrar el cuento. El narrador es removido de la acción; de esa manera el cuento es más objetivo. Los narradores de tercera persona son muchas veces **omniscientes**: ellos saben todo sobre los personajes y nos dicen lo que los personajes piensan y sienten. Aquí hay un ejemplo:

> Hemos de confesar que al principio le costó bastante adaptarse a estas privaciones, pero después se acostumbró y todo fue muy bien. Incluso hasta llegó a dejar de cenar; pero, en cambio, se alimentaba espiritualmente con la eterna idea de su futuro abrigo. Desde aquel momento diríase que su vida había cobrado mayor plenitud; como si se hubiera casado o como si otro ser estuviera siempre en su presencia, como si ya no fuera solo, sino que una querida compañera hubiera accedido gustosa a caminar con él por el sendero de la vida. Y esta compañera no era otra, sino . . . el famoso abrigo, guateado con un forro fuerte e intacto.
>
> —Nikolai Gogol, de "El abrigo" (1842)

La narración de tercera persona también puede ser **limitada**. Esto quiere decir que el autor todavía usa los pronombres de tercera persona (*él, ella*), pero solamente imparta los pensamientos y sentimientos de un personaje en el cuento. De esta manera, el punto de vista de tercera persona limitada es muy similar a la narración de primera persona, pero sí da un sentido muy íntimo como el que da a la narración de primera persona.

▶ El lenguaje y el estilo

Una de las cosas principales que nos atrae a ciertos escritores es su lenguaje y su estilo. ¿*Cómo* narran ellos el cuento? ¿Qué tipo de palabras y oraciones usan para contar su historia? El lenguaje y el estilo consisten en la dicción (las palabras específicas que usa el escritor), el **lenguaje figurativo** (símiles, metáforas, imágenes y personificación), el **nivel de descripción y detalle** y la **estructura de oración**.

Un **símil** hace la comparación usando *como*: *Tus ojos son como zafiros brillantes.* Una **metáfora** es más poderosa. Hace la comparación directamente: *tus ojos son zafiros brillantes.*

La personificación es la atribución de características humanas a los animales u objetos. Por ejemplo, en el poema "El águila" del examen preliminar, el águila es descrita como "agarr[ando] el peñasco con manos jorobadas." Las águilas no tienen manos. Se trata de la personificación.

Las imágenes son la representación de la experiencia sensorial a través de lenguaje. Las imágenes nos ayudan a ver, escuchar, probar, oler y tocar en nuestras imaginaciones. Note las imágenes poderosas y los símiles en el pasaje de abajo, de la novela de Sandra Cisneros, *La casa en Calle Mango* (1984):

> Todo el mundo en nuestra familia tiene pelo distinto. El de mi Papá es como una escoba, todo en el aire. Y yo, mi pelo es perezoso. Nunca obedece ganchos ni cauchos. El pelo de Carlos es lacio y abundante. El no necesita peinárselo. El pelo de Nenny es resbaloso—se desliza de la mano. Y Kiki, el menor, tiene pelo como el pelo de un animal.
>
> Pero el pelo de mi mamá, el pelo de mi mamá, como pequeñas rosas, como círculos de dulce pequeño, todo rizado y bonito porque ella se lo ha puesto en rizos todo el día, dulce para enterrar en tu nariz cuando ella te está aguantando, aguantándote y tú te sientes seguro, ese olor de pan antes de que lo metas al horno, ese olor cuando ella hace espacio a su lado de la cama todavía tibia con su piel, y cuando tú duermes al lado de ella, la lluvia

afuera cayendo y papá roncando. El ronquido, la lluvia, y el pelo de Mamá que huelen a pan.

Pero el **estilo** es más que lenguaje figurativo. Es la manera general de la escritura, incluyendo la estructura de oración y el nivel de ceremonia que es manejado a través de la selección de palabras. También tiene que ver con cuánta descripción y detalle al autor le gusta proveer. Note, por ejemplo, los estilos drásticamente distintos de los dos escritores de ciencia-ficción en el próximo ejemplo. Uno usa oraciones largas y complejas, vocabulario formal. El otro es mucho más casual, como naciones más pequeñas y vocabulario cotidiano.

De *Frankenstein* de Mary Shelley (1818):

Es con dificultad considerable que yo me acuerdo de la época original de mi ser; todos los eventos de ese período aparecen confusos y distintos. Una extraña multiplicidad de sensaciones en la agarró, y yo vi, sentí, escuché, y olí al mismo tiempo; y fue, mucho tiempo antes que yo aprendí a distinguir entre las operaciones de mis varios sentidos.

De *Slaughterhouse Five* de Kurt Vonnegut (1969):

Escucha:
Billy Pilgrim se ha despegado el tiempo.

Billy se dormido un viudo senil y se ha despertado en su día de boda. El ha caminado a través de una puerta en 1955 y ha salido de otra en 1941. Él se ha devuelto por esa puerta para encontrarse en 1963. El ha visto su nacimiento y su muerte muchas veces, él dice, y hace visitas al azar a todos los eventos entre esos dos.

El dice.

► El simbolismo

En la ficción, los escritores muchas veces gozan del simbolismo para ayudar a comunicar los temas de sus cuentos. Un símbolo es una persona, sitio o cosa que tiene un significado especial. Es una persona, sitio o cosa que es el mismo y a la misma vez una representación de otra cosa (normalmente una idea). Las banderas son un ejemplo cotidiano del simbolismo. Una bandera es un pedazo de tela decorado, pero es mucho más que eso; representa un grupo de personas y las ideas que juntan a esas personas. Los colores también son muy simbólicos. El blanco puede usarse para representar la inocencia o la pureza; el rojo representa la pasión o el derrame de sangre; la púrpura representa la realeza. Las aves muchas veces representan la libertad, y un ramo de olivo representa la paz.

En "El collar," el collar que pierde Madame Loisel se convierte en un símbolo de lo que pasa cuando nosotros desesperadamente queremos ser algo o alguien que no somos, de lo que podemos sufrir cuando somos demasiado orgullosos para decir la verdad.

► El tema

Todos estos elementos se juntan para expresar el tema del cuento. Como dicho anteriormente, el tema en la literatura es como la tesis de un ensayo expositivo, pero un poco más complejo. Usted no encontrará una declaración de la tesis en un cuento o novela. En cambio, usted tendrá que evaluar la totalidad y considerar las preguntas que el cuento ha puesto, los puntos que ha hecho y las posiciones que ha tomado. Los cuentos pueden tener varios temas. La llave es preguntarse a sí mismo de qué trata el cuento al final. ¿Qué parece ser el mensaje que el escritor quiere comunicar a través de todo lo que ha corrido? ¿Qué ideas puede usted llevar de los personajes y eventos acerca de los cuales acaba de leer?

En *Frankenstein*, por ejemplo, usted puede declarar el tema de esta manera:

- Las personas deben de ser responsables por lo que crean.
- Nosotros no debiéramos de "jugar a Dios" y tratar de controlar o sobrellevar la naturaleza.

- Todo el mundo necesita ser querido, y nosotros nos traemos destrucción sobre nosotros mismos cuando rechazamos a los otros.

Estos tres temas y más vienen del cuento—de todos los elementos de ficción trabajando juntos en la novela para comunicar las ideas del escritor.

21 ▶ Poesía

La poesía comparte muchos de los mismos elementos como la ficción, pero la poesía es un género único con sus propios estilos y convenciones. Este capítulo explica la distinción entre los poemas y los cuentos y cómo leer y entender los poemas.

L A POESÍA ES FÁCIL de reconocer pero no tan fácil de definir. Los poemas normalmente son cortos; y muchas veces riman, pero no siempre. La belleza (y para muchos, la dificultad) de la poesía es su brevedad. El escritor debe comunicar una idea o emoción en un espacio bastante corto. Ya que hay tan pocas palabras en un poema, cada palabra cuenta y los poemas muchas veces tienen muchas capas de significado. Por eso el poema es poderoso. Una diferencia fundamental entre la poesía y la prosa es la estructura. Se escriben los poemas en verso. Se entiende que ellos están escritos para leer pero para *escuchar* también. El significado un poema viene no sólo de las palabras, sino también de cómo las palabras *suenan* y cómo están arregladas sobre la página.

▶ Tipos de poemas

Aunque los poemas se categorizan muchas veces por la estructura (por ejemplo, sonetos o baladas), una forma más fundamental de clasificar los poemas es por su propósito general. Los poemas pueden ser emotivos, narrativos, argumentativos o llenos de imágenes. También pueden celebrar o lamentar.

Un poema **emotivo** captura una emoción o una atmósfera para hacer que los lectores sientan esa emoción o atmósfera. Aquí hay un poema sin título del poeta ruso Alexander Pushkin:

Te he querido; aún ahora puedo confesar,
Algunas brasas de mi amor retienen sus llamas
pero no dejes que te cause más angustia,
No te quiero entristecer otra vez.

Sin esperanza y tímido, aún te quise muchísimo
Con las punzadas que los celosos y los tímidos
    conocen;
Tan tiernamente te quise—tan sinceramente;
Le rezo a Dios que te dé otro amor así.

Un poema **a base de imágenes** captura un momento y nos ayuda a tener la experiencia de ese momento sensualmente (a través de nuestros sentidos). Aquí hay un poema poderoso a base de imágenes de dos líneas por el poeta Ezra Pound:

En una estación del metro
La aparición de estas caras en la multitud;
étalos en una rama negra, mojada.

Los poemas **narrativos** narran cuentos, mientras que los poemas **argumentativos** exploran una idea (como el amor o el valor). Aquí hay un poema por Robert Frost que hace ambas cosas:

El camino no escogido
Dos caminos se bifurcaban en un bosque
    amarillo,
Y apenado por no poder tomar los dos
Siendo un viajero solo, largo tiempo estuve de pie
Mirando uno de ellos tan lejos como pude,
Hasta donde se perdía en la espesura;

Entonces tomé el otro, imparcialmente,
Y habiendo tenido quizás la selección acertada,
Pues era tupido y requería uso;
Aunque en cuanto a lo que vi allí
Hubiera escogido cualquiera de los dos.

Y ambos esa mañana yacían igualmente,
¡Oh, había guardado aquel primero para otro día!
Aun sabiendo el modo en que las cosas siguen
    adelante,
Dudé si debía haber regresado sobre mis pasos.

Debo estar diciendo esto con un suspiro
De aquí a la eternidad:
Dos caminos se bifurcaban en un bosque y yo,
Yo tomé el menos transitado,
Y eso hizo toda la diferencia.

Elegías y **odas** son otros dos tipos de poemas comunes. Una **elegía** es un poema que lamenta la pérdida de algo o alguien. Una **oda**, en cambio, celebra la persona, sitio, cosa, o evento. Aquí hay unas cuantas líneas del famoso "A una urna griega" de John Keats (1795–1821):

¡Dichosas, ah, dichosas ramas de hojas perennes
que no despedirán jamás la primavera!
Y tú, dichoso músico, que infatigable
modulas incesantes tus cantos siempre nuevos.
¡Dichoso amor! ¡Dichoso amor, aun más
    dichoso!
Por siempre ardiente y jamás saciado,
anhelante por siempre y para siempre joven;

La selección de palabras en la poesía

Por su brevedad, los poetas son especialmente cuidadosos sobre su selección de palabras. Muchas veces ellos usan el lenguaje figurativo para comunicar ideas grandes, dejando que las imágenes en vez de las oraciones comuniquen las ideas. Los poetas también muchas veces usan palabras que pueden tener significados o asociaciones múltiples.

► Los elementos de sonido

Aunque todos los poemas no usan la rima, éste es el elemento de sonido más reconocido en la poesía. Una rima es la repetición de sonidos idénticos o similarmente enfatizados al final de una palabra. Las rimas pueden crear ritmo y sugerir una relación entre las palabras rimadas.

La aliteración es otro elemento de sonido importante y uno que se usa en la prosa también. La **aliteración** es la repetición de sonidos. El sonido no se encuentra muchas veces al principio de las palabras pero también se puede encontrar a través de la palabra.

► Los elementos de estructura

Usted no encontrará ni siguiera una pregunta del examen de lectura que le pida que identifique el patrón de rima o el compás de un poema. Tampoco le pedirán que determine si un poema es verso libre o soneto. Pero el conocimiento de estas formas y técnicas poéticas pueden ayudar mejor con los poemas que lee. En la poesía más que en cualquier otro tipo de literatura, la forma es una parte importante del significado del poema.

Las estrofas y líneas

Ya que los poemas están escritos en verso, los poetas tienen que decidir cuánta información pertenece en cada línea y cuándo esas líneas debieran ser divididas en estrofas ("párrafo" poético). Primero, es importante que se acuerde de que cuando se lee un poema en voz alta se debe hacer una pausa solamente cuando la *puntuación* lo manda. No haga una pausa al final de cada línea o al final de cada estrofa a menos que haya una coma, un punto, u otra marca de puntuación que requiera una pausa. De esa manera, usted puede escuchar el ritmo o la corriente de las palabras como el poeta lo deseaba.

Cuando se *mira* un poema, en cambio, usted necesita considerar el importante elemento visual de las estrofas y las líneas. Las líneas y las estrofas tienen dos propósitos: 1) llamar atención a las palabras al final de cada línea y 2) apartar un grupo de palabras como una idea definida. Entonces, aunque las oraciones poéticas a veces dividen las líneas y a veces las estrofas, la separación visual de las palabras entre esas oraciones ayudan a los poetas apartar palabras e ideas particulares para énfasis. Cualquier palabra al final de una línea, por ejemplo, se destacará. Y los poetas pueden colocar las palabras en toda una página, como en el ejemplo siguiente:

Durmiendo

Durmiendo, y era
            oscuro
afuera. Adentro,
Yo estaba
            pensando
sólo,
            ambulando
en un sueño
de ti.

Note como el espacio aquí junta las palabras *oscuro, pensando* y *ambulando;* junta *adentro* y *afuera;* y pone aparte la palabra *sólo.*

Los poemas pueden ser de **verso rimado,** verso **métrico** o verso **libre.** Los poemas de verso rimado y métrico son muy limitados por su estructura; las líneas deben seguir un patrón métrico o un patrón de rima (o ambos, si el poema es rimado y métrico). La selección de palabras (dicción) es especialmente controlada por el patrón de rima y el patrón métrico. Los poetas deben encontrar palabras que comuniquen la idea apropiada, tengan el fin apropiado para encuadrar con el patrón de rima, y tengan el número correcto de sílabas y el énfasis suficiente para encuadrar con el patrón métrico.

Tres tipos comunes de verso rimado y verso métrico incluyen el **soneto,** la **balada** y el *villanelle.* Estas formas tienen patrones de ritmo y metro específico que los poetas deben seguir. Un soneto por ejemplo, está compuesto de 14 líneas normalmente escritas en pentámetro yámbico (cinco pies por línea). El patrón de la rima varía según el tipo de soneto. Un soneto italiano, por ejemplo, divide el poema en dos estrofas, uno con ocho líneas, el otro con seis, usando el siguiente patrón de rima: **abbaabba cdcdcd** (o *cdecde* o *cdccdc*). Un soneto shakespeariano, en cambio, divide el poema en tres cuartetos (un cuarteto es una estrofa de cuatro líneas) y termina con una copla rimada y sigue el siguiente patrón de rima: *abab cdcd efef gg.*

Una **balada** es un poema que normalmente echa un cuento y está diseñado para ser cantado. El patrón de rima es típicamente *abcb defe ghih,* etc. las baladas tienden a enfatizar acción en vez de emociones o ideas y muchas veces tienen un ritmo fijo.

Uno de los patrones de rima más complejos es el del villanelle. Un **villanelle** tiene cinco estrofas de tres líneas con un patrón de rima aba y un cuarteto al final como un patrón de abaa. Hay solamente dos rimas en el poema y la línea 1 tiene que ser repetida en las líneas 6, 12 y 18 mientras que la línea 3 debe ser repetida en las líneas 9, 15 y 19.

El verso blanco esta guiado solamente por métrica y no rima. Por esto, las líneas tienen un número de sílabas fijas sin ningún patrón de rima. Un **Haiku** es un ejemplo de verso blanco. Los **Haikus** son poemas que no riman; son de tres líneas y 17 sílabas. La línea 1 tiene cinco sílabas; la línea 2 tiene siete; y la línea 3 tiene cinco. Aquí hay un ejemplo:

Pájaro muerto:
¡que agonía de plumas
en el silencio!

—Juan José Domenchina

El verso libre

El verso libre es poesía libre de las restricciones de ritmo y compás. Pero eso no quiere decir que los poemas de verso libre sean creados a lo loco. En vez de cuadrar con un patrón de rima tradicional, los poemas de verso libre muchas veces usan una estructura temática o un patrón repetitivo. "Durmiendo" es un ejemplo, apartando palabras para aislar unas y asociar otras. Un poema de verso libre más estructurado es el "Aviso" de Kenneth Fearing (1941). El poema está estructurado como un aviso diseñado para reclutar a soldados para la Segunda Guerra Mundial.

Buscando: Hombres;
Millones de hombres *necesitados*
inmediatamente en un grande nuevo
campo
Sueldo: *Muerte.*

La última línea del poema hace un resumen de la compensación para los soldados.

De esta manera, la estructura del poema ayuda a reflejar su tema: la idiotez de poner un aviso para que los hombres maten y sean matados, de llamar la guerra "un grande nuevo campo" para que parezca algo emocionante, refleja las emociones del poeta sobre la guerra—que es absurda y que es absurdo pedirle a los hombres que se maten unos a otros.

22 ▶ Drama

Como la ficción y la poesía, el drama tiene sus propias convenciones y formas. El entendiendo de estas convenciones y formas lo puede ayudar a entender los extractos de drama que encontrará en el examen de lectura del GED. Este capítulo repasa los elementos del drama y las estrategias para entender este género.

ANTES DE LOS LIBROS y películas, antes del lenguaje, la gente estaba actuando sus experiencias. El drama es la forma más antigua de narrar un cuento y una de las maneras más antiguas de hacer sentido de la experiencia humana.

▶ Cómo el drama es diferente

El drama tiene los mismos elementos de la ficción: argumento, personaje, escenario, punto de vista, tono, lenguaje y estilo, simbolismo y tema. Sin embargo, el drama es diferente de la poesía y la prosa de varias maneras significantes. La más obvia y más importante es que el drama sirve para ser actuado; es literatura que está diseñada para una audiencia viva. (La excepción es una minoría pequeña de obras llamadas obras de armario: obras diseñadas para ser leídas solamente, no actuadas.) Esto hace de la obra teatral el género más energético e inmediato porque hay un intercambio activo de energía y emoción durante la actuación.

En el drama, la **acción** es la fuerza que impulsa el argumento. "La esencia de una obra es acción," dijo Aristóteles, el primer crítico literario del mundo occidental. Las cosas ocurren más rápidamente en una obra que en una novela por la urgencia de la obra y el breve período de tiempo dorante el cual la acción tiene que ocurrir. Hay menos tiempo para digresiones; todo tiene que ser relacionado a los eventos que se desenvuelven en el escenario.

El drama también nos presenta con un punto de vista único. Como no hay narrador, el cuento no está filtrado a través del punto de vista de nadie. Y si hay en el escenario un narrador que nos cuenta su historia, nosotros todavía vemos la acción nosotros mismos. Este **punto de vista dramático** nos permite llegar a nuestras propias conclusiones sobre los personajes y sus acciones.

La acción de una obra tiene lugar en un espacio físico real; entonces el **escenario** es particularmente importante en el drama. El escenario puede ser realista, minimalista o simbólico; la obra puede ocurrir en "tiempo actual" o durar varios años en la vida de los personajes. Por ejemplo, en la famosa obra de Samuel Beckett, *Esperando a Godot*, el escenario es intencionalmente desnudo. Las direcciones del escenario piden solamente un árbol y un montículo en que uno de los personajes se sienta. El vacío del escenario refleja el vacío que se repite a través de la obra: los personajes esperan, y esperan, sin hacer nada; ellos esperan a alguien que no viene.

▶ La ironía dramática

En una obra, debemos escuchar con cuidado al tono que usan los personajes cuando hablan. Pero el tono que controla la obra es muchas veces ironía dramática. La ironía dramática ocurre cuando las acciones o la manera de hablar de un personaje tiene un significado imprevisto que la audiencia conoce; pero el personaje,

no. Por ejemplo, en la obra clásica de Henrick Ibsen de 1879, *A Doll's House*, encontramos a Torvald Helmer y a su esposa, los cuales se dan cuenta de los males de la mentira. Él usa Krogstad, a quien Helmer acaba de botar por haber cometido falsificación, como un ejemplo. Pero él no sabe lo que nosotros sabemos. Hace varios años Nora falsificó la firma de su padre para que le prestaran dinero que necesitaba para ayudar a Helmer, quien estaba gravemente enfermo. Ya que Helmer odia la idea de dinero prestado, ella mantuvo la falsificación y el préstamo un secreto. Pero ahora, Krogstad ha amenazado con revelar el secreto si no le devuelven su trabajo. Note lo poderosa que es la ironía en el pasaje de abajo, especialmente cuando Helmer toma a Nora por la mano:

NORA: Pero dime, ¿de verdad fue tan grave un crimen lo que cometió este Krogstad?

HELMER: Falsificación. ¿Tienes idea que quiere decir eso?

NORA: ¿No lo pudo haber hecho de necesidad?

HELMER: Sí, o desconsideración, como tantos otros. No soy tan duro de corazón que castigaría un hombre categóricamente solamente por un error.

NORA: ¡No, claro que no, Torvald!

HELMER: Muchos hombres se han redimidos por confesar abiertamente sus crímenes y aceptar su castigo.

NORA: ¿Castigo—?

HELMER: Pero Krogstad no hizo eso. Él se sacó por prácticas astutas, y eso es la verdadera causa de su desmoronamiento moral.

NORA: ¿Pero en verdad tú piensas que eso—?

HELMER: Imagínate como un hombre con ese tipo de culpa y tiene que mentir y engañar en todos lados, tiene que tener una máscara hasta con los más cercanos y queridos que tiene, hasta con su propia mujer e hijos. Y esos hijos, Nora—eso es lo más terrible.

NORA: ¿Por qué?

HELMER: porque ese tipo de ambiente de mentiras infecta la vida entera de un hogar. Cada aliento que los niños toman esta llena de gérmenes de algo degenerado.

NORA: [acercándose detrás de el] ¿Estás seguro de eso?

HELMER: Ah, lo he visto muchas veces como un abogado. Casi todo el mundo que sale malo temprano en la vida tiene una mamá que es mentirosa.

NORA: ¿Por qué solamente—la mamá?

HELMER: Normalmente la influencia de la mamá es dominante, pero la del papada trabaja de la misma manera, claro. Cada abogado es muy familiar con eso. Y todavía este Krogstad va a casa año tras año envenenando sus propios niños con mentiras; por eso le llamo moralmente perdido. [Extiende sus manos hacia ella.] Por eso, mi pequeña y dulce Nora, tienes que prometer que nunca defenderá su caso. Tu mano sobre eso. Ven, ven, ¿qué es esto? dame tu mano. Ya. Todo listo. Ya sé que será imposible trabajar al lado de él. Decían todo físicamente asqueado cuando estuve cerca de una persona así.

▶ El escenario dramático

"Drama" viene de la palabra griega *dran*, la que significa hacer o actuar. Ya que los dramas se actúan, estos elementos de la actuación son elementos esenciales del drama:

- el diálogo
- las instrucciones de escenario
- la audiencia viva

El diálogo

En la ficción, el cuento se escuchado a través de la voz del narrador; en la poesía, a través de la voz del orador del poema. En el drama, no hay narrador; en cambio, los personajes hablan directamente uno a otro o a la audiencia. A través de **diálogo** (dos o más personajes que están hablando uno con otro), **monólogo** (un personaje que está hablando directamente a la audiencia) y **soliloquio** (un personaje que está pensando en voz alta en el escenario), nosotros aprendemos lo que los personajes piensan y sienten sobre sí mismos o sobre uno a otro, y las cosas que están pasando a sus alrededores. Los personajes también pueden hablar en un **aparte** (mezcla entre un monólogo y un soliloquio). En un **aparte**, el actor comparte un pensamiento breve con la audiencia pero no con los otros personajes. Éste le da a la audiencia un privilegio de conocimiento que los otros personajes no tienen. El intercambio entre Nora y Helmer es un ejemplo de diálogo. Aquí hay un extracto de uno de los soliloquios más famosos de todo el tiempo:

HAMLET: Ser o no ser, esa es la cuestión:
si es más noble para el alma soportar
las flechas y pedradas de la áspera Fortuna
o armarse contra un mar de adversidades
y darles fin en el encuentro. Morir: dormir,
nada más. Y si durmiendo terminaran
las angustias y los mil ataques naturales
herencia de la carne, sería una conclusión
seriamente deseable. Morir, dormir:
dormir, tal vez soñar. Sí, ese es el estorbo;
pues qué podríamos soñar en nuestro sueño
    eterno
ya libres del agobio terrenal,
es una consideración que frena el juicio
    —William Shakespeare, de *Hamlet*

Las instrucciones de escenario

Las instrucciones del escenario son las instrucciones del dramaturgo al director y a los actores. Muchas veces incluyen detalles específicos sobre cómo los personajes debieran parecer, el tono de voz que debieran usar cuando hablan, los significantes o las acciones que debieran tomar y el escenario (el vestuario, los accesorios y la luz). Las instrucciones del escenario nos pueden ayudar a entender el tono y reforzar el tema de la obra. Por ejemplo, las direcciones del escenario en *Esperando a Godot*, son intencionalmente pocas; el vacío del escenario es la exploración del del vacío en nuestra vida. De la misma manera, las instrucciones del escenario en la obra de Susan Glaspell, *Insignificancias*, de 1916, nos muestran lo incómodas que se sienten las mujeres cuando empiezan a juntar el rompecabezas del asesinato del señor Wright. Cuando la señora Peters encuentra un pájaro que mató el señor Wright, ella se acuerda de cómo ella se sintió en una situación parecida y entiende cómo la señora Wright habría podido matar a su esposo:

> SEÑORA PETERS: [en un susurro] Cuando yo era una niña—mi gatito—había un niño que cogió un hacha, y delante de mis ojos—y antes que pudiera llegar allí—[se cubre la cara por un instante.] Sino me hubieran aguantado yo lo hubiera—[para abruptamente, mira hacia arriba donde se escuchan pasos, y dice débilmente] —lastimado.

La audiencia

La audiencia es el tercer elemento esencial del drama, porque sin una audiencia, obra no puede ser viviente. Claro, esto no quiere decir que uno no pueda encontrar gran significado y placer en la lectura de una obra. Aunque a uno se le pierden los efectos visuales y la energía del teatro, leer una obra muchas veces puede ofrecer placer más grande porque el lector tiene la opción de volver a leer las líneas e imaginar las escenas en su mente. Para hacer la obra viviente, sin embargo, se necesita prestar mucha atención a las instrucciones del escenario para ver cómo las cosas deben pasar y cómo los actores deben actuar.

▶ Tipos de obra

El símbolo del teatro es dos máscaras: una con una sonrisa grande, otra con un fruncido y una lágrima.

Por muchos años, el drama, que originó en las celebraciones religiosas de los griegos antiguos, era trágico o cómico. Oiga, las obras pueden ser tragedias, comedias, y muchas otras cosas. Pero usted tendrá un mejor entendimiento de todas esas "otras" cosas si usted entiende los extremos y la tradición de donde vinieron.

La tragedia

En el drama, una tragedia es una obra que presenta un personaje noble y su caída de la grandeza. En el drama griego, los personajes son todos reyes, reinas, y otros nobles. Durante el curso de una tragedia típica griega, el personaje principal hace algo (o no hace algo) que lo lleva a una caída dramática de la gracia. Esta caída normalmente pasa por un defecto trágico del personaje (aunque el personaje muchas veces trata de echar la culpa al destino).

Un **defecto trágico** es una característica que lleva al personaje a tomar una mala decisión o hacer algo que él ya no debiera hacer. Muchas veces el defecto también es parte de lo que hace la grandeza del personaje. El orgullo es muchas veces un defecto trágico, y también el absolutismo. Por ejemplo, en la obra antigua de Sófocles, *Antígona*, Creonte pone el bienestar del estado antes del bienestar de cualquier individuo; y es respetado por su liderazgo poderoso y su devoción al estado. Pero él no hace una excepción cuando su sobrina Antígona rompe la ley; y como resultado Antígona, el hijo de Creonte (el prometido de Antígona), y la esposa de Creonte se matan al final de la obra. Solamente Creonte sobrevive y estudia la destrucción que él mismo trajo a su familia.

Aunque una tragedia muchas veces nos deje llorando, no es totalmente deprimente. Una verdadera tragedia es **catártica**; permite que sentirmos y soltemos emociones fuertes por la experiencia del dolor y la tristeza de los personajes, por la observación de seres humanos que hacen errores y sufren—sin tener que hacer errores o sufrir nosotros mismos. La esperanza viene de cómo los héroes trágicos se enfrentan con esa pérdida y ese sufrimiento.

Un **héroe trágico** como Creonte, por ejemplo, acepta la responsabilidad por esos errores, y *Antígona* termina con la esperanza de que Creonte aprenda de la tragedia y por eso será un mejor líder (más flexible, más justo, más compasivo) en el futuro.

La comedia

Al otro lado del espectro está la **comedia**. Normalmente, las comedias tienen fines felices. En vez de terminar en la muerte, la destrucción o la separación, las comedias terminan en la felicidad, la reconciliación y la unión (matrimonios por ejemplo).

El humor en las comedias puede llegar de muchas fuentes, como la falta de comunicación, entidades equivocadas y horarios cruzados (cosas que también pueden ser la fuente de la tragedia). El humor también puede venir del **juego de palabras** y los dobles significados tanto como las expectativas volteadas. Por ejemplo, en la obra de un acto de Woody Allen, *La Muerte toca*, 1968, la Muerte—normalmente representada como un personaje poderoso, miedoso, sombrío de pocas palabras y acciones perturbadoras—se asoma por la ventana de Nat Ackerman y pide un vaso de agua. La Muerte aquí no es un personaje siniestro que

nos saca de la vida. Al contrario, él es un personaje torpe, fastidiado; informa al que tiene que asegurarse de tener la dirección correcta. En vez de tenerle miedo a la muerte, nos reímos, especialmente de la tentativa de la Muerte para hacer una entrada dramática:

> MUERTE: Subí por los tubos. Estaba tratando de hacer una entrada dramática. Yo vi las ventanas grandes y tú estabas despierto leyendo. Pensé que valía la pena. Subir y entrar con un poquito o de—tú sabes . . . [Chasquea los dedos.]
> Pero en cambio, se me traba el talón en la enredadera, el tubo se rompe, y estoy colgando por una tira. Después mi capa empieza a romperse. Mira, vámonos. He tenido una mala noche.

Un **melodrama** es una "tragedia" que tiene un final feliz; de esta manera se daña el efecto de una tragedia verdadera. Las **trági-comedias** son más comunes. Éstas son verdaderas tragedias (como un final trágico), pero se intercalan con escenas cómicas que ayudan a aliviar la intensidad de la emoción que la tragedia despierta.

El teatro de hoy

Los dramas de hoy no son como las tragedias griegas de hace mucho tiempo. Los dramas de hoy no se enfocan ni en la gente extraordinaria (reyes y reinas) ni en los eventos extraordinarios (guerras, plagas, y otros grandes eventos históricos). En cambio, muchos dramas se enfocan en la gente común y corriente y en las situaciones y los retos comunes y corrientes con que ellos se enfrentan. Por ejemplo, en la obra de John Guare, *Seis grados de separación*, se trata de nuestra necesidad de conectar con otros y las medidas que tomamos para aliviar la soledad y sentirnos parte de todo.

Muchos de los dramaturgos modernos también creen que las obras debieran reconocer que son obras y no debieran intentar ser realistas. Al mismo tiempo, ellos intentan a detectar la naturaleza humana tan realísticamente como posible. Como resultado, el antihéroe ha emergido como una presencia común en el escenario. Este personaje inspira más lástima que admiración, porque muchas veces arruina más de lo que repara. En la obra de Arthur Miller, *La muerte de un viajante*, por ejemplo, Willy Loman es un viajante engañado que piensa que el éxito quiere decir ser apreciado por gran número de personas. Cuando pierde su trabajo y se da cuenta de que ha estado viviendo una mentira—y que la criada y sus hijos viven la misma mentira—él se suicida. Él es un personaje que inspira lástima y no es capaz de redimirse. Pero su hijo Biff cambiará su vida como resultado de lo que ha aprendido durante la obra. Él es el verdadero héroe trágico.

▶ Resumen de vocabulario

Mientras que usted vaya encontrando pasajes dramáticos en el examen de lectura, tenga en mente las siguientes ideas que tienen que ver con el drama:

comedia: una obra que termina en resolución o unión

diálogo: conversaciones entre personajes

ironía dramática: la audiencia sabe algo que los personajes en el escenario no saben

monólogo: un discurso largo hecho por un personaje

soliloquio: un discurso largo que revela los pensamientos de un personaje

instrucciones de escenario: instrucciones escritas mostrando acciones específicas de los personajes

tragedia: una obra que termina en la caída trágica del personaje principal

23 ▶ No ficción

Desde los ensayos a los comentarios a los reportes y memos, los textos de no ficción se escriben por distintos propósitos y tienen varias funciones. Este capítulo describe los tipos de textos de no ficción que usted encontrará en el examen de lectura del GED.

LOS TEXTOS DE no ficción puedan ser literarios o funcionales. El no ficción literario que usted pueda encontrar en el examen de lectura incluye ensayos y autobiografías/memorias. Los textos funcionales que usted verá incluyen comentarios sobre las artes y comunicaciones de negocios.

▶ Cómo una obra de no ficción es diferente

Mientras que los textos de no ficción pueden ser imaginativos, ellos son diferentes de los textos de ficción porque no tratan de personas ni eventos imaginarios. En cambio, los textos de no ficción tienen que ver con eventos reales y personas verdaderas.

Hay otras diferencias importantes entre la ficción y la no ficción. En la no ficción, no hay narrador; entonces no hay filtro entre el autor y el lector. En un texto de no ficción, el autor está hablando directamente al lector, expresando su punto de vista. Entonces, la voz en un texto de no ficción es la voz única del autor.

El punto de vista es muy importante en la ficción. Acuérdese de que el punto de vista establece cierta relación con el lector. Los textos de primera persona son más personales pero también más subjetivos. Los textos de tercera persona son más objetivos pero menos personales. El punto de vista que un autor escoja dependerá de su propósito y de su audiencia. Por ejemplo, sería más probable que un reporte anual usara la tercera persona (apropiada para un documento de negocio formal) mientras que un ensayo sobre una experiencia personal usaría el punto de vista de primera persona y exploraría el impacto de la experiencia en el autor.

▶ Ensayos

Hay muchos tipos distintos de ensayos. Los cuatro más comunes son:

1. **Descriptivo:** se describe una persona, sitio o cosa
2. **Narrativo:** se echa un cuento o describe un evento
3. **Expositivo:** se explora o se explica una idea de oposición
4. **Persuasivos:** se discute un punto de vista específico

Existen ensayos sobre todo tema imaginable, desde lo que es crecer pobre (o rico, o bilingüe) porque nosotros debiéramos (o no debiéramos) clonar a los seres humanos. La estructura básica de un ensayo apoya la idea *principal*. Así como el escritor está describiendo una experiencia, él o ella tiene una razón por echar ese cuento, y esa razón—porque el escritor piensa que el cuento es suficientemente importante para contar—es la idea principal.

Los ensayos muchas veces aclaran de su idea principal en una **declaración de tesis**. Es probable que esta declaración llegue al principio del ensayo. Note aquí, el autor declara su tesis al final del primer párrafo de su ensayo:

Cuando usted piensa en el expresidente Bill Clinton, ¿cuál es la primera cosa que llega a la mente? Por desgracia, para muchas personas, la primera cosa en que ellos piensan es Mónica Lewinsky. Como millones de personas en el globo, yo estaba horrorizado porque la investigación de Whitewater se metió en los asuntos privados del señor Clinton. Nadie necesitaba saber todos los detalles que fueron revelados por la investigación de Ken Starr. Pero mientras yo no quiero conocer los detalles, *sí creo que tenemos el derecho de saber qué tipo de vida nuestros políticos están viviendo. Yo creo que su comportamiento en privado es un reflejo de sus verdaderos valores y cómo se comportarán en oficina.*

Un tipo de escritura que usted pueda ver en los ensayos (tanto como en otras formas de literatura) es la sátira. La **sátira** es una forma de comedia en que el escritor expone y ridícula alguien o algo para inspirar cambio. Las sátiras dependen en mucho de la **ironía verbal**, en que el significado pretendido es lo opuesto del significado expresado. Los escritores de sátira también usan **hipérbole**, (exageración extrema), tanto como el sarcasmo y la atenuación para comunicar sus ideas.

El ensayo de Jonathan Swift, *Una propuesta modesta*, 1729, es uno de los ejemplos más famosos de sátira. En el ensayo, Swift propone que los irlandeses, quienes están muriéndose de hambre, se coman sus propios hijos para impedir "que los hijos de gente pobre en Irlanda sean una carga a sus padres o el país."

Aquí hay un extracto breve:

Yo he sido asegurado por un conocido americano mío—muy inteligente—en Londres, que un niño bastante joven, sano, y bien nutrido, a la edad de un año, es una comida totalmente deliciosa y nutritiva, así sea al horno, al carbón, hervido, o guisado; y no tengo dudas de que también puede servir en un fricasé o ragout.

Claro, Swift no está sugiriendo de verdad que los irlandeses se conviertan en caníbales. Él está usando esta propuesta ridícula para criticar a los ingleses por oprimir a los irlandeses, especialmente los irlandeses pobres católicos, los cuales muchas veces tenían muchos hijos. La naturaleza escandalosa de la propuesta de Swift refleja sus sentimientos sobre el dominio británico en Irlanda en ese tiempo y la inhabilidad del gobierno británico de encontrar una solución satisfactoria a la hambruna irlandesa.

▶ La autobiografía y las memorias

En una **autobiografía** o **memoria**, el autor va a echar—muy subjetivamente, claro—el cuento de su propia vida. La diferencia entre las autobiografías y las memorias es que las memorias tienden a ser menos comprensivas y más exploratorias. Ellas cubren menos terreno y pasan más tiempo examinando el impacto de la gente y de los eventos. Los autores pueden escribir para clarificar una experiencia, enseñar una lección, o a hacer una declaración sobre un evento histórico o un movimiento social. Mientras que usted lea una autobiografía o memoria, busque lo que el autor intenta. ¿Por qué ha decidido contar estos eventos particulares o describir estas personas particulares?

Por ejemplo, aquí hay un breve extracto de la memoria de Frank McCourt, *Las cenizas de angela*, 1996:

El próximo día fuimos al hospital en un coche con caballo. Ellos pusieron a Oliver en una caja blanca que vino con nosotros en el coche y nosotros lo llevamos al cementerio. Ellos pusieron la caja blanca en un hueco en la tierra y después la cubrieron con tierra. Mi mamá y mi tía Aggie lloraron, abuela parecía brava, papá, tío Pa Keating, y tío Pat Sheehan parecían tristes pero no lloraban y yo pensé que si uno es un hombre uno solamente puede liberar cuando no tiene esa cosa negra que es llamada el pinto.

A mí no me gustaban las grajillas que se sentaban en los árboles y las piedras y yo no quería dejar a Oliver con ellos. Le lance una piedra a una grajilla que estaba caminando hacia la tumba de Oliver. Papá dijo que no debiera de lanzarle piedras a las grajillas, que ellas pueden ser el alma de alguien. Yo no sabía que era un alma pero no les pregunté por qué no me importaba. Oliver estaba muerto y yo odiaba las grajillas. Algún día sería un hombre y volvería con una bolsa de piedras y dejaría al cementerio regado con grajillas muertas.

▶ Comentarios sobre las arte

El propósito del comentario es iluminar o explicar otras obras de literatura y arte. Estos textos repasan y analizan una obra de arte (arte visual, arte de actuación y literatura) y generalmente tienen dos metas: 1) ayudarnos a entender la obra de arte y 2) evaluar su éxito o valor. Un resumen del libro, por ejemplo, típicamente ofrece antecedentes sobre el autor, hace un resumen del argumento básico del cuento, y describe los personajes principales y sus conflictos principales. También señala lo que hace la novela buena (por ejemplo, los personajes son especialmente queridos; el argumento tiene muchas vueltas; las descripciones son particularmente ricas; la estructura es muy única) o mala (por ejemplo, el argumento es trillado; los personajes son planos e increíbles; la escritura es torpe; los capítulos son desorganizados). De esta manera, un comentario puede ayudarlo a determinar si una obra de arte es algo que usted debiera experimentar; y si lo experimenta, el comentario puede ayudarlo a entender major su experiencia.

El comentario en el Examen de Lectura del GED puede ser de cualquier tipo, como resúmenes de libros, películas, conciertos/interpretaciones músicas, producciones de baile, musicales, programas de televisión, obras teatrales, cuadros, esculturas, fotografía o los artes de multimedia. Pero es más probable que usted vea comentario sobre una experiencia u obra de arte visual.

Cuando usted lee un comentario, una de las habilidades más importantes es tener la habilidad de distinguir entre hecho y opinión. Mientras los comentadores trabajan con datos, el comentario por naturaleza es sumamente subjetiva; ellos están compartiendo sus reacciones personales a una obra de arte. Un buen comentador siempre explicará por qué él o ella siente lo que siente sobre una obra de arte. Por ejemplo, un crítico de película puede alabar una película porque la historia era original y conmovedora, los actores convalecientes, y los efectos especiales maravillosos.

Acuérdese de que los sentimientos sobre la película del comentador son opiniones; no importa que también el autor pueda defenderlas. Hay muchos datos indiscutibles sobre una obra de arte como una película: cuándo fue hecha, cuánto tiempo tomó ha-cerla, quién la hizo, cuánto costó, los eventos en el argumento, cómo los efectos especiales fueron creados, etcétera. Pero la opinión del comentador de estos datos es un asunto de debate; y entonces, un asunto de opinión. Usted puede encontrar el comentario sobre la película interesante mientras que su amigo lo encuentra aburrido.

Mientras lea un comentario, preste atención a la selección de palabras. Como las elaboraciones que parecen expresar datos, los comentadores pueden expresar su opinión. Por ejemplo, mire las oraciones siguientes. Tienen el mismo significado pero expresan actitudes distintas:

> Raquel Ramírez hace el papel de Ofelia.
>
> Raquel Ramírez brilla en el papel de Ofelia.

▶ Los documentos de negocio

Hay un documento de negocio en cada examen. Estos textos pueden variar de manuales de empleado y entrenamiento a cartas, memos, reportes, y propuestas.

Los documentos de negocio son diferentes de a cualquier otro texto de no ficción porque son:

- están diseñados para una audiencia específica
- tiene un propósito específico relacionado al negocio

Mientras los ensayos, autobiografías y comentarios son para un lector general, los documentos de negocio (con la excepción de los reportes anuales) son para una audiencia mucho más pequeña y específica. Los memos y cartas, por ejemplo, muchas veces se escriben para una persona nada más.

El propósito de cada documento de negocio también es muy específico. Un memo puede proveer una agenda para una reunión o pueden servir para llegar a un acuendo sobre los formularios que necesitan ser completados; una propuesta puede describir un plan para mejorar o expandir el negocio; un manual de entrenamiento les enseñará a los empleados a hacer tareas específicas.

El propósito del documento normalmente será muy claro desde el principio. Como se dice en los negocios, el tiempo es dinero, y para que el lector no pierda tiempo, los escritores de comunicaciones de negocios declaran su propósito claramente al principio del documento. Por ejemplo, note como la idea principal de la carta siguiente se declara en la segunda oración:

Querida señora Ng:

Gracias por su solicitud reciente para un préstamo de automóvil del Banco Crown. Desafortunadamente, no podemos procesar su solicitud porque falta información en su formulario de solicitud.

Necesitamos la información siguiente para completar el proceso de la solicitud de préstamo:

1. El número de años en su residencia actual
2. Su número de licencia de conducir
3. El nombre y número de teléfono de su proveedor de seguro

Sírvase proveer esta información tan pronto como posible. Usted me puede llamar al 800-193-4567, extensión 22, o puede mandarme un fax al 222-123 4567. Haga el favor de poner el código de solicitud **XT121** en su correspondencia.

Gracias por su rápida respuesta acerca de este asunto. Espero pronto completar su solicitud de préstamo.

Atentamente,
Víctor Wilson
Subalterno Analista de Préstamos
Banco Crown

Las técnicas para la lectura

Para maximizar el tiempo y claridad, los documentos relacionados a los negocios usan varias técnicas de lectura. Éstas incluyen *apartar trozos de información* y *usar listas y encabezamientos.*

Los escritores de negocios muchas veces organizan información en pequeños "trozos" de datos. Ellos agrupan oraciones o párrafos de acuerdo con los temas o ideas específicos que van a discutir y ponen esas oraciones aparte con encabezamientos.

Los encabezamientos y sub-encabezamientos proveen "títulos" dentro del texto para guiar a los sectores tema por tema a través del documento. Los encabezamientos le muestran al lector las ideas relacionadas y ayudan al lector a encontrar información específica en el documento. (Note, por ejemplo, cómo los encabezamientos se usan a través de este libro.) Para hacer la información más fácil de procesar, los escritores de negocios también usan listas enumeradas o puntos tan frecuentemente como posible, especialmente cuando dan instrucciones. Es más fácil ver las cosas de una lista cuando están separadas y puestas en una lista verticalmente en vez de horizontalmente en una oración normal o un párrafo. Por ejemplo, note que es más fácil absorber la información en la lista que en el narrativo siguiente:

Para solicitar un permiso, usted debe traer prueba de residencia, foto de identificación, una copia de su certificado de nacimiento, y prueba de seguro.

Para solicitar un permiso, usted debe traer:
- la prueba de residencia
- la foto de identificación
- la copia de su certificado de nacimiento
- la prueba de segura

Cualquiera que sea el texto, un documento de negocios o un ensayo personal, acuérdese de que los escritores siempre escriben por una razón. Prense en el propósito del escritor. ¿Por qué está escribiendo?

Busque claves en el contenido (datos y detalles específicos) y estilo (elección de palabras y tono). Busque las oraciones de tema y las declaraciones de tesis que expresan la idea principal del autor.

24▶ Consejos y estrategias para el GED examen del lenguaje, lectura

En los capítulos siguientes usted repasará bastante material para preparse para el GED examen de lenguaje, lectura. Aquí hay algunas estrategias y consejos para manejar las preguntas que ustedes verán en el examen.

▶ El GED examen de lenguaje, lectura

El GED examen de lenguaje, lectura consiste en 40 preguntas de opción múltiple sobre textos de tres períodos de tiempo distintos: pre-1920, 1920–1960, y 1960–presente. Cada examen incluye un poema, un extracto de una obra, un comentario sobre las artes, un documento relacionado al negocio como memo o reporte, y al menos un extracto de una obra de ficción. Cada pasaje (menos el poema) será de aproximadamente 300–400 palabras de largo.

Las preguntas harán prueba de su comprensión básica (20%) de los textos, su habilidad de analizar los textos (30–35%), su habilidad de sintetizar (sacar conclusiones de) ideas del texto (30–35%) y su suavidad de aplicar la información con la idea del texto a distintos contextos (15%). A usted le harán preguntas sobre la idea principal (tema) de un texto, sobre los sentimientos o motivaciones de un personaje, o la significación (símbolo). A usted le pueden pedir que identifique un detalle o dato específico o predecir el efecto de una acción descrita o implicada en el texto. A usted le harán preguntas sobre el efecto de una técnica retórica o le pedirán que identifique el tono de un pasaje.

► Preparándose para el examen

El GED examen de lenguaje, lectura cubre mucho material. Hace prueba de su comprensión no sólo de textos funcionales sino también de muchos géneros y períodos del tiempo de la literatura. Entre ahora y el día del examen, una de las mejores cosas que usted pueda hacer es leer lo más posible, especialmente los géneros que usted no conoce. Cuanto más cómodo usted se siente con la literatura tanto más fácil será entender lo que usted lea, y tanto más cómodo se sentirá a la hora del examen.

Mientras lea varios textos, acuérdese de que a usted no le tiene necesariamente que gustar todo lo que lea. Sin embargo, ojalá encuentre la experiencia agradable y gratificante. Pero si a usted no le gusta cada poema que lee no hay problema. Distintos escritores tienen distintos estilos, y a veces es posible que no le gusten el estilo y el contenido de un escritor. Lo que importa es que usted sea capaz de apreciar el texto y entender lo que el autor está tratando de decir. Así le guste el estilo de un escritorio o no, así el contenido le guste o le aburra, siga leyendo y desarrollando sus habilidades de comprensión de lectura. Usted puede encontrar que algunos textos y autores tendrán un impacto profundo sobre usted. Y puede ser que esto desarrolle un amor por un género que le durará por toda su vida.

► Encontrando la idea principal

Acuérdese de que la idea principal es el pensamiento que controla el texto. ¿Qué está tratando de decir el autor? ¿Qué punto quiere comunicar? La idea principal se puede declarar claramente en una oración de tema (para un párrafo) o una declaración de tesis (para el texto completo). También puede ser implícita. En la literatura, la idea principal se llama el tema. El **tema** es la suma de todos los elementos de literatura: argumento, personaje, simbolismo, tono, lenguaje y estilo.

Aquí hay unos consejos específicos para encontrar la idea principal:

1. Acuérdese de que los temas y las ideas principales son generales y debieran servir de red sobre el pasaje entero o el texto entero.
2. Considere el propósito del autor. ¿Qué piensa usted que el autor está tratando de cumplir con este texto? ¿Por qué piense usted que lo escribió?
3. Trate de llenar los espacios en blanco:
   - Este cuento (poema, obra, ensayo, etc.) sobre ___(o del tema).
   - El escritor parece estar diciendo ____(declaración de tema general) sobre este tema.

   Si usted puede apoyar su declaración con evidencia específica del texto, y si esa declaración es suficientemente general para abarcar el pasaje entero, es probable que usted haya identificado exitosamente la idea principal o uno de los temas del texto. (Los textos literarios, especialmente los textos largos como novelas, pueden tener más de un tema.)
4. Trate de darle al texto un nuevo título que comunique la idea principal o el tema o ¿Cómo llamaría usted ese pasaje?

► Encontrando datos y detalles específicos

Los datos y los detalles específicos muchas veces se usan para apoyar la idea principal de un texto. Aquí algunos consejos para las preguntas sobre detalles y datos específicos:

1. Acuérdese de la diferencia entre las ideas principales y su apoyo. Note los ejemplos, datos y detalles específicos que el escritor usa para desarrollar su idea.
2. Busque **palabras claves** en la pregunta que le digan exactamente qué información hay que buscar en el pasaje.
3. Piense en la **estructura** del pasaje y dónde su información se puede encontrar.

► Distinguir entre dato y opinión

Una habilidad importante de la comprensión de lectura es también una habilidad del pensamiento crítico: la habilidad de distinguir entre dato y opinión. Es muchas veces importante saber si la escritora está declarando un dato o expresando una opinión. Aquí hay tres consejos concisos para distinguir entre los dos:

1. Cuando no sepa si algo es dato u opinión, pregúntese, *¿Es discutible esta declaración? ¿Se puede otros tomar una posición distinta?*
2. Busque palabras que señalen otras claves que puedan indicar si está expresando un dato o una opinión. Tales palabras incluyen *yo creo* y *debe*.
3. Acuérdese de que los buenos escritores normalmente proveen datos para apoyar sus opiniones.

► Haciendo deducciones

La habilidad de sacar conclusiones lógicas de un texto es esencial para la comprensión de lectura y para salir bien en el examen. Acuérdese de que sus conclusiones deben ser basadas en evidencia del texto. Si un escritor quiere que usted deduzca algo, él le dará claves para que usted haga esa deducción. Si usted tiene una pista sobre lo que el escritor está tratando de decir, busque evidencia en el texto para apoyar sus ideas.

Aquí hay algunos consejos específicos para hacer deducciones eficaces:

1. Ponga atención cuidadosa a la *selección de palabras*, *detalles*, *acciones* y *estructura*. Si el escritor quiere que usted deduzca algo, le dará a claves para guiarlo a la propia conclusión.
2. Prueba de deducción. Eche hacia atrás para encontrar evidencia específica que apoye su conclusión.

Deducir causa y efecto

1. Busque claves básicas como transiciones que señalan causa y efecto: *desde que*, *porque*, *por tanto*, *como resultado*, etcétera.
2. Asegúrese de poder establecer un eslabón directo entre causa y efecto. Acuérdese de que muchos efectos pueden tener más de una causa y que muchas veces hay una cadena de causas que llegan a un evento específico.
3. Asegúrese de tener evidencia para apoyar sus deducciones sobre causa y efecto.

▶ Leyendo la ficción

Cuando usted lea una obra de ficción, acuérdese de los ocho elementos de ficción que trabajan juntos para crear un significado:

1. el argumento
2. el personaje
3. el escenario
4. el punto de vista
5. el tono
6. el lenguaje y estilo
7. el simbolismo
8. el tema

Aquí hay algunos consejos específicos para manejar preguntas sobre la ficción en el examen de lectura:

1. ponga atención a los detalles, especialmente detalles sobre personajes y escenarios.
2. Use el ojo de su mente para visualizar gente, sitios y acciones.
3. Piense en la *motivación*. ¿Por qué dicen los personajes lo que dicen, sienten lo que sienten, hacen lo que hacen? Muchas preguntas tratarán de las razones por los pensamientos y las acciones de los personajes.
4. Acuérdese de que los cuentos tratan de ayudarnos a mejorar nuestro entendimiento del mundo y de nosotros mismos. Piense que el cuento puede estar tratando de comunicar que cumpliría con esta meta.

▶ Leyendo el drama

El drama es literatura hecha para ser actuada. Pero usted todavía puede ser entretenido y movido por la lectura de una obra teatral. Aquí hay algunos consejos para entender los extractos dramáticos en el examen:

1. Acuérdese de leer las instrucciones de escenario con cuidado. Estas notas del dramaturgo pueden proveer claves importantes a las emociones de los personajes mientras ellos hablan y a las relaciones entre estos personajes. Las instrucciones de escenario también son claves importantes al tema de una obra teatral.
2. Piense en la *motivación*. ¿Por qué los personajes dicen lo que dicen y hacen lo que hacen? ¿Qué ha pasado entre los personajes o a los personajes para que sientan, digan y hagan estas cosas?
3. Use las instrucciones del escenario y otras claves para armar la obra en su cabeza. Cree un teatro de la mente y margine la acción que tiene lugar en el escenario. Trate de escuchar a los personajes y de verlos en el escenario.

▶ Leyendo la poesía

Cada examen de lectura del GED incluye al menos un poema. Acuérdese de que mientras haya muchos tipos distintos de poemas, la mayoría de los poemas tratan de echar un cuento, capturar un momento, encarnar una emoción o hacer un argumento. En un poema, la selección de palabras es limitada por lo largo del poema y muchas veces por la estructura y el patrón de rimas; entonces los poetas usan con cuidado sus palabras. Como los poemas son normalmente cortos, cada palabra es importante. Preste atención a todo detalle.

Aquí hay algunos consejos específicos para manejar los poemas:

1. Lea los poemas en voz alta en su cabeza para que usted pueda escuchar cómo suenan. Lea

cada poema al menos dos veces: la primera vez para coger un sentido general del poema y su sonido, la segunda vez para obtener un mejor entendimiento de su significado.

2. Los poemas no tienen narrador, pero todavía le h ablan al lector echando un cuento, pintando un cuadro o capturando la emoción. Use tono y selección de palabras para determinar lo más que pueda sobre el orador del poema. ¿Quién es esta persona? ¿Cómo se siente sobre el tema del poema? ¿Parece estar hablando a alguien en particular o a una audiencia general?

3. Mire la estructura general del poema. ¿Hay un patrón de rimas? ¿Tiene un metro específico? ¿Cuadra la estructura de un patrón o diseño particular? Piense en cómo la estructura puede reflejar el contenido del significado del poema.

4. Mire las quiebras de líneas y las estrofas, si hay algunas. ¿Dónde están las líneas quebradas? ¿Parecen significantes las palabras al final de las líneas? ¿Hay estrofas? Si las hay, ¿qué junta a las líneas en las estrofas? ¿Hay palabras puestas en partes que resalten para los lectores?

5. Trate de determinar el propósito del poema ¿Está el orador echando un cuento, explicando una idea o emoción, haciendo un argumento, capturando un momento, celebrando o lamentando a una persona, un sitio o una cosa? Determinar el tipo de poema es importante para determinar el tema del poema.

6. Ponga atención a la repetición. Si una palabra o línea se repite, especialmente si se repite al final de una línea o una estrofa, es significante y puede ser simbólica.

7. Mire con cuidado la selección de palabras. Ya que los poemas son tan compactos, cada palabra tiene que escogerse con mucho cuidado y algunas palabras se pueden escoger por qué tienen significados múltiples.

8. Acuérdese de que los poemas tratan de personas verdaderas y emociones verdaderas. Piense es cómo el poema lo hace sentir. Piense en las emociones despertadas por las palabras y el ritmo del poema.

▶ Leyendo los ensayos

Usted puede esperar que los textos de no ficción como los ensayos sean más directos que los cuentos y los poemas. Pero la idea principal no siempre se declara en una oración de tema o en una declaración de tesis.

Aquí hay algunos consejos específicos para manejar los ensayos:

1. Determine el propósito del autor. ¿Está el autor describiendo a una persona, haciendo un argumento, echando un cuento o explorando una idea?

2. Haga las preguntas para determinar la idea principal del ensayo. ¿Cómo parece el autor sentirse sobre la persona que está describiendo, y por qué? ¿Qué tipo de relación tuvieron? ¿Qué posición ha tomado sobre el tema que está discutiendo, y por qué? Busque una declaración de la tesis que exprese la idea principal.

3. Busque las oraciones de temas en los párrafos que usted le han dado. ¿Cuáles son las ideas que controlan cada párrafo? ¿Qué ideas más grandes pueden estar apoyando?

4. Use claves en la selección de las palabras y el tono para determinar cómo el autor se siente sobre el tema.

► Leyendo el comentario

Los comentarios sobre las artes tratan de ayudar al lector a entender y apreciar una mejor obra de arte.

Aquí hay algunos consejos específicos para leer el comentario:

1. Cuando lea un comentario, siempre busque el apoyo. Cuando el autor haga una declaración, pregunte por qué. Busqué razones específicas por las cuales el autor ha llegado a esa conclusión.
2. Un comentario pensativo buscará lo bueno y lo malo de su sujeto. Es raro que un resumen sea totalmente positivo o que alguien encuentre una obra de arte totalmente sin valor. Si al menos una calidad lo redime, busque lo positivo y lo negativo en el comentario.

► Los documentos de negocios

Todo examen de lectura incluye al menos un documento de negocios. Esto puede ser un memo, reporte, correo electrónico u otro texto de negocios. Aquí hay algunos consejos para manejar las preguntas sobre los documentos de negocios:

1. Acuérdese de que los documentos de negocios se escriben para audiencias específicas y propósitos específicos. Determine la audiencia específica y la razón por la comunicación.
2. Los documentos de negocios muchas veces se escriben para que se tomen acciones específicas. ¿Hay alguna instrucción específica o algunos pasos para seguir? Busque listas y otras claves sobre las cosas que hacer o entender.
3. Si un documento de negocios es un argumento, busque apoyo. ¿Qué datos o ideas se usan para apoyar la idea principal?

V ▶ GED examen de ciencia

E N ESTA PARTE, usted aprenderá acerca del examen de ciencia. El primer capítulo explica cómo el examen está estructurado—cómo son las preguntas y qué temas cubren. Saber qué esperar lo hará más cómodo y más seguro en el día del examen; no habrá sorpresas. Los Capítulos 25–33 repasan la información básica que usted necesita saber sobre la ciencia y la averiguación científica para el GED examen de ciencia. El Capítulo 34 ofrece consejos específicos para el examen.

Antes de empezar el Capítulo 25, tome la prueba que sigue. Las preguntas son parecidas a las preguntas que encontrará en el GED examen de ciencia. Cuando terminó, mire la llave de respuestas con cuidado para evaluar sus resultados. Su calificación en la prueba lo ayudará a determinar cuánta preparación necesita y qué temas necesita más repasar y practicar.

► Prueba: GED examen de ciencia

Instrucciones: Lea las siguientes preguntas de opción múltiple con cuidado y escoja la mejor respuesta. Para tener idea de la cantidad de tiempo dada en el GED Examen de Ciencia, usted debe tomar aproximadamente 15 minutos para contestar a estas preguntas.

Nota: En el GED, no se permite escribir en la libreta de examen. Haga sus notas en una hoja de papel aparte.

Hoja de respuestas

1. (a) (b) (c) (d) (e)
2. (a) (b) (c) (d) (e)
3. (a) (b) (c) (d) (e)
4. (a) (b) (c) (d) (e)
5. (a) (b) (c) (d) (e)
6. (a) (b) (c) (d) (e)
7. (a) (b) (c) (d) (e)
8. (a) (b) (c) (d) (e)
9. (a) (b) (c) (d) (e)
10. (a) (b) (c) (d) (e)

1. ¿Cuál de lo siguiente tendrá la menos influencia sobre el clima?
   a. la latitud (distancia del ecuador)
   b. la longitud (zona de tiempo)
   c. la altitud (elevación del nivel del mar)
   d. los corrientes del océano
   e. la presencia de cordillera de montañas

2. La tasa metabólica por gramo de peso corporal es más alta en los animales pequeños. ¿Qué animal se imagina usted que quemaría menos cantidad de combustible metabólico por gramo de su peso corporal?
   a. el ratón de cosecha
   b. el perro
   c. el conejo
   d. el elefante
   e. la musaraña

Las preguntas 3 y 4 son basadas en la gráfico siguiente, que representa la población de lobos y venados durante los años 1955–1980 en un área dada.

	1955	1960	1965	1970	1975	1980
Lobos	52	68	75	60	45	49
Venados	325	270	220	210	120	80

3. ¿Cuál de las siguientes declaraciones es verdad sobre los años 1955–1980?
   a. La población de lobos aumentó a lo largo del tiempo.
   b. La población de venados disminuyó a una tasa constante a lo largo del tiempo.
   c. La población de lobos aumentó inicialmente pero disminuyó después de 1965.
   d. La población de venados aomentó a lo largo del tiempo.
   e. La población de venados en 1975 en el área era de 45.

4. ¿Cuál de las declaraciones siguientes es verdad acerca de la población de lobos de 1955–1980?
   a. La población de lobos aumentó a una tasa constante hasta 1975.
   b. La población de lobos disminuyó a una tasa constante después de 1970.
   c. El aumento en la población de lobos es el resultado de la bajada en la población de venados.
   d. La población de lobos aumentó de 1955 a 1965, disminuyó de 1965 a 1975 y aumentó otra vez en 1980.
   e. La población de lobos llegó a su máximo en 1960.

5. Aquí hay seis moléculas que tienen el mismo número de los mismos elementos, pero un arreglo distinto. ¿Cuál de las siguientes? (mostradas aquí) contiene carbono (C), hidrógeno (H) y oxígeno (O)?

```
        H  OH  H
        |   |  |
    H — C — C — C — H
        |   |  |
        H   H  H
```

a.
```
        H  OH  H   H
        |   |  |   |
    H — C — C — C — C — H
        |   |  |   |
        H   H  H   H
```

b.
```
        H   H   H
        |   |   |
    H — C — C — C — OH
        |   |   |
        H   H   H
```

c.
```
        H   H
        |   |
    H — C — C — OH
        |   |
        H   H
```

d.
```
        H  OH
        |   |
    H — C — C — H
        |   |
        H   H
```

e.
```
        H  OH  H
        |   |  |
    H — C — C — C — H
        |   |  |
        H   H  H
```

Las preguntas 6 y 7 son basadas en el pasaje siguiente:

La propagación rectilínea de la luz y la ley de refracción se han observado mucho antes del desarrollo de teorías modernas que correctamente explican estas observaciones. La propagación rectilínea de la luz se refiere al hecho de que la luz viaja en líneas rectas. Herón de Alejandría, quien vivió hacia el primer siglo, explicó estas observaciones declarando que la luz viaja a través del camino más corto. No fue hasta 1657 que Pierre de Fermat rechazó la teoría del camino corto de Herón y mostró que la luz se propaga a través el camino que toma menos tiempo. De su teoría de menos tiempo, Fermat re-derivó la ley de reflexión, así como la ley de refracción. Este principio jugó un papel importante en el desarrollo de la mecánica cuántica.

6. El pasaje muestra que
   a. La reflexión y la refracción no pueden ser explicadas por la misma teoría.
   b. El término *reflexión* quiere decir que la luz viaja en líneas derechas.
   c. Herón de Alejandría tenía conocimientos de la mecánica cuántica.
   d. Los científicos desarrollan teorías para explicar el fenómeno que observan en la naturaleza.
   e. Una teoría científica debiera estar de acuerdo con las observaciones.

7. ¿Qué declaración general sobre la ciencia no es apoyada por el pasaje?
   a. Un encuentro científico a veces juega un papel en otros encuentros científicos.
   b. Si los pueden pasar antes de que una observación pueda ser correctamente explicada por la ciencia.
   c. Una teoría no debiera ser basada en la evidencia experimental.
   d. Los científicos distintos no siempre tienen la misma explicación por una observación.
   e. Una teoría científica debiera estar de acuerdo con las observaciones.

8. El cáncer de pulmón abarca 30% de todos los cánceres. 90% de víctimas de cáncer de pulmón son fumadores. El cáncer de pulmón es raro en las sociedades que no fuman. ¿Cuál no es una consecuencia probable de estas estadísticas?

a. Muchos fumadores no dejan de fumar porque sienten síntomas del síndrome de abstinencia.

b. El Congreso pasó una ley que requiere que las compañías de tabaco marquen su producto como nocivo.

c. El porcentaje de fumadores bajó después que estas estadísticas se hicieron públicas.

d. El militar estadounidense desarrolló un programa para eliminar todo el uso de tabaco de las fuerzas armadas.

e. El inspector General de sanidad hizo un reporte que declara que el fumar es un peligro para la salud.

9. Paola es ingeniera en una empresa de consultas de ambiente. Su trabajo es analizar la calidad del aire y la cantidad de emisiones tóxicas dada al tráfico de la carretera. La cantidad de emisiones depende del número de carriles y en el promedio de la velocidad del tráfico. Cuantos más carriles, y cuanto más despacio los carros se mueven, tanto más alto será la cantidad de emisiones tóxicas. ¿Cuál de estas opciones corresponde a la cantidad más alta de emisiones tóxicas en la atmósfera?

a. la carretera de dos carriles a las dos de la mañana—lunes

b. la carretera de cuatro carriles a las dos de la mañana—martes

c. la carretera de dos carriles a las cinco y media de la tarde—miércoles

d. la carretera de cuatro carriles a las cinco y media de la tarde—jueves

e. la carretera de dos carriles a las cinco y media de la tarde—domingo

10. Muchos tipos de aprendizaje ocurren solamente en tiempos particulares llamados *períodos sensibles*. (Por ejemplo, los niños que nacen ciegos por las cataratas pueden aprender a leer si las cataratas se quitan antes de la edad de diez años. Si las cataratas se quitan más tarde en la vida, estas personas pueden ver colores y formas pero no son capaces de interpretarlas.) Un científico se interesa en saber si hay un período sensible para que el pájaro Pinzón vulgar aprenda la canción de su especie. Y si es el caso, ¿cuánto dura este periodo? ¿Cuál de los experimentos siguientes sería mejor para su propósito?

a. Coger 20 pájaros recién nacidos de su ambiente. Criar los aislados, para que no sean expuestos a la canción de su especie. Cada semana, devolver un pájaro a su ambiente y mantener un archivo del número de semanas que pasa en el aislamiento y si aprende a cantar.

b. Coger 20 pájaros recién nacidos de su ambiente. Criarlos con pájaros de otra especie, para que sean expuestos a canciones que no son las de ellos. Cada semana, devolver un pájaro a su ambiente y mantener un archivo del número de semanas que pasó con pájaros de otras especies y qué canción aprendió a cantar.

c. Coger 20 pájaros recién nacidos de su ambiente. Cada día tocarles una grabación de la canción de su especie. Recompensar con comida los pájaros que tratan de imitar el sonido grabado, y hacer nota del número de semanas que cada uno tarda en aprender a cantar.

d. Coger 20 pájaros Pinzón vulgar, de cualquier edad. Cada día tocarles una grabación de la canción de otra especie de pájaro. Grabar la edad de cada pájaro que fue capaz de aprender la canción de otro pájaro.

e. Criar 20 pájaros Pinzón vulgar recién nacidos con adultos de otra especie y adultos Pinzón vulgar. Grabar cuánto tiempo los recién nacidos tardan en cantar y determinar si la presencia de la otra especie mejoró o empeoró su habilidad de aprender a cantar la canción de su especie.

▶ Las respuestas

1. b. La longitud es el único factor en la lista que no influye el clima. En lugares en la tierra que tienen la misma longitud, las 12 del día ocurre al mismo tiempo, pero esos sitios no tienen necesariamente el mismo clima. Por ejemplo, Maine y Florida estan aproximadamente en la misma longitud, pero el clima en Maine es más frío que en la Florida, porque la Florida está más cerca del ecuador (opción **a**). La altitud puede tener influencia sobre el clima (opción **c**). Muchas veces hay nieve en la cima de una montaña cuando no hay ninguna nieve en su base. Las corrientes del océano también pueden tener influencia sobre el clima (opción **d**). La corriente del golfo es una corriente tibia del Océano Atlántico, pero no en los países en el norte de Europa con un clima más templado que otros sitios con la misma latitud en el Canadá. La presencia de cordilleras de montaña pueden tener influencia sobre el clima (opción **e**). Por ejemplo, no llueve mucho en La Gran Cuenca de Nevada por su proximidad a las montañas Sierra Nevada.

2. d. La tasa metabólica por gramo de peso corporal es más alta en los animales pequeños. Usted puede deducir que un animal grande tiene una tasa metabólica más baja. El animal más grande de la lista es el elefante.

3. c. La opción **a** es incorrecta porque la población de lobos disminuyó durante algunos períodos, lo que resultó en una disminución neta de 1955 a 1980. La opción **b** es incorrecta porque aunque la población debe disminuir durante todos los periodos, la disminución a veces fue más dramática que en otros tiempos. La tasa de disminución no era constante. La opción **d** es incorrecta porque la población de venados no aumentó a lo largo del tiempo. La opción **e** es incorrecta porque la población de venados en 1975 fue de 120, no de 45.

4. d. La información presentada en el gráfico contradice las declaraciones en las opciones **a**, **b** y **e**. No hay discusión ni evidencia directa que pueda apoyar la declaración **c**.

5. b. De acuerdo con la estructura molecular dada en la pregunta, 2-propanol tiene tres átomos de carbono, ocho de hidrógeno, y uno de oxígeno. Solamente la estructura en la opción **b** tiene el mismo número de cada uno de estos átomos, pero aún no hay arreglo distinto (lo que hace la estructura en la opción **b** un isómero de 2-propanol).

6. d. Herón y Fermat ambos trabajaron para desarrollar teorías para explicar la propagación rectilínear de la luz y la reflexión: un fenómeno que ellos observaron en la naturaleza. La opción **a** es incorrecta; de acuerdo con el texto, Fermat explicó la reflexión y la refracción con su principio de menos tiempo. La opción **b** es incorrecta; el término propagación rectilínear, no reflexión, quiere decir que la luz viaja en líneas rectas. La declaración en la opción **c** no es apoyada por el pasaje. Aunque la mecánica cuántica tiene sus raíces en el estudio de la propagación de la luz, lo cual Herón persiguió, no hay evidencia de que Herón, quien vivió siglos antes de la mecánica cuántica y su formulación, tuviera ideas de la mecánica cuántica. La opción **e** es incorrecta porque Fermat rechazó la teoría del camino corto y mostró que la luz viaja a través del camino que toma menos tiempo.

7. c. Es la única declaración que no es apoyada por el pasaje; ambos científicos mencionaron el tratar de formular teorías basadas en las observaciones y la evidencia la experimental.

8. a. Los datos y la información muestran una indicación fuerte de que hay una conexión entre el fumar y el cáncer de pulmón. Los efectos posibles de hacer estas estadísticas públicas son leyes y programas sociales que tratan de aumentar el conocimiento de los peligros de fumar, y limitar el fumar—opciones **b**, **d** y **e**. Otro efecto potencial es una disminución en la cantidad de fumadores (opción **c**). La declaración en la opción **a** puede ser verdadera, pero no está conectada a las estadísticas que muestran una conexión entre el fumar y el cáncer.

9. d. Se entiende que hay más emisiones cuando hay más carriles de tráfico. Entonces, una carretera de cuatro carriles produce más emisiones que una de dos carriles. Esto elimina las opciones **a**, **c** y **e**. Ya que las emisiones son más grandes cuando los carros se mueven más despacio, es probable que las emisiones sean más altas durante la hora de tráfico máximo (opción **d**), en vez de a las dos de la mañana (opción **b**).

10. a. Los experimentos descritos en los opciones **b**, **d** y **e**, que involucran el introducir a los pájaros a otros especies de pájaros, contienen muchas variables y no prueban directamente lo requerido. El experimento **c** no es ideal porque los pájaros, aunque sean criados en aislamiento, son expuestos a la grabación de la canción. El efecto de la falta de proximidad entonces no puede ser probado. El hecho de que una recompensa para aprender esta incluida también complica el experimento descrito en la opción **c** porque añade variables.

▶ La evaluación de prueba

¿Cómo ha salido en la prueba de ciencia? Si ha contestado a siete o más preguntas correctamente, usted ha ganado el equivalente de una calificación buena en el examen de ciencia. Pero acuérdese de que esta prueba cubre solamente una fracción del material que usted puede enfrentar en el examen de ciencia. No puede darle una medida precisa de cómo saldría en el examen actual. En cambio, servirá para ayudarlo a determinar dónde enfocar sus esfuerzos de estudio. Para tener éxito en el examen de ciencia, repase todos los capítulos en esta parte. Enfóquese en las acciones que corresponden a las preguntas contestadas incorrectamente.

25 ▶

Presentación del GED examen de ciencia

Para prepararse efectivamente para el examen de ciencia de GED, usted necesita saber exactamente cómo será el examen. Este capítulo explica su estructura, incluyendo los tipos de preguntas que le harán y los temas en los cuales será examinado.

▶ Qué esperar del examen de ciencia GED

La parte de ciencia del GED consiste en 50 preguntas de opción múltiple diseñadas para evaluar su comprensión de los conceptos generales de ciencia. Cada pregunta cuenta con cinco opciones de respuestas etiquetadas desde la **a** hasta la **e**. Se le pedirá que seleccione las mejores respuestas a la pregunta. No habrá castigo por adivinar. Usted contará con 80 minutos (una hora y 20 minutos) para contestar a las preguntas en esta parte del examen. Habrá algunos grupos de preguntas—ej., habrá más de una pregunta acerca de una gráfica o pasaje en particular.

Tipos de preguntas

En el examen, usted se encontrará con *comprensión de conceptos* y preguntas de *solución de problemas*, las cuales están basadas ya sea en la información proporcionada en la prueba, o en la información aprendida a través de su experiencia de vida.

Una pregunta para evaluar su comprensión de conceptos requiere que usted *demuestre* su comprensión del material presentado como parte de la pregunta. En este tipo de pregunta, se le podría pedir que:

- lea una gráfica
- resuma los resultados de un experimento
- reformule un hecho o una idea descrita en un pasaje
- encuentre detalles de apoyo en un pasaje
- realice una generalización sobre la información presentada en la pregunta
- entienda la causa y el efecto

Las preguntas de solución de problemas le pedirán que *aplique* su comprensión de la información presentada como parte de la pregunta. Las preguntas de este tipo podrían requerir que usted:

- interprete los resultados
- saque conclusiones basadas en los resultados
- analice las fallas experimentales o las falacias de lógica en los argumentos
- haga una predicción basada en la información proporcionada en la pregunta
- seleccione el mejor procedimiento o método para lograr un objetivo científico
- seleccione un diagrama que mejor ilustre un principio
- aplique el conocimiento científico a la vida diaria
- use el trabajo de científicos renombrados para explicar las cuestiones globales diarias

Algunas preguntas requerirán que usted haga uso del conocimiento adquirido a través de su vida diaria y antes de sus estudios. En otras preguntas, se

incluirá toda la información necesaria en el pasaje o en la gráfica proporcionada como parte de la pregunta. En cualquiera de los casos, al revisar los conceptos de ciencia básica presentados en los capítulos siguientes y al responder a tantas preguntas de práctica como le sea posible, mejorará su desempeño.

Hasta 60% de los problemas en el examen de ciencia GED requerirán que usted entienda, interprete o aplique la información presentada en forma gráfica. La información gráfica incluye diagramas, tablas y gráficas. Las gráficas constituyen una manera organizada y concisa de presentar la información. Tan pronto como se dé cuenta de que las gráficas tienen algunos elementos básicos comunes, no importará si la información presentada en ellas se encuentra en el campo de biología, química, física o ciencias de la tierra.

Los temas de la prueba

Los temas cubiertos en el examen de ciencia GED son:

- **Ciencia física**—35% de las preguntas
- **Ciencia de la vida**—45% de las preguntas
- **Ciencia de la tierra y del espacio**—20% de las preguntas

En el examen de ciencia del GED, las ciencias físicas incluyen física y química preparatoria y abarcan la estructura de los átomos, la estructura de la materia, las propiedades de la materia, las reacciones químicas, la conservación de la masa y de la energía, el incremento en el desorden, las leyes del movimiento, las fuerzas y las interacciones de la energía y de la materia.

La ciencia de la vida trata de asignaturas cubiertas en las clases de biología preparatoria: la estructura de la célula, la herencia, la evolución biológica, el comportamiento y la interdependencia de los organismos.

Las preguntas del GED sobre la ciencia de la Tierra y del espacio evaluarán su conocimiento de la Tierra y del Sistema Solar, los ciclos geoquímicos, el origen y la evolución de la Tierra y del universo, y la energía en el sistema de la Tierra.

Estándares nacionales y el GED

Conforme a los Estándares de Educación establecidos por la Academia Nacional de Ciencias, el examen de ciencia GED ha sido modificado para incluir más preguntas interdisciplinarias. Estas preguntas también entran en una de las tres categorías más importantes (ciencia física, ciencia de la vida y ciencia de la Tierra y del espacio); pero se enfocan en temas comunes a todas las ciencias. Los temas comunes incluyen el método científico, la organización del conocimiento, las aplicaciones en la tecnología y en las situaciones diarias y el desarrollo de ideas científicas a través de la historia. Debido a que muchas de las preguntas de ciencia GED son interdisciplinarias, un capítulo cubrirá cada uno de los temas siguientes:

- los conceptos y los procesos unificadores
- la ciencia como investigación
- la ciencia y la tecnología
- la ciencia y las perspectivas personales y sociales
- la historia y la naturaleza de la ciencia

Las preguntas de ciencia sobre **los conceptos y los procesos unificadores** evalúan su conocimiento acerca de la organización del conocimiento científico, el desarrollo de los modelos científicos basados en la evidencia experimental, el equilibrio, la evolución, el cambio, la conservación, la medición y la relación entre forma y función.

Las preguntas sobre **la ciencia como investigación** requieren que usted resuma e interprete resultados experimentales, seleccione información relevante, elija el mejor plan para una investigación, entienda y aplique el método científico, realice una predicción o saque una conclusión basada en los hechos proporcionados y evalúe el origen de las fallas y los errores experimentales.

Las preguntas sobre **la ciencia y la tecnología** requieren que usted entienda lo siguiente: la función de un instrumento, las instrucciones para operar un instrumento, los procesos tecnológicos, los elementos del diseño tecnológico, el uso tecnológico del conocimiento científico para mejorar los productos y los procesos, además del impacto de la tecnología en la ciencia, la vida humana y el medio ambiente.

Las preguntas sobre **la ciencia y las perspectivas personales y sociales** abarcan la salud humana (nutrición, ejercicio, prevención de enfermedades, genética), el clima, la contaminación, el crecimiento de la población, los recursos naturales, el impacto social de los desastres naturales, los peligros medioambientales producidos por los seres humanos, la política pública, la aplicación del conocimiento científico a las situaciones diarias y la aplicación del conocimiento científico para explicar el fenómeno global. Son preguntas bastante comunes.

Las preguntas sobre **la historia y la naturaleza de la ciencia** podrían incluir un pasaje sobre el desarrollo de una idea o de una teoría a través del tiempo, o el trabajo de un científico importante. También podría ver preguntas generales sobre el desarrollo de la ciencia como un campo y sus principios.

Examen de ciencia del GED

50 PREGUNTAS, 80 MINUTOS

Tipo:	preguntas sobre *comprensión de conceptos* y *solución de problemas*
Formato:	preguntas basadas en pasajes de texto y preguntas basadas en *texto visual* (gráficas, tablas o diagramas)
Temas:	45% preguntas de la ciencia de la vida, 35% preguntas de la ciencia fisica, 20% preguntas de ciencia de la Tierra y del espacio.
Contenido:	Hasta 60% de las preguntas se basan en texto visual; alrededor del 25% de las preguntas se agrupan en series de preguntas basadas en material compartido, tales como un pasaje o un diagrama

Además de las preguntas interdisciplinarias, otros cambios recientes al examen de ciencia del GED incluyen:

- un mayor enfoque en temas medioambientales y de salud (el reciclaje, la herencia, la prevención de las enfermedades, la contaminación y el clima)
- un mayor enfoque en la ciencia aplicada en la vida diaria
- un mayor enfoque en las preguntas de un solo asunto
- un menor número de preguntas basadas en el mismo pasaje o gráfica

Ahora que cuenta con una mejor idea del tipo de preguntas que pueden aparecer en el examen de ciencia GED, puede empezar a revisar los conceptos básicos de ciencia descritos en los capítulos siguientes.

26▶

La unión de los procesos y conceptos

En este capítulo se revisarán algunos de los conceptos unificadores y procesos de la ciencia. Aprenderá las preguntas y los temas que tienen en común cada una de las disciplinas científicas y cómo los científicos buscan respuestas a esas preguntas.

Y A SEAN QUÍMICOS, biólogos, físicos o geólogos, todos los científicos averiguan cómo organizar los conocimientos y las observaciones recopilados. Buscan la evidencia y desarrollan modelos para proporcionar explicaciones sobre sus observaciones. Los científicos dependen en gran medida de los dispositivos e instrumentos desarrollados para medir las diferentes propiedades de la materia y de la energía. También utilizan unidades para lograr que las cantidades medidas sean comprensibles para otros científicos. Las preguntas surgidas en cada ciencia son:

- ¿Qué causa el cambio?
- ¿Qué provoca la estabilidad?
- ¿Cómo evoluciona algo?
- ¿Cómo alcanza algo el equilibrio?
- ¿Cómo se relaciona la forma con la función?

▶ Las sistemas, el orden y la organización

¿Qué ocurre cuando una búsqueda en Internet produce demasiados resultados? Claramente, es mejor para obtener algunos resultados que ninguno, pero contar con demasiada información impide que se encuentre rápidamente solamente lo necesario. Si los científicos no organizaran ni ordenaran sistemáticamente la información, el hecho de buscar o de encontrar un dato, o de realizar una comparación sería tan complicado como hallar un libro específico en una biblioteca inmensa en donde los volúmenes se encuentren archivados al azar. En cada ciencia, el conocimiento se agrupa de manera ordenada.

En la biología, un organismo se clasifica dentro de un dominio, reino, filo, clase, orden, familia, género y especie. Los miembros de las mismas especies son los más similares. Las personas pertenecen a la misma especie. Las personas y los monos pertenecen al mismo orden. Las personas y los peces pertenecen al mismo reino, y las personas y las plantas comparten el mismo dominio. Este es un ejemplo de la **clasificación jerárquica**—cada nivel está incluido dentro de los niveles superiores. Cada especie forma parte de un orden, y cada orden forma parte de un reino, el cual es parte de un dominio.

Otro ejemplo de la clasificación jerárquica sería tu dirección en la galaxia. Ésta incluiría tu número de casa, calle, ciudad, estado, país, continente, planeta, sistema solar y galaxia.

Éste constituye otro ejemplo de la organización biológica. Cada organismo está compuesto de células. Muchas células componen un tejido. Varios tejidos forman un órgano. Varios órganos hacen un sistema de órganos.

En la química, los átomos se clasifican por su número atómico en la tabla periódica. Se agrupan juntos los átomos con propiedades similares.

Los científicos también clasifican los períodos del tiempo desde la formación de la Tierra hace 4.6 billones de años basándose en los eventos más importantes de aquellas eras. El tiempo en la Tierra se divide en las siguientes eras: Precámbrico, Paleozoico, Mesozoico y Cenozoico. Las eras posteriormente se dividen en períodos, y los períodos en épocas.

▶ La evidencia, los modelos y la explicación

Los científicos buscan la evidencia. El trabajo de un científico es observar y explicar las observaciones utilizando evidencia factual y desarrollando modelos que puedan predecir comportamientos no observados.

La evidencia científica debe:

- ser cuidadosamente documentada y organizada
- ser cuantificable tanto como sea posible
- ser reproducible por otros científicos

Las explicaciones científicas deben:

- ser consistentes con las observaciones y la evidencia
- ser capaces de predecir comportamientos no observados
- ser internamente consistentes (dos enunciados de la misma explicación no deben contradecirse entre ellos)

Los modelos científicos deben:

- ser consistentes con las observaciones
- ser consistentes con las explicaciones
- ser capaces de predecir comportamientos no observados
- cubrir un amplio rango de observaciones o de comportamientos

▶ El cambio y el equilibrio

Uno de los pasatiempos favoritos de los científicos es entender la razón por la cual las cosas cambian y porque se mantienen iguales. Por un lado, muchos sistemas buscan el establecimiento del equilibrio. En los organismos a este equilibrio se le llama **homeostasis**. La tendencia de los organismos es mantener un medio ambiente interno estable, aún cuando el medio ambiente exterior cambia. Cuando las personas sudan, están tratando de refrescarse y mantener su temperatura en equilibrio.

El equilibrio no es un estado en reposo durante el cual no ocurre nada, como se cree común y erróneamente. En el equilibrio químico, los reactantes continúan formando productos y los productos continúan formando reactantes. Sin embargo, la velocidad de formación de reactantes es la misma que la velocidad de formación de productos; por eso no se observa ningún cambio.

Los equilibrios son estados frágiles; y un cambio pequeño, una fuerza mínima, a menudo es suficiente para perturbarlos. Piense en baja súbita de equilibrio. Una pequeña ráfaga de viento, y se pierde el equilibrio. Lo mismo es cierto acerca del equilibrio químico—si se aumenta la presión o la temperatura, el equilibrio cambiará. Su cuerpo sabe muy bien mantener una temperatura estable; pero cuando se enferma, pierde su equilibrio: su temperatura aumenta, y su homeostasis salta por la ventana.

A menudo un cambio es una respuesta a un gradiente o a una diferencia en una propiedad de dos partes de un sistema. A continuación se mencionan algunos ejemplos de gradientes comunes y los cambios que ellos producen.

- Una diferencia de **temperatura**—provoca que el calor fluya de un objeto más caliente (región) a un objeto más frío (región).

- Una diferencia de la **presión**—provoca que el líquido (agua) o gas (aire) fluya de una región de mayor presión a una región de menor presión.
- Una diferencia del **potencial eléctrico**—provoca que los electrones fluyan de un potencial alto a un potencial bajo.
- Una diferencia de la **concentración**—provoca que la materia fluya hasta que se igualen las concentraciones en dos regiones.

▶ La medición

Un principio establecido en la ciencia es que las observaciones deben ser cuantificadas tanto como sea posible. Esto significa que además de informar si afuera es un día bonito, un científico necesita definir esta declaración por medio de números. Al oír bonito, dos personas pueden entender dos cosas diferentes. A algunos les gusta el clima cálido; a otros les gusta mucha nieve. Pero el dar los datos específicos de la temperatura, la humedad, la presión, la velocidad y la dirección del viento, los nubes y la precipitación de lluvia nos permite imaginar exactamente *qué clase de* día bonito tenemos.

Debido a la misma razón, un científico que esté estudiando la respuesta de los perros a un ruido alto no establecería que el perro odia cuando hay ruido. Un científico cuantificaría la cantidad de ruido en decibeles (intensidad de unidades de sonido) y anotaría cuidadosamente la conducta y las acciones del perro en respuesta al sonido, sin hacer juicio alguno sobre los sentimientos profundos del perro.

Ahora que usted se ha convencido de cómo cuantificar observaciones (una práctica saludable en la ciencia), puede ser que esté de acuerdo en la utilidad de los instrumentos y de las unidades.

En la tabla siguiente se muestran las propiedades más comunes medidas por los científicos y las unidades comunes en las cuales son medidas. No tiene que memorizarla, pero puede leerlas para familiarizarse con aquéllas que todavía no conoce.

También debe familiarizarse con los siguientes dispositivos e instrumentos usados por los científicos:

- la **balanza:** para medir la masa
- el **cilindro graduado:** para medir el volumen (Siempre se debe leer el fondo de la superficie curveada de agua.)
- el **termómetro:** para medir la temperatura
- el **voltímetro:** para medir el potencial
- el **microscopio:** para observar los objetos muy pequeños, como las células
- el **telescopio:** para observar los objetos muy lejanos, como otros planetas

▶ La evolución

La mayoría de los estudiantes tienden a asociar la evolución con la evolución biológica de las especies. Sin embargo, la **evolución** es una serie de cambios, ya sea gradual, o abrupta en cualquier tipo de sistema. Incluso las teorías y los diseños tecnológicos pueden evolucionar.

Las culturas antiguas clasificaban la materia en fuego, agua, tierra y aire. Ahora puede sonar simplista y gracioso, pero fue un comienzo. Lo importante era preguntar qué es la materia y comenzar a agrupar las diferentes formas de la materia de alguna manera. Mientras se recopilaban más observaciones, nuestra comprensión de la materia evolucionaba. Comenzamos con el aire, el fuego, la tierra y el agua y llegamos a la tabla periódica, a la estructura del átomo y a la interacción de la energía y de la materia.

Considere cómo ha cambiado el diseño de los automóviles y de los aviones a través del tiempo. Piense en un pequeño carruaje de ruedas dobladas halado por un caballo y en un avión con hélices. El automóvil y el avión también han evolucionado.

Así ha pasado con nuestro planeta. De acuerdo con la teoría, hace 200 millones de años todos los continentes actuales formaron un supercontinente. Veinte millones de años después, el supercontinente comenzó a separarse. La Tierra todavía está evolucionando, cambiando a través del tiempo, mientras que sus placas todavía se están moviendo y el centro de la Tierra todavía se está enfriando.

▶ La forma y la función

Ésta es la razón por la cual una pluma es tan liviana como una pluma. En la naturaleza y en la tecnología, la forma se relaciona frecuentemente con la función. Las plumas de un pájaro son ligeras, permitiéndole volar más fácilmente. Las arterias se extienden en diminutos capilares, aumentando el área de la superficie para un intercambio de gas. El área de la superficie y el índice de volumen constituyen cuestiones claves en la biología y en la química. Una célula cuenta con una superficie relativamente grande en relación al índice de volumen. Si ésta fuera más grande, el índice se incrementaría. A través de la superficie, la célula regula el transporte de la materia dentro y fuera de ella. Si la célula tuviera un volumen mayor, requeriría más nutrientes y produciría mayores residuos; y el área para el intercambio sería insuficiente. Observe la diferencia entre las hojas de las plantas que crecen en climas cálidos y secos y las hojas de las plantas de climas más húmedos y frescos. ¿Qué función tiene la diferencia en las formas? ¿Ha notado cómo una parvada de pájaros tiende a volar formando la punta de una flecha? Hace muchos años, los esquíes con puntas curvas aparecieron en el mercado y casi han reemplazado a los esquíes con puntas rectas. Existen un sinnúmero de ejemplos de cómo la forma se desarrolla para servir a una función útil. El trabajo de usted es abrir los ojos a estas relaciones y estar preparado para realizar las conexiones en el examen de ciencia del GED.

Este capítulo le ha mostrado que existen denominadores en común para todas las ramas de las ciencias y cómo los científicos usan técnicas similares en sus diferentes disciplinas para observar los patrones y los cambios en la naturaleza. Tenga en cuenta estos principios claves, pues son proclives a reaparecer—no sólo en el GED, sino también en su vida diaria.

27 ▶ La ciencia como investigación

Independientemente de su disciplina, todos los científicos usan métodos similares para estudiar el mundo natural. En este capítulo, usted aprenderá cuáles son las habilidades necesarias para la investigación científica y lo que reside en las raíces de toda ciencia.

TODAS LAS CIENCIAS son las mismas en el sentido de que implican la observación deliberada y sistemática de la naturaleza. Cada una de las ciencias no es una rama suelta. Las ramas de la ciencia conectan a la misma raíz de observación objetiva, a los experimentos basados en el método científico y a las teorías y conclusiones basadas en la evidencia experimental. Los adelantos en una rama de la ciencia con frecuencia contribuyen a adelantos en otras ciencias y a veces a ramas completamente nuevas. Por ejemplo, el desarrollo de la óptica condujo al diseño del microscopio, lo cual condujo a su vez al desarrollo de la biología celular.

▶ Las habilidades necesarias para la investigación científica

Un buen científico es paciente, curioso, objetivo, sistemático, ético, archivador detallista, escéptico (pero de mente abierta) y un comunicador efectivo. Aunque ciertamente existen muchos científicos que no poseen todas estas cualidades, la mayoría se esfuerzan para obtenerlas o desarrollarlas.

La paciencia

La paciencia es una virtud para cualquier persona, pero es esencial para aquélla que desea ser científico. Gran parte de la ciencia implica la repetición: repetición para confirmar o reproducir resultados previos, repetición bajo condiciones ligeramente diferentes y repetición para eliminar una variable no deseada. También implica esperar—esperar a que un líquido hierva para determinar su punto de hervor, esperar a que un animal se duerma para estudiar su patrón de sueño, esperar las condiciones de clima o la temporada adecuada, etc. Ambas la repetición y la espera requieren una gran dosis de paciencia. Los resultados no se garantizan y un científico con frecuencia sufre innumerables intentos fallidos antes de alcanzar el éxito. La paciencia y la búsqueda de resultados a pesar de las dificultades constituyen los rasgos de un buen científico.

La curiosidad

Todos los niños hacen preguntas sobre la naturaleza y la vida. En algunas personas, esta curiosidad continúa a lo largo de su edad adulta, cuando se hace posible trabajar sistemáticamente para saciar esa curiosidad con respuestas. La curiosidad constituye un empuje muy importante para la investigación científica y permite al científico que trabaje y que se concentre en el mismo problema durante largos periodos de tiempo. Es el saber cómo y por qué, o al menos el conocer una parte de las respuestas a estas preguntas lo que mantiene a un científico en el laboratorio, en el campo, en la biblioteca o en la computadora durante horas enteras.

La objetividad

La objetividad es un rasgo esencial para un verdadero científico. Por objetividad nos referimos a la observación imparcial. Un buen científico puede distinguir un hecho de una opinión y no permite que los pareceres personales, las esperanzas, las creencias o las normas de la sociedad interfieran con la observación de los hechos o con el reporte de los resultados experimentales. Una **opinión** es una declaración no necesariamente apoyada por datos científicos. Las opiniones se basan frecuentemente en los sentimientos personales o las creencias; y normalmente resultan difíciles, si no imposibles de medir y probar. En el examen de ciencia de GED, si selecciona una respuesta basándose en una opinión, casi siempre será una respuesta incorrecta. Un **hecho** es una declaración basada en datos científicos u observaciones objetivas. Los hechos pueden ser medidos u observados, probados o reproducidos. Un científico bien cualificado reconoce la importancia de reportar todos los resultados, incluso si son inesperados, no deseados o inconsistentes con los puntos de vista personales, hipótesis anteriores, teorías o resultados experimentales.

El estudio sistemático

Aquellos científicos que experimentan con eficiencia tienden a trabajar sistemáticamente. Ellos observan cada variable independientemente, y desarrollan y se apegan a rutinas o procedimientos experimentales rigurosos. Anotan consistemente todas las variables y buscan sistemáticamente cambios en esas variables. Las herramientas y los métodos mediante los cuales los cambios en las variables son medidos y observados se mantienen constantes. Todos los experimentos mantienen un objetivo claro. Los buenos científicos nunca pierden de vista cuál es el propósito del experimento y diseñan experimentos de tal manera que la cantidad de resultados no sea abrumadora y los resultados obtenidos no sean ambiguos. El método científico, el cual se describirá posteriormente en este capítulo, representa una buena base para la investigación sistemática.

El archivamiento

Un buen archivamiento puede ahorrar muchas molestias a los científicos. La mayoría de los científicos encuentran útil el mantener un registro o un diario. El diario debe describir en detalle las suposiciones básicas, los objetivos, las técnicas experimentales, el equipo y los procedimientos. También puede incluir los resultados, el análisis de los resultados, las referencias literarias, los pensamientos e ideas y las conclusiones. Además es necesario anotar en el diario cualquier problema encontrado en el laboratorio, incluso si no se encuentra directamente relacionado con los objetivos del experimento. Por ejemplo, se debe anotar si hay una falla del equipo. Asimismo se deben describir las condiciones que provocaron la falla y el método utilizado para arreglarla. Puede ser que no parezca inmediatamente útil; pero después de tres años en ese camino, podría ocurrir la misma falla. Incluso si el científico recordara la incidencia previa del problema, sería probable que los detalles de la solución se olvidaran y se necesitaría más tiempo para arreglarla. Pero al consultar su diario, puede especificar potencialmente el problema y ofrecer una solución más rápida. Los archivos científicos deben ser claros y legibles para que otro científico pueda seguir este hilo de pensamientos y repetir el procedimiento descrito. Los archivos pueden ser útiles si surge alguna pregunta sobre la propiedad intelectual o la ética del investigador.

La comunicación efectiva

El leer publicaciones científicas, el colaborar con otros científicos, el asistir a conferencias y el publicar trabajos científicos y libros son elementos básicos de comunicación en una comunidad científica. Los científicos se benefician de la investigación de la literatura de ciencia porque pueden usar frecuentemente técnicas, resultados o métodos publicados por otros científicos. Además, es necesario comparar o conectar los nuevos resultados con resultados relacionados ya publicados en el pasado, para que cuando alguien lea u oiga hablar del nuevo resultado pueda entender su impacto y su contexto.

Mientras que varias ramas científicas han llegado a ser interdisciplinarias, la colaboración entre científicos de formaciones diferentes es esencial. Por ejemplo, un químico puede sintetizar y cristalizar una proteína, pero el análisis del efecto de esa proteína en un sistema viviente requiere el entrenamiento de un biólogo. Además de que verse entre sí mismos, como competencia, los buenos científicos entienden que hay mucho por ganar al colaborar con científicos de diferentes fortalezas, entrenamiento y recursos. El presentar resultados en conferencias científicas y en publicaciones de ciencia resulta a menudo un proceso fructífero y gratificante. Abre la teoría científica o el experimento a discusión, críticas y sugerencias. Constituye la base para el inicio de ideas e intercambio en la comunidad científica.

Además los científicos frecuentemente necesitan comunicarse con aquéllos fuera de la comunidad científica—los estudiantes de ciencia, las figuras públicas que toman decisiones sobre la financiación de proyectos científicos y los reporteros, quienes dan parte de los resultados científicos esenciales a la audiencia general.

El escepticismo y la mente abierta

Los científicos se preparan para ser escépticos sobre lo que oyen, leen u observan. En vez de aceptar automáticamente la primera explicación que se les propone, investigan explicaciones diferentes y buscan huecos en el razonamiento o en las inconsistencias experimentales. Ellos conciben pruebas cuya teoría debe superar si es válida. Piensan en maneras mediante las cuales mejorar un experimento. Esto no se hace de manera maliciosa. El objetivo no es el de desacreditar a otros investigadores, sino concebir buenos modelos y comprender la naturaleza.

La ética

Considere un químico en una compañía farmacéutica, quien, después de mucho esfuerzo, diseña un producto químico capaz de curar los tumores cerebrales sin afectar las células sanas del cerebro. Sin duda el científico está entusiasmado con este resultado y con su impacto potencialmente positivo en la humanidad. Sin embargo, de vez en cuando, las ratas del experimento que reciben esta medicina mueren de una falla de corazón minutos después de habérselas administrado. Puesto que esto sólo sucede de vez en cuando, el científico lo toma sólo como una coincidencia, y atribuye la causa de la muerte de las ratas a problemas del corazón pensando que de todas maneras hubieran muerto. El científico no reporta estos pocos casos al supervisor, y asume que si fuera un problema serio, la FDA (Administración de Drogas y Alimentos) lo descubriría; y nadie saldría lastimado. Aunque el científico tiene buenas intenciones, tales como hacer disponibles los beneficios de la nueva medicina a las personas que la necesiten, el no reportarlo y el no investigar más a fondo los efectos potenciales adversos del medicamento constituye negligencia y conducta no ética.

▶ Comprensión de la investigación científica

¿Por qué estudiar la ciencia? Un científico procura observar, entender, o controlar los procesos y leyes de la naturaleza. Los científicos asumen que la naturaleza es gobernada por principios ordenados. Ellos investigan detenidamente estos principios para hacer observaciones. El trabajo del científico es entender cómo funciona algo, o explicar por qué funciona de tal manera. Examinar un patrón, la causa y el efecto, la explicación, la mejora, el desarrollo de teorías basadas en los resultados experimentales son todos estos trabajos de un científico.

▶ El método científico

Existen muchas maneras de obtener conocimiento. Los científicos modernos tienden a obtener conocimiento sobre el mundo al realizar observaciones sistemáticas. A este principio se le llama **empírico** y es la base del **método científico**. El método científico es una serie de reglas para hacer preguntas o respuestas sobre la ciencia. La mayoría de los científicos utilizan el método científico sin rigor excesivo y a menudo inconscientemente. Sin embargo, los conceptos claves del método científico constituyen el trabajo preliminar (fase preparatoria) para el estudio científico; y revisaremos esos conceptos en esta parte.

El método científico implica:

- hacer una pregunta específica sobre un proceso o fenómeno que pueda ser explicado mediante la realización de experimentos
- formular una hipótesis que se pueda someter a prueba basada en observaciones y resultados previos (es decir, adivinar)
- diseñar un experimento, con un control, para probar una hipótesis
- reunir y analizar los resultados del experimento
- desarrollar un modelo o una teoría que explique el fenómeno y sea consistente con resultados experimentales

■ hacer predicciones basadas en el modelo o teoría para evaluarlo y diseñar experimentos que puedan refutar la teoría propuesta

La pregunta

Para entender algo, un científico debe enfocarse primero en una pregunta o en el aspecto específico de un problema. Para hacer eso, el científico debe formular claramente la pregunta. La respuesta a tal pregunta tiene que existir así como debe haber la posibilidad de obtenerla a través de la experimentación. Por ejemplo, la pregunta "¿Acorta la presencia de la luna la esperanza de vida de los patos en la Tierra?" no es válida pues no puede ser contestada a través de experimentos. No hay manera de medir la esperanza de vida de los patos en la Tierra con la ausencia de la luna, pues no tenemos manera de remover la luna de su órbita. Igualmente el hacer una pregunta general, tal como "¿Cómo obtienen su alimento los animales?" no es muy útil para adquirir conocimiento. Esta pregunta resulta demasiado amplia y general para que una persona responda.

Las mejores preguntas son más específicas—por ejemplo, "¿Tienen una responsabilidad o trabajo establecido cada miembro de una manada de lobos cuando están cazando para obtener comida?" Una pregunta demasiado general y no muy útil sería "¿Por qué hay personas con mejor memoria que otras?" Una mejor pregunta, más específica, en la misma línea del pensamiento, es "¿Cuáles son las partes y los productos químicos del cerebro involucrados en los recuerdos de la niñez?"

> Una buena pregunta de ciencia es muy específica y puede ser contestada realizando experimentos.

La hipótesis

Después de formular una pregunta, un científico recoge la información del tema ya disponible o publicada, y entonces crea una conjetura informada o una explicación tentativa sobre la respuesta a la pregunta. Tal conjetura informada sobre un proceso natural o fenómeno se llama **hipótesis**.

Una hipótesis no tiene que ser correcta, pero debe ser comprobable. En otras palabras, se puede refutar una hipótesis comprobable a través de experimentos, en un lapso razonable de tiempo, con los recursos disponibles. Por ejemplo, la declaración "Todos tienen un compañero de alma en algún lugar del mundo" no es una hipótesis válida. En primer lugar, el término *compañero de alma* no se encuentra bien definido; entonces sería difícil formular un experimento para determinar si dos personas son compañeros de alma. Más importante, incluso si nos pusiéramos de acuerdo en cuál es el significado de *compañero de alma* y cómo determinar experimentalmente si dos personas son compañeros de alma, esta hipótesis nunca se podría probar como equivocada. Cualquier experimento concebido requeriría que se evalúe cada par posible de seres humanos alrededor del mundo, lo cual, en consideración de la población y del crecimiento de ésta, simplemente no es viable.

> Una hipótesis puede ser una explicación sugerida o una conjetura informada. Tenga en cuenta que no necesita ser correcta— sólo debe ser comprobable.

Para refutar una hipótesis no es fracaso. Elimina ilusiones sobre lo previamente pensado como verdadero, y puede provocar un gran avance—un pensamiento en otra dirección que da lugar a ideas nuevas. Lo más probable es que, en el proceso de demostración de una hipótesis como equivocada, un científico puede adquirir comprensión sobre cuál sería una mejor hipótesis. Refutar una hipótesis cumple con un propósito. La ciencia y nuestra comprensión de la naturaleza avanzan con frecuencia a través de diminutas piezas de incremento de información. Eliminar una hipótesis potencial reduce nuestras opciones, y eliminar las respuestas equivocadas a veces nos lleva a encontrar la respuesta correcta.

El experimento

En un experimento, los investigadores manipulan una o más variables y examinan su efecto en otra variable o variables. Un experimento se diseña cuidadosamente para evaluar la hipótesis. El número de variables en un experimento debe ser manejable y cuidadosamente controlado. Todas las variables y procedimientos son cuidadosamente definidos y descritos, así como el método de observación y de medición. Los resultados de un experimento válido son reproducibles, lo cual significa que otro investigador que sigue el mismo procedimiento debe ser capaz de obtener el mismo resultado.

Un buen experimento también incluye uno o más controles. Los controles experimentales están diseñados para obtener una comprensión de las variables observadas en ausencia de las variables manipuladas. Por ejemplo, en estudios farmacéuticos, tres grupos de pacientes son examinados. A uno le dan un medicamento; a otro le dan un placebo (una píldora con ingredientes no activos); y al otro no le dan nada. Ésta es una buena manera de evaluar si la mejora de la condición en pacientes (variable observada) se debe al ingrediente activo en la píldora (variable manipulada). Si los pacientes del grupo que recibió el placebo se recuperan más pronto o al mismo tiempo que los que recibieron el medicamento, el efecto de tomar la píldora se puede atribuir a la creencia del paciente de cómo una píldora permite que se sienta mejor, o a otros ingredientes en la píldora. Si el grupo al cual no se le dio ninguna píldora se recupera más pronto o tan rápido como el grupo al cual se le administró el medicamento, la mejora en la condición del paciente podría ser el resultado de procesos curativos naturales.

Un control experimental es una versión del experimento en que todas las condiciones y variables son las mismas que en las otras versiones del experimento, pero la variable que se está evaluando es eliminada o cambiada. Un buen experimento debe incluir controles cuidadosamente diseñados.

El análisis

El análisis de resultados experimentales implica buscar tendencias en los datos y correlación entre las variables. También implica hacer generalizaciones sobre los resultados, cuantificar errores experimentales y una correlación de la variable manipulada hacia la variable evaluada. Un científico que analiza resultados los unifica, los interpreta y les da un significado. El objetivo es encontrar un patrón o sentido del orden en las observaciones y entender la razón para este orden.

Los modelos y las teorías

Después de reunir una cantidad suficiente de resultados consistentemente reproducibles bajo un rango de condiciones o diferentes tipos de muestras, con frecuencia los científicos procuran formular una teoría o un modelo. Un **modelo** es una hipótesis suficientemente general y continuamente efectiva en predecir hechos a ser todavía observados. Una **teoría** es una explicación de los principios generales de ciertas observaciones con evidencia experimental extensa o hechos que lo respaldan.

Los modelos científicos y las teorías, como las hipótesis, deben poder probarse usando los recursos disponibles. Los científicos hacen predicciones basadas en sus modelos y teorías. Una buena teoría o modelo debe poder predecir con precisión un evento o comportamiento. Muchos científicos dan un paso más allá y tratan de evaluar sus teorías mediante el diseño de experimentos que podrían probar que están equivocadas. Las teorías que fallan al hacer predicciones precisas son revisadas o desechadas, y aquéllas que sobreviven la evaluación de una serie de experimentos dispuesta a probar que estaban equivocadas se hacen más convincentes. Por lo tanto, las teorías y los modelos llevan a experimentos nuevos; si no predicen los comportamientos adecuadamente, son revisados por medio del desarrollo de nuevas hipótesis y experimentos. El ciclo de experimento-teoría-experimento continúa hasta obtener una comprensión satisfactoria consistente con las observaciones y predicciones.

28▶ Ciencia física

La ciencia física incluye las disciplinas de química (el estudio de la materia) y física (el estudio de la energía y cómo la energía afecta a la materia). Las preguntas en la parte de la ciencia física del examen GED cubrirán los temas impartidos en química en la preparatoria y cursos de física. Este capítulo revisa los conceptos básicos de la ciencía física—la estructura de los átomos, la estructura y las propiedades de la materia, las reacciones químicas, los movimientos y las fuerzas, la conservación de energía, el incremento en el desorden y las interacciones de energía y de materia.

▶ La estructura de los átomos

Usted y todo a su alrededor está compuesto de partículas diminutas llamadas átomos. El libro que usted está leyendo, las neuronas en su cerebro y el aire que respira se pueden describir como una colección de varios átomos.

La historia del átomo

El término **átomo**, que significa **indivisible**, fue acuñado por el filósofo griego Democrito (460–370 a.C.). El discrepaba con Platón y Aristóteles—los cuales creían que la materia se podía dividir infinitamente en partes más y más pequeñas—y postuló que la materia estaba compuesta de diminutas partículas indivisibles. A pesar del pensamiento de Democrito, la creencia de que la materia se podía dividir infinitamente perduró hasta principios de 1800, cuando John Dalton formuló una teoría atómica significativa. Ésta declaraba:

- La materia está compuesta de átomos.
- Todos los átomos de un elemento dado son idénticos.
- Los átomos de elementos diferentes son diferentes y tienen propiedades diferentes.
- Los átomos no se crean ni se destruyen en una reacción química.
- Los compuestos se forman cuando se combinan átomos de más de un elemento.
- Un compuesto dado siempre tiene el mismo número relativo y clase de átomos.

Hoy en día estos postulados permanecen como centro de la ciencia física, y vamos a explorarlos con más detalle en las partes siguientes.

Protones, neutrones y electrones

Un átomo es la unidad más pequeña de materia que tiene una propiedad de un elemento químico. Éste consiste en un núcleo rodeado de electrones. El núcleo contiene partículas con cargas positivas llamadas protones y neutrones sin carga. Cada neutrón y cada protón tienen una masa aproximada de una unidad de masa atómica 1, abreviada **uma**. Una uma es equivalente a alrededor de 1.66×10^{-24} g. Al número de protones en un elemento se le llama número atómico. Los electrones están cargados negativamente y giran alrededor del núcleo en las llamadas capas de electrones.

A los electrones en la última capa se les llama electrones de valencia. Los electrones de valencia son más responsables por las propiedades y patrones de reacción de un elemento. La masa de un electrón es 1800 veces más pequeña que la masa de un protón o un neutrón. Al calcular una masa atómica, la masa de

electrones se puede rechazar sin peligro. En un átomo neutro, el número de protones y de electrones es igual. Los electrones negativamente cargados son atraídos por los núcleos positivamente cargados. Esta fuerza atractiva mantiene un átomo junto. El núcleo se mantiene unido por fuerzas nucleares fuertes.

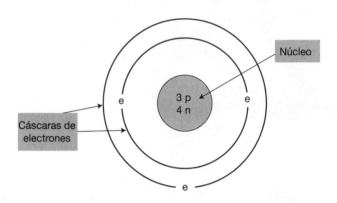

Una representación del átomo de Litio (Li). Éste tiene 3 protones (p) y 4 neutrones (n) en el núcleo, y 3 electrones (e) en las dos capas de electrón. Su número atómico es 3 (p). Su masa atómica es 7 uma (p + n). El átomo todavía no tiene carga porque el número de protones cargados positivamente es igual al número de electrones cargados negativamente.

Cargas y masas de partículas atómicas

	PROTÓN	**NEUTRÓN**	**ELECTRÓN**
Carga	+1	0	−1
Masa	1 uma	1 uma	$\frac{1}{1,800}$ uma

Isótopos

El número de protones en un elemento siempre es el mismo. De hecho, el número de protones define a un elemento. Sin embargo, el número de neutrones en el núcleo atómico y el peso atómico pueden variar. Los átomos que contienen el mismo número de protones y electrones, pero un número diferente de neutrones, se llaman **isótopos**. Las masas atómicas de los elementos en la tabla periódica son promedios ponderados para isótopos diferentes. Esto explica porque la masa atómica (el número de protones más el número de neutrones) no es un número entero. Por ejemplo, la mayoría de los átomos de carbono tienen 6 protones y 6 neutrones, dándole una masa de 12 uma. A este isótopo del carbono se le llama "carbono doce" (carbono-12). Pero la masa atómica del carbono en la tabla periódica se enlista como 12.011. La masa no es simplemente 12 porque otros isótopos de carbono tienen 5, 7 u 8 neutrones y se consideran todos los isótopos y su abundancia cuando se reporta la masa atómica media.

Iones

Un átomo puede perder o ganar electrones y cargarse al mismo tiempo. A un átomo que ha perdido o ganado uno o más electrones se le llama **ion**. Si un átomo pierde un electrón, se hace un ion cargado positivamente. Si éste gana un electrón, se hace un ion cargado negativamente. Por ejemplo, el calcio (Ca), un elemento biológico importante, puede perder dos electrones para convertirse en un ion con carga positiva de +2 (Ca^{2+}). El cloro (Cl) puede ganar un electrón para convertirse en ion con carga negativa –1 (Cl^-).

La tabla periódica

La tabla periódica es una lista de todos los elementos conocidos, organizados en forma ascendente de acuerdo con sus números atómicos, tales como los elementos con el mismo número de electrones de valencia, y por lo tanto con propiedades químicas similares que se encuentran en la misma columna llamada **grupo**. Por ejemplo, la última columna de la tabla periódica enumera los gases inertes (nobles), como el helio y el neón—elementos con una reactividad química muy baja. A una hilera en la tabla periódica se le llama **periodo**. Todos los elementos que comparten la misma hilera tienen el mismo número de capas de electrones.

Elementos comunes

Algunos elementos se encuentran con frecuencia en moléculas biológicamente importantes y en la vida diaria. Aquí, encontrará una lista de elementos comunes, sus símbolos y sus usos comunes.

H—Hidrógeno: involucrado en los procesos nucleares que producen energía en el Sol, encontrado en muchas moléculas orgánicas en nuestro cuerpo (como en grasas y carbohidratos) y en los gases (como el metano).

He—Helio: se usa para que vuelen los globos.

C—Carbono: se encuentra en todos los organismos vivientes; el carbono puro existe como grafito y diamantes.

N—Nitrógeno: se usa como refrigerante para enfriar comida rápidamente, y se encuentra en muchas moléculas biológicamente importantes como las proteínas.

O—Oxígeno: esencial para la respiración (inhalación y exhalación) y la combustión (quema de algo)

Si—Silicio: se usa para realizar transistores y células solares

Cl—Cloro: se usa como desinfectante en albercas, como agente limpiador en lejía; y fisiológicamente también es importante, por ejemplo, dentro del sistema nervioso.

Ca—Calcio: necesario para la formación de los huesos y la contracción del músculo

Fe—Hierro: se usa como material de construcción; lleva oxígeno a la sangre

Cu—Cobre: un centavo de E.U. está hecho de cobre; es un buen conductor de la electricidad

I—Iodo: su falta en la dieta diaria resulta en una glándula tiroidea agrandada o bocio.

Hg—Mercurio: se usa en los termómetros; su ingestión puede causar daño cerebral y envenenamiento

Pb—Plomo: se usa como escudo de rayos-X en el consultorio del dentisa

Na—Sodio: Se encuentra en la sal de mesa (NaCl); biológicamente también es importante dentro del sistema nervioso y es un factor clave en el proceso del transporte activo que ocurre a través de las membranas celulares.

Algunos elementos existen en forma diatómica (dos átomos de un elemento están vinculados) y técnicamente son moléculas. Estos elementos incluyen hidrógeno (H_2), nitrógeno (N_2), oxígeno (O_2), flúor, (F_2), cloro (Cl_2), bromo (Br_2) y yoduro (I_2).

▶ Estructura y propiedades de la materia

La materia tiene masa y ocupa espacio. Las partes elementales de la materia son átomos y moléculas. La materia puede interactuar con otra materia y con energía. Estas interacciones forman la base de las reacciones químicas y físicas.

Las moléculas

Las moléculas están compuestas de dos o más átomos. Los átomos se mantienen juntos en las moléculas mediante cadenas químicas. Los enlaces químicos pueden ser iónicos o covalentes. Los enlaces iónicos se forman cuando un átomo dona uno o más electrones a otro átomo. Los enlaces covalentes se forman cuando dos átomos enlazados comparten electrones. La masa de una molécula se calcula al sumar la masa de los átomos de los que está compuesta. El número de átomos de un elemento dado en una molécula se designa por medio del subíndice del símbolo de un elemento. Por ejemplo, la molécula de la glucosa (azúcar en la sangre) se representa como $C_6H_{12}O_6$. Esta formula de la molécula de glucosa dice que contiene seis átomos de carbono (C), doce átomos de hidrógeno (H) y seis átomos de oxígeno (O).

Moléculas orgánicas e inorgánicas

Las moléculas se clasifican como orgánicas e inorgánicas. La química orgánica técnicamente se define como el estudio de los compuestos del carbono. Tradicionalmente, sin embargo, algunos compuestos que contienen carbono se consideraban inorgánicos (como el CO, monóxido de carbono y el CO_2, dióxido de carbono). De hecho, muchos químicos todavía consideran a estos compuestos como inorgánicos. Muchos químicos modernos consideran que las moléculas orgánicas contienen carbono y uno o más de otros elementos (como hidrógeno, nitrógeno y oxígeno). Algunos ejemplos de compuestos orgánicos son el metano (gas natural, CH_4), la glicerina (un aminoácido, NH_2CH_2COOH) y el etanol (un alcohol, C_2H_5OH). Los compuestos inorgánicos incluyen el cloruro de sodio (sal de mesa, NaCl), amonio (NH_3) y agua (H_2O).

Estados de la materia

La materia está unida mediante fuerzas intermoleculares—las fuerzas entre diferentes moléculas. Los tres estados comunes de la materia son sólido, líquido y gaseoso. La materia es un átomo, una molécula (compuesto) o una mezcla. Los ejemplos de la materia en su forma sólida son los diamantes (átomos de carbono), el hielo (moléculas de agua) y las aleaciones de metales (mezclas de diferentes metales). Un sólido tiene una forma y un volumen fijo. Las moléculas en estado sólido tienen una disposición regular y ordenada y vibran en su lugar, pero no pueden moverse lejos. Algunos ejemplos de la materia en su forma líquida son el mercurio (átomos de mercurio), el vinagre (moléculas de ácido acético) y el perfume (una mezcla de líquidos hecha de diferentes moléculas). Los líquidos tienen un volumen fijo, pero se adaptan a la forma del recipiente en el cual están. Los líquidos flotan y su densidad (masa por unidad de volumen) normalmente es más baja que la densidad de los sólidos. Las moléculas en un líquido no se encuentran ordenadas y se pueden mover de una región a otra, a través de un proceso llamado **difusión**.

Algunos ejemplos de la materia en su forma gaseosa incluyen el helio usado en los globos (átomos de helio), el vapor de agua (moléculas de agua) y el aire (mezcla de moléculas diferentes: nitrógeno, oxígeno, dióxido de carbono y vapor de agua). Los gases toman la forma y el volumen del recipiente en el cual están. Pueden comprimirse cuando se aplica presión. Las moléculas de gases están totalmente desordenadas y se mueven muy rápido. La densidad del gas es mucho menor que la densidad de un líquido.

Los cambios de fase

Los cambios de fase implican la transición de un estado de materia a otro. La congelación del agua para hacer hielo y enfriar su bebida, la condensación del vapor de agua en el rocío de la mañana y la sublimación del hielo seco (CO_2) son ejemplos de cambios de fases. Un cambio de fase es un proceso físico. No se forman ni se rompen los enlaces químicos. Sólo son afectadas las fuerzas (físicas) intermoleculares.

La **congelación** es el proceso de cambiar un líquido a un sólido mediante la eliminación del calor. El proceso opuesto a través del cual se agrega la energía del calor a un sólido hasta que cambie a un líquido se llama **fundición**. La **ebullición** es un cambio de fase de un líquido a un gas y sólo requiere una aportación de energía. La **condensación** es el cambio de un gas

a un líquido. Algunas substancias se **subliman**— cambian directamente de una fase sólida a una fase de gas, sin formar un estado líquido al principio. El dióxido de carbono es una de esas substancias. El dióxido de carbono sólido, llamado hielo seco, se evapora hacia la fase de gas cuando se calienta. Cuando el gas cambia directamente a un sólido, se llama **deposición**.

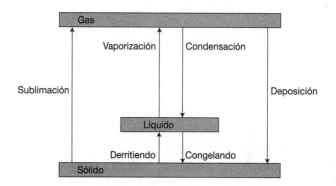

Cuanto más fuertes sean las fuerzas intermoleculares, tanto más sencillo es existir para una molécula en uno de estos estados condensados (líquido o gas) porque estas interacciones entre moléculas mantienen juntos el sólido o el líquido. Por ejemplo, las moléculas neutras tienen un extremo positivo y un extremo negativo aunque, en total, las moléculas no tienen carga neta. Las moléculas como éstas se consideran **polares** y son atraídas por cada una de las **fuerzas dipolo-dipolo**. Las moléculas en que las fuerzas intermoleculares son fuertes tienden a tener altos puntos de ebullición, ya que estas fuerzas tienen que ser superadas para cambiar las moléculas a un estado gaseoso. Esto requiere la aportación de más energía (calor).

Compuestos y mezclas

Cuando dos o más elementos se combinan químicamente, el resultado es un **compuesto**. Algunos ejemplos de compuestos incluyen el dióxido de carbono (producto de la respiración), la sacarosa (azúcar de mesa), serotonina (un químico del cerebro humano) y el ácido acético (un componente del vinagre). En cada uno de estos compuestos, hay más de un tipo de átomo, unido químicamente a otros átomos en una proporción definitiva. Esta combinación de átomos resulta en una estructura fija y definitiva.

Cuando dos o más elementos se combinan físicamente, el resultado es una **mezcla**. En una mezcla homogénea, los componentes no se pueden separar visualmente. Las mezclas homogéneas tienen la misma composición (proporción de componentes) en todo su volumen. Un ejemplo es una mezcla de una pequeña cantidad de sal en el agua. Se le llama **solución** a una mezcla uniforme. En una solución, se disuelve una sustancia (soluble) en otra (solvente). En una mezcla heterogénea, con frecuencia se pueden identificar los componentes, y la composición varía de un punto de la mezcla a otro. Una colección de monedas de diez centavos y de un centavo es una mezcla heterogénea. Una mezcla de agua y harina es heterogénea. Mientras que ambos componentes (agua y harina) son blancos, los cristales de azúcar son más grandes e identificables.

La miscibilidad es el término usado para describir la propiedad de dos substancias para formar una mezcla heterogénea. El agua y el alcohol son miscibles. Se pueden mezclar de tal manera que la mezcla quede uniforme durante la muestra. En cada momento, se verán, olerán y sabrán de modo igual. El agua y el aceite no son miscibles. Una mezcla de estas dos substancias no es homogénea, ya que el aceite flota en el agua. Son claramente visibles en una mezcla de agua y aceite las dos capas que contienen ambos componentes. Cada capa se ve, huele, sabe y se comporta diferentemente.

▶ Reacciones químicas

Remover manchas de la ropa, digerir la comida y quemar madera en una chimenea son ejemplos de reac-

ciones químicas. Las reacciones químicas implican cambios en la disposición de los átomos. En una reacción química, los átomos de los reactivos se combinan, recombinan y se disocian para formar productos. El número de átomos de un elemento particular permanece el mismo antes y después de la reacción química. También se preserva la masa total. De igual manera, la energía nunca se crea ni se destruye a causa de una reacción química. Si se rompen los enlaces químicos, se puede liberar la energía de estos enlaces en el área circundante como calor. Sin embargo, esta liberación de energía no constituye una creación, pues la energía sólo cambia de forma—de química a calor.

Escritura de reacciones químicas

Una reacción química se puede representar mediante una ecuación química, donde los reactivos se escriben en el lado izquierdo y los productos en el lado derecho con una flecha que indica la dirección hacia donde la reacción avanza. La ecuación química siguiente representa la reacción de la glucosa ($C_6H_{12}O_6$) con el oxígeno (O_2) para formar el dióxido de carbono (CO_2) y el agua (H_2O). Su cuerpo realiza esta reacción todo el tiempo para obtener energía.

$$(C_6H_{12}O_6) + 6\,(O_2) \rightarrow 6\,(CO_2) + 6\,(H_2O)$$

Los números frente a las fórmulas moleculares indican la proporción de la reacción de las moléculas. Si las moléculas no tienen número, significa que está reaccionando una molécula de esa sustancia. En la reacción anterior, una molécula de glucosa está reaccionando con seis moléculas de oxígeno para formar seis moléculas de dióxido de carbono y seis moléculas de agua. En realidad, hay varias moléculas de cada una de las sustancias y la reacción le dice en qué proporción reaccionan las moléculas. Entonces si usted tuviera diez moléculas de glucosa reaccionando con 60 moléculas de oxígeno, usted obtendría 60 moléculas de dióxido de carbono y 60 moléculas de agua. En muchas formas, las ecuaciones químicas son como recetas de cocina.

2 Panes + 1 Queso + 2 Tomates → Sandwich

Con dos rebanadas de pan, una rebanada de queso y dos rebanadas de tomate, usted puede hacer un sandwich. Si usted tuviera seis rebanadas de pan, tres rebanadas de queso y seis rebanadas de tomate, usted podría hacer tres sandwiches. Los mismos principios de proporción se aplican a las reacciones químicas.

Tipos de reacciones químicas

Las reacciones similares se pueden clasificar y categorizar en diferentes tipos de reacciones. Por ejemplo, las reacciones químicas se pueden clasificar como reacciones de síntesis, reacciones de descomposición, reacciones de sustitución simple y reacciones de sustitución doble. Cada una de estas reacciones procede como usted lo esperaría de acuerdo con su nombre.

Reacción de síntesis

$A + B \rightarrow AB$

Reacción de descomposición

$AB \rightarrow A + B$

Reacción de sustitución simple

$C + AB \rightarrow CB + A$

Reacción de sustitución doble

$AB + CD \rightarrow AD + CB$

Así como en la ecuación del emparedado anteriormente descrita, los reactivos siempre se combinarán en proporciones específicas para formar un producto. Si dos rebanadas de pan están en el lado izquierdo de la ecuación, entonces el emparedado formado en el lado derecho tendrá dos rebanadas, nunca una ni tres. Si hay cuatro rebanadas en el lado izquierdo, usted terminará con cuatro rebanadas en el lado derecho. Esta analogía muestra la conversión de la materia.

Observe la siguiente síntesis de reacción:

$$N_2 + 3H_2 \rightarrow 2NH_3$$
$$\text{calor}$$

Hay dos átomos de nitrógeno en ambos lados de la ecuación. También, hay seis átomos de hidrógeno en cada lado de la ecuación. La materia se conserva.

Ahora vea esta reacción de síntesis involucrando a los iones:

$$2F^- + Ca^{2+} \rightarrow CaF_2$$

Además de demostrar la conservación de la materia, este ejemplo demuestra la conservación de la carga. Los dos iones de fluoruro, cada uno con una carga de -1 combinada con un ión de calcio, tienen una carga de $+2$. El producto formado es neutro—las dos cargas -1 y la carga $+2$ se cancelan—y la carga se conserva.

De hecho todas las reacciones químicas deben conservar:

- la materia (masa)
- la energía
- la carga eléctrica

Calor de reacción (entalpía)

El rompimiento de los enlaces moleculares libera la energía almacenada en esos enlaces. La energía es liberada en forma de calor. De igual manera, la formación de nuevos enlaces requiere una gran aportación de energía. Por lo tanto, la reacción química absorberá o emitirá calor, dependiendo de cuántos y qué tipo de enlaces estén rotos y se produzcan como resultado de esa reacción. A una reacción que absorbe energía se le llama **endotérmica**. Un recipiente donde tiene lugar una reacción endotérmica se enfría, debido a que el calor del recipiente es absorbido por la reacción. A la reacción que emite energía se le llama **exotérmica**. Quemando gasolina es una reacción exotérmica-emite energía.

Incremento en el desorden (entropía)

Desorden, o **entropía**, es la falta de regularidad en un sistema. Cuanto más desordenado el sistema, tanto más grande es la entropía. Es más fácil lograr el desorden que el orden. Imagine que tiene 100 cuentas azules en una mano y 100 cuentas rojas en la otra. Ahora póngalas en una taza y agítelas. ¿Cuál es la posibilidad de haber escogido 100 cuentas en cada mano separadas por color, sin mirar? No es muy probable. La entropía y el caos ganan. Hay solamente un arreglo que lleva a la separación ordenada de cuentas (100 azules en una mano, 100 rojas en la otra), y muchos arreglos llevan a tener cuentas mezcladas (33 azules, 67 rojas en una mano, 33 rojas y 67 azules en la otra; 40 azules, 60 rojas en una mano, 60 azules, 40 rojas en la otra . . .). Lo mismo con los átomos. A veces se puede lograr el arreglo y el orden. Los átomos y las moléculas en los sólidos, tales como los copos de nieve, poseen arreglos muy regulares. Pero si se les da suficiente tiempo (y temperatura), la nieve se derrite, formando agua líquida menos ordenada. Aunque sí es posible que haya reacciones que lleven a un estado más ordenado, son más probables las reacciones que lleven a un desorden. El efecto global consiste en que el desorden en el universo se incrementa.

Catalizadores

Con frecuencia una reacción necesita ayuda para comenzar. Tal ayuda puede provenir de un **catalizador**. Un catalizador es una substancia o forma de energía que ayuda a provocar una reacción, sin que ésta misma sea cambiada o acabada en la reacción. Un catalizador actúa para bajar lo que se llama la **energía de activación** de una reacción. La energía de activación con frecuencia se ilustra como una colina en medio de dos valles que necesita cruzarse para poder llegar de un valle a otro: un valle representa los reactantes, y el otro los productos. El catalizador actúa para hacer la colina más pequeña.

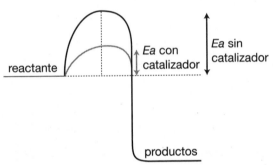

Un catalizador actúa para reducir la barrera de activación de energía (Ea) a fin de producir formación. En el diagrama, la colina negra representa una energía de activación alta. El catalizador actúa para hacer la colina más pequeña, así que la colina gris representa la energía de activación en presencia de un catalizador.

La luz es un catalizador para la reacción fotosintética. En los sistemas vivientes las reacciones son catalizadas por moléculas de proteína especiales llamadas **enzimas**.

Reacciones reversibles e irreversibles

Algunas reacciones pueden avanzar en ambas direcciones—los reactantes pueden formar productos, los cuales cambian de vuelta a reactantes. Éstas son reacciones **reversibles**. Otras reacciones son **irreversibles**, ya que los reactantes pueden formar productos;

pero una vez formados, no pueden volver a ser reactantes otra vez. Mientras que la madera se puede quemar (reaccionar con oxígeno) para producir calor, agua y dióxido de carbono, estos productos no pueden reaccionar para formar madera. Usted podrá entender mejor la reversibilidad si mira el diagrama de activación de energía en la parte anterior. La colina que necesita ser cruzada por los reactantes para formar productos es mas baja que la colina que necesita ser cruzada por los productos para formar reactantes. Lo más seguro es que tal reacción sea irreversible. Ahora mire el diagrama siguiente. La colina que necesita cruzarse es casi la misma para los reactantes y los productos; entonces el cruzamiento tendría lugar de ambos lados—la reacción sería reversible.

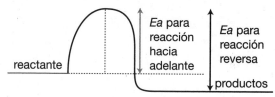

Las energías de activación (Ea) para la reacción hacia adelante (reactantes que forman productos) y para la reacción reversa (productos que forman reactantes) son casi las mismas. Tal reacción es reversible.

▶ Movimientos, fuerzas y conservación de la energía

Una **fuerza** es un jalón o un empuje. Los objetos se mueven como respuesta a las fuerzas actuantes ellos. Cuando usted patea una pelota, ésta rueda; y también se requiere una fuerza para detener el movimiento. La pelota deja de rodar debido a la fuerza de fricción. ¿Qué ocurre aquí? Primero su cuerpo rompe los enlaces químicos de la comida ingerida. Esto le da a su cuerpo un suministro de energía. Usted gasta una parte de esta energía al patear una pelota. Usted aplica una fuerza; y como resultado la pelota se mueve, transportando la energía suministrada por su pie. Pero parte de la energía se transfiere de la pelota al suelo en forma de calor, debido a la fuerza de fricción que encuentra en la superficie del suelo. Mientras que la energía se pierde de esta manera, la pelota se detiene poco a poco. Cuando se ha gastado toda la energía a través de la fricción, la pelota deja de mover. Este ejemplo ilustra el concepto de la conservación de la energía, así como la primera ley de Newton—la Ley de la inercia.

Ley de la inercia

La velocidad de un objeto no cambia a menos que se le aplique una fuerza.

¿Cuál es la diferencia entre la rapidez y la velocidad? La rapidez, tal como "30 millas por hora" tiene **magnitud**. La velocidad tiene **magnitud y dirección** (30 millas por hora, norte). Una distinción parecida se hace considerando la diferencia entre los términos **distancia** y **desplazamiento**. Si usted camina 20 pies hasta su buzón de correo y 20 pies de regreso, la distancia que se desplaza es de 40 pies. Su **desplazamiento** es cero, porque el desplazamiento compara su punto de llegada con su punto de partida.

La velocidad se define como el desplazamiento dividido entre el tiempo transcurrido. Cuando usted ve el cambio en la velocidad dividida entre el tiempo transcurrido, está viendo la **aceleración**. A la aceleración negativa (causada por la terminación de la velocidad que es menor que la velocidad de inicio) se le llama **desaceleración**. Para que la velocidad del movimiento cambie, ya sea la rapidez y/o la dirección deben cambiar y debe ser aplicada una fuerza neta o no balanceada. Para resumir, un objeto en estado de reposo (cuya velocidad es cero) se mantiene en reposo a menos que una fuerza actúe sobre éste—una persona lo empuja, el viento lo hace volar, la gravedad lo jala hacia abajo... Un objeto en movimiento continúa moviéndose a la misma velocidad en la misma dirección a menos que una fuerza se aplique para que vaya más lento, más rápido o para que cambie de dirección. El aumento de aceleración o desaceleración es directamente proporcional a la fuerza aplicada. Cuanto más fuerte patee una pelota, tanto más rápido se moverá. La masa de una pelota también determinará cuánto se acelerará. Patee una pelota de fútbol. Ahora patee una pelota gigante de plomo con la misma fuerza (¡cuidado con su pie!). ¿Cuál pelota se moverá más rápidamente como resultado de la misma patada? Estas observaciones constituyen la segunda ley de Newton—la Ley de la aceleración.

Ley de la aceleración

La aceleración de un objeto depende de su masa y la fuerza aplicada en éste. Cuanto mayor sea la fuerza, tanto mayor será la aceleración; cuanto más grande sea la masa, tanto más disminuirá la aceleración. O, matemáticamente, *fuerza = masa x aceleración* (*F = ma*).

Una buena manera de aprender acerca de las leyes de movimiento es jugar al billar. ¿Qué ocurre cuando falla al jugar y no le da a ninguna bola? Nada. Se mantienen en reposo. ¿Qué ocurre cuando le da a la bola con el taco? Se mueve hacia donde le dio. Cuanto más fuerte le dé, tanto más rápido se mueve. Ahora, ¿qué ocurre cuando la bola a la cual pegó choca contra otra bola? La otra bola se empieza a mover. La bola a la cual le dio se hace más lenta. La energía se transfiere de la bola inicial a la cual le dio con el taco a la bola con la cual chocó. Cuando un objeto ejerce una fuerza en un segundo objeto, el segundo objeto ejerce una fuerza equivalente en la dirección opuesta del primer objeto. Esta es la tercera ley de Newton— la Ley de la interacción.

Ley de la interaccíon

Para cada acción, hay una reacción igual y opuesta.

Tipos de fuerzas

La ley de Newton no depende del tipo de fuerza que se le aplique. Algunos tipos de fuerzas son la gravitacional, la electromagnética, la fuerza de contacto y la fuerza nuclear.

Fuerza gravitacional

La fuerza gravitacional constituye una fuerza de atracción que cualquier objeto con masa ejerce sobre otro objeto con masa. La magnitud de la fuerza gravitacional depende de las masas de los objetos y de la distancia entre ellos. Cuando pensamos en la gravedad, generalmente pensamos en la gravedad de la Tierra, la cual nos impide saltar a lo infinitamente alto, mantiene nuestras casas en el suelo y provoca que las cosas que están arriba caigan hacia abajo. Nosotros ejercemos fuerza gravitacional en la Tierra, y ejercemos fuerzas sobre los demás; pero no resulta tan perceptible porque nuestras masas son muy pequeñas en comparación con la masa de nuestro planeta. Cuanto más grandes sean las masas involucradas, tanto más grande es la fuerza gravitacional entre ellas. El Sol ejerce fuerza en la Tierra y la Tierra ejerce fuerza en el Sol. La Luna ejerce fuerza en la Tierra, y la Tierra en la Luna. La fuerza gravitacional de la Luna es la razón por la cual existen las mareas. La gravedad de la Luna atrae el agua a la Tierra. El Sol ejerce una fuerza en nuestra agua, pero esto no es tan evidente porque el Sol, aunque más grande que la Luna, se encuentra más lejos. A medida que la distancia entre dos objetos se duplica, la fuerza gravitacional entre ellos disminuye cuatro veces.

Gravitación

La gravitación es la fuerza de atracción que existe entre dos objetos. Es proporcional a la masa de los objetos e inversamente proporcional al cuadrado de la distancia entre ellos.

¿Cuál es la diferencia entre el peso y la masa?

En la Tierra, la aceleración debido a la gravedad, g, es -9.8 m/s^2. Su peso (w) es realmente una fuerza. La fórmula $F = ma$ se vuelve $w = mg$. Donde la aceleración, g, es -9.8 m/s^2, la fuerza total (w) es negativa, significando que su caída va hacia abajo: la Tierra lo está jalando hacia su centro. Es probable que usted haya escuchado a alguien decir: "¡Eres más ligero que la luna!" Esto es verdad debido a que la fuerza gravitacional en la Luna es menor que la fuerza gravitacional en la Tierra. Su masa, sin embargo, sería la misma, porque la masa no es más que una medida de cómo denso es usted y del volumen que ocupa.

Fuerza electromagnética

La electricidad y el magnetismo son dos aspectos de una sola fuerza electromagnética. Las cargas eléctricas en movimiento producen fuerzas magnéticas y los magnetos en movimiento producen fuerzas eléctricas. La fuerza electromagnética existe entre dos objetos magnéticos cargados: por ejemplo, un protón y un electrón o dos electrones. Las cargas opuestas se atraen (un electrón y un protón) mientras que las cargas iguales se repelen (dos protones o dos electrones). La magnitud de la fuerza depende de las cargas y de la distancia entre ellas. Cuanto mayor sean las cargas, tanto mayor es la fuerza. Cuanto más cerca estén las cargas entre sí, tanto mayor es la fuerza entre ellas.

Fuerza de contacto

Las fuerzas de contacto son fuerzas que existen como resultado de la interacción entre los objetos, físicamente en contacto entre sí. Éstos incluyen las fuerzas de fricción, las fuerzas de tensión y las fuerzas normales.

La **fuerza de fricción** se opone al movimiento de un objeto de un extremo al otro de la superficie. Por ejemplo, si un vaso se mueve sobre la superficie de una mesa para cenar, existe una fuerza de fricción en la dirección opuesta al movimiento del vaso. La fricción resulta de la atracción de las fuerzas intermoleculares entre las moléculas de la superficie del vaso y la superficie de la mesa. La fricción depende de la naturaleza de las dos superficies. Por ejemplo, habría menor fricción entre la mesa y el vaso si la mesa se humedeciera o se lubricara con agua. El vaso se deslizaría más fácilmente sobre la mesa. La fricción también depende del grado en que el vaso y la mesa se encuentren presionados entre sí. La resistencia del aire es un tipo de fuerza de fricción.

La tensión es la fuerza transmitida a través de una cuerda o de un alambre jalados muy apretadamente por fuerzas de acción en el otro extremo. La fuerza de tensión se dirige a lo largo de la cuerda o del alambre y jala los objetos en cualquier extremo del alambre.

La **fuerza normal** se ejerce sobre un objeto en contacto con otro objeto estable. Por ejemplo, la mesa de la cena ejerce una fuerza ascendente sobre el vaso que está en reposo sobre la superficie de la mesa.

Fuerza nuclear

Las fuerzas nucleares son fuerzas muy fuertes que mantienen juntos el núcleo de un átomo. Si los núcleos de átomos diferentes se juntan, pueden interactuar entre sí y pueden ocurrir reacciones entre ellos.

Formas de energía

La energía se define como la habilidad de realizar trabajo. Además, la energía no se crea ni se destruye. Sóla se transforma. Las formas de energía incluyen la energía potencial y la energía cinética.

La **energía potencial** es energía almacenada. **La energía cinética** es la energía asociada con el movimiento. Mire la ilustración siguiente. A medida que el péndulo se balancea, la energía se convierte de potencial a cinética, y de vuelta a potencial. Cuando el peso que cuelga está en uno de los puntos altos, la energía potencial gravitacional está en su punto máximo y la energía cinética está en su punto mínimo. En el punto bajo, la energía cinética se maximiza y la energía potencial gravitacional se minimiza.

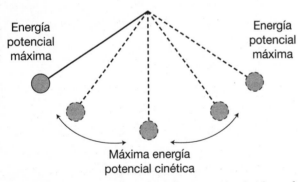

Energía potencial máxima

Energía potencial máxima

Máxima energía potencial cinética

El cambio de la energía potencial en energía cinética y la energía cinética en energía potencial, en un péndulo.

Como ejemplos de energía potencial son la energía nuclear y la energía química—energía almacenada en los enlaces que unen los átomos y las moléculas. El calor, la energía hidrodinámica y las ondas electromagnéticas son ejemplos de energía cinética—

energía asociada con el movimiento de moléculas, agua y electrones o fotones (incrementos de luz).

► Interacciones de energía y de materia

La energía en todas sus formas puede interactuar con la materia. Por ejemplo, cuando la energía del calor interactúa con las moléculas de agua, hace que hiervan y se muevan más rápido. Las ondas—las cuales incluyen el sonido y las ondas sísmicas, las ondas en el agua, y las ondas ligeras—poseen energía y pueden transferir esa energía cuando interactúan con la materia. Considere lo que ocurre cuando se encuentra en el océano y llega una ola grande. A veces la energía transportada por esa ola es bastante grande para derribarlo.

Ondas

La energía también se transporta por medio de ondas electromagnéticas u ondas ligeras. La energía de las ondas electromagnéticas se relaciona con sus longitudes de onda. Las ondas electromagnéticas incluyen ondas de radio (la longitud de onda más larga), microondas, radiación infrarroja (calor radiante), luz visible, radiación ultravioleta, rayos X y rayos Gamma. La longitud de onda depende de la cantidad de energía que esté transportando. Las longitudes de onda más cortas transportan más energía.

Cuando una onda golpea una superficie más suave, como un espejo, se refleja. El sonido de las ondas se refleja como ecos. La materia también puede refractar o curvar las ondas. Esto ocurre cuando un rayo de luz que viaja a través del aire golpea una superficie de agua. Una parte de la onda se refleja y otra parte se refracta dentro del agua.

Cada tipo de átomo o molécula sólo puede ganar o perder energía mediante cantidades específicas diferenciadas. Cuando un átomo gana energía, la luz de la longitud de onda asociada con esa energía se absorbe. Cuando un átomo pierde energía, la luz de la longitud de onda asociada con esa energía se emite. Se pueden usar esas longitudes de onda para identificar elementos.

Reacciones nucleares

En una reacción nuclear, la energía se puede convertir en materia y la materia se puede convertir en energía. En tales procesos, la energía y la materia se conservan, de acuerdo con la formula de Einstein $E = mc^2$, donde E es la energía, m es la masa y c es la velocidad de la luz. Una reacción nuclear se diferencia de una reacción química porque en una reacción nuclear las partículas del núcleo (protones y neutrones) interactúan, mientras que en una reacción química, los electrones son perdidos o ganados por un átomo. Dos tipos de reacciones nucleares son la fusión y la fisión.

La **fusión** es un proceso nuclear por medio del cual dos núcleos se combinan para formar un núcleo más pesado. Una reacción de fusión libera una cantidad de energía más de un millón de veces mayor que la energía liberada en una reacción química típica. Esta ganancia de energía está acompañada de una pérdida de masa. La suma de las masas de dos núcleos ligeros es inferior a la masa que produjo el núcleo más pesado. Este **defecto de masa** (la diferencia entre la masa esperada y la masa actual) es la m en la fórmula de Einstein y dependiendo de lo grande que sea m, se liberará una cantidad proporcional de energía. Las reacciones de fusión nuclear son responsables de la producción de energía del Sol.

La **fisión** es un proceso nuclear donde un núcleo pesado se divide en dos núcleos más ligeros. La fisión se usó en la primera bomba atómica y todavía se usa en plantas nucleares de poder. La fisión, como la fusión, libera una gran cantidad de energía. El precio pagado por esta energía es una pérdida de masa. Un núcleo pesado que se divide es más pesado que la suma de las masas de los núcleos resultantes más ligeros.

Este capítulo le dió un curso intensivo sobre lo más básico de la ciencia física. Aquí están los conceptos más importantes para recordar:

- Toda la materia está compuesta de diminutas partículas llamadas átomos.
- La materia no se crea ni se destruye, sólo se transforma.
- Los átomos se combinan con otros átomos para formar moléculas.
- En una reacción química, los átomos se vuelven a acomodar para formar otras moléculas.
- Los tres estados comunes de la materia son sólido, líquido y gaseoso.
- El desorden en el universo siempre se está incrementando.
- La masa y la energía no se crean ni se destruyen, sólo se transforman.
- La energía puede transformarse y transferirse en interacciones con la materia.

29▶ Ciencias de la vida

Las preguntas de la ciencia de la vida en el examen de ciencia del GED cubren los temas estudiados en las clases de biología de la preparatoria. En este capítulo, usted repasará las bases de la biología y aprenderá las respuestas a algunas de las preguntas claves que los científicos se hacen sobre la naturaleza de la vida y de los seres vivientes.

LA CIENCIA DE LA VIDA explora la naturaleza de las cosas vivientes, desde los bloques de vida más pequeños hasta los principios más extensos que unifican a todos los seres vivos. Como preguntas fundamentales de la ciencia de la vida se incluyen:

- ¿Qué constituye la vida?
- ¿Cuáles son sus bloques de creación y requisitos?
- ¿Cómo se transmiten las características de vida de generación en generación?
- ¿Cómo evolucionaron la vida y las diferentes formas de vida?
- ¿Cómo dependen los organismos del medio ambiente y entre sí mismos?
- ¿Qué tipo de comportamientos son comunes entre los organismos vivientes?

Antes de que Antonio Van Leeuwenhoek hubiera observado a través de su microscopio casero hace más de 300 años, la gente no sabía que teníamos células en nuestro cuerpo y que había microorganismos. Otro concepto erróneo común era que las pulgas, las hormigas y otras plagas surgían del polvo o del trigo.

Leeuwenhoek vio células de sangre en la sangre, microorganismos en los estanques y demostró que las plagas provienen de las larvas que incuban de huevecillos puestos por plagas adultas. Sin embargo, se necesitaron más de 200 años para que las observaciones de Leeuwenhoek fueran ampliamente aceptadas y encontraran su aplicación en la medicina.

▶ La célula

Hoy en día sabemos que una célula es una parte elemental de la vida. Cada organismo vivo está compuesto de una o más células. Todas las células provienen de otras células. Todas las células están vivas. Si por ejemplo, se removieran las células de la sangre del cuerpo, bajo las condiciones adecuadas, podrían continuar viviendo independientemente del cuerpo. Éstas se forman de partes organizadas, llevan a cabo reacciones químicas, obtienen energía de su entorno, responden a su medio ambiente, cambian con el paso del tiempo, se reproducen y comparten una historia de evolución.

Todas las células contienen una membrana, citoplasma y material genético. Las células más complejas también contienen orgánulos. Aquí se encuentra una descripción de los componentes de la célula y las funciones de cada uno. También puede consultar los dibujos en la página siguiente.

- **La pared celular** está hecha de celulosa, la cual cubre, protege y sostiene las células de la planta. Las células animales no tienen la pared celular.
- **La membrana plasmática** es la membrana exterior de la célula. Ésta regula cuidadosamente el transporte de materiales dentro y fuera de la célula y define los límites de la célula. Las membranas tienen permeabilidad selectiva—es decir, permiten el pasaje de ciertas moléculas, pero no de otras. Una membrana es como el cruce de una frontera. Las moléculas necesitan el equivalente molecular de un pasaporte válido y una visa para poder pasar.
- **El núcleo** es una estructura esférica y se encuentra con frecuencia cerca del centro de la célula. Está rodeado de una membrana nuclear y contiene información genética inscrita a lo largo de una o más moléculas del ADN. El ADN actúa como una biblioteca de información y como una serie de instrucciones para crear células nuevas y componentes celulares. Para reproducirse, cada célula debe ser capaz de copiar sus genes para las generaciones futuras. Esto se hace mediante la duplicación exacta del ADN.
- **El citoplasma** es un fluido encontrado dentro de la membrana celular, pero fuera del núcleo.
- **Los ribosomas** son los emplazamientos de la síntesis proteica. Son esenciales para el mantenimiento y la reproducción de la célula.
- **Las mitocondrias** son las centrales energéticas de la célula, donde se lleva a cabo la respiración celular (ruptura de los enlaces químicos para obtener energía) y la producción del ATP (una molécula que proporciona energía para muchos procesos esenciales en todos los organismos). Las células que usan mucha energía, tales como las células del corazón humano, tienen gran número de mitocondrias. Las mitocondrias son excepcionales ya que contrario a otros orgánulos celulares, contienen su propio ADN y producen algunas de sus proteínas.
- **El retículo endoplasmático** consiste en una serie de membranas interconectadas asociadas con el almacenaje, la síntesis y el transporte de proteínas y otros materiales dentro de la célula.

- **El Complejo de Golgi** consiste en una serie de sacos pequeños que sintetizan, empaquetan y secretan productos celulares a la membrana plasmática. Su función es dirigir el transporte de material dentro de la célula y exportarlo fuera de la célula.

- **Los lisosomas** contienen enzimas que ayudan a la digestión intracelular. Los lisosomas tienen una amplia presencia en células que activamente se ocupan de la fagocitosis—el proceso mediante el cual las células consumen extensas partículas de comida. Los glóbulos blancos que frecuentemente envuelven y digieren las bacterias y los restos celulares son abundantes en los lisosomas.

- **Las vacuolas** se encuentran principalmente en las plantas. Participan en la digestión y en el mantenimiento del balance del agua en la célula.

- **Los centríolos** son estructuras cilíndricas encontradas en el citoplasma de las células animales. Participan en la división de la célula.

- **Los cloroplastos** están en las células de las hojas de plantas y en las algas. Contienen el pigmento verde clorofílico y aquí se lleva a cabo la fotosíntesis—el proceso mediante el cual se usa la luz solar para realizar moléculas energéticas de los azúcares. En última instancia, el suministro de comida de la mayoría de los organismos depende de la fotosíntesis llevada a cabo por las plantas en los cloroplastos.

- **El nucleolo** se encuentra localizado dentro del núcleo. Éste se encuentra involucrado en la síntesis de los ribosomas, los cuales fabrican las proteínas.

En un organismo multicelular, las células individuales se especializan en diferentes tareas. Por ejemplo, los glóbulos rojos transportan oxígeno; los glóbulos blancos combaten a los organismos patógenos y las células de las hojas de las plantas reúnen la energía de la luz del sol. Esta organización celular le permite a un organismo perder y reemplazar células individuales y sobrevivir a las células de las cuales está compuesto. Por ejemplo, usted puede perder células de piel muertas y donar sangre y seguir con su vida. Esta diferenciación o división del trabajo en los organismos multicelulares se logra mediante la expresión de genes diferentes.

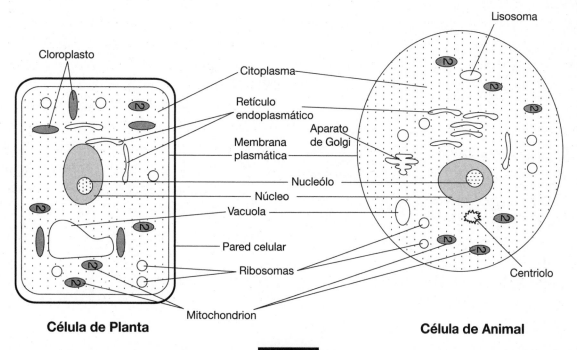

Célula de Planta

Célula de Animal

► La base molecular de la herencia

La manera como se ve y funciona un organismo se determina en gran parte por su material genético. Los principios básicos de la herencia fueron desarrollados por Gregorio Mendel, quien experimentó con las plantas de guisantes en el siglo diecinueve. Él analizó matemáticamente los rasgos inherentes (tales como el color y el tamaño) de gran número de plantas durante muchas generaciones. Las unidades de la herencia son genes transportados en los cromosomas. La genética puede explicar por qué los hijos se parecen a sus padres y por qué al mismo tiempo, no son idénticos a ellos.

Fenotipo y genotipo

La recopilación de las características físicas y del comportamiento de un organismo se llama **fenotipo**. Por ejemplo, el color de sus ojos, el tamaño de sus pies y la forma de sus orejas son componentes de su fenotipo. A la composición genética de una célula u organismo se le llama **genotipo**. El genotipo es como una receta de cocina para la síntesis proteica y su uso. El fenotipo (cómo se ve u actúa un organismo) se determina por su genotipo (sus genes) y su medio ambiente. Por medio ambiente no nos referimos a la Tierra, sino al ambiente que rodea a la célula. Por ejemplo, las hormonas en el cuerpo de las madres pueden influenciar la expresión genética.

Reproducción

La reproducción asexual a nivel celular se le llama mitosis. Ésta requiere solamente una célula madre, la cual, después de multiplicar exactamente su material genético, se divide en dos. Las células resultantes son genéticamente idénticas entre sí y son clones de la célula original antes de que se separe.

La reproducción sexual requiere dos padres. La mayoría de las células en un organismo que se reproduce sexualmente tienen dos copias de cada cromosoma, llamado **pares homólogos**—uno de cada padre. Estas células se reproducen a través de la **mitosis**. Las células gameto (esperma y óvulo) son las excepciones. Llevan solamente una copia de cada cromosoma, por lo que tienen solamente la mitad de cromosomas de otras células. Por ejemplo, las células humanas normalmente contienen 46 cromosomas, pero el esperma humano y los óvulos contienen 23 cromosomas. Durante la fertilización, las células gameto (esperma y óvulo) se juntan para formar un cigoto; y se restaura el número de cromosomas mediante esta unión. La información genética de un cigoto es una mezcla de información genética de ambos padres. Las células gameto se elaboran mediante un proceso llamado **meiosis** a través del cual una célula multiplica una vez su material genético; pero se divide dos veces para producir cuatro células nuevas, cada una de las cuales contiene la mitad del número de cromosomas que estaban presentes en la célula original antes de la división. En los humanos, los gametos son producidos en los testículos y en los ovarios. La meiosis provoca la diversidad genética dentro de las especies al generar combinaciones de genes diferentes de las presentes en sus padres.

Alelos

Los alelos son versiones alternativas de un mismo gene. Un organismo con dos copias del mismo alelo es un **homocigoto** y uno con dos alelos diferentes es un **heterocigoto**. Por ejemplo, un humano con un gene para ojos azules y un gene para ojos castaños es heterocigoto, mientras que un humano con dos genes para ojos azules y dos genes para ojos castaños es homocigoto. La selección que indica cuál de los dos genes se manifestará es determinada por el gene dominante.

Un alelo es **dominante** si determina por sí solo el fenotipo de un heterocigoto. En otras palabras, si una planta tiene un gene para hacer flores amarillas y un gene para hacer flores rojas, el color de la planta se determinará por su gene dominante. Entonces si el gene de las flores rojas es dominante, una planta que tenga el gene para rojo y el gene para amarillo se verá roja. Al gene para flores amarillas en este caso se le llama **recesivo**, pues no contribuye al fenotipo (apariencia) de un heterocigoto (una planta que contiene dos alelos diferentes). La única manera en la cual una planta produciría flores amarillas sería si tuviera dos genes recesivos—dos genes codificados para flores amarillas.

Para algunos genes, la dominación sólo es parcial y se pueden expresar dos alelos diferentes. En el caso de la dominancia parcial, una planta que posee un gene que se codifica para flores rojas y un gene que se codifica para flores blancas produciría flores rosadas.

Se puede usar un cuadrado de Punnet para representar los fenotipos posibles que podrían tener los descendientes de padres con genotipos conocidos. Tome el ejemplo con la flor amarilla y roja. Vamos a etiquetar los genes, con una **R** para el gene dominante rojo, y con una **r** para el gene para las flores amarillas. Cruce una planta de flores amarillas (el genotipo debe ser **rr**) con una planta de flores rojas y genotipo **Rr**. ¿Cuáles son los genotipos y fenotipos posibles que la descendencia puede tener? En el cuadrado de Punnet, los genes de un padre se enumeran en un lado del cuadrado y los genes del otro padre en el otro lado del cuadrado.

Se combinan entonces en la descendencia tal como aquí se ilustra:

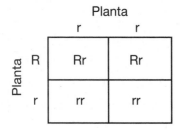

Los genotipos posibles de la descendencia se enumeran dentro del cuadrado. Su genotipo será **Rr** o **rr**, ocasionando que sean rojas o amarillas, respectivamente.

Determinación del sexo

En muchos organismos, uno de los sexos puede tener un par de cromosomas que no corresponden. En los humanos, el varón tiene un cromosoma X y un cromosoma Y mucho más pequeño, mientras que la mujer tiene dos cromosomas XX. La combinación XX (mujer) o XY (hombre) determina el sexo de los humanos. En los pájaros, los machos tienen un par correspondiente de cromosomas sexuales (WW), mientras que las hembras tienen un par no correspondiente (WZ). En los humanos, el cromosoma sexual proporcionado por el hombre determina el sexo de su descendencia. En los pájaros, el cromosoma sexual proporcionado por la hembra determina el sexo.

Las plantas, como los animales, no tienen cromosomas sexuales. El sexo en esos organismos se determina por otros factores, tales como las hormonas vegetales (fitohormonas) o la temperatura.

Los gemelos idénticos resultan cuando un óvulo fertilizado se divide en dos. Los gemelos idénticos contienen cromosomas idénticos y pueden ser dos niñas o dos niños. Dos niños de sexo diferente que nacen al mismo tiempo no son gemelos idénticos. Son gemelos fraternales. Los gemelos fraternales pueden ser también del mismo sexo. Genéticamente no son parecidos entre sí así como los hermanos que nacen en momentos diferentes. Los gemelos fraternales resultan cuando dos células de esperma diferentes fertilizan dos óvulos diferentes.

Cuando la meiosis sale mal, se puede alterar el número usual de cromosomas. Un ejemplo de esto es el Síndrome de Down, una enfermedad genética ocasionada por un cromosoma extra.

Los cambios en el ADN (mutaciones) ocurren al azar y espontáneamente en índices bajos. Las mutaciones ocurren más frecuentemente cuando el ADN se expone a un mutágeno, como la luz ultravioleta, los rayos X y ciertos productos químicos. La mayoría de las mutaciones pueden ser perjudiciales o no afectar al organismo. Sin embargo, en casos raros, una mutación puede ser beneficiosa para un organismo y puede ayudarlo a sobrevivir o reproducirse. En última instancia, la diversidad genética depende de las mutaciones; pues éstas representan la única fuente de material genético completamente nuevo. Solamente las mutaciones en las células de los gérmenes pueden crear la variación que cambia la descendencia de un organismo.

▶ Evolución biológica

Las mutaciones ocasionan cambios a lo largo del tiempo. El resultado de la serie de tales cambios es la evolución, o como Darwin lo decía, "el descenso con modificación." La gran diversidad en nuestro planeta es el resultado de más de 3.5 billones de años de evolución. La teoría de la evolución argumenta que todas las especies de la Tierra se originaron de ancestros comunes.

Evidencia para la evolución

Varios factores han llevado a los científicos a aceptar la teoría de la evolución. Aquí se describen los factores principales.

- **Registro de fósiles.** Una de las formas más convincentes de evidencia es el registro de fósiles. Los fósiles son los restos de la vida pasada. Se encuentran con frecuencia en rocas sedimentarias, las cuales se forman durante la compresión de lodo estancado, de escombros y de arena. El orden de las capas de la roca sedimentaria es consistente con la secuencia propuesta sobre la cual la vida en la Tierra ha evolucionado. Los organismos más sencillos se encuentran localizados en la capa de hasta abajo, mientras que las capas superiores contienen organismos cada vez más complejos y modernos (un patrón que sugiere la evolución). El proceso de la determinación de la edad por el método del Carbono 14 se ha usado para confirmar cómo viejos son los fósiles y si los fósiles encontrados en las capas inferiores de roca sedimentaria son efectivamente más viejos a los hallados en las capas superiores. Esto ayuda a los científicos a registrar gráficamente la historia de la evolución basada en el tiempo. Además, aparecen fósiles nuevos todo el tiempo; por ejemplo, se cree que el fósil llamado Tiktaalik, el cual se encontró en el año 2006, marca la transición de los peces a los animales terrestres.

- **Biogeografía.** Otra forma de evidencia proviene del hecho de una tendencia existente en las especies a asemejarse a las especies vecinas en hábitats diferentes más de lo que se asemejan a aquéllas especies ubicadas en hábitats similares pero lejanos.

- **Anatomía comparativa.** La anatomía comparativa nos proporciona otra línea de evidencia. Se refiere al hecho de cómo los huesos de los miembros de diferentes especies, por ejemplo, resultan similares. Las especies que se asemejan estrechamente entre sí se consideran más estrechamente relacionadas que las especies que no se parecen entre sí. Por ejemplo, un caballo y un burro se consideran más estrechamente relacionados que un caballo y una rana. Las clasificaciones biológicas (reino, filo, clase, orden, familia, género y especie) se basan en cómo están relacionados los organismos. Los organismos se clasifican dentro de una jerarquía de grupos y subgrupos basados en similitudes que reflejan sus relaciones de evolución. Estas mismas estructuras anatómicas subyacentes de grupos de huesos, nervios, músculos y órganos se encuentran en los animales, incluso cuando difiere la función de estas estructuras subyacentes.

- **Embriología.** La embriología provee otra forma de evidencia para la evolución. Los embriones hasta cierto punto pasan por los estados del desarrollo de sus ancestros. Todos los embriones jóvenes de los peces, los anfibios, los reptiles, los pájaros y los mamíferos tienen rasgos comunes como las colas.
- **Biología molecular comparativa.** La biología molecular comparativa confirma las líneas de descenso sugeridas por la anatomía comparativa y el registro de fósiles. La relación de semejanza de dos especies diferentes se puede encontrar mediante la comparación de su ADN.

Darwin también propuso que la evolución ocurre gradualmente, a través de mutaciones y de **la selección natural.** Él argumentó que algunos genes o combinaciones de genes le dan al individuo una ventaja reproductiva o de supervivencia, aumentando la posibilidad para que estas combinaciones útiles de genes lleguen a las generaciones futuras. El que en un rasgo dado sea ventajoso depende del medio ambiente del organismo. Podemos ser testigos de los cambios en las poblaciones de organismos vivientes: bacterias resistentes a los antibióticos, súperpiojos invulnerables a los tratamientos químicos y una frecuencia en aumento de palomillas oscuras contra las variedades claras de color (Biston betularia) después de la Revolución Industrial en Gran Bretaña. Éstos son ejemplos de la evidencia de la selección natural.

La selección natural es solamente uno de los varios mecanismos donde la frecuencia del gene cambia en una población. Otros factores incluyen los patrones de apareamiento y la reproducción entre las poblaciones.

▶ Interdependencia de los organismos

Las especies en las comunidades interactúan de muchas maneras. Compiten por espacio y recursos, se pueden relacionar como predador y presa, o como huésped y parásito. Las plantas y otros organismos fotosintéticos aprovechan y convierten la energía solar y suministran al resto de la cadena alimenticia. Los herbívoros (que comen plantas) obtienen la energía directamente de las plantas. Los carnívoros consumen carne y adquieren su energía al comer otros animales. Los omnívoros se alimentan tanto de carne como de plantas. Los descompositores se nutren de organismos muertos. El flujo de energía se puede representar de la manera siguiente:

Sol → Organismos Fotosintéticos → Herbívoros → Carnívoros u Omnívoros → Descompositores

La cadena alimenticia no es el único ejemplo de la interdependencia de los organismos. Las especies frecuentemente tienen que competir por comida o espacio, para que el aumento en la población de una especie pueda causar el descenso de población en la otra especie.

Los organismos también pueden tener una relación simbiótica (vivir en asociación cercana), lo cual se clasifica como parasitismo, mutualismo o comensalismo. En una relación **parasitaria**, un organismo se beneficia a expensas del otro. **El comensalismo** es la simbiosis donde un organismo se beneficia y el otro no es ni perjudicado ni recompensado. En **el mutualismo**, los dos organismos se benefician.

Bajo las condiciones ideales, con bastante comida, espacio y sin predadores, todos los organismos vivientes tendrían la capacidad de reproducirse infinitamente. Sin embargo, los recursos son limitados; lo cual restringe la población de las especies.

Es probable que los seres humanos estén más cerca a ser la especie con una capacidad infinita de reproducción. Nuestra población sigue en aumento. Nuestro único peligro parece provenir de los virus y las bacterias, que hasta este punto más o menos tenemos bajo control. Si necesitamos más alimento, producimos más; y si necesitamos más espacio, despejamos un poco al destruir otros biomas. Al hacer esto, los humanos modifican los ecosistemas y destruyen hábitats, lo que provoca la contaminación y los cambios atmosféricos entre otras cosas. Esta actitud amenaza la estabilidad global actual y tiene el potencial de ocasionar un daño irreparable.

► El comportamiento de los organismos

Incluso los organismos unicelulares más primitivos pueden mantener la homeostasis. Los organismos más complejos tienen sistemas nerviosos. El organismo más sencillo encontrado con aptitudes para el aprendizaje es la lombriz, lo cual indica con ello un sistema nervioso más complejo. La función del sistema nervioso es la recopilación y la interpretación de los signos sensoriales, mensajes del centro del sistema nervioso (el cerebro en los humanos) hacia otras partes del cuerpo. El sistema nervioso está compuesto de células nerviosas, o neuronas, las cuales conducen señales, en forma de impulsos eléctricos. Las células nerviosas se comunican mediante la secreción de moléculas de excitación o de inhibición, las cuales se conocen como **neurotransmisores**. Muchas drogas legales e ilegales actúan en el cerebro al interrumpir la secreción o la absorción de los neurotransmisores, o al iniciar una respuesta activando los receptores que los neurotransmisores normalmente enlazarían. El comportamiento también puede ser afectado por el control hormonal. Las hormonas son producidas en una parte del cuerpo y son transportadas por el sistema circulatorio a otra parte del cuerpo donde actúan en última instancia.

Muchos animales tienen órganos sensoriales que les permite detectar la luz, el sonido y productos químicos específicos. Estos órganos les proporcionan a los animales información sobre el mundo exterior. Los animales tienen un comportamiento social innato y aprendido. Estos comportamientos incluyen la caza o la búsqueda de comida, la anidación, el juego, el cuidado de sus jóvenes, el pelear por sus parejas y el pelear por su territorio.

Las plantas también responden a los estímulos. Voltean hacia el Sol y permiten que sus raíces se profundicen más cuando necesitan agua.

30▶ La ciencia de la tierra y el espacio

Los humanos se han preguntado desde siempre sobre el origen de la tierra y el universo que la rodea. ¿Qué tipos de materia y energía hay en el universo? ¿Cómo se originó el universo? ¿Cómo ha evolucionado la tierra? Este capítulo contestará a estas preguntas fundamentales y repasará los conceptos claves de la ciencia de la tierra y del espacio.

L A CIENCIA DE LA TIERRA y del espacio trata de la formación de la tierra, el sistema solar y el universo, la historia de la tierra (sus montañas, continentes y fondos del océano), el clima y las estaciones de la tierra, la energía en el sistema de la tierra y los ciclos químicos de la tierra.

▶ La energía en los sistemas de la tierra

La energía y la materia no se crean ni se destruyen. Pero la energía puede cambiar de forma y recorrer grandes distancias

La energía solar

La energía del sol llega a nuestro planeta en forma de radiación de luz. Las plantas usan esta luz para sintetizar moléculas de azúcar que consumimos cuando comemos las plantas. Obtenemos energía de las moléculas de azúcar y nuestros cuerpos las usan. En última instancia, nuestra energía proviene del sol. El sol también conduce los ciclos geoquímicos de la tierra (de los cuales se tratará en la parte siguiente).

El sol calienta la superficie de la tierra y conduce la convección dentro de la atmósfera y los océanos, produciendo los vientos y las corrientes del océano. Los vientos causan olas en la superficie de los océanos y los lagos. El viento transfiere un poco de su energía al agua, a través de la fricción entre las moléculas de aire y las moléculas de agua. Los vientos fuertes causan las olas grandes. Los tsunamis y los maremotos son diferentes. Éstos resultan de terremotos bajo el agua, erupciones volcánicas o derrumbamientos, pero no tienen nada que ver con el viento.

La energía del centro

Otra fuente de la energía de la tierra proviene del centro de la tierra. Hay cuatro capas principales de la tierra: El **núcleo interno** es masa sólida de hierro con una temperatura de aproximadamente 7,000°F. Lo más probable es que la temperatura alta sea causada por la descomposición radioactiva del uranio y de otros elementos radioactivos. El **núcleo externo** es una masa de hierro fundido que rodea el núcleo interno sólido. Las corrientes eléctricas genera-das de esta región producen el campo magnético de la tierra. El **manto rocoso** está compuesto de silicato, oxígeno, magnesio, hierro, aluminio y calcio y tiene un espesor de 1750 millas. Este manto es la mayor parte de la masa de la tierra. Cuando algunas partes de esta capa se calientan suficientemente, se voltean para movilizar lentamente la roca fundida o el magma. La **corteza de la tierra** es una capa de cuatro a 25 millas de espesor consistente en arena y roca.

El manto superior es rígido y es parte de la litósfera (junto con la corteza). El manto inferior se mueve lentamente, con una velocidad de unos cuantos centímetros por año. La corteza se divide en placas que se desplazan (solamente unos cuantos centímetros cada año) en el manto menos rígido. La corteza oceánica es más delgada que la corteza continental.

El movimiento de las placas es causado por corrientes de convección (calor), las cuales transportan el calor del manto interior caliente hacia el manto exterior más fresco. El movimiento resulta en terremotos y erupciones volcánicas. A este proceso se le llama **tectónica de placas**.

Tectónicos

La evidencia indica que hace 200 millones de años, los continentes eran parte de una masa continental, llamada Pangea. A lo largo de los años, lentamente se han separado los continentes a través del movimiento de placas mediante un proceso llamado **desplazamiento continental**. El movimiento de las placas se atribuye a las corrientes de convección en el manto. La teoría de la tectónica de placas sostiene que ahora hay doce placas grandes que están moviéndose lentamente sobre el manto. De acuerdo con esta teoría, los terremotos y las erupciones volcánicas ocurren a lo largo de líneas donde las placas se colisionan. Estos cambios incluyen la formación de valles y de montañas.

▶ Cambios geoquímicos

El agua, el carbono y el nitrógeno se reciclan en la biósfera. Una molécula de agua en la célula de su ojo podría haber estado en algún punto del océano, en la atmósfera, en la hoja de un árbol o en la célula de la pata de un oso. A la circulación de elementos en la biósfera se les llama **ciclos geoquímicos**.

Agua

Los océanos cubren el 70% de la superficie de la tierra y contienen más del 97% de toda el agua en la tierra. La luz del sol evapora el agua de los océanos, ríos y lagos. Los seres vivientes necesitan agua para el exterior e interior de sus células. De hecho, los vertebrados (como a usted) están constituidos de 70% de agua. Las plantas también contienen más agua. La mayor parte del agua pasa inalterada por la planta. Las plantas recurren al agua de la tierra y la liberan como vapor a través de los poros de sus hojas; a este proceso se le llama **transpiración**.

Nuestra atmósfera no puede contener mucha agua. El agua evaporada se condensa para formar nubes que producen lluvia o nieve en la superficie de la tierra. Sobre todo, el agua se mueve desde océanos hacia la tierra debido a que hay más precipitación de lluvia que alcanza a la tierra de la que se evapora de la tierra.

Carbono

El carbono se encuentra en los océanos en forma de iones de bicarbonato (HCO_3^-), en la atmósfera en forma de dióxido de carbono, en los organismos vivientes y en combustibles fósiles (tales como el carbón, el petróleo y el gas natural). Las plantas remueven el dióxido de carbono de la atmósfera y a través de la fotosíntesis lo convierten en azúcares. El azúcar en las plantas se integra primero en la cadena alimenticia al llegar a los herbívoros, luego a los carnívoros, y finalmente a los carroñeros y los descompositores. Todos estos organismos liberan el dióxido de carbono de vuelta a la atmósfera cuando respiran. Los océanos contienen 500 veces más carbono que la atmósfera. Los iones de bicarbonato (HCO_3^-) se asientan en el fondo de los océanos y forman rocas sedimentarias. Los combustibles fósiles representan la reserva más grande de carbono de la tierra. Los combustibles fósiles provienen del carbono de los organismos que viven desde hace millones de años. El quemar combustibles fósiles libera energía, por lo cual estos fósiles se usan para darles potencia a los dispositivos humanos. Cuando los combustibles fósiles se queman, el dióxido de carbono se libera en la atmósfera.

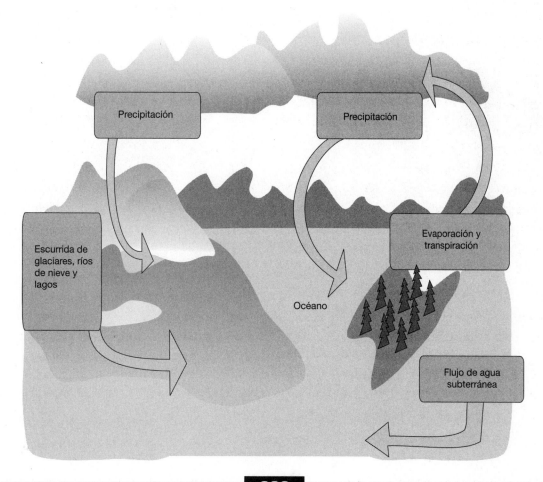

Desde la Revolución Industrial, la gente ha provocado que la concentración de dióxido de carbono se incremente en la atmósfera de 30% mediante la quema de combustibles fósiles y la tala de los bosques, lo cual reduce la concentración de dióxido de carbono. El dióxido de carbono en la atmósfera puede atrapar la energía solar—un proceso conocido como el **efecto invernadero**. Al atrapar la energía solar, el dióxido de carbono y otros gases invernaderos pueden causar el **calentamiento global**—un incremento en las temperaturas de la tierra. En los últimos 100 años, las temperaturas han aumentado de 1° C. Puede no parecer mucho, pero el aumento de temperatura está creando cambios climáticos perceptibles y problemas.

Muchas especies están migrando a regiones más frías, y las regiones que normalmente tienen gran precipitación de lluvia han experimentado sequías. Quizás la consecuencia más peligrosa del calentamiento global sea el derretimiento del hielo polar. Ya se están derritiendo los glaciares en todo el mundo, y las capas de hielo polar se han comenzado a dividir de las puntas. Si se derritiera suficiente hielo, las ciudades de la costa podrían experimentar inundaciones severas.

La reducción de las concentraciones de dióxido de carbono en la atmósfera, ya sea mediante la búsqueda de nuevas fuentes de energía o el remover activamente el dióxido de carbono que se forma, es un reto para los científicos de hoy en día.

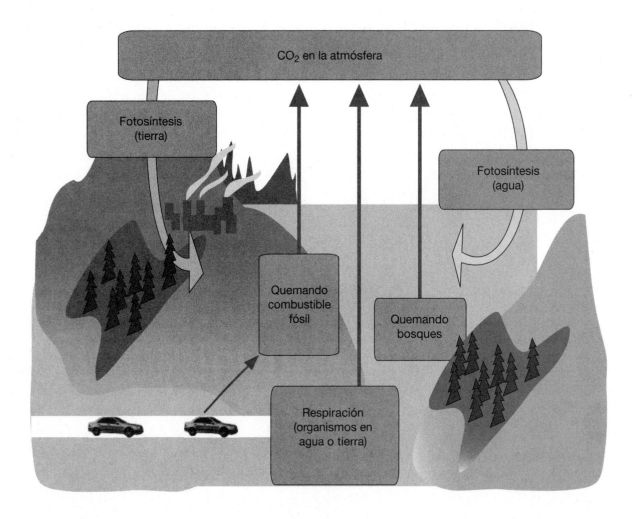

Nitrógeno

El componente principal del aire en la atmósfera es el nitrógeno (N_2). El nitrógeno constituye el 78% de la atmósfera. Sin embargo, muy pocos organismos pueden usar la forma del nitrógeno obtenida directamente de la atmósfera. Esto se debe a que la unión entre dos átomos de la molécula del nitrógeno es difícil de romper, y solamente unas cuantas bacterias tienen enzimas que pueden lograrlo. Estas bacterias pueden convertir el nitrógeno en iones de Amonio (NH_4^+). A las bacterias que hacen esto se les llama **nitrificadores o bacterias fijadoras de nitrógeno**.

Otra fuente de nitrógeno para los organismos no fijadores de nitrógeno son los relámpagos. Los relámpagos tienen una carga tremenda de energía, lo cual permite que el nitrógeno se convierta a iones de amonio (NH_4^+) e iones de nitrato (NO_3^-)—nitrógeno fijo.

Las plantas, los animales, y la mayoría del resto de los organismos sólo pueden usar nitrógeno fijo. Las plantas obtienen el nitrógeno fijo del suelo y lo usan para sintetizar aminoácidos y proteínas. Los animales obtienen el nitrógeno fijo al comer plantas y otros animales. Cuando descomponen las proteínas, los animales pierden nitrógeno en forma de amoniaco (pez), urea (mamíferos) o ácido úrico (pájaros, reptiles e insectos). Los descompositores obtienen energía de la urea y del ácido úrico al convertirlo de vuelta en amoniaco, el cual se puede usar otra vez en las plantas. La cantidad de nitrógeno fijo en el suelo es baja, porque la bacteria descompone la mayor parte del ion de amoniaco en otra serie de moléculas (nitrito y nitrato) a través de un proceso llamado **nitrificación**. Otra bacteria convierte al nitrito y al nitrato de vuelta en nitrógeno y se libera en la atmósfera. A este proceso se le llama **desnitrificación**.

La cantidad limitada de nitrógeno mantiene a los organismos en equilibrio desde hace millones de años. Sin embargo, la población humana creciente representa una amenaza para esta estabilidad. Para poder incrementar el índice de crecimiento de cosechas, los humanos han elaborado y usado enormes cantidades de fertilizantes para aumentar la cantidad de nitrógeno en el suelo. Esto ha dañado el desarrollo de ecosistemas enteros, debido a que con el nitrógeno extra presente, algunos organismos prosperan y desplazan a otros. A largo plazo, demasiado nitrógeno disminuye la fertilidad del suelo al privarlo de minerales esenciales como el calcio.

La quema de combustibles fósiles y bosques también libera nitrógeno. Todas las formas de nitrógeno fijo son gases invernaderos que están ocasionando el calentamiento global. Además, el óxido nítrico, gas que se libera cuando se queman los combustibles fósiles, se puede convertir en ácido nítrico, componente principal de la lluvia ácida. La lluvia ácida destruye hábitats.

La gente está sufriendo las consecuencias de la contaminación que han causado. Otro reto para los científicos de hoy en día consiste en evitar más daños a los ecosistemas y reparar el daño hecho.

► El origen y la evolución del sistema de la tierra

Lo básico sobre la tierra

La mayoría de la gente sabe que la tierra es redonda y gira alrededor de su eje en 24 horas. Ésta forma parte del sistema solar, con el sol en su centro. También otros planetas y sus lunas giran alrededor del sol. Entre los planetas están Mercurio y Venus, los cuales están más cerca del sol que la tierra, Marte, Júpiter, Saturno, Urano y Neptuno. E incluso más lejos del sol se halla el **planeta enano** Plutón.

Los rocas y los ciclos de las rocas

Las rocas están compuestas de uno o más minerales, materiales inorgánicos homogéneos. Los tres tipos de rocas son ígnea, sedimentaria y metamórfica. Las rocas **ígneas** resultan del enfriamiento de la roca fundida. Si el enfriamiento de la roca fundida ocurre rápidamente o cerca de la superficie de la tierra, se le llama roca **ígnea volcánica**. Si el enfriamiento ocurre lentamente, muy por debajo de la superficie, se le llama roca **ígnea plutónica**.

Las rocas **sedimentarias** se forman en capas como respuesta a la presión acumulada en los sedimentos. Las rocas **metamórficas** se forman cuando las rocas ígneas o sedimentarias están bajo intenso calor y presión muy por debajo de la superficie de la tierra. El ciclo de las rocas es la transformación de un tipo de roca en otra. Los materiales de la roca fundida se enfrían y solidifican ya sea en o por debajo de la superficie de la tierra para formar rocas ígneas. La erosión y el desgaste rompen las rocas en granos más pequeños, para producir la tierra. La tierra es transportada por el viento, el agua y la gravedad para ser finalmente depositada como sedimento. Los sedimentos son depositados en capas y son presionados firmemente juntos y consolidados para formar rocas sedimentarias. Las variaciones de temperatura y de presión pueden ocasionar cambios químicos y físicos en las rocas ígneas y sedimentarias para formar rocas metamórficas. Expuestas a temperaturas altas, las rocas metamórficas pueden ser parcialmente fundidas, resultando una vez más en la creación de rocas ígneas; y entonces, todo el ciclo comienza de nuevo.

El material fundido dentro de la tierra se rompe frecuentemente a través del suelo del océano y fluye desde las fisuras donde es enfriado por el agua, resultando en la formación de rocas ígneas. A medida que el material fundido fluye desde la fisura, forma crestas adyacentes a ésta.

Origen de la tierra y del sistema solar

De acuerdo con la **teoría de la nebulosa solar**, el sol, la tierra y el resto del sistema solar se formaron hace 4.6 billones de años. Esta teoría establece que inicialmente el sistema solar era una gran nube de gas y de polvo, y probablemente se originó de las explosiones de las estrellas cercanas. A esta nube se le llama nebulosa solar. El sol se formó en el punto más denso y central de esta nebulosa. Un argumento que sostiene esta hipótesis dice que los planetas más cercanos al sol están compuestos de elementos más pesados, mientras que los planetas gaseosos más ligeros están más lejos del sol. La teoría de la nebulosa solar también establece que los planetas se formaron junto con las estrellas. Este componente de la teoría está apoyado por el hecho de que otras estrellas tienen planetas y se puede comparar la edad de las rocas de la luna con la edad de la tierra.

► El origen y la evolución del universo

Nadie sabe realmente como se originó el universo. De acuerdo con la **teoría del Big Bang**, el universo se originó bajo una gran presión en un estado denso y caliente entre hace 10 y 20 billones de años. La teoría del Big Bang también postula que el universo se ha estado expandiendo desde que se originó. El universo todavía se está expandiendo y enfriando. Algunos datos sugieren que el índice de expansión del universo está aumentando. No se sabe si el universo continuará expandiéndose siempre, para eventualmente alcanzar un tamaño equilibrado, o si se encogerá en una masa densa y pequeña.

Las estrellas se forman mediante la atracción gravitacional de innumerables moléculas de hidrógeno y helio. Las estrellas se ataron gravitacionalmente a otras estrellas para formar galaxias. El sistema solar es parte de la galaxia de la vía láctea, la cual además del sol, contiene otros 200 billones de estrellas.

La energía de las estrellas proviene de las reacciones nucleares, principalmente de la fusión de los átomos de hidrógeno para formar helio. Los procesos nucleares en las estrellas llevan a la formación de elementos.

31 ▶ Ciencia y tecnología

Este capítulo trata del objetivo de la tecnología, la relación entre la ciencia y la tecnología y la manera en la cual las necesidades de una llevan a las necesidades y los progresos de la otra. También acerca de sobre lo que impulsa al progreso tecnológico y lo que está involucrado en el diseño tecnológico.

MIENTRAS LA CIENCIA es el estudio sistemático del mundo natural, **la tecnología** es la aplicación del conocimiento científico para crear herramientas, equipo y procedimientos, los cuales simplifican y mejoran frecuentemente nuestra vida. Para cada descubrimiento científico, existen docenas de aplicaciones potenciales para ese conocimiento. Los adelantos tecnológicos con frecuencia llevan a adelantos más grandes en las ciencias. De este modo, la ciencia y la tecnología son altamente interdependientes.

▶ Habilidades del diseño tecnológico

Los estudiantes tienden a tener una imagen positiva de la ciencia. Asocian a la ciencia con la medicina y la naturaleza. Al mismo tiempo, se dan cuenta de cómo la tecnología juega papeles múltiples en su vida. Hay aplicaciones positivas, como el uso de la tecnología para los diagnósticos médicos, la comunicación, la transportación y las tareas diarias. Sin embargo, con frecuencia la tecnología resulta en la contaminación y la creación de problemas. La contaminación y los problemas pueden ser desafortunadamente un subproducto de ciertos procesos tecnológicos, así como también son subproductos de la ciencia. En realidad, la ciencia y la tecnología se encuentran extremadamente interrelacionadas y se parecen de muchas maneras.

Uno de los objetivos de la tecnología yace en aplicar los principios de la ciencia para hacer la vida más cómoda y trabajar con más facilidad. El objetivo de la tecnología no consiste en crear problemas, sino en resolverlos. La tecnología es responsable de proveer la electricidad que usamos diariamente, el refrigerador que impide que nuestra comida se eche a perder, la capacidad del avión de cruzar el océano en pocas horas, la calculadora, el cajero automático (ATM) y nuestra conexión al Internet. ¿Necesitamos continuar? La imprenta, la pasta de dientes . . .

La relación ciencia-tecnología-ciencia

La tecnología es una ciencia aplicada—la ciencia puesta en uso. Mientras la ciencia es estimulada por el deseo de entender al mundo, la tecnología frecuentemente es impulsada por la aspiración de hacer del mundo un lugar más seguro, más conveniente, y más divertido para la gente. La investigación científica con aplicaciones amplias e inmediatas tiende a recibir más fácilmente financiación del gobierno y de las compañías privadas a diferencia de la investigación muy abstracta. Por lo tanto, la ciencia que posee importancia tecnológica o potencial se fomenta e impulsa por el deseo de producir para generar ganancias.

La tecnología también es ciencia en gran escala. El llevar a cabo una reacción química en un vaso de precipitados en un laboratorio se clasifica como ciencia. El llevar a cabo esa misma reacción en un reactor enorme en una planta química se clasifica como tecnología. La ciencia y la tecnología se encuentran pro-

fundamente ligadas entre sí, y el progreso de una, lleva al progreso de la otra.

Considere este ejemplo: Los científicos resolvieron cómo funcionan los lentes de contacto. La ciencia sirvió para crear el microscopio (tecnología). El microscopio sirvió a su vez para observar la célula (ciencia). Para poder aislar el material genético de esta célula, se tenía que usar un instrumento (tecnología), pero ese instrumento opera de acuerdo con las leyes de la ciencia.

Considere este otro ejemplo: Los científicos resolvieron las leyes de la mecánica de fluidos y los ingenieros usaron estas leyes para diseñar aviones. Y ahora ambos, científicos e ingenieros, pueden volar para asistir a conferencias de ciencia alrededor del mundo.

La optimización de productos existentes y procesos

Las invenciones tecnológicas con frecuencia son herramientas, instrumentos, máquinas o procesos. Los ingenieros reconocen la necesidad de crear un invento y la ven como una oportunidad de diseño. Por ejemplo, un ingeniero observa cómo la gente carga demasiados dispositivos electrónicos—el teléfono, el planificador digital, el reloj, la calculadora, la computadora portátil—¿Por qué no crear un dispositivo capaz de lograr todo lo que hacen los otros dispositivos electrónicos limitados?

Piense en cómo surgió la necesidad de las computadoras. Los científicos se habían cansado del rendimiento lento y de los cálculos repetitivos. Se necesitaba demasiado tiempo y el progreso era limitado. Así pues, las computadoras fueron diseñadas para realizar estos cálculos largos y repetitivos. Las primeras computadoras eran enormes y requerían el uso de tarjetas perforadas especiales. Pero con los adelantos de la tecnología, se hicieron suficientemente pequeñas para ser portátiles. La mejora de los diseños existentes o procesos es otro objetivo de la tecnología.

Soluciones alternativas, modelos y diseño de computadoras

Así como existen muchas maneras para llegar de un lugar a otro, a veces existen demasiadas soluciones para un problema de ingeniería. Debido a eso, los ingenieros necesitan evaluar cuidadosamente varios diseños diferentes y escoger entre las soluciones alternativas. Además de realizar cálculos, los ingenieros construyen modelos de su diseño o simulan un proceso usando programas especializados de computadora.

Por ejemplo, un programa llamado CAD (diseño asistido por computadora, por sus siglas en inglés) se puede usar para analizar las emisiones dañinas de los vehículos (automóviles, camiones y autobuses) en la atmósfera. Basándose en simulaciones de computadora, los ingenieros pueden predecir si el agregar un carril de tráfico aumentarán las emisiones por arriba de los niveles seguros determinados por las agencias de protección ambiental.

Los procesos químicos también se pueden simular usando los programas de computadora. Los químicos descubren nuevas reacciones o productos químicos, pero el trabajo de los ingenieros químicos es el de diseñar una planta química, la cual lleva a cabo esa reacción. El diseño de las plantas químicas implica tomar las medidas de los reactores y calcular la cantidad de reactantes que se necesitarán, cómo rápido avanzará la reacción, cómo se almacenará el producto, cómo se manejarán los desechos, a qué temperatura se debe realizar la reacción y cómo controlar los diferentes aspectos del proceso. Se necesitaría mucho tiempo; además sería caro y tedioso el hacer un modelo físico para cientos de condiciones diferentes. Con las computadoras se simulan los procesos y se construyen los modelos físicos basados en las simulaciones de la computadora que hayan funcionado mejor.

Consideraciones de diseño

Cada diseño tecnológico debe cumplir con cierto número de criterios de diseño. El producto o proceso debe operar sin problemas, sin descomponerse. Se debe evaluar la demanda para tal producto o proceso. El producto o proceso debe ser una mejora de otros productos y procesos similares. La mejora puede ser funcional (trabajar mejor), económica (más ganancia), o estética (más atractiva, ocupa menos espacio). Los productos y procesos también pueden ser más seguros para la gente que los usa o los hace funcionar, y más seguros para el medio ambiente. Es necesario tomar en cuenta todos estos criterios de diseño. La economía con frecuencia limita la puesta en marcha de un buen diseño por todos los demás aspectos. Por ejemplo, la recolección de energía solar es tecnológicamente posible y buena para el medio ambiente; pero no se ha usado ampliamente porque todavía no es económica. Los automóviles que funcionan solamente con poder eléctrico se diseñaron y se construyeron hace muchos años, pero la economía ha impedido su producción. Las compañías de petróleo perderían ganancias si se generalizara su uso; por eso los diseños se adquirieron con el propósito de prevenir su fabricación. Finalmente vemos la llegada de los automóviles híbridos al mercado porque los consumidores están reaccionando al aumento de los precios de la gasolina. Podemos ver el surgimiento de otras alternativas, como la incorporación de biocombustibles o automóviles totalmente eléctricos, ahora que la demanda por los nuevos diseños tecnológicos se ha demostrado. De igual manera, las variedades económicas de energía solar y energía eólica pueden desarrollarse, ahora que se vuelve obvia la necesidad de fuentes de energía alternativa.

Evaluando las consecuencias

Las consecuencias de un producto de tecnología o un proceso necesitan ser evaluadas por los científicos e ingenieros, pero también por los realizadores de políticas públicas y consumidores. ¿Qué tipo de efectos a corto o a largo plazo tiene un adelanto tecnológico en los individuos, la población o el medio ambiente? Usted debe estar consciente de cómo los adelantos tecnológicos pueden tener una variedad de consecuencias benéficas o dañinas en los estándares de vida, salud, medio ambiente y economía. También debe poder restablecer los sacrificios frecuentemente implicados en la selección de un diseño particular u adopción de una política pública particular. Por ejemplo, usted debe estar consciente de las razones que están a favor y de las consecuencias de las políticas de tener un solo hijo en China y las diferentes posiciones en los debates de la actualidad, como el uso de tejido fetal en la investigación de las células madre, ingeniería genética, políticas de reciclaje y otras cuestiones.

Comunicación

La comunicación es otro componente del desarrollo tecnológico. Con frecuencia los ingenieros necesitan convencer a sus superiores o al público de las ventajas de sus diseños. La comunicación implica establecer el problema, describir el proceso o el diseño y presentar la solución. Esto se hace a través de la publicación o presentación de reportes, modelos y diagramas y la presentación de un diseño particular con las ventajas sobre los diseños alternativos.

▶ Comprensión sobre ciencia y tecnología

Los científicos de diferentes disciplinas hacen preguntas diferentes, y a veces usan diferentes métodos de investigación. Muchos proyectos de ciencia requieren la contribución de individuos de diversas disciplinas, como la ingeniería. El Proyecto del Genoma Humano, diseñado para cartografiar al genoma humano, involucró a miles de investigadores alrededor del mundo y fue el proyecto más largo y caro de la historia de la biología. Con frecuencia nuevas disciplinas de la ciencia, tales como la geofísica y la bioquímica, emergen de la interfase de dos disciplinas anteriores.

El desarrollo tecnológico con frecuencia no se hace público debido a las patentes y al potencial financiero de la idea o del invento. De igual manera, se necesita cierto tiempo para que un nuevo medicamento llegue al público debido a su evaluación extensa y a las cuestiones legales frecuentemente involucradas.

32 ▶ Perspectivas personales y sociales en la ciencia

La ciencia no surge de la nada. Los adelantos científicos afectan directamente a la tecnología, la cual impacta la política y la economía alrededor del mundo. Este capítulo discutirá las preocupaciones personales y sociales actuales en las ciencias, como la salud, el crecimiento de la población, el uso de los recursos naturales y la protección ambiental.

ALGUNAS PERSONAS PODRÍAN pensar que es mejor dejarles la ciencia a los científicos. Pero la ciencia debería ser verdaderamente la preocupación de cada uno de los ciudadanos. Los individuos y la sociedad deben decidir qué nuevas propuestas de investigación financiarán y qué tecnologías nuevas permitirán introducir a la sociedad. Estas decisiones implican la comprensión de las alternativas, los riesgos, los costos y los beneficios. Al informarnos y educarnos sobre estas cuestiones, podemos decidir mejor qué tipo de proyectos y adelantos resultan benéficiosos. Los estudiantes deben comprender la importancia de preguntar:

- ¿Qué puede suceder?
- ¿Cuáles son las posibilidades?
- ¿Cómo saben los científicos e ingenieros lo que puede pasar?

▶ La salud personal y de la comunidad

Como seres humanos, funcionamos mejor cuando estamos sanos y nos sentimos bien. La desnutrición y la mala higiene son factores que afectan nuestra salud y la habilidad de nuestro cuerpo para funcionar apropiadamente. Un cuerpo que no está sano se halla propenso a las enfermedades y a otros riesgos encontrados en el medio ambiente. Existen dos tipos de enfermedades: **infecciosas** y **no infecciosas**.

Enfermedades Infecciosas

Las enfermedades son causadas por los **patógenos**, los cuales invaden al cuerpo huésped. Los patógenos necesitan un cuerpo huésped para sobrevivir y multiplicarse. Como ejemplos de patógenos tenemos las bacterias, los virus y los hongos. Éstos se pueden contagiar mediante el contacto directo con el cuerpo, a través de los fluidos del cuerpo o al entrar en contacto con un objeto que una persona infectada haya tocado (pues algunos virus, como el virus común del resfriado, pueden existir fuera del cuerpo durante un período breve antes de pasar a otro huésped). La tuberculosis también es una enfermedad infecciosa. Las víctimas de la tuberculosis tosen sangre de sus pulmones. Existe tratamiento y vacunas para la tuberculosis y ya ha sido casi eliminada en algunas partes del mundo. Sin embargo, sigue creciendo el número total de personas infectadas con tuberculosis en el mundo.

Enfermedades no infecciosas

Si la enfermedad no se puede contagiar de persona a persona, se le considera como no infecciosa. Dos ejemplos de enfermedades no infecciosas son el cáncer y la enfermedad del corazón. Aquí se describen algunas características de las enfermedades no infecciosas:

- No se transmiten de persona a persona.
- No son causadas por virus, bacterias ni hongos.
- Algunas veces son **hereditarias**—lo que significa que se asocian con genes y circulan en las familias.

Las enfermedades no infecciosas se pueden clasificar como:

- **Enfermedades hereditarias.** Las enfermedades hereditarias son provocadas por desórdenes genéticos transmitidos por las generaciones anteriores. Como se heredan, resulta más difícil tratarlas porque son parte del **componente genético** de nuestro cuerpo.
- **Las enfermedades relacionadas con la edad.** Algunas enfermedades comienzan a desarrollarse a medida que el cuerpo se hace viejo. Cuando éste envejece, no trabaja tan eficientemente para luchar contra las enfermedades rutinarias y contra las **enfermedades degenerativas** como la enfermedad de Alzheimer—la cual causa pérdidas de memoria desde ligeras hasta graves, distorsión de ésta, además de provocar falta de memoria, ansiedad y conducta agresiva.
- **Enfermedades inducidas por el medio ambiente.** Un medio ambiente contaminado con toxinas y desechos peligrosos puede afectar a la población que vive allí o en sus alrededores. La radiación proveniente de los desechos tóxicos puede causar el cáncer. La exposición a asbestos puede llevar a tener problemas serios del pulmón.

Cuidar el cuerpo para mantenerse sano resulta importante para luchar contra y prevenir las enfermedades. Una mala higiene y condiciones de vida insalubres son invitaciones para la enfermedad. Aquí se presentan unos cuantos consejos para mantenerse sano:

- Llevar una dieta nutritiva.
- Lavar el cuerpo y las manos.
- Hacer ejercicio regularmente.
- Reducir el estrés.
- No fumar.
- No tomar en exceso.

También es importante sentirse bien con sí mismo. Un punto de vista positivo acerca de quién eres y sobre cómo te ves puede ayudar a reducir el estrés considerablemente.

Buscando síntomas

Antes de diagnosticar al paciente con una enfermedad, el doctor busca síntomas reveladores. Cada enfermedad tiene síntomas específicos, los cuales pueden causar reacciones diferentes en el cuerpo. Algunos de los síntomas más comunes son la fiebre, la náusea y el dolor. El doctor está capacitado para buscar estos síntomas con el objetivo de dar el diagnóstico correcto y administrar el tratamiento adecuado. Los exámenes de sangre y los rayos X constituyen métodos especiales usados para diagnosticar algunas enfermedades.

Epidemias

Una epidemia es una enfermedad que ha infectado una parte considerable de la población y continúa esparciéndose rápidamente. Las epidemias pueden ocurrir cuando no hay medicina para la enfermedad, cuando las enfermedades desarrollan resistencia a las medicinas y las drogas, o cuando las condiciones medioambientales resultan favorables a un tipo específico de enfermedad. Por ejemplo, el cáncer prolifera en aquellas regiones donde existen químicos tóxicos y niveles altos de radiación.

El síndrome de inmunodeficiencia adquirida o SIDA causado por el virus del VIH, es una epidemia que está matando a millones de personas en el mundo entero. El VIH se transmite a través del contacto sexual y por medio del contacto con la sangre de las personas infectadas.

Las defensas médicas y naturales

Los humanos y la mayor parte de los seres vivos cuentan con un mecanismo natural integrado para el combate contra las enfermedades conocido como el **sistema inmunitario**. El sistema inmunitario se halla compuesto de células, moléculas y órganos que defienden al cuerpo contra los patógenos. El sistema inmunitario es responsable de hallar a los patógenos en el cuerpo y matarlos, hacerlos inofensivos o expulsarlos del cuerpo.

El desarrollo y el uso de vacunas y antibióticos se ha agregado a nuestras defensas contra las enfermedades. No sólo los adelantos en la medicina han encontrado maneras de luchar contra las enfermedades desde el interior del cuerpo, sino que hay métodos desarrollados para prevenir el brote de las enfermedades

Vacunas

Las vacunas se hacen generalmente ya sea de la versión muerta de un organismo real conocido por causar una respuesta inmune (como un virus) o de una forma débil o inactiva de un organismo. Se presenta al cuerpo una forma más débil o desactivada de un organismo que normalmente enfermaría a una persona, con el objetivo de estimular una respuesta inmune sin causar enfermedad alguna. Entonces si el cuerpo alguna vez se pone en contacto con la forma fuerte, los anticuerpos formados durante la respuesta inmune a la versión más débil podrán combatir a la versión fuerte.

Antibióticos

Los antibióticos son químicos que matan bacterias sin dañar nuestras propias células. Algunos antibióticos, como la penicilina, matan bacterias al impedir que sinteticen una pared celular. Otros antibióticos interfieren con el crecimiento de bacterias al interrumpir su producción de genes o de proteína. Las bacterias se pueden hacer resistentes a los antibióticos—hay filamentos de bacterias resistentes a todos los antibióticos conocidos.

Resistencia

En cada población, un número pequeño de bacterias cuentan naturalmente con genes que los hacen resistentes a los antibióticos. Cuando una población normal de bacterias ha tenido un aumento en la exposición a los antibióticos, puede desarrollar unos cuantos individuos resistentes, los cuales se vuelven resistentes en promedio. Este es un resultado de la selección natural. Las bacterias sobrevivientes son las que se vuelven resistentes. Su descendencia también es resistente; y como resultado, toda la población se hace resistente. Un poco de resistencia les permite a las bacterias que sobrevivan ante la presencia de un antibiótico. Otro tipo de resistencia, de hecho, les permite a las bacterias que destruyan el antibiótico. Este tipo de resistencia resulta el más peligroso. Por ejemplo, alguien que ha tomado antibióticos para el tratamiento de la acné pudiera acumular bacterias capaces de destruir el antibiótico. Si esta misma persona se infectara con una enfermedad seria tratada con el mismo antibiótico, las bacterias resistentes podrían destruir al antibiótico antes de qué éste pudiera actuar contra la enfermedad.

La comunidad y la salud pública

En varias partes del mundo la gente se está muriendo de enfermedades donde el agua pura es escasa y las condiciones de vida son pobres. Educar a la gente sobre la importancia de la higiene personal, la limpieza y la sanidad constituye una pieza clave para prevenir las enfermedades en las poblaciones. Un medio ambiente limpio y sano asegurará una mejor salud y seguridad.

▶ El crecimiento de la población y su control

El índice de crecimiento de la población humana estaba aumentando a un ritmo relativamente lento hasta hace 1,000 años. Antes de la invención de las vacunas y los antibióticos, los cuales prevenían enfermedades infecciosas mortales, y antes de que los humanos desarrollaran la plomería y las plantas de tratamiento de drenaje para proveer agua potable pura y segura, los factores como el contagio de enfermedades aumentaban el índice de muerte. La falta del suministro de comida y la intolerancia de vivir en ambientes extremadamente calientes o exageradamente fríos son ejemplos de **factores limitantes**, los cuales controlan el crecimiento de la población.

A principios del siglo XIX, la población mundial ya había alcanzado un billón. Los humanos tardaron aproximadamente 2.5 millones de años en alcanzar esta marca. Pero ahora, solamente después de 200 años, la población mundial ha alcanzado los 6 billones de habitantes.

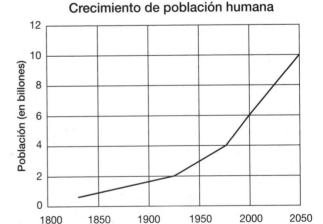

Crecimiento de población humana

Desde 1850 hasta 1930, un periodo de menos de 100 años, se duplicó el cálculo de la población mundial. En 1975, menos de 50 años después, la población mundial se duplicó otra vez hasta alcanzar los 4 billones; y entonces, solamente 12 años después, alcanzó los 5 billones. Se estima que para el año 2050, la población mundial alcanzará los 10 billones.

Cuando una pareja procrea a dos hijos, cada niño reemplaza a uno de sus padres y, en teoría, la población se debería mantener igual. Sin embargo, debido al aumento en la esperanza de vida, varias generaciones de personas se encuentran vivas al mismo tiempo. Se estima que incluso si desde ahora todos tuvieran solamente uno o dos hijos, la población continuaría creciendo durante unos 50 años. La razón consiste en que la mayoría de la población mundial es joven y todavía se quiere reproducir. De alguna manera, la población está viviendo un ímpetu y su crecimiento no se puede detener inmediatamente; de la misma manera que usted no puede detener instantáneamente un carro, el cual está corriendo a 70 millas por hora. El detenerse exige tiempo.

> Incluso si desde este momento todos en el mundo comenzaran a no tener más que dos hijos, la población continuaría incrementándose durante otros 50 años.

¿Cómo ocurrió esto?

¿Cómo creció la población humana tanto y tan rápidamente? Una de las razones principales se debe a que muchos de los factores limitantes del crecimiento humano se han eliminado. Aquí hay algunas explicaciones:

Los adelantos en la medicina y el cuidado de la salud han permitido el desarrollo de:

- las vacunas para prevenir el contagio de las enfermedades infecciosas
- los antibióticos para curar enfermedades comunes
- las terapias para tratar a pacientes con enfermedades no infecciosas como el cáncer.

Los adelantos en la tecnología les permitieron a los humanos:

- que poblaran nuevos hábitats
- que vivieran en lugares con condiciones climáticas extremas
- que desarrollaran sanidad y sistemas de eliminación de aguas residuales

Los adelantos en la ciencia les permitieron a los humanos:

- que aumentaran el suministro de alimentos y que mejoren sus condiciones de vida
- que reduzcan muertes por desastres naturales y otros peligros
- que usaran los recursos naturales de la tierra como los combustibles fósiles

Debido a que la gente ha aprendido a superar algunos de los factores limitantes que previnieron el crecimiento humano y su supervivencia, el índice de muerte ha ido disminuyendo constantemente, y debido al incremento en la producción de suministro de comida y otros recursos, el índice de muerte infantil también se ha reducido.

¿Qué significa esto para nuestro futuro?

¿Entonces qué ocurrirá si la población humana continúa creciendo a este ritmo? El resultado será la **sobrepoblación**. La sobrepoblación ocurre cuando hay demasiados individuos en una región específica, de manera que los recursos se consumen más rápidamente de lo que pueden ser reemplazados.

La sobrepoblación no es lo mismo que la **aglomeración**, la cual es otra de las consecuencias de un crecimiento constante de la población. La aglomeración ocurre cuando hay demasiados individuos que viven en una región—hasta el punto en que la mayoría de los individuos de la población viven en condiciones inferiores o pobres debido a la falta de trabajo y la falta de espacio para vivir. La Ciudad de México, Estambul, China y la India son ejemplos de lugares en el mundo que están experimentando la aglomeración.

¿Cómo nos afectará la sobrepoblación?

La sobrepoblación puede ocasionar daños serios a la manera en la cual vivimos así como a nuestro medio ambiente. Aquí se mencionan algunos de sus efectos.

- **El hambre y la inanición.** La tecnología nos ha permitido que desarrollemos maneras para mejorar la producción de alimentos y la agricultura. Sin embargo, el índice de aumento en la producción de alimentos en este momento no se está manteniendo al mismo nivel que el índice de crecimiento de la población. En otras palabras, la cantidad de bocas para alimentar aumenta más rápidamente que nuestra habilidad para alimentarlas. Sin embargo, la distribución desigual de los alimentos, más que la falta de alimentos, está causando la mayoría de los problemas de hambre. Mientras en algunas partes del mundo se desperdician enormes cantidades de alimento, la gente de otras partes del mundo se muere de inanición.

- **La reducción de nuestros recursos naturales.** Algunos recursos se consumen más rapido de lo que se restauran. Nuestros suministros de petróleo y de carbón, por ejemplo, exigen muchos años de restauración; y en consideración del índice de consumo, eventualmente se acabarán.

- **La capa de ozono y el calentamiento global.** El ozono es una molécula muy reactiva, compuesta de tres átomos de oxígeno. Alrededor de diez a treinta millas arriba de la tierra, una capa de moléculas de ozono absorben la luz ultravioleta (UV) emitida por el sol y protege a los organismos vivientes de cantidades potencialmente peligrosas de esta radiación. La luz UV puede aumentar la cantidad de mutaciones en el ADN. Algunos biólogos creen que demasiada luz UV ha llevado a algunas especies de ranas a extinguirse. En los humanos, el exceso de la luz UV constituye una de las causas más importantes de los altos índices de cáncer de la piel. Hace 20 años, los científicos comenzaron a documentar el adelgazamiento de la capa de ozono, especialmente en la Antártica, donde el hoyo de la capa de ozono es más grande que el tamaño de Norteamérica. La reducción de la capa de ozono se debe en gran parte a la desforestación (para hacer espacio para construir casas, carreteras y edificios) y a los productos químicos tales como los clorofluorocarburos (CFCs) liberados en la atmósfera. Los CFC's son pequeñas moléculas usadas como refrigerantes en los refrigeradores y en los aires acondicionados y como propulsores en algunas latas de spray. La evidencia de que los CFC's están destruyendo la atmósfera se ha hecho tan clara que los fabricantes se han acordado de reemplazar a estos compuestos por otros.

- **Los efectos en la biodiversidad.** La sobrepoblación tiene un efecto profundo en la biodiversidad. Para abrirnos espacio, para nuestras casas, las fábricas y los centros comerciales y para tener alimento y fuentes de energía, hemos destruído parte de los hábitats naturales de los animales y de las plantas. Una manera en la cual los humanos contribuyen a la extinción de las especies es el fragmentar sus hábitats—dividiéndolos en varios hábitats más pequeños. Esto disminuye la diversidad genética y la estructura de un hábitat, lo que lleva a la endogamia, a la reducción de la reproducción y a un tamaño pequeño de población. Es más probable que una población endogámica se extinga. La extinción de una especie lleva a la extinción de otra que depende de la primera para alimentarse.

- **Contaminación.** El desperdicio se produce más rapidamente de lo que puede dispersarse o biodegradarse. Esto ocasiona la acumulación de contaminantes que pueden afectar nuestra agua, así como la tierra y el aire. El ruido también puede contaminar nuestro medio ambiente, especialmente en las ciudades. A este fenómeno se le llama contaminación de ruido. La contaminación de luz es otro problema. Muy pocas estrellas son visibles en la mayoría de las ciudades, incluso en una noche clara pues hay mucha luz artificial alrededor. Las imágenes tomadas de Norteamérica de noche muestran una serie de manchas brillantes a lo largo de todo el continente. Cuando se viaja por avión, se puede observar la cantidad abrumadora de luz artificial producida por los humanos. Las investigaciones sugieren que la luz de noche puede afectar la producción de ciertas hormonas, y a cambio, aumentar los riesgos a la salud. Además, el exceso de luz también puede ser dañina para los animales. La mayor parte de este problema se puede resolver al encender solamente las luces absolutamente necesarias por razones de seguridad, graduarlas sólo para ser tan brillantes como sea necesario, apuntarlas hacia el piso y no hacia el cielo y protegerlas para evitar su dispersión. El implementar este tipo de soluciones también ayudará a conservar los recursos para aumentar la electricidad.

▶ Recursos naturales

Los humanos dependen de los recursos para preservar la vida. Una buena parte de los recursos usados cada día vienen directamente del medio ambiente. A estos se les llama **recursos naturales**—recursos provistos por la naturaleza. El aire, el agua, la luz del sol, las capas vegetales, las plantas variadas y la vida animal conocida como **biodiversidad** son ejemplos de los recursos naturales de la tierra. Existen dos tipos de recursos naturales: **renovables** y **no renovables**.

1. **Los recursos renovables** son recursos que pueden ser reemplazados o repuestos en un corto período de tiempo. Las plantas y las cosechas representan ejemplos de los recursos que, con una agricultura adecuada, pueden ser repuestos.

2. **Los recursos no renovables** son recursos que no pueden ser reemplazados o recursos que pueden tardar muchos años en reponerse. Los

combustibles fósiles como el petróleo y el carbón constituyen ejemplos de recursos no renovables.

Agotamiento de recursos naturales

Actualmente, muchos de los recursos no renovables están en peligro de agotarse. El agua, las capas vegetales y la energía son algunos de los recursos esenciales que están en cantidad reducida.

- **El agua.** El agua es necesaria para la agricultura, pero actualmente es el recurso de la menor cantidad. Algunos partes de África y del Oriente Medio están experimentado una inanición masiva como resultado de la **sequía** y la falta de agua. También está disminuyendo la disponibilidad del agua potable, libre de desperdicios químicos.
- **Capas vegetales.** Las capas vegetales fértiles tardan cientos, o tal vez incluso miles de años en reemplazarse. Las actividades humanas ya han causado la degradación de algunos de las capas vegetales fértiles de la tierra, y como resultado, las capas vegetales degradadas ya no son aptas para la agricultura.
- **Energía.** La mayoría de nuestros recursos energéticos provienen de combustibles fósiles como el petróleo y el carbón. Se utilizan para producir calor, electricidad y gasolina. Los combustibles fósiles están disminuyendo en todo el mundo pues se usan más rapidamente de lo que se producen.

Reúsa, reduzca y recicle: Preservando nuestros recursos naturales

Entonces, ¿cómo podemos evitar el agotamiento de nuestros recursos naturales? Hay muchas maneras para ayudar a proteger nuestros recursos naturales.

Conservar

Es importante aprender a **conservar** nuestros recursos naturales. El conservar es limitar o controlar el uso de los recursos naturales, especialmente los recursos no renovables. Mientras que las grandes industrias son las principales responsables por el uso de la energía y la contaminación, los consumidores pequeños (como usted) en compañía de otros seis billones de consumidores pequeños pueden crear un efecto notable en el uso y la preservación de los recursos naturales. Entonces:

- Si usted es el último en salir de un cuarto, apague las luces. Esto ahorrará energía. También ayudará el uso de focos de bajo consumo de energía.
- Cuando usted se cepilla los dientes, ¿deja correr el agua? Si cierra el grifo mientras se cepilla los dientes, estará conservando agua.
- El caminar distancias cortas en lugar de sacar el carro ayudará a ahorrar combustible y evitará la contaminación del aire.
- Disminuir el uso de agua caliente- usar agua fría para la lavadora.
- Consumir menos carne; la agricultura animal exige más de nuestros recursos naturales y del medio ambiente que el consumir vegetales, frutas, granos y legumbres.
- Compre electrodomésticos de bajo consumo de energía.

Reciclaje

Reciclar—es una manera de proteger nuestro medio ambiente—reusando restos sólidos o separándolos para fabricar productos nuevos.

- El periódico viejo y el cartón se pueden cortar en tiras para reciclar y hacer papel nuevo.
- Las botellas de vidrio se pueden derretir y usar para hacer botellas nuevas.
- Asegúrese de reciclar apropiadamente las pilas usadas; no sólo las tire a la basura.

Éstos son ejemplos de recuperación de recursos, donde las materias primas son extraídas para hacer nuevos productos.

Otra forma de reciclaje es el reúso. Si usted tiene un auto viejo, véndalo o dónelo en vez de desecharlo. De esta manera, su auto se recicla.

Muchos de los desechos sólidos se pueden reciclar. Al reciclar, disminuimos la demanda para el uso de más recursos naturales y disminuimos la cantidad de espacio necesario para la disposición de desechos. El vidrio, el papel, el metal y los plásticos son unos cuantos ejemplos. Si recicláramos toda nuestra basura de papel, evitaríamos que miles de árboles cada año fueran talados para hacer papel. El reciclaje de aluminio y otros metales consume menos energía que el crearlos de minerales de metales.

Proteger la biodiversidad

Proteger la **biodiversidad**—las plantas variadas y la vida animal de la tierra—significa proteger nuestra fuente de alimento: agua, aire puro y capas vegetales fértiles. La **extinción**, o las especies de plantas y animales en vías de extinción, perjudican la biodiversidad. Los humanos ocasionan la extinción de plantas esenciales y vida animal al:

- interferir y destruir los hábitats naturales
- contaminar el aire y el agua con la cual las plantas y animales se alimentan

- utilizar métodos ilegales (por ejemplo, explosivos) para pescar
- matar a especies en peligro de extinción

Concebir mejores soluciones

Otra opción es concebir mejores soluciones—nuevas maneras para usar u obtener energía, desarrollando procesos más eficientes y mejores diseños.

Por ejemplo, los carros eléctricos están comenzando a aparecer en las ciudades más grandes como San Francisco y Los Ángeles. Generalmente disponibles en renta para cruzar la ciudad con estilo, estas innovaciones pequeñas comienzan a llegar al mercado de consumo. Si usted tiene una toma de corriente alterna de poder AC en su garaje, ya puede ser dueño de un carro eléctrico. Los beneficios de tener un carro eléctrico son fáciles de adivinar. Son tranquilos y no emiten químicos tóxicos que agoten la capa de ozono. También conservan recursos naturales necesarios para hacer gasolina.

Más y más diseños arquitectónicos son ecológicos. Los arquitectos están diseñando edificios que pueden utilizar la energía del Sol para calentarse y los residuos líquidos del agua de lluvia para propósitos de enfriamiento.

▶ La ciencia y la tecnología en retos locales, nacionales y globales

La ciencia afecta la manera en que vivimos, trabajamos, actuamos y jugamos. Nuestras habilidades tecnológicas nos permiten confrontar ciertos retos globales. Pero necesitamos considerar hacia donde nos llevan nuestras habilidades tecnológicas para asegurarnos de que nuestro propio poder no nos destruya. Al contar con una educación básica de ciencia, estamos dando el primer paso para prevenirlo.

La guerra

Junto con los adelantos en la tecnología se presenta una clase diferente de guerra—la destrucción masiva y una indiferencia total hacia nuestro medio ambiente. Para terminar con la Segunda Guerra Mundial y probar una nueva arma, los Estados Unidos dejaron caer dos bombas atómicas en el Japón, y terminaron instantáneamente con vidas innumerables. Las armas químicas y biológicas, y las bombas de racimo que contienen uranio fundido constituyen otro peligro. Todas estas armas afectan no sólo a los humanos involucrados en las guerras ahora, sino también a las generaciones futuras, a la vida animal y a las plantas.

Poder solar

El poder solar se refiere a la conversión de la energía solar a otra forma más útil. La luz del sol se puede aprovechar y reunir en invernaderos especiales. Las células fotosensibles pueden producir electricidad cuando les llega la luz del sol. El Sol produce alrededor de diez veces más energía de la que los combustibles fósiles crean cada año. Muchos científicos están convencidos de que esta forma de energía reemplazará algún día a los combustibles fósiles ordinarios. Actualmente, una de las razones por las cuales no vemos ni autos ni casas que funcionen con energía solar se debe a que los combustibles fósiles son más baratos de reunir y usar. Pero la tecnología está lentamente actualizándose- en algunas partes de los Estados Unidos se están construyendo plantas solares. Los científicos tienen esperanzas de que estas plantas puedan producir suficiente energía para las necesidades de nuestras ciudades en el futuro.

Ingeniería genética

Uno de los campos que está creciendo rápidamente en la ciencia, y posiblemente el más controversial, es la ingeniería genética, la cual ha estado provocando titulares en las noticias. Lo primero en que piensa uno es la clonación. Pero hay más en la ingeniería genética que eso. La ingeniería genética se usa a fin de hacer productos para la vida diaria como frutas, granos, plantas e incluso animales como el pescado. Esto puede parecer un poco inútil, ¿podría pensar usted? Ciertamente, antes ya teníamos frutas, plantas y animales. ¿Por qué tenemos que hacer estos productos mediante la ingeniería genética?

Estos productos no los hacemos desde cero. La ingeniería genética nos permite que modifiquemos el producto para mejorar ciertas cualidades o para brindarles cualidades que normalmente el producto no tendría. Por ejemplo, las naranjas de la Florida crecen mejor en la Florida debido a que prefieren temperaturas cálidas y mucho sol. Entonces la ingeniería genética puede modificar estos árboles para que los naranjos puedan crecer en climas más fríos.

Aunque hacer que una naranja pueda crecer en cualquier lugar parezca una buena idea, es necesario ver la otra cara de la moneda y examinar otros proyectos. ¿Qué efecto tendría una naranja en Alaska sobre otra planta y vida animal de Alaska? En China, los científicos preocupados por la sobrepoblación y el hambre han desarrollado una variedad de arroz que crece dos veces más rápidomente que el arroz normal. Esto significa que se puede producir comida más rápidamente. Desafortunadamente, el arroz que crece dos veces más rápidamente tiene la mitad de los nutrientes del arroz normal. ¿Es éste un adelanto? Ahora hay más arroz disponible para la población, pero es menos nutritivo que el arroz natural.

La ingeniería genética también puede dar lugar a serias preocupaciones sociales. Considere las dos siguientes perspectivas sociales en lo que se refiere al algodón BT. El algodón BT crece de semillas de algodón genéticamente modificadas, las cuales resistirán ciertas pestes y producirán cosechas más altas cuando se usen los sistemas modernos de irrigación. En los Estados Unidos, donde los agricultores riegan sus cosechas, este producto valdrá la pena; y muchos agricultores apoyarán su creación. Sin embargo, en la India, a los granjeros se les vende la idea de un producto superior; pero sin riego, la producción es una apuesta—todo depende del clima. A mucha gente en la India, y alrededor del mundo, les preocupa que los productos como éste contribuyan a la deuda que los agricultores de algodón en la India encaran una deuda tan severa por la cual, estadísticamente, cada 3 agricultores cometen suicidio en la India. Otros crecen preocupados porque las plagas también se pueden desarrollar y no hay plantas "a prueba de plagas."

▶ Calidad medioambiental

Hay muchos factores que contribuyen a la calidad medioambiental. **La contaminación**, la introducción de substancias que afectan o dañan al medio ambiente es una de las más grandes preocupaciones medioambientales de los científicos hoy en día.

Hay muchas formas diferentes de contaminación. Algunas son naturales, como las erupciones volcánicas. Sin embargo, los humanos ocasionan la mayoría de las demás formas de contaminación.

La contaminación del aire

El aire se contamina mediante la introducción de contaminantes dañinos en la atmósfera. Alrededor y dentro de las ciudades grandes, el humo producido por las fábricas y el de las emisiones de los carros se llaman **smog**. El smog en la atmósfera puede ocasionar lluvia ácida. Recientemente, la gente con reacciones alérgicas al smog ha tenido la necesidad de estar atenta a las alertas de smog que comúnmente se leen en los reportes del clima. Además de causar alergias, el smog se conoce como la causa de numerosos problemas de salud; daña tambien hábitats y ecosistemas.

La contaminación del agua

Muchas compañías desechan sus desperdicios al bombearlos hacia los ríos, ocasionando contaminación en nuestros sistemas de agua. El drenaje y los pesticidas también son factores que contribuyen a la contaminación del agua. Alrededor de uno a tres ríos en los Estados Unidos están contaminados. Esto representa problemas serios para toda la vida que depende del agua limpia para sobrevivir. Los océanos también se contaminan. La basura, los derrames de petróleo y los ríos contaminados son los más grandes contaminadores de los océanos. Esto puede ser devastador para las naciones que dependen en gran medida del pescado para comer. En 1989, el buque de petróleo *Exxon Valdez* chocó contra unas rocas y derramó 260,000 barriles de petróleo en Alaska. Las consecuencias de esta contaminación en el océano las sintieron los mamíferos de la tierra y la vida de la costa dentro y alrededor de la región.

Ya que la tierra es un sistema cerrado, toda la contaminación que creamos llega eventualmente a nuestro cuerpo y retorna a nosotros de una u otra manera. Parece más fácil verter los desperdicios de mercurio, usados en la extracción del oro de sus minerales, en el mar. Pero los desperdicios de mercurio pueden matar peces. El pez que sobrevive contiene el mercurio que acabamos de verter. Si comemos el pescado que sobrevivió o el pescado que se alimentó de los peces que sobrevivieron, el mercurio llega a nuestro cuerpo. El mercurio causa daño cerebral.

Contaminación de la tierra

La contaminación de la tierra ocurre cuando los productos químicos tales como pesticidas, fertilizantes, químicos tóxicos o desechos radioactivos se introducen en la tierra. Esta forma de contaminación nos afecta directamente, considerando que todos comemos productos alimenticios.

Desechos peligrosos

Este tipo de desechos se refiere a todas las clases de substancias dañinas a la vida, al medio ambiente, o que son difíciles de descomponerse. Los desechos peligrosos pueden causar el cáncer, los desórdenes genéticos y la muerte.

▶ Peligros naturales e inducidos por el hombre

Las inundaciones, los terremotos, los huracanes y las sequías son ejemplos de peligros naturales. Todas estas condiciones producen estrés en el medio ambiente.

- **Las inundaciones** pueden erosionar la capa superior del suelo, destruir los árboles, la hierba, las cosechas e incluso derrumbar hogares. Las inundaciones también pueden contribuir al contagio de enfermedades por drenaje perjudicial y mecanismos de disposición de desechos. Las consecuencias de las inundaciones pueden tomar años para ser revertidas.

- **Los terremotos** pueden arrancar la tierra y producir deslizamientos de rocas. También pueden causar inundaciones si un río se desví. Los efectos de un terremoto en una ciudad grande pueden ser devastadores.
- **Los huracanes** pueden causar estragos a lo largo de las costas, destruyendo plantas, árboles e incluso carreteras.

Los peligros provocados por el hombre incluyen el calentamiento global, la reducción de los bosques, la contaminación y los desechos nucleares. El calentamiento global se encuentra afectado directamente por la contaminación del aire que crean los humanos. Esto resulta en niveles incrementados de dióxido de carbono y otros gases (gases invernadero), que producen un **efecto invernadero**. El efecto invernadero ocurre cuando los rayos solares, después de llegar a la corteza de la tierra y rebotar de vuelta al espacio, quedan atrapados en la atmósfera debido a los gases invernadero. El calor atrapado ocasiona un incremento en la temperatura global.

33▶ Historia y naturaleza de la ciencia

En este capítulo usted sabrá lo que conduce a la ciencia, la naturaleza del conocimiento científico y cómo crece y cambia el cuerpo del conocimiento científico a lo largo del tiempo. También encontrará una descripción breve de algunos de los adelantos más sorprendentes de la ciencia.

LOS CIENTÍFICOS MÁS reconocidos alguna vez creían que la tierra era plana, que el sol giraba alrededor de la tierra y que los seres humanos ya estaban completamente formados dentro del cuerpo de una mujer y sólo debían crecer completamente en la matriz. La ciencia goza de una historia rica y a menudo tumultuosa. Impulsados por la curiosidad y el deseo de ayudar a la humanidad, los científicos han realizado grandes progresos para entender la naturaleza. En la mayoría de los casos este conocimiento se acumuló de manera creciente, con un descubrimiento pequeño, el cual condujo a otro. Las teorías se desarrollaron para unificar y explicar los datos disponibles. La interpretación diferente de los hechos realizada por diferentes científicos ha llevado a distintas controversias en el pasado. Algunos de los descubrimientos científicos más importantes crearon cambios dramáticos de paradigma—revoluciones sobre nuestro entendimiento de la naturaleza.

"No creo que exista una emoción que pueda ser experimentada por el corazón humano como la sentida por el inventor cuando ve una creación suya desarrollarse hacia el éxito . . . Tales emociones hacen que el hombre se olvide de comer, de dormir, de sus amigos, del amor, de todo."

—Nikola Tesla, inventor y físico

Los científicos se encuentran impulsados por la curiosidad y la emoción proveniente de la comprensión o de crear algo. Al mismo tiempo, se hallan motivados por el deseo de mejorar la calidad de vida—facilitar las tareas de la vida diaria, curar enfermedades y resolver problemas globales y medioambientales. Los científicos también se esfuerzan por predecir, usar y controlar a la naturaleza—por aprovechar la luz del sol y el agua para la generación de energía eléctrica, para predecir el clima y los terremotos, para prevenir inundaciones y para prevenir la infección del ganado y de las cosechas.

El entendimiento de la ciencia, como resultado, ha mejorado enormemente a través de los años. La humanidad ha dejado de atribuirles las enfermedades a los seres sobrenaturales para desarrollar vacunas, antibióticos y terapia de genes para prevenir y curar enfermedades. Desde que Tales de Mileto propuso en el año 625 a.C. que la tierra era un disco flotante en el agua, los humanos han descubierto la naturaleza verdadera de su planeta, han observado otras galaxias y han llegado a la luna. El progreso inmenso logrado por la gente en la ciencia se expresa muy bien en esta cita:

"Ahora hasta el colegial más simple está familiarizado con las verdades por las cuales Arquímedes hubiera sacrificado su vida."

—Ernest Renan, filósofo

► La naturaleza del conocimiento científico

El conocimiento científico se fundamenta en la información compilada e interpretada de los hechos para desarrollar teorías. Mientras los científicos no puedan evitar creer y esperar—que sus experimentos e inven-

tos funcionen; que resuelvan un problema; que sus teorías sean las correctas—los experimentos sean diseñados para eliminar, en la medida de lo posible, el efecto de las creencias y esperanzas del científico llevándolos a cabo. Los diferentes científicos con frecuencia obtienen datos contradictorios. Incluso los datos del mismo científico no siempre son consistentes. Las diferencias en los procedimientos experimentales, de los cuales los científicos puedan o no estar conscientes, pueden llevar a los diferentes científicos a conclusiones diferentes, en dos momentos diferentes. De vez en cuando, esto provoca la controversia. En las partes siguientes describiremos brevemente la naturaleza del conocimiento científico y cómo toman parte las creencias y las controversias.

Hechos

El conocimiento científico depende y es inseparable de los hechos. Los principios del conocimiento científico guían a los científicos a observar los hechos y a proponer hipótesis, las cuales puedan ser comprobadas al observar otros hechos. Una hipótesis que no pueda ser verificada mediante la acumulación de datos científicos no se considera como parte del dominio de la ciencia.

Teorías

Así como la acumulación de unos ladrillos no equivale a una casa, una acumulación de hechos no equivale a la ciencia. Los hechos científicos, como los ladrillos, necesitan ser clasificados y archivados adecuadamente. Las relaciones entre ellos importan, y necesitan ser establecidas. Los científicos necesitan poder imaginarse el resultado final, tanto como un arquitecto quien que contar con una idea de cómo se debe ver una casa. Para los científicos, la casa es una teoría—algo que une los hechos y los hace significativos y útiles. Las teorías se forman cuando se observa una conexión entre los hechos. Entonces se desarrollan las teorías al buscar más hechos, los cuales puedan ir dentro de esta teoría, y se modifica la teoría para incluir y explicar los hechos que no concuerdan.

Las creencias

Una de las tareas más difíciles para un científico es permanecer objetivo y evitar que sus creencias afecten sus observaciones. Esto no significa que los científicos oculten intencionalmente los hechos que no apoyan sus hipótesis o entran en conflicto con sus creencias. La mayoría de los científicos se encuentran muy capacitados para reportar todo lo visto, incluso si no concuerda con lo observado anteriormente e inclusive si parece no ser importante. Sin embargo, en la naturaleza humana se notan y se recuerdan más aquellas cosas en las cuales creemos y esperamos.

Ésta es una forma de prejuicio intelectual. Si Bob se cree odiado de Julie, desarrollará una tendencia a observar solamente la conducta negativa de Julie hacia él como por ejemplo el no saludarlo y el burlarse de él. También interpretará las acciones de Julie en forma negativa. Por ejemplo, si Julie se niega a ir al cine, Bob tomará esta conducta negativa como evidencia para confirmar su hipótesis de que Julie lo odia. Sin embargo, esto no es necesariamente cierto—Julie puede tener mucho trabajo. Bob también podría ser indiferente o malinterpretar las cosas agradables hechas por Julie—podría ser una coincidencia si Julie se sentara a su lado, y pensaría que ella lo llama sólo cuando necesita algo. Los científicos no pueden evitar caer en lo mismo de vez en cuando. Por ejemplo, un científico fumador puede notar cómo el fumar les da cáncer a un gran número de fumadores y atribuir el hecho de que a algunos fumadores les dé cáncer a la sensibilidad causada por la contaminación o a la falta de nutrición apropiada.

Marie Curie, dos veces ganadora del Premio Nóbel, se negó a observar infinidad de datos que sugerían que el radio, un elemento descubierto por ella, era peligroso para la salud. Esta incapacidad para darse cuenta de ello no se debió a su falta de formación, pues Curie era una científica suficientemente formada por una tesis doctoral para ser considerada como la contribuyente más grande a la ciencia como estudiante de doctorado. Su incapacidad para ver era ocasionada por una venda en sus ojos formada de esperanzas y creencias que los científicos, como cualquier otra persona, no pueden evitar tener.

"El hombre no puede evitar mantener la esperanza incluso si es científico. Sólo puede mantener las esperanzas con mayor exactitud."

—Karl Menninger, psiquiatra

Controversias

Los datos conflictivos entre sí, o los hechos que al parecer no pueden ser incorporados en la misma teoría, con frecuencia causan controversias entre los científicos. Las controversias pueden polarizar a la comunidad científica, así como a la población general, especialmente en materia de importancia social o pública. En el pasado, las controversias surgieron entre las agrupaciones científicas y religiosas. Copérnico alteró a la Iglesia cuando propuso que los planetas giraban alrededor del sol. De igual manera, Darwin causó mucha polémica cuando presentó su teoría de la evolución. Todavía existe debate a este respecto.

Se sabía muy poco acerca de la naturaleza de la luz durante mucho tiempo. Existían observaciones que sugerían que la luz es una corriente de partículas, otras sugerían que la luz es una onda. La creencia de Newton respecto a la luz como una serie de partículas prevaleció desde 1700 hasta 1873, cuando James Clerk Maxwell demostró que la luz es un fenómeno electromagnético. Aunque muchos científicos antes de Maxwell encontraron evidencia para la naturaleza de onda de la luz, la gran reputación y clase social de Newton permitieron que sus ideas prevalecieran hasta que hubiera suficiente evidencia sobre lo contrario. La teoría de Max Planck sobre la resolución de las controversias resulta ligeramente más cínica:

"Una verdad científica nueva no triunfa al convencer a sus oponentes y mostrarles la luz, sino más bien porque sus oponentes finalmente morirán y crecerá una nueva generación familiarizada con ella."

—Max Planck, físico

► Perspectivas históricas

Todas las ciencias tienen su raíz en la filosofía, las cuales provienen del conocimiento acumulado de ciencias diferentes y especializadas. Las ramas de las ciencias hoy en día incluyen asignaturas muy específicas, tales como la oceanografía, la cristalografía y la ingeniería genética, así como asignaturas interdisciplinarias, tales como la bioquímica y la biofísica.

El progreso en la ciencia se da mediante pasos pequeños. Por ejemplo, los ácidos nucleicos (creación de bloques de ADN) fueron descubiertos en el núcleo de la célula en 1869. Después de eso, vino el progreso. Diferentes científicos hicieron contribuciones al estudio del ADN. Sin embargo, los científicos no resolvieron la estructura del ADN hasta 1953, cuando Rosalind Franklin, James Watson y Francis Crick obtuvieron sus resultados. Unos 20 años después, se presentó el primer genoma secuencial—para un virus, con una cantidad relativamente pequeña de material genético. Recientemente, se completó el Proyecto Genoma Humano. Cientos de científicos, financiados por una sola entidad federal, han trabajado más ampliamente hasta este momento en el proyecto con el objetivo de identificar todos los genes humanos y cartografiar el ADN humano. Los adelantos científicos dependen normalmente de otros adelantos científicos y el progreso es normalmente gradual. Muchos científicos invierten mucho tiempo antes de que un concepto nuevo se entienda totalmente y antes de que una nueva rama de la ciencia se desarrolle. Sin embargo, de vez en cuando, puede haber algunos saltos en el progreso científico. Tales saltos representan los descubrimientos más importantes, agitan los fundamentos del entendimiento y conducen a nuevos modos de pensar. Thomas Kuhn, filósofo de la ciencia, nombró a estos descubrimientos paradigmas científicos.

Aquí están algunos de los adelantos más notables de la ciencia:

- 420 a.C.: Hipócrates comienza el estudio científico de la medicina al establecer que las enfermedes tienen causas comunes.
- 260 a.C.: Arquímedes descubre el principio de la flotabilidad.
- 180 a.C.: Galileo estudia la conexión entre la parálisis y el seccionamiento de la médula espinal.
- 1473: Copérnico propone un sistema heliocéntrico.
- 1581: Galeno descubre que los objetos caen con la misma aceleración.
- 1611: Kepler descubre la reflexión interna total y la óptica de las lentes delgadas.
- 1620: Francis Bacon discute los principios del Método Científico.
- 1687: Newton formula las leyes de la gravedad.
- 1789: Lavoisier establece la ley de la conservación de la energía.
- 1837: Darwin usa la selección natural para explicar la evolución.

- 1864: James Clerk Maxwell demuestra que la luz es un fenómeno electromágnetico.
- 1866: Mendel descubre las leyes de la herencia.
- 1869: Mendeleyev diseña la tabla periódica de los elementos.
- 1870: Louis Pasteur y Robert Koch establecen la teoría de los gérmenes de la enfermedad.
- 1895: Wilhelm Röntgen descubre los rayos X.
- 1907: Pavlov demuestra el condicionamiento conductual con perros que secretan saliva.
- 1912: Alfred Wegener propone que todos los continentes alguna vez constituían una sola masa de tierra, la cual se separó a causa de una deriva continental.

- 1915: Einstein publica su Teoría de la Relatividad.
- 1928: Alexander Fleming descubre la penicilina.
- 1953: Rosalind Franklin, James Watson y Francis Crick resuelven la estructura del ADN.
- 1969: Neil Armstrong y Buzz Aldrin caminan en la Luna.
- 2000: Una red de científicos completan el Proyecto del Genoma Humano.

"Hay una sola luz en la ciencia, y al hacerla brillar en cualquier sitio la hacemos brillar en todos lados."

—Isaac Asimov

34▶ Consejos y estrategias para el GED examen de ciencia

En este capítulo, usted revisará brevemente algunos consejos que puede usar en su examen de ciencia GED. También se pueden aplicar varios de los consejos para otras partes del GED.

AHORA QUE HA REVISADO la información que necesita saber, ha llegado el momento de pensar en cuáles son las estrategias que puede usar en el momento del examen. A lo largo de este capítulo, revisará la estructura del examen de ciencia GED y aprenderá consejos específicos que puede usar para mejorar su puntuación. Lea este capítulo cuidadosamente, y entonces repase sus notas de la parte de ciencia.

▶ Preguntas de opción múltiple

Lo mejor de las preguntas de opción múltiple es que la respuesta correcta está enfrente de usted. Todo lo que necesita hacer es encontrarla, o por lo menos eliminar algunas de las selecciones equivocadas claramente.

De vez en cuando, puede ser que usted no pueda eliminar las cuatro selecciones incorrectas. Pero no hay castigo por adivinar en el GED. Si usted puede eliminar una de las opciones equivocadas, usted tiene una oportunidad de 20% para adivinar correctamente, y es mucho mejor que dejarlo en blanco. Si usted puede eliminar tres opciones, usted tiene una oportunidad de 60% de obtener la respuesta correcta.

Al responder a preguntas de opción múltiple, asegúrese de leer la pregunta cuidadosamente. Algunas veces la pregunta le pedirá que escoja un enunciado que NO es verdadero o que encuentre la excepción a la regla.

Incluso cuando usted piense haber encontrado la opción correcta, eche una ojeada rápida a las otras opciones para asegurarse de que su opción sea mejor o sea más específica. También verifique si una de las opciones es "Todas las arriba mencionadas." Puede ser que usted haya seleccionado una con un enunciado correcto, pero si el resto de los enunciados son correctos, la respuesta debe ser "Todas las arriba mencionadas."

▶ Tipos de preguntas

Dos tipos de preguntas aparecen en el examen de ciencia GED—comprensión de conceptos y solución de problemas.

Las preguntas de comprensión de conceptos le piden a usted que lea y entienda la información proporcionada o que recuerde los conocimientos básicos adquiridos a través de la escuela o de la vida diaria. Lea cuidadosamente la pregunta y la información propuesta. Con frecuencia, una pregunta le pedirá que reformule lo ya dicho o que haga una generalización sobre los hechos presentados en un pasaje. Al leer cuidadosamente o tomar notas en una hoja de papel mientras va avanzando, aumentará sus oportunidades para entender correctamente la información proporcionada.

Las preguntas de resolución de problemas requieren que usted aplique todo lo leído y apren-

dido. En la medida en que usted estudie para el examen, cuando se le presente un hecho científico, como "la energía se puede convertir de una forma a otra," piense acerca de las situaciones en las cuales este hecho es evidente. Piense en un carro—usar la energía química en el combustible para que el carro se mueva y la máquina se caliente. Piense cómo el nivel de combustible disminuye a medida que el carro se mueve. ¿Dónde se queda todo el combustible? ¿Qué ocurre con los gases del tubo de escape? Todos los principios de la ciencia se encuentran alrededor de usted. Si usted los tiene en cuenta en su vida diaria, estará mejor preparado para responder a las preguntas de solución de problemas en el examen de ciencia GED.

▶ Leyendo y entendiendo las gráficas

Hasta el 60% de todas las preguntas de ciencia GED incluyen gráficas. Al familiarizarse con las diferentes clases de gráficas y al aprender acerca de sus componentes esenciales, usted estará preparado mejor para responder a las preguntas del examen de ciencia GED que contienen información gráfica. Al ver una tabla o una gráfica, mire primero el título o subtítulo. Esto le dará una visión general de lo mostrado por la gráfica. Para continuar, observe si hay leyendas o rótulos proporcionados. Esto le dará una idea de cuáles son las variables mostradas. Haga una lista de las variables. Una vez hecho esto, puede tratar de interpretar la tabla o la gráfica al anotar cualquier tendencia que haya visto. ¿Cómo cambia una variable como respuesta a la otra? A continuación, puede leer la pregunta y tratar de contestar. Aquí se muestra más información específica sobre las gráficas.

Tablas

Título de tabla

	TÍTULO DE COLUMNA 1	TÍTULO DE COLUMNA 2
Título de fila 1		
Título de fila 2		
Título de fila 3		

Todas las tablas están compuestas de filas (horizontal) y de columnas (vertical). Las entradas en una sola fila de una tabla generalmente tienen algo en común, así como las entradas de una sola columna. Determine cuáles son los elementos comunes al tratar de responder a las preguntas en el examen de ciencia GED.

Gráficas

Los tres tipos comunes de gráficas son los diagramas de puntos, las gráficas de barras y las gráficas de pay. Usted encontrará aquí una descripción breve de cada uno.

Cuando una variable depende continuamente de otra variable, esta dependencia puede estar visualmente representada en un diagrama de puntos. Los ejemplos incluyen un cambio en una propiedad (como la población humana) como una función del tiempo. Un diagrama de puntos consiste en un eje horizontal (x), un eje vertical (y) y puntos recolectados de datos para la variable y, medida por la variable x. Los puntos variables con frecuencia están conectados con una línea o una curva. Una gráfica contiene con frecuencia una leyenda, especialmente si hay más de una serie de datos o más de una variable. Una leyenda es un medio clave para interpretar una gráfica.

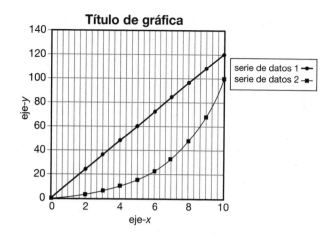

Vea la gráfica de muestra. Los elementos esenciales de la gráfica—los ejes -x y -y—están etiquetados. La leyenda de la gráfica de la derecha muestra los puntos que se usan para representar puntos variables en la serie de datos 1, mientras que los cuadrados se usan para representar los puntos variables en la serie de datos 1. Si hubiera una sola serie de datos, el uso de una leyenda no sería esencial.

Las gráficas de barras son parecidas a los diagramas de puntos. Ambos tienen una variable y trazada contra una variable x. Sin embargo, los datos en las gráficas se representan en las barras, en vez de representarse con puntos conectados por una línea. Las gráficas de barra frecuentemente se usan para indicar la cantidad o el nivel, opuesto a un cambio continuo. Las gráficas de pays se usan para mostrar que el porcentaje de un total es ocupado por los diferentes componentes del todo.

Diagramas

Los diagramas se pueden usar para mostrar una secuencia de eventos, un proceso químico o biológico, el montaje de un experimento científico, un fenómeno, la relación entre diferentes eventos y seres, y así sucesivamente. Cuando usted mira un diagrama, pregúntese primero cuál es su objetivo. ¿Qué está tratando de ilustrar? Entonces mire las diferentes partes etiquetadas del diagrama. ¿Cuál es su función? ¿Cómo están interrelacionadas?

► Leer y entender los pasajes científicos

Lo más importante al leer un pasaje científico es enfocarse en el todo o ver de qué trata el pasaje. En muchos aspectos, leer pasajes de la parte de ciencia del GED es igual a leer pasajes de otras disciplinas. Una diferencia importante es que los pasajes de la ciencia pueden exponerlo a la jerga científica, a un vocabulario especializado con el cual no está familiarizado. No permita que lo desalienten palabras nuevas. Usted puede adivinar el significado del contexto. Incluso si no puede, siga leyendo. Puede ser que las preguntas del pasaje no requieran que usted entienda esa palabra en particular.

► Series de preguntas basadas en un pasaje o en una gráfica

En el examen de ciencia del GED, a veces se le hará más de una pregunta basada en la misma gráfica o el mismo pasaje. Cuando éste sea el caso, vale la pena pasar un poco más tiempo para entender la gráfica o el pasaje. Incluso si no está seguro de la primera, trate de responder a las demás preguntas—puede ser que sean más fáciles para usted.

► Habilidades para experimentos

Los experimentos deben diseñarse y conducirse de acuerdo con los principios del método científico. Esto significa que el objetivo del experimento debe formularse cuidadosamente y el experimento debe ser montado para dar resultados objetivos. Repase los conceptos del método científico en el capítulo de la ciencia como investigación si los consejos incluidos en esta parte no son claras para usted.

Montar un experimento

Los experimentos se deben montar para evaluar una hipótesis comprobable y claramente formulada. El número de variables (cosas cambiantes) en un experimento deben ser limitadas y cuidadosamente controladas. En lo posible, los experimentos deben contener un control de grupo. Por ejemplo, si usted fuera a estudiar el efecto de un suplemento de tierra para sus plantas de casa, este suplemento no debería usarse sólo para unas cuantas plantas, las cuales comprenderían el grupo de control. Si sólo hay una mejora en las plantas a las cuales se añadió el suplemento, entonces hay un indicador fuerte de que el suplemento aumenta el crecimiento de la planta. Sin embargo, si las plantas en el grupo de control crecen tanto como las plantas a las cuales se añadió el suplemento, con mayor probabilidad no estarán vinculadas al suplemento. En este ejemplo, habría dos variables—(1) el uso del suplemento y (2) el crecimiento de la planta.

Se necesitaría describir cuidadosamente y controlar cómo se administró el suplemento y como se midió el crecimiento de la planta. Por ejemplo, el científico que esté llevando a cabo el experimento necesitaría decidir si el suplemento se debería administrar una vez, varias veces, o todos los días durante todo el experimento. El científico también necesitaría definir qué constituye el crecimiento de una planta—el aumento vertical, el número de hojas nuevas, el crecimiento de ramas y hojas nuevas o alguna combinación de estos factores. Una opción no es necesariamente mejor que las otras. Medir el crecimiento vertical no tendría que ser necesariamente peor que contar el número de hojas nuevas. Lo importante es ser consistente. Si el primer día se documenta el número de hojas por planta, se debe documentar diariamente el número de hojas por planta.

En el examen de ciencia del GED se le pedirá que escoja el mejor diseño para un experimento. Antes de ver las opciones, determine cuáles son las variables importantes, y piense cuáles serían un buen control. Seleccione la opción que contenga las variables supuestas, que tengan el control experimental más lógico y donde sean constantes las variables estudiadas.

Interpretando resultados de otros

En algunas preguntas de ciencia del GED, se le pedirá que interprete los resultados de otros. Necesitará hacer una generalización sobre los resultados o llegar a una conclusión. No base sus respuestas en lo que crea que es correcto. Base sus respuestas en los resultados proporcionados. Mire las opciones dadas. Algunas podrían ser inexactas—si una parte del resultado no concuerda con la descripción en la opción, la opción es equivocada (a menos que palabras tales como *generalmente* o *en la mayoría de los casos* tengan espacio para excepciones). Asegúrese de no sacar conclusiones precipitadas. Una tendencia no siempre indica una relación de causa y efecto. Por

ejemplo, cada mañana suena la alarma y cada mañana usted se despierta con hambre. Sin embargo, la alarma del despertador no le está provocando el hambre. Los dos eventos sólo suceden al mismo tiempo. Antes de concluir si hay una relación de causa y efecto, considere otras conclusiones y escoja entonces la más lógica.

Analizando fallas experimentales

Una pregunta común del GED requiere que analice las fallas de un experimento. Los experimentos deben basarse en el método científico. Entre las fallas experimentales más comunes se incluyen:

- no comprobar la hipótesis
- tener demasiadas variables
- variables imprevistas
- falta de control experimental
- sacar conclusiones precipitadas

Aplicar conclusiones científicas

¿Para qué serviría la ciencia si no nos beneficiáramos de ella? ¿Cómo influiría al que se enterara de que el mantener una computadora portátil en su regazo durante demasiado tiempo puede dañar sus órganos pélvicos? No la mantendría entonces en su regazo por horas enteras, ¿no es verdad? Muchas preguntas en el examen de ciencia del GED necesitan que usted aplique una conclusión científica, ya sea en su vida personal o para explicar fenómenos globales. Éstas son algunas de las preguntas para la categoría de solución de problemas. Se le presenta un hecho en un contexto y se le pide que lo aplique en otro contexto. Por ejemplo, si usted lee un pasaje sobre los diferentes métodos para establecer los polos de la tierra en la naturaleza sin brújula, le estarían preguntando cuál de los métodos funcionaría mejor en otra situación específica—perdido en una noche nublada en un bosque, en el mar, en un día iluminado, etcétera. Si es necesario, mientras que esté leyendo la información proporcionada en la pregunta, haga diagramas rápidos y resuma los conceptos importantes en una hoja de papel. Estas estrategias pueden ayudar a visualizar los conceptos o la situación dada y pueden ayudar a darle sentido a la pregunta.

▶ Otras habilidades útiles

Cuanto más material absorba, tanto más fácil será entenderlo. Leer sobre la ciencia y aplicar la ciencia requiere práctica, tal como andar en bicicleta. Al principio puede parecer un poco torpe, pero si se mantiene firme, mejorará rápidamente y se dará cuenta de cómo hacerlo. Para entender mejor la ciencia, lea todo lo que pueda sobre la ciencia—en periódicos, en revistas y en línea. Asegúrese de ver también las gráficas. Mientras está leyendo, piense en lo que el pasaje o la gráfica le comunican. ¿Cuáles son las aplicaciones posibles de los conceptos de ciencia discutidos? ¿Qué puede usted concluir de la información dada? ¿Qué métodos se usaron para llegar a los hechos presentados? ¿Hay algo que le hayan presentado como una opinión o una creencia en vez de un hecho? Trate de concebir preguntas sobre el pasaje o la gráfica a medida que está leyendo. Imagine que está tomando un examen de ciencia de GED: ¿Qué les preguntaría a sus estudiantes? Al anticipar el movimiento de su oponente, estará mejor preparado para responder.

▶ Glosario de ciencias

Un buen vocabulario científico es un recurso muy importante al tomar el examen de ciencia del GED. Recuerde que la mejor manera de aprender el vocabulario siempre es la más fácil: haga listas largas de palabras que no conoce y después divídalas en listas cortas. Aprenda de memoria una lista pequeña cada día.

También debe tratar de escribir oraciones con palabras científicas nuevas. Cuando usted aprenda una palabra nueva, úsela en la conversación tan pronto como sea posible. La repetición es la clave—emplee esa palabra tres veces y será suya!

Ahora, repase el glosario siguiente:

aceleración: el ritmo con que cambia la velocidad en función del tiempo y de la dirección que toma. Se calcula dividiendo el cambio de velocidad por el cambio en el tiempo. Sus unidades comunes son metros sobre segundo al cuadrado (m/s^2).

aceleración debido a la gravedad: la aceleración que un objeto sufre debido a la fuerza de la gravedad de la tierra. Este valor se denomina con el símbolo g, y tiene un valor aproximado sobre la superficie de la tierra de 9.8 m/s^2. La dirección de la aceleración debido a la gravedad es hacia abajo.

ácido: sustancia que es donante de protones. El pH de un ácido es menor que 7.

ADN: contiene todo el material genético de un organismo. Las unidades más pequeñas del ADN se llaman nucleótidos.

análisis: estado del método científico donde se realizan patrones de observaciones

aparato de Golgi: un orgánulo que empaqueta proteínas para ser enviadas fuera de la célula

ARN: ácido ribonucleico: responsable de la transmisión de la información genética del ADN a los ribosomas para la síntesis de proteínas

arterias: tejidos vasculares que transportan la sangre del corazón

ascensión recta: las coordenadas celestes parecidas a las de la longitud en la tierra. La ascensión recta se mide en horas, minutos y segundos con 24 horas creando una esfera celeste de unos 360°.

astronomía: el estudio de los planetas, las estrellas y el espacio

átomo: la estructura más pequeña que tiene las propiedades de un elemento. Los átomos contienen protones positivamente cargados y neutrones sin carga en el núcleo. Los electrones negativamente cargados giran alrededor del núcleo.

ATP (adenosina trifosfato): químico considerado como el "combustible" o fuente de energía de un organismo

atria: las cámaras del corazón que reciben sangre

base: sustancia que acepta protones. El pH de la base es mayor que 7.

borde divergente: límite entre dos placas de la tierra separándose entre sí

brisa de tierra: la brisa desarrollada en la línea de la costa debido a un calentamiento desigual del aire sobre la tierra y del océano. La brisa de tierra ocurre en la noche cuando el aire sobre la tierra es más fresco y el aire sobre el océano es más cálido. La brisa sopla desde la tierra hasta el mar

brisa del mar: la brisa que se hace en la costa debida al calentamiento desigual del aire sobre la tierra y del océano. La brisa del mar se presenta durante el día cuando el aire sobre el océano es más fresco y el aire sobre la tierra es más cálido. La brisa sopla desde el mar hacia la tierra.

caída libre: un objeto en movimiento unidimensional que sólo actúa debido a la fuerza de la gravedad de la tierra. En este caso, su aceleración será –g o g hacia abajo.

calibración: el reconocimiento del desempeño de un instrumento en un experimento cuyos resultados ya se conocen, con el propósito de llevar la cuenta de las inconsistencias inherentes en el instrumento para experimentos futuros cuyos resultados todavía no se conocen.

cambio químico: proceso que involucra la formación o el rompimiento de enlaces químicos

capilares: tejidos vasculares que reciben sangre de las arteriolas y liberan sangre de los venosos

catalizador: agente que cambia el ritmo de una reacción, sin que éste mismo sea alterado por la reacción

ciclo del agua: movimiento del agua entre la tierra, los océanos y la atmósfera

ciclos de las rocas: el ciclo de las rocas resume la manera como se forman los diferentes tipos de rocas y se pueden transformar de un tipo de roca a otro

circuito en serie: un circuito donde la corriente puede seguir por un solo camino. La corriente en cada elemento en un circuito de series es el mismo.

circuito paralelo: circuito con uno o más caminos para que la corriente siga

cito esqueleto: orgánulos que son los "huesos" internos de la célula. Se encuentra en túbulos gruesos y delgados.

citoplasma: una sustancia con forma de jalea localizada en la célula donde se pueden encontrar los orgánulos internos. El citoplasma está compuesto básicamente de agua y sostiene la célula y sus orgánulos.

componente: parte de un vector que reside en la dirección horizontal o vertical *compuesto:* sustancia compuesta de uno o más elementos; tiene una composición definitiva y propiedades físicas y químicas definidas

concentración: la medición de una cantidad de soluto que se presenta en una solución. Una solución con muy poco soluto se llama disolvente. Una solución que contiene una cantidad relativamente grande de soluto se llama concentrada.

conclusión: el último paso en el método científico, donde se realizan las explicaciones sobre los patrones identificados en la parte de análisis

constelación: una agrupación aparente de estrellas en el cielo usada para propósitos de investigación. Estas estrellas no se encuentran necesariamente cercanas entre sí en el espacio, ya que no están necesariamente a la misma distancia de la tierra.

corriente: el flujo de carga después de un punto por unidad de tiempo; la corriente se mide en amperes (A)

cosmología: el estudio de la formación del universo

cristal: sólido donde los átomos o moléculas tienen una disposición regular repetida

cromosoma: orgánulo que contiene el ADN completo del organismo

cutícula: la capa superior de una hoja. Es una capa no viviente que fundamentalmente es de cera y es producida por el epitelio, una capa de célula directamente abajo.

decibel: unidad de medición para la intensidad relativa de los sonidos

declinación: mide en cuantos grados, minutos o segundos está un objeto del ecuador celeste

delta: un depósito triangular de sedimentos formado en la desembocadura de un río

densidad: la masa de una sustancia por unidad de volumen dada. La unidad común de densidad es el gramo por milímetro (g/ml).

desplazamiento: el cambio en la posición de un objeto, obtenido al calcular la posición final menos la posición inicial. La unidad comúnes de medición es el metro (m).

diferencia de potencial: la diferencia en energía potencial eléctrica por unidad de carga entre dos puntos. Comúnmente se llama voltaje. La unidad común de medición para la diferencia de potencial es el voltio.

distancia de imagen: distancia desde una imagen hasta el espejo o la lente

distancia de objeto: distancia desde un objeto hasta el espejo o la lente

distancia focal: distancia desde un punto focal hasta el espejo o la lente

dorsal oceánica o mes oceánica: región bajo el océano donde se está creando nueva corteza, y se están separando las placas ya sea en cualquiera de los lados de la cresta

eclíptico: camino aparente del sol en el cielo durante el transcurso de un año

ecuador celeste: la extensión externa del ecuador de la tierra sobre la esfera celeste

electroforesis de gel: proceso mediante el cual los laboratorios determinan el componente genético de los filamentos del ADN. Este proceso implica el movimiento de cromosomas a través de un gel de un polo al otro. Se usa el magnetismo para jalar los cromosomas a través del gel.

electrones de valencia: electrones que están en la capa atómica exterior y pueden participar en una reacción química

elemento: la entidad más pequeña con propiedades químicas definidas. No se puede descomponer mediante reacciones químicas ordinarias.

elipse: una forma geométrica creada cuando un plano y un cono se intersecan. El plano interseca al cono en un ángulo de manera que se crea una forma parecida a un círculo estirado en una dirección. Las órbitas de los planetas alrededor del sol representan elipses.

energía cinética: la energía que se debe al movimiento o a la velocidad de un objeto

energía potencial eléctrica: la energía que se debe a la posición de un objeto dentro de un campo eléctrico

energía potencial: energía debida a la posición o al estado de un objeto

energía: la capacidad para trabajar o sufrir cambios. La energía cinética es la energía del movimiento, mientras que la energía potencial es la energía almacenada.

epiciclo: puntos pequeños donde los planetas viajaron alrededor de la tierra en el modelo geocéntrico del sistema solar. Los epiciclos se usaban para explicar el movimiento retrógrado de los planetas y para ayudar a que las posiciones predichas de los planetas concordaran con las posiciones observadas.

equilibrio: estado en que las reacciones hacia adelante y las reacciones reversas proceden al mismo ritmo

escalar: cantidad que tiene una sola magnitud o cantidad

esfera celestial: la esfera imaginaria donde se ven todas las estrellas con el propósito de localizarlas

estados de la materia: sólido, líquido y gaseoso. En los sólidos, los átomos o las moléculas se mantienen en su lugar. La forma y el volumen de un sólido generalmente no varía mucho. En los líquidos los átomos o las moléculas se pueden mover, pero su movimiento es obligado por otras moléculas. Los líquidos asumen la forma de su recipiente. En los gases el movimiento de los átomos o las moléculas no está restringido. Los gases asumen el volumen y la forma de sus recipientes y se comprimen fácilmente.

estrella: un cuerpo compuesto en su mayor parte de hidrógeno y helio que irradia energía y tiene fusiones que ocurren activamente en el centro

exactitud: lo más cercano de la medición experimental para ser aceptada o con valor teórico

fibra del huso: orgánulo usado durante la mitosis y la meiosis que separa y "jala" los cromosomas hacia los polos opuestos de la célula

fisura/escisión continental: región de un continente donde se está creando nueva corteza y se están separando las placas en cada lado de la fisura

floema: tejido vascular encontrado en las plantas que transporta en su mayoría azúcar y agua; puede viajar ya sea del "brote a la raíz" o de "la raíz al brote"

fotón: partícula de luz. Una cantidad diferenciada de energía de luz donde un solo fotón de luz es la unidad más pequeña posible de energía de luz.

fotosíntesis: proceso mediante el cual la energía del sol, el agua y el dióxido de carbono se transforman en azúcar y oxígeno

frecuencia: el número de ciclos o de repeticiones por segundo. A menudo se mide la frecuencia como el número de revoluciones por segundo. La unidad común de frecuencia es el hertz (Hz), donde un hertz equivale a 1 ciclo/segundo.

fuerza centrípeta: la fuerza neta que actúa como resultado de la aceleración centrípeta. No es una fuerza individual, sino la suma de las fuerzas en la dirección radial. Está dirigida hacia el centro del movimiento circular.

fuerza de fricción: la fuerza que actúa paralelamente a las superficies en contacto opuesta a la dirección del movimiento o tendencia del movimiento

fuerza electrostática: la fuerza existente entre partículas debido a su carga. Las partículas iguales se repelen, y las partículas opuestas se atraen.

fuerza gravitacional: la fuerza de atracción existente entre dos partículas con masa

fuerza neta: la suma vectorial de todas las fuerzas actuantes en un objeto

fuerza normal: esta fuerza actúa entre dos superficies de contacto. Es la parte de la fuerza de contacto que actúa normal o perpendicularmente a las superficies del contacto.

fuerza: lo que actúa en un objeto para cambiar su movimiento; un jalón o un empuje ejercido en uno u otro objeto. La unidad común es el newton (N).

geología: el estudio de rocas y de minerales

glaciar: una masa grande de hielo cubierta de nieve

grupo funcional: un grupo de átomos que le dan cierta característica o propiedad a una molécula

heterogéneo: una mezcla no uniforme en su composición

hidrato: un cristal de una molécula que también contiene agua en la estructura del cristal. Si el agua se evapora, el cristal se hace anhidro.

hidrología: el estudio del agua de la tierra y los sistemas de agua

hipótesis: paso en el método científico donde se hace una predicción sobre el resultado final de un experimento. La hipótesis generalmente está basada en la investigación de los datos relacionados.

homogéneo: una mezcla donde sus componentes están distribuidos uniformemente

inercia: la tendencia de un objeto es seguir la primera ley de Newton, la Ley de la inercia. Ésa es la tendencia de un objeto de permanecer en reposo o en movimiento a velocidad constante a menos que una fuerza actúe sobre éste.

inorgánico: material que no es ni planta ni animal en su origen

intensidad: el poder por área de unidad de una onda; se mide en Watts/m^2

ión: un átomo que ha perdido electrones para hacerse un catión cargado positivamente o ha ganado electrones para hacerse un anión cargado negativamente

isómeros: sustancias con la misma fórmula molecular (el mismo número de elementos) con disposiciones o arreglos diferentes

isótopos: los átomos de un mismo elemento, con diferentes números de neutrones, y de ahí una masa atómica diferente

lago oxbow o lago en forma de U: es una formación de agua en forma de U que resulta de quitar un meandro de la afluencia del río para formar un lago

latitud: la coordenada usada para medir las posiciones en el norte o en el sur de la tierra del ecuador de la tierra. La latitud se mide en grados, minutos y segundos. La latitud del ecuador de la tierra es de cero grados.

límites convergentes: límites entre dos o más placas de la tierra que se están moviendo hacia sí mismos

longitud: la coordenada usada para medir las posiciones en el este o en el oeste de la tierra del meridiano primario, que pasa a través de Greenwich, Inglaterra. La longitud se mide en grados, minutos y segundos.

masa molecular: la suma de las masas atómicas en una molécula

masa: cantidad de material en un objeto; también se puede medir la cantidad de inercia de un objeto. La unidad comúnes el kilogramo (kg).

meandro: una curva amplia en un río

meiosis: proceso de reproducción celular donde las células hijas tienen la mitad de los cromosomas. Éste se usa con fines de reproducción sexual para producir células sexuales capaces de formar descendencia con una serie completa de cromosomas con DNA diferente del de los padres.

membrana celular: orgánulo encontrado en todas las células que actúa como camino a través del cual los materiales pueden entrar y salir. Este orgánulo es selectivamente permeable; sólo permite que los materiales que "escoge" químicamente pasen.

menisco: la superficie curvada de un líquido en un recipiente, ocasionada por la tensión de la superficie

meteorelogía: el estudio de la atmósfera de la tierra y el clima

método científico: proceso mediante el cual se reúnen datos para responder a una pregunta integral. Los pasos más importantes son problema, hipótesis, investigación, procedimiento, recolección de datos, análisis de datos y conclusión.

mezcla: combinación física de diferentes substancias

mineral: elemento natural ocurrente o compuesto encontrado en la corteza de la tierra

mitocondria: orgánulo que produce ATP

mitosis: proceso en el cual las células producen descendencia genéticamente idéntica

modelo geocéntrico: el modelo del sistema solar que coloca a la tierra como centro y giran alrededor de ella el sol y los planetas

modelo heliocéntrico: el modelo del sistema solar que coloca al sol en el centro con los planetas que giran alrededor de él

mol: la cantidad de sustancia que contiene tantas partículas como átomos en 12 gramos del isótopo de carbono 12 (6.022×10^{23} partículas)

molécula: sustancia formada por el enlace químico entre dos o más átomos

movimiento circular uniforme: movimiento con velocidad constante en un círculo. Debido a que la dirección de la velocidad cambia en este caso, hay aceleración aunque la velocidad es constante.

movimiento retrógrado: el movimiento aparente de objetos hacia el oeste en el cielo de una noche a otra

newton: la unidad de fuerza del sistema métrico y el Sistema Internacional. Un newton equivale a un kg/s^2

núcleo: orgánulo en la célula que contiene todo el ADN y controla las funciones de la célula

nucleolo: orgánulo encontrado dentro del núcleo y responsable de la producción de los ribosomas

nucleótido: la unidad más pequeña del ADN. Hay cinco tipos diferentes de nucleótidos: adenina, timina, guanina, citosina y uracilo. El arreglo de los genes está basado directamente en el arreglo específico de nucleótidos.

observación cualitativa: observación que incluye otras características además de las cantidades o mediciones; puede incluir formas, colores, acciones y olores

observación cuantitativa: una observación que incluye características de medición o de cantidades

oceanografía: estudio de los océanos de la tierra

onda electromagnética: una onda ligera que tiene un componente de campo eléctrico y un componente de campo magnético. Sin embargo, una onda electromagnética no requiere medio para viajar

onda longitudinal: una onda que tiene la dirección de movimiento de las partículas en un paralelo mediano hacia la dirección del movimiento de la onda. El sonido es un ejemplo de una onda longitudinal.

onda transversal: una onda que tiene dirección de movimiento de las partículas en la media perpendicular a la dirección de movimiento de la onda

órbita: el paso que toma un objeto a medida que viaja alrededor de otro en el espacio

orgánico: material que tiene origen de animal o de planta

oxidación: la pérdida de electrones por una sustancia en una reacción química

pared celular: orgánulo encontrado fundamentalmente en células de plantas y células de hongos y además en algunas bacterias. La pared celular es una estructura fuerte que proporciona protección, soporte y permite que los materiales entren y salgan sin ser selectivamente permeables.

período: tiempo, medido en segundos, para una repetición o rotación completa

peso: la fuerza de la gravedad de la tierra en un objeto. Cerca de la superficie de la tierra el peso es igual a la masa del objeto por la aceleración debida a la gravedad ($W = mg$).

planeta Joviano: uno de los planetas exteriores del sistema solar que posee características parecidas a las de Júpiter. También se llaman planetas gaseosos. Son grandes; tienen una gran masa y varias lunas; pueden tener anillos; están lejos del Sol y entre sí; tienen atmósferas espesas; son gaseosos; tienen densidad baja; tienen una composición parecida a la del sol; tienen tasas cortas de rotación y períodos largos de revolución alrededor del sol. Los planetas Jovianos son Júpiter, Saturno, Urano y Neptuno.

planeta terrestre: uno de los planetas interiores del Sistema Solar que tiene características parecidas a las de la tierra. Son pequeños; tienen poca masa; algunos no tienen lunas; otros, muy pocas; no tienen anillos; están cerca del Sol y entre sí; tienen una atmósfera delgada; son rocosas; tienen una densidad alta; tienen ritmos de rotación larga; tienen períodos de revolución corta alrededor del Sol. Los planetas terrestres son Mercurio, Venus, tierra y Marte.

polímero: una molécula grande compuesta de unidades repetidas de una o más moléculas pequeñas (monómeros)

polos celestiales: la extensión del Polo Norte y Sur de la tierra sobre la esfera celeste

posición: la ubicación de un objeto en un sistema de coordenadas. La unidad común de medición es el metro (m).

precesión: proceso mediante el cual el eje de la tierra traza un círculo en la esfera celeste

precisión: la cercanía de mediciones obtenidas de dos o más experimentos hechos

presión: fuerza por área de unidad. Las unidades usadas para medir la presión de medición son torr, atmósfera (atm) y pascal (pa).

procedimiento: una lista lógica de pasos para explicar las acciones exactas que seguir para llevar a cabo un experimento

propiedad física: propiedad que puede ser observada sin llevar a cabo una transformación química de esa sustancia

proyectil: un objeto con movimiento en dos dimensiones que tiene una aceleración vertical igual a -g o g hacia abajo y una aceleración horizontal de cero

radiación: la emisión de energía

rapidez: la magnitud de velocidad se mide a través de la proporción del cambio de tiempo sin importar la dirección del movimiento; las unidades comunes de medición son metros por segundo (m/s).

reacción espontánea: reacción que no requiere fuente externa de energía para ocurrir

reacción reversible: reacción mediante la cual los productos se pueden revertir al estado de reactantes

reactante: una sustancia consumida en una reacción química para formar productos

recursos no renovables: recurso que no es reemplazado por la naturaleza tan rápidamente como se usa. En muchos casos no se puede reemplazar o volver a formar en lo absoluto.

recursos renovables: un recurso renovable es reemplazado en la naturaleza tan rápidamente como se usó

reducción: la ganancia de electrones de una sustancia en una reacción química

resistencia: la resistencia al flujo de electrones a través de un circuito. La resistencia depende de la corriente que fluye a través del elemento de circuito y el voltaje a través del elemento de circuito; la resistencia se mide en ohms.

respiración: proceso mediante el cual el azúcar se convierte en ATP y en dióxido de carbono; puede incluir oxigeno, lo cual se llama respiración aeróbica

retículo endoplasmático: orgánulo usado para transportar proteínas a través de toda la célula *ribosoma:* orgánulo donde ocurre la síntesis de proteína; se puede encontrar flotando libremente en el citoplasma o adherida a la parte externa del retículo endoplasmático

roca ígnea: roca formada por el enfriamiento del magma

roca metamórfica: roca cuya estructura de cristales ha sido modificada mediante el calor y/o la presión

roca sedimentaria: roca compuesta de sedimentos depositados, compactados y cimentados a lo largo del tiempo

síntesis proteica: proceso mediante el cual el ADN transportará su información por medio de ARN a los ribosomas donde se recopilarán las proteínas

sistema fluvial: un río y sus tributarios relacionados y la cuenca de desagüe

solubilidad: la cantidad de soluto que puede disolverse completamente dentro de un solvente con cierta temperatura

solución acuosa: solución donde el solvente es el agua

solución: una mezcla homogénea de un soluto (generalmente sólido, pero a veces líquido o gaseoso) en un solvente (generalmente un líquido, pero a veces un sólido o gaseoso)

tectónica de placas: teoría donde la corteza de la tierra está compuesta de varias placas que flotan en el manto. Esta teoría explica el movimiento de los continentes, la formación de montañas y de volcanes y la existencia de terremotos y de dorsales oceánicas.

temperatura: la medición de la energía cinética media de las sustancias de las moléculas

tensión: la fuerza que actúa y se transfiere a lo largo de cuerdas, filamentos y cadenas

morrena terminal: una cadena de material depositado por un glaciar en su punto de avance más lejano

topografía: el estudio de las características de la superficie de la tierra fundamentalmente a través de la cartografía

vector: una cantidad que tiene magnitud (una cantidad) y dirección. En un movimiento unidimensional, la dirección se puede representar como un signo positivo o negativo. En un movimiento de dos dimensiones, la dirección está representada como un ángulo en el sistema de coordenadas.

velocidad: el ritmo mediante el cual una posición cambia por unidad de tiempo y la dirección hacia la que cambia. Las unidades comunes son metros por segundo (m/s).

velocidad de luz: La velocidad de la luz en una aspiradora es la más rápida posible. A medida que la luz viaja a través de otros materiales, la velocidad cambiará. La velocidad de la luz en cualquier material es todavía la velocidad más alta posible en ese material; es comúnmente denominado por el símbolo *c.*

venas: en las plantas, se encuentran en las hojas; a veces se conocen como el paquete vascular que contiene xilema y floema. En los animales, los tejidos en forma de tubo regularmente transportan sangre.

ventrículos: cámaras que extraen la sangre del corazón y se encuentran en los corazones de los animales.

voltaje: otro nombre para la diferencia potencial

voltímetro: dispositivo usado para medir voltaje en un circuito

xilema: tejido vascular encontrado en las plantas que transporta agua hacia una dirección: "de la raíz al brote." Ésta es el agua que se enviará a las células fotosintéticas para llevar a cabo la fotosíntesis.

VI▶ GED examen de ciencias sociales

EN ESTA PARTE, usted aprenderá acerca del examen de estudios sociales del GED: cómo es el examen, el tipo de preguntas con que se encontrará, y las recomendaciones y estrategias para contestar a esas preguntas. Los capítulos de repaso también le presentarán los temas básicos de estudios sociales y los términos principales.

Antes de empezar el Capítulo 35, tome el examen preliminar a continuación. El examen preliminar es un ejemplo de la clase de preguntas con que se encontrará en el examen de estudios sociales del GED. Después de completar el examen preliminar, compare sus respuestas con las de la clave de respuestas. Los resultados de su examen preliminar le indicarán todo lo que tiene que repasar y cuánta preparación necesitará.

Instrucciones: Lea cuidadosamente cada pregunta. Las preguntas son de opción múltiple y pueden referirse a un pasaje, una tabla o una ilustración. Seleccione la mejor respuesta para cada pregunta. Anote sus respuestas en las hojas de respuestas proporcionadas aquí. Para acostumbrarse a los límites de tiempo del examen de estudios sociales del GED, por favor permítase un plazo de 15 minutos para este examen preliminar.

Ojo: En el examen del GED, no se permite escribir en la libreta de exámen. Haga cualquier anotación o cálculo en una hoja de papel separada.

Hoja de respuestas

1. Ⓐ Ⓑ Ⓒ Ⓓ Ⓔ
2. Ⓐ Ⓑ Ⓒ Ⓓ Ⓔ
3. Ⓐ Ⓑ Ⓒ Ⓓ Ⓔ
4. Ⓐ Ⓑ Ⓒ Ⓓ Ⓔ
5. Ⓐ Ⓑ Ⓒ Ⓓ Ⓔ
6. Ⓐ Ⓑ Ⓒ Ⓓ Ⓔ
7. Ⓐ Ⓑ Ⓒ Ⓓ Ⓔ
8. Ⓐ Ⓑ Ⓒ Ⓓ Ⓔ
9. Ⓐ Ⓑ Ⓒ Ⓓ Ⓔ
10. Ⓐ Ⓑ Ⓒ Ⓓ Ⓔ

Las preguntas 1–2 se refieren al pasaje siguiente:

Una **oligarquía** es una forma de gobierno en que el poder se comparte entre un grupo selecto, generalmente elite, de gente. La teoría detrás de este tipo de gobierno es que algunas personas sean más capaces de gobernar que otras. La antigua ciudad-estado de Esparta es un ejemplo famoso de una oligarquía. En Esparta, dos reyes servían como jefe de la ciudad-estado. El gobierno también incluye una junta de mayores y una asamblea de ciudadanos llamados "iguales." Sin embargo, los lideres más poderosos eran aquéllos que servían en una directiva de cinco **éforos**—ciudadanos espartanos que se elegían cada año. Ellos cumplían con la mayoría de las funciones ejecutivas, legislativas, y jurídicas de la ciudad-estado.

1. ¿Cuál es la idea principal del párrafo?
   a. El reino dual espartano no era tan poderoso como la directiva de éforos.
   b. Encontrar líderes capaces era un problema en la antigua Grecia.
   c. El gobierno de Esparta es un buen ejemplo de una oligarquía.
   d. La gente hoy en día desestima la importancia de una oligarquía.
   e. La oligarquía se basa en la idea de que es mejor tener un solo líder.

2. Según este pasaje, ¿En qué se basa una oligarquía?
   a. Todos los ciudadanos deben participar igualmente en el gobierno.
   b. El gobierno debe ser controlado por aquéllos más capaces de gobernar.
   c. El gobierno de un solo líder poderoso es mejor.
   d. Un sistema de controles y balances es necesario para prevenir que cualquier individuo o rama de gobierno asuma demasiado poder.
   e. El gobierno efectivo requiere que una nación tenga dos reyes.

Las preguntas 3–4 se refieren a la tabla siguiente:

Nivel de educación y ingresos

NIVEL DE EDUCACIÓN	HAGA UN PROMEDIO DE GANANCIAS TOTALES, 2005 (EN DÓLARES)	
	HOMBRES, ENVEJEZCA 25 Y MÁS VIEJO	MUJERES, ENVEJEZCA 25 Y MÁS VIEJO
Menos de 9º grado	16,321	9,496
9º a 12º grado (ningún diploma)	22,934	11,136
El diplomado (incluye GED)	30,134	16,695
Algún colegio, ningún grado	36,930	21,545
El grado del socio	41,903	26,074
Licenciatura	51,700	32,668
El grado del maestro	64,468	44,385
El grado profesional	90,878	59,934
El grade de doctorado	76,937	56,820

Fuente: U.S. Census Bureau

3. De los trabajadores de 25 años y mayores, ¿quién ganó más dinero de promedio en 2005?
   a. los hombres con un título profesional
   b. los hombres con un doctorado
   c. las mujeres con un título profesional
   d. las mujeres con un título universitario de cualquier nivel
   e. los hombres con una maestría

4. Basado en la tabla, ¿a qué conclusión puede llegar?
   a. Las mujeres reciben el mismo sueldo por el mismo trabajo.
   b. No vale la pena conseguir una equivalencia del colegio.
   c. Los hombres ganan más que las mujeres en cada nivel educativo.
   d. Los hombres y las mujeres con grados doctorados ganan lo máximo.
   e. El asistir a la universidad no afecta a su potencial de ganar dinero.

▶ Respuestas

1. c. La respuesta **c** mejor describe la idea principal. La respuesta **a** es un detalle del pasaje. Las respuestas **b** y **d** no son apoyados por el párrafo, y la respuesta **e** es incorrecto.

2. b. El párrafo dice. "La teoría detrás de este tipo de gobierno es que algunas personas sean más capaces de gobernar que otras." La respuesta **b** es un buen resumen de esta frase.

3. a. Los hombres de 25 años o más con títulos profesionales ganaron de promedio $90,878 en 2005—más que las mujeres de cualquier nivel educativo.

4. c. La tabla muestra que los hombres ganan más de promedio que las mujeres en cada nivel educativo.

▶ Evaluación del examen preliminar

¿Cómo pasó el examen preliminar? Recuerde que este examen preliminar comprende solamente una fracción del material que pudiera encontrar en el verdadero examen del GED. Este examen preliminar *no* se diseña para darle una medida exacta de cómo saldría en el examen oficial del GED. En cambio, se diseña para ayudarle a determinar dónde concentrar sus esfuerzos de estudiar. Para tener éxito en el examen del GED, repase completamente todos los capítulos en esta parte. Concéntrese en los temas que corresponden a las preguntas del examen preliminar contestadas incorrectamente.

35▶ Presentación del GED examen de ciencias sociales

Para prepararse efectivamente para el examen de estudios sociales del GED, usted necesita saber exactamente cómo es el examen. Este capitulo explica la estructura del examen y también el tipo de preguntas que usted verá en el examen.

▶ Lo que debe esperar en el examen de estudios sociales del GED

El examen de estudios sociales del GED cubre los conceptos básicos de los estudios sociales e incluye preguntas de cuatro campos de contenido principales:

1. Historia estadounidense y global
2. Geografía
3. Cívica y gobierno
4. Economía

El examen aplica estos cuatro temas a su vida diaria y examina como afectan su papel como individuo, miembro de una comunidad, miembro de una familia, trabajador o estudiante y consumidor. No se le pedirá que memorice hechos. En cambio, el examen medirá su habilidad de pensar críticamente. Estas habilidades incluyen la habilidad de entender, analizar y evaluar material de estudios sociales.

El examen incluye 50 preguntas de opción múltiple; contará con 70 minutos para completarlas. Cada pregunta de opción múltiple tiene 5 respuestas potenciales. El examen incluirá algunas agrupaciones de preguntas, o sea, varias preguntas se referirán a una sola gráfica o un pasaje de lectura. Las agrupaciones de preguntas pueden tener de 2 a 5 unidades. El examen puede requerirle que utilice su comprensión de diferentes conceptos de estudios sociales dentro de la misma agrupación de preguntas.

Modos de estímulos

Las preguntas del examen se basan en tres modos de estímulos: pasajes de lectura, visuales y estímulos que combinan tanto pasajes de lectura como visuales. Aquí se presenta con lo que se puede encontrar en el examen de estudios sociales del GED:

- **Pasajes de lectura** desde artículos, discursos, libros de texto, leyes u otros documentos. Los pasajes de lectura varían en tamaño de 50 a 60 palabras para una sola pregunta a 200 palabras para agrupaciones de preguntas. El cuarenta por ciento de la preguntas en el examen de estudios sociales del GED se basará en pasajes de lectura. El examen incluirá uno o más extractos de la Declaración de Independencia de los Estadas Unidos, la Constitución de los Estados Unidos, los Papeles Federalistas y casos memorables de la Corte Suprema. Repase estos documentos antes de tomar el examen para familiarizarse con sus conceptos fundamentales.
- **Visuales** como mapas, gráficas, tablas, cuadros, tablas, diagramas, fotografías y dibujos animados políticos. El cuarenta por ciento de las preguntas en el examen se basa en algún tipo de gráfica. El examen también utilizará un

documento práctico tal como un formulario de registro del elector, una guía del consumidor, un formulario de impuestos, unas herramientas de presupuesto, una encuesta, un contrato de lugar de trabajo, un estado de cuenta bancario, un formulario de seguro u otro documento.

- **Estímulos combinados** que utilizan tanto texto como visuales. Los materiales combinados representan 20% de las preguntas del examen.

Componentes del examen del GED

Aquí puede ver detalladamente cómo se presentará el material del examen de estudios sociales del GED:

Pasajes de lectura	40%
Visuales	40%
Combinación de texto y visuales	20%

Tipos de preguntas

Las preguntas del examen de estudios sociales del GED miden cuatro habilidades de pensar principales: *comprensión* (comprender textos y gráficas), *aplicación* (aplicar información a nuevas situaciones), *análisis* (llegar a una decisión sobre información) y *evaluación* (sintetizar información). Aquí hay una presentación detallada de la clase de preguntas en el examen de estudios sociales del GED.

Preguntas de comprensión	20%
Preguntas de aplicación	20%
Preguntas de análisis	40%
Preguntas de evaluación	20%

Cada tipo de pregunta examina una diferente habilidad de pensar:

- **Comprensión.** Para estas preguntas usted leerá pasajes o repasará visuales y demostrará que entiende el mensaje de un texto o de una grafica. Para contestar a estas preguntas, puede ser necesario expresar de nuevo la información que ha leído, resumir ideas de un pasaje o hacer una conclusión. Cuando contesta a estos tipos de preguntas, **no utilice ningún conocimiento anterior o adicional que usted pueda tener**. Estas preguntas del examen miden su habilidad de determinar la mejor respuesta basada solamente en la información proporcionada. Las preguntas de comprensión típicamente se escriben como se ven en los ejemplos siguientes:
  - ¿Cuál de los siguientes mejor describe el pasaje?
  - ¿Cuál es el propósito de este párrafo?
  - Según el mapa, ¿cuál de los siguientes es cierto?
  - ¿A qué conclusión puedes llegar según la información de la tabla?

- **Aplicación.** Estas preguntas le piden que tome información o ideas de una situación y que las aplique a una situación diferente. Aquí hay algunos ejemplos de preguntas de aplicación:
  - ¿Quién pudiera usar la información de la grafica para apoyar su posición?
  - ¿Cuál de los siguientes se parece más a la situación descrita?

- **Análisis.** Para estas preguntas, usted necesita analizar ideas y mostrar la relación entre ideas. Podrá pedirle que diferencie entre un hecho y una opinión, que identifique una suposición que ha hecho un autor pero sin expresar explícitamente, que identifique relaciones de causa y efecto, o que compare y contraste información o ideas. Las preguntas típicas de análisis pueden frasearse tal cómo se ven en los ejemplos siguientes:
  - Según la citación, ¿qué podemos inferir sobre el orador?
  - ¿De cuales de las suposiciones siguientes depende la posición del orador?

- **Evaluación.** Estas preguntas le piden que sintetice información y que haga su propia hipótesis o teoría. Algunas preguntas requerirán que evalúe información o ideas y que determine si la información es correcta. Necesitará examinar datos para apoyar conclusiones, y descubrir argumentos que puedan ser ilógicos. Aquí hay algunos ejemplos de algunas preguntas de evaluación típicas:
  - ¿Cuál de los siguientes es apoyado por la información proporcionada en el pasaje?
  - ¿Cuál es las siguientes es una explicación poco probable de la información presentada en la gráfica?
  - ¿Cuál de los siguientes expresa una opinión en vez de un hecho?

Temas del examen

Aunque no necesite memorizar hechos de estas cuatro categorías, necesitará usar su conocimiento de los conceptos de estudios sociales y aplicar sus habilidades de pensar críticamente. Esto servirá para repasar los términos claves de estudios sociales y ofrecer otra información básica en cada roma de contenido.

Cuatro temas principales

El examen de estudios sociales del GED comprende estos cuatro temas:

Historia	estadounidense 25%; global 15%
Geografía	15%
Cívica y gobierno	25%
Economía	20%

Las preguntas también tratan indirectamente de los siguientes temas interdisciplinarios:

- Cultura
- Tiempo, continuidad y cambio
- Personas, lugares y ambientes
- Desarrollo e identidad personal
- Individuos, grupos e instituciones
- Poder, autoridad y consumo
- Ciencia, tecnología y sociedad
- Conexiones globales
- Ideas cívicas y su práctica

Aunque es obvio cómo ciertos temas relacionan a específicos estándares de contenido de la historia, (Ej.: la producción, la distribución y el consumo hacia la Economía), la mayoría de estos temas se entrelazan por las ramas de contenido de historia.

El sesenta por ciento de las unidades o pasajes en el examen tiene contexto global o internacional. El cuarenta por ciento trata de acontecimientos específicos de la historia estadounidense. En algunos casos, los Estados Unidos figuran en el ambiente internacional, mientras que en otros, las preguntas se fijan en partes diferentes del mundo.

El examen de estudios sociales del GED enfatiza la forma en que se presenta el material, ya que los materiales de fuentes gráficos o visuales comprenden la mayoría de los estímulos del examen. Además, un porcentaje mayor de las preguntas miden su habilidad de analizar.

36▶ Historia

En esta parte, usted aprenderá acerca de los estudios sociales en el contexto del GED. Usted aprenderá cómo es el examen, qué clases de preguntas verá, y cómo abordar esas preguntas. Usted también repasará las materias fundamentales y las habilidades que usted necesita para salir bien en el examen.

▶ Definir "estudios sociales"

Los estudios sociales tratan de cómo vive la gente diariamente. Investigan muchos aspectos de la vida: el ambiente físico en el cual la gente vive, las creencias y tradiciones que siguen, y las sociedades que se forman y viven. Los estudios sociales incluyen muchos campos diversos, descritos en general como historia, educación cívica y gobierno, economía, y geografía. Cada uno de estas cuatro categorías está relacionada la una con la otra. Para entender un acontecimiento o un asunto complejo, usted examinaría las cuatro ramas de las ciencias sociales. Por ejemplo, si usted estudiara el desplome de la bolsa de 1929, exploraría qué sucedía en el país en aquel entonces (historia); cómo el sistema de la empresa libre funcionaba (economía); qué programas y políticas fueron aplicadas para proteger contra otro desplome (educación cívica y gobierno); y cómo este acontecimiento afectó a la gente en diferentes regiones del país y por qué (geografía).

Los cuatro capítulos que siguen le presentan los términos claves y ofrecen información sobre asuntos importantes en los cuatro temas del examen de los estudios sociales del GED. Los ejercicios en estos capítulos le ayudarán a repasar la información que usted aprenderá. Las preguntas de práctica son parecidas a las del GED.

▶ Historia del mundo

Los principios de la civilización

Los seres humanos primitivos vivían en grupos de nómadas que seguían las manadas de animales que cazaban. Con el tiempo, estos nómadas se establecieron en regiones con una fuente de agua dulce, tierra fértil, un clima hospitalario y vida animal abundante. De dibujos rupestres, artefactos, fósiles y restos esqueléticos, los científicos han aprendido acerca de los seres humanos primitivos y de sus comunidades. Los artefactos de herramientas de piedra como martillos o hachas forman parte de la evidencia más temprana de la cultura humana. Mientras las comunidades crecían, un sistema de **trueque**—el trocar mercancías o servicios—se desarrollaba. Las formas de gobierno—

sistemas que organizaron las sociedades—también se desarrollaban. Con las rutas comerciales y guerras, los logros culturales humanos se extendían de un lugar a otro, y algunas civilizaciones se convirtieron en imperios con tenencias grandes de tierra.

Religión

La religión, o la creencia en una realidad espiritual, es una parte influyente de la cultura humana. Los primeros sistemas de creencia, como los de los egipcios, de los griegos y de los romanos tempranos, eran **politeístas**, lo cual significa que ellos veneraban a más de un dios. Las tribus judías de Israel eran **monoteístas**, porque creían en un dios todopoderoso. Vea la tabla en la página 385. En el Lejano Oriente, había prácticas religiosas que eran politeístas y otras que eran monoteístas.

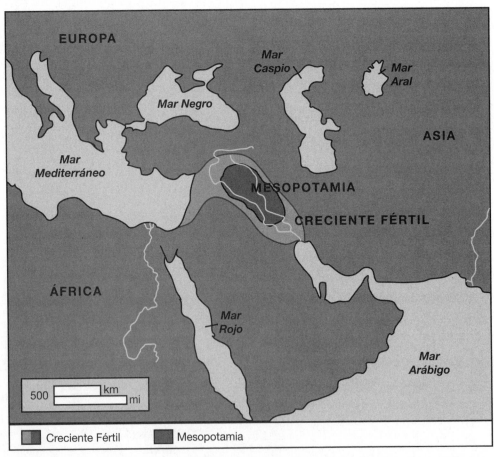

Mesopotamia, situada entre los ríos Tigris y Éufrates en lo que actualmente es Iraq, se llama la "cuna de la civilización." Muchas civilaciones antiguos prosperaban en ésta área fértil.

TIPO	ORIGEN	CARACTERÍSTICAS
Hinduismo	India en 1500 a.C.	■ El hinduismo no tiene a ningún fundador solo; esto se desarrolló por el período de 4,000 años. ■ Uno de sus rasgos generales es un sistema de castas, en el cual la gente nace en una clase prescribida y sigue los caminos de aquella clase. ■ Los hindús son politeístas.
Budismo	India en 525 a.C.	■ Fue fundado por Siddhartha Guatama, llamado Buda. ■ Los budistas creen en un ciclo de renacimiento. ■ El objetivo último del camino budista es conseguir la *nirvana*, un estado culto libre del sufrimiento.
Judaísmo	Oriente Medio, ahora Israel—el calendario judío comienza con el tiempo bíblico de la Creación	■ La creencia en Dios solo, todopoderoso es central al Judaísmo. ■ El Torah—las instrucciones creídas ser pasado de Dios a Moisés—cercan la ley judía y la costumbre.
Cristianismo	Jerusalén, ahora en Israel—el calendario cristiano comienza con el nacimiento de Jesús	■ Los seguidores tempranos creyeron que Jesús realizó al judío predicen del Mesías. ■ Los Evangelios en el Nuevo Testamento de la Biblia describen las enseñanzas y la vida de Jesús. ■ Las creencia incluyen a aquel Jesús es el hijo de Dios y que después de la crucifixión, él resucitó.
Islam	Arabia en 622 d.C.	■ Sus seguidores, llamados Musulmanes, creen en un Dios todopoderoso. ■ Los musulmanes se adhieren a los códigos del juego vivo adelante en el libro santo del Islam, el Qur'an (Corán). ■ El fundador de Islam era Muhammed, un profeta que vivió en La Meca en el sexto siglo d.C.

Ejercicio 1

Escoja la mejor respuesta a la pregunta basada en la información que usted aprendió en la tabla.

1. ¿A qué conclusión puede llegar usted según la información en la tabla?
   a. Todas las religiones importantes creen en un solo dios todopoderoso.
   b. La mayoría de las religiones se desarrollaron en el milenio pasado.
   c. La religión no es una fuerza en la cultura del mundo de hoy en día.
   d. Muchas de las religiones principales del mundo han influenciado la cultura humana por más de mil años.
   e. Todas las religiones principales de hoy en día tenían sus principios en el Oriente Medio.

La respuesta está en la página 434.

La Edad Media

Cuando el Imperio Romano comenzó a fracturarse en los siglos IV y V, un período comenzó en Europa Occidental al que los historiadores se refieren como la **Edad Media**. Durante este tiempo, la cultura occidental se centraba en el cristianismo mientras que la iglesia católica romana ganaba autoridad y los misioneros diseminaban ideas cristianas. Una nueva organización social llamada **feudalismo** se desarrolló. Basado en una sociedad agrícola, este sistema dividió a la gente en clases. La clase dirigente consistía en **nobles**, mientras la mayoría de la gente era de la clase del **campesino** o **siervo**. Entre los siglos XI y XIV, los cristianos europeos llevaron a cabo una serie de guerras llamadas las **cruzadas** para recuperar la Tierra Santa de los musulmanes. Aunque no alcanzaron esta meta, las guerras pusieron a Europa en contacto con la cultura árabe, estimuló el comercio entre las regiones, y aumentó el conocimiento geográfico. Durante el siglo XIV, las guerras, el hambre y la extensión de la **peste bubónica** o de la **Muerte Negra**—una enfermedad infecciosa que mató hasta la tercera parte de todos los europeos—debilitaron la economía feudal.

El renacimiento

En el siglo XV, el redescubrimiento de la literatura griega y romana llevó al movimiento **humanista** en Europa, lo que exigió una vuelta a los ideales clásicos. Mientras Europa Occidental recuperaba su estabilidad, un período de desarrollo intelectual comenzó. **El renacimiento**, que significa "renovación," llevó a adelantos en las ciencias, la música, la literatura, el arte y la arquitectura. Durante su cima en el siglo XV y a principios del siglo XVI, los artistas como Piero della Francesca, Leonardo da Vinci, Miguel Ángel y Rafael contribuyeron obras elogiadas por su grandeza y sentido de armonía.

Mundo nuevo

La exploración europea de Norteamérica comenzó en el siglo X cuando los exploradores vikingos llegaron a Groenlandia y Terranova. Sin embargo, la llegada de Cristóbal Colón en las Bahamas en 1492 tuvo un mayor impacto en la historia del mundo porque él le brindó noticias de su exploración a Europa. Bajo el servicio de España, Colón navegó al oeste para descubrir una ruta comercial más rápida a Asia. Sin embargo, pisó tierra en el Caribe. Su viaje histórico fue el comienzo de la exploración y colonización europea en el Nuevo Mundo. (Véa la tabla abajo.)

Exploradores Europeos Tempranos

FECHA (d.C.)	EXPLORADOR	ORIGEN	ATERRIZAJE DE SITIO
986	Eric el Rojo	Islandia	Groenlandia
1000	Leif Ericsson	Noruega	Norteamérica, posiblemente Terranova
1492	Christopher Columbus	España	Bahamas, Cuba e Hispañola
1497	John Cabot	Inglaterra	Isla de Bretón de Cabo
1499	Amerigo Vespucci	Italia, España posterior	Costa del norte de Sudamérica
1500	Gasper Corte-Real	Portugal	Entre Labrador y Terranova
1513	Juan Ponce de León	España, gobernador posterior de Puerto Rico	Florida y México

El Siglo de las Luces

El Siglo de las Luces describe un período en Europa y América durante el siglo XVIII en el cual los filósofos celebraban el pensamiento racional, la ciencia y el progreso tecnológico. Los progresos científicos de los siglos XVI y XVII actuaban como precursor al Siglo de las Luces. Galileo Galilei, Nicolás Copérnico e Isaac Newton contribuyeron nuevas ideas sobre la astronomía y la física que desafiaron los conceptos convencionales del mundo físico. Más tarde, la filosofía de John Locke influenció actitudes sobre el papel del individuo en la sociedad y desafió la idea de que el conocimiento sea innato. Las obras del filósofo francés Jean-Jacques Rousseau formaron la teoría política y educativa, al igual que las ideas de Immanuel Kant en Alemania, David Hume en Inglaterra, y Benjamin Franklin y Thomas Jefferson en las colonias americanas.

Ejercicio 2

Seleccione la mejor respuesta basada en el párrafo sobre el Siglo de las Luces.

1. ¿Cuál de las declaraciones siguientes sobre el Siglo de las Luces es una opinión?
   a. Los autores del Siglo de las Luces creían en la racionalidad.
   b. Los filósofos del Siglo de las Luces desafiaron las creencias anteriores.
   c. El Siglo de las Luces fue un movimiento internacional.
   d. John Locke contribuyó la mayor parte de la filosofía del Siglo de las Luces.
   e. Hume, Kant, Jefferson y Franklin juntos tenían fe en la razón humana.

2. ¿Cuál de los factores siguientes habrá contribuido al principio del siglo de luces?
   a. descubrimientos científicos del siglo anterior
   b. feudalismo
   c. la Revolución Francesa
   d. las cruzadas
   e. misionarios de la iglesia católica romana en Europa

Las respuestas están en la página 434.

Revolución Francesa

La Revolución Francesa (1789–1799) se considera uno de los acontecimientos más importantes de la historia europea. Las críticas crecientes de la monarquía por los pensadores del Siglo de las Luces, los impuestos desiguales y la persecución de minorías religiosas ayudaban a animar la agitación política. La escasez de alimentos y la depresión económica eran causas aún más inmediatas. Los parisinos se rebelaron en 1789 y derrocaron la **Bastille**, una prisión de París. Decapitaron a los aristócratas, incluso al rey y a la reina. El malestar político siguió hasta que Napoleón Bonaparte emergió como líder en 1799 y se declaró emperador en 1804. Aunque pareció ser un fracaso por aquel entonces, la Revolución creó un precedente para los gobiernos representativos en todo el mundo. También introdujo la idea de la revolución como un medio de encontrar diversas clases de libertad.

La era industrial

A mediados del siglo XIX, los cambios en la tecnología comenzaron a transformar la base de las sociedades de Europa y de los Estados Unidos de agrícola a industrial. Este período se llama la **Revolución Industrial**. La introducción de los motores de vapor, el invento de máquinas que aumentaban el rendimiento de las materias textiles de algodón y el advenimiento del ferrocarril son algunos de los cambios tecnológicos que aumentaron la velocidad de la producción y el transporte de mercancías.

La doctrina del *liberalismo* atrajo a los dueños de fábricas de la Revolución Industrial. Apoyado por los economistas como Adam Smith y John Stuart Mill, esta doctrina indicó que los sistemas económicos funcionaban mejor sin la intervención del gobierno, y que los mercados eran dirigidos por una "mano invisible" que se aseguraban de que fueran servidos los mejores intereses de todo el mundo. *El manifiesto comunista*, un documento de principios comunistas, presentó un punto de vista muy diferente sobre la industrialización y las economías del mercado libre. Escrito por el alemán Karl Marx en 1848, el *Manifiesto* describió la historia de la sociedad como una historia de las luchas entre la clase dirigente y la clase obrera explotada. Marx creía que las economías del mercado libre aumentaban la diferencia entre los ricos y los pobres, y que la clase obrera pobre en última instancia derrocaría a la clase capitalista de la Revolución Industrial para dar lugar a una nueva sociedad sin clases sociales. Sus ideas influenciaron más adelante a Vladimir Ilyich Lenin y la formación de un estado comunista en Rusia.

Primera Guerra Mundial

La Primera Guerra Mundial (1914–1918) implicó 32 países, no sólo muchas naciones europeas sino también los Estados Unidos y otras naciones de todo el mundo. A fines de la guerra, fallecieron 10 millones de soldados y había 20 millones de heridos. El asesinato del heredero al trono austrohúngaro por un nacionalista serbio fue la causa inmediata de la guerra, pero los conflictos entre las naciones europeas sobre el territorio y el poder económico también eran factores. Se formaron dos coaliciones de las naciones europeas. **Las Potencias Centrales** incluían a Austria-Hungría, a Alemania, a Bulgaria y a Turquía. **Las Potencias Aliadas** incluían a Gran Bretaña, a Francia, a Serbia, a Rusia, a Bélgica y a Italia. La lucha terminó en 1918 cuando los aliados derrotaron a las fuerzas alemanas. Con el *Tratado de Versalles* en 1919, la guerra terminó oficialmente. Una de las guerras más destructivas de la historia europea, la Primera Guerra Mundial dejó a las potencias europeas enormemente debilitadas y con grandes deudas financieras.

Las revoluciones rusas de 1917

Las sublevaciones de los campesinos y de los trabajadores llevaron a dos revoluciones en Rusia en 1917. La primera derrocó al Zar Nicolás II, un monarca absoluto. Un gobierno provisional tomó control pero no logró resolver los problemas que habían llevado a la sublevación: principalmente el efecto devastador de la participación del país en la Primera Guerra Mundial. Vladimir Lenin y un grupo de socialistas revolucionarios llamados los *Bolcheviques* tomaron control. Los Bolcheviques pretendieron convertir a Rusia en una sociedad sin clases sociales llamada la **Unión de Repúblicas Socialistas Soviéticas (URSS)**. Sin embargo, el régimen comunista que crearon se volvió cada vez más autoritario y acabó por controlar la vida económica, social, y política de la nación. Después de la muerte de Lenin, el Bolchevique Joseph Stalin llegó a ser en el dictador de la Unión Soviética. Él gobernó con un control total y frecuentemente brutal. El régimen comunista continuó en el poder hasta que fue derrumbado en 1991.

Segunda Guerra Mundial

La Segunda Guerra Mundial (1939–1945), la guerra más mortal y destructiva de la historia, comenzó entre Alemania y los ingleses y los franceses, pero llegó a incluir a todos los poderes más importantes del mundo. El ascenso del **fascismo**—un término italiano que indica un gobierno totalitario basado en los militares—así como los efectos de la depresión económica impulsaron el conflicto. También, los acuerdos de paz de la Primera Guerra Mundial habían dejado insatisfechos a tres poderes—Alemania, Italia y el Japón—y cada uno quería aumentar su territorio. En Alemania, Adolf Hitler del **Partido Nacional Socialista Alemán (Nazi)**, promovió el orgullo nacional y ofreció a víctimas propiciatorias para los problemas económicos del país: los judíos, la gente de Roma (o gitanos), varios grupos esclavos y los homosexuales. Su política racista llevó a la persecución y al asesinato de millones de personas judías y de otros grupos, una atrocidad ahora conocida como el **holocausto**.

Alemania, con Hitler en el poder, comenzó una campaña agresiva en Europa y acabó por invadir a Checoslovaquia. Hitler luego creó una alianza con Italia y el Japón para formar los **Poderes de Eje.** Cuando Alemania invadió a Polonia, Gran Bretaña y Francia entraron en la guerra. Antes de 1940, la única fuerza aliada que resistió la ocupación alemana era Gran Bretaña. Sin embargo, Gran Bretaña ganó un aliado cuando Alemania invadió a la Unión Soviética en 1941.

Aunque los Estados Unidos al principio trataron de mantener una posición neutral en el conflicto, los acontecimientos impulsaron el país a participar en la guerra. El 7 de diciembre de 1941, en Japón atacó a **Pearl Harbor**, una base militar de los EE.UU. en el Pacífico. El 11 de diciembre, Alemania e Italia le declararon la guerra a los Estados Unidos. Los Estados Unidos se unieron a las fuerzas aliadas y les ayudaron a dirigir la guerra a su favor. En mayo de 1945, Alemania se rindió. En agosto de 1945, los Estados Unidos dejaron caer la primera bomba atómica sobre **Hiroshima**, Japón, y pronto después soltaron otra sobre **Nagasaki**. Cinco días después, Japón se rindió.

La Segunda Guerra Mundial devastó a ciudades enteras, y tanto los civiles como los soldados sufrieron. Decenas de millones de personas fueron matadas. La guerra revolucionó los métodos de guerra con la introducción de las armas nucleares. En términos políticos, perdieron el poder Gran Bretaña y Francia, y los Estados Unidos y la Unión Soviética se emergieron como potencias mundiales. Después de la guerra, la Unión Soviética obtuvo el control de sus zonas de ocupación y tomó poder en Europa del Este. Esta extensión amenazó al Occidente y dio inicio a la **Guerra Fría**, una lucha para el poder entre el occidente capitalista y el bloque comunista que duró hasta 1989.

Ejercicio 3

Use la información del pasaje sobre la Segunda Guerra Mundial para contestar a las preguntas siguientes:

1. ¿Cuál de los siguientes no fue una consecuencia probable de la Segunda Guerra Mundial?
   a. la muerte de millones de personas
   b. el fin del racismo
   c. la destrucción de ciudades
   d. el cambio en la potencia mundial
   e. la amenaza de la guerra nuclear

2. De acuerdo con la información sobre la Segunda Guerra Mundial, ¿cuál de los siguientes es una asunción probable en cuanto a por qué Hitler asumió el poder?
   a. El gobierno totalitario de Hitler ejerció el poder absoluto.
   b. Muchos ciudadanos se opusieron a la subida del partido nazi.
   c. Los alemanes que un líder poderoso que los liberara del caos financiero.
   d. Los alemanes necesitaban un líder para rechazar la agresión británica y francesa.
   e. Las técnicas de propaganda de los Nazis no eran exitosas.

Las respuestas están en la página 434.

▶ Historia estadounidense

Una nueva nación

Después de que Colón aterrizó en las Bahamas en 1492, Europa Occidental comenzó la colonización de las Américas. España, Portugal, Francia, los Países Bajos e Inglaterra tenían extensas tenencias en el Nuevo Mundo. Un grupo de immigrantes ingleses llamados los **Puritanos**—gente que intentaba purificar la Iglesia de Inglaterra—fundó asentamientos en Nueva Inglaterra. Un grupo, conocido como los **Peregrinos**, aterrizó en Plymouth, Massachusetts, en 1620. Estos colonos establecieron la colonia de Plymouth y crearon el ***Acuerdo de Mayflower***, un acuerdo que propuso que los colonos tomaran decisiones por la voluntad de la mayoría. Éste llegó a ser el primer caso de gobierno autónomo en América. En las colonias británicas, las formas de gobierno autónomo se desarrollaron.

La Declaración de Independencia

A mediados del siglo XVIII, Inglaterra y Francia lucharon por la tierra en la parte superior del valle de Ohio en la **guerra francesa e india**. Inglaterra ganó el control de todo el territorio al este del Misisipí, pero la guerra dejó al país profundamente endeudado. Para pagar la deuda, el **Rey George III** y el **Parlamento Británico** establecieron varias maneras de imponer impuestos a los colonos. **El Acto de la Estampilla de 1765** requirió que todos los materiales impresos—periódicos, documentos jurídicos y otros papeles—llevaran una estampilla británica y que los colonos pagaran estos sellos. **Los Actos de Townshend de 1767** impusieron nuevos impuestos en el vidrio, el plomo, las pinturas, el papel y el té. Los comerciantes de Boston comenzaron a boicotear las mercancías inglesas. Cuando tres envíos de té llegaron al Puerto de Boston en 1773, los ciudadanos enojados lanzaron el cargo al agua en un incidente que llegó a ser conocido como el **Motín del té de Boston.**

Para castigar esta protesta, Inglaterra cerró el puerto de Boston y aprobó los **Actos Intolerables**, que limitaron la libertad política de los colonos. Esto llevó a más protestas; y en 1775, una lucha entre los colonos y los británicos marcó el comienzo de la **Guerra Revolucionaria**. Thomas Jefferson elaboró la **Declaración de Independencia**, un documento que describe el ideal americano del gobierno y enumera las injusticias del rey. **El Segundo Congreso Continental**, una reunión de representantes de las 13 colonias, aprobó la declaración el 4 de julio de 1776.

La Constitución de los EE.UU.

Las colonias ganaron su independencia después de siete años de la Guerra Revolucionaria. Los nuevos estados crearon un sistema de gobierno bajo los **Artículos de la Confederación**. Este esquema limitó el poder del gobierno central y permitió que los esta-dos actuaran como naciones separadas. Era un sistema imperfecto, incapaz de abordar asuntos tales como la defensa nacional, el comercio entre los estados y la creación de una moneda común. En 1787, los líderes se reunieron y crearon un nuevo sistema de gobierno, que definieron en la **Constitución de los Estados Unidos.** Los estados aprobaron la Constitución en 1788.

La Constitución esboza los principios fundamentales de la república americana. Define los poderes del congreso, del presidente y del sistema judicial federal, y divide la autoridad en un sistema de **controles y equilibrios** de modo que ninguna rama del gobierno pueda dominar a los otros. Para calmar los miedos de los que creían que un gobierno central interferiría con las libertades individuales, los fundadores de la Constitución agregaron la **Declaración de Derechos**. Estas diez enmiendas a la Constitución salvaguardan los derechos de los ciudadanos, tales como la libertad de expresión, la libertad de la prensa y la libertad de religión. Aprenda más sobre la Constitución en la parte de repaso de estudios cívicas y gobierno en este libro.

Ejercicio 4

Lea la pregunta siguiente y seleccione la mejor respuesta.

1. ¿Cuál de los siguientes era una consideración para crear la Declaración de Derechos?
   a. dividir el poder entre las tres ramas del gobierno
   b. crear un sistema judicial
   c. formar un gobierno central fuerte
   d. ratificar los Artículos de la Confederación
   e. asegurar las libertades de los individuos

La respuesta está en la página 434.

Localismo

A fines del siglo XVII y a principios del siglo XIX, los Estados Unidos ampliaron su territorio. En 1803, el Presidente Thomas Jefferson duplicó el tamaño del país comprando tierra a Francia por medio de la **Compra de Luisiana**. Durante la administración del Presidente James Monroe, la extensión hacia el oeste continuó. Para la década de los años 1840, muchos americanos ya tenían la creencia de que era la voluntad de Dios que los Estados Unidos se extendiera del Océano Atlántico al Pacífico. Esta creencia, conocida como **Destino Manifiesto**, fue utilizada para justificar las anexiones de Tejas, Oregón, Nuevo México y California, lo cual causó la dislocación y la muerte de millones de nativos americanos.

A pesar de este crecimiento y la abundancia creciente del país, las diferencias económicas y culturales entre las regiones se desarrollaron. El **localismo**—cada parte del país estaba apoyando sus propios intereses en lugar del interés nacional—se arraigó. En el Noreste se fundó una economía industrial mientras que el Sur tenía una economía agrícola apoyada por el trabajo de esclavos. Una controversia importante era si los nuevos estados de la Unión se convertirían en estados libres o si permitirían la esclavitud. Un grupo llamado los **abolicionistas** creía que la esclavitud era mala y quería abolirla en toda la nación. En 1857, la **decisión de Dred Scott** por la Corte Suprema aumentó la hostilidad entre el Norte y el Sur. En el caso, Dred Scott, un esclavo, sostenía que como su dueño se había trasladado a un territorio libre, que él también debería ser libre. La Corte dictaminó que los esclavos no eran ciudadanos y, por lo tanto, no podían presentar demandas. Dictaminó también que no podía prohibir que la gente trajera esclavos a territorios libres.

La Guerra Civil

Abraham Lincoln, considerado por el Sur como una amenaza a la esclavitud y a los derechos de los estados de gobernarse, fue elegido presidente en 1860. Once estados sureños se retiraron de la Unión. Formaron un gobierno separado llamado los **Estados Confederados de América**. Aquí está la división entre los estados libres y los estados de esclavos en 1861:

ESTADOS LIBRES

California	Nueva Hampshire
Connecticut	Nueva Jersey
Illinois	Nueva York
Indiana	Ohio
Iowa	Oregón
Kansas	Pensilvania
Maine	Rhode Island
Massachusetts	Vermont
Michigan	Wisconsin
Minnesota	

ESTADOS DE ESCLAVOS

Alabama*	Misisipí*
Arkansas*	Misuri
Delaware	Carolina del Norte*
Florida*	Carolina del Sur*
Georgia*	Tennessee*
Kentucky	Tejas*
Luisiana*	Virginia*
Maryland	

TERRITORIOS

Colorado	Nevada
Dakota	Nueva México
Indiana	Utah
Nebraska	Washington

Estados confederados

En 1861, los soldados confederados hicieron fuego sobre el Fuerte Sumter (Carolina del Sur) y la Guerra Civil comenzó. La "Guerra Entre Los Estados" duró cuatro años y acabó por matar a más de 600,000 personas. También destruyó aproximadamente de $5 mil millones en propiedades. La guerra terminó en 1865 después de la entrega de Robert E. Lee, el general más importante de la Confederación. Cuatro millones de esclavos fueron liberados durante el período de **Reconstrucción** que siguió la guerra. Cinco días después de la victoria norteña, un simpatizante confederado asesinó al Presidente Lincoln. El resentimiento y la división entre el Sur y el Norte continuaron por décadas después del fin de la guerra.

Gran negocio

Desde 1860 hasta el próximo siglo, los Estados Unidos experimentaron una explosión de la industrialización. Tanto como la **Revolución Industrial** había cambiado a Europa, alteró también la forma de vida en la nueva nación. Los recursos naturales abundantes, los adelantos tecnológicos, la extensión del ferrocarril, y una nueva oleada de inmigrantes en la mano de obra hicieron posible el crecimiento industrial. Los negocios comenzaron a operar sobre áreas geográficas amplias y crecieron y se convirtieron en corporaciones grandes. Los magnates de la industria del acero y del petróleo, tales como Andrew Carnegie y John D. Rockefeller, controlaron una gran parte del mercado. Los industriales poderosos apoyaban la política de *liberalismo*: Creían que el gobierno no debía intervenir en el negocio.

La producción en gran escala cambió el lugar de trabajo. Los trabajadores eran más probables de trabajar en fábricas grandes que en talleres pequeños. Las máquinas y los trabajadores no especializados substituyeron a trabajadores especializados para mantener los costos bajos. Muchos trabajaban horas largas y hacían trabajo monótono en condiciones peligrosas. Consecuentemente, los **sindicatos nacionales** comenzaron a formarse para proteger los derechos de los trabajadores. El primer sindicato nacional fue los **Caballeros del Trabajo**, el cual se organizó en 1869. En 1886, la **Federación Americana del Trabajo (AFL)** se formó y ensambló una red de uniones locales. Llevado por Samuel Gompers, un fabricante del cigarro inmigrante, la unión ejerció presión para mejoras con respecto a las horas, a los salarios y a las condiciones de trabajo. Los reformadores, llamados los **Progresistas**, querían limitar el poder del gran negocio y proteger a los trabajadores. Entre otras metas, los reformadores progresivos querían terminar el trabajo de menores de edad e implementar un salario mínimo. Con sus esfuerzos, el gobierno a nivel local, estatal, y nacional comenzó a regular el mundo del negocio. Aprenda más acerca de los sindicatos en el repaso de la economía de este libro.

Ejercicio 5

Utilice la información sobre el gran negocio para seleccionar la mejor respuesta para cada pregunta.

1. ¿Cuáles de los lemas siguientes cree usted que el industrial John D. Rockefeller hubiera apoyado?
   a. Vivir libre o morir
   b. Nuestra unión, nuestra voz
   c. Salarios iguales por trabajos iguales
   d. El mejor gobierno es el que gobierna menos
   e. Gobierno grande

2. ¿Cuál de los siguientes no fue una meta de los Progresistas?
   a. mejorar la seguridad de los trabajadores
   b. detener la legislación anticompetitiva
   c. aumentar la regulación gubernamental
   d. prohibir el trabajo de menores de edad
   e. establecer un salario mínimo

Las respuestas están en la página 434.

La Gran Depresión

En la década de los años 1920, el país disfrutó de un período próspero. El negocio se amplió y los inversionistas especulaban en la bolsa; frecuentemente pedían préstamos a través del crédito fácil para comprar acciones de una compañía. El dinero fluía hacia adentro de la bolsa hasta el 24 de octubre de 1929, cuando se derrumbó el mercado. Los inversionistas perdieron su fortuna de un día a otro; los negocios comenzaron a cerrarse y despidieron a los trabajadores; los bancos se cerraron. **El desplome de la bolsa de 1929** marcó el inicio de la **Gran Depresión**, la cual duró a través de la década de los años 1930. Antes de 1933, la tasa de desempleo alcanzó el 25%; más de 5,000 bancos se cerraron; y más de 85,000 negocios habían fallado.

Elegido en 1932, el Presidente Franklin D. Roosevelt comenzó un esfuerzo de auxilio para restablecer la economía y para socorrer a la gente que sufría los efectos de la depresión. Él nombró a su programa el **Nuevo Contrato**. En lo que ahora se conoce como los **Primeros Cien Días**, Roosevelt y el Congreso aprobaron una legislación importante que salvó los bancos del cierre y recuperó la confianza popular. La nota de recuadro siguiente enumera algunas de las medidas importantes aprobadas en 1933, el primer año de la presidencia de Roosevelt.

El Nuevo Contrato llevó ayuda, pero no terminó la depresión. La economía no se recuperó hasta que la nación entró en la Segunda Guerra Mundial en la década de los años 1940. Sin embargo, el Nuevo Contrato tenía efectos que duraron mucho tiempo: Amplió los poderes del gobierno central para regular la economía, y creó los programas de la "red de seguridad" que asistirían a ciudadanos.

El nuevo contrato

Acto de Ajuste Agrícola—pagó a los granjeros para que retardaran su producción para estabilizar los precios de los alimentos

Acto de Recuperación Industrial Nacional—esbozó códigos para la competencia justa en la industria

Comisión de Seguridades e Intercambio—establecido para regular la bolsa

Corporación Federal de Seguro de Depósitos—en caso de que los bancos fallen

La Administración de Obras Públicas—construyeron caminos, edificios públicos, presas

La Autoridad del Valle de Tennessee—llevó energía eléctrica a partes del sureste

Una era de extensión de los derechos

El siglo XX expandió los derechos y las libertades civiles para una amplia gama de ciudadanos americanos, una tendencia que aceleró mientras el siglo progresaba. A principios del siglo, el **Movimiento Progresivo** les dio a los votantes más poder sobre su gobierno por medio de la introducción de la **iniciativa de balota**, la cual permitió que los votantes propusieran nuevas leyes; **el referéndum**, el cual dio al público el poder de votar sobre nuevas leyes; y **la destitución**, la cual permitió que los votantes despidieran a oficiales elegidos de su oficina antes de que sus mandatos terminaran. También hicieron campaña para una enmienda constitucional para permitir la elección directa de los senadores de los E.E.U.U. (anteriormente, los gobiernos estatales elegían a los senadores) y tuvieron éxito. Las mujeres recibieron **sufragio** (el derecho de votar) en 1920 con una enmienda a la Constitución. Durante la década de los años 1930, Franklin D. Roosevelt tomó varias medidas que aumentaron los derechos de los trabajadores de organizarse, especialmente por medio de la creación de la **Junta Nacional de Relaciones Laborales**.

Los afroamericanos emprendieron una lucha larga por los derechos iguales a través del siglo XX, con frecuencia frente a la oposición violenta. Los adelantos llegaron lentamente. El Presidente Truman integró a los militares en 1948, en parte como respuesta al valor de los soldados afroamericanos durante la Segunda Guerra Mundial. El progreso se aceleró durante la década de los años 1950, primero cuando la Corte Suprema dictaminó en la *Brown v. Dirección de Educación* que las escuelas segregadas iban en contra de la Constitución, y luego con el **Boicoteo del Autobús de Montgomery**, durante el cual los afroamericanos en Montgomery, Alabama, boicotearon el sistema de autobuses para protestar la segregación en el transporte público. El boicoteo fue chispeado por la detención de **Rosa Parks**; el boicoteo, que duró por un año, ayudó a elevar a uno de sus líderes, **Martin Luther King, Jr.**, a una posición de dirección nacional en el movimiento de los derechos civiles. El éxito del boicoteo estimuló a activistas de los derechos civiles a otros actos de **desobediencia civil**, la infracción pacífica de leyes en un esfuerzo por llamar la opinión pública a su causa. El movimiento de los derechos civiles dio lugar a algunas victorias dramáticas, por ejemplo, la aprobación de la legislación importante de los derechos civiles en la década de los años 1960 que trataron de la discriminación en la votación, la vivienda y el empleo.

Los indios americanos también trataron de reparar los males del pasado durante la década de los años 1960. A través de gran parte del siglo XX, la política federal hacia los indios americanos era promulgar su asimilación en la corriente dominante de los EE.UU. **El Movimiento Indio Americano (AIM)**, fundado en 1968, intentó contradecir esa política para reforzar la autonomía y el orgullo de los indios americanos. Hizo campaña para obligar al gobierno federal que honre los tratados del pasado con las tribus indias americanas, que proporcione ayuda para los indios dañados por políticas anteriores del gobierno y que respete la autonomía de los gobiernos tribales. El movimiento recibió atención nacional como resultado de su conexión al **sitio en Wounded Knee**, un empate de 71 días entre Oglaga Sioux y las tropas federales. A través de su historia, la AIM ha continuado utilizando la confrontación, a veces violenta, para alcanzar sus metas. Otros grupos de apoyo se han emergido para proteger los derechos legales y económicos de los indios americanos, con cierto éxito.

La década de los años 1960 era también una época de extensión de los derechos para las mujeres americanas. **El movimiento feminista** llamó la atención a la discriminación contra las mujeres en la educación, el lugar de trabajo, el mundo financiero y el sistema legislativo; también se luchó contra creencias muy prevalentes de que las mujeres eran en cierto modo menos eficaces que los hombres. El movimiento disfrutó de muchos éxitos en el cambio de actitudes sociales hacia las mujeres, aunque falló en sus esfuerzos para conseguir una enmienda constitucional (llamada **la enmienda de derechos iguales**) que les garantizaría los derechos iguales a todas las mujeres.

37 ▶ Educación cívica y gobierno

Las preguntas de la educación cívica y del gobierno sobre el examen de estudios sociales del GED vendrán de contextos nacionales (americanos) y globales, así que usted debe estar preparado para contestar a una gran variedad de preguntas.

E N ESTE CAPÍTULO, usted aprenderá acerca de las ideas básicas de la educación cívica (los derechos y las responsabilidades de los ciudadanos) y del gobierno (la manera en que el poder político se organiza y se distribuye). Después de una descripción de los diversos tipos de sistemas políticos que existen en otros países, usted revisará el sistema de gobierno americano: su estructura a nivel federal, estatal y local; partidos políticos; procedimientos de la votación y de la elección; las maneras en que los individuos y los grupos influencian al gobierno aparte de la votación; y el proceso de llegar a ser un ciudadano americano.

▶ Sistemas políticos

Se pueden encontrar diversos tipos de sistemas políticos en todo el mundo. Estos tipos se diferencian con respecto a cómo se consigue y se utiliza el poder. Vea la gráfica en la página siguiente.

TIPO DE GOBIERNO	CARACTERÍSTICAS	EJEMPLOS
Monarquía	■ Una persona de una familia real es la regla. ■ El poder es heredado de la generación a la generación. ■ *Los monarcas absolutos* tienen autoridades completas. ■ *Monarcas constitucionales* han limitado autoridades; una democracia representativa gobierna.	■ Arabia Saudí ■ Marruecos *Monarquía absoluta:* ■ Swazilandia *Monarquías constitucionales:* ■ Gran Bretaña ■ Japón ■ Suecia
Dictadura	■ Es gobernado por un líder que tiene el poder absoluto sobre muchos aspectos de la vida, incluso social, económico y político. ■ El líder no es decidido por la gente.	■ Nazi (Nacionalsocialista) gobierno de Adolf Hitler ■ General Augusto Pinochet en Chile de 1973–1990
Oligarquía	■ Es gobernado por un pequeño grupo de clase alta. ■ Los líderes no son decididos por la gente.	■ Ciudad-estado de Esparta en Grecia antigua
Democracia	■ En la *democracia directa*, las decisiones son tomadas por la gente. ■ En la *democracia representativa*, la gente decide a funcionarios para representar sus vistas.	*Democracias representativas:* ■ Estados Unidos ■ Canadá ■ La mayoría de las naciones europeas

Ejercicio 6

Utilice la información de la gráfica para contestar a las preguntas siguientes:

1. Un líder militar utiliza su poder para derrocar al gobierno de un país y tomar control absoluto. Él asume el control de las estaciones de televisión y de los periódicos de toda la nación. ¿Qué tipo de gobierno se ha establecido?
   a. monarquía absoluta
   b. dictadura
   c. oligarquía
   d. democracia directa
   e. democracia del representante

2. ¿En cuáles de los sistemas políticos siguientes tendrían los ciudadanos más influencia sobre la legislación?
   a. monarquía absoluta
   b. dictadura
   c. oligarquía
   d. democracia directa
   e. democracia representativa

Las respuestas están en la página 435.

El sistema de gobierno americano

Los Estados Unidos es una **república federal**—una democracia representativa en la cual el poder se divide entre un gobierno central y los estados. Bajo el sistema federal, ciertos poderes son el dominio exclusivo del gobierno federal, por ejemplo, la declaración de guerra, la política exterior que conduce, la impresión de dinero, y la regulación del comercio internacional y de un estado a otro. Otros poderes pertenecen exclusivamente a los estados, como la regulación de negocio interior y la publicación de licencias. Se comparten ciertos poderes. Por ejemplo, tanto el gobierno federal como los gobiernos estatales pueden recoger impuestos, construir caminos y conducir juicios. De vez en cuando, esto da lugar a conflictos entre el gobierno nacional y los gobiernos estatales.

Las reglas que explican los poderes y los límites del poder del gobierno de los EE.UU. se explican en la **Constitución de los Estados Unidos**, la cual es la legislación nacional más alta. Para no concentrar el poder en una sola autoridad, el gobierno central o federal, se divide en tres ramas: **legislativo**, **ejecutivo** y **judicial**. Cada rama tiene una función importante:

- La rama legislativa **hace las leyes**.
- El poder ejecutivo **ejecuta las leyes**.
- La rama judicial **interpreta las leyes**.

Los poderes de cada rama son protegidos por el principio de **separación de poderes**, la cual se presenta en la Constitución de los EE.UU.

La Constitución de los EE.UU. también permite que cada rama ponga controles o límites en el poder de las dos otras ramas, de modo que ninguna rama domine. Este esquema se llama el **sistema de controles y equilibrios**. Por ejemplo, la legislatura (el Congreso de los EE.UU.) puede aprobar un proyecto de ley, pero antes de que pueda llegar a ser ley, el ejecutivo (el Presidente) debe firmarlo. El presidente puede rechazarlo vetándolo. Sin embargo, el Congreso puede todavía convertir el proyecto en ley en una acción llamada **anular el veto**—si las dos terceras partes de sus miembros votan a favor. Asimismo, la rama judicial tiene el poder de derribar una ley declarándola inconstitucional; la legislatura puede responder aprobando una nueva ley que se adhiera al fallo de la corte, o puede intentar iniciar una **enmienda**, o cambio, a la Constitución. (Vea la tabla siguiente.)

Estructura de gobierno federal

Poder ejecutivo	El presidente Vicepresidente Agencias Departamentos	■ Un presidente es decidido por los votos para el término de cuatro años. ■ Un presidente no puede servir más de dos términos. ■ El vicepresidente se hace el jefe de estado si el presidente se hace minusválido o muere en el poder. ■ Las agencias realizan unas políticas presidenciales y proporcionan servicios especiales. ■ Las cabezas de departamento aconsejan a un presidente y realizan políticas.
Poder legislativo	Congreso Estadounidense: Cámara de Representantes Senado	■ El número de representantes para cada estado está basado en la población de aquel estado. ■ Los representantes sirven términos de dos años. ■ Cada estado tiene a dos senadores. ■ Los senadores sirven términos de seis años.
Rama judicial	Corte Suprema Estadounidense Tribunal superior de Peticiones Tribunales de Distrito Federales	■ La Corte Suprema Estadounidense es el tribunal más alto en la nación. ■ El presidente designa las nueve justicias de la Corte Suprema. ■ El término es para la vida.

La Constitución se describe a menudo como un "documento vivo," lo que significa que está abierta a la interpretación. La Constitución presenta principios amplios pero no entra en detalles muy específicos; así, las preguntas de precisamente cuáles poderes están reservados a cada rama del gobierno y de los derechos de la gente y de los estados según la Constitución están frecuentemente abiertos a discusión. A través de la historia americana, el poder de cada rama del gobierno con respecto a los otros ha fluido y refluido; todo depende de las circunstancias históricas y de los individuos a cargo de cada rama. Durante las épocas de guerra y otras crisis nacionales, el **poder ejecutivo** ha tendido a ampliarse. Después de los períodos en los cuales el ejecutivo se extralimita—por ejemplo, la presidencia de Richard Nixon—el poder ejecutivo se debilita posteriormente, y la rama legislativa gana poder. El poder de la judicatura depende en gran parte de cómo los jueces interpretan sus poderes.

El hecho de que la Constitución se puede cambiar por medio de enmiendas es otro motivo para describirla como un documento vivo. La Constitución se ha enmendado 27 veces a lo largo de la historia americana. Las diez primeras enmiendas se agregaron pronto después de la ratificación de la Constitución; en su conjunto, se conocen como la **Declaración de Derechos**. Estas enmiendas protegen los derechos de los individuos contra el gobierno federal. Estas protecciones incluyen lo siguiente:

- el derecho de practicar su religión libremente
- el derecho a la libertad de expresión
- el derecho a una prensa libre
- el derecho de llevar armas de fuego
- el derecho de reunirse y de solicitar al gobierno
- el derecho a un juicio justo y sin demoras
- el derecho a la representación de un abogado
- el derecho de saber de qué crimen se le acusa

- protección en contra de ser enjuiciado dos veces por el mismo crimen
- protección contra la fianza excesiva y/o el castigo cruel y excepcional

Las dos enmiendas finales a la Declaración de Derechos refuerzan la noción de que el gobierno nacional de los EE.UU. es un gobierno limitado. La novena enmienda indica que los ciudadanos de los EE.UU. tienen derechos más allá de ésos descritos en las ocho primeras enmiendas; es decir que el gobierno no puede negar un derecho individual simplemente porque no se menciona en la Declaración de Derechos. La décima enmienda indica que cualquier poder no específicamente concedido al gobierno federal por la Constitución pertenece a los estados o a la gente, y no al gobierno federal.

Es bueno que la Constitución se pueda cambiar, porque el documento original tenía algunos defectos serios. Permitió la esclavitud, por ejemplo. También permitió que los estados negaran el derecho de votar en base a la raza y al sexo. Las enmiendas a la Constitución corrigieron estas imperfecciones y otras, aboliendo la esclavitud (1865), prohibiendo la discriminación racial en los derechos al voto (1870), concediendo a las mujeres el derecho de votar (1920), limitando el número de mandatos que el Presidente puede servir (1951), prohibiendo impuestos de votación como medio de evitar que los ciudadanos voten (1964) y reduciendo la edad para votar de 21 a 18 años (1971). Las enmiendas a la Constitución han limitado el poder federal y/o han ampliado generalmente los derechos de ciudadanos individuales.

Gobiernos estatales y locales

Los gobiernos estatales se asemejan al gobierno federal en su estructura. El gobernador actúa como el ejecutivo y puede vetar la legislación. La mayoría de los estados tienen legislaturas compuestas de dos entidades, y cada estado tiene su propio sistema judicial, constitución, y sistema de controles y equilibrios.

Los gobiernos locales varían del modelo estatal y federal. Hay tres formas básicas de gobierno local:

1. **Alcalde-Ayuntamiento**—en esta forma, los votantes eligen al alcalde como el ejecutivo del pueblo o de la ciudad, y eligen a un miembro del ayuntamiento de cada distrito electoral específico.

2. **Ayuntamiento-gerente**—en esta forma, los votantes eligen a miembros del ayuntamiento, los cuales, sucesivamente, contratan a un gerente para manejar las operaciones cotidianas de la ciudad o del pueblo.

3. **Comisión**—en esta forma, los votantes eligen a comisiones para dirigir un departamento de la ciudad o del condado, tales como los departamentos de los bomberos, la policía, o las obras públicas.

Los gobiernos estatales deben aprobar y conceder poder, u **otorgar una carta**, a todos los gobiernos de los pueblos y ciudades.

Partidos políticos

Aunque la Constitución de los EE.UU. no menciona la existencia de partidos políticos, éstos han desempeñado un papel influyente durante la mayor parte de la historia del país. Un partido político es una organización que presenta sus posiciones respecto a los asuntos públicos y promueve a candidatos que apoyan su punto de vista. Los partidos políticos tienen varias funciones:

- reclutar a candidatos y manejar las campañas electorales
- formular posiciones respecto a los asuntos que afectan al público y proponer soluciones
- educar al público respecto a los asuntos
- movilizar a sus miembros para votar
- crear bloques de votación en el Congreso

Desde mediados del siglo XIX, dos partidos políticos han dominado la política americana: los Republicanos y los Demócratas. Los dos partidos se diferencian con respecto a la política social, económica y doméstica. También tienen diversas creencias en cuanto al papel del gobierno. **El Partido Republicano** apoya a gobiernos estatales relativamente poderosos con menos poder a nivel federal, mientras el **Partido Demócrata** apoya a un gobierno centralizado fuerte con menos poder a nivel estatal. Otras organizaciones políticas actuales incluyen los **Partidos Verde**, **Libertario**, **Reforma** y **Socialista**.

Ejercicio 7

Elija la mejor respuesta basada en la información proporcionada sobre los partidos políticos.

1. ¿Cuál de las siguientes conclusiones sobre los partidos políticos es mejor apoyada por el pasaje?
   a. Deben ser proscritos porque no se mencionan en la Constitución.
   b. Los **No-se-sabe-nadas** y los Whigs son partidos políticos todavía influyentes hoy en día.
   c. Los partidos políticos tienen un papel influyente en el proceso político de hoy en día.
   d. Es difícil distinguir el Partido Demócrata del Partido Republicano hoy en día.
   e. Los candidatos de tercera persona pueden alterar el resultado de una elección.

Las respuestas están en la página 435.

Votación y elecciones

Para votar en los Estados Unidos, una persona debe tener 18 años y ser ciudadano de los EE.UU. Las elecciones presidenciales ocurren todos los cuatro años, y las elecciones del Congreso se celebran todos los dos años. La mayoría de las elecciones nacionales de los Estados Unidos utilizan un **sistema de pluralidad**, lo cual significa que un candidato sólo tiene que recibir más votos que su opositor para ganar. En cambio, algunas naciones europeas tienen **representación proporcional**. En este sistema, si un partido político gana el 15% del voto, sería concedido el 15% de los escaños.

En los Estados Unidos, las **elecciones primarias** se celebran antes de las elecciones generales. En las primarias, los votantes dan su preferencia por el candidato de un partido político. **Las elecciones generales** entonces determinan al ganador final. En los Estados Unidos, la elección presidencial es única en el sentido de que el voto popular no determina necesariamente el resultado de la elección general. Eso es porque realmente el Presidente es elegido por el **colegio electoral**, un cuerpo representativo asignado por mandato Constitucional al que los estados envían a delegados. Los estados están libres de asignar sus votos electorales como les convenga; actualmente, todos los estados menos dos utilizan un sistema de "ganador queda con todo," lo cual significa que un candidato presidencial que gana la elección estatal para la presidencia recibe los votos electorales de todo el estado. Bajo este sistema, es posible que un candidato gane la presidencia incluso si él o ella pierde el voto popular a escala nacional. De hecho, esto ha sucedido tres veces en la historia de los EE.UU.—en 1876, 1888 y 2000.

Ejercicio 8

Las preguntas 1 y 2 se basan en el mapa siguiente:

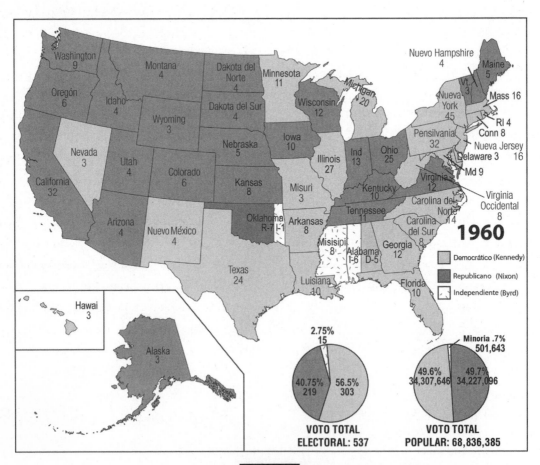

1. Este mapa demuestra los resultados del voto popular y electoral en la elección presidencial de 1960. ¿Cuáles de las conclusiones siguientes apoya el mapa?

   a. El ganador del voto popular siempre gana el voto electoral.

   b. El voto electoral es una reflexión más exacta de la voluntad de la gente que el voto popular.

   c. Si Richard Nixon hubiera ganado los diez votos electorales de Luisiana en vez de Kennedy, Nixon habría ganado la elección.

   d. Todos los estados sureños apoyaron a Kennedy en la elección de 1960.

   e. Los resultados del voto electoral pueden distorsionar los resultados del voto popular.

2. Según el mapa, ¿cuál estado no utilizó un sistema de "ganador queda con todo" para asignar sus votos electorales en 1960?

   a. Nueva York

   b. Oklahoma

   c. Tennessee

   d. Virginia

   e. Wyoming

Las respuestas están en la página 435.

Grupos de interés, cabilderos y CAPs

La votación y las elecciones no son las únicas maneras de influenciar al sistema político americano. Los ciudadanos suelen unirse alrededor de causas y metas comunes y los **grupos de interés** se forman. Estos grupos trabajan para influenciar al gobierno con respecto a un asunto particular o un sistema de asuntos relacionados. Los grupos de interés incluyen la Asociación Nacional de Rifles, que promueve los derechos a las armas de fuego; la Asociación Nacional para el Adelanto de la Gente Coloreada (NAACP),

que promueve un sistema de asuntos que afectan a la comunidad afroamericana; Trabajadores Unidos de Automóviles, un sindicato que defiende los intereses de los empleados de las fábricas de automóviles; el Comité Nacional por el Derecho a la Vida (NRLC), que se opone a los derechos al aborto; y muchísimos otros. Los grupos que representan los negocios y a los trabajadores, así como los grupos religiosos, los grupos raciales y étnicos, e incluso los intereses de gobiernos extranjeros intentan influenciar cómo el gobierno americano funciona.

Una de las maneras principales en que los grupos de interés influencian al gobierno está a través de los **cabilderos**. Los cabilderos son representantes profesionales de los grupos de interés. Su trabajo es convencer a los legisladores para que escriban, endosen y aprueben leyes; acanalen donaciones políticas a los candidatos que apoyan sus causas; presenten acciones legales que protegen y representan las metas de su grupo; y hagan campañas de relaciones públicas para llamar al público americano a su lado respecto a un asunto.

Ya que las campañas políticas son extremadamente costosas, los candidatos deben pasar mucho tiempo recaudando fondos. **Los comités de acción política (CAPs)** son grupos de personas unidos por un interés especial o un sistema de asuntos. Recaudan fondos y los donan a las campañas de los candidatos que defienden sus metas. CAPs funcionan bajo ciertas restricciones diseñadas para que no ejerzan demasiada influencia sobre las elecciones, pero son muy poderosos de todos modos. Poderosos también son los **grupos de 527**, nombrados por la cláusula en el código impositivo federal que les permite que trabajen bajo un estatus libre de impuestos. Estos grupos tienen menos restricciones de gastos, pero pueden gastar solamente por campañas que promueven asuntos específicos; no pueden hacer anuncios para o en contra de un candidato específico. Algunos grupos de 527 han encontrado resquicios en estas regulaciones que les permiten que desempeñen un papel significativo en las campañas electorales.

Llegando a ser ciudadano americano

Los inmigrantes vienen a los Estados Unidos por muchas razones: Algunos buscan la oportunidad económica, mientras que otros desean escaparse de la persecución política en sus países nativos. Las ventajas de la ciudadanía estadounidense incluyen el disfrutar de las libertades y de los derechos garantizados por la Constitución. Para llegar a ser ciudadano, una persona debe postularse, aprobar un examen, y presentarse a hacer una declaración judicial. El proceso de llegar a ser ciudadano, también llamado **naturalización**, es conducido por el **Servicio de Ciudadanía e Inmigración de los Estados Unidos** (USCIS, conocido antes como el Servicio de Inmigración y Naturalización o el INS para abreviar). A continuación están algunos de los requisitos para la ciudadanía. Los candidatos deben:

- tener por lo menos 18 años de edad
- residir legalmente en los Estados Unidos por cinco años
- ser una persona de buen carácter moral
- entender y poder comunicarse en inglés básico
- demostrar un conocimiento básico de la historia de los EE.UU., el gobierno y la Constitución
- estar dispuesto a prestar un juramento de lealtad a los Estados Unidos

38 ▶ Economía

En el examen de estudios sociales del GED, las preguntas sobre la economía tratarán de la oferta y la demanda, de la inflación y la deflación y de los sistemas económicos. Muchas preguntas de la economía le pedirán que interprete y analice una carta o gráfica, así que la práctica en trabajar con medios visuales será útil en su preparación.

LA ECONOMÍA SE DEFINE como el estudio de las maneras en que las mercancías (y los servicios) se compran, se venden, se distribuyen y se utilizan. Las preguntas de la economía en el examen de estudios sociales del GED requerirán que usted tenga un buen entendimiento de la relación entre la oferta y la demanda, la recesión y la depresión, cómo se mide el desarrollo económico y cómo el gobierno de los EE.UU. está implicado en la economía de la nación.

▶ Escasez

La escasez es el concepto central de la economía. Desafortunadamente, no tenemos ni tiempo ni recursos ilimitados; es imposible estudiar para el GED y jugar al baloncesto al mismo tiempo. Por esa misma razón, es imposible comprar todos los bienes de consumo y servicios disponibles. Hay límites respecto a nuestro tiempo y dinero, y por eso debemos tomar decisiones. La economía estudia los factores que determinan cómo los individuos y los negocios toman estas decisiones (este campo de la economía se llama

microeconomía). También estudia la manera en que la economía en su conjunto se comporta en respuesta a decisiones individuales, decisiones del negocio, la intervención del Gobierno, el comercio internacional y otras influencias en gran escala (este campo de la economía se llama **macroeconomía**).

TIPO	CARACTERÍSTICAS	EJEMPLOS
Capitalismo	■ Los individuos y las organizaciones privadas poseen y hacen funcionar negocios. ■ El libre mercado determina la producción y la distribución de bienes y servicios. ■ Precios puestos por oferta y demanda.	■ Estados Unidos
Socialismo	■ El estado posee y hace funcionar muchos negocios y servicios. ■ La propiedad privada es permitida. ■ Los ciudadanos pagan impuestos altos para financiar la asistencia social estatal, incluso asistencia médica, alimento y alojamiento.	■ Suecia
Comunismo	■ El estado, o la comunidad, poseen todos los negocios. ■ Distribución de control estatales de bienes y servicios. ■ El estado proporciona la asistencia social.	■ La República de la Gente de China ■ Cuba ■ Antigua Unión Soviética

▶ Tipos de sistemas económicos

En términos políticos, hay tres sistemas económicos básicos que funcionan en las naciones modernizadas del mundo: **capitalismo**, **socialismo** y **comunismo**. La tabla enumera las características de definición de cada uno. Ninguno de estos sistemas existe en forma pura; los estados capitalistas modernos típicamente también permiten en algunas ocasiones el planeamiento y la intervención por parte del gobierno, mientras que los estados comunistas se han vuelto más abiertos al intercambio libre y al permitir que los ciudadanos se beneficien de sus negocios en los últimos años.

Los términos *capitalismo*, *socialismo* y *comunismo* describen sistemas económicos, pero no son los términos que prefieren los economistas. Los economistas prefieren los términos **economía de mercado**, que describe un sistema económico donde los precios, los salarios y la producción son fijados por los mercados; **economía de comando**, que describe un sistema económico en que el gobierno planea la producción; y la **economía tradicional**, que describe un sistema económico en que ciertos trabajos se reservan a ciertas clases de la sociedad (el feudalismo es un ejemplo histórico de una economía tradicional). Casi todas las economías mundiales son **economías mezcladas** porque combinan en diversos grados los elementos de las economías de mercado, de comando y tradicionales.

Considere los Estados Unidos. En muchos sectores, los Estados Unidos permiten que los mercados determinen la cantidad de mercancías producidas, el precio de las mercancías, y los salarios pagados a los trabajadores. Sin embargo, el gobierno impone un **salario mínimo** que previene que los patrones paguen a los trabajadores un salario injusto, del cual no se puede sobrevivir. El gobierno también interviene para proporcionar los bienes y los servicios que el mercado no proporcionará porque no son suficientemente rentables. El seguro médico y la vivienda para los pobres son dos sectores en los cuales el gobierno interviene. Así, la economía de los EE.UU. es una economía mezclada donde los mercados generalmente, pero no siempre, dirigen la actividad económica.

Las economías de comando han estado desapareciendo del mundo desde la desaparición de la Unión Soviética. Corea del Norte es una de las pocas economías de comando restantes del mundo. Como todas las decisiones económicas, desde el desarrollo de las materias primas a la producción, al envío y a las ventas al menudeo, son tomadas por el gobierno de manera centralizada, las economías de comando carecen de eficacia. Son caracterizadas por la escasez frecuente de mercancías, el subempleo y el desarrollo económico pobre.

▶ Microeconomía

El mercado

En las economías donde predominan las características de una economía de mercado como la de los Estados Unidos, los precios son determinados por el principio de **la oferta y la demanda. La oferta** es la cantidad de bienes y de servicios disponibles para la compra. **La demanda** se determina a base de cuántas personas quieren comprar esos bienes y servicios. Generalmente, cuando la demanda se aumenta, la oferta se aumenta porque más productores quieren entrar en el mercado. De la misma manera, cuando la demanda se disminuye, la oferta se disminuye porque los productores dejan de fabricar el producto impopular y en su lugar comienzan a fabricar algo que pueda tener mejores ventas.

Los productores y los consumidores actúan por su propio interés. Los negocios intentan obtener un **beneficio**, una cantidad de dinero más de lo que en realidad cuesta para fabricar un producto o para entregar un servicio. Así, cobrarán el precio más alto posible que puedan recibir por sus mercancías o sus servicios. Los consumidores, por otra parte, buscan el precio más bajo que puedan encontrar. Esto, junto con la competición entre los productores para los dólares del consumidor, es lo qué conduce a precios bajos. (Cuando no hay competencia, no existe ninguna fuerza para conducir a precios bajos. Los negocios que controlan un mercado—llamados **monopolios**—pueden esencialmente fijar los precios a cualquier nivel que deseen.)

Cuando las compañías hacen la cantidad exacta de un producto o servicio a un precio que los clientes están dispuestos a pagar, han alcanzado un punto de **equilibrio**. Si el precio es mayor que el punto de equilibrio, la demanda se cae y puede haber un **exceso**, lo cual ocurre cuando hay más mercancías producidas de las que los clientes están dispuestos a comprar. Si el precio se cae debajo del punto de equilibrio, la demanda puede aumentar y crear una **escasez** en la oferta.

Por ejemplo, la compañía X está introduciendo un nuevo modelo de teléfono celular, el XLZ. (Vea la gráfica en la página 406.) El negocio quiere descubrir el punto de equilibrio, de modo que no haya ni exceso ni escasez del producto. Para cubrir sus gastos y lograr un beneficio, la compañía X puede ofrecer 10 teléfonos por $1,100. Cuando el precio se aumenta, la compañía puede ofrecer más teléfonos para vender. Sin embargo, pocos clientes están dispuestos a pagar los precios altos por los teléfonos. Mientras el precio se cae, la demanda se aumenta.

Ejercicio 9

Refiérase a la gráfica "curvas de la oferta y de la demanda para el teléfono celular XLZ" para contestar a las preguntas siguientes:

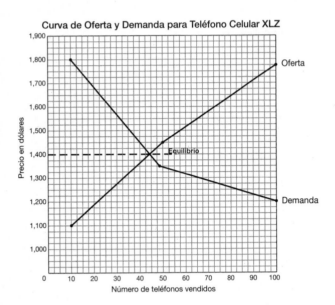

Curva de Oferta y Demanda para Teléfono Celular XLZ

1. ¿A qué precio está la oferta del teléfono celular de modelo XLZ igual a la demanda?
   a. $1,400
   b. $1,300
   c. $1,250
   d. $1,500
   e. $1,550

2. Si el precio de mercado para el teléfono celular de modelo XLZ se aumentara a $1,600, ¿cuál sería el resultado?
   a. A las tiendas muy pronto se les agotaría el producto
   b. La demanda se disminuiría.
   c. El fabricante no podría cumplir con la demanda.
   d. El fabricante produciría el modelo de teléfono celular a la misma tasa de rapidez.
   e. El fabricante se iría a la quiebra

Las respuestas están en la página 435.

Trabajo

Los negocios no son solamente vendedores en el mercado; son también compradores. Los fabricantes deben comprar mercancías crudas y maquinaria para producir sus productos. Los minoristas deben comprar mercancías al por mayor para vender en sus almacenes. Todos los negocios necesitan contratar a trabajadores para hacer que sus negocios funcionen. El término **mercado laboral** describe la competencia por los trabajadores.

Como en otros mercados, el mercado laboral es dirigido por la oferta y la demanda. Los trabajos para los cuales hay mucho más empleados potenciales que posiciones—trabajos de servicio con sueldos bajos en restaurantes de comida rápida, por ejemplo-pagan mal y típicamente ofrecen pocos o ningunos **beneficios** tales como vacaciones pagadas, seguro médico, y entrenamiento del desarrollo profesional. Los trabajos que requieren habilidades sumamente especializadas típicamente tienen pocos candidatos convenientes, y por eso ofrecen un sueldo alto y beneficios atractivos. En cada caso, el patrón intenta pagar al trabajador lo suficiente para que esté satisfecho (y así permanezca con el empleo y realice bien sus funciones) mientras que todavía maneja el negocio de una manera rentable.

Los trabajadores deben estipular con los patrones para su sueldo y sus beneficios. Para consolidar su posición negociadora, algunos trabajadores forman los **sindicatos** que negocian los contratos para todos los miembros en un proceso llamado **negociación colectiva**. Cuando el patrón y el sindicato no pueden llegar a un acuerdo, el sindicato puede convocar una **huelga**, lo cual significa que los trabajadores cesan de trabajar. Generalmente, hacen una protesta enfrente del lugar de su empleo; cierran el negocio como un esfuerzo para forzar un acuerdo. En algunos casos, el patrón decide cerrar la producción como un esfuerzo para obligar a que el sindicato llegue a un acuerdo; esta acción se llama un **cierre patronal**.

► Macroeconomía

Ciclos económicos

Las economías capitalistas experimentan **ciclos económicos**, períodos de crecimiento seguidos por un periodo de poca productividad e ingresos, bajos llamado una **recesión**. **Una depresión** ocurre cuando la recesión dura mucho tiempo y es severa. Durante la Gran Depresión en la década de los años 1930, los Estados Unidos experimentaron su peor depresión. En aquel entonces, mucha gente sufrió el desempleo y la falta de vivienda.

El crecimiento económico es la meta del capitalismo. Durante un período de auge repentino, las compañías pueden producir más bienes y servicios; y los consumidores pueden comprar más bienes y servicios. **La inflación** ocurre cuando la cantidad de dinero en la circulación se aumenta y la cantidad de bienes de consumo (oferta) se disminuye. El dólar pierde valor y los precios se aumentan. **La deflación** sucede cuando la masa monetaria se disminuye y la cantidad de bienes de consumo se aumenta. Los precios son más bajos, pero las compañías pierden los beneficios y despiden a sus empleados, lo que da lugar a índices de **desempleo** más altos.

Desempeño del gobierno

El gobierno desempeña muchos papeles importantes en el funcionamiento de la economía. Los mercados libres no pueden existir sin cierta forma de regulación del gobierno. Por ejemplo, si el gobierno no protegiera los derechos de patentes y de propiedades, los inventores no tendrían tanto incentivo para desarrollar nuevas tecnologías; tampoco tendrían los inversionistas mucho incentivo para invertir en su desarrollo. ¿Por qué lo harían si supieran que la idea podría ser robada fácilmente, así privándolos de cualquier recompensa por sus esfuerzos e inver-

siones? El gobierno debe también hacer cumplir los contratos, sin los cuales el comercio moderno sería imposible. Y, por supuesto, el gobierno debe proporcionar una moneda confiable con la cual el comercio se puede llevar a cabo.

El gobierno regula los mercados de otras maneras también. Para evitar la inflación y el desempleo, el Sistema de la Reserva Federal de los EE.UU. ("el Fed") toma medidas para mantener el balance de la economía, controlando el sistema monetario del país. Una manera en que lo hace es fijar el **cociente de reserva**. Cada banco que es un miembro del Fed debe guardar una reserva—un cociente de sus depósitos— que no se utiliza para hacer préstamos. Para combatir contra la inflación, el Fed podría fijar un alto cociente de reserva, de modo que menos dinero esté disponible en la economía. Durante una recesión o un período de desempleo elevado, el Fed podría fijar un cociente de reserva bajo, de modo que haya más dinero disponible en la economía.

La Junta de la Reserva Federal puede también afectar a la economía de la nación alterando el **tipo de descuento**, que es el tipo de interés que el Fed les carga a los bancos para pedir prestado el dinero. Para lograr un beneficio, los bancos les cargan a sus clientes un tipo de interés más alto que la tarifa que le pagan al Fed. Cuando el Fed fija un tipo de descuento alto, los bancos cobran más interés para los préstamos (lo que hace más difícil que la gente y los negocios pidan prestado dinero). Cuando el Fed fija un tipo de descuento bajo, los bancos cobran menos; por consiguiente, más gente y más negocios pueden conseguir préstamos.

Otras acciones gubernamentales afectan la economía. Las **regulaciones** gubernamentales aumentan el coste de producir mercancías y así aumentan los precios. Mientras la gente discute sobre la necesidad de regulaciones específicas, la mayoría está de acuerdo de que algunas regulaciones son de mérito aunque causen que los precios suban. Por ejemplo, las regulaciones gubernamentales se aseguran de que el alimento y las drogas que utilizamos sean seguros (con la Administración de Drogas y Alimentos), protegen el ambiente (a través de la Agencia de Protección Ambiental), protegen a los trabajadores contra condiciones inseguras en el lugar de trabajo (a través de la Administración de Seguridad y Salud Ocupacional) y protegen a los consumidores contra la publicidad falsa (a través de la Comisión Federal de Comercio).

Finalmente, hay el impacto de los impuestos del gobierno en la economía. La tasa a la cual se les gravan a los individuales y a los negocios, por ejemplo, tiene una influencia directa sobre cuánto dinero estará disponible para la inversión y el gasto del consumidor. El efecto de los impuestos sobre la economía es complejo. El gobierno gasta el dinero que recoge en impuestos, lo cual ayuda a impulsar ciertos sectores de la economía (contratistas militares, por ejemplo). También, cuando el gobierno no recoge suficientes impuestos para pagar el gasto federal, debe pedir prestado dinero, ya sea vendiendo bonos o pidiéndoselo prestado a los gobiernos extranjeros. Cuando esa deuda se vuelve demasiado alta, puede tener un impacto negativo en la economía.

Medición del desarrollo económico

Los economistas utilizan diversos datos para estudiar la salud de la economía. Miran el comercio de la bolsa, el coste de la vida, los índices de desempleo y el **producto doméstico bruto (GDP)**. El GDP mide el valor total de los bienes y servicios producidos dentro de los Estados Unidos durante el curso de un año. **El producto nacional bruto (GNP)** considera el GDP y también las inversiones extranjeras. Si el GNP se disminuye por dos cuartos consecutivos durante un año, se considera que la economía está en recesión.

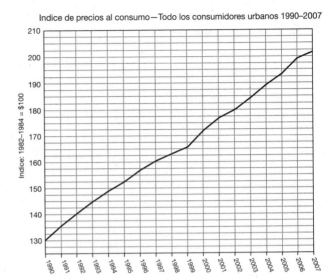

Índice de precios al consumo—Todo los consumidores urbanos 1990–2007

Fuente: Departamento del Trabajo de los EE.UU., Oficina de Estadísticas del Trabajo de los EE.UU.

El Índice de Precios al Consumidor (CPI) mide cambios en el coste de la vida. Para calcular el CPI, la Oficina de Estadísticas del Trabajo de los EE.UU. lleva la cuenta de cambios en los precios de mercancías y servicios comunes—alimento, ropa, alquiler, combustible y otros—cada año. La gráfica demuestra el CPI en todas las ciudades de los EE.UU. entre 1990 y 2007. Para hacer comparaciones entre los años, la gráfica utiliza los años 1982–1984 como período bajo (1982–1984 = $100). Por ejemplo, si el consumidor urbano medio gastó $100 en costos de vida en 1982–1984, él o ella gastó más de $150 en los mismos costos en 1995.

Ejercicio 10

Con la gráfica y el pasaje sobre el índice de precios al consumidor, conteste a las preguntas siguientes.

1. ¿Cuánto esperaría pagar un consumidor urbano en 2001 por un artículo que costó $50 en el período entre 1982–1984?
   a. $88
   b. $100
   c. $176
   d. $43
   e. $131

2. ¿Qué conclusión puede usted hacer basándose en la gráfica?

   a. El CPI lleva la cuenta de los cambios de precios para los gastos comunes del hogar.

   b. El coste de la vida se ha disminuido durante estos últimos años.

   c. La tasa de incremento en el coste de la vida se retardó entre 1999 y 2000.

   d. Si el coste de la vida continúa aumentándose, la gente se mudará fuera de las ciudades.

   e. El coste de la vida para los residentes de la ciudad creció constantemente entre 1990 y 2001.

Las respuestas están en la página 435.

Comercio exterior

El comercio exterior—el comercio que cruza las fronteras nacionales—implica asuntos microeconómicos y macroeconómicos. En términos de la microeconomía, la ley de la oferta y la demanda domina otra vez. Los países no son típicamente autosuficientes; de hecho, incluso si pudieran proporcionar todos los bienes y servicios que necesitan, no necesariamente les convendría hacerlo, porque tendrían que gastar recursos mejor gastados en otra cosa con mayor ventaja. Por ejemplo, es posible que los Estados Unidos puedan producir suficientes cocos para satisfacer el consumo doméstico. Sin embargo, es probable que sea más eficiente que los Estados Unidos sólo le compren los cocos a un país donde puedan ser producidos a un costo más bajo; eso permite que los Estados Unidos gasten los recursos que se hubieran usado para producir los cocos de una manera más ventajosa (en el desarrollo de programas, por ejemplo). Esto es un proceso conocido como **especialización**, y es una buena cosa. Los economistas creen que es más ventajoso que una economía haga muy bien algunas cosas que hacer mal todas las cosas.

Cuando un país compra mercancías a otro país, **importa** esas mercancías. Cuando vende mercancías a otro país, **exporta** esas mercancías. El cociente de las exportaciones a las importaciones se llama la **balanza comercial**. Cuando un país importa más de lo que exporta, tiene un **déficit comercial**. Cuando exporta más de lo que importa, tiene un **excedente comercial**.

Los asuntos macroeconómicos en el comercio exterior incluyen las políticas del gobierno. Los gobiernos pueden decretar las **tarifas**, que son impuestos sobre las mercancías importadas. Algunas de estas tarifas son decretadas para compensar la política comercial injusta de las por naciones extranjeras. Otros se decretan solamente para proteger a los productores domésticos; estas tarifas se describen a menudo como **proteccionistas**. El comercio exterior también es influenciado por el valor de la **moneda** o el dinero de cada nación comercial. Cuanto más valiosa sea una moneda con respecto a otra, tanto más mercancía se puede comprar. Una moneda fuerte es buena para los importadores, pero es malo para los exportadores porque hace que las mercancías sean más costosas en el extranjero. Así, un dólar fuerte significa que los electrónicos importados son relativamente baratos; pero también significa que los automóviles americanos son más costosos en el extranjero, lo que hace que sean más difíciles de vender fuera de los Estados Unidos.

Ejercicio 11

Utilice la tabla siguiente y el texto de la parte precedente sobre el comercio exterior para contestar a la pregunta 1.

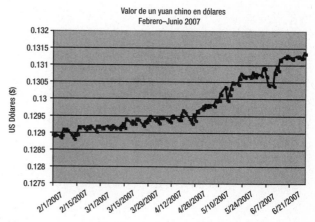

Valor de un yuan chino en dólares
Febrero–Junio 2007

1. ¿Qué sucedió al valor de 1 yuan chino entre febrero y junio de 2007?

    a. Aumentó de aproximadamente $0.25.

    b. Aumentó de aproximadamente $0.0025.

    c. Su valor en dólares de los EE.UU. no cambió.

    d. Disminuyó de aproximadamente $0.0025.

    e. Disminuyó de aproximadamente $0.25.

2. Según los datos de la gráfica, ¿qué habría ocurrido entre febrero y junio de 2007?

    1. Las exportaciones chinas a los Estados Unidos disminuyeron.

    b. Los Estados Unidos sancionaron tarifas proteccionistas contra China.

    c. China tenía un déficit comercial con los Estados Unidos.

    d. Los Estados Unidos aumentaron las exportaciones al Japón.

    e. Las exportaciones chinas a los Estados Unidos aumentaron.

Las respuestas están en la página 435.

39 ▶ Geografía

En la parte de geografía del examen de estudios sociales del GED, se le pedirá que responda a preguntas relacionadas con la geografía física (las características de la superficie de la tierra) y la geografía cultural (la manera mediante la cual los seres humanos se relacionan con su medio ambiente físico).

L A PARTE DE GEOGRAFÍA del examen de estudios sociales del GED, cubrirá muchos aspectos: topografía, formas terrestres, clima, cultura y distribución de la población. Esta parte también evaluará su habilidad de usar y entender los mapas. Muchas preguntas mostrarán una fotografía, un mapa, una gráfica, una tabla u otra fuente para presentar material.

▶ Geografía física

La geografía física estudia las características de la superficie de la tierra. Esta rama de la geografía estudia el clima, la vida animal y vegetal, las formas acuáticas y las formas terrestres. Los **mapas topográficos** dan detalles sobre la tierra. Muestran las diferentes elevaciones sobre el nivel del mar y bajo el nivel del mar. Los **globos terráqueos** y los **mapamundis** muestran los océanos, los mares y los siete continentes del planeta. **Los mapas con división política** muestran los límites de los países, sus capitales y ciudades más importantes. Entre otros tipos comunes de mapas se incluyen los **mapas de carretera**, los **mapas climáticos**, los **mapas de población** y los **mapas topográficos** (que muestran cambios en elevaciones).

Lectura y comprensión de los mapas

Las líneas de intersección que forman una cuadrícula ayudan a ubicar las regiones específicas en un mapamundi. Las líneas de **latitud** se encuentran paralelas al ecuador, una línea imaginaria que pasa del este al oeste. El ecuador está a una latitud de 0°. Éste divide el globo en dos mitades, llamadas **hemisferio boreal y hemisferio austral**. Las líneas de **longitud** se encuentran paralelas al **primer meridiano**, una línea imaginaria que va del norte al sur y pasa por Greenwich, Inglaterra. El primer meridiano se encuentra a una longitud de 0°. Divide el globo en dos mitades, llamadas **hemisferio oriental y hemisferio occidental**. Para encontrar una ubicación específica en el globo, busque el punto donde se intersecan la latitud y la longitud. Por ejemplo, si se le dieran las coordenadas 45° de longitud oeste y 10° de latitud sur, usted encontraría la parte occidental del Brasil.

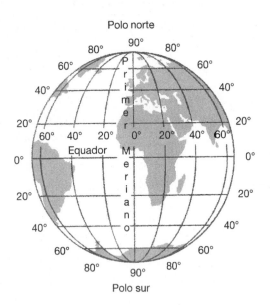

Accidentes del terreno

Se le da el nombre de **relieves/accidentes geográficos** a las características específicas de la superficie de la tierra. Los accidentes geográficos se definen según a su forma, su ubicación y el tipo de terreno del cual están constituidos. La tabla en la página 413 enumera los accidentes geográficos con los cuales debe familiarizarse.

Clima

El clima describe la atmósfera de una región durante un gran periodo de tiempo. Éste incluye la precipitación de lluvia, la humedad, el viento y otros elementos. El clima de una región se encuentra afectado en su mayor parte por su latitud. Las regiones grandes, llamadas **zonas climáticas**, se encuentran a lo largo de las líneas latitudinales entre el ecuador y el polo norte y sur. La **zona tropical** incluye todo el territorio y el agua ubicado entre dos líneas imaginarias llamadas el **Trópico de Cáncer** (23.5° de latitud norte) y el **Trópico de Capricornio** (23.5° de latitud sur). Los trópicos—calurosos, húmedos con poca variación de estaciones—comprenden los bosques tropicales más grandes del mundo. También comprenden la sabana y los climas desérticos. La mayor parte de África, de la América Central, del Caribe, de la América del Sur, del sureste de Asia y de la India son parte de la zona tropical.

Las **zonas templadas** se encuentran entre los trópicos y los círculos polares. Se caracterizan por cuatro estaciones, generalmente un verano caluroso, un invierno frío, una primavera fresca un y otoño templado. La mayor parte de Norteamérica, de Europa, de Rusia, de China y del Oriente Medio se encuentran en la zona templada del Norte. Australia y la parte meridional de Sudamérica se encuentran en la zona templada del Sur. Las **zonas árticas** o **polares** se ubican en las regiones cercanas al polo norte y sur. Esta zona se caracteriza por sus inviernos largos y fríos y por sus veranos cortos y frescos. El **Círculo Ártico** marca la región cercana al polo norte y el **Círculo Antártico**, el área alrededor del polo sur.

Accidentes del terreno

ACCIDENTE DEL TERRENO	DEFINICIÓN
archipiélago	una cadena de islas
bahía	un cuerpo del agua que es sobre todo encerrada por la tierra
butte	una colina con una cumbre llana y lados escapados
cañón	un valle profundo con lados escarpados, típicamente formados por erosión
ciénaga	una extensión baja del terreno esponjoso sobre el cual el echar agua se reúne
continente	terreno principal; hay siete continentes (África, Antártida, Asia, Australia, Europa, Norteamérica, Sudamérica)
delta	terreno triangular encontrado en la boca de un río, formado por depósitos de sedimento
desierto	una región con un poco de precipitación o echar agua
golfo	un cuerpo del agua que es sobre todo encerrada por la tierra y es más grande que una bahía
istmo	un estrecho despoja de la tierra lindada por el echar agua que une dos terrenos más grandes
marisma	una tierra baja que se desborda a consecuencia de lluvia, mareas y otros acontecimientos que traen el echar agua adicional al área
meseta	terreno elevado con una cumbre relativamente llana; más grande que un butte
montaña	terreno elevado, por la general más de 2,000 pies encima del nivel del mar, elevándose a una ojeado
península	un terreno rodeado por el agua en todos excepto un lado, relacionado con terreno más grande
pradera	un prado extenso, típicamente con poco o ningún cambio de elevación en todas partes
valle	una tierra baja entre dos colinas, montaña o colina excedida por un cráter por el cual la lava, el vapor, el gas o las rocas pueden hacer erupción
volcán	una extensión que consiste en ciénagas y marismas

Recursos

Uno de los rasgos más importantes de una región—al menos desde el punto de vista de los seres humanos y de otros seres vivientes—es la disponibilidad de aquellos **recursos** que pueden preservar la vida y la civilización. El agua es el recurso más importante, ya que resulta esencial para la vida y no se encuentra disponible universalmente. Las poblaciones se establecen alrededor de los cuerpos de agua, los cuales funcionan no sólo como fuentes de agua potable sino también como rutas de transporte y fuentes de poder. Debido a su importancia, no es sorprendente que muchas guerras se hayan peleado para obtener control de las vías de navegación.

Los recursos disponibles en una región desempeñan un papel importante en cómo ésta se desarrolla. En el siglo XIX, el Sur de América dependió de su clima, su tierra fértil y la disponibilidad de su territorio para llegar a ser un productor importante de agricultura. El Noroeste, por otro lado, empleó a su población grande y su acceso fácil a las rutas de comercio con Europa para llegar a ser una potencia industrial. Cada región se desarrolló en la dirección mediante la cual sus características geográficas mejor se lo permitieron. De esta manera, las características geográficas como el clima y los recursos naturales eran factores importantes en el desarrollo de la economía de la región y del país. Las regiones con recursos naturales abundantes pueden ser muy ricas, mientras que a las regiones con escasos recursos naturales se desarrollan difícilmente más allá del nivel de subsistencia. La mayor parte de la península arábiga consiste en territorio desértico, donde el agua es escasa y es difícil cultivar cosechas. Esto podría resultar en un impedimento serio para su desarrollo económico si no fuera por el hecho de que la región cuenta con grandes suministros de petróleo, del cual las naciones industriales más ricas del mundo necesitan en grandes cantidades. Como resultado, los países de la Península Arábiga cuentan con medios para acumular riquezas a pesar de la escasez de sus recursos naturales esenciales.

Los recursos no son ilimitados. Si se manejan de una manera poca apropiada, se pueden agotar. Los **conservacionistas** son gente que trabaja para persuadir a los demás para utilicen los recursos sabiamente. Abogan por el **reciclaje**, el réuso de materiales y **el uso de recursos sostenibles,** lo cual significa usar los recursos de manera que no se acaben. Por ejemplo, el uso de recursos sostenibles puede promover la plantación de árboles donde hayan sido talados para obtener madera. Los conservacionistas también realizan campañas a favor de la protección de las plantas y las especies en peligro; argumentan que, como administradores del planeta, tenemos que mantener la biodiversidad. Los conservacionistas también resaltan el punto de que todas las plantas y las criaturas cumplen con un propósito en la **biósfera,** la porción de la tierra habitada por los seres vivos.

Debido a que no podemos predecir cómo la eliminación de una planta o de una especie pueda impactar a otras que dependen de ella, debemos ser cuidadosos sobre nuestro impacto.

▶ Cultura geográfica

La cultura geográfica explora la relación entre los seres humanos y su medio ambiente natural. Observa cómo la gente se adapta y transforma sus alrededores físicos para cubrir sus necesidades. Muchos aspectos de la **cultura**—la manera compartida de vivir entre un grupo de gente que se desarrolla a lo largo del tiempo—se encuentran influenciados por el medio ambiente. Los geógrafos estudian los sistemas de creencias, el lenguaje, la comida, la arquitectura y la ropa de regiones particulares.

También estudian la **población**—la cantidad, el carácter, la distribución de la gente en una región determinada a lo largo de un periodo de tiempo. Este campo, llamado **demografía**, examina los cambios de la población a través de los índices de nacimiento, los índices de mortalidad y la migración de un lugar a otro. Un factor fundamental que afecta el lugar donde vive la gente es el tipo de economía de la región. En aquellas regiones que dependen de la agricultura para su economía, la gente generalmente vive en áreas rurales. En lugares con una economía industrial, las áreas urbanas se convierten en los centros de población más importantes. En 1950, el 29% de la población mundial vivía en áreas urbanas. En 1990, esta figura se incrementó hasta 43%.

Hoy en día, más de la mitad de la población mundial—unos 6.7 billones—vive en Asia, con China y la India como sus colaboradores más importantes. Norteamérica compone menos del 5% del total global.

Distribución prevista de población mundial de 2050

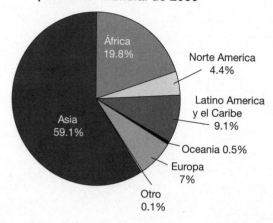

Fuente: Datos de la Oficina del Censo de los Estados Unidos, Base de Datos Internacional.

La Oficina del Censo de los Estados Unidos predice que la población mundial alcanzará más de nueve billones de personas para el año 2050, con un incremento mayor de la población en los países menos desarrollados.

Ejercicio 12

Use la gráfica de pastel y el párrafo sobre la distribución de la población mundial para responder a la pregunta siguiente:

1. ¿Cuál de las siguientes es una declaración de hechos más que una opinión?

  a. El gobierno chino debería continuar su política de "solamente un hijo" para restringir el crecimiento de la población.

  b. La población mundial excederá los nueve billones de personas para el año 2050.

  c. Tres de cada cinco personas de la tierra viven actualmente en Asia.

  d. La población de los E.U. disminuirá en el próximo siglo debido a que es muy caro vivir aquí.

  e. El crecimiento de la población debería ser una de las preocupaciones principales de todas las naciones.

La respuesta está en la página 436.

40 ▶ Consejos y estrategias para el GED examen de ciencias sociales

Usted ha revisado lo que necesita saber para el examen de estudios sociales del GED. Ahora, aprenderá algunos consejos y estrategias específicas para utilizar en el examen.

E N EL EXAMEN DE ESTUDIOS SOCIALES del GED, usted leerá pasajes cortos, con una extensión variable de 50 a 200 palabras; después contestará a una pregunta de opción múltiple o a varias preguntas sobre el pasaje. Los pasajes que leerá pueden ser extraídos de varias fuentes, con frecuencia obtenidas de un lugar de trabajo o de un contexto académico. El examen hace uso de fuentes primarias, como documentos históricos o prácticos de primera mano, y fuentes secundarias como extractos de editoriales, artículos de noticias o revistas.

▶ Sea un lector activo

Cuando usted lee el material de estudios sociales, se vale de una serie de habilidades así como lo hace al leer otros tipos de textos. La lectura es un ejercicio activo por medio del cual usted interactúa con el texto y presta atención cuidadosa a los pensamientos claves y detalles de un pasaje. Primero trate de leer rápidamente un pasaje para que pueda distinguir su organización y obtener claves sobre las ideas principales. Si al principio lo lee despacio, es posible que pierda la idea general adentrándose en los detalles. Observe si la lectura de un extracto se descompone en partes o si hay encabezamientos útiles sobre los temas y cuáles términos claves están en negritas o resaltados. Después de terminar de leerlo rápidamente, regrese y léalo más cuidadosamente. Esta vez, hágase preguntas acerca de la lectura para entender mejor y recordar el pasaje: ¿Cuál es el punto principal del texto? ¿Cómo apoya sus puntos el autor? A medida que lea, será bueno tomar apuntes breves en una hoja de papel aparte para ayudarle a resaltar las palabras o las ideas importantes.

¿Dónde está la idea principal?

Para demostrar que usted entiende los conceptos presentados en el material de estudios sociales, el examen le pedirá de vez en cuando que encuentre la idea principal de un pasaje. Una **idea principal** es una declaración general que contiene todas las ideas de un pasaje. Es el punto principal de un autor.

Para encontrar una idea principal, lea cuidadosamente el enunciado del tema del pasaje. El primer enunciado puede contener la idea general que el autor desea expresar. Sin embargo, a veces un autor puede estructurar su punto; en este caso usted encontrará la idea principal en la última oración del párrafo de introducción o incluso en el último enunciado del pasaje completo. Con frecuencia los estudiantes confunden el tema o materia de un pasaje—es decir, de lo que trata el pasaje—con la idea principal. La idea principal es lo que el autor trata de expresar sobre la materia. Por ejemplo, lea el párrafo siguiente:

El suelo fértil y negro del Valle del Río Nilo en África del Nordeste le dio nacimiento a la sociedad basada en la agricultura del Egipto antiguo. Durante más de 3,000 años a partir de 5,000 a.C., esta sociedad floreció. Entre sus

contribuciones culturales se incluyen conceptos básicos de aritmética y geometría, un calendario, joyería, alfarería, estatuas, las pirámides de Giza, las cámaras subterráneas para tumbas y el proceso de momificación. La escritura egipcia, llamada jeroglífica, es una forma de escritura basada en dibujos. La **Piedra Roseta**, un bloque de granito inscrito en el año de 196 a.C. con tres textos idénticos, ayudó a los académicos a descifrar los jeroglíficos.

Tenga en cuenta que un enunciado puede ser demasiado general para describir de la mejor manera la idea principal de un pasaje. Por ejemplo, vea las opciones siguientes. ¿Cuál de ellas describe de la mejor manera la idea principal de la selección?

a. Las primeras civilizaciones con frecuencia se desarrollaban cerca de una fuente de agua.
b. Antes de descifrar la Piedra Roseta, los académicos no podían leer los jeroglíficos egipcios.
c. El Egipto antiguo fue una civilización sofisticada que hizo varias contribuciones a la cultura humana.
d. La parte más importante de las aportaciones de Egipto fue un sistema de escritura llamada jeroglífica.
e. Los académicos han encontrado similitudes entre los jeroglíficos y la Grecia antigua.

Aunque la opción **a** es un enunciado verdadero, es demasiado general para expresar la idea principal de un párrafo. La opción **b** también es un enunciado verdadero pero resulta demasiado específico para describir la idea principal del pasaje. La opción **d** es una opinión que no se halla respaldada por los detalles del pasaje. La opción **c** es la que describe de la mejor manera la idea principal del párrafo.

Para practicar cómo encontrar la idea principal, hágase algunas de las preguntas siguientes cuando lea:

- ¿De qué trata el pasaje?
- ¿Cuál es la intención del autor?
- Si se le pidiera que escogiera un encabezamiento un título para el pasaje, ¿cuál sería?
- ¿Cuál es la oración que contiene todas las ideas expresadas en el pasaje?

Una vez que haya determinado la idea principal de un pasaje, el paso siguiente es encontrar los detalles o los hechos que el autor ha proporcionado para apoyar su posición principal. Mientras que la idea principal es un enunciado general, la idea de soporte es un enunciado que proporciona información específica. Por ejemplo, lea el siguiente párrafo de reportaje de la Oficina de Censo de los Estados Unidos:

El crecimiento de la población humana ha sido, es ahora y en el futuro será totalmente determinado en los países menos desarrollados del mundo (PMD o LDCs por sus siglas en ingles). El noventa y nueve por ciento del incremento global natural—la diferencia entre el número de nacimientos y el número de muertes—sucede actualmente en las regiones en desarrollo de África, Asia y Latinoamérica.

El tema de este párrafo es la población mundial. La idea principal del pasaje es lo que el escritor está expresando sobre la población mundial. En este caso, el primer enunciado expresa la idea principal: *El crecimiento de la población humana ha sido, es ahora y en el futuro será totalmente determinado en los países menos desarrollados del mundo (PMD o LDCs por sus siglas en ingles).* El enunciado siguiente ofrece información específica que apoya la idea principal. Ofrece

un hecho específico en forma de una estadística (99% del incremento global natural) y da detalles acerca de las regiones del mundo de las cuales se trata en el pasaje (las regiones en desarrollo de África, Asia y Latinoamérica).

Estas palabras y frases se usan con frecuencia para introducir un detalle o una idea que apoye la posición del autor:

por ejemplo	en el caso siguiente
una razón es	en un caso
en particular	específicamente

Para practicar la localización de ideas de apoyo conforme a lo que usted lee, lea rápidamente el texto y busque lo siguiente:

- los ejemplos que reafirmen la idea principal
- los argumentos contrastantes que clarifiquen el punto del autor
- los argumentos que favorezcan la posición del autor
- los detalles que respondan qué, cuándo, dónde, por qué y cómo

Reformulando la información

El examen de estudios sociales del GED le pedirá que responda a preguntas basadas en detalles suministrados en un pasaje. Sin embargo, las opciones de respuestas no presentarán los detalles en las mismas palabras—puede ser que parafraseen la información, lo que significa que la reformulan en términos diferentes. Para fortalecer sus habilidades de pensamiento crítico, cuando esté leyendo, haga una pausa y piense en lo que el material está exponiendo. Entonces trate de escribirlo en sus propias palabras. Esto le ayudará a entender mejor el material de lectura y a desarrollar su habilidad de reconocer el mismo material incluso si está escrito en nuevos términos. Por ejemplo, lea el pasaje siguiente:

El Tratado de Libre Comercio de América del Norte (TLCAN o NAFTA, por sus siglas en inglés) es un tratado hecho entre el Canadá, México y los Estados Unidos para remover las tarifas y las barreras de comercio a los artículos hechos y vendidos en el continente. Antes de que este pacto fuera aprobado en 1993, los legisladores y grupos de intereses especiales debatieron con vehemencia la cuestión. Los grupos de trabajo creían que el NAFTA facilitaría los negocios en los Estados Unidos mudando sus plantas de producción a México para aprovecharse del trabajo barato. Los grupos medioambientales se oponían al NAFTA porque creían que sería más difícil realizar la reglamentación sobre la contaminación.

Piense cómo puede reformular esta información en sus propias palabras. Ahora responda la pregunta de práctica.

De acuerdo con la información en el párrafo, ¿cuál de los siguientes es verdadero?

a. No se desafiaba a los partidarios de NAFTA.
b. Los oponentes de NAFTA querían mantener los impuestos y otras tarifas en los artículos de EE.UU. enviados a México.
c. Los grupos laboristas temían que se fueran a perder los puestos de trabajo en EE.UU.
d. El Canadá y los Estados Unidos nunca aprobaron el NAFTA.
e. Los grupos laboristas creían que sería más barato producir mercancías en los Estados Unidos.

La opción **c** es correcta. Reformula el siguiente enunciado del pasaje: *Los grupos de trabajo creían que el NAFTA facilitaría a los negocios en losEstados Unidos mudando sus plantas de producción a México para aprovecharse del trabajo barato.* Las opciones **a** y **d** son enunciados incorrectos. La opción **b** puede ser verdadera, pero no se menciona en el párrafo.

Haciendo deducciones

Mientras que el reformular la información evalúa su habilidad de saber lo que el texto expresa, el hacer deducciones sobre un pasaje demuestra su habilidad de saber lo que un texto quiere decir. A veces puede ser que un autor no declare explícitamente su idea principal ni ofrezca una conclusión. Usted debe deducir el significado del autor. El ser capaz de hacer deducciones es una habilidad importante para el pensamiento crítico. Para entender una idea implícita o una conclusión, vea lo que el autor ha establecido. Pregúntese lo siguiente:

- ¿Qué puedo concluir según la información proporcionada?
- ¿Qué está sugiriendo el autor?
- ¿Cuál será el resultado?
- ¿Ocurrirá de otra manera el mismo resultado?

Lea el siguiente extracto del trabajo de Elizabeth Cady Stanton "La autonomía es el mejor medio para el autodesarrollo," el cual se presentó en el comité del Senado de los Estados Unidos sobre el Sufragio Femenino en la audiencia del 7 de marzo de 1884. Después responda a la pregunta de práctica.

"Aquéllos que dicen que la mujer no desea el derecho al sufragio, que prefiere la dominación masculina al autogobierno, falsifican cada página de la historia, cada hecho de la experiencia humana. Ha requerido todo el poder del derecho civil y canónico el mantener a la mujer en la posición subordinada de la cual se dice que ella acepta con gusto."

¿Qué está sugiriendo el autor de este pasaje?

a. Las mujeres no desean el derecho de votar.
b. Las mujeres necesitan tener acceso a la educación antes de que se les permita el derecho de votar.
c. Los legisladores y los líderes religiosos han desempeñado un papel coactivo en el mantenimiento del estatus de las mujeres como ciudadanas de "segunda-clase."
d. Las mujeres pueden ser ciudadanas influyentes aun sin el derecho al voto.
e. Las mujeres aceptan con gusto su posición subordinada.

Los enunciados **a**, **d** y **e** son incorrectos. Elizabeth Cady Stanton está estableciendo un argumento en contra de la posición de que las mujeres no desean el derecho de votar. El enunciado **b** no está apoyado por los detalles dados en el pasaje. El enunciado **c** es la mejor respuesta. Stanton usa un lenguaje fuerte para establecer su argumento a favor del sufragio femenino. Dice que el "derecho canónico," el cual se refiere a las leyes de la Iglesia Cristiana, y el "derecho civil," el cual se refiere a las leyes de los Estados Unidos, se han usado para mantener a la mujer en una "posición subordinada."

Buscando pruebas

La publicación de algo no significa que el lector debe creerlo o tomarlo como un hecho. La mayor parte del material impreso sufre de algunas tendencias. A veces las creencias de un escritor pueden afectar, sin saberlo, la manera como él (o ella) escribe acerca de un evento. En otros casos, un escritor intenta a propósito dar forma a su reacción u opinión. Por ejemplo, puede ser que un escritor presente solamente una perspectiva de un evento o que incluya solamente aquéllos hechos que apoyen su posición. Una habilidad crucial de pensamiento que el examen de estudios sociales del GED medirá, será su habilidad de interpretar todo lo que lea. A medida que vaya leyendo, se le pedirá que desafíe los razonamientos y los posiciones del autor, que note la diferencia entre hecho y opinión y que busque información completa y exacta.

Hechos contra opiniones

Un **hecho** es un enunciado que puede ser verificado por una fuente confiable. Puesto que todas las fuentes tienen algunas tendencias, usted debe decidir si piensa que una fuente está presentando información investigada y precisa. Algunos ejemplos de fuentes confiables pueden incluir documentos oficiales del gobierno, enciclopedias y estudios bien documentados. Aquí hay un ejemplo de un enunciado objetivo.

La población de los Estados Unidos está envejeciendo—de hecho, los adultos de más de 65 años de edad constituyen el sector de la población de hoy en día que más rápido se está incrementando.

Este enunciado se podría apoyar por el censo nacional reciente.

Una **opinión** es una declaración de las creencias o de los sentimientos de una persona o de un grupo. No se puede probar como una fuente confiable. Una opinión es un juicio que puede o no puede ser cierto. Esto incluye predicciones sobre el futuro porque no se pueden probar en el tiempo actual. La oración siguiente representa una opinión:

La explosión de la población de los norteamericanos mayores de edad creará una crisis de cuidado médico en el futuro.

Esta oración representa una creencia o una especulación sobre el futuro. Puede ser que otros no estén de acuerdo con esta predicción. A pesar de esto, no se puede comprobar; entonces es una declaración de opinión y no una declaración de hecho.

Manténgase atento a las palabras comunes que pueden introducir un enunciado de opinión:

es probable	*deber/poder*	*decir*
posiblemente	*pensar*	*acusar*
probablemente	*creer*	*atestiguar*

Lenguaje emocional

La **propaganda** se refiere a las técnicas que intentan influenciar la opinión, las emociones y las actitudes para beneficiar a una organización o a un individuo. La propaganda usa el lenguaje que apunta hacia las emociones—los miedos, las creencias, los valores, los prejuicios—en vez de apelar a la razón o al pensamiento crítico. La publicidad, los medios de comunicación y las campañas políticas se valen de técnicas de propaganda para influenciar. Para detectar la propaganda, hágase las siguientes preguntas sobre el material escrito:

- ¿A quién beneficia?
- ¿Cuáles son sus fuentes?
- ¿Cuál es el propósito del texto?

Aquí están las seis técnicas de propaganda más comunes:

1. **Bandwagon o efecto de arrastre:** El mensaje básico de la propaganda bandwagon o efecto de arrastre es "Todos los demás están haciendo algo; entonces, usted también debe hacerlo." Esto apela al deseo de unirse a la multitud o de adherirse al equipo ganador. Las oraciones como "Los estadounidenses compran más de nuestra marca que de cualquier otra marca" o "la marca que los padres meticulosos escogen" son ejemplos de la técnica bandwagon o efecto de arrastre. Para evaluar un mensaje, haga las siguientes preguntas:

   - ¿Sirve mis intereses particulares este programa o esta política?
   - ¿Cuál es la evidencia a favor o en contra?

2. **Hombre común.** Este enfoque trata de convencerlo de que su mensaje es "sentido común básico." Los políticos y los publicistas con frecuencia hablan en lenguaje diario y emplean bromas y frases comunes para presentarse a sí mismos como parte de "la gente," y de esa manera atraer a su audiencia. Por ejemplo, un candidato presidencial que está haciendo campaña en Nuevo Hampshire se puede vestir con una camisa a cuadros y cortar madera o visitar un molino para parecer un ciudadano ordinario. Para evitar la técnica de hombre común, hágase las preguntas siguientes:

   - ¿Cuáles son las ideas presentadas por la persona—separadas de la imagen de la persona o de su lenguaje?
   - ¿Cuáles son los hechos?

3. **Eufemismos.** En lugar de un lenguaje emocionalmente cargado que provoca a la audiencia, estos términos "suavizan" una realidad no placentera y hacen que parezca menos emocional. Los términos que suavizan la naturaleza de la guerra son un ejemplo. Un caso histórico de eufemismo se presentó cuando, en 1940, el gobierno de los EE.UU. le dio otro nombre al Departamento de Guerra: Departamento de Defensa. Manténgase atento a los eufemismos. ¿Cuáles son los hechos suavizados o escondidos?

4. **Generalidades.** Este enfoque usa palabras y frases que evocan emociones profundas. Como

ejemplos de generalidades tenemos *honor, paz, libertad u hogar.* Estas palabras conllevan asociaciones fuertes para la mayoría de las personas. Al usar estos términos, un escritor puede apelar a sus emociones para que usted acepte su mensaje sin evaluarlo. Las generalidades son vagas para que usted suministre sus propias interpretaciones sin hacer más preguntas. Un ejemplo podría ser, "Los Estados Unidos deben restringir más la inmigración para conservar su autonomía y su libertad."

Trate de desafiar lo que lee o escucha. Pregúntese:

- ¿Qué quiere decir realmente la generalidad?
- ¿Ha usado el autor la generalidad para influenciar mis emociones?
- Si extraigo la generalidad del enunciado, ¿cuáles son los méritos de la idea?

5. **Etiquetar o insultar.** Este método es el de vincular una etiqueta negativa, un nombre o una frase con una persona, un grupo, una creencia o una nación. Apela al odio y al miedo. Los insultos pueden ser un ataque directo o indirecto (usando el ridículo). Las etiquetas pueden evocar emociones profundas, tales como rojo (comunista), nazi o terrorista. Otros pueden ser acusados negativamente, de acuerdo con la situación: yuppie, holgazán, liberal o reaccionario. Cuando un texto escrito o un discurso use el etiquetar o el insultar, hágase estás preguntas:

- ¿Tiene la etiqueta una conexión real con la idea presentada?
- Si le quitará la etiqueta, ¿cuáles serían los méritos de la idea?

6. **Testimonial.** En la publicidad, los atletas promocionan un rango de productos, desde cereal hasta relojes de pulsera. En la política, las celebridades aprueban a los candidatos presidenciales. Ambos son ejemplos de recomendaciones. Un testimonial utiliza a una figura pública, a un experto u otra persona respetada para aprobar una política, una organización u o producto. Debido a que usted respeta o admira a una persona, puede mostrarse menos crítica y aceptar un producto, a un candidato o una idea más fácilmente. Pregúntese lo siguiente:

- ¿Tiene la figura pública algún conocimiento experto acerca de esta materia?
- Sin el testimonial, ¿cuáles son los méritos de este mensaje?

Solamente la mitad de la historia

Otra manera de presentar información parcial es omitir evidencia. Un escritor puede tratar de convencerlo para que acepte su interpretación de un evento o una cuestión al proporcionarle solamente una parte de la historia y dejar fuera hechos o perspectivas contrastantes. Cuando esto se hace deliberadamente, es una técnica de propaganda llamada **presentación selectiva y tendenciosa de los hechos.** Cuando usted lee, evalúe si el autor ha presentado diferentes puntos de vista y ha ofrecido evidencia equilibrada. Por ejemplo, un anuncio de campaña ciertamente resaltaría las cualidades positivas de un candidato mientras que dejaría fuera las características desfavorables. Los anuncios de campaña también podrían tener como objetivo a un oponente, presentando sus cualidades negativas y omitiendo las positivas, creando de ese modo una perspectiva distorsionada.

Relaciones de causa y efecto

El examen de estudios sociales del GED le pedirá que identifique las relaciones entre los eventos. Con frecuencia, los eventos históricos están conectados a situaciones surgidas anteriormente. Cuando esté considerando las causas de un evento, sea consciente de que causes múltiples pueden crear un efecto, así como una causa puede tener muchos efectos. A veces lo que se considera una causa puede ser controversial. En el pasaje siguiente, los legisladores y los criminólogos discuten las causas que pueden haber contribuido al descenso del índice de crimen entre los jóvenes.

El crimen juvenil ha alcanzado su nivel nacional más bajo desde 1988. También ha disminuido el número de arrestos. Actualmente se encuentra en su nivel más bajo desde 1966. Los partidarios a favor de una legislación de "sentencia adulta"—"obtienen leyes duras" que envían a los adolescentes violentos a prisiones para adultos—creen que el miedo a la encarcelación detiene a los jóvenes para que no cometan crímenes. Sin embargo, la disminución del crimen con frecuencia comenzó antes de que estas leyes tuvieran efecto. Algunos criminólogos creen que el descenso en el consumo de cocaína y la posesión de armas es la causa más probable. Estos expertos argumentan que cuando se redujo el mercado de cocaína a mediados de 1990, menos adolescentes lidiaban con drogas y llevaban armas para protegerse a sí mismos. La policía también aumentó sus esfuerzos para reforzar las leyes de posesión de armas. Con menos jóvenes llevando armas, el índice de muerte entre los adolescentes descendió.

De acuerdo con lo que los criminólogos mencionaron en el pasaje, cuál de las siguientes NO es una causa para el descenso del crimen juvenil?

a. menos jóvenes llevando armas
b. leyes reforzadas para llevar armas
c. miedo de tiempo en la cárcel
d. menos traficantes de drogas en las calles
e. presencia policial

La opción correcta es **c**. En el pasaje, los criminólogos argumentan que las leyes para el "proceso de menores como adultos" no han tenido un efecto en el descenso del crimen juvenil. Ellos piensan que las opciones **a**, **b**, **d** y **e** son causas múltiples para el descenso del crimen.

▶ Palabras claves para los estudios sociales

Como con cualquier tipo de estudio, las ciencias sociales usan términos y vocabulario específico. Mientras esté estudiando para el examen, utilice el diccionario para buscar términos desconocidos. Sin embargo, aunque no reconozca una palabra, usted podrá adivinar su significado. Las partes de una palabra—**prefijo**, **raíz** y **sufijo**—pueden ofrecer claves para su significado. Varios términos usados en los estudios sociales se derivan del latín o del griego. El conocer algunas partes útiles de las palabras le puede ayudar a jacer una conjetura informada sobre su significado. Revise estas partes comunes de palabras griegas y latinas.

ante	antes	dis	no, opuesto	poly	muchos
anthrop	humano	femina	mujer	proto	primero
bi	dos	geo	tierna	sub	debajo
bio	vida	genos	raza	super	sobre
bene	bueno	inter	entre	theo	lugar
co, con	reino	mis	incorrecto	topos	dios
cracy	con	mono	uno	tri	tres
demo	gente	ology	estudio	uni	uno

Mediante el uso de la gráfica, aísle en partes las palabras siguientes:

monoteísmo _____

autócrata_____

democracia_____

Ahora puede adivinar lo que significan. El **Monoteísmo** es la creencia de que existe un solo Dios. El **Autócrata** es alguien que gobierna por sí mismo/misma; un gobernante con poder ilimitado. La **democracia** es un gobierno donde la gente gobierna ya sea directa o indirectamente a través de representantes.

Contexto—las palabras y las oraciones que rodean un término—también pueden ofrecer claves sobre su significado. A veces una palabra es seguida por una frase que reformula y explica su significado.

Ejemplo
El presidente Truman entabló una serie de programas domésticos a los cuales posteriormente se les catalogó como los programas del Trato Justo; esta política continuó y desarrolló los programas del Nuevo Trato de Roosevelt.

En esta oración, usted puede determinar lo que significa el término *El Trato Justo* del texto que lo rodea. El Trato Justo es "una serie de programas domésticos" y una continuación de "los programas del Nuevo Trato de Roosevelt."

Un **contraste** o punto de vista opuesto también puede ofrecer claves sobre el significado del término. La oración siguiente usa el término *bipartidismo*:

Ejemplo
A pesar de la petición del presidente por el bipartidismo, los senadores republicanos acusaron a los líderes demócratas de tener una política insignificante.

La oración le dice que los Republicanos están haciendo acusaciones sobre las acciones de los Demócratas. Los dos grupos no están de acuerdo. En la oración, el término *bipartidismo* se refiere a lo opuesto. Entonces, puede adivinar que se refiere a los dos grupos cuando están de acuerdo.

▶ Herramientas y métodos en la ciencia social

Los científicos sociales usan **encuestas** para estudiar las actitudes y las opiniones de una población. Las encuestas son estudios para preguntarle a la gente de qué manera viven y lo que creen. Un método de encuesta es el **muestreo**, donde un encuestador hace preguntas a una parte pequeña del grupo para que él (o ella) pueda especular sobre las opiniones del grupo entero. De esta manera, los encuestadores pueden hacer predicciones precisas. Sin embargo, las encuestas a veces son inexactas. Una falla histórica en las encuestas ocurrió en 1948, cuando los grupos de encuestas predijeron que Harry S. Truman, el candidato presidencial, perdería las elecciones. En la elección presidencial de 2000, el margen estrecho en algunos estados entre los candidatos George W. Bush y Al Gore dificultó la realización de predicciones a las organizaciones de encuestas.

Además de pronosticar patrones de votación en las elecciones, las encuestas pueden determinar las opiniones de los grupos en un rango completo de cuestiones desde las tendencias de los consumidores hasta el cuidado médico y la educación. Los encuestadores pueden usar entrevistas personales, entrevistas telefónicas o cuestionarios por correo. Los datos resultantes de estos métodos después se tabulan y se evalúan.

Una vez que los científicos sociales reúnen la información de encuestas o de estudios, pueden organizar la información en forma de números o **estadísticas**. Las estadísticas pueden ayudar a los científicos sociales a interpretar la información. Ellos usan las estadísticas para seguir las tendencias en los índices globales o nacionales de la población, del nivel de educación, del estatus de vivienda, del crimen u otra categoría. También pueden usar las estadísticas para hacer comparaciones entre los grupos.

Ejemplo

La Oficina del Censo de los Estados Unidos encontró que el 47% de los ciudadanos de los EE.UU. entre los 18 y 24 años de edad votó en las elecciones de noviembre de 2004, mientras que el 72% de los ciudadanos de más de 55 años de edad votó.

Según esta información, un científico social puede hacer su hipótesis sobre las causas y los efectos de esta diferencia de edad en la gente que vota.

Fuentes primarias

Para reunir información sobre el pasado, los científicos sociales y los historiadores usan un rango amplio de fuentes. Las **fuentes primarias** son registros del pasado de primera mano, los cuales incluyen cartas, registros legales, registros de negocios, diarios, historias orales, fotografías, pósters, mapas o artefactos. Las **fuentes secundarias** son versiones de un evento realizadas tiempo después de haber tenido lugar el evento. Éstas incluyen artículos del periódico, panfletos, libros o entrevistas. Juntas, estas claves sobre el pasado componen un registro histórico.

Al leer fuentes históricas, necesitará usar las mismas habilidades analíticas que aplicaría a una fuente actual. Aquí se muestran algunas de las preguntas básicas que hacer cuando usted esté evaluando la confiabilidad de una fuente histórica:

- Considere el objetivo del autor. ¿Estaba prevista la fuente para una audiencia pública o privada?
- ¿Presenció el evento el autor o depende de las versiones de otros?
- ¿Expresa una opinión el autor? ¿Cuál era su punto de vista?
- ¿Puede usted verificar la fuente con otra evidencia?
- ¿Cuánto tiempo transcurrió después del evento y antes de que el autor relatara su versión? (Cuanto más rápido se haya hecho la versión, la fuente tiende a ser más confiable. Además, cuanto más cercano esté el testigo a la proximidad del evento, tanto más confiable es. Los científicos sociales y los historiadores llaman esto la regla del tiempo y lugar.)

▶ Presentando hechos

Los científicos sociales con frecuencia usan tablas, cuadros y gráficas para arreglar la información. Los cuadros y las tablas dividen las figuras en columnas. Organizan la información para que usted pueda ver las relaciones entre los hechos. Las **gráficas** hacen un despliegue de información para que usted pueda interpretar los hechos más fácilmente. Las gráficas incluyen **tablas**, **gráficas de barra**, **gráficas de línea** y **gráficas circulares**.

Tablas

Las tablas arreglan cifras (números) en columnas para demostrar una relación entre ellos. Para leer una tabla, comience observando el título de la tabla (el título que está en la parte superior de la tabla). Para continuar, lea el encabezamiento de cada columna. Ahora usted puede localizar los hechos y comenzar a discernir las relaciones entre ellos.

Consumo mudial de energía

AÑO	CUATRILLONES DE BTU CONSUMIDA
1970	207
1975	243
1980	285
1985	311
1990	346
1995	366
2000	382
2005	439
2010	493
2015	552
2020	612

Fuentes: Historia—Administración de Información de Energía (EIA por sus siglas en inges), Oficina de Mercados de Energía y sus Finalidades, Fuente de Datos de Estadísticas Internacionales y la Energía Anual Internacional 1999, DOE/EIA-0119(99), Washington, DC, Febrero 2001. Proyecciones-EIA, Sistema de Proyección de Energía del Mundo (2002).

Ejercicio 13

Vea la tabla de: "Consumo de Energía Mundial, 1970–2020," y responda a las preguntas siguientes en una hoja de papel aparte. Las respuestas se encuentran en la página 436.

1. ¿Cuánta energía consumió el mundo en 1980?

2. ¿Cuál es el cálculo aproximado en la tabla sobre el consumo mundial de energía para el año 2015?

3. ¿Cuál es la tendencia en el consumo mundial de energía?

4. ¿En cuál periodo de los cinco años pasados se dio el aumento más grande en el consumo de energía en el mundo?

5. Entre 1970 y 2020, ¿cuántas veces crecerá el índice de consumo mundial, de acuerdo con el cálculo aproximado de la tabla?

Gráfica de barras

Una **gráfica de barras** es una manera de presentar visualmente los hechos. Una gráfica de barras tiene entre sus características un eje vertical (pasa de arriba hacia abajo en el lado izquierdo de la gráfica) y un eje horizontal (pasa a lo largo de la parte inferior de la gráfica). La gráfica representa cantidades en forma de tiras o en barras. Para construir una gráfica de barras basada en la tabla, "Consumo Mundial de Energía, 1970–2020," marque los aumentos de cinco años en la parte inferior del eje horizontal y las unidades de energía consumida (mediante incrementos de 100 quadrillones Btu) en el eje vertical. Al representar los datos de la tabla en la gráfica de barras, usted puede visualizar más fácilmente la tendencia en el consumo mundial de energía.

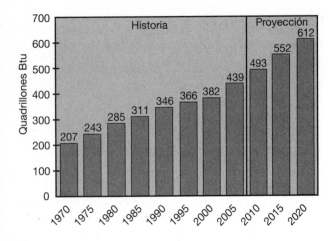

Gráficas de línea

Las **gráficas de línea** comparan dos o más cosas para ayudar a visualizar de un vistazo las tendencias. Como una gráfica de barras, una gráfica de línea pone de relieve un eje horizontal y vertical. Vea la gráfica, "Inmigrantes admitidos: Años fiscales 1900–2000." El eje vertical marca el número de inmigrantes (en miles). El eje horizontal mide cada década entre 1900 y 2000. Se traza un punto en cada año en el plano coordenado y una línea conecta cada punto. Al usar una gráfica de líneas, usted puede ver más fácilmente las tendencias de inmigración a lo largo del siglo.

Inmigrantes admitivos a los Estados Unidos: Años fiscales 1900–2000

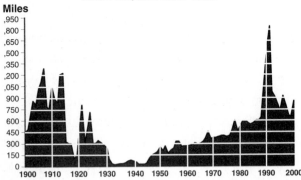

Fuente: Anuario Estadístico de 2000 del Servicio de Naturalización e Inmigración.

Ejercicio 14

Vea la gráfica de línea, "Inmigrantes admitidos en los Estados Unidos," y entonces responda a las preguntas siguientes:

1. ¿Cuál fue la tendencia general de la inmigración en los Estados Unidos entre 1950 y 1990?

2. ¿En cuáles décadas se dieron los puntos más bajos de inmigración en los Estados Unidos en el último siglo?

3. ¿Cuándo ocurrió el punto más alto?

Las respuestas se encuentran en la página 436.

Gráficas circulares

Las **gráficas circulares**, también llamadas **gráficas de pastel**, despliegan información para que usted pueda ver las relaciones entre las partes y el todo. El círculo completo en la gráfica representa el 100% de algo. La gráfica divide el todo en partes o en rebanadas de pastel. Para entender las gráficas circulares, lea el título de la gráfica. ¿Qué representa la gráfica? Lea todos los encabezamientos y las etiquetas. ¿Qué representa cada porción del círculo? Ahora usted está listo para ver cómo se relacionan las partes de la información. Revise la siguiente gráfica circular y después responda a las preguntas de práctica.

**El dólar del Gobierno Federal
De donde viene**

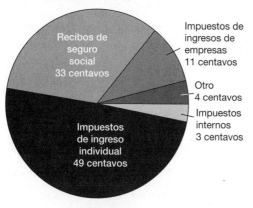

Adonde va

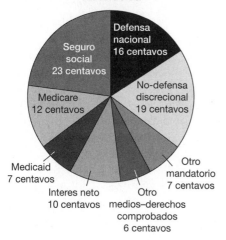

Fuente: Oficina de Gerencia y Presupuesto de los Estados Unidos, Oficina Ejecutiva del Presidente.

Lectura e interpretación de gráficas

- Observe el título de la gráfica.
- Vea las etiquetas de los ejes (o rebanadas de pastel si es una gráfica circular).
- Lea cuidadosamente la información en la leyenda o en la clave si hay una.
- Busque las relaciones entre los hechos presentados.

Exercise 15

Use la gráfica de círculo "El Dólar del Gobierno Federal" y responda a las preguntas siguientes:

1. ¿Qué porcentaje del presupuesto federal proviene de los recibos del seguro social y los impuestos sobre la renta corporativa?

2. ¿Cuál es la fuente más grande de ingreso para el gobierno federal?

3. ¿Cuál programa recibe la parte más grande del presupuesto nacional?

4. ¿Cuál es la proporción del presupuesto que se utiliza para saldar la deuda?

Las respuestas se encuentran en la página 436.

▶ Mapas

Los mapas son representaciones impresas o ilustradas de una región geográfica. Los científicos sociales usan diferentes tipos de mapas para entender los hechos naturales y culturales sobre una región. Los mapas pueden desplegar visualmente varios tipos de información, como las características físicas del territorio, las fronteras políticas entre las naciones o las densidades de población.

Los mapas topográficos muestran las características físicas del territorio: incluyendo las elevaciones y las depresiones de la tierra, la profundidad del agua, los ríos, los bosques, las montañas o las ciudades hechas por el hombre y los caminos.

Los mapas con división política despliegan las divisiones políticas y las fronteras.

Los mapas especiales pueden representar un rango amplio de información sobre una región, desde la precipitación media de lluvia, la distribución de las cosechas o la densidad de población, hasta los patrones de migración de la gente.

Para leer un mapa, revise cuidadosamente cada uno de los siguientes:

- **Título**—describe lo que el mapa representa
- **Leyenda o clave**—una tabla o lista que explica los símbolos usados en un mapa
- **Latitud y longitud**—la latitud se refiere a las líneas paralelas al ecuador en un mapa; la longitud se refiere a las líneas paralelas al primer meridiano que pasa de norte al sur a través de

Greenwich, Inglaterra. Estas líneas ayudan a localizar regiones específicas en un mapa.

- **Escala**—muestra la proporción del mapa en relación al área que representa. Por ejemplo, en un mapa topográfico, la escala puede mostrar la distancia en el mapa que equivale a una milla o a un kilómetro de tierra.

Ejercicio 16

Revise el mapa temático abajo, prestando atención especial a sus detalles y después responda a las preguntas de práctica.

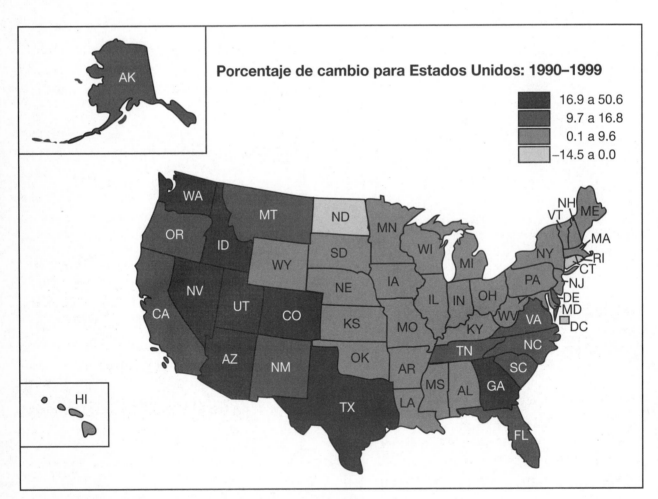

Porcentaje de cambio para Estados Unidos: 1990–1999

16.9 a 50.6
9.7 a 16.8
0.1 a 9.6
−14.5 a 0.0

Fuente: Programa de poblacion del estimaciones, Oficina del Censo de EU.

1. ¿Cuál es el título del mapa?

2. ¿Qué indican las cuatro sombras grises en la inscripción?

3. ¿Cuánto cambió la población en esta década en el estado de California?

4. ¿Cuáles son los estados que han experimentado el cambio más grande de población en esta década?

5. ¿Cuáles son las regiones que experimentaron una pérdida?

Las respuestas se encuentran en la página 436.

▶ Viñetas políticas

Una característica regular en los periódicos norte-americanos desde el siglo XI son las viñetas políticas que usan el humor satírico para comentar sobre un evento actual. Su propósito es expresar una opinión—el punto de vista político del dibujante o del periódico o de la revista en que aparecen. Una viñeta con frecuencia enfocará y simplificará una sola cuestión o algún evento para que los lectores puedan captar fácilmente su mensaje. Las viñetas emplean pocas palabras, con frecuencia las suficientes para expresar su punto claramente. A veces usan **caricaturas**, una técnica en donde el dibujante exagera deliberadamente las características de gente muy conocida (con frecuencia políticos) para burlarse de ellos.

Debido a su atractivo emocional, las viñetas políticas pueden ser herramientas efectivas para influenciar la opinión pública. El poder de las viñetas políticas se demostró en 1869 cuando el dibujante de *Harper's Weekly*, Thomas Nast, se valió de su arte para ayudar a terminar con el Boss Tweed Ring corrupto en la ciudad de Nueva York. Nast fue el primero en introducir símbolos que todavía usamos hoy en día: el elefante del partido republicano y el burro para el partido demócrata.

- ¿Cuáles son los detalles o símbolos usados en la viñeta? ¿Empleó una caricatura el dibujante?
- ¿Qué está pasando en la viñeta?
- ¿Cuáles son las comparaciones o los contrastes representados en la viñeta?
- Las viñetas políticas expresan una opinión. ¿Cuál es el punto de vista del dibujante?
- ¿Cuál es el contexto histórico de la viñeta? Las viñetas históricas pueden ser más difíciles de interpretar para los lectores de la actualidad. Usted tendrá que considerar las condiciones del período de tiempo durante el cual la viñeta fue creada.

*"¡¡Ya encontraron las armas de destruccion masiva??!!"

Derechos Reservados © 2002 por Mike Lane. Reimpreso bajo permiso de caglecartoons.com

Ejercicio 17

Ahora use la viñeta política para seleccionar la mejor respuesta a la pregunta siguiente:

¿Cuál es la oración que mejor describe la idea principal de la viñeta?

a. El gobierno de los EE.UU. creía que Irak estaba desarrollando armas de destrucción masiva en 2002.

b. Los Estados Unidos creen en un acercamiento pacífico.

c. En 2002, el gobierno de los EE.UU. era hipócrita respecto a su demanda para que Irak eliminara las armas de destrucción masiva.

d. Saddam Hussein era un líder en el cual se podía confiar.

e. George Bush realizó personalmente una inspección en Irak en busca de armas de destrucción masiva.

La respuesta se encuentra en la página 437.

▶ Fotografías

Las fotografías son poderosos documentos visuales de la vida personal o pública. Además de registrar un evento o un período de tiempo específico, son herramientas efectivas de persuasión. En el siglo XIX, las fotografías de William H. Jackson de la región de Yellowstone acabaron por convencer al Congreso de los Estados Unidos para que designe la región como parque nacional; las fotografías de Jacob Riis de los barrios bajos de la ciudad de Nueva York llevaron a una reforma social muy necesitada; las imágenes chocantes de Lewis Hine de niños que estaban trabajando en fábricas dieron como resultado la ratifi-

cación de la legislación de protección para los niños en 1916. Las fotografías también constituyen una parte importante del registro histórico. Los fotógrafos como James Van Der Zee, quien realizó una crónica de la vida en Harlem durante 60 años, contribuyó información sobre una cultura pasada.

Cuando usted vea una fotografía, use las mismas habilidades de pensamiento crítico que usaría al leer un pasaje escrito u otro tipo de gráfica. ¿Expresa la fotografía el tema o la idea principal? ¿Cuál es la evidencia que la apoya? Pregúntese lo siguiente:

- ¿Qué está ocurriendo en la foto?
- ¿Qué detalles puedo aprender acerca de la imagen?
- ¿Cuál pienso que sea el mensaje que el fotógrafo está tratando de expresar?
- ¿Hay algún pie de foto o título para la foto?
- ¿Cuál es el contexto histórico de la imagen?

Mire la siguiente fotografía de niños que están trabajando en una fábrica de Indiana a comienzos del siglo XX.

Niños obreros en Indiana Glass Works, Midnight, Indiana, 1908.
Fuente: Administración de Archivos y Registros Nacionales.

Ejercicio 18

¿Cuál de las conclusiones siguientes puede extraer de la foto?

a. Las leyes a principios de 1900 protegían a los niños para que no tuvieran que trabajar muchas horas.

b. El fotógrafo creía que los niños podían hacer contribuciones significantes a la economía.

c. Los niños en 1908 trabajaban en ocupaciones que no se les permitiría hoy en día.

d. Los Progresistas pelearon por crear leyes de trabajo que protegieran a los niños.

e. Los niños deben trabajar para contribuir con sus familias.

La respuesta se encuentra en la página 437.

▶ Recursos de Web

Los recursos siguientes le pueden ayudar a ampliar su conocimiento acerca de los tipos de material cubiertos en el examen de estudios sociales del GED. En el momento de su publicación, estos sitios eran exactos.

www.bls.gov
Sitio Web de la Oficina de Labores Estadísticas de los Estados Unidos con información sobre índices de empleo y de desempleo, gastos del consumidor, productividad y otras estadísticas.

www.census.gov
El sitio Web oficial de la Oficina del Censo de los Estados Unidos—proporciona estadísticas del censo del año 2000.

www.congresslink.org
El sitio Web educacional operado por el Centro Dirksen del Congreso—ofrece una guía para el Congreso y muestra material histórico.

www.constitutioncenter.org
El sitio Web del Centro Nacional de la Constitución (NCC, por sus siglas en inglés), una organización no afiliada, sin fines de lucro, establecida en 1988 por el Congreso— da información sobre los principios fundamentales de la Constitución y ofrece herramientas básicas de investigación.

www.federalreserve.gov
Sitio Web oficial de la Reserva Federal de los Estados Unidos—incluye información para el consumidor sobre finanzas personales.

www.fedstats.gov
Ofrece estadísticas y mapas de más de 100 agencias federales.

www.usa.gov
Portal oficial de Internet para toda la información del Gobierno de los Estados Unidos con vínculos de agencias del gobierno federal, estatal, local y tribal— proporciona formas federales frecuentemente solicitadas e información para los ciudadanos, los negocios y los empleados del gobierno.

www.geographyiq.com
Atlas mundial en línea con información geográfica, política y cultural.

www.HistoryCentral.com
Cubre temas de la historia de Norteamérica y del mundo e incluye vínculos a documentos históricos primarios.

www.ilo.org
Sitio Web de la Organización Internacional del Trabajo con información sobre las condiciones de trabajo alrededor del mundo.

www.memory.loc.gov
Colecciones históricas de la Biblioteca del Congreso de los Estados Unidos—incluye recursos primarios sobre la historia y la cultura de los Estados Unidos.

www.socialstudies.org

Sitio Web del Centro Nacional de Estudios Sociales—incluye vínculos para recursos de enseñanza en un rango amplio de temas de estudios sociales.

www.supremecourtus.gov

Ofrece una visión general de la Corte Suprema—su historia, sus procedimientos y sus tradiciones—y transcripciones de los casos de la Corte Suprema.

www.un.org

Sitio Web de las Naciones Unidas—incluye información y mapas sobre el desarrollo social y económico, los derechos humanos, la paz y los temas de seguridad alrededor del mundo.

▶ Respuestas y explicaciones para los ejercicios

Ejercicio 1 (página 385)

1. d. Basándose en la información marcada en la columna "Origen," usted podrá concluir que cada una de las religiones más importantes ha existido durante más de mil años. La columna con el encabezamiento "Características" describe algunas de las influencias que cada religión ha tenido en la cultura humana.

Ejercicio 2 (página 387)

1. d. *John Locke contribuyó en su mayor parte a la filosofía de la ilustración* es un enunciado de opinión. Los académicos podrían (y lo hacen) argumentar sobre quién contribuyó en su mayoría al Siglo de las Luces o quién se considera como el escritor o el pensador más influyente de su tiempo.

2. a. Aunque algunos de los proponentes de la ilustración reaccionaban contra las influencias de la Edad Media—el feudalismo, las Cruzadas y la Iglesia Católica Romana—los factores más probables que contribuyeron positivamente a la Edad de la Ilustración fueron los descubrimientos científicos del siglo XVI y XVII.

Ejercicio 3 (página 389)

1. b. Debido a que el racismo adopta muchas formas y existe en varios lugares alrededor del mundo, no es probable que incluso un evento poderoso como la Segunda Guerra Mundial pudiera detenerlo.

2. c. La opción **c** es la suposición más indicada. Usted puede teorizar que el enfoque de Hitler sobre el orgullo y la fuerza nacional atrajo a una población que se encontraba en una situación económica extrema (descrita en el pasaje sobre la Segunda Guerra Mundial).

Ejercicio 4 (página 390)

1. e. El pasaje plantea que la Declaración de Derechos se agregó a la Constitución para proteger los derechos de los ciudadanos individuales.

Ejercicio 5 (página 392)

1. d. Rockefeller creía que el gobierno no debía intervenir en los negocios; entonces lo más probable es que apoyara el lema, "Ese Gobierno es Mejor Cuando Gobierna Menos."

2. b. Los progresistas querían frenar los grandes negocios para apoyar así la legislación antitrust que restringía las prácticas de negocios.

Ejercicio 6 (página 396)

1. b. El control completo del gobierno sobre los medios de comunicación y el gobierno de un solo individuo son las características de una dictadura.

2. d. Los ciudadanos en una democracia directa votan en cada ley. Ellos tendrían la mayor influencia en las decisiones de legislación.

Ejercicio 7 (página 399)

1. c. Las opciones **a** y **d** son enunciados de opinión. La opción **b** es incorrecta y la opción **e** no se discute en el pasaje. Solamente la opción **c** es apoyada por la información en el pasaje.

Ejercicio 8 (página 400)

1. e. El voto popular en 1960 estuvo extremadamente reñido; menos de 200,000 votos de aproximadamente 69 millones separaron a Kennedy de Nixon. El voto electoral no estuvo tan reñido, debido a la regla "el ganador se lleva todo," lo cual le dio a cada candidato *todos* los votos electorales en los estados donde el voto popular estaba extremadamente reñido. De este modo, es exacto concluir que el mapa muestra cómo los resultados del voto electoral pueden distorsionar los resultados del voto popular.

2. b. El mapa muestra como Alabama y Oklahoma dividieron sus votos electorales en la elección de 1960.

Exercise 9 (page 406)

1. a. El punto donde las líneas se conectan está a $1,400. Ese es el punto de equilibrio.

2. b. A medida que el precio aumenta, disminuye la demanda.

Ejercicio 10 (página 408)

1. a. La línea de referencia de la gráfica es un artículo que cuesta $100 en el período de tiempo 1982–1984. La gráfica muestra que un artículo que cuesta $100 en el período de base costó aproximadamente $176 en 2001. De este modo, algo que costó $50—la mitad de $100—en el período de base habría costado aproximadamente $88 (la mitad de $176) en 2001.

2. e. La opción **a** no es una conclusión basada en la gráfica. Las opciones **b** y **c** no son verdaderas y la opción **d** es especulación que no es apoyada por la información de la gráfica. Solamente la opción **e** es una conclusión válida.

Ejercicio 11 (página 409)

1. b. La tabla muestra que el valor del yuan aumentó contra el dólar; Por lo tanto, la opción **a** o **b** debe ser correcta. El yuan aumentó en valor de menos de $0.13 a un poco más de $0.13. El aumento es menos que un centavo; entonces **b** debe ser la respuesta correcta.

2. a. El valor del yuan aumentó contra el dólar. De acuerdo con el pasaje, esto haría las mercancías más caras para los consumidores de los Estados Unidos. Por lo tanto, es más probable que las exportaciones chinas a los Estados Unidos disminuyan como resultado del cambio mostrado en la gráfica.

Ejercicio 12 (página 415)

1. c. Hoy en día más del 60% de la población mundial, o cerca de tres de cada cinco personas viven en Asia. Este hecho es apoyado por la información en la gráfica. La palabra *debería* en las opciones **a** y **e** alertar al lector de que son opiniones. Las opciones **b** y **d** son predicciones—están basadas en los factores en curso que puedan cambiar el futuro.

Ejercicio 13 (página 427)

1. 1285 quadrillones Btu

2. 552 quadrillones Btu

3. La tendencia en el consumo de energía mundial está aumentando. Usted puede responder a esta pregunta mediante la simple observación del aumento progresivo de los números en la columna de la derecha.

4. En el período comprendido entre 2000 y 2005—el consumo aumentó por 57 quadrillones Btu. Los años en la columna de la izquierda se dividen en incrementos de 5 años (excepto uno). Para responder a esta pregunta, encuentre la diferencia más grande entre cada una de las ocho primeras filas en la columna de la derecha.

5. Aproximadamente tres veces, desde 207 hasta 612 quadrillones Btu. Divida la cantidad predecida por el año 2020 entre la cantidad consumida en 1970.

Ejercicio 14 (página 428)

1. La tendencia se estaba incrementando. Aunque los trazos de la gráfica aumentan y caen en inmigración, entre 1950 y 1990 las líneas trazadas aumentaron en general.

2. Entre los años de 1930 y 1950—la gráfica lineal muestra un "valle" donde los índices de inmigración disminuyeron en estas décadas.

3. El año 1991 fue el punto más alto de la gráfica.

Ejercicio 15 (página 429)

1. 44%

2. impuestos sobre la renta individual

3. Seguro social

4. El 19% de los programas de Medicare y Medicaid

Ejercicio 16 (página 430)

1. Cambio en el porcentaje de la población para los Estados Unidos: 1990 a 1999

2. negro—ganancia más alta; gris oscuro—ganancia media; gris mediano—ganancia más pequeña; gris claro—pérdida

3. entre 9.7% y 16.8%

4. Washington, Idaho, Nevada, Utah, Colorado, Nuevo México, Texas, Georgia

5. Dakota del Norte, Rhode Island, Connecticut, Washington, D.C.

Ejercicio 17 (página 432)

1. La opción correcta es c. Al exagerar el poder y la fuerza de los aviones de los Estados Unidos, el dibujante sugiere que los Estados Unidos están desarrollando su fuerza militar mientras que al mismo tiempo demandan que otras naciones (Irak, en este caso) detengan cualquier esfuerzo para hacer lo mismo. El dibujante usa el símbolo de la bandera americana para mostrar que el avión de caza pertenece a los Estados Unidos, y usa la inicial "W" para sugerir que el piloto es el presidente George W. Bush.

Ejercicio 18 (página 433)

1. La respuesta correcta es **c**. Ésta es la única opción apoyada por la foto y su pie de foto. La foto contradice la opción **a**—claramente, las leyes no protegían a los niños para que no tuvieran que trabajar hasta tan tarde como la medianoche. Esta foto no apoya la opción **b**—la imagen no expresa una opinión positiva sobre el trabajo de menores de edad. La opción **d** es verdadera—los Progresistas procuraban realzar la conciencia sobre los menores que trabajan, pero la foto no suministra evidencia sobre su participación.

PARTE

VII ▶

GED
examen de
matemáticas

EN ESTA PARTE, usted aprenderá acerca del examen de matemáticas del GED: el número y el tipo de preguntas, los asuntos y las habilidades que se prueban, sugerencias para el uso de calculadoras y los cambios al examen recientes.

► Examen preliminar: Matemáticas del GED

Antes de repasar los asuntos de matemáticas comunes del GED, tome algunos minutos para hacer el examen preliminar a continuación. Las preguntas y los problemas son del mismo tipo que usted encontrará en el GED. Cuando termine, revise las respuestas cuidadosamente para evaluar sus resultados. Su puntuación en el examen preliminar le ayudará a determinar la preparación necesaria y lo que debe repasar y practicar más cuidadosamente.

Para acostumbrarse a los límites de tiempo del examen de matemáticas del GED, por favor permítase un plazo de 18 minutos para este examen preliminar. Anote sus respuestas en la hoja de respuestas proporcionada aquí y en la cuadrícula de respuestas para las preguntas 9 y 10.

Instrucciones: Lea cada pregunta y busque detenidamente cada respuesta.

Nota: En el GED, no se permite escribir en el folleto del examen. Haga cualquier nota o cálculo en otra hoja de papel.

Hoja de respuestas

1. (a) (b) (c) (d) (e)
2. (a) (b) (c) (d) (e)
3. (a) (b) (c) (d) (e)
4. (a) (b) (c) (d) (e)
5. (a) (b) (c) (d) (e)
6. (a) (b) (c) (d) (e)
7. (a) (b) (c) (d) (e)
8. (a) (b) (c) (d) (e)
9. (a) (b) (c) (d) (e)
10. (a) (b) (c) (d) (e)

1. Por 5 días sucesivos, un motociclista anotó su distancia recorrida como sigue: 135, 162, 98, 117, 216.

   Si su motocicleta recorrió un promedio de 14 millas por cada galón de gasolina usado, ¿cuántos galones de gasolina usó durante esos 5 días?

   a. 42
   b. 52
   c. 115
   d. 147
   e. 153

2. Bugsy tiene un trozo de madera que mide 9 pies con 8 pulgadas de largo. Quiere dividirlo en 4 longitudes iguales. ¿A qué distancia del borde debe hacer el primer corte?

   a. 2.5 pies
   b. 2 pies con 5 pulgadas
   c. 2.9 pies
   d. 29 pies
   e. 116 pulgadas

La pregunta 3 se refiere a la figura a continuación.

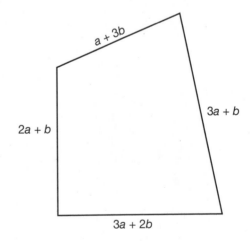

3. ¿Cuál es el perímetro de la figura?

   a. $8a + 5b$

   b. $9a + 7b$

   c. $7a + 5b$

   d. $6a + 6b$

   e. $8a + 6b$

4. Jossie tiene $5 más que Siobhan, y Siobhan tiene $3 menos que Michael. ¿Si Michael tiene $30, cuánto dinero tiene Jossie?

   a. $30

   b. $27

   c. $32

   d. $36

   e. No hay suficiente información.

Las preguntas 5 y 6 se refieren a la gráfica a continuación

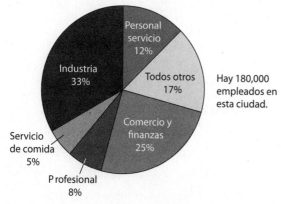

Hay 180,000 empleados en esta ciudad.

5. El número de personas que estaban trabajando en servicios de comida en la ciudad durante este tiempo fue

   a. 3,600

   b. 9,000

   c. 10,000

   d. 18,000

   e. 36,000

6. Si el número de trabajadores de comercio y finanzas es representado por M, entonces el número de trabajadores de manufactura es representado por

   a. $M/5$

   b. $M + 3$

   c. $30M$

   d. $4M/3$

   e. No hay suficiente información.

La pregunta 7 se refiere a la figura a continuación

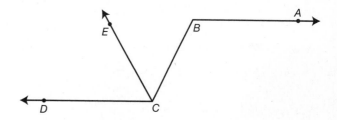

7. En la figura $\overline{AB} \,||\, \overline{CD}$, $\overline{CE}$ biseca $\angle BCD$ y $m\angle ABC = 112°$. Halle $m\angle ECD$.

   a. 45

   b. 50

   c. 56

   d. 60

   e. No hay suficiente información.

8. El Sr. DeLandro gana $12 por hora. Una semana, el Sr. DeLandro trabajó 42 horas; la semana siguiente, trabajó 37 horas. ¿Cuál de las siguientes expresiones indica el número de dólares que el Sr. DeLandro ganó por las dos semanas?

   a. $12 \cdot 2 + 37$

   b. $12 \cdot 42 + 42 \cdot 37$

   c. $12 \cdot 37 + 42$

   d. $12 + 42 \cdot 37$

   e. $12(42 + 37)$

9. ¿Cuál es la pendiente de la línea que pasa por los puntos A y B en la gráfica de coordenadas a continuación? Indique su respuesta en los círculos en la cuadrícula a continuación.

10. ¿Cuál es el valor de la expresión $3(2x - y) + (3 + x)^2$, si $x = 4$ y $y = 5$? Indique su respuesta en los círculos en la cuadrícula a continuación.

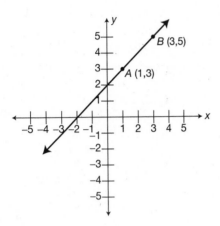

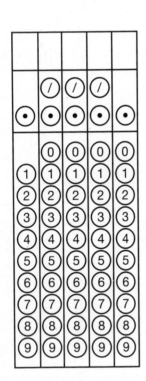

▶ Respuestas

1. b. Primero, halle la distancia total: $135 + 162 + 98 + 117 + 216 = 728$ millas. Divida la distancia total (728) por el número de millas recorridas por cada galón de gasolina usado (14) para hallar el número de galones de gasolina necesarios: $728 \div 14 = 52$ galones.

2. b. 1 pie = 12 pulgadas; 9 pies con 8 pulgadas = $9 \cdot 12 + 8 = 116$ pulgadas; $116 \div 4 = 29$ pulgadas = 2 pies con 5 pulgadas

3. b. Para hallar el perímetro de la figura, halle la suma de las longitudes de los cuatro lados: $2a + b + a + 3b + 3a + b + 3a + 2b = 9a + 7b$.

4. c. Michael tiene \$30. Siobhan tiene \$30 − \$3 = \$27. Jossie tiene \$27 + \$5 = \$32.

5. b. Cinco por ciento de la gráfica circular representa los profesionales del servicio de comida, y se representan 180,000 empleados en total en la gráfica: 5% de 180,000, o .05 · 180,000, son 9,000.

6. d. M = número de trabajadores de comercio y finanzas. Ya que M = el 25% del total, $4M$ = el número total de trabajadores de la ciudad. El número de trabajadores de manufactura = el número total de trabajadores ÷ 3 = $4M/3$.

7. c. Ya que los pares de ángulos interiores alternos de líneas paralelas son de la misma medida, $m\angle BCD = m\angle ABC$. Así que, $m\angle BCD = 112°$. $m\angle ECD = \frac{1}{2}m\angle BCD = \frac{1}{2}(112) = 56°$.

8. e. En 2 semanas, el Sr. Delandro trabajó $(42 + 37)$ horas en total y ganó $12 por cada hora. Por consiguiente, el número total de dólares que ganó fue $12(42 + 37)$.

9. 1.

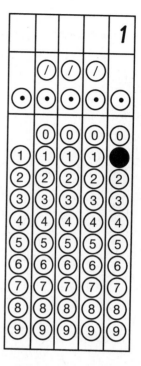

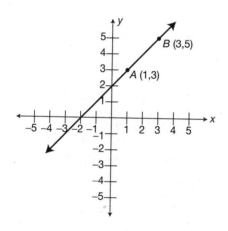

Las coordenadas del punto A son $(1,3)$. Las coordenadas del punto B son $(3,5)$. Use la formula de pendiente:

$$\frac{y_2 - y_1}{x_2 - x_1}$$

Sustituya y halle:

$$\frac{5-3}{3-1} = \frac{2}{2}, \text{ o } \frac{1}{1} = 1$$

10. 58.

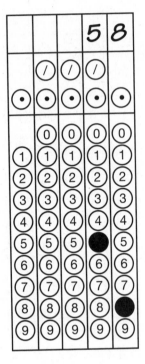

$3(2x - y) + (3 + x)^2, x = 4$ y $y = 5$

$3(2 \times 4 - 5) + (3 + 4)^2 =$

$3(8 - 5) + (7)^2 =$

$3(3) + 49 =$

$9 + 49 =$

58

▶ Evaluación del examen preliminar

¿Cómo salió usted en el examen preliminar de matemáticas? Si usted contestó correctamente a siete o más preguntas, ha logrado el equivalente de una puntuación de aprobación en el examen de matemáticas del GED. Pero recuerde que este examen preliminar comprende solamente una fracción de la materia que pueda enfrentar en el examen de matemáticas del GED. No está diseñado para darle una medida exacta de cómo usted saldrá en el examen real. Más bien, está diseñado para ayudarle a determinar dónde debería enfocar sus esfuerzos en el estudio. Para tener éxito en el GED, repase todos los capítulos de esta parte a fondo. Concéntrese en las partes que corresponden a las preguntas del examen preliminar a las cuales usted contestó incorrectamente.

41 ▶ Presentación del GED examen de matemáticas

En este capítulo, aprenderá acerca del examen de matemáticas del GED: el número y el tipo de preguntas, los temas y las habilidades que se prueban, y las reglas para el uso de calculadoras.

▶ Lo que se debe esperar en el examen de matemáticas del GED

El examen de matemáticas del GED es una prueba usada para medir su entendimiento de las materias de matemáticas necesarias para la vida diaria. Las preguntas se basan en información presentada por palabras, diagramas, gráficas, tablas e imágenes. Además de probar sus habilidades de matemáticas, también se le pedirá que demuestre sus habilidades para solucionar problemas. Unos ejemplos de las habilidades necesarias para la porción matemática del GED son los siguientes:

- Entender la pregunta
- Organizar datos y identificar información importante
- Escoger estrategias para solucionar problemas
- Saber cuándo usar las operaciones matemáticas apropiadas
- Preparar problemas que solucionar y estimar
- Calcular la respuesta exacta y correcta
- Reflexionar sobre el problema para asegurarse de haber escogido una respuesta razonable

Esta parte le dará mucha práctica en las habilidades básicas de matemáticas que se usan todos los días, así como estrategias cruciales para solucionar problemas.

El examen de matemáticas del GED se presenta en dos secciones separadas. La primera sección permite el uso de una calculadora; la segunda no lo permite. El límite de tiempo para el GED es de 90 minutos, así que tiene usted 45 minutos para terminar cada sección. Cada sección tiene su propio límite de tiempo, pero las dos valen lo mismo. Esto significa que usted debe terminar ambas secciones en una sesión de prueba para recibir una puntuación de aprobación. Si termina solamente una sección, tendrá que volver a hacer el examen entero.

El examen consiste en 40 preguntas de opción múltiple y 10 preguntas de respuesta en cuadrícula, así que hay 50 preguntas en total. Las preguntas de opción múltiple le dan varias respuestas para escoger, y las preguntas de respuesta en cuadrícula le piden que encuentre la respuesta por su propia cuenta. Cada pregunta de opción múltiple tiene cinco opciones de respuestas, desde la **a** hasta la **e**. Las preguntas de respuesta en cuadrícula usan una cuadrícula estándar o un plano de coordenadas. Las sugerencias para contestar a una pregunta de respuesta en cuadrícula se enumerarán más adelante en esta parte.

Temas del examen

La sección de matemáticas del GED evalúa sus conocimientos de los temas siguientes:

- medición
- álgebra
- geometría
- relaciones numéricas
- análisis de datos

Se proporcionan detalles sobre cada uno de estos temas en esta parte, así como sugerencias y estrategias para solucionarlos. Además, 100 preguntas de práctica y sus soluciones se encuentran al final de las lecciones de los temas.

Usar calculadoras

El examen de matemáticas del GED se presenta en dos panfletos separados: la parte I y la parte II. Se permite el uso de calculadoras en la parte I solamente. No se le permitirá que use su propia calculadora. La institución que administra el examen le proporcionará una. La calculadora que se usará es una Casio fx-260 SOLAR. Es importante que usted se familiarice con esta calculadora y su uso. Use una calculadora solamente si le ahorrará tiempo o mejorará su precisión.

Página de fórmulas

Con todos los formularios del examen, se proporciona una página con una lista de fórmulas comunes. Se le permite utilizar esta página cuando usted está haciendo el examen. Es necesario que usted se familiarice con la página de fórmulas y que entienda cuándo y cómo utilizar cada fórmula. Un ejemplo de la página de fórmulas se encuentra en la página 449 de este libro.

Preguntas de respuesta en cuadrícula y de preparación

Las preguntas de respuesta en cuadrícula y de preparación son diez preguntas que no son de opción múltiple en la porción de matemáticas del GED. Estas preguntas le piden que encuentre una respuesta y que llene los círculos en una cuadrícula o en un eje de coordenadas.

Preguntas estándares de respuesta en cuadrícula

Cuando se le presenta una pregunta con una cuadrícula como la que sigue, piense en estas sugerencias:

- Primero, escriba su respuesta en las cajas en blanco en la parte de arriba de la cuadrícula. Esto le ayudará a mantenerse organizado mientras usted llene los círculos y a asegurarse de llenarlos correctamente.

- Usted puede comenzar en cualquier columna, pero deje suficientes columnas para su respuesta entera.

- No tiene que utilizar todas las columnas. Si su respuesta llena solamente dos o tres columnas, deje a las otras en blanco.

- Puede escribir su respuesta usando fracciones o decimales. Por ejemplo, si su respuesta es $\frac{1}{4}$, usted puede anotarlo como fracción, $\frac{1}{4}$, o como decimal, .25.

La diagonal (/) se utiliza para representar la barra de una fracción. El numerador se debe anotar a la izquierda de la barra de fracción y el denominador se debe anotar a la derecha. Vea el ejemplo a continuación.

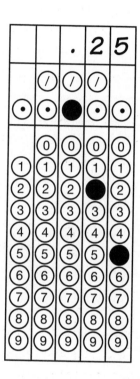

■ Cuando su respuesta es un número mixto, debe ser representado en cuadrícula estándar en la forma de una fracción impropia. Por ejemplo, si la respuesta es $1\frac{1}{4}$, anote 5/4 en la cuadrícula.

■ Cuando se le pide que marque un punto en un plano de coordenadas como éste, sólo llene el círculo donde el punto debe aparecer.

Preguntas de preparación

Estas preguntas evalúan su habilidad de reconocer el procedimiento correcto para solucionar un problema. Estas preguntas le piden que escoja una expresión que represente cómo "preparar" el problema.

Ejemplo: Samantha gana $24,000 por año en un nuevo trabajo. ¿Cuál de las expresiones siguientes indica cuánto gana por mes?

a. $24,000 + 12

b. $24,000 − 12

c. $24,000 · 12

d. $24,000 ÷ 12

e. 12 ÷ $24,000

La respuesta es la opción **d**. Usted sabe que hay 12 meses en un año. Para encontrar el ingreso mensual de Samantha, dividiría el total ($24,000) por el número de meses (12). La opción **e** es incorrecta porque indica que 12 es dividido por $24,000.

Las gráficas

Al menos 25 de las 50 preguntas en el examen de matemáticas del GED usan diagramas, gráficas circulares, otras gráficas, tablas, y otros estímulos visuales como referencias. A veces, más de una de estas preguntas serán agrupadas debajo de una sola gráfica. No deje que esto lo confunda. Aprenda a reconocer grupos de preguntas leyendo las preguntas y las direcciones cuidadosamente.

▶ ¿Qué se especifica en el GED?

La estructura del examen de matemáticas del GED, revisada en 2002, asegura que no más de dos preguntas deben incluir "No hay suficiente información" como la opción de respuesta correcta. Dado este hecho, es importante que usted preste atención al número de veces que ha seleccionado esta opción. Si usted se encuentra seleccionando la opción de "No hay suficiente información" por tercera vez, asegúrese de comprobar las otras preguntas donde ha seleccionado esta opción porque una de ellas debe ser incorrecta. Además, el GED actual se enfoca más en "las matemáticas de la vida diaria." Esto se puede ver en el hecho de que se permite el uso de una calculadora en la parte I, así como en un énfasis creciente en el análisis de datos y estadísticas. Consecuentemente, las preguntas de respuesta en cuadrícula y los grupos de artículos son más comunes. El número de grupos de artículos varía.

FÓRMULAS

Superficie de un

cuadrado $\quad\quad\quad\quad A = \text{lado}^2$

rectángulo $\quad\quad\quad A = \text{longitud} \times \text{ancho}$

paralelogramo $\quad\quad A = \text{base} \times \text{altura}$

triángulo $\quad\quad\quad\; A = 1/2 \times \text{base} \times \text{altura}$

trapezoide $\quad\quad\quad A = 1/2(\text{base}_1 + \text{base}_2) \times \text{altura}$

círculo $\quad\quad\quad\quad A = \pi \times \text{radio}^2; \pi$ vale aproximadamente 3.14

Perímetro de un

cuadrado $\quad\quad\quad\quad P = 4 \times \text{lado}$

rectángulo $\quad\quad\quad P = 2 \times \text{longitud} + 2 \times \text{ancho}$

triángulo $\quad\quad\quad\; P = \text{lado}_1 + \text{lado}_2 + \text{lado}_3$

Circunferencia de un círculo $= \pi \times \text{diámetro}; \pi$ vale aproximadamente 3.14

Volumen de un

cubo $\quad\quad\quad\quad\quad V = \text{arista}^3$

sólido rectangular $\quad V = \text{longitud} \times \text{ancho} \times \text{altura}$

pirámide cuadrada $\quad V = \frac{1}{3} \times (\text{arista de la base})^2 \times \text{altura}$

cono $\quad\quad\quad\quad\quad V = \frac{1}{3} \times \pi \times \text{radio}^2 \times \text{altura}; \pi$ vale aproximadamente 3.14

cilindro $\quad\quad\quad\quad \pi \times \text{radio}^2 \times \text{altura}; \pi$ vale aproximadamente 3.14

Geometría de coordenadas

distancia entre puntos $= \sqrt{(x_2 - x_1)^2 + (y_2 - y)^2}$; (x_1, y_1) y (x_2, y_2) son dos puntos en la línea

pendiente de una línea $= \frac{y_2 - y_1}{x_2 - x_1}$; (x_1, y_1) y (x_2, y_2) son dos puntos en la línea

Teorema de Pitágoras $\quad a^2 + b^2 = c^2$; a y b son lados y c es la hipotenusa de un ángulo recto

Medidas de tendencia central

media aritmética $= \frac{x_1 + x_2 + \cdots + x_n}{n}$, si los valores de x son los valores a los que se desea calcular una media aritmética, y n es el número total de valores de x.

mediana = el valor central en una secuencia de valores si el número de valores es impar, y la media aritmética de los dos valores centrales en una secuencia de datos si el número de datos es par.

Interés simple = capital inicial × tasa de interés × tiempo

Distancia = velocidad × tiempo

Precio total = (número de unidades) × (precio por unidad)

Adaptado de las materias oficiales del GED.

42 ▶ Medidas

El examen de matemáticas del GED acentúa la aplicación de los conceptos de matemáticas a la vida real, y esto es especialmente cierto con respecto a las preguntas de la medición. Este capítulo repasará los fundamentos de los sistemas de la medición usados en los Estados Unidos y en otros países, cómo hacer operaciones matemáticas con unidades de medida, y el proceso de convertir entre diversas unidades.

E L USO DE LA MEDICIÓN le permite que forme una conexión entre las matemáticas y el mundo real. Para medir cualquier objeto, asigne un número y una unidad de medida. Por ejemplo, cuando se atrapa un pez, a menudo el pez se pesa en onzas y su longitud se mide en pulgadas. La lección siguiente le familiarizará con los tipos, las conversiones, y las unidades de medida.

▶ Unidades de medida

Las unidades de medida usadas con más frecuencia en los Estados Unidos se enumeran en la tabla a continuación:

Unidades de longitud
12 pulgadas (in.) = 1 pie (ft.)
3 pies = 36 pulgadas = 1 yarda (yd.)
5,280 pies = 1,760 yardas = 1 milla (mi.)

Unidades de volumen

8 onzas* (oz.) = 1 taza (c.)

2 tazas = 16 onzas = 1 pinta (pt.)

2 pintas = 4 tazas = 32 onzas = 1 cuarto de galón (qt.)

4 cuartos de galón = 8 pintas = 16 tazas = 128 onzas = 1 galón (gal.)

Unidades de peso

16 onzas* (oz.) = 1 libra (lb.)

2,000 libras = 1 tonelada (T)

Unidades de tiempo

60 segundos (sec.) = 1 minuto (min.)

60 minutos = 1 hora (hr.)

24 horas = 1 día

7 días = 1 semana

52 semanas = 1 año (yr.)

12 meses = 1 año

365 días = 1 año

Note que las onzas se usan para medir las dimensiones tanto del volumen como del peso.

▶ Convertir unidades

Al hacer operaciones matemáticas, es necesario convertir unidades de una medida para simplificar un problema. Las unidades de medida se convierten usando la multiplicación o la división:

- Para convertir una unidad mayor a una unidad menor, sólo multiplique el número específico de las unidades mayores por el número de unidades menores contenido en solamente una de las unidades mayores.

   Por ejemplo, para hallar el número de pulgadas en 5 pies, sólo multiplique 5, *el*

número de unidades mayores, por 12, *el número de pulgadas en un pie*:

   5 pies = ¿Cuántas pulgadas?

   5 pies × 12 pulgadas (el número de pulgadas en un solo un pie) = 60 pulgadas

Por consiguiente, hay 60 pulgadas en 5 pies.

Intente otro:

   Convierta 3.5 toneladas a libras.

   3.5 toneladas = ¿Cuántas libras?

   3.5 toneladas × 2,000 libras (*el número de libras en una sola tonelada*) = 6,500 libras

Por consiguiente, hay 6,500 libras en 3.5 toneladas.

- Para convertir una unidad menor a una unidad mayor, sólo divida el número específico de unidades menores por el número de unidades menores contenido en solamente uno de las unidades mayores.

   Por ejemplo, para hallar el número de pintas en 64 onzas, sólo divida 64, la unidad menor, por 16, el número de onzas en una pinta.

   64 onzas/16 onzas = 4 pintas

Por consiguiente, 64 onzas son 4 pintas.

Aquí hay uno más:

   Convierta 32 onzas a libras.

   32 onzas/16 onzas = 2 libras

Por consiguiente, 32 onzas son 2 libras.

▶ Operaciones básicas con las medidas

Será necesario que usted repase cómo sumar, restar, multiplicar y dividir con las medidas. Las reglas matemáticas necesarias para cada una de estas operaciones con las medidas siguen.

La adición con las medidas

Para sumar las medidas, siga estos dos pasos:

1. Sume las unidades similares.
2. Simplifique la respuesta.

Ejemplo: Sume 4 libras con 5 onzas a 20 onzas.

4 lbs.   5 oz.   Asegúrese de sumar onzas a onzas.
+   20 oz.
_____

4 lbs. 25 oz.   Ya que 25 onzas son más que
                16 onzas (1 libra), simplifique,
                dividiendo por 16. Luego, sume la
                1 libra a las 4 libras.

$\downarrow$

4 lbs. + 25 oz.

$\downarrow$

$$4 \text{ lbs.} + 16 \div \overset{1\text{lb}}{\overline{\smash{)}25}}$$
$$\underline{-16}$$
$$9 \text{ oz.}$$

4 libras con 25 onzas =
4 libras + 1 libra con 9 onzas =
5 libras con 9 onzas

La sustracción con las medidas

Para restar las medidas, siga estos tres pasos:

1. Reste las unidades similares.
2. Reclasifique las unidades si es necesario.
3. Escriba la respuesta de la forma más sencilla.

Por ejemplo, 6 libras con 2 onzas restadas de 9 libras con 10 onzas.

  9 lbs. 10 oz.   Reste onzas de onzas.
− 6 lbs. 2 oz.   Luego, reste libras de libras.
_____

  3 lbs. 8 oz.

A veces, es necesario reclasificar las unidades al restar.

Ejemplo: Reste 3 yardas con 2 pies de 5 yardas con 1 pie.

$$\overset{4}{\cancel{5}} \text{ yds.} \ \overset{4}{\cancel{1}} \text{ ft.}$$
$$-3 \text{ yds. } 2 \text{ ft.}$$
$$\overline{1 \text{ yds. } 2 \text{ ft.}}$$

De 5 yardas, clasifique 1 yarda como 3 pies. Sume 3 pies a 1 pie. Luego, reste pies de pies y yardas de yardas.

Multiplicación con las medidas

Para multiplicar las medidas, siga estos dos pasos:

1. Multiplique unidades similares si se trata de unidades.
2. Simplifique la respuesta.

Ejemplo: Multiplique 5 pies con 7 pulgadas por 3.

5 ft. 7 in.   Multiplique 7 pulgadas por 3, y
                luego multiplique 5 pies por 3.
  × 3   Mantenga las unidades separadas.
_____

15 ft. 21 in.   Ya que 12 pulgadas = 1 pie,
                simplifique las 21 pulgadas.

15 ft. 21 in. = 15 ft. + 1 ft. + 9 in. =
16 pies con 9 pulgadas

Ejemplo: Multiplique 9 pies por 4 yardas. Primero, convierta las yardas a pies, multiplicando el número de pies en una yarda (3) por el número de yardas en este problema (4).

3 pies en una yarda · 4 yardas = 12 pies

Luego, multiplique 9 pies por 12 pies = 108 pies cuadrados.

(Nota: pies · pies = pies cuadrados)

División con las medidas

Para dividir con las medidas, siga estos pasos:

1. Divida las unidades mayores primero.
2. Convierta el resto a la unidad menor.
3. Sume el resto convertido a la unidad menor existente si es que hay una.
4. Divida las unidades menores.
5. Escriba la respuesta de la forma más sencilla.

Ejemplo

Divida 5 cuartos de galón con 4 onzas por 4.

$$\begin{array}{r} 1 \text{ qt. R1} \\ 4\overline{)5} \\ -4 \\ \hline 1 \end{array}$$

Paso 1:

Paso 2: R1 = 32 oz.

Paso 3: 32 oz. + 4 oz. = 36 oz.

Paso 4:

$$\begin{array}{r} 9\text{oz.} \\ 4\overline{)36} \end{array}$$

Paso 5: 1 qt. 9 oz.

▶ Medidas métricas

El sistema métrico es un sistema internacional de la medición también llamado el **sistema decimal**. Convertir las unidades en el sistema métrico es mucho más fácil que convertir las unidades en el sistema inglés de las medidas. Sin embargo, convertir entre los dos sistemas es mucho más difícil. Afortunadamente, el examen de matemáticas del GED le proporcionará a usted el factor de conversión apropiado como sea necesario.

Las unidades básicas del sistema métrico son el metro, el gramo y el litro. Aquí está una idea general de cómo los dos sistemas se comparan:

SISTEMA MÉTRICO	SISTEMA INGLÉS
1 metro	Un metro es un poco más que una yarda; es equivalente a aproximadamente 39 pulgadas.
1 gramo	Un gramo es una unidad de peso muy pequeña; hay aproximadamente 30 gramos en 1 onza.
1 litro	Un litro es un poco más que un cuarto de galón.

Se añaden prefijos a estas unidades métricas básicas para indicar la cantidad de cada unidad.

Por ejemplo, el prefijo *deci-* significa un décimo ($\frac{1}{10}$); por consiguiente, un decigramo es la décima parte de un gramo, y un decímetro es la décima parte de un metro. Los seis prefijos siguientes se pueden usar con todas las unidades métricas:

KILO (K)	HECTO (H)	DECA (DK)	DECI (D)	CENTI (C)	MILI (M)
1,000	100	10	$\frac{1}{10}$	$\frac{1}{100}$	$\frac{1}{1,000}$

Ejemplos

- 1 hectómetro = 1 hm = 100 metros
- 1 milímetro = 1 mm = $\frac{1}{1,000}$ metro = .001 metro
- 1 decagramo = 1 dkg = 10 gramos
- 1 centilitro = 1 cL* = $\frac{1}{100}$ litro = .01 litro
- 1 kilogramo = 1 kg = 1,000 gramos
- 1 decilitro = 1 dL* = $\frac{1}{10}$ litro = .1 litro

Note que litro se abrevia con una letra mayúscula—L.

La gráfica a continuación demuestra algunas relaciones comunes usadas en el sistema métrico:

LONGITUD	PESO	VOLUMEN
1 km = 1,000 m	1 kg = 1,000 g	1 kL = 1,000 L
1 m = .001 km	1 g = .001 kg	1 L = .001 kL
1 m = 100 cm	1 g= 100 cg	1 L = 100 cL
1 cm = .01 m	1 cg = .01 g	1 cL = .01 L
1 m = 1,000 mm	1 g = 1,000 mg	1 L = 1,000 mL
1mm = .001 m	1 mg = .001 g	1 mL = .001 L

Conversiones dentro del sistema métrico

Una manera fácil de hacer conversiones dentro del sistema métrico es mover el punto decimal a la derecha o la izquierda porque el factor de conversión siempre es de diez o de una potencia de base diez. Como usted aprendió anteriormente, cuando se convierte una unidad mayor a una unidad menor, se multiplica, y cuando se convierte una unidad menor a una unidad mayor, se divide.

Hacer conversiones fáciles dentro del sistema métrico

Cuando se multiplica por una potencia de diez, se mueve el punto a la derecha. Cuando se divide por una potencia de diez, se mueve el punto a la izquierda.

kilo　hecto　deca　UNIDAD　deci　centi　mili

Para convertir una unidad menor a una unidad mayor, mueva el punto a la izquierda.

Ejemplo

Convierta 520 gramos a kilogramos.

Paso 1: Note que convertir metros a kilómetros se trata de convertir unidades menores a unidades mayores; por consiguiente, se moverá el punto tres posiciones a la izquierda.

Paso 2: Empezando desde la UNIDAD (gramos), hay que mover el punto tres posiciones a la izquierda.

k　h　dk　unidad　d　c　m

Paso 3: Mueva el punto a la derecha de 520 tres posiciones a la izquierda: 520.

Ponga el punto delante del 5. .520

Su respuesta es 520 gramos = .520 kilogramos.

Ejemplo

Usted está embalando su bicicleta para un viaje de Nueva York a Detroit. La reja en la parte trasera de su bicicleta puede sostener 20 kilogramos. Si usted excede ese límite, debe comprar estabilizadores para la reja que cuestan $2.80 cada uno. Cada estabilizador puede sostener un kilogramo adicional. Si usted desea embalar suministros de 23,000 gramos, ¿cuánto dinero tendrá que gastar por los estabilizadores?

Paso 1: Primero, convierta los 23,000 gramos a kilogramos.

kg　hg　dkg　g　dg　cg　mg

Paso 2: Mueva el punto tres posiciones a la izquierda:

23,000 g = 23.000 kg = 23 kg

Paso 3: Reste para hallar la cantidad que sobrepasa el límite.

23 kg/20 kg = 3 kg

Paso 4: Ya que cada estabilizador sostiene 1 kilogramo y sus suministros exceden el límite de peso de la reja por 3 kilogramos, debe comprar 3 estabilizadores de la tienda de bicicletas.

Paso 5: Cada estabilizador cuesta $2.80, así que multiplique $2.80 por 3:

$2.80 \times 3 = \$8.40$

43▶ Relaciones numéricas

Un buen entendimiento de los elementos básicos de las matemáticas será esencial para tener éxito en el examen de matemáticas del GED. Este capítulo cubre lo básico de las operaciones matemáticas y su secuencia: variables, números naturales, fracciones, decimales, y raíces cuadradas y cúbicas.

EL SOLUCIONAR LOS problemas básicos de matemáticas se basa en hechos matemáticos de los números naturales, principalmente hechos de la adición y de las tablas de multiplicar. Si tiene dudas con respecto a algunos de estos hechos, es hora de repasarlos. Asegúrese de memorizar cualquier parte de este repaso que le causa problemas. Su habilidad de trabajar con números depende de lo rápida y precisamente que pueda hacer las computaciones matemáticas sencillas.

▶ La adición y la sustracción

La adición se usa para combinar cantidades. La respuesta en un problema de adición se llama la **suma**, o el **total**. Para sumar, es útil arreglar los números en una columna. Asegúrese de escribir los números para que todas las columnas de valores se alineen; además, trabaje de la derecha hacia la izquierda, empezando con la columna de unidades.

Ejemplo

Sume 40 + 129 + 24.

1. Alinee la columna de unidades de los
números que sumar. Ya que es necesario
trabajar de la derecha hacia la izquierda,
empiece a sumar, empezando con la
columna de unidades.

$$\begin{array}{r} 1 \\ 40 \\ 129 \\ +24 \\ \hline 3 \end{array}$$

2. Sume la columna de decenas, incluyendo el 1
que fue reagrupado.

$$\begin{array}{r} 1 \\ 40 \\ 129 \\ +24 \\ \hline 93 \end{array}$$

3. Luego, sume la columna de centenares. Ya
que hay solamente un valor, escriba el 1 en la
respuesta.

$$\begin{array}{r} 1 \\ 40 \\ 129 \\ +24 \\ \hline 193 \end{array}$$

La sustracción se usa para hallar la diferencia
entre cantidades. Escriba el número mayor
arriba, y alinee las columnas de unidades.
También puede ser necesario reagrupar durante
el proceso de restar.

Ejemplo

Si Kasima tiene 45 años y Deja tiene 36,
¿cuántos años más tiene Kasima?

1. Halle la diferencia entre sus edades con la
sustracción. Empiece con la columna de
unidades. Ya que el 5 es menos que el
número que se le resta (el 6), reagrupe o

"tome prestado" un diez de la columna de
decenas. Sume la cantidad reagrupada a la
columna de unidades. Ahora reste 15 – 6 en
la columna de unidades.

$$\begin{array}{r} 1 \\ 45 \\ -36 \\ \hline 9 \end{array}$$

2. Después de reagrupar un diez de la columna
de decenas, quedan 3 decenas. Reste 3 – 3, y
escriba el resultado en la columna de
decenas de su respuesta. Kasima tiene 9 años
más que Deja. Compruebe: 9 + 36 = 45.

$$\begin{array}{r} 31 \\ 45 \\ -36 \\ \hline 09 \end{array}$$

▶ La multiplicación y la división

Para multiplicar, se combina la misma cantidad
múltiples veces. Por ejemplo, en vez de sumar 30 tres
veces, 30 + 30 + 30, sólo tendría que multiplicar 30
por 3. Si un problema le pide que halle el producto de
dos o más números, debería multiplicar.

Ejemplo

Halle el producto de 34 y 54.

1. Alinee las posiciones de valores mientras
escribe los números en columnas.
Multiplique la posición de unidades del
número de arriba por la posición de
unidades del número de abajo: 4 × 4 = 16.
Escriba el 6 en la posición de unidades en el
primer producto parcial. Reagrupe el 10.

$$\begin{array}{r} 1 \\ 34 \\ \times 54 \\ \hline 6 \end{array}$$

2. Multiplique la posición de decenas del número de arriba por 4: $4 \times 3 = 12$. Luego, sume la cantidad reagrupada $12 + 1 = 13$. Escriba el 3 en la columna de decenas y el 1 en la columna de centenares del producto parcial.

$$\begin{array}{r} 1 \\ 34 \\ \times\ 54 \\ \hline 136 \end{array}$$

3. Ahora multiplique por la posición de decenas de 54. Escriba un parámetro de sustitución de 0 en la posición de unidades en el segundo producto parcial, porque realmente estás multiplicando el número de arriba por 50. Luego, multiplique el número de arriba por 5: $5 \times 4 = 20$. Escriba 0 en el producto parcial y reagrupe el 2. Multiplique $5 \times 3 = 15$. Sume el 2 reagrupado: $15 + 2 = 17$.

$$\begin{array}{r} 34 \\ \times\ 54 \\ \hline 136 \\ 170\boxed{0} \end{array}$$ —parámetro de sustitución

4. Sume los productos parciales para hallar el producto total: $136 + 1,700 = 1,836$.

$$\begin{array}{r} 34 \\ \times\ 54 \\ \hline 136 \\ 1700 \\ \hline 1,836 \end{array}$$

En un problema de división, la respuesta se llama el **cociente**. El número por el cual se divide se llama el **divisor** y el número que se divide es el **dividendo**. En la operación de división se trata de determinar en cuántas partes iguales una cantidad puede ser dividida.

Ejemplo

En una venta de pasteles, 3 niños vendieron sus pasteles por un total de $54. Si dividen el dinero igualmente, ¿cuánto dinero debe recibir cada niño?

1. Divida el total ($54) por el número de porciones en las que el dinero será repartido (3). Trabaje de la izquierda hacia la derecha. ¿Cuántas veces entra el 3 en el 5? Escriba la respuesta, 1, directamente arriba del 5 en el dividendo. Ya que $3 \times 1 = 3$, escriba 3 debajo del 5 y reste $5 - 3 = 2$.

$$\begin{array}{r} 18 \\ 3\overline{)54} \\ -3 \\ \hline 24 \\ -24 \\ \hline 0 \end{array}$$

2. Siga dividiendo. Baje el 4 de la posición de unidades en el dividendo. ¿Cuántas veces entra el 3 en el 24? Escriba la respuesta, 8, directamente arriba del 4 en el dividendo. Ya que $3 \times 8 = 24$, escriba 24 debajo del otro 24 and reste $24 - 24 = 0$.

3. Si le resulta un número que no sea 0 después de su última sustracción, este número es el resto.

Ejemplo

9 dividido por 4.

$$\begin{array}{r} 2 \\ 4\overline{)9} \\ -8 \\ \hline 1 \end{array}$$ —resto

La respuesta es 2 R1.

► Secuencia de operaciones matemáticas

Hay un orden para realizar una secuencia de operaciones matemáticas, indicado por el acrónimo **PEMDAS**, lo cual puede recordar con la primera letra de cada palabra en la frase: **P**or favor, **E**xcuse a **M**i **D**ivina **A**miga, **S**ally. Aquí está el significado matemático:

P: Paréntesis. Realice todas las operaciones dentro de los paréntesis primero.

E: Exponentes. Evalúe exponentes.

M/D: Multiplicación/División. Trabaje de la izquierda hacia la derecha en la expresión.

A/S: Adición/Sustracción. Trabaje de la izquierda hacia la derecha en la expresión.

Ejemplo

$$\frac{(5+3)^2}{4} + 27 =$$

$$\frac{(8)^2}{4} + 27 =$$

$$\frac{64}{4} + 27 =$$

$$16 + 27 = \mathbf{43}$$

► Raíces cuadradas y cúbicas

El cuadrado de un número es el resultado de multiplicar ese número por sí mismo. Por ejemplo, en la expresión $3^2 = 3 \times 3 = 9$, el número 9 es el **cuadrado** del número 3. Si invertimos el proceso podemos decir que el número 3 es la **raíz cuadrada** del número 9. El símbolo de la raíz cuadrada es el $\sqrt{}$ y se llama el **radical**. El número dentro del radical se llama el **radicando**.

Ejemplo

$5^2 = 25$ por consiguiente, $\sqrt{25} = 5$

Ya que 25 es el cuadrado de 5, también es cierto que 5 es la raíz cuadrada de 25.

► Cuadrados perfectos

Es posible que la raíz cuadrada de un número no sea un número natural. Por ejemplo, la raíz cuadrada de 7 es 2.645751311 . . . No es posible hallar un número natural que, multiplicado por sí mismo, valga 7. Un número natural es un **cuadrado perfecto** si su raíz cuadrada también es un número natural.

Ejemplos de cuadrados perfectos:
1, 4, 9, 16, 25, 36, 49, 64, 81, 100 . . .

► Números pares e impares

Un **número par** es un número que se puede dividir por el número 2: 2, 4, 6, 8, 10, 12, 14 . . . Un **número impar** no se puede dividir por el número 2: 1, 3, 5, 7, 9, 11, 13 . . . Los números pares e impares enumerados arriba también son ejemplos de **números pares consecutivos** y **números impares consecutivos** porque tienen una diferencia de dos entre cada dos elementos de la secuencia.

Aquí hay unas reglas útiles sobre cómo los números pares e impares se comportan cuando se suman o se multiplican:

par + par = par	y	par · par = par
impar + impar = par	e	impar · impar = impar
impar + par = impar	y	par · impar = par

▶ Números primos y compuestos

Un número entero positivo mayor que el número 1 o es primo o es compuesto, pero no puede ser los dos. Un **factor** es un número entero que entra en otro número sin dejar ningún resto.

- Un **número primo** tiene solamente el número en sí y el número 1 como factores.
  Ejemplos: 2, 3, 5, 7, 11, 13, 17, 19, 23 . . .
- Un **número compuesto** es un número con más de dos factores.
  Ejemplos: 4, 6, 8, 9, 10, 12, 14, 15, 16 . . .
- El número 1 no se considera ni primo ni compuesto.

▶ Líneas numéricas y números con signos

Puede ser que usted haya trabajado antes con las líneas numéricas. El concepto de la línea numérica es sencilla: los números que van hacia la izquierda van disminuyendo, y los números que van hacia la derecha van aumentando. . .

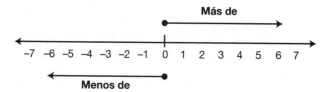

▶ Valor absoluto

El valor absoluto de un número o expresión siempre es positivo porque es la distancia entre ese número y el cero en una línea numérica.

Ejemplo

$|-1| = 1$

$|2 - 4| = |-2| = 2$

▶ Trabajar con números enteros

Un número entero puede ser positivo o negativo. Aquí hay unas reglas para trabajar con números enteros:

Multiplicación y división

$$(+) \times (+) = + \qquad (+) \div (+) = +$$
$$(+) \times (-) = - \qquad (+) \div (-) = -$$
$$(-) \times (-) = + \qquad (-) \div (-) = +$$

Una manera sencilla para recordar estas reglas: si los signos son iguales, al multiplicar o al dividir, la respuesta será positiva; y si los signos son diferentes, la respuesta será negativa

Adición

Sumar dos números del mismo signo resulta en una suma del mismo signo:

$$(+) + (+) = +$$
$$(-) + (-) = -$$

Al sumar números de signos diferentes, siga este proceso de dos pasos:

1. Reste los valores absolutos de los números.
2. Mantenga el signo del número mayor.

Ejemplo

$-2 + 3 =$

1. Reste los valores absolutos de los números:
   $3 - 2 = 1$
2. El signo del número mayor (3) fue originalmente positivo, así que la respuesta es 1 positivo.

Ejemplo

$8 + -11 =$

1. Reste los valores absolutos de los números:

   $11 - 8 = 3$

2. El signo del número mayor (11) fue originalmente negativo, así que la respuesta es −3.

Sustracción

Al restar números enteros, cambie la sustracción a la adición y cambie el signo del número que se resta al signo contrario. Luego, siga las reglas para la adición.

Ejemplos

$(+10) - (+12) = (+10) + (-12) = -2$

$(-5) - (-7) = (-5) + (+7) = +2$

▶ Decimales

Lo más importante que recordar sobre los decimales es que la primera posición de valor a la derecha del punto decimal empieza con los décimos. Las posiciones de valor son las siguientes:

1	2	6	8	•	3	4	5	7
M I L E S	C I E N T O S	D E D I E Z	U N O S	PUNTO D E C I M A L	D É C I M O S	C E N T É S I M O S	M I L É S I M O S	D I E Z M I L É S I M O S

En forma expandida, este número también se puede expresar como:

$$1{,}268.3457 = (1 \times 1{,}000) + (2 \times 100) + (6 \times 10)$$
$$+ (8 \times 1) + (3 \times .1) + (4 \times .01) + (5 \times .001)$$
$$+ (7 \times .0001)$$

Comparar decimales

Comparar decimales es muy sencillo. Alinee los puntos decimales y escriba los ceros necesarios para que los números tengan el mismo número de dígitos.

Ejemplo

Compare .5 y .005

| Alinee los puntos decimales | .500 |
| Y escriba los ceros | .005 |

Luego, ignore el punto decimal y pregúntese, ¿cuál es mayor: 500 o 5?

500 es definitivamente mayor que 5, así que .5 es mayor que .005.

▶ Variables

En una ecuación matemática, una **variable** es una letra que representa un número. Considere esta ecuación: $x + 4 = 10$. Es obvio que la x representa el número 6. Sin embargo, los problemas con variables en el GED serán mucho más complicados que éste; por lo tanto, hay que aprender las reglas y los procedimientos. Antes de aprender a solucionar ecuaciones con variables, hay que aprender cómo funcionan en fórmulas. La sección de fracciones que sigue le dará unos ejemplos.

▶ Fracciones

Para tener éxito al trabajar con fracciones, es necesario entender unos conceptos básicos. Aquí hay unas reglas matemáticas para fracciones que contienen variables:

$$\frac{a}{b} \times \frac{c}{d} = \frac{(a \times c)}{(b \times d)}$$

$$\frac{a}{b} \div \frac{c}{d} = \frac{a}{b} \times \frac{d}{c} = \frac{(a \times d)}{(b \times c)}$$

$$\frac{a}{b} + \frac{c}{d} = \frac{(ad + bc)}{bd}$$

Multiplicación de fracciones

La multiplicación de fracciones es una de las operaciones más sencillas. Para multiplicar fracciones, sólo multiplique los numeradores y los denominadores, escribiendo cada producto en el lugar apropiado, arriba o debajo de la barra de fracción.

Ejemplo

$$\frac{4}{5} \times \frac{6}{7} = \frac{24}{35}$$

Dividir Fracciones

Dividir fracciones es lo mismo que multiplicar fracciones por sus recíprocos. Para hallar el recíproco de cualquier número, cambie de lugar el numerador y el denominador.

Por ejemplo, los recíprocos de los números siguientes son:

$$\frac{1}{3} = \frac{3}{1} = 3$$

$$x = \frac{1}{x}$$

$$\frac{4}{5} = \frac{5}{4}$$

$$5 = \frac{1}{5}$$

Al dividir fracciones, sólo multiplique el dividendo por el recíproco para hallar la respuesta.

Ejemplo

$$\frac{12}{21} \div \frac{3}{4} = \frac{12}{21} \times \frac{4}{3} = \frac{48}{63} = \frac{16}{21}$$

Sumar y restar fracciones

Para sumar o restar fracciones con denominadores iguales, sólo sume o reste los numeradores y deje el denominador así como es.

Ejemplo

$$\frac{1}{7} + \frac{5}{7} = \frac{6}{7}$$

$$\frac{5}{8} - \frac{2}{8} = \frac{3}{8}$$

Para sumar o restar fracciones con denominadores desiguales, debe encontrar el mínimo común denominador o MCD.

Por ejemplo, para los denominadores 8 y 12, el MCD es 24 porque $8 \times 3 = 24$, y $12 \times 2 = 24$. En otras palabras, el MCD es el número menor que se puede dividir por cada uno de los denominadores.

Una vez que calcule el MCD, convierta cada fracción a su nueva forma, multiplicando el numerador y el denominador por el número necesario para llegar al MCD; y luego sume o reste los nuevos numeradores.

Ejemplo

$$\frac{1}{3} + \frac{2}{5} = \frac{5(1)}{5(3)} + \frac{3(2)}{3(5)} = \frac{5}{15} + \frac{6}{15} = \frac{11}{15}$$

44 ▶ Álgebra

Cuando usted haga el examen de matemáticas del GED, se le pedirá que solucione unos problemas con álgebra básica. Este capítulo le ayudará a dominar las ecuaciones algebraicas, familiarizándose con los polinomios, el método PAIS, el descomponer en factores, las ecuaciones cuadráticas, las desigualdades y los exponentes.

▶ ¿Qué es el álgebra?

El álgebra es un sistema organizado de reglas que ayuda a solucionar problemas para hallar "desconocidos." Este sistema de reglas es parecido a las reglas de un juego de mesa. Como en cualquier juego, para tener éxito con el álgebra, hay que aprender los términos apropiados para jugar. Mientras usted trabaje con la sección a continuación, asegúrese de prestar mucha atención a cualquier palabra nueva que pueda encontrar. Una vez que entienda lo que se le pide, será mucho más fácil entender los conceptos algebraicos.

Ecuaciones

Una ecuación se soluciona hallando un número que equivale a una variable desconocida.

Reglas sencillas para trabajar con ecuaciones

1. El signo igual divide una ecuación en dos lados.
2. Siempre que se hace una operación en un lado, la misma operación se debe hacer en el otro lado.
3. Su primera meta es mover todas las variables a un lado y todos los números al otro lado.

4. Frecuentemente, el último paso será dividir cada lado por el coeficiente, el número enfrente de la variable, dejando la variable sola e igual a un número.

Ejemplo

$5m + 8 = 48$

$-8 = -8$

$\frac{5m}{5} = \frac{40}{5}$

$m = 8$

Verificar ecuaciones

Para verificar una ecuación, sustituya el número que es igual a la variable en la ecuación original.

Ejemplo

Para verificar la ecuación que usted acaba de solucionar, sustituya el número 8 por la variable m.

$5m + 8 = 48$

$5(8) + 8 = 48$

$40 + 8 = 48$

$48 = 48$

Ya que esta ecuación es verdadera, se sabe que la respuesta $m = 8$ debe ser correcta.

Pistas especiales para verificar ecuaciones

1. Si el tiempo lo permite, asegúrese de verificar todas las ecuaciones.

2. Si no puede solucionar un problema con una ecuación, verifique cada respuesta, comenzando con la opción **c.** Si la **c** no es correcta, escoja una respuesta que sea mayor o menor, la que sea más razonable.

3. Asegúrese de contestar a la pregunta tal como se presenta. A veces, es necesario hallar una variable y luego hacer una operación adicional. Ejemplo: Si la pregunta pide el valor de $x - 2$, y usted halla que $x = 2$, la respuesta no es 2, sino $2 - 2$. En otras palabras, la respuesta es 0.

Multiplicación en forma cruzada

Para aprender a trabajar con porcentajes o proporciones, primero es necesario aprender a multiplicar en forma cruzada. Usted puede solucionar una ecuación entre dos fracciones usando la multiplicación en forma cruzada: se trata de poner iguales a los productos de pares de términos opuestos.

Ejemplo

$\frac{x}{10} = \frac{70}{100}$

$100x = 700$

$\frac{100x}{100} = \frac{700}{100}$

$x = 7$

Por ciento

Hay una fórmula muy útil para solucionar los tres tipos de problemas de porcentajes:

$$\frac{x}{\#} = \frac{\%}{100}$$

Al leer un problema de porcentajes, sustituya la información necesaria en la fórmula mencionada arriba según lo siguiente:

■ Siempre escriba 100 en el denominador de la columna que lleva el signo de porcentaje.

■ Si se le da un porcentaje, escríbalo en la posición de numerador de la columna que lleva el signo de porcentaje. Si no se le da un porcentaje, entonces la variable se debe colocar en esa posición.

- El denominador de la columna del número representa el número que es igual a la totalidad (100%). Este número siempre sigue la palabra *de* en un problema de palabras.
- El numerador de la columna del número representa el número que es el porcentaje (la porción).
- En la fórmula, el signo igual se puede intercambiar con la palabra *es*.

Ejemplos

Halle el porcentaje del número dado:

¿Qué número es igual a 40% de 50?

$$\frac{x}{50} = \frac{40}{100}$$

Solucione usando la multiplicación en forma cruzada.

$$100(x) = (40)(50)$$
$$100x = 2,000$$
$$\frac{100x}{100} = \frac{2,000}{100}$$
$$x = 20$$

Por consiguiente, 20 es 40% de 50.

Halle el número cuando se le de un porcentaje:

¿40% de qué número es 24?

$$\frac{24}{x} = \frac{40}{100}$$

Multiplique en forma cruzada.

$$(24)(100) = (40)(x)$$
$$2,400 = 40x$$
$$\frac{2,400}{40} = \frac{40x}{40}$$
$$60 = x$$

Por consiguiente, 40% de 60 es 24.

Halle el porcentaje que representa la relación entre dos números:

¿Qué porcentaje de 75 es 15?

$$\frac{15}{75} = \frac{x}{100}$$

Multiplique en forma cruzada.

$$15(100) = (75)(x)$$
$$1,500 = 75x$$
$$\frac{1,500}{75} = \frac{75x}{75}$$
$$20 = x$$

Por consiguiente, 20% de 75 es 15.

Términos similares

Una **variable** es una letra que representa un número desconocido. Las variables se usan frecuentemente en ecuaciones, fórmulas, y reglas matemáticas para ayudarle a entender cómo los números se comportan.

Cuando un número se coloca al lado de una variable para indicar la multiplicación, el número se llama el coeficiente de la variable.

Ejemplo

$8c$ 8 es el coeficiente de la variable c.

$6ab$ 6 es el coeficiente de las dos variables a y b.

Si dos términos o más tienen exactamente las mismas variables, se llaman términos similares.

Ejemplo

$$7x + 3x = 10x$$

El proceso de agrupar términos similares para hacer operaciones matemáticas se llama **combinación de términos similares**.

Es importante combinar términos similares cuidadosamente para asegurarse de que las variables sean exactamente iguales. Es especialmente importante al trabajar con exponentes.

Ejemplo

$7x^3y + 8xy^3$

Éstos no son términos similares porque x^3y no es igual a xy^3. En el primer término, la x se eleva al cubo; y en el segundo término, la y se eleva al cubo. Ya que los dos términos no se diferencian solamente con respecto a sus coeficientes, no se pueden combinar como términos similares. Esta expresión sigue en su forma más sencilla como se escribió originalmente.

Polinomios

Un **polinomio** es la suma o la diferencia de dos o más términos desiguales.

Ejemplo

$2x + 3y - z$

Esta expresión representa la suma de tres términos desiguales $2x$, $3y$, y $-z$.

Tres clases de polinomios

- Un **monomio** es un polinomio con un término, por ejemplo $2b^3$.
- Un **binomio** es un polinomio con dos términos desiguales, por ejemplo $5x + 3y$.
- Un **trinomio** es un polinomio con tres términos desiguales, por ejemplo $y^2 + 2z - 6$.

Operaciones con polinomios

- Para sumar polinomios, asegúrese de cambiar todas las operaciones de sustracción a adición y de invertir el signo del número que se va a restar. Luego, sólo combine los términos similares.

Ejemplo

$(3y^3 - 5y + 10) + (y^3 + 10y - 9)$

Cambie todas las operaciones de sustracción a adición e invierta el signo del número que se va a restar:

$3y^3 + -5y + 10 + y^3 + 10y + -9$

Combine los términos similares: $3y^3 + y^3 + -5y + 10y + 10 + -9 = 4y^3 + 5y + 1$

Si se resta un polinomio entero, cambie todas las operaciones de sustracción y adición dentro de los paréntesis y luego sume el inverso de cada término del polinomio.

Ejemplo

$(8x - 7y + 9z) - (15x + 10y - 8z)$

Cambie toda las operaciones de sustracción dentro de los paréntesis primero:
$(8x + -7y + 9z) - (15x + 10y + -8z)$

Luego, cambie el signo de sustracción fuera de los paréntesis al signo de adición y cambie el signo de cada término del polinomio que se va a restar:

$(8x + -7y + 9z) + (-15x + -10y + 8z)$

Note que el signo del término $8z$ cambia dos veces se resta dos veces.

El último paso es combinar los términos similares:

$8x + -15x + -7y + -10y + 9z + 8z = -7x + -17y + 17z$ es su respuesta.

Para multiplicar monomios, multiplique sus coeficientes y multiplique las variables similares, sumando sus exponentes.

Ejemplo

$(-5x^3y)(2x^2y^3) = (-5)(2)(x^3)(x^2)(y)(y^3) = -10x^5y^4$

Para multiplicar un polinomio por un monomio, multiplique cada término del polinomio por el monomio y sume los productos.

Ejemplo

$6x(10x - 5y + 7)$

Cambie la sustracción a adición:
$6x(10x + -5y + 7)$

Multiplique:
$(6x)(10x) + (6x)(-5y) + (6x)(7)$
$60x^2 + -30xy + 42x$

PAIS

El método PAIS se puede usar para multiplicar binomios. PAIS representa el orden para multiplicar los términos: Primera, Afuera, Internos y Segunda. Para multiplicar binomios, hay que multiplicar según el orden de PAIS y luego sumar los términos similares de los productos.

Ejemplo

$(3x + 1)(7x + 10)$

$3x$ y $7x$ son el par de términos en *primera* posición

$3x$ y 10 son el par de términos de *afuera*

1 y $7x$ son el par de términos *internos*

1 y 10 son el par de términos en *segunda* posición

Por consiguiente, $(3x)(7x) + (3x)(10) + (1)(7x) + (1)(10) = 21x^2 + 30x + 7x + 10$.

Después de combinar los términos similares, nos queda la respuesta: $21x^2 + 37x + 10$.

Descomponer en factores

El descomponer en factores es el inverso de la multiplicación:

Multiplicación: $2(x + y) = 2x + 2y$

Descomponer en factores: $2x + 2y = 2(x + y)$

Tres clases básicas de descomponer en factores

- Sacar un monomio común.
- $10x^2 - 5x = 5x(2x - 1)$ y $xy - zy = y(x - z)$
- Descomponer un trinomio cuadrático usando el inverso de PAIS:
- $y^2 - y - 12 = (y - 4)(y + 3)$ y $z^2 - 2z + 1 = (z - 1)(z - 1) = (z - 1)^2$
- Descomponer la diferencia entre dos cuadrados perfectos usando la regla:
  $a^2 - b^2 = (a + b)(a - b)$ y $x^2 - 25 = (x + 5)(x - 5)$

Sacar un factor común

Si un polinomio contiene términos que tengan factores comunes, se puede descomponer el polinomio usando el inverso de la propiedad distributiva.

Ejemplo

En el binomio $49x^3 + 21x$, $7x$ es el máximo común factor de los dos términos.

Por consiguiente, se puede dividir $49x^3 + 21x$ por $7x$ para hallar el otro factor.

$\frac{49x^3 + 21x}{7x} = \frac{49x^3}{7x} + \frac{21x}{7x} = 7x^2 + 3$

Por lo tanto, el descomponer $49x^3 + 21x$ resulta en $7x(7x^2 + 3)$.

Ecuaciones cuadráticas

Una ecuación cuadrática es una ecuación en la cual el exponente mayor de la variable es 2, por ejemplo $x^2 + 2x - 15 = 0$. Una ecuación cuadrática tiene dos raíces, las cuales se pueden hallar descomponiendo la ecuación cuadrática en dos ecuaciones sencillas.

Ejemplo

Solucione $x^2 + 5x + 2x + 10 = 0$.

Combine los términos similares: $x^2 + 7x + 10 = 0$

Descomponga: $(x + 5)(x + 2) = 0$

$x + 5 = 0$ o $x + 2 = 0$

$$\frac{-5 \; -5}{x = -5} \qquad \frac{-2 \; -2}{x = -2}$$

Ahora verifique las respuestas.

$-5 + 5 = 0$ and $-2 + 2 = 0$

Por consiguiente, x es igual a -5 y a -2.

Desigualdades

Las desigualdades lineares se solucionan de la misma manera que las ecuaciones sencillas. La diferencia más importante es que multiplicar o dividir una desigualdad por un número negativo, el símbolo de desigualdad cambia de dirección.

Ejemplo

$10 > 5$, pero si se multiplica por -3,

$(10)(-3) < (5) - 3$

$-30 < -15$

Solucionar desigualdades lineares

Para solucionar una desigualdad linear, aísle la letra y soluciónela de la misma manera que una ecuación. Acuérdese de invertir la dirección del signo de desigualdad si divide o multiplica los dos lados de la ecuación por un número negativo.

Ejemplo

Si $7 - 2x > 21$, halle x.

Aísle la variable.

$7 - 2x > 21$

$7 - 2x - 7 > 21 - 7$

$-2x > 14$

Ya que se divide por un número negativo, la dirección del símbolo de desigualdad cambia.

$\frac{-2x}{-2} > \frac{14}{-2}$

$x < -7$

La respuesta consiste en todos los números reales menores que -7.

Exponentes

Un **exponente** indica cuántas veces el número, llamado la **base**, es un factor del producto.

Ejemplo

$2^5 \leftarrow$ exponente $= 2 \times 2 \times 2 \times 2 \times 2 = 32$

$\uparrow$

base

A veces se verá un exponente con una variable:

b^n

La b representa un número que es un factor de sí mismo n veces.

Ejemplo

b^n donde $b = 5$ y $n = 3$

No se deje engañar por las variables. La mayoría de las expresiones son muy fáciles una vez que se hayan sustituido los números.

$$b^n = 5^3 = 5 \times 5 \times 5 = 125$$

Leyes de los exponentes

- Cualquier base a la potencia de cero siempre es igual a 1.

$$5^0 = 1 \quad 70^0 = 1 \quad 29,874^0 = 1$$

- Cuando se multiplican bases idénticas, sume los exponentes.

$$2^2 \cdot 2^4 \cdot 2^6 = 2^{12} \quad a^2 \cdot a^3 \cdot a^5 = a^{10}$$

- Cuando se dividen bases idénticas, reste los exponentes.

$$\frac{2^5}{2^3} = 2^2$$

$$\frac{a^7}{a^4} = a^3$$

- Aquí hay otro método que explicar la multiplicación y la división de exponentes:

$$b^m \cdot b^n = b^{m+n}$$

$$b^m \div b^n = b^{m-n}$$

- Si un exponente aparece fuera de los paréntesis, multiplique los dos exponentes.

$$(3^3)^7 = 3^{21}$$

$$(g^4)^3 = g^{12}$$

45 ▶ Geometría

El Capítulo 45 repasa los conceptos de geometría que tendrá que saber para el examen de matemáticas del GED. Debe familiarizarse con las propiedades de los ángulos, las líneas, los polígonos, los triángulos y los círculos, así como las fórmulas para el área, el volumen y el perímetro. El conocimiento de la geometría de coordenadas también será importante al tomar el GED.

LA GEOMETRÍA ES el estudio de las formas y las relaciones entre ellas. La geometría que tiene que saber para el examen de matemáticas del GED es fundamental y práctica. Los conceptos básicos de geometría se explicarán y se aplicarán en esta sección. El estudio de geometría siempre empieza con el vocabulario y los conceptos básicos. Por consiguiente, aquí hay una lista de definiciones de términos importantes.

área—el espacio dentro de una figura de dos dimensiones

bisecar—dividir en dos partes iguales

circunferencia—la distancia alrededor de un círculo

diámetro—un segmento de línea que pasa directamente por el centro de un círculo (la línea más larga que se puede dibujar en un círculo)

equidistante—exactamente en el medio

hipotenusa—el mayor lado de un triángulo recto, siempre opuesto al ángulo recto

línea—una colección infinita de puntos a lo largo de una trayectoria recta

punto—una posición en el espacio

paralelo—líneas en el mismo plano que nunca se cruzarán

perímetro—la suma de todos los lados de una figura

perpendicular—dos líneas que forman ángulos rectos al cruzarse

cuadrilateral—cualquier figura cerrada de cuatro lados

radio—una línea del centro de un círculo a un punto a la orilla del círculo (la mitad del diámetro)

volumen—el espacio dentro de una figura de tres dimensiones

▶ Ángulos

Un **ángulo** consiste en un punto final, o vértice y dos rayos.

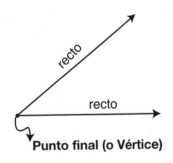

Designar ángulos

Hay tres maneras de designar un ángulo.

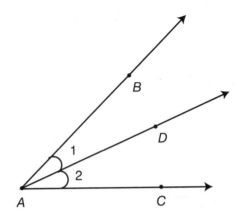

1. A un ángulo se le puede dar el nombre del vértice cuando no existen otros ángulos que compartan el mismo vértice: ∠A.

2. Un ángulo puede ser representado por un número escrito sobre el vértice: ∠1.

3. Cuando más de un ángulo comparten el mismo vértice, se usan tres letras, y la letra de en medio representa el vértice: ∠1 se puede escribir como ∠BAD o como ∠DAB, ∠2 se puede escribir como ∠DAC o como ∠CAD.

Clasificar ángulos

Los ángulos se pueden clasificar en las categorías siguientes: agudo, recto, obtuso, llano.

- Un ángulo **agudo** es un ángulo que mide menos de 90 grados.

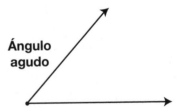

- Un ángulo **recto** es un ángulo que mide exactamente 90 grados. Un ángulo recto se representa con un cuadrado en el vértice.

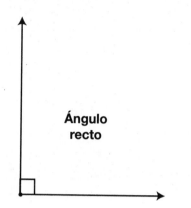

Ángulo recto

- Un ángulo **obtuso** es un ángulo que mide más de 90 grados, pero menos de 180 grados.

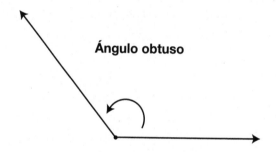

Ángulo obtuso

- Un ángulo **llano** es un ángulo que mide 180 grados. Por consiguiente, sus dos lados forman una línea.

Ángulo llano

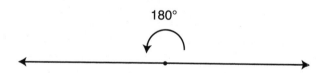

180°

Ángulos complementarios

Dos ángulos son **complementarios** si la suma de sus medidas es igual a 90 grados.

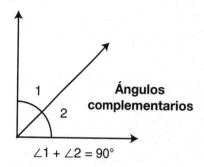

Ángulos complementarios

∠1 + ∠2 = 90°

Ángulos suplementarios

Dos ángulos son **suplementarios** si la suma de sus medidas es igual a 180 grados.

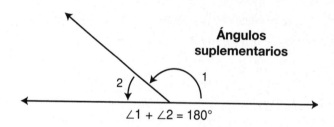

Ángulos suplementarios

∠1 + ∠2 = 180°

Ángulos adyacentes

Los ángulos **adyacentes** tienen el mismo vértice, comparten un lado y no se traslapan.

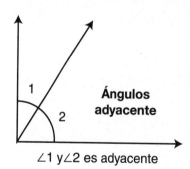

Ángulos adyacente

∠1 y ∠2 es adyacente

La suma de todas las medidas de todos los ángulos adyacentes alrededor del mismo vértice es igual a 360 grados.

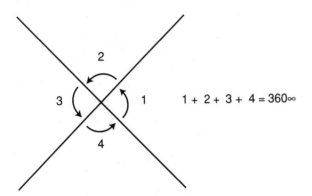

$$1 + 2 + 3 + 4 = 360\infty$$

Ángulos de líneas que se cruzan

Cuando dos líneas se cruzan, se forman dos pares de ángulos no adyacentes llamados ángulos **verticales**. Los ángulos verticales tienen medidas iguales y son suplementarios a los ángulos adyacentes.

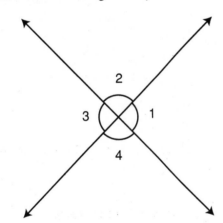

- $m\angle 1 = m\angle 3$ y $m\angle 2 = m\angle 4$
- $m\angle 1 = m\angle 4$ y $m\angle 3 = m\angle 2$
- $m\angle 1 + m\angle 2 = 180$ y $m\angle 2 + m\angle 3 = 180$
- $m\angle 3 + m\angle 4 = 180$ y $m\angle 1 + m\angle 4 = 180$

Bisecar ángulos y segmentos de líneas

Se dice que los ángulos y líneas se bísecan cuando se dividen en dos partes de medidas iguales.

Ejemplo

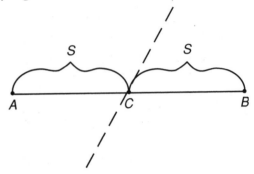

Segmento de línea *AB* se biseca en el punto *C*.

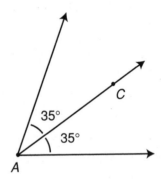

Según la figura, $\angle A$ es bisecado por el rayo *AC*.

Ángulos formados por líneas paralelas

Cuando dos líneas paralelas son cruzadas por una tercera línea, se forman ángulos verticales.

- De estos ángulos verticales, cuatro serán iguales y agudos, y cuatro serán iguales y obtusos.
- Cualquier combinación de ángulo agudo y ángulo obtuso será suplementario.

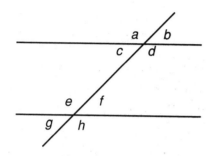

En la figura de arriba:

- $\angle b$, $\angle c$, $\angle f$ y $\angle g$ son todos agudos e iguales.
- $\angle a$, $\angle d$, $\angle e$ y $\angle h$ son todos obtusos e iguales.
- Además, cualquier ángulo agudo sumado a cualquier ángulo obtuso será suplementario.

Ejemplos

$m\angle b + m\angle d = 180°$

$m\angle c + m\angle e = 180°$

$m\angle f + m\angle h = 180°$

$m\angle g + m\angle a = 180°$

Ejemplo

En la figura a continuación, si $m \parallel n$ y $a \parallel b$, ¿cuál es el valor de x?

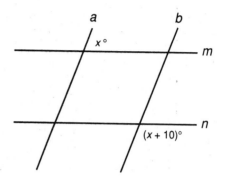

Solución

Ya que los dos grupos de líneas son paralelos, se sabe que $x°$ se puede sumar a $x + 10$ para llegar a 180. Por consiguiente, la ecuación es $x + x + 10 = 180$.

Ejemplo

Halle x:

$$2x + 10 = 180$$
$$\underline{-10 \quad -10}$$
$$\frac{2x}{2} = \frac{170}{2}$$
$$x = 85$$

Por consiguiente, $m\angle x = 85$ y el ángulo obtuso es igual a $180 - 85 = 95$.

Ángulos de un triángulo

La suma de las medidas de los tres ángulos en un triángulo siempre es igual a 180 grados.

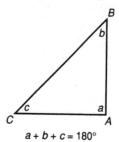

$a + b + c = 180°$

Ángulos exteriores

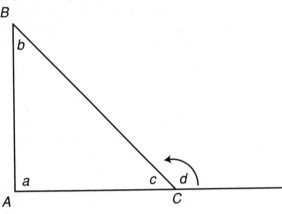

$$d + c = 180° \text{ y } d = b + a$$

Un ángulo **exterior** se puede formar extendiendo un lado de cualquier de los tres vértices de un triángulo. Aquí hay unas reglas para trabajar con los ángulos exteriores:

- Un ángulo exterior un y ángulo interior que comparten el mismo vértice son suplementarios.
- Un ángulo exterior es igual a la suma de los ángulos interiores no adyacentes.

Ejemplo

$m\angle 1 = m\angle 3 + m\angle 5$

$m\angle 4 = m\angle 2 + m\angle 5$

$m\angle 6 = m\angle 3 + m\angle 2$

La suma de los ángulos exteriores de un triángulo es igual a 360 grados.

▶ Triángulos

Es posible clasificar los triángulos en tres categorías según el número de lados iguales:

ESCALENO	ISÓSCELES	EQUILÁTERO
(cero lados iguales)	(dos lados iguales)	(todos los lados iguales)

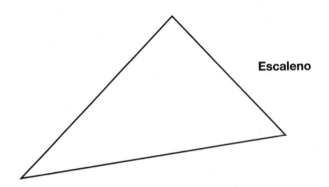

Escaleno

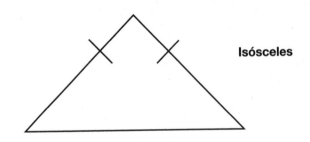

Isósceles

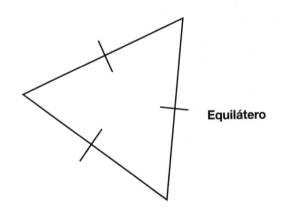

Equilátero

También es posible clasificar los triángulos en tres categorías según la medida del ángulo mayor:

AGUDO	RECTO	OBTUSO
ángulo mayor es agudo	ángulo mayor es 90°	ángulo mayor es obtuso

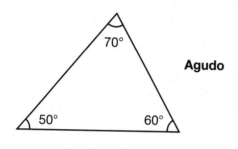

Agudo

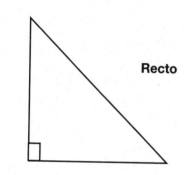

Recto

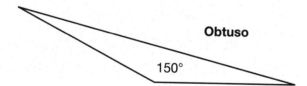

Obtuso

Relaciones entre ángulos y lados

Será útil saber las relaciones entre los ángulos y los lados de los triángulos isósceles, equiláteros, y rectos al tomar el examen de matemáticas del GED.

- Los triángulos isósceles tienen dos ángulos iguales opuestos a dos lados iguales.

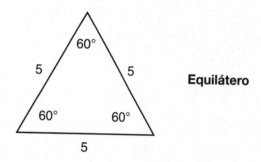

- Los triángulos equiláteros tienen todos los lados iguales y todos los ángulos iguales.

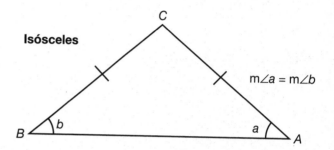

Equilátero

- En el caso de un triángulo recto, el lado opuesto al ángulo recto se llama **la hipotenusa**. Es el mayor lado del triángulo recto.

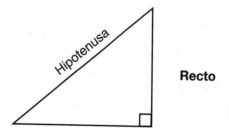

Recto

Teorema de Pitágoras

El **teorema de Pitágoras** es una herramienta muy importante cuando se trabaja con triángulos rectos. Declara: $a^2 + b^2 = c^2$, donde a y b representan los lados y c representa la hipotenusa.

Este teorema le permite que halle la longitud de cualquier lado siempre que se sepa la medida de los dos otros lados.

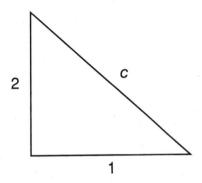

$$a^2 + b^2 = c^2$$
$$1^2 + 2^2 = c^2$$
$$1 + 4 = c^2$$
$$5 = c^2$$
$$\sqrt{5} = c$$

45-45-90 Triángulos rectos

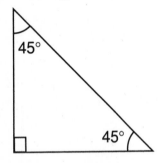

Un triángulo recto con dos ángulos que miden 45 grados cada uno se llama un triángulo **isósceles** recto. En el caso de un triángulo isósceles recto:

- La longitud de la hipotenusa se $\sqrt{2}$ multiplica por la longitud de uno de los lados del triángulo.

- La longitud de cada lado se $\frac{(\sqrt{2})}{2}$ multiplica por la longitud de la hipotenusa.

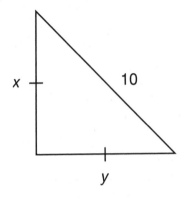

$$x = y = \frac{(\sqrt{2})}{2} \times \frac{10}{1} = 10\,\frac{(\sqrt{2})}{2} = 5\sqrt{2}$$

Triángulos de 30-60-90

Cuando hay un triángulo recto donde los otros ángulos miden 30 y 60 grados:

- El lado opuesto al ángulo de 30 grados es la mitad de la longitud de la hipotenusa. (Y, por consiguiente, la hipotenusa mide dos veces más que la longitud del lado opuesto al ángulo de 30 grados.)
- El lado opuesto al ángulo de 60 grados mide $\sqrt{}$ tres veces más que la longitud del otro lado.

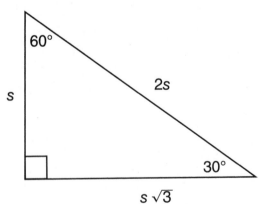

Ejemplo

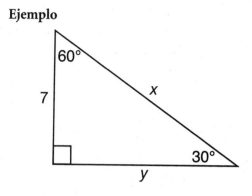

$x = 2 \times 7 = 14$ y $y = 7\sqrt{3}$

Comparar triángulos

Los triángulos se llaman **congruentes** (indicado por el símbolo ≅) cuando tienen exactamente el mismo tamaño y la misma forma. Dos triángulos son congruentes si sus elementos correspondientes (sus ángulos y lados) son congruentes. A veces, es fácil determinar si dos triángulos son congruentes sólo al mirarlos. Sin embargo, en la geometría usted debe saber comprobar que los triángulos son congruentes

Si los dos triángulos son congruentes, tiene que cumplirse uno de los tres criterios aquí enumerados.

> **Lado-Lado-Lado** (LLL)—Las medidas de todos los lados de los dos triángulos son iguales.
> **Lado-Ángulo-Lado** (LAL)—Dos lados y el ángulo entre ellos son iguales.
> **Ángulo-Lado-Ángulo** (ALA)—Dos ángulos y el lado entre ellos son iguales.

Ejemplo: ¿Son congruentes △ABC y △BCD? Dado: ∠ABD es congruente a ∠CBD y ∠ADB es congruente a ∠CDB. Los dos triángulos comparten el lado BD.

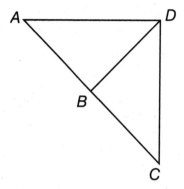

Paso 1: Indica las congruencias dadas en la figura.

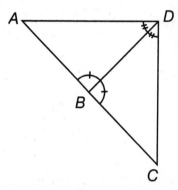

Paso 2: Decida si la información es suficiente para comprobar la congruencia de los dos triángulos.

Sí, dos ángulos y el lado entre ellos son iguales. Usando la regla ALA, se puede determinar que el triángulo ABD es congruente al triángulo CBD.

▶ Polígonos y paralelogramos

Un **polígono** es una figura cerrada con tres o más lados.

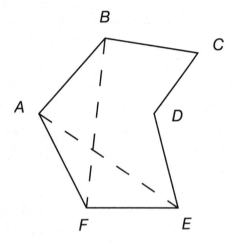

Términos relacionados con polígonos

- Los vértices son puntos de esquina, también llamados **puntos finales**, de un polígono. Los vértices en el polígono de arriba son A, B, C, D, E y F.
- Una **diagonal** de un polígono es un segmento de línea entre dos vértices no adyacentes. Las dos diagonales en el polígono de arriba son los segmentos de línea BF y AE.
- Un polígono **regular** tiene todos sus lados y ángulos iguales.
- Un polígono **equiángulo** tiene todos sus ángulos iguales.

Ángulos de un cuadrilateral

Un **cuadrilateral** es un polígono de cuatro lados. Ya que un cuadrilateral puede ser dividido por una diagonal para crear dos triángulos, la suma de sus ángulos interiores será igual a 180 + 180 = 360 grados.

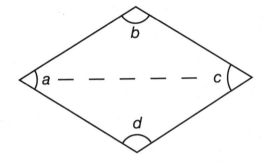

$$\text{m}\angle a + \text{m}\angle b + \text{m}\angle c + \text{m}\angle d = 360°$$

Ángulos interiores

Para hallar la suma de los ángulos interiores de cualquier polígono, use esta fórmula:

$S = 180(x - 2)°$, donde x es el número de lados del polígono.

Ejemplo

Halle la suma de los ángulos en el polígono a

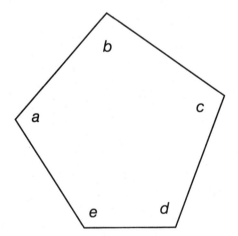

continuación:
$$S = (5 - 2) \times 180°$$
$$S = 3 \times 180°$$
$$S = 540°$$

Ángulos exteriores

Al igual que los ángulos exteriores de un triángulo, la suma de los ángulos exteriores de cualquier polígono es igual a 360 grados.

Polígonos similares

Si dos polígonos son similares, sus ángulos correspondientes son iguales y las razones de los lados correspondientes son proporcionales.

Ejemplo

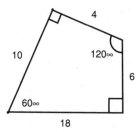 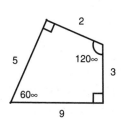

Estos dos polígonos son similares porque sus ángulos son iguales y las razones de los lados correspondientes son proporcionales.

Paralelogramos

Un **paralelogramo** es un cuadrilateral con dos pares de lados paralelos.

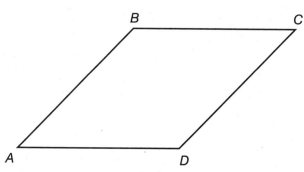

En la figura anterior, la línea $AB \parallel CD$ y $BC \parallel AD$.

Un paralelogramo tiene:

- Los lados opuestos que son iguales ($AB = CD$ y $BC = AD$)

- Ángulos opuestos que son iguales ($m\angle a = m\angle c$ y $m\angle b = m\angle d$)
- Y ángulos consecutivos que son suplementarios ($m\angle a + m\angle b = 180°$, $m\angle b + m\angle c = 180°$, $m\angle c + m\angle d = 180°$, $m\angle d + m\angle a = 180°$)

Paralelogramos especiales

- Un **rectángulo** es un paralelogramo que tiene cuatro ángulos rectos.

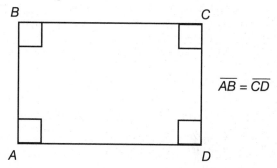

$$\overline{AB} = \overline{CD}$$

- Un **rombo** es un paralelogramo que tiene cuatro lados paralelos.

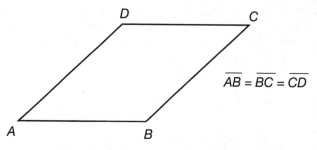

$$\overline{AB} = \overline{BC} = \overline{CD}$$

- Un **cuadrado** es un paralelogramo que tiene todos los ángulos de 90 grados, y todos los lados son de longitud igual.

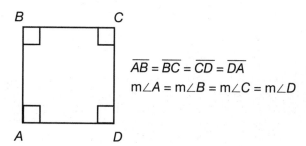

$$\overline{AB} = \overline{BC} = \overline{CD} = \overline{DA}$$
$$m\angle A = m\angle B = m\angle C = m\angle D$$

Diagonales

En todos los paralelogramos, las **diagonales** se cortan la una a la otra en dos mitades iguales.

- En un rectángulo, las diagonales son de la misma longitud.

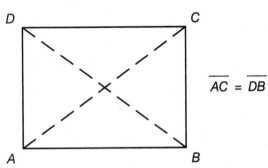

$$\overline{AC} = \overline{DB}$$

- En un rombo, las diagonales se cruzan para formar ángulos de 90 grados.

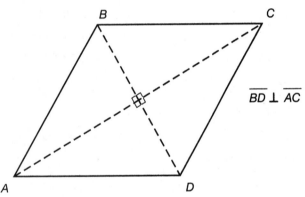

$$\overline{BD} \perp \overline{AC}$$

- En un cuadrado, las diagonales tienen la misma longitud y se cruzan para formar ángulos de 90 grados.

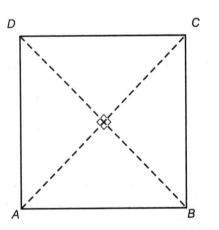

$$\overline{AC} = \overline{DB}$$
and
$$\overline{AC} \perp \overline{DB}$$

▶ Figuras sólidas, perímetro y área

El GED le proporciona varias fórmulas geométricas. Estas fórmulas se enumerarán y se explicarán en esta sección. Es importante que usted pueda reconocer las figuras por sus nombres y entender cuándo utilizar las fórmulas apropiadas. No se preocupe. Usted no tiene que aprender de memoria estas fórmulas. Se le proporcionarán a usted en el examen.

Para iniciar, es necesario explicar los cinco tipos de medidas:

1. **Perímetro**

   El perímetro de un objeto no es más que la suma de todos sus lados.

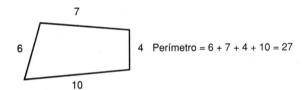

2. **Área**

   El área es el espacio dentro de las líneas que definen la forma.

3. **Volumen**

   El volumen es una medida de un objeto de tres dimensiones, tal como un cubo o un sólido rectangular. Una manera fácil de entender el concepto del volumen es pensar en cómo llenar un objeto de agua. El volumen corresponde a la cantidad de agua que cabe adentro.

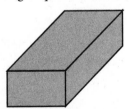

4. Área superficial

El área superficial de un objeto mide el área de cada uno de sus superficies. El área superficial total de un sólido rectangular es dos veces más que la suma de las áreas de tres superficies. En un cubo, sólo multiplique el área superficial de uno de sus lados por seis.

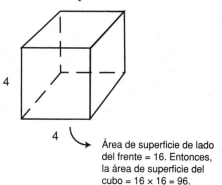

4

4

Área de superficie de lado del frente = 16. Entonces, la área de superficie del cubo = 16 × 16 = 96.

5. Circunferencia

La circunferencia es la medida de la distancia alrededor del exterior de un círculo.

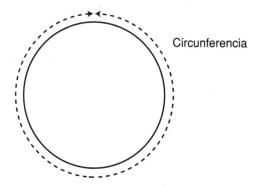

Circunferencia

▶ Geometría de coordenadas

La geometría de coordenadas es un tipo de operaciones geométricas relacionadas con un plano de coordenadas. Un **plano de coordenadas** es una cuadrícula de cuadrados divididos en cuatro **cuadrantes** por un eje **horizontal** (x) y un eje **vertical** (y). Estos dos ejes se cruzan en el punto de coordenadas, (0,0), el **origen**. Un **punto de coordenadas**, también llamado un **par ordenado**, es un punto específico en el plano de coordenadas. El primer número, o coordenada, representa la posición horizontal; y el segundo número, o coordenada, representa la vertical. Los puntos de coordenadas se presentan en la forma de (x,y).

Localizar pares ordenadas

La *coordenada x*:

■ La *coordenada x* se enumera primero en el par ordenado y le indica cuántas unidades se mueve a la izquierda o a la derecha. Si la *coordenada x* es positiva, se mueve a la derecha. Si la *coordenada x* es negativa, se mueve a la izquierda.

La coordenada y:

■ La *coordenada y* se enumera segundo y le dice cuántas unidades se mueve hacia arriba o hacia abajo. Si la *coordenada y* es positiva, se mueve hacia arriba. Si la *coordenada y* es negativa, se mueve hacia abajo.

Ejemplo

Localice en la gráfica los puntos siguientes puntos: (2,3), (3,−2), (−2,3) y (−3,−2).

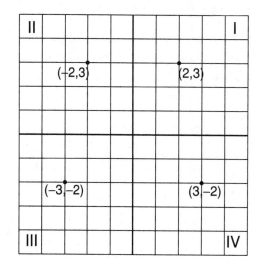

Note que la gráfica se divide en cuatro cuadrantes con un punto localizado en cada uno.

Aquí hay una tabla que indica cómo los pares ordenados se reparten entre los cuadrantes basados en sus signos:

PUNTOS	SIGNO DE COORDENADAS	CUADRANTES
(2,3)	(+,+)	I
(−2,3)	(−,+)	II
(−3,−2)	(−,−)	III
(3,−2)	(+,−)	IV

Longitudes de segmentos horizontales y verticales

Dos puntos con la misma *coordenada y* quedan en la misma línea horizontal y dos puntos con la misma *coordenada x* quedan en la misma línea vertical. La longitud de un segmento horizontal o vertical se puede hallar tomando el valor absoluto de la diferencia de los dos puntos, o contando los espacios entre ellos en la gráfica.

Ejemplo

Halle la longitud de la línea *AB* y de la línea *BC*.

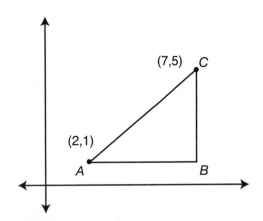

Solución

$$|2 - 7| = 5 = \overline{AB}$$
$$|1 - 5| = 4 = \overline{BC}$$

Punto medio

Para hallar el punto medio de un segmento, use la fórmula siguiente:

$$\text{Punto medio } x = \frac{(x_1 + x_2)}{2}$$
$$\text{Punto medio } y = \frac{(y_1 + y_2)}{2}$$

Ejemplo

Halle el punto medio del segmento de la línea *AB*.

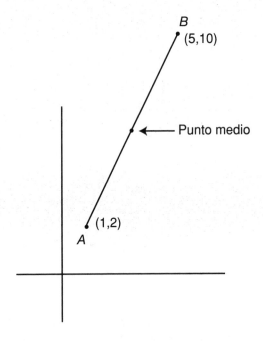

Solución

$$\text{Punto medio } x = \frac{(1 + 5)}{2} = \frac{6}{2} = 3$$
$$\text{Punto medio } y = 2 + \frac{(10)}{2} = \frac{12}{2} = 6$$

Por consiguiente, el punto medio de $\overline{AB}$ es (3,6).

Pendiente

La pendiente de una línea mide su inclinación. La pendiente se halla anotando el cambio en las *coordenadas y* de cualquier dos puntos en la línea, sobre el cambio en las *coordenadas x* correspondientes. (Esto también se conoce como la distancia ascendida sobre la distancia corrida.) El último paso es simplificar la fracción resultante.

Ejemplo

Halle la pendiente de una línea que contiene los puntos (3,2) y (8,9).

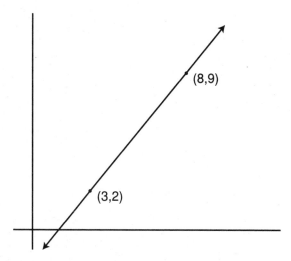

Solución

$$\frac{(9-2)}{(8-3)} = \frac{7}{5}$$

Por consiguiente, la pendiente de la línea es $\frac{7}{5}$.

Nota: Si se sabe cuál es la pendiente y por lo menos un punto en una línea, se puede hallar las coordenadas de otros puntos en la línea. Sólo mueva las unidades necesarias según dicte la pendiente. En el ejemplo anterior, de (8,9), dada la pendiente $\frac{7}{5}$, mueva siete unidades hacia arriba y cinco unidades a la derecha. Por lo tanto, otro punto en la línea es (16,13).

Información importante sobre la pendiente

- Una línea que sube desde la izquierda hacia la derecha tiene una pendiente positiva, y una línea que baja desde la izquierda hacia la derecha tiene una pendiente negativa.
- Una línea horizontal tiene una pendiente de 0, y una línea vertical no tiene ninguna pendiente en absoluto—se caracteriza como "no definida."
- Las líneas paralelas tienen pendientes iguales.
- Las líneas perpendiculares tienen pendientes que son recíprocos negativos entre sí.

46▶

Los problemas de palabras y análisis de datos

Muchos alumnos tienen dificultades con los problemas de palabras. En este capítulo, aprenderá a solucionar problemas de palabras con confianza, convirtiendo las palabras en una ecuación matemática. Ya que el examen de matemáticas del GED se concentra en situaciones de "la vida real," es especialmente importante que sepa efectuar la transición de palabras a un problema matemático.

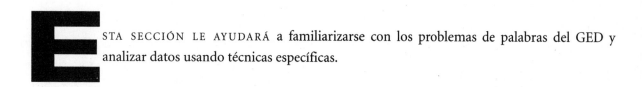

ESTA SECCIÓN LE AYUDARÁ a familiarizarse con los problemas de palabras del GED y analizar datos usando técnicas específicas.

▶ Traducir palabras a números

La técnica más importante para los problemas de palabras es la de traducir palabras a operaciones matemáticas. Esta lista le da algunos ejemplos de frases en español y sus equivalentes matemáticos.

- *Aumentar* quiere decir sumar.
  Un número *aumentado por cinco* = $x + 5$.

- *Menos que* quiere decir restar.

  10 *menos que* un número = $x - 10$.

- *Por* o *producto* quiere decir multiplicar.

  Tres *por* un número = $3x$.

- *Por la suma* quiere decir multiplicar un número por una cantidad.

  Cinco *por la suma* de un número y tres = $5(x + 3)$.

- A veces, dos variables se usan juntas.

  Un número *y* es igual a diez más cinco veces un número *x*.

  $y = 5x + 10$

- Los signos de desigualdad se usan para indicar al máximo y al mínimo, así como menor que y mayor que.

  El producto de *x* y 6 es mayor que 2.

  $x \cdot 6 > 2$

  Cuando se suma 14 a un número *x*, la suma es menos de 21.

  $x + 14 < 21$

  La suma de un número *x* y 4 es 9 al mínimo.

  $x + 4 \geq 9$

  Al restar siete a un número *x*, la diferencia es 4 al máximo.

  $x - 7 \leq 4$

▶ Asignar variables en problemas de palabras

Puede ser necesario crear y asignar variables en un problema de palabras. Para hacerlo, primero hay que identificar un desconocido y un conocido. Puede ser

que no se sepa el valor exacto del "conocido," pero por lo menos se sabe algo de su valor.

Ejemplos

Max tiene 3 años más que Ricky.

Desconocido = la edad de Ricky = *x*.

Conocido = la edad de Max es tres años más que la edad de Ricky.

Por consiguiente,

La edad de Ricky = *x* y la edad de Max = $x + 3$.

Lisa hizo dos veces más galletas que Rebecca.

Desconocido = número de galletas que hizo Rebecca = *x*.

Conocido = número de galletas que hizo Lisa = $2x$.

Cordelia tiene cinco libros más tres veces la cantidad de libros que tiene Becky.

Desconocido = el número de libros que tiene Becky = *x*.

Conocido = el número de libros que tiene Cordelia = $3x + 5$.

▶ Razón

Una **razón** es una comparación de dos cantidades medidas con las mismas unidades. Se puede representar por dos puntos —$x:y$ o $\frac{x}{y}$ o *x* a *y*. Los problemas de razones se pueden solucionar usando el concepto de múltiplos.

Ejemplo

Una bolsa de dulces rojos y verdes contiene un total de 60 dulces. La razón del número de dulces verdes a dulces rojos es 7:8. ¿Cuántos dulces de cada color hay en la bolsa?

El problema nos informa que 7 y 8 comparten un múltiplo y que la suma de su producto es 60. Por consiguiente, se puede escribir y solucionar la ecuación siguiente:

$7x + 8x = 60$

$15x = 60$

$\frac{15x}{15} = \frac{60}{15}$

$x = 4$

Por consiguiente, hay $7x = (7)(4) = 28$ dulces verdes y $8x = (8)(4) = 32$ dulces rojos.

▶ La media aritmética, mediana y moda

Para hallar la **media aritmética**, o **promedio**, de un grupo de números, sume todos los números y divida el total por la cantidad de números en el grupo.

$$\text{Media aritmética} = \frac{\text{suma del grupo de números}}{\text{cantidad de elementos del grupo}}$$

Ejemplo

Halle la media aritmética de 9, 4, 7, 6 y 4.

$\frac{9 + 4 + 7 + 6 + 4}{5} = \frac{30}{5} = 6$

La media aritmética es 6.

(Divida por 5 porque hay 5 números en el grupo.)

Para hallar la mediana de un grupo de números, ponga los números en orden ascendiente y halle el valor del número de en medio.

- Si el grupo contiene un número impar de elementos, entonces sólo escoja el valor de en medio.

Ejemplo

Halle la mediana del grupo de números: 1, 3, 5, 7, 2.

Primero arregle el grupo en orden ascendiente: 1, 2, 3, 5, 7 y luego escoja el valor de en medio: 3. La respuesta es 3.

- Si el grupo contiene un número par de elementos, halle la media aritmética de los dos valores de en medio.

Ejemplo

Halle la mediana del grupo de números: 1, 5, 3, 7, 2, 8.

Primero arregle el grupo en orden ascendiente: 1, 2, 3, 5, 7, 8 y luego escoja los valores de en medio, 3 y 5.

Halle la media aritmética de los números 3 y 5: $\frac{(3 + 5)}{2} = 4$. La mediana es 4.

▶ La moda

La moda de un grupo de números es el número que ocurre con más frecuencia.

Ejemplo

Por el grupo de números 1, 2, 5, 3, 4, 2, 3, 6, 3, 7, el número 3 es la moda porque ocurre con más frecuencia.

▶ El porcentaje

Un porcentaje es la medida de una porción en relación a una totalidad: la totalidad es igual a 100.

- Para convertir un decimal a un porcentaje, mueva el punto decimal dos unidades a la derecha; entonces, escriba un símbolo de porcentaje.

Ejemplo

$.45 = 45\%$

$.07 = 7\%$

$.9 = 90\%$

- Para convertir una fracción a un porcentaje, primero cambie la fracción a un decimal. Para hacerlo, divida el numerador por el denominador; luego, cambie el decimal a un porcentaje.

Ejemplos

$\frac{4}{5} = .80 = 80\%$

$\frac{2}{5} = .4 = 40\%$

$\frac{1}{8} = .125 = 12.5\%$

- Para convertir un decimal a un porcentaje, mueva el punto decimal dos unidades a la derecha; entonces, escriba un símbolo de porcentaje.

- Para convertir un porcentaje a un decimal, mueva el punto decimal dos unidades a la izquierda; luego, elimine el símbolo de porcentaje.

Ejemplos

$64\% = .64$

$87\% = .87$

$7\% = .07$

- Para convertir un porcentaje a una fracción, ponga el porcentaje sobre 100; luego, simplifique.

Ejemplos

$64\% = \frac{64}{100} = \frac{16}{25}$

$75\% = \frac{75}{100} = \frac{3}{4}$

$82\% = \frac{82}{100} = \frac{41}{50}$

- Recuerde que cualquier porcentaje que sea 100 o mayor tendrá la forma de un número entero o mixto al convertirse.

Ejemplos

$125\% = 1.25$ o $1\frac{1}{4}$

$350\% = 3.5$ o $3\frac{1}{2}$

Aquí hay unas conversiones que debe usted conocer bien. Se presentan en una secuencia de la más común a la menos común.

FRACCIÓN	DECIMAL	PORCENTAJE
$\frac{1}{2}$	.5	50%
$\frac{1}{4}$	.25	25%
$\frac{1}{3}$	.333 …	33.$\overline{3}$%
$\frac{2}{3}$	.666 …	66.$\overline{6}$%
$\frac{1}{10}$	.1	10%
$\frac{1}{8}$	.125	12.5%
$\frac{1}{6}$	.1666 …	16.$\overline{6}$%
$\frac{1}{5}$	.2	20%

▶ Calcular interés

El interés es el cobro pagado por el uso del dinero de otra persona. Si usted deposita dinero en una cuenta de ahorros, recibirá intereses del banco. Si usted toma dinero prestado, le pagará intereses al prestamista. A la cantidad de dinero que se invierte o que se pide prestado se le llama principal. La cantidad que usted paga en total es la cantidad del principal más el interés.

La fórmula para el interés sencillo se encuentra en la hoja de fórmulas del GED. El interés sencillo es un porcentaje del principal multiplicado por la duración del préstamo:

$$Interés = principal \times tasa \times tiempo$$

A veces puede ser más fácil usar las letras de cada concepto como variables:

$$I = prt$$

Ejemplo

Michelle le pide prestado $2,500 a su tío por tres años con una tasa de interés sencillo de 6%. ¿Cuánto interés pagará por el préstamo?

Paso 1: Escriba la tasa de intereses como decimal.   6% = 0.06

Paso 2: Sustituya los valores conocidos en la fórmula $I = prt$

Y multiplique. $= \$2,500 \times 0.06 \times 3$

$= \$450$

Michelle pagará $450 en intereses.

Algunos problemas le pedirán que halle el costo total de un préstamo. Esto se hace con un paso adicional para los problemas de interés. En el ejemplo anterior, Michelle deberá $450 en intereses a fines de los tres años. Sin embargo, es importante recordar que pagará los $450 en intereses así como el principal, $2,500. Por consiguiente, le pagará a su tío los $2,500 + $450 = $2,950.

En un problema de interés sencillo, la tasa es anual. Por consiguiente, el tiempo también debe expresarse en años.

Ejemplo

Kai invierte $4,000 por nueve meses. Su inversión pagará 8%. ¿Cuánto dinero tendrá a fines de los nueve meses?

Paso 1: Escriba la tasa como decimal.   8% = 0.08

Paso 2: Exprese el tiempo como una fracción escribiendo el período de tiempo en meses sobre 12 (el número de meses en un año). $9 \text{ meses} = \frac{9}{12} = \frac{3}{4} \text{ año}$

Paso 3: Multiplique. $I = prt$

$= \$4,000 \times 0.08 \times \frac{3}{4}$

$= \$180$

Kai ganará $180 en intereses.

▶ La probabilidad

La probabilidad se expresa como una fracción y mide la posibilidad de que un hecho específico ocurra. Para hallar la probabilidad de un resultado, use esta fórmula:

$$\text{La probabilidad de un hecho} = \frac{\text{el número de resultados específicos}}{\text{el número total de resultados posibles}}$$

Ejemplo

Si una bolsa contiene 5 canicas azules, 3 canicas rojas y 6 canicas verdes, halle la probabilidad de seleccionar una canica roja:

$$\text{La probabilidad de un hecho} = \frac{\text{el número de resultados específicos}}{\text{el número total de resultados posibles}}$$

$$= \frac{3}{(5 + 3 + 6)}$$

Por consiguiente, la probabilidad de seleccionar una canica roja es de $\frac{3}{14}$.

Pistas útiles sobre la probabilidad

- Si se sabe con certeza que el hecho va a ocurrir, la probabilidad es de 1.
- Si sabe con certeza que el hecho no va a ocurrir (es imposible), la probabilidad es de 0.
- Si se sabe la probabilidad de ocurrencia de todos los otros hechos, se puede hallar la probabilidad del hecho restante sumando todas las probabilidades conocidas y restando su total de 1.

▶ Gráficas y tablas

El examen de matemáticas del GED evaluará su habilidad de analizar gráficas y tablas. Es importante leer cada gráfica o tabla muy cuidadosamente antes de leer la pregunta. Esto le ayudará a procesar la información que se presenta. Es importantísimo leer toda la información dada, prestando atención especial a los títulos y a las unidades de medida. Aquí hay una vista general de los tipos de gráficas que encontrará usted:

- Gráficas circulares o diagramas de pastel
  Este tipo de gráfica representa una totalidad, y típicamente se divide en porcentajes. Cada sección de la gráfica representa una porción de la totalidad; todas estas secciones sumadas juntas serán igual a 100% de la totalidad.

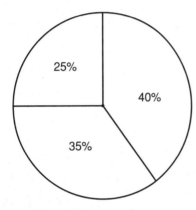

- Gráficas de barra
  Las gráficas de barra comparan elementos similares con barras de longitudes diferentes, las cuales representan valores diferentes. Asegúrese de leer todas las etiquetas y leyendas, estudiando cuidadosamente la base y los lados de la gráfica para ver qué están midiendo las barras y cuánto están aumentando o bajando.

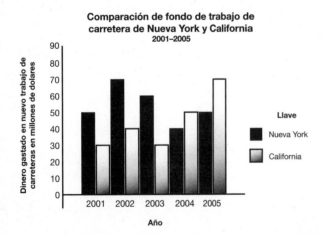

- Gráficas de líneas quebradas
  Las gráficas de líneas quebradas muestran un cambio medible a través del tiempo. Si una línea se inclina hacia arriba, representa un aumento; mientras que una línea que se inclina hacia abajo representa una disminución. Una línea plana indica que no hay cambio a través del tiempo.

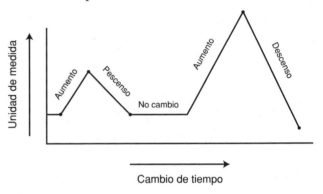

▶ Notación científica

La notación científica es un método usado por científicos para convertir números muy grandes o muy pequeños a números más faciles de manejar. Usted tendrá que hacer unas conversiones a la notación científica en el examen de matemáticas del GED. Para expresar respuestas en notación científica, será necesario mover el punto decimal y multiplicar por una potencia de diez.

Ejemplo

Un satélite espacial viaja 46,000,000 millas de la tierra. ¿Cuál es el número después de convertir a la notación científica?

Paso 1: Comenzando en el punto a la derecha del último cero, mueva el punto hasta que quede solamente un dígito a su izquierda.

46,000,000 se convierte en 4.6.

Paso 2: Cuente el número de posiciones que el decimal se movió a la izquierda en este ejemplo (el punto se movió 7 posiciones), y exprésalo como una potencia de 10:

$$10^7$$

Paso 3: Exprese la respuesta completa en notación científica multiplicando la respuesta reducida del paso 1 por 10^7:

$$4.6 \times 10^7$$

Ejemplo

Una ameba mide .000056 pulgadas de longitud. ¿Cuál es su longitud en notación científica?

Paso 1: Mueva el punto a la derecha hasta que haya solamente un dígito que no sea cero a la izquierda del decimal.

.000056 se convierte en 5.6

Paso 2: Cuente el número de posiciones que el punto se movió a la derecha—5. Sin embargo, ya que el valor de un número está aumentando al expresarse en notación científica, se escribe como un exponente negativo.

$$10^{-5}$$

Paso 3: Exprese la respuesta completa en notación científica de esta manera:

.0000056 se convierte en 5.6×10^{-5}

▶ Las estrategias generales para preguntas matemáticas

- Saltar y volver.

  Si usted tiene dudas con respecto a lo que se le pide que halle, si no sabe solucionar un problema, o si tiene miedo de tardar mucho tiempo en hallar la respuesta correcta, salte la pregunta y vuelva más adelante. Haga los problemas fáciles primero. El examen de matemáticas del GED no consiste en preguntas cada vez más difíciles. Las preguntas difíciles aparecen al lado de las preguntas más fáciles. Por consiguiente, es importante saltar los problemas difíciles y volver a ellos.

- Enchufar.

  Habrá ocasiones en que usted debe utilizar las opciones de respuestas para hallar la respuesta correcta. Esto se puede hacer con un problema que le presenta una fórmula o una ecuación. Enchufe las respuestas cuando piense que será más rápido que solucionar el problema de otra manera, y cuando tenga suficiente información para hacerlo.

- Eliminar.

  Elimine las opciones que usted considere incorrectas para poder pasar más tiempo considerando las opciones que tengan la posibilidad de ser correctas. Podría parecer una estrategia sencilla, pero podría hacer una gran diferencia.

- Hacer conjeturas informadas.

  Es importante recordar que no le penalizarán por dar una respuesta incorrecta. Si usted no sabe la respuesta a una pregunta y se está acercando el límite de tiempo, use los últimos minutos para hacer una conjetura informada a las preguntas restantes. Seguramente, puede usted eliminar algunas opciones de respuestas y mejorar la probabilidad de acertarlas.

VIII ▶ Los exámenes de práctica

¿**E**STÁ LISTO PARA EL EXAMEN del GED? Los exámenes de práctica en la parte VIII le indicarán cuánto sabe y qué necesitará estudiar. Y como las preguntas son parecidas a las del examen del GED, estos exámenes de práctica le indicarán exactamente con lo que se puede encontrar en el examen.

Ahora es el tiempo de poner en práctica todo lo que haya aprendido y repasado. Cada conjunto incluye un examen de práctica en cada materia—escritura, lectura, ciencia, matemáticas y estudios sociales.

Tome el examen de práctica 1 en cada sujeto de especialidad primero. Debe encontrar un lugar tranquilo para completar estos examenes. Trate de medirse el tiempo para crear los mismos requisitos de tiempo para cada materia. Tenga un papel en blanco y lápices disponibles. Para una parte del examen de matemáticas, necesitará una calculadora. Asegúrese de contestar cada pregunta; no se le penalizará por respuestas incorrectas. No pase mucho tiempo en una sola pregunta para poder completar las preguntas en el tiempo proporcionado. Después de terminar cada parte, coteje sus respuestas. Esto le indicará cuáles conceptos y habilidades tiene que repasar.

Después de cualquier sesión de repaso, tome el examen de práctica 2 en cada materia otra vez. De nuevo, compare sus respuestas y estudie las explicaciones. ¡Buena suerte!

47 ▶ Examen de práctica, GED examen del lenguaje, escritura

▶ Parte I

Instrucciones: En cada uno de los pasajes siguientes, los párrafos aparecen precedidos por letras y las oraciones aparecen numeradas. Lea cada pasaje cuidadosamente y conteste a las preguntas que siguen.

Las preguntas 1–10 se refieren a los siguientes puntos de una reunión.

Comité de derechos del empleado

Puntos de la reunión celebrada el 21 de julio de 2008.

Los participantes:
Dakota Mills, vice presidente.
Rebecca Styles, presidenta del comité
Oliver Pérez, secretario del comité
Brenda Oslowski
Michael Wen
Jamal Roberts

Ausentes:

Anthony Wilkins

A

1. Salón de empleados. (1) Brenda reportó un aumento en las quejas sobre el salón de empleados. (2) Entre ellas se encuentran lo siguiente:

- el espacio insuficiente en los armarios
- los asientos insuficientes e incómodos
- un refrigerador que está sucio
- el horno microondas defectuoso

B

(3) Jamal sugirió que se hiciera una encuesta para determinar la mejor manera de rediseñar el salón. (4) Rebecca sugirió que se colocara un buzón de sugerencias en el salón. (5) El comité estuvo de acuerdo en que una encuesta sería más sistemática recogiendo más aportes de los empleados. (6) Michael se ofreció de voluntario para diseñar la encuesta que traerá el boceto a la próxima reunión. (7) Oliver se brinda para averiguar el costo de un nuevo refrigerador y un nuevo horno microondas. (8) La necesidad de un mayor número de teléfonos fue otra de las quejas sobre el salón que se discutieron.

C

2. Día del empleado. (9) Rebecca recordó al comité que ya era hora de planificar el Día anual del empleado, consideramos varias ideas para la ocasión, como por ejemplo:

- el almuerzo buffet
- los reconocimientos públicos a los empleados tales como el "más responsable" o el "más entusiasta."
- la rifa con premios como cheques para restaurantes

D

(10) Brenda recordó que el mejor agradecimiento de la compañía a los empleados sería agilizando las mejoras del salón. (11) El comité ha convenído que la encuesta debería estar lista antes del Día del Empleado.

E

(12) El comité se reunirá el próximo Lunes, 28 de julio a las 10 A.M.

1. Entre ellas se encuentran lo siguiente:
   - el espacio insuficiente en los armarios
   - los asientos insuficientes e incómodos
   - un refrigerador que está sucio
   - el horno microondas defectuoso
   ¿Qué corrección debe hacerse a la oración 2?
   a. Cambiar la lista por puntos a una lista común.
   b. Reemplazar <u>defectuoso</u> por <u>defecto</u>
   c. Colocar los puntos de la lista por orden alfabético.
   d. Cambiar <u>un refrigerador que está sucio</u> por <u>refrigerador sucio</u>.
   e. Reemplazar <u>espacio insuficiente en los armarios</u> por <u>los armarios no tienen espacio insuficiente</u>.

2. Oración 5: El comité estuvo de acuerdo en que una encuesta sería más sistemática recogiendo más aportes de los empleados.
   ¿Qué corrección debe hacerse a la oración 5?
   a. Cambiar <u>estuvo de acuerdo</u> por <u>estando de acuerdo</u>
   b. Insertar una coma después de <u>encuesta</u>.
   c. reemplazar <u>recogiendo</u> por <u>y recogería</u>.
   d. eliminar <u>los</u>
   e. No es necesario hacer ninguna corrección.

3. Oración 6: Michael se ofreció de voluntario para diseñar la encuesta que traerá el boceto a la próxima reunión.

   ¿Cuál es la mejor manera de escribir de nuevo la parte subrayada de esta oración? Si cree que la forma original es la mejor, elija la opción **a**.

   a. que traerá el boceto
   b. y traerá el boceto
   c. trayendo el boceto
   d. por lo tanto, traerá su boceto
   e. que el traerá el boceto

4. Oración 7: Oliver se brinda para averiguar el costo de un nuevo refrigerador y un nuevo horno microondas.

   ¿Qué corrección debe hacerse a la oración 7?

   a. Cambiar se brinda por se brindó.
   b. Reemplazar el costo por el costando.
   c. Cambiar se brinda por brinda.
   d. Insertar un guión entre nuevo y microondas
   e. No es necesario hacer ninguna corrección.

5. Oración 8: La necesidad de un mayor número de teléfonos fue otra de las quejas sobre el salón que se discutieron.

   ¿Qué corrección debe hacerse a la oración 8?

   a. Colocar la oración 8 detrás de la oración 4.
   b. Corregir la estructura paralela.
   c. Borrar la oración del memorando.
   d. Convertir la oración 8 en uno de los puntos de la oración 2.
   e. Comenzar un nuevo párrafo con la oración 8.

6. Oración 9: Rebecca recordó al comité que ya era hora de planificar el Día Anual del Empleado, consideramos varias ideas para la ocasión, como por ejemplo:

   ¿Cuál es la mejor manera de escribir de nuevo la parte subrayada de esta oración? Si cree que la forma original es la mejor, elija la opción **a**.

   a. Empleado, consideramos
   b. Empleado y por lo tanto consideramos
   c. Empleado. Consideramos
   d. Empleado; y consideramos
   e. Empleado consideramos

7. Oración 9: Rebeca recordó al comité que ya era hora de planificar el Día anual del empleado, consideramos varias ideas para la ocasión, como por ejemplo:

   ¿Qué corrección debe hacerse a la oración 9?

   a. Insertar comas detrás de comité y de hora.
   b. Cambiar los dos puntos que siguen a ejemplo por un punto y coma.
   c. Reemplazar que ya era hora por quién era la hora.
   d. Cambiar consideramos por el comité consideró.
   e. No es necesario hacer ninguna corrección.

8. Oración 10: Brenda recordó que el mejor agradecimiento de la compañía a los empleados sería agilizando las mejoras del salón.

   ¿Qué corrección debe hacerse a la oración 10?

   a. Cambiar recordó por ha recordado.
   b. Reemplazar agilizando por agilizar
   c. Cambiar la compañía por La Compañía.
   d. Mover del salón a continuación de empleados
   e. No es necesario hacer ninguna corrección.

9. Oración 11: El comité ha convenido que la encuesta debería estar lista antes del Día del empleado.

¿Qué corrección debe hacerse a la oración 11?

a. Cambiar <u>ha convenido</u> por <u>conviene</u>.

b. Reemplazar <u>antes</u> por <u>precediendo</u>.

c. Poner <u>la encuesta</u> entre paréntesis.

d. Reemplazar <u>ha convenido</u> por <u>convino</u>.

e. No es necesario hacer ninguna corrección.

10. Oración 12: El comité se reunirá el próximo Lunes, 28 de julio a las 10 A.M.

¿Qué corrección debe hacerse a la oración 12?

a. Cambiar <u>se reunirá</u> por <u>se reúne</u>.

b. Reemplazar <u>se reunirá</u> por <u>nos reuniremos</u>.

c. cambiar <u>Lunes</u> por <u>lunes</u>.

d. No es necesaria ninguna corrección.

Las preguntas 11–20 se refieren al pasaje siguiente:

El yoga

A

(1) Una de las modas más recientes de hoy es también una de las prácticas más antiguas del mundo el yoga. (2) El yoga se diferencia de otras actividades de entrenamiento del cuerpo en que no es solamente físico. (3) De la forma correcta, el yoga es un ejercicio de comunión entre: lo emocional, lo espiritual *y* lo físico.

B

(4) Una simple postura de sentado como la *postura del bastón*, por ejemplo, requiriendo que Ud. flexione y alargue su estómago, espalda y los músculos de los brazos mientras estira sus piernas al frente y coloca sus manos a ambos lados. (5) Algunas posturas más difíciles, como *el guerrero*, requieren que Ud. mantenga todo el equilibrio en una sola pierna y sostenga una postura que estira su pierna, espalda y los músculos del estómago. (6) Aunque pueda parecer fácil para aquellos que nunca lo han practicado, las posturas de yoga requieren de gran concentración y son sorprendentemente eficaces para el estiramiento y fortalecimiento de los músculos.

C

(7) Al mismo tiempo que tonifica y fortalece el cuerpo, el yoga también tonifica y fortalece la mente. (8) Muchas posturas sólo se pueden mantener si Ud. permanece completamente concentrado en ellas, y sus verdaderos beneficios sólo se obtuvieron mediante una respiración adecuada. (9) La respiración concentrada y profunda durante el yoga contribuye a lograr posturas más profundas. (10) Y así a adquirir mayores beneficios del estiramiento. (11) Mediante su circulación sostenida de la respiración, el cuerpo, obtiene al mismo tiempo energía y calma.

D

(12) Yo soy relativamente nuevo en el yoga. (13) He estado practicando yoga sólo por un año. (14) Ahora prefiero el yoga más que ninguna otra actividad física porque es además una práctica espiritual. (15) A través del yoga yo logro aliviar las tensiones que se acumulan en varias partes de mi cuerpo: los hombros cansados, las piernas adoloridas y el estómago que tiene nudos. (16) El alivio físico es también un alivio espiritual. (17) Me siento calmado después del yoga, en conexión con mi cuerpo y en conexión con mi espíritu interior.

11. Oración 1: Una de las modas más recientes de hoy es también una de las prácticas más antiguas del mundo el yoga.

¿Qué corrección debe hacerse a la oración 1?

a. Eliminar el segundo <u>de</u>.

b. Cambiar <u>más antiguas</u> por <u>la más antigua</u>.

c. Insertar una coma después de <u>hoy</u>.

d. Insertar dos puntos después de <u>mundo</u>.

e. No es necesario hacer ninguna corrección.

12. Oración 3: <u>De la forma correcta</u>, el yoga es un ejercicio de comunión entre: lo emocional, lo espiritual *y* lo físico.

¿Cuál es la mejor manera de escribir de nuevo la parte subrayada de esta oración? Si cree que la forma original es la mejor, elija la opción **a**.

a. De la forma correcta

b. Formado de correctamente

c. Hecho de forma correcta

d. Correctamente

e. Apropiadamente

13. Oración 4: Una simple postura de sentado como la *postura del bastón*, por ejemplo, <u>requiriendo que Ud. flexione</u> y alargue su estómago, espalda y los músculos de los brazos mientras estira sus piernas al frente y coloca sus manos a ambos lados.

¿Cuál es la mejor manera de escribir de nuevo la parte subrayada de esta oración? Si cree que la forma original es la mejor, elija la opción **a**.

a. requiriendo que Ud. flexione

b. requiere que Ud. flexione

c. le requiere que Ud. flexione

d. requiere el flexionamiento

e. en la cual se le requiere que flexione

14. Oración 6: Aunque pueda parecer fácil para aquellos que nunca lo han practicado, las posturas de yoga requieren de gran concentración y son sorprendentemente eficaces para el estiramiento y fortalecimiento de los músculos.

¿Qué cambio debe hacerse a la colocación de la oración 6?

a. Eliminar la oración 6.

b. Mover la oración 6 detrás de la oración 3.

c. Mover la oración 6 al comienzo del párrafo B.

d. Mover la oración 6 detrás de la oración 4.

e. Mover la oración 6 detrás de la oración 7.

15. Oración 8: Muchas posturas sólo se pueden mantener si Ud. permanece completamente concentrado en ellas, y sus verdaderos beneficios sólo se obtuvieron mediante una respiración adecuada.

¿Qué corrección debe hacerse a la oración 8?

a. Cambiar <u>obtuvieron</u> por <u>se van a obtener</u>.

b. Quitar la coma después de <u>ellas</u>.

c. Reemplazar <u>sus verdaderos beneficios</u> por <u>beneficiándose verdaderamente</u>.

d. Cambiar <u>se obtuvieron</u> por <u>se obtienen</u>.

e. No es necesario hacer ninguna corrección.

16. Oraciones 9 y 10: La respiración concentrada y profunda durante el yoga contribuye a lograr posturas más <u>profundas. Y así a</u> adquirir mayores beneficios del estiramiento.

¿Cuál es la mejor manera de escribir de nuevo la parte subrayada de esta oración? Si cree que la forma original es la mejor, elija la opción **a**.

a. profundas. Y así a

b. profundas; así a

c. profundas, así que por lo tanto a

d. profundas y así a

e. profundas y a

17. Oración 11: Mediante su circulación sostenida de la respiración, el cuerpo obtiene al mismo tiempo energía y calma.

¿Qué corrección debe hacerse a la oración 11?

a. Eliminar <u>al mismo tiempo</u>.

b. Cambiar <u>su circulación</u> por <u>la circulación</u>.

c. Insertar una coma detrás <u>cuerpo</u>.

d. Cambiar <u>la respiración</u> por <u>su respiración</u>.

e. No es necesario hacer ninguna corrección.

18. Oraciones 12 y 13: Yo soy relativamente nuevo en el yoga. He estado practicando yoga sólo por un año.

¿Cuál es la manera más efectiva de combinar las oraciones 12 y 13?

a. Yo soy relativamente nuevo en la práctica del yoga, la cual he estado practicando por sólo un año.

b. Yo soy relativamente nuevo en el yoga, una práctica la cual he estado haciendo por sólo un año

c. Yo soy relativamente nuevo en la práctica del yoga, lo cual he estado haciendo por sólo un año.

d. Yo sólo he estado practicando yoga por un año, lo cual significa que aun soy nuevo en su práctica.

e. Como aún soy relativamente nuevo en el yoga, he estado practicando solamente por un año.

19. Oración 14: Ahora prefiero el yoga más que ninguna otra actividad física porque es además una práctica espiritual.

¿Con qué palabra o frase pudiera comenzar mejor la oración 14?

a. Como

b. Sorprendentemente,

c. Finalmente,

d. De igual manera,

e. Sin embargo,

20. Oración 15: A través del yoga yo logro aliviar las tensiones que se acumulan en varias partes de mi cuerpo: los hombros cansados, las piernas adoloridas y <u>el estómago que tiene nudos</u>.

¿Cuál es la mejor manera de escribir de nuevo la parte subrayada de esta oración? Si cree que la forma original es la mejor, elija la opción **a.**

a. el estómago que tiene nudos

b. el estómago con nudos

c. el estómago hecho nudos

d. el estómago anudado

e. el estómago que está hecho nudos

Las preguntas 21–30 se refieren al pasaje siguiente:

Cómo ser un oyente activo

A

(1) La comunicación efectiva entre dos interlocutores dependen de la habilidad de saber escuchar correctamente. (2) Muchos de nosotros oímos lo que dicen los demás sin escuchar realmente el mensaje que nos están transmitiendo. (3) Debemos escuchar de manera activa para comprender lo que se nos dice.

B

(4) El primer requisito para escuchar de manera activa es prestar atención. (5) No se debe juguetear, garabatear o voltear la cabeza. (6) No debe mirar hacia arriba, verificar la hora, o preocuparse por lo que se va a hacer de comida.

C

(7) Se debe responder de manera activa a lo que se escucha. (8) Conviene dar respuestas no verbales, aprobar con la cabeza, reír o sonreír, y hacer otros gestos apropiados. (9) Es bueno inclinarse hacia delante y mirar directamente al interlocutor en los ojos para demostración de atención.

D

(10) Mientras se escucha, se puede responder también verbalmente. (11) Es bueno ofrecer afirmaciones como "sí" "anjá" y "comprendo." (12) También es conveniente preguntar por detalles y ejemplos que aclaren el tema. (13) El parafraseo es correcto de lo que se escucha para estar seguros de que entendemos todo bien.

E

(14) El tercer requisito es que las distracciones deben ser evitadas. (15) Si vamos a escuchar a alguien; debemos apagar la televisión o el radio. (16) No debemos mirar la pantalla del ordenador ni atender el teléfono. (17) Debemos cerrar la puerta si es posible para evitar distracciones o interrupciones ajenas, con esto conseguiremos ser oyentes activos más eficientes.

21. Oración 1: La comunicación efectiva entre dos interlocutores dependen de la habilidad de saber escuchar correctamente.

   ¿Qué corrección debe hacerse a la oración 1?
   a. Insertar una coma después de <u>interlocutores</u>.
   b. Cambiar <u>dependen</u> por <u>depende</u>.
   c. Reemplazar <u>correctamente</u> por <u>correcto</u>.
   d. Cambiar <u>saber escuchar</u> por <u>escucharse</u>.
   e. No es necesaria ninguna corrección.

22. Oración 6: <u>No debe mirar hacia arriba</u>, verificar la hora, o preocuparse por lo que se va a hacer de comida.

   ¿Cuál es la mejor manera de escribir de nuevo la parte subrayada de esta oración? Si cree que la forma original es la mejor, elija la opción **a.**
   a. No debe mirar hacia arriba
   b. No se debe mirar hacia arriba
   c. Nunca mire hacia arriba mientras
   d. Si quiere mirar hacia arriba, no lo haga, y no
   e. Algo que no se debe hacer es mirar hacia arriba, o

23. Oración 7: Se debe responder de manera activa a lo que se escucha.

   ¿Qué cambio se debe hacer a la oración 7?
   a. Mover la oración 7 al final del párrafo C.
   b. Cambiar <u>Se debe</u> por <u>El segundo requisito es</u>
   c. Insertar un número 2 al inicio del párrafo.
   d. Cambiar los verbos a la primera persona del plural.
   e. Eliminar la oración 7.

24. Oración 8: Conviene dar <u>respuestas no verbales,</u> <u>aprobar con la cabeza</u>, reír o sonreír, y hacer otros gestos apropiados.

¿Cuál es la mejor manera de escribir de nuevo la parte subrayada de esta oración? Si cree que la forma original es la mejor, elija la opción **a**.

a. respuestas no verbales, aprobar con la cabeza

b. respuestas no verbales, incluyendo aprobar con la cabeza

c. respuestas no verbales. Aprobar con la cabeza

d. respuestas no verbales; por ejemplo, aprobar con la cabeza

e. respuestas no verbales que pueden ser aprobar con la cabeza

25. Oración 9: Es bueno inclinarse hacia delante y mirar directamente al interlocutor en los ojos para demostración de atención.

¿Qué cambio se debe hacer a la oración 9?

a. Cambiar <u>para demostración de</u> por <u>para demostrar</u>.

b. Reemplazar <u>para demostración de</u> por <u>a manera de</u>.

c. Cambiar <u>en los ojos</u> por <u>ojo por ojo</u>.

d. Empezar una nueva oración después de <u>ojos</u>.

e. No es necesario hacer ninguna corrección.

26. Oración 11: Es bueno ofrecer afirmaciones como "sí" "anjá" y "comprendo."

¿Qué cambio se debe hacer a la oración 11?

a. Eliminar las comillas en la palabra <u>sí</u>.

b. Comenzar una nueva oración después de <u>afirmaciones</u>.

c. Insertar una coma después de <u>sí</u>.

d. Insertar una coma después de <u>sí</u> y otra después de <u>anjá</u>.

e. No es necesario hacer ninguna corrección.

27. Oración 13: El parafraseo es correcto de lo que se escucha para estar seguros de que entendemos todo bien.

¿Qué cambio se debe hacer a la oración 13?

a. Cambiar <u>para estar seguros</u> por <u>estando seguros</u>.

b. Mover <u>bien</u> a continuación de <u>escucha</u>.

c. Reemplazar <u>de que entendemos</u> por <u>que entendemos</u>.

d. Cambiar <u>El parafraseo es correcto de</u> por <u>Es correcto parafrasear</u>.

e. No es necesario hacer ninguna corrección.

28. Oración 14: El tercer requisito es que las distracciones deben ser evitadas.

¿Cuál es la mejor manera de rescribir la oración 14? Si cree que la forma original es la mejor, elija la opción **a**.

a. El tercer requisito es que las distracciones deben ser evitadas.

b. El tercer requisito será las distracciones.

c. Las distracciones deben ser evitadas como tercer requisito.

d. Evite las distracciones.

e. El tercer requisito es evitar las distracciones.

29. Oración 15: Si vamos a escuchar a alguien; debemos apagar la televisión o el radio.

¿Qué cambio se debe hacer a la oración 15?

a. Cambiar el punto y coma por un punto

b. Eliminar la palabra <u>Si</u>.

c. Eliminar el punto y coma.

d. Mover el punto y coma detrás de <u>vamos</u>.

e. No es necesario hacer ninguna corrección.

30. Oración 17: Debemos cerrar la puerta si es posible para evitar distracciones o interrupciones ajenas, con esto conseguiremos ser oyentes activos más eficientes.

¿Qué cambio debe hacerse a la oración 17?

a. Mover la oración 17 al comienzo del párrafo E.

b. Eliminar y con esto conseguiremos ser oyentes activos más eficientes.

c. Insertar .Siguiendo estas instrucciones después ajenas.

d. Insertar Para evitar distracciones al comienzo de la oración.

e. Cambiar distracciones ajenas por distracciones que vienen de afuera.

Las preguntas 31–35 se refieren al pasaje siguiente:

A

(1) Charles Darwin nació en Shewsbury Inglaterra en 1809. (2) Fue un biólogo cuya famosa teoría sobre la evolución es importante para la filosofía por los efectos que ha tenido sobre el concepto de lo humano. (3) Después de muchos años de cuidadosos estudios, Darwin intentó la demostración de que las especies superiores son el resultado de transformaciones graduales que ocurren en las especies inferiores; y que este proceso de transformación puede explicarse a través del efecto selectivo que ejerce el medio ambiente sobre los organismos.

B

(4) Darwin afirmó que los principios de selección natural y supervivencia de los organismos mejor adaptados gobiernan todas las formas de vida. (5) La explicación que ofrece Darwin sobre estos principios es que, a causa de la carencia de alimentos, los individuos jóvenes de cualquier especie compiten por la supervivencia. (6) Los cambios

naturales favorables, los cuáles se transmiten de forma hereditaria, tienden a ser adoptados por esos individuos jóvenes que sobreviven para producir la generación siguiente. (7) El libro principal de Darwin que contiene estas teorías se llama El Origen de las especies, y fue escrito en 1859. (8) Muchos religiosos se opusieron y condenaron este libro.

31. Oración 1: Charles Darwin nació en Shewsbury Inglaterra en 1809.

Qué cambio se debe hacer a la oración 1?

a. Cambiar nació por ha nacido.

b. Insertar comas antes y después de Inglaterra.

c. Eliminar el segundo en.

d. Insertar una coma después de Darwin.

e. No es necesaria ninguna corrección.

32. Oración 2: Fue un biólogo cuya famosa teoría sobre la evolución es importante para la filosofía por los efectos que ha tenido sobre el concepto de lo humano.

¿Cuál es la mejor manera de escribir de nuevo la parte subrayada de la oración 2? Si cree que la forma original es la mejor, elija la opción **a.**

a. biólogo cuya famosa teoría sobre la evolución es importante para la filosofía por los efectos que ha tenido

b. biólogo quien por su famosa teoría sobre la evolución es importante para la filosofía por los efectos que ha tenido

c. biólogo cuya famosa teoría sobre la evolución es importante para la filosofía por haber afectado

d. biólogo cuya famosa teoría sobre la evolución es importante para la filosofía por los efectos que él ha tenido

e. biólogo famoso, cuya famosa teoría sobre la evolución, es importante para la filosofía por los efectos que ha tenido

33. Oración 3: Después de muchos años de cuidadosos estudios, Darwin intentó la demostración de que las especies superiores son el resultado de transformaciones graduales que ocurren en las especies inferiores; y que este proceso de transformación puede explicarse a través del efecto selectivo que ejerce el medio ambiente sobre los organismos.

¿Qué cambio se debe hacer a la oración 3?

a. Mover la oración 3 hacia el final del párrafo B.

b. Cambiar la demostración por demostrar.

c. Cambiar son el resultado por es el resultado.

d. Eliminar la oración 3.

34. Oración 6: Los cambios naturales favorables, los cuáles se transmiten de forma hereditaria, tienden a ser adoptados por esos individuos jóvenes que sobreviven para producir la generación siguiente.

¿Cuál es la mejor manera de escribir de nuevo la oración 6? Si cree que la forma original es la mejor, elija la opción **a.**

a. Los cambios naturales favorables, los cuáles se transmiten de forma hereditaria, tienden a ser adoptados por esos individuos jóvenes que sobreviven para producir la generación siguiente.

b. Los cambios naturales favorables que luego son transmitidos de forma hereditaria tienden a ser adoptados por esos individuos jóvenes que sobreviven para producir la generación siguiente.

c. Luego a través de la transmisión hereditaria, los cambios naturales favorables tienden a ser adoptados por esos jóvenes individuos que sobreviven para producir la generación siguiente.

d. Esos jóvenes que sobreviven para producir la generación siguiente, los cuales se transmiten de forma hereditaria tienden a adoptar cambios naturales favorables

e. Esos jóvenes que sobreviven para producir la nueva generación tienden a adoptar cambios naturales favorables, los cuales son transmitidos de forma hereditaria.

35. Oración 7: El libro principal de Darwin que contiene estas teorías se llama El Origen de las especies, y fue escrito en 1859.

¿Qué cambio se debe hacer a la oración 7?

a. Cambiar que por quien.

b. Cambiar se llama por se llaman.

c. Escribir El Origen de las especies de forma cursiva.

d. Escribir El Origen de las especies entre comillas.

e. No es necesario hacer ninguna corrección.

Por favor, utilice el texto siguiente para responder a las preguntas 36–40.

A

(1) Cada primavera, cientos de actores y actrices de cine se visten con lo más elegante y caminan sobre una alfombra roja hacia un majestuoso teatro. (2) Los periodistas y reporteros claman por su atención. (3) Una vez dentro, se muestran películas y espectáculos musicales, pero lo que todo el mundo quiere ver es la apertura de un sobre pequeño. (4) Millones de espectadores observan desde sus televisores. (5) ¿Qué es este ritual elegante? (6) ¡Son los premios de la Academia!

B

(7) Los premios de la Academia son reconocimientos entregados por la excelencia demostrada en la industria cinematográfica. (8) Muchas personas los conocen por el sobrenombre de premios Oscar. (9) Los premios vienen en forma de estatuillas doradas. (10) Se entregan en muchas categorías, como mejor película, mejor actor, mejor actriz, mejor director, mejor canción original y muchísimas más. (11) Existen en total 25 categorías, en las que se incluyen otras premiaciones como la mejor edición de sonido, el mejor film de animación, y el mejor diseño de vestuario. (12) A la mayoría de la gente sólo les interesan algunos de éstos.

C

(13) Los nominados y ganadores son elegidos por un grupo llamado la Academia de las Artes y las Ciencias Cinematográficas. (14) Este grupo se compone de muchas personas que trabajan en la industria fílmica como actores, directores, escritores, productores y técnicos. (15) La Academia comenzó la tradición de la entrega de los premios en el año 1928. (16) El número de premios ha aumentado con los años. (17) Nuevas categorías se han añadido. (18) La ceremonia de premiación se transmitió por televisión por primera vez en 1953, y un mayor número de personas pudo presenciar el espectáculo lujoso.

D

(19) Durante la ceremonia hay un anfitrión encargado de presentar las diferentes categorías y de entretener a la audiencia de premio a premio. (20) Las personas o películas nominadas para el premio se anuncian una por una. (21) Luego, se designa a un actor o a una actriz para presentar a los diferentes nominados; y en ocasiones se muestra un fragmento de la película. (22) Seguidamente el presentador abrirá un sobre que contiene el nombre del ganador. (23) Luego el ganador recibe la estatuilla de oro y algunas veces pronuncia un discurso.

E

(24) Ésta es la tradición de los Premios de la Academia. (25) Se ha desarrollado a través de los años. (26) Hoy en día es disfrutada por millones de apasionados del cine cada primavera.

36. Oración 12: A la mayoría de la gente sólo les interesan algunos de estos.

¿Qué cambio al comienzo de la oración 12 le daría mejor efecto?

a. Por añadidura

b. Sin embargo

c. Por otro lado

d. Por lo tanto

e. Como resultado

37. Oraciones 16 y 17: El número de premios ha aumentado con los años. Nuevas categorías se han añadido.

¿Cuál sería la mejor combinación de las oraciones 16 y 17?

a. El número de premios ha aumentado con los años, nuevas categorías se han añadido.

b. Muchas nuevas categorías se han añadido con el paso de los años.

c. El número de premios ha aumentado con los años nuevas categorías se han añadido.

d. El número de premios ha aumentado con los años, debido a que se han añadido nuevas categorías.

e. El número de premios ha aumentado con los años pero nuevas categorías se han añadido.

38. Oraciones 24 y 25: Ésta es la tradición de los Premios de la Academia. Se ha desarrollado a través de los años.

¿Cuál sería la mejor combinación de las oraciones 24 y 25?

a. Ésta es la tradición de los Premios de la Academia, la cual se ha desarrollado a través de los años.

b. Ésta es la tradición de los Premios de la Academia, se ha desarrollado a través de los años.

c. Ésta es la tradición de la historia de los Premios de la Academia.

d. A través de su larga historia, ésta es la tradición de los Premios de la Academia.

e. Al desarrollarse, ésta es la tradición de los Premios de la Academia.

39. Oración 1: Cada primavera, <u>cientos de actores y actrices de cine se visten con lo más elegante y caminan sobre una alfombra roja hacia un majestuoso teatro.</u>

¿Cuál es la mejor manera de escribir de neuvo la parte subrayada de esta oración? Si cree que la forma original es la mejor, elija la opción **a**.

a. cientos de actores y actrices de cine se visten con lo más elegante y caminan sobre una alfombra roja hacia un majestuoso teatro.

b. cientos de actores, y actrices de cine, se visten con lo más elegante y caminan sobre una alfombra roja hacia un majestuoso teatro.

c. cientos de actores (y actrices) de cine se visten con lo más elegante y caminan sobre una alfombra roja hacia un majestuoso teatro.

d. cientos de actores y actrices de cine se visten con lo más elegante, y caminan sobre una alfombra roja hacia un majestuoso teatro.

e. cientos de actores y actrices de cine, se visten con lo más elegante, y caminan sobre una alfombra roja hacia un majestuoso teatro.

40. Párrafo B, oraciones de la 7 a la 12: Los premios de la Academia son reconocimientos . . . sólo les interesan algunos de estos.

¿Qué oración sería la mejor adición a este párrafo?

a. A mí solo me interesan dos categorías.

b. El nombre oficial de la estatuilla dorada es *Premio de la Academia al Mérito*.

c. Todos los miembros deben ser invitados para poder participar y la invitación proviene de la Junta de Gobernadores, en representación de los la División Ejecutiva de la Academia.

d. La elegibilidad de los miembros se puede obtener mediante una nominación, o un miembro puede presentar un nombre en base a otra contribución significativa dentro de la industria cinematográfica.

e. Aunque ganar el premio de la Academia por lo general representa una invitación a ser miembro de ésta, el ingreso no es automático.

Por favor utilice el texto siguiente para responder a las preguntas 41–45.

A

(1) ¿Se ha preguntado alguna vez por qué las cafeterías gourmet son tan populares, o por qué la cola es la bebida favorita de casi todo el mundo? (2) El éxito de estas bebidas convenientes puede deberse a que la mayoría de ellos tiene dificultades para dormir. (3) Aunque muchos de los expertos en la materia recomiendan que los adultos deben dormir de siete a nueve horas cada noche, y los adolescentes nueve horas completas, muchos de nosotros no tenemos el sueño tranquilo que se necesita. (4) Una de las causas comunes de la falta de sueño es la apnea del sueño obstrusiva, o ASO.

B

(5) La ASO puede incluso provocar la falta de respiración durante la noche, produciendo una irrupción en el sueño. (6) Esta obstrucción temporal de la respiración puede durar más de un minuto, y en casos severos, puede suceder hasta 500 veces en una sola noche. (7) La ASO es bastante común. La ASO afecta a uno de cada cinco adultos. (8) Afecta del 1–3% de todos los niños. (9) Una causa común de la ASO es la relajación extrema de la lengua de una persona dormida, llegando a obstruir la garganta. (10) Esta afección se conoce por "enfermedad del ronquido," pues muchas personas con apnea del sueño roncan. (11) Vivir con alguien que ronca es muy difícil.

C

(12) La apnea del sueño puede tener varios efectos negativos. (13) Puede provocar mareos excesivos durante el día, un desempeño intelectual pobre, depresión y problemas de la memoria. (14) Puede conducir a mayores problemas como malas notas, pérdida del empleo, accidentes de automóvil y cosas serias como infartos, ataques de apoplejía e hipertensión.

D

(15) Afortunadamente existe un tratamiento muy efectivo para la apnea del sueño. (16) Se trata de una máscara facial que se usa para dormir, la cual va conectada por una manguera a una fuente de oxígeno. (17) Acostumbrarse al uso de esta máscara toma tiempo. (18) Muchas personas han reaccionado muy bien a este tratamiento. (19) Se sienten aliviadas de poder despertarse habiendo descansado correctamente.

41. Oraciones 17, 18 y 19: Acostumbrarse al uso de esta máscara toma tiempo. Muchas personas han reaccionado muy bien a este tratamiento. Se sienten aliviadas de poder despertarse habiendo descansado correctamente.

¿Cuál sería la mejor manera de combinar estas oraciones?

a. Acostumbrarse al uso de esta máscara lleva tiempo, muchas personas han reaccionado muy bien a este tratamiento, se sienten aliviadas de poder despertarse habiendo descansado correctamente.

b. Muchas personas sienten gran alivio por el uso de la máscara y despiertan aliviadas de poder despertarse habiendo descansado correctamente, sin embargo acostumbrarse al uso de esta máscara toma tiempo.

c. Aunque acostumbrarse al uso de esta máscara puede tomar algún tiempo, la mayoría de las personas agradecen este tratamiento y se sienten aliviadas de poder despertarse habiendo descansado correctamente.

d. Pero acostumbrarse al uso de esta máscara puede tomar algún tiempo. Muchas personas agradecen el tratamiento. Se sienten aliviadas de poder despertarse habiendo descansado correctamente.

e. Toma algún tiempo acostumbrarse al uso de esta máscara a la mayoría de las personas que agradecen este tratamiento. Se sienten aliviadas de poder despertarse. Habiendo descansado correctamente.

42. Oraciones 7 y 8: La ASO es bastante común. La ASO afecta a uno de cada cinco adultos. Afecta del 1–3% de todos los niños.

¿Cuál sería la manera más efectiva de combinar estas oraciones?

a. La ASO es bastante común, afectando a uno de cada cinco adultos y entre el 1–3% de todos los niños.

b. La ASO es bastante común, afecta a uno de cada cinco adultos y entre el 1–3% de todos los niños.

c. La ASO es bastante común. Sin embargo, afecta a uno de cada cinco adultos y entre el 1–3% de todos los niños.

d. La ASO es bastante común; afecta a uno de cada cinco adultos y entre el 1–3% de todos los niños.

e. Afectando entre el 1–3% de todos los niños, la común ASO afecta a uno de cada cinco adultos.

43. Párrafo D, oraciones 15 a 19: Afortunadamente existe un tratamiento muy efectivo . . . habiendo descansado correctamente.

¿Qué oración sería la mejor adición a este párrafo?

a. El oxígeno ayuda a la persona a dormir.

b. La presión del oxígeno mantiene a la persona dormida.

c. La presión del oxígeno mantiene las vías respiratorias abiertas, elimina el ronquido, las pausas en la respiración y permite a la persona que permanezca dormida sin interrupciones.

d. La presión del oxígeno es una cura milagrosa.

e. Toma su nombre de la palabra griega *apnea*, la cual significa "sin aliento."

44. Oración 14: Puede conducir a mayores problemas como malas notas, pérdida del empleo, accidentes de automóvil y <u>cosas serias como infartos</u>, ataques de apoplejía e hipertensión.

¿Cuál es la mejor manera de escribir de neuvo la parte subrayada de esta oración? Si cree que la forma original es la mejor, elija la opción **a**.

a. cosas serias como infartos

b. cosas serias, infartos

c. serios problemas como los infartos

d. serias dilemas como los infartos

e. serias dolencias como infartos

45. Oración 10: Esta afección se conoce por "enfermedad del ronquido," pues muchas personas con apnea del sueño roncan.

¿Cuál es la mejor manera de escribir de nuevo esta oración? Si cree que la forma original es la mejor, elija la opción **a**.

a. Esta afección se conoce por "enfermedad del ronquido," pues muchas personas con apnea del sueño roncan.

b. Esta afección se conoce por "enfermedad del ronquido." Pues muchas personas con apnea del sueño roncan.

c. Esta afección se conoce por "enfermedad del ronquido"; sin embargo muchas personas con apnea del sueño roncan.

d. Esta afección se conoce por "enfermedad del ronquido," pues los ronquidos producen muchas personas con apnea.

e. "Enfermedad del ronquido" se llama a esta enfermedad, porque muchas personas con apnea del sueño roncan.

Por favor use el texto siguiente para responder a las preguntas 46–50.

A

(1) Los atletas y los amantes del deporte en todo el mundo esperan con ansiedad los Juegos Olímpicos. (2) Además de tener la oportunidad de ser reconocidos como los mejores en su especialidad, los atletas que compiten en estos juegos pasan a ser parte de un linaje histórico deportivo que data de los tiempos de la Grecia antigua.

B

(3) Los primeros Juegos Olímpicos de la antigüedad ocurrieron en el 776 a.C. (4) Los Juegos Olímpicos llevan este nombre debido a las grandes planicies de Olimpia. (5) Se jugaban en honor al dios Zeus. (6) Y también se jugaban en honor a otros dioses griegos de la antigüedad. (7) Estos juegos antiguos continuaron por al menos 1200 años. (8) En el 393 a.D., el emperador romano Theodosius prohibió todas las actividades paganas, lo cual significó el fin de los Juegos Olímpicos.

C

(9) El concepto que ejemplifica el espíritu primordial de los primeros juegos es la tregua. (10) La rivalidad deportiva, el esmero en la preparación, y el desempeño de los atletas contribuyeron a unirlos y a minimizar sus diferencias.

D

(11) Al sumarse a las filas de competidores en los estadios e hipódromos, los atletas ganaron renombre; y sus ganancias les hicieron inmortales. (12) Los eventos deportivos de los juegos antiguos eran la carrera, el salto largo, el lanzamiento de la bala, el lanzamiento de la jabalina, el boxeo, las competencias ecuestres y el pancracio (una combinación brutal del boxeo y de la lucha). (13) Platón era un famoso filósofo griego. (14) Fue dos veces ganador del pancracio. (15) Otros griegos famosos que participaban o iban de espectadores a los juegos eran los filósofos Sócrates, Aristóteles y Pitágoras. (16) Un grupo no representado en estos juegos, ni siquiera como espectadores, eran las mujeres. (17) Sin embargo, algunas mujeres se disfrazaban como hombres para escabullirse entre el público. (18) Su deseo de poder asistir debía ser muy fuerte, ya que corrían el riesgo de ser arrojadas desde el monte Typaion como castigo si eran descubiertas. (19) ¡A eso se le llama fanatismo olímpico!

46. Oraciones 4, 5 y 6: Los Juegos Olímpicos llevan este nombre debido a las grandes planicies de Olimpia. Se jugaban en honor al dios Zeus. Y también se jugaban en honor a otros dioses griegos de la antigüedad.

¿Cuál sería la manera más efectiva de combinar estas oraciones?

a. Los Juegos Olímpicos llevan este nombre debido a que se jugaban en honor al dios Zeus y a otros dioses griegos de la antigüedad. Se jugaban en las grandes planicies de Olimpia en su honor.

b. Los Juegos Olímpicos tomaron este nombre de Olimpia, donde se jugaban, y donde Zeus y otros dioses griegos de la antigüedad eran honrados con los juegos.

c. Los Juegos Olímpicos llevan este nombre debido a que se jugaban en las grandes planicies de Olimpia en honor a Zeus y a otros dioses de la Grecia antigua.

d. Zeus y otros dioses antiguos de Grecia eran honrados con los Juegos Olímpicos que tenían lugar en las grandes planicies de Olimpia en su honor.

e. Los Juegos Olímpicos, que se jugaban en honor a Zeus, llevan este nombre por las grandes planicies de Olimpia y otros dioses de la Grecia antigua.

47. Párrafo C, oraciones 9 y 10: El concepto que ejemplifica el espíritu primordial de los primeros juegos es la tregua. La rivalidad deportiva, el esmero en la preparación, y el desempeño de los atletas contribuyeron a unirlos y a minimizar sus diferencias.

¿Qué oración sería la mejor adición a este párrafo?

a. Cuando las ciudades griegas enemigas se reunieron en Olimpia para competir, se dieron cuenta de que no eran muy diferentes entre sí.

b. Cuando se conocieron en Olimpia, tenían mucho en común; y eso era bueno.

c. Todos los atletas competían entre sí, pero no tenían que caerse bien el uno al otro.

d. Cuando las ciudades griegas enemigas se reunieron en Olimpia para competir entre sí en los Juegos Olímpicos, se dieron cuenta con el paso del tiempo de que no eran tan diferentes de sus enemigos, quienes eran los otros que competían con ellos.

e. De hecho, el calendario griego se basaba en la olimpiada, el período de cuatro años entre juegos.

48. Oraciones 13 y 14: Platón era un famoso filósofo griego. Fue dos veces ganador del pancracio.

¿Cuál sería la manera más efectiva de combinar estas oraciones?

a. Platón, era un famoso filósofo griego, fue dos veces ganador del pancracio.

b. Platón, era un famoso filósofo griego, quien fue dos veces ganador del pancracio.

c. Platón, un famoso filósofo griego, fue dos veces ganador del pancracio.

d. Un ganador del pancracio dos veces fue Platón.

e. Platón era un famoso filósofo griego, dos veces ganador y pancracio.

49. Oración 11: Al sumarse a las filas de competidores en los estadios e hipódromos, los atletas ganaron renombre; y sus <u>ganancias</u> les hicieron inmortales.

¿Cuál de las siguientes es la mejor substitución de la parte subrayada? Si cree que la forma original es la mejor, elija la opción **a**.

   a. ganancias

   b. actividades

   c. victorias

   d. mortalidades

   e. lucros

50. Oración 8: En el 393 a.D., el emperador romano Teodosio prohibió todas las actividades paganas, lo cual significó el fin de los Juegos Olímpicos.

¿Cuál de las siguientes es la mejor manera de comenzar esta oración?

   a. Además,

   b. Aunque

   c. Mientras tanto,

   d. Eventualmente,

   e. Por lo tanto,

▶ Respuestas

Parte I

1. d. Todos los elementos de la enumeración deben seguir el mismo orden gramatical (estructura paralela). Por lo tanto, *un refrigerador que está sucio* debería ser *refrigerador sucio* para seguir el patrón sustantivo-adjetivo de los demás objetos en la lista. La opción **a** es incorrecta porque la lista es más efectiva en forma de boletín o por puntos, especialmente cuando se trata de un documento sobre los negocios. La opción **b** es incorrecta porque defecto no es un calificativo de microondas, sino un sustantivo. La opción **c** es incorrecta porque la lista no necesita ir en orden alfabético. (En todo caso sería más efectivo si se siguiera un orden de importancia, por ejemplo, de un problema más grave a otro menos grave.) La opción **e** es incorrecta porque este cambio destruye la estructura paralela y añade palabras innecesarias.

2. c. Esta opción crea una estructura paralela en la oración, pues ambos verbos (ser y recoger) se conjugarían de la misma manera. La opción **a** es incorrecta porque el memorando está escrito en pretérito. La opción **b** es incorrecta porque no se necesitan comas entre el sujeto y el verbo. La opción **d** es incorrecta porque si se elimina el artículo también se elimina la idea de a cuáles empleados se refiere la oración. La opción **e** es incorrecta porque la corrección **c** es necesaria.

3. b. Esta opción es la adecuada porque relaciona de forma correcta el verbo traer con el sujeto que realiza la acción. La opción **a** es incorrecta porque relaciona incorrectamente al verbo *traer* con el sustantivo *encuesta*. La opción **c** es incorrecta porque introduce un tiempo verbal incoherente dentro de la frase. La opción **d** es incorrecta porque *el que* introduce una repetición innecesaria del sujeto de la acción; por consiguiente, la frase resulta redundante e incoherente.

4. a. El memorando está escrito en pretérito; por eso, el verbo debe cambiar como se sugiere en esta opción. La opción **b** es incorrecta porque la palabra *costando* no es un sustantivo, sino una forma en participio del verbo costar (lo cual resultaría incoherente). La opción **c** es incorrecta porque la forma directa del verbo *brindar* en este caso pasaría a significar *hace un brindis*, lo cual se aleja de la intención original. La opción **d** es incorrecta porque no es necesario el uso de la coma delante del adjetivo *microondas*. La opción **e** es incorrecta porque el cambio que sugiere la opción **a** es necesario.

5. d. Esta oración debe ser uno de los elementos en la lista por puntos de la oración 2 porque forma parte de las quejas que se hacen sobre el salón. La opción **b** es incorrecta porque no existe la oportunidad en este caso de crear una estructura paralela. (Sin embargo, al mover esta oración hacia la lista por puntos, debe seguir el orden de los demás elementos que la forman.) La opción **c** es incorrecta porque esta oración es imprescindible en el memorando. La opción **e** es incorrecta porque esta oración debe pertenecer a la segunda oración del párrafo A.

6. c. La oración 9 contiene dos ideas completas que deben ser separadas en dos oraciones independientes, lo cual hace que la opción **a** sea incorrecta. La opción **b** es incorrecta porque constituye una escritura de corrido; en todo caso la coma debería ser un punto o un punto y coma. Las oraciones podrían ir separadas por un punto y coma (opción **d**); pero ambas oraciones son demasiado largas, especialmente por el listado que sigue, de manera que la mejor opción es el punto y seguido. La opción **e** es incorrecta porque genera una escritura de corrido.

7. d. El memorando se refiere al comité en tercera persona en todo momento; por lo que se debe seguir este mismo orden y no cambiarlo por *nosotros*. La opción **a** es incorrecta porque no tiene sentido separar la frase *que ya era hora* del resto de la idea como si se tratara de una aclaración. La opción **b** es incorrecta porque la manera adecuada de encabezar un listado de ejemplo es a través de los dos puntos, no de un punto y coma. La opción **c** no es posible porque introduce un pronombre incorrecto e incoherente. La opción **e** es incorrecta porque es necesario cambiar la persona del verbo *considerar*.

8. b. La oración está describiendo una acción; por lo tanto, requiere el verbo *agilizar* en infinitivo. La opción **a** es incorrecta porque el memorando utiliza el pretérito imperfecto; por lo tanto, el verbo debe ser *recordó* y no la forma perfecta *ha recordado*. La opción **c** es incorrecta porque *la compañía* no se refiere a un sustantivo propio o específico; por lo que no debe llevar mayúscula. La opción **e** es incorrecta porque es necesario realizar el cambio que sugiere la opción **b**.

9. d. El memorando está escrito en pretérito imperfecto; por lo tanto, necesita cambiarse el verbo *ha convenido* en forma perfecta por *convino*. La opción **a** es incorrecta porque introduce un tiempo verbal diferente del resto del memorando. La opción **b** es incorrecta porque el verbo *preceder* estaría mal usado en esta oración e introduciría una incoherencia. La opción **d** es incorrecta porque es necesario hacer el cambio de tiempo verbal sugerido en la opción **d**.

10. c. Los días de la semana no llevan mayúscula en español; por lo tanto, es necesario cambiar *Lunes* por *lunes*. Las opciones **a** y **b** son incorrectas porque la oración se refiere a una acción futura; por lo tanto, el verbo *reunirse* debe ir en futuro. La opción **d** es incorrecta porque el cambio de la mayúscula es necesario como sugiere la opción **c**.

11. d. Los dos puntos presentan de manera correcta la "explicación" de la frase *una de las prácticas más antiguas del mundo*. La opción **b** es incorrecta porque cambia la frase *de hoy*, que significa de hoy en día, por *hoy*, que significa *del* día *de hoy*. La opción **c** es incorrecta porque es incorrecto colocar una coma entre el sujeto y el verbo. La opción **e** es incorrecta porque es necesario añadir los dos puntos.

12. c. Ésta es la forma más concisa y la correcta. La frase debe comenzar por un verbo porque la acción es lo que debe realizarse de forma correcta; por lo que la frase preposicional que sugiere la opción **a** no es la indicada. La opción **b** es incoherente; por lo que no puede ser correcta. Las opciones **d** y **e** son incorrectas porque esta oración necesita comenzar por un verbo, no por un adverbio.

13. b. *Postura* es el sujeto; por lo tanto, el verbo *requerir* debe concordar como se sugiere en esta opción. La opción **c** es incorrecta porque introduce incoherencias y redundancias en la oración. La opción **d** es incorrecta porque el sustantivo *flexionamiento* no existe. La opción **e** es incorrecta porque presenta un uso reflexivo incorrecto del verbo *requerir*.

14. c. La oración 6 introduce la idea de cómo las posturas de yoga estiran y fortalecen los músculos. Por lo tanto, es mejor colocarla al comienzo del párrafo B delante de la oración 4, la cual provee un buen ejemplo de una postura que estira y fortalece los músculos. Si se eliminara la oración, como sugiere la opción **a**, se eliminaría la transición correcta entre los párrafos A y B; y la oración 4 no tendría mucho sentido. La opción **b** es incorrecta porque la oración 6 es un buen comienzo para el párrafo B, no el A. La opción **d** es incorrecta porque la oración 6 presenta la idea de la cual la oración 4 es un buen ejemplo; por lo que esta última debe ir detrás. La opción **e** es incorrecta porque en el párrafo 7 se habla de un tema diferente del de la oración 6.

15. d. Esta oración requiere el presente de los verbos que la componen para mantener una lógica temporal. Por lo tanto, la forma verbal *se obtuvieron* es incorrecta y debe cambiarse por *se obtienen*. La opción **b** es incorrecta porque se trata de una oración compuesta de dos cláusulas independientes unidas entre sí por la conjunción *y*. Como las cláusulas son demasiado largas, el uso de la coma es correcto.

16. **e.** La oración 10 es una subordinada de la oración 9 y debe estar unida a ella; por lo tanto, la opción **a** es incorrecta. La opción **b** es incorrecta porque el punto y la coma se utiliza para unir dos cláusulas independientes. La opción **c** es incorrecta porque *así que* y *por lo tanto* generan una transición incómoda entre las oraciones. La opción **e** es incorrecta porque elimina el sentido de causa-efecto que aporta la palabra *así* (que significa: *de este modo*).

17. **b.** El pronombre posesivo *su* aparece mal empleado porque no tiene ningún antecedente apropiado dentro de la oración; por lo tanto, el cambio sugerido en **b** es correcto. La opción **a** es incorrecta porque elimina información necesaria dentro de la oración. Las demás opciones introducen los errores o incoherencias.

18. **c.** Ésta es la manera más concisa y correcta de escribir de nuevo la oración. La opción **a** es incorrecta porque introduce términos innecesarios. La opción **b** es incorrecta porque introduce una frase incorrecta: *la practica . . . que he estado haciendo*. La opción **d** es incorrecta porque organiza la oración de una manera incómoda y redundante. La opción **e** es incorrecta porque introduce una idea incoherente.

19. **e.** La oración 14 ofrece un contraste con la información que brinda la oración 13; por lo tanto, *sin embargo* es la mejor transición entre estas oraciones. La opción **a** es incorrecta porque no se trata de una igualdad entre las oraciones. La opción **b** es incorrecta porque no entra dentro del contexto del párrafo o del pasaje. La opción **c** es incorrecta por la misma razón. La opción **d** es incorrecta porque la oración 14 no ofrece una idea parecida a la oración 13.

20. **d.** Esta opción ofrece una estructura paralela a la oración; los demás elementos de la lista siguen el patrón sustantivo-adjetivo, igual que en *estómago anudado*. Las opciones **a**, **b**, **c** y **e** son incorrectas porque no siguen este patrón.

21. **b.** El sujeto en singular *comunicación* requiere un verbo también en singular; por lo que esta corrección es necesaria. La opción **b** es incorrecta porque no hay ningún motivo para insertar una coma en esta oración. La opción **c** es incorrecta porque introduce incoherencias. La opción **d** es incorrecta porque el verbo *escuchar* no necesita estar en forma reflexiva en este caso. La opción **e** es incorrecta porque es necesaria la coordinación correcta entre sujeto y verbo.

22. **b.** Durante todo el pasaje se ha utilizado la forma impersonal del verbo (se + verbo). Se debe seguir este mismo patrón y no cambiarlo por la segunda persona; por lo tanto, las opciones **c** y **d** son incorrectas. La opción **e** es incorrecta porque añade palabras innecesarias y alarga la oración sin buen motivo.

23. **b.** Esta opción es la mejor porque realiza una transición más fluida entre los párrafos B y C, e introduce claramente el segundo requisito de forma parecida al párrafo anterior. La opción **a** es incorrecta porque la oración 7 es la oración temática del párrafo C y debe quedar situada precediendo a los ejemplos que se dan para escuchar activamente. La opción **c** es incorrecta porque ninguno de los párrafos numera los requisitos de esta manera. La opción **d** es incorrecta porque esta conjugación no sigue los patrones verbales del resto del pasaje. La opción **e** es incorrecta porque ésta es la oración temática; por lo tanto, es necesaria.

24. d. La opción **a** es una escritura de corrido. La opción **b** es incorrecta porque requeriría dos puntos a continuación de *incluyendo*. La opción **c** es incorrecta porque la segunda oración no constituye una idea completa; por lo tanto, se crea un fragmento de oración. La opción **e** es incorrecta por la misma razón que la opción **b**.

25. a. Esta opción es la correcta porque la preposición *para* en este caso requiere un infinitivo; por lo tanto, la opción **b** es incorrecta. La opción **c** es incorrecta porque la expresión ojo por ojo no tiene sentido en este caso. La opción **e** es incorrecta porque es necesario cambiar la forma verbal por un infinitivo.

26. c. Las comas deben insertarse después de cada uno de los elementos de la enumeración, excepto delante de la *y* final; por lo tanto, la opción **d** es incorrecta. La opción **a** es incorrecta porque las respuestas deben llevar comillas. La opción **b** es incorrecta porque crearía un fragmento de oración. La opción **d** es incorrecta porque eliminaría uno de los ejemplos. La opción **e** es incorrecta porque es necesario añadir la coma correcta a la oración.

27. d. La frase *el parafraseo es correcto* es incoherente; la mejor manera de decirlo es cómo se indica en la opción **d**. La opción **a** es incorrecta porque la preposición *para* en este caso requiere un infinitivo. La opción **b** es incorrecta porque elimina el calificativo necesario del verbo *entender*. La opción **c** es incorrecta porque la frase verbal *estar seguro* siempre debe ir seguida de la preposición *de*. La opción **e** es incorrecta porque es necesario el cambio propuesto en la opción **d**.

28. e. Esta opción sugiere la forma más concisa y la que sigue el mismo orden gramatical que el resto de las oraciones donde se habla de los requisitos para ser un buen oyente; además, mantiene la estructura paralela. La opción **a** destruye esta estructura; por lo tanto, es incorrecta. La opción **b** es incorrecta porque crea una oración que no encaja con el sentido del párrafo. La opción **c** es incorrecta porque introduce una voz pasiva que no encaja con las formas verbales del resto del pasaje. La opción **d** es incorrecta porque no ofrece el mismo tipo de frase de transición que *el tercer requisito*.

29. c. Esta oración no necesita ninguna puntuación entre las dos ideas; por lo tanto, ni el punto y coma (opción **e**) ni el punto (opción **a**) después de *alguien* es correcto. La opción **b** es incorrecta porque eliminaría el sentido lógico de condición que relaciona ambas ideas en la oración. La opción **d** es incorrecta porque no tendría sentido separar al verbo del resto de la oración en este caso.

30. c. Esta opción separa de manera correcta un requisito específico de la idea final del pasaje en general, y añade una frase de transición que presenta la idea de conclusión. La opción **a** es incorrecta porque esta idea es la conclusión general del pasaje y no pertenece al inicio del párrafo. La opción **b** es incorrecta porque elimina la conclusión necesaria del pasaje. La opción **d** es incorrecta porque crea una repetición innecesaria. La opción **e** es incorrecta porque no es concisa y añade palabras innecesarias.

31. b. Shewsbury es un pueblo de Inglaterra; por lo tanto, *Inglaterra* debe ir entre comas porque constituye la "explicación" o "aclaración" del nombre de este pueblo.

32. a. Esta oración es correcta como aparece. La opción **b** es incorrecta porque el pronombre *quien* introduce un error gramatical. La opción **c** es incorrecta porque el verbo *afectar* se utiliza mal. La opción **d** es incorrecta porque Darwin no *ha tenido* efecto sobre la filosofía. La opción **e** es incorrecta porque introduce comas innecesarias.

33. b. Esta oración requiere un infinitivo después de *intentó* pues se necesita dar el nombre de una acción. Las opciones **a** y **e** son incorrectas porque no brindan apoyo a las ideas del párrafo. La opción **c** es incorrecta porque *especies superiores* debe concordar con el verbo *ser* en el mismo número.

34. e. Esta opción vuelve a escribir correctamente la oración evitando la voz pasiva. Las demás opciones introducen estructuras incómodas y términos innecesarios.

35. c. Los títulos de libros y obras de arte siempre deben ir en letra cursiva; por lo tanto, la opción **d** es incorrecta. Las opciones **a** y **b** introducen errores en la oración.

36. b. Esta transición muestra el contraste entre la cantidad de premios que se dan y la cantidad de premios que interesan a la mayoría. *Sin embargo* es la mejor manera de mostrar la relación entre estas oraciones. Las opciones **a** y **d** son incorrectas porque implican una relación de continuidad que no existe entre estas oraciones. La opción **c** es incorrecta porque implica una comparación entre dos elementos parecidos que no existen en estas oraciones. La opción **e** es incorrecta porque implica una relación de causalidad que no existe entre estas oraciones.

37. d. Esta nueva oración utiliza la transición de causalidad correcta entre las ideas *debido a que*. Genera además una subordinación que está correcta gramaticalmente y contiene toda la información de ambas oraciones originales.

38. a. Esta oración combina las dos oraciones originales por medio de *la cual*, lo cual crea un par de subordinadas gramaticalmente correctas. La opción **b** es incorrecta porque la coma es insuficiente para separar esta subordinación. Las opciones **c**, **d** y **e** introducen incoherencias.

39. a. La oración está correcta como aparece. Las opciones **b** y **c** introducen comas innecesarias. La opción **c** es incorrecta porque el sustantivo actrices no es información secundaria. La opción **d** es incorrecta porque no debe ir una coma delante de la conjunción *y* en este caso.

40. b. Esta oración ofrece un detalle interesante que apoya la oración 9 y fortalece el párrafo B. La opción **a** es una oración vaga. Las demás opciones introducen errores o no brindan mejor apoyo que el de la opción **b**.

41. c. Con el uso de la transición *aunque* al inicio de la primera idea, el autor señala que a pesar de la inconveniencia, el uso de la máscara es beneficioso. Esta opción también elimina la fragmentación de las demás ideas. La opción **a** es incorrecta porque demuestra el uso inapropiado de las comas. La opción **b** es incorrecta porque introduce incoherencias y errores gramaticales. Las opciones **d** y **e** son demasiado extensas e introducen errores gramaticales.

42. a. Esta opción combina de manera más efectiva las tres oraciones cortas en una más compleja que omite la repetición innecesaria del sujeto. La opción **b** es incorrecta porque la coma resulta insuficiente para separar estas ideas. La opción **c** es incorrecta porque *sin embargo* introduce una relación falsa entre las ideas. El uso del punto y coma es incorrecto en la opción **d**. La opción **e** introduce una voz pasiva y repeticiones innecesarias.

43. c. Esta oración describe correctamente la manera en que la máscara contribuye a eliminar la ASO. La opción **a** es demasiado general y no justifica correctamente el uso de la máscara. La opciones **b** y **d** tienen este mismo problema. La opción **e** encajaría mejor en el párrafo A o B.

44. e. Como el infarto, la apoplejía y la hipertensión son todas dolencias o causas de enfermedades, ésta es la combinación de palabras correcta. Las demás opciones introducen repeticiones innecesarias dentro de la oración o contienen errores gramaticales.

45. a. Esta oración está bien escrita. La opción **b** es incorrecta porque crea un fragmento de oración. La opción **c** es incorrecta porque *sin embargo* introduce una relación falsa entre las ideas. La opción **d** introduce una idea ilógica. La opción **e** introduce palabras innecesarias.

46. c. Esta opción combina correctamente las oraciones fragmentadas y elimina la repetición innecesaria. La opción **a** es incorrecta porque introduce redundancias. La opción **b** es incorrecta porque introduce redundancias y contiene uso incorrecto de las comas. La opción **d** es incorrecta porque introduce una voz pasiva extraña. La opción **e** es incorrecta porque la conjunción *y* introduce una comparación ilógica.

47. a. Como el tercer párrafo trata de la tregua, es bueno incluir una explicación de cómo operaba este concepto durante los Juegos Olímpicos. Esta oración es la aclaración más específica y más clara. La opción **b** es incorrecta porque *y eso era bueno* es un argumento muy débil en este caso. La opción **c** es incorrecta porque introduce una idea que no encaja correctamente con el sentido del párrafo. La opción **d** es demasiado extensa; además, contiene términos innecesarios y redundancias. La opción **e** cabría mejor en el párrafo B.

48. c. Esta opción crea la subordinación correcta entre las oraciones. La opción **a** es incorrecta porque el uso de la coma entre *Platón* y el verbo *era* es incorrecto; además, introduce repeticiones innecesarias. Las opciones **b** y **d** introducen incoherencias o errores gramaticales. La opción **e** contiene una enumeración incorrecta e ilógica.

49. c. La única palabra que justifica la inmortalidad de los atletas es *victorias*. Las opciones **b** y **e** no son suficientes para justificar esa inmortalidad. La opción **d** sería incoherente en este caso.

50. d. Esta transición indica que posterior al tiempo del pasaje (1200 años) los juegos fueron suspendidos por el emperador Teodosio. Las opciones **a** y **e** son incorrectas porque se usan para introducir una idea adicional o un ejemplo. La opción **b** es incorrecta porque genera una idea inconclusa dentro de la oración. La opción **c** es incorrecta porque es claro que las acciones en esta oración no ocurren al mismo tiempo que las del resto del pasaje.

▶ Parte II

Conteste la siguiente pregunta de discusión. Cuando prepare su ensayo, usted debe tomar los siguientes pasos:

1. Leer las instrucciones y el tema de ensayo con cuidado.
2. Planear su ensayo en detalle antes de empezar a escribir.
3. Use papel en blanco para hacer anotaciones.
4. Escribió a su ensayo en el espacio proveído.
5. Repase su trabajo minuciosamente. Haga cualquier cambio que vaya mejorar su ensayo.
6. Revista de sus párrafos, estructura de oración, deletreado, puntuación, uso de mayúsculas, y uso. Haga las correcciones necesarias.

Tema de discusión:

Tenemos cosas de las cuales tenemos miedo. Muchos de nuestro el más las experiencias memorables son tiempos cuando afrontamos algo esto nos asustó. Cuente sobre un tiempo cuando usted afrontó a gran miedo. Uso que apoya detalles en todas partes de su ensayo.

Como preparación para la pregunta de redacción, se muestran ejemplos de diferentes composiciones con puntuación de 6, 4 y 1.

Ejemplo de una composición con puntuación de 6

Cuando era pequeño era muy, muy tímido. No había nada más terrible para mí que tener que expresarme delante de los demás. En la escuela nunca levantaba la mano, aún cuando sabía la respuesta correcta. Era muy bueno deletreando palabras, pero en los concursos de ortografía me ponía muy nervioso cuando mencionaban mi nombre, y no podía ni siquiera pensar en la palabra que me tocaba deletrear. Era tan tímido que incluso sufría esperando mi nombre para decir "aquí," cuando el profesor pasaba la asistencia

Mis profesores sabían que yo era horriblemente tímido y generalmente evitaban dirigirse a mí en clase. Cuando lo hacían, mis cachetes se encendían al rojo vivo y apenas susurraba la respuesta. Me pedían que repitiera, lo cual sólo me avergonzaba más.

Sin embargo, en sexto grado, conquisté finalmente esta timidez gracias a la ayuda de mi hermana mayor, y a un proyecto de la clase de estudios sociales del profesor Attenborough. Nuestro proyecto consistía en investigar sobre una figura histórica, disfrazarse como él o ella, y dar un discurso en clase sobre esta persona. Yo escogí a William Shakespeare para mi representación. Mi hermana mayor actuaba en la obra "Romeo y Julieta" en el teatro de su instituto, y no paraba de hablar de Shakespeare y de recitar frases de los personajes. Mientras más escuchaba sobre él y mientras más investigaba, más crecía mi interés tanto por su vida y su tiempo, como por el fenómeno de la escena. Comencé a interesarme por el teatro y a recitar partes de obras delante del espejo con mi hermana. No siempre entendía lo que estaba diciendo, pero no importaba. Lo que importaba era que me estaba dando cuenta de que podía representar a otra persona, y que no tenía por qué tener miedo.

Cuando llegó el momento de mi representación, me vestí con una camisa abultada, un chaleco, medias altas y un bigote postizo. Actué como si fuera Shakespeare y, por primera vez delante de la clase, hablé en voz alta y claramente. Ya no me sentía avergonzado; de hecho, me sentía feliz.

Ejemplo de una composición con puntuación de 4

Siempre era un chico tímido. En la escuela tenía miedo de todo, nunca alzaba la mano para responder a las preguntas en clase, por si acaso no sabía la respuesta. Era tímido hasta el dolor. Ya no soy tímido, gracias a un proyecto en sexto grado.

Tenía que investigar sobre alguien famoso, ser esa persona por un día y dar un discurso sobre mi vida. Como mi hermana estaba practicando para su obra de teatro "Romeo y Julieta," siempre estaba hablando de Shakespeare. Comencé a aprender sobre él y fue muy interesante. Así que fue de él que me disfracé. Lo mejor fue que empecé a leer sus obras y a practicarlas delante del espejo. Nosotros (mi hermana y yo) juntos hicimos muchas actuaciones. Era divertido pretender ser otra persona y no sentía timidez. De repente hablar delante de otras personas ya no era tan difícil.

Cuando hice mi presentación no tenía ni un poquito de miedo. Gracias a este proyecto ya no era tan tímido y me sentía maravillosamente bien.

Ejemplo de una composición con puntuación de 1

Hay muchas cosas que tememos, como la oscuridad o los monstruos. Siempre temía hablar delante de los demás, siendo yo tan tímido todo el tiempo. Siempre era lo más difícil para mí.

El problema es que no es bueno ser tan tímido. A veces me enfurecía conmigo mismo por eso, ¿pero qué hacer? Aprender sobre Shakespeare es algo que se puede hacer. Me curó de tener miedo. ¿Quién no tiene más timidez? Estoy orgulloso.

48 ▶ Examen de practica, GED examen del lenguaje, lectura

Instrucciones: Lea cada párrafo cuidadosamente y contesta a las preguntas de seleccón múltiple que siguen. Escoja la mejor respuesta para cada pregunta.

Las preguntas 1–5 se refieren al pasaje siguiente:

¿Qué le pasó a Gregor?

(1) Al despertarse una mañana de algunos sueños perturbadores, Gregor Samsa se encontró en su cama transformado en un insecto gigantesco. Estaba acostado de espaldas, con la espalda dura como si estuviera forrada de plancha de blindaje, y al levantar un poco la cabeza, vio que su barriga marrón y abovedada se dividía en segmentos tiesos y encorvados encima de los cuales la colcha de la cama

(5) apenas pudo mantenerse en posición, y estaba al punto de deslizarse completamente de la cama. Sus numerosas piernas, que al ser tristemente comparadas con el resto de su grosor resultaban ser lastimosamente flacas, agitaban y movían desvalidamente ante sus ojos.

¿Qué me ha pasado? pensó. No fue ningún
sueño. Su cuarto, un dormitorio humano
(10) normal, sin embargo demasiado pequeño, yacía
silenciosamente entre las cuatro paredes
conocidas. Sobre la mesa en la cual una
colección de muestras de tela se había
desplegado y repartido—Samsa era un viajero
(15) comercial.—se colgaba una foto recién
recortada de una revista y puesta en un marco
áureo. Salía una mujer vestida con gorra y estola
de pelo, sentada derecha y blandiendo ante el
espectador un enorme manguito de pelaje en
(20) que ¡se desaparecía completamente el
antebrazo!
[. . . .]
Se delizó nuevamente y asumió su posición
anterior. Esto de levantarse temprano, le hace
(25) sumamente estúpido a uno. Un hombre
necesita el dormir. Otros comerciales viven
como mujeres de harén. Por ejemplo, cuando
retorno al *hotel en la mañana para poner al día*
las órdenes que tengo, estos otros recién están
(30) sentándose a desayunar. Si lo intentara yo con
mi jefe, me echaría en un dos por tres. Pues,
podría ser algo bueno para mí, ¿quién sabe? Si no
tuviera que aguantarme por mis padres, habría
renunciado hace tiempo. Habría ido al jefe a
(35) decirle precisamente lo que pensaba de él. ¡Eso sí
lo habría tirado de punta de su escritorio! Es una
forma rara de hacer las cosas, eso de sentarse de
alto en un escritorio y hablarles con altivez a los
empleados, especialmente cuando tienen que
(40) acercarse al jefe porque no oye bien. Pues,
todavía hay esperanza; una vez que haya
ahorrado suficiente plata para saldarle las
deudas de mis padres—eso tomará otros cinco
o seis años más—lo haré sin falta. Mi liberaría
(45) completamente entonces. Por el momento, sin

embargo, debo levantarme, ya que mi tren parte a
las cinco.
—Franz Kafka, de *La Metamorfosis* (1912)

1. Cuando Gregor Samsa se despierta, se da cuenta
de que
a. ha tenido una pesadilla.
b. está tarde para el trabajo.
c. se ha convertido en un insecto enorme.
d. no le gusta su trabajo.
e. necesita efectuar un cambio en su vida.

2. ¿Cuál de los siguientes mejor describe el trabajo
de Gregor?
a. el mago
b. el vendedor ambulante de ropa
c. el redactor de anuncios
d. el diseñador de ropa
e. el redactor titular de una revista

3. ¿Por qué debe quedarse Gregor en su trabajo
actual por unos años?
a. Sus padres le deben dinero a su jefe.
b. Gregor es un aprendiz y debe completar su
programa.
c. Gregor quiere asumir el trabajo de su jefe.
d. Sus padres son dueños de la compañía para la
cual trabaja él.
e. Necesita ganar suficiente dinero para
comprarle una casa más grande a su familia.

4. Basado en el pasaje, ¿Cuál es la conclusión más
lógica al cual se puede llegar acerca de la
personalidad de Gregor?
a. Gregor es perezoso y entupido.
b. Gregor es un vendedor muy exitoso.
c. Gregor resiente que las personas autoritativas
le manden qué hacer.
d. Gregor es trabajador y confiable.
e. Gregor es muy apegado a su familia.

5. En las líneas 46–47, Gregor se dice, "Debo levantarme, ya que mi tren parte a las cinco." Esto sugiere que

   a. Gregor se haya despertado como insecto y está acostumbrado a eso.

   b. los otros personajes en la historia sean insectos también.

   c. Gregor esté todavía soñando

   d. Gregor vaya a llegar tarde.

   e. Gregor no se dé cuenta de lo seria que es su condición.

Las preguntas 6–10 se refieren al poema siguiente:

¿Qué aprendió el orador de Alfonso?
Alfonso

(1) No soy el primer poeta nacido en mi familia.
     Tenemos pintores, cantantes, actores, y
       carpinteros.

     Yo heredé mi oficio de mi zio, Alfonso.
(5) Zio tal vez fuera el hombre más alto
     De la aldea, y seguramente fue
     El más ancho. Le perdió

     su voz a los cigarrillos antes de que yo naciera,
       pero todavía
(10) roía
     con las manos, los ojos,
     con su ceja, y su sonrisa ensordecedora.

     Trabajó el mar con mi nonno
     pescando en silencio entre las grutas
(15) para que mi padre pudiera aprender a escribir y
       leer
     y no hablar como un guaglione,
     lleno de palabrotas y bolsillos vacíos.

     Me miraba con asombro mientras yo escribía,
(20) Lo oía en el sofá, él miraba
     Las líneas sobre mi hombro, tratando de
       enseñarse a leer
     Hasta tarde en la suave oscuridad adriática.
     Las páginas manchadas de vino siempre lo
(25)   traicionaban.

     Pero yo aprendí a escribir de Zio—
     Aun sin palabras, me enseñó el idioma
     de silencio, la manera en que

     el sol puede describir una sombra, un
(30) gesto puede pintar un momento,
     un olor puede llenar un pueblo entero con
       palabras y
     color y sonido.

     Un perfecto tomate uva pequeño puede ser la
(35)   cosa más bella del mundo,
     Percibido a través los ojos apropiados
            —Marco A. Annunziata,
     Reproducido con el permiso del autor (2002)

6. En la línea 4, el orador dice, "Heredé mi oficio de mi zio, Alfonso."

     ¿Qué ofició heredó el orador?

   a. pintar

   b. pescar

   c. escribir poesía

   d. cantar

   e. carpintería

7. ¿Qué palabra describe mejor los sentimientos que le tiene el orador a Alfonso?

   a. vergüenza

   b. admiración

   c. frustración

   d. superioridad

   e. enojo

8. ¿Cuál de las siguientes oraciones sobre Alfonso es CIERTA?

a. Él era escritor.

b. No podía hablar con su voz.

c. Podía hablar muchos idiomas.

d. Era granjero.

e. Era pintor.

9. En líneas 10–12, el orador dice que Alfonso "roía/con las manos, los ojos/con la ceja y su sonrisa ensordecedora." Estas líneas sugieren que Alfonso

a. fuera una persona ruidosa.

b. estuviera siempre enojado.

c. fuera como un león.

d. gritara siempre.

e. fuera muy expresivo con el cuerpo.

10. ¿Cuál de las frases siguientes mejor resume lo que el orador ha aprendido de Alfonso?

a. cómo apreciar la belleza del mundo

b. cómo escuchar a otros

c. cómo apreciar a su familia

d. cómo entenderse a sí mismo

e. cómo leer poesía

Las preguntas *11 a 15 se refieren al pasaje siguiente:*

¿Cómo son diferentes los robots de los seres humanos?

[Helena está hablando con Domain, el gerente general de La Fabrica Universal de Robots de Rossum.]

(1) DOMAIN: Pues, cualquiera que haya estudiado la anatomía, habrá visto en seguida que el ser humano es demasiado complicado y que un buen ingeniero podrá diseñarlo más

(5) sencillamente. Así el joven Rossum empezó un reacondicionamiento de la anatomía y trató de ver lo que so podía eliminar o simplificar. En resumen—¿pero esto no le aburre, señorita Glory?

(10) HELENA: No; al contrario, me es sumamente interesante.

DOMAIN: Entones el joven Rossum se dijo: Un hombre es algo que, por ejemplo, se siente feliz, toca el violín, tiene gusto en caminar, y, de

(15) hecho, quiere hacer un montón de cosas que son realmente innecesarias.

HELENA: ¡Ay!

DOMAIN: Espere un poco. Que son innecesarias cuando ha querido, digamos, tejer

(20) o contar. ¿Toca usted el violín?

HELENA: No.

DOMAIN: Qué pena. Pero una máquina trabajadora no debe querer tocar el violín, no debe sentirse feliz, no debe hacer un montón de

(25) otras cosas. Un motor de gasolina no debe tener borlas o adornos, señorita Glory. Y manufacturar trabajadores artificiales es lo mismo que manufacturar motores. El proceso tiene que ser de lo más sencillo, y el producto

(30) de la mejor forma, desde un punto de vista práctica. ¿Qué clase de trabajador cree usted que sea el mejor desde un punto de vista práctica?

HELENA: ¿El mejor? Tal vez el que sea más

(35) honesto y trabajador.

DOMAIN: No, el que sea más barato. El cuyas necesidades sean menores. El joven Rossum inventó un trabajador con una cantidad mínima de requisitos. Tuvo que simplificarlo.

(40) El rechazó todo lo que no contribuyera directamente al progreso del trabajo. De esta manera, rechazó todo lo que hiciera al hombre más caro. De hecho, rechazó al hombre y creó al Robot. Mi querida señorita Glory, los Robots

(45) no son personas. Mecánicamente son más perfectos que nosotros. Poseen una inteligencia enormemente desarrollada, pero no tienen alma. ¿Alguna vez ha visto cómo se ve un Robot por dentro?

(50) HELENA: ¡Cielos, no!

DOMAIN: Muy ordenado, muy simple. Realmente un lindo ejemplo de trabajo. No hay mucho adentro, pero está todo en orden impecable. El producto de un ingeniero está

(55) técnicamente al mismo nivel de perfección que un producto de la naturaleza.

HELENA: Se dice que el hombre es un producto de la naturaleza.

DOMAIN: Aún peor.

—Karel Čapek,
de *R.U.R.* (1923, traducido por P. Selver)

11. Según este pasaje ¿Por qué son los robots mejores trabajadores que los seres humanos?
  a. Los robots tienen una anatomía muy sencilla.
  b. Los robots son más inteligentes.
  c. Los robots son más honestos y trabajadores.
  d. Los robots no tienen alma.
  e. Los robots quieren cosas que son innecesarias.

12. Rossum creó a los robots porque
  a. los seres humanos son complicados e ineficientes.
  b. los seres humanos no son lo suficientemente honestos.
  c. los robots siempre están contentos.
  d. quería ver si se podía.
  e. no había suficientes personas para hacer el trabajo.

13. ¿Cuál de los siguientes expresa mejor la vista de Rossum sobre la naturaleza?
  a. La naturaleza es más bella.
  b. Es peligro tratar de mejorar la naturaleza.
  c. La naturaleza es imperfecta y innecesariamente complicada.
  d. La Madre Naturaleza es la mejor ingeniera de todas.
  e. Las máquinas son también una parte de la naturaleza

14. Basado en el pasaje, es probable que Rossum sea
   a. un robot.
   b. un inventor de tiempo parcial.
   c. un doctor jubilado.
   d. un capataz en una fábrica.
   e. un ingeniero muy inteligente.

15. Basado en el pasaje, podemos determinar que Domain
   a. admira el trabajo de Rossum.
   b. teme que Rossum se apodere del mundo.
   c. está interesado en Helena románticamente.
   d. quiere reemplazar los robots con trabajadores humanos.
   e. está celoso de Rossum.

Las preguntas 16–19 se refieren al pasaje siguiente:

¿Qué tiene de malo la televisión comercial?

(1)   Los niños que miran demasiada televisión comercial deben convertirse en genios del dialecto; se tiene que mantener tanto en la mente al mismo tiempo porque una serie de

(5)   cortas atenciones artificiales ha sido creada. Pero esto en sí significa que la experiencia de mirar los canales comerciales es más informal, curiosamente más "casera" que mirar la BBC. [British Broadcasting Corporation].

(10)   Esto se debe a que las interrupciones comerciales son recordatorios constantes de que el mismo medio es artificial; no es, de hecho, "real," aunque las cabezas gesticuladoras, diferentes de los gigantes de la pantalla de cine,

(15)   son del tamaño natural. Hay un tipo de efecto de enajenación ya planeado. Todo lo que se vea es falso, tal como opinó gnómicamente Tristan Tzara. Y la señorita en los anuncios de tabaco de San Bruno actualmente concluye su

(20)   palabrería declarando categóricamente, "Y si

usted cree eso, lo creerá todo"; no está diciendo nada más que la verdad. El efecto a largo plazo de mirar la televisión comercial habitualmente será una erosión de confianza en el mismo

(25)   medio de la televisión.

        Como la alegría es el mensaje de todas las propagandas, al mismo tiempo producen escepticismo. Cada historia tiene un final feliz; la gratificación se garantiza por las

(30)   convenciones de la forma comercial, la cual contribuye sin parar a la irrealidad penetrante de todo. Seguramente, es la dicha crónica de todo el mundo en los anuncios comerciales que crea su divorcio final de la vida efectiva tal

(35)   como la conocemos. La mamá malhumorada, el papá ceñudo, son todos sonrientes después de ingerir alguna píldora o poción; se hacen mínimas concesiones a la frustración leve (al igual que, ocasionalmente, a la lujuria) pero

(40)   ninguna a la desesperación ni la consumación. De hecho, si la forma recuerda a una quintilla jocosa y la presentación de una sala de música, la disposición total—en su decoro absoluto e inalterado—es una de fábulas inspirantes en los

(45)   libros de dibujos en la escuela de Biblia de mi niñez.
        —Angela Carter, de *Agitando una pierna* (1997)

16. Según la autora, ¿cuál es la diferencia principal entre las canales comerciales y las emisoras de televisión pública como la BBC?
   a. La televisión comercial es muy artificial.
   b. La televisión pública es más informal e inspirante.
   c. La televisión comercial le enseña a los televidentes que no crean lo que ven en la televisión.
   d. La televisión comercial se parece más al cine que la televisión pública.
   e. La televisión comercial presenta a la gente de una manera más realista.

17. ¿Cuál de los siguientes recomendaría la autora?

a. Evite mirar la televisión completamente; lea en vez de mirar la televisión

b. Mire solamente la BBC.

c. Mire solamente la televisión comercial.

d. Mire lo que le guste, pero no crea lo que alejan los comerciales.

e. Mire lo que le guste, pero no mire más que una hora al día.

18. Según la autora, ¿cuál es el factor principal que hace irrealistas los comerciales?

a. Todo el mundo en los comerciales termina feliz.

b. La música del fondo distrae.

c. Los comerciales son tan cortos.

d. Las personas en los comerciales siempre están enfermos.

e. Las alegaciones que hacen los comerciales son irrealistas.

19. Según la autora, ¿Qué podrá suceder como resultado de mirar mucha televisión comercial?

a. Los televidentes se convertirán en zombis.

b. Los televidentes desconfiarán más de los mensajes que ven y oyen en la televisión.

c. Los televidentes se frustrarán con los comerciales y comprarán televisión por cable.

d. Los televidentes decidirán ver más películas en el cine.

e. Los televidentes dejarán de mirar la televisión completamente.

Las preguntas 20–24 se refieren al pasaje siguiente:

¿Qué sucedió cuando él vino a América?

(1)   Mis padres perdieron a sus amigos, a sus enlaces familiares y normas de asistencia mutual; perdieron rituales y costumbres y comidas favoritas, y perdieron cualquier

(5)   vínculo con el actual mundo circundante social. Perdieron una buena parte del sentido que tenían de si mismos. Perdimos una casa, varios pueblos, varios paisajes. Perdimos documentos y fotografías y bienes muebles heredados

(10)   inalienables, además de la mayoría de nuestras pertenencias quebradizas, destrozados en las nueve cajas de mudanza que llevamos con nosotros a América. Perdimos una conexión con algo más grande que nosotros, y como

(15)   familia fallamos en hacer cualquier nueva conexión a cambio. Entonces terminamos encallados en un banco de arena apenas suficientemente grande para aguantar nuestros pies. Perdí a amigos y parientes y cuentos y

(20)   cosas familiares y un sentido de continuidad entre el hogar y afuera y cualquier sentido de que yo era normal. Perdí la mitad de un idioma a través del deseo de usar; y eventualmente, ya en los últimos años de mi adolescencia, hasta

(25)   perdí el francés como la lengua de mi monólogo interno. Y perdí un sistema completo por la vida que apenas había visto.

Apurándome hacia alguna idea del futuro, casi no me doy cuenta de estas pérdidas; y por

(30)   fin me di cuenta de que no desaprobaba, y algunas veces activamente coludía. En algún momento, sin embargo, ya iba a notar que había un golfo dentro de mí, con una forma cubierta al otro lado que no había sido

(35) descubierta en décadas. Mi proyecto de auto-
invención había sido exitoso, tanto que me
había convertido en una clase de vegetal
hidropónica, creciendo libre de tierra. Pero
había sido formado en otro mundo; todo

(40) dentro de mí que era esencial se debía a la
inmersión en aquel lugar, y aquella época, a los
cuáles me había renunciado tan efectivamente.
[. . . .]

Quiera o no, cada uno de nosotros es

(45) formado, menos por sangre o genes, que por un
proceso que es mayormente accidental, el
impacto de las cosas vistas y oídas y olidas y
saboreadas y aguantadas en esos pocos años
antes de que se endurezca el barro.

(50) Comentarios que no venía al caso, cosas que
vimos de paso, chistes y trivialidades,
exhibiciones de escaparates y clima y luces
oscilantes, y textura de paredes son todos
consumidos por nosotros y se convierten en

(55) parte de nuestra fibra, igual que los efectos más
obvios de la crianza y la socialización y la
intimidad y el aprender. Cada ser humano es
un sitio arqueológico.

—Luc Sante, de *La Factoría de Datos* (1998)

20. El narrador vino a los Estados Unidos cuando
era
a. un nene.
b. un niño que recién empezaba a caminar.
c. un adolescente joven.
d. un adolescente ya mayor.
e. un joven adulto.

21. En el primer párrafo, el escritor enumera más de
una docena de cosas que él y su familia
perdieron cuando inmigraron a los Estados
Unidos. Él hace eso para
a. convencerles a otros para que no inmigren.
b. mostrar lo descuidada que era su familia al
empacar.
c. mostrar cuánto extrañaba su país natal.
d. mostrar cuántas cosas intangibles e
importantes se abandonaron.
e. probar que uno nunca es demasiado viejo
para cambiar.

22. Según el narrador, nuestras personalidades se
forman mayormente por
a. nuestros genes.
b. nuestra educación.
c. nuestro ambiente.
d. nuestros padres y los que nos cuidan.
e. nuestros compañeros.

23. Cuando el narrador vino a los Estados Unidos,
él
a. abrazó la cultura americana.
b. rechazó sus raíces.
c. se aseguró de mantener viva su herencia.
d. se volvió introvertido.
e. se volvió muy posesivo de las cosas que le
pertenecían.

20. En la última frase del pasaje, el autor escribe que "Cada ser humano es un sitio arqueológico." ¿Qué significa esto?

    a. El ambiente que nos formó es una parte permanente, si enterrada, de nosotros.

    b. Tenemos que excavar dentro de nosotros para descubrir nuestro pasado.

    c. Todos tenemos una parte de nuestro pasado que quisiéramos mantener enterrada.

    d. Sólo los arqueológicos comprenden el impacto de nuestro ambiente.

    e. El pasado siempre nos acompaña, dondequiera que vayamos.

Las preguntas 25–27 se refieren al pasaje siguiente:

¿Qué es el programa de Trabajo-Estudio?

(1) **Resumen del programa Trabajo-Estudio**

El programa federal de Trabajo-Estudio (FWS) es un programa de empleo estudiantil subvencionado por el gobierno federal y

(5) diseñado para ayudarles a los estudiantes a financiar su educación después de la secundaria. El programa les provee fondos a colegios, universidades y organizaciones afiliadas que a su vez les provee empleo a

(10) estudiantes de Trabajo-Estudio. Los estudiantes reciben sus premios financieros de Trabajo-Estudio en forma de cheques de pago de sus posiciones de Trabajo-Estudio.

Solicitando al programa de Trabajo-Estudio

(15) Tanto los estudiantes universitarios como los estudiantes graduados son elegibles para solicitar al programa. Los otorgamientos de Trabajo-Estudio se premian basados en necesidad financiera demostrada. Para solicitar,

(20) los estudiantes deben completar la solicitud gratuita para ayuda financiera estudiantil. Esta solicitud debe someterse en cada año en el cual se desee el empleo de Trabajo-Estudio.

¿Cuáles son los beneficios de Trabajo-Estudio?

(25) Un empleo de Trabajo-Estudio es esencialmente como cualquier otro trabajo— Usted va al trabajo, lleva a cabo las tareas, y le pagan. Pero los puestos de Trabajo-Estudio tienen algunas ventajas distintas sobre trabajos

(30) "regulares":

- Los estudiantes pueden trabajar en un ambiente relacionado con sus destrezas, preferencias, y posibles metas profesionales.

- Los patrones tienen como prioridad la

(35) educación de los estudiantes y ayudarán a los estudiantes en su trabajo al acomodar su horario de clases.

- Los ingresos de Trabajo-Estudio no figuran entre la contribución estudiantil de ayuda

(40) financiera del año siguiente.

¿Qué tipos de empleos de Trabajo-Estudio están disponibles?

Los empleos de Trabajo-Estudio en Madison Community College son tan diversos como las

(45) funciones del colegio. Los estudiantes de Trabajo-Estudio trabajan como asistentes clericales, oficinistas de entrada de datos, técnicos de computadora, monitores de laboratorios, asistentes de investigación, tutores

(50) de idioma, y más.

Además, Madison Community College tiene relaciones de largo plazo con numerosos patrones y agencias que le proveen servicios a la comunidad y que han sido aprobados para

(55) participar en el programa federal de Trabajo-Estudio, entre ellos El Museo de Niños de Madison County Children's Museum, La Biblioteca de Madison County, El Primer Cuidado de Niños, y La Agencia de Tutorías

(60) Right Start. Los estudiantes pueden hacer el

trabajo de guías de museo, ayudantes bibliotecarios, cuidadores de niños, asistentes de investigación, tutores y más.

25. ¿Quién es legible para el programa de Trabajo-estudio?

a. estudiantes del primer ano

b. estudiantes del bachillerato solamente

c. estudiantes graduados solamente

d. estudiantes de bachillerato o graduados

e. estudiantes desempleados solamente

26. Según el pasaje, ¿cuál es una manera en que los patrones de Trabajo-Estudio son diferentes de patrones "regulares"?

a. Los patrones de Trabajo-Estudio ofrecen sueldos más altos.

b. Los estudiantes trabajan menos horas con los patrones de Trabajo-Estudio.

c. Los patrones de Trabajo-Estudio les ofrecen horarios más flexibles a los estudiantes.

d. Los patrones de Trabajo-Estudio ofrecen una variedad amplia de puestos.

e. Los estudiantes ganan crédito académico trabajando con patrones de Trabajo-Estudio.

27. Según la información del pasaje, usted debe solicitar al Trabajo-Estudio si

a. vive en la ciudad universitaria.

b. no puede obtener un trabajo "regular."

c. no ha recibido ninguna beca.

d. necesita ayuda financiera y está dispuesto a trabajar.

e. le gusta trabajar con organizaciones de servicio a la comunidad.

Las preguntas 28–31 se refieren al pasaje siguiente:

¿Por qué discuten los personajes?

[Sophie, la narradora, está conversando con Tante Atie. La primera línea la llama Tante Atie. "Tante" significa "tía."]

(1) ¿Sabes por qué siempre deseaba yo poder leer?"

Sus ojos lagrimosos me fijaban la mirada.

"No sé por qué." Traté de contestar lo más cortésmente que pude.

(5) "Siempre fue mi sueño leer," dijo ella, "para que pudiera leer aquella Biblia vieja bajo mi almohada y encontrar las respuestas para todo ahí mismo entre esas paginas. ¿Qué crees que aquella Biblia vieja nos haría hacer ahora

(10) mismo, sobre este momento?"

"No sé," le dije.

"¿Cómo es posible que no lo sepas?" me preguntó. "Tratas de convencerme de que existe toda sabiduría en el leer pero en un momento

(15) como éste me decepcionas."

"¡Me mentiste!" grité.

Me agarró por ambas orejas y me las torcía hasta que me ardieran.

Yo zapateé los pies y me dirigí hacia mi

(20) cuarto. Mientras me apuraba a acostarme, empecé a quitarme la ropa tan rápidamente que parecía que las desgarraba de mi cuerpo.

El olor de perfume de limón me picaba la nariz mientras me tapaba la cabeza con la

(25) sabana.

"No te mentí," me dijo, "Guardé un secreto que es distinto. Yo quería decírtelo. Pero necesitaba tiempo para reconciliarme, para aceptarlo. Fue muy repentino, solo una cinta de

(30) Martine que decía, "Yo quiero a mi hija"; y luego tan pronto como puedas juntar dos dedos

para chasquearlos, me manda un boleto de
avión con una fecha en ella. Ni estoy seguro si
esto lo estoy haciendo bien. Sólo me dice que lo
(35) arregló con una señora que trabaja en el avión."

"¿Iba yo a enterarme en algún momento?"
le pregunté.

"Iba a dormirte, meterte en una valija, y
mandarte a ella. Un día te despertarías ahí y te
(40) sentirías como si tu vida entera aquí conmigo
fuera un sueño." Trató de forzar una risita, pero
no pasó de la garganta.

—Edwidge Danticat,
de *Aliento, Ojos, Memoria* (1998)

28. ¿Cuál es la relación entre la narradora y Tante
Atie?
a. Son hermanas.
b. Son amigas.
c. Tante Atie es la guardiana de la narradora.
d. Tante Atie es la madre de la narradora.
e. Tante Atie es la maestra de la narradora.

29. ¿Qué le sucede a la narradora?
a. Acaba de enterarse de que debe irse a vivir
con su madre.
b. Acaba de enterarse de que debe irse para asistir a una escuela de internos.
c. Acaba de enterarse de que Tante Atie está
enferma.
d. La van a trasladar a una casa de crianza
nueva.
e. La están castigando.

30. ¿Por qué está tan perturbada la narradora?
a. Extraña a su madre.
b. No quiere irse.
c. No le gusta Tante Atie.
d. Tiene miedo de volar.
e. Nunca aprendió a leer.

31. ¿Cómo se sentirá Tante Atie cuando se vaya la
narradora?
a. contenta
b. aliviada
c. enojada
d. triste
e. temerosa

Las preguntas 32–35 se refieren al pasaje siguiente:

¿Qué pide el autor?

(1) El Presidente en Washington manda a informar
que desea comprar nuestra tierra. Pero, ¿cómo
se puede comprar o vender el cielo? ¿La tierra?
La idea, nos es muy extraña. Si no somos
(5) dueños de la frescura del aire y del brillo del
agua, ¿cómo comprárselos?

Cada parte de esta Tierra le es sagrada a
mi pueblo. Cada pinoche brilloso, cada orilla
arenosa, cada llovizna en el bosque oscuro, cada
(10) prado, cada insecto zumbador. Todos son
sagrados en los recuerdos y las experiencias de
mi pueblo.

Conocemos el almíbar que corre a través
de los árboles tal como conocemos la sangre
(15) que corre por nuestras venas. Somos parte de la
Tierra, y la Tierra es parte de nosotros. Las
flores perfumadas son nuestras hermanas. El
oso, el venado, la gran águila, son éstos nuestros
hermanos. Las cimeras rocosas, los jugos en el
(20) prado, el calor corporal de un caballito, y el
hombre, todos pertenecen a la misma familia.

El agua brillosa que mueve en los arroyos
y los ríos no es solamente agua, sino la sangre
de nuestros antepasados. Si le vendemos
(25) nuestra tierra, debe recordar que es sagrada.
Cada reflejo fantasmal en el agua clara de los
lagos cuenta de eventos y recuerdos en la vida

de mi gente. El murmuro del agua es la voz del padre de mi padre.

(30)   Los ríos son nuestros hermanos. Ellos alivian nuestra sed. Ellos llevan canoas y dan de comer a nuestros hijos. Por eso debe brindarles a los ríos la bondad que le darías a cualquier hermano.

(35)   Si le vendemos nuestra tierra, recuerde que el aire nos es precioso, que el aire comparte su espíritu con toda la vida que mantiene. El viento le dio a nuestro abuelo su primer aliento y también recibe su último suspiro. El viento

(40) también nos otorga a nuestros hijos el espíritu de la vida. Entonces, si le vendemos nuestra tierra, la debe conservar aparte y sagrada, como un lugar a donde puede ir el hombre para saborear el viento que es endulzado por las

(45) flores del prado.

        ¿Les enseñará a sus hijos lo que le hemos enseñado a los nuestros? La Tierra es nuestra madre. Lo que le suceda a la Tierra, les sucederá a todos los hijos de la Tierra.

(50)   Eso sí sabemos: La Tierra no pertenece al hombre; el hombre pertenece a la Tierra. Todas las cosas están relacionadas, como la sangre que nos une a todos.

—Chief Seattle, de "Esto es loque Sabernos" (1854)

32. Según el autor, ¿Qué tipo de relación tiene su pueblo con la tierra?
- **a.** Les pertenece y hacen lo que quieran con ella.
- **b.** La respetan y no entienden cómo alguien puede ser dueño de ella.
- **c.** Son indiferentes y pueden vivir en cualquier lugar.
- **d.** Viven allí sólo porque no les queda otro remedio, y estarían felices de venderla.
- **e.** Creen que está embrujada y llena de espíritus y fantasmas.

33. El público hacia el cual va dirigida este ensayo será
- **a.** el presidente George Washington solamente.
- **b.** los indígenas americanos solamente.
- **c.** todos los americanos nuevos.
- **d.** todos los americanos (nativos y nuevos).
- **e.** el mismo chief Seattle.

34. ¿Cuál es la meta principal del autor?
- **a.** convencerle al gobierno americano para que no compre la tierra.
- **b.** convencerles a los indígenas americanos para que luchen contra los nuevos americanos.
- **c.** persuadir a los americanos que no vale la pena comprar la tierra.
- **d.** convencerles a los nuevos americanos que la tierra es sagrada.
- **e.** demostrar cuánto poder tiene él sobre su gente.

35. Se le grabó al ex presidente Ronald Reagan diciendo que "Si has visto un árbol, los has visto a todos." ¿Cómo compara esta idea con las ideas de Chief Seattle?
- **a.** Expresan esencialmente la misma actitud hacia la tierra.
- **b.** Expresan esencialmente actitudes opuestas hacia la tierra.
- **c.** Parece que Reagan se preocupa más por la tierra que el Chief Seattle.
- **d.** No los podemos comparar porque el Chief Seattle no habla de los árboles.
- **e.** El Chief Seattle estaría de acuerdo que todos los árboles son parecidos, pero no le habría gustado cortarlos.

Las preguntas 36–40 se refieren al pasaje siguiente:

¿De qué se ha dado cuenta la señora Mallard?

[La señora Mallard, que acaba de enterarse de la muerte de su esposo, se ha encerrado en un cuarto.]

(1)   Estaba sentada con la cabeza echada hacia atrás en el cojín de la butaca, sin moverse, excepto cuando emergía un sollozo de la garganta y la sacudía, como un niño que se queda dormido
(5)   llorando y continúa sollozando en sus sueños.

      Era joven, con una cara justa y tranquila, cuyas líneas revelaban represión y hasta cierta fuerza. Pero ahora había una mirada apagada en sus ojos, cuya mirada se fijaba lejísimo en
(10) aquellos pedazos de cielo azul. No fue una mirada de reflexión, sino una suspensión de pensamiento independiente.

      Le venía algo y lo estaba esperando, miedosamente. ¿Qué era? No lo sabía; fue
(15) demasiado sutil y evasivo para ser nombrado. Pero lo sentía, arrastrándose del cielo, extendiéndose hacia ella por sus sonidos, los olores, el olor que predominaba en el aire.

      Ahora su pecho subió y bajó
(20) tumultuosamente. Ya empezaba a reconocer esta cosa que le acercaba para apoderarse de ella, y se esforzaba para repelerla con su voluntad—tan impotente como hubieran sido sus dos manos blancas y delgadas.

(25)   Cuando se abandonó, una pequeña palabra murmurada escapó de sus labios delicadamente partidos. Lo decía varias veces susurrando: "¡libre, libre, libre!" La mirada vacía y la de terror que la seguían salieron de

(30) sus ojos. Se quedaron agudos y brillosos. Sus pulsos corrían rápidamente, y la sangre que recorría calentaba y relajaba cada pulgada de su cuerpo.

      No paró para preguntar si fuera una dicha
(35) monstruosa que la retenía. Una percepción clara y exaltada le permitió descartar la sugerencia como trivial.

      Sabía que lloraría de nuevo al ver las manos bondadosas y dobladas ya en la muerte;
(40) la cara que nunca la miraba salvo con amor, fijada y gris y muerta. Pero ella vio más allá de ese momento amargado un largo proceso de años futuros que le pertenecerían absolutamente. Y ella les abrió y separó los
(45) brazos en gesto de bienvenida.

      No habría nadie por quien vivir durante los años siguientes; ella viviría por sí misma. No habría ninguna voluntad poderosa doblando la suya en esa persistencia ciega con que los
(50) hombres y las mujeres creen que tienen el derecho de imponer una voluntad privada sobre un animal compañero. Un intento bondadoso o un intento cruel hace que el acto parezca menos de un crimen mientras que
(55) reflejaba sobre él en aquel breve momento de iluminación.

—Kate Chopin, de "La historia de una horas" (1894)

36. ¿Qué está haciendo la señora Mallard al principio del pasaje?
   a. consolando a su hijo
   b. durmiendo
   c. llorando
   d. riéndose
   e. sintiéndose mal

37. ¿Por qué deja de llorar y siente alegría la señora Mallard?

    a. Aprende que su esposo no está muerto.

    b. Se da cuenta de que heredará mucho dinero.

    c. Tiene cambios de ánimo dramáticos.

    d. Se da cuenta de que ahora puede vivir por sí misma y hacer lo que quiera.

    e. Puede casarse con otra persona ahora.

38. La señora Mallard repite la palabra "libre" varias veces. ¿De qué cosa será libre?

    a. deuda

    b. temor

    c. reproches de otros

    d. el tener que hacer lo que quiera otra persona

    e. problemas con familiares que se meten en los asuntos de otros.

39. La última frase del pasaje dice: "Un intento bondadoso o un intento cruel hace que el acto parezca menos de un crimen mientras que reflejaba sobre él en aquel breve momento de iluminación." ¿Cuál es un crimen según la señorita Mallard?

    a. imponerle su voluntad en otras personas.

    b. casarse

    c. ser feliz cuando un ser querido ha muerto

    d. ser egoísta y querer hacer todo a su manera

    e. extenderle la bienvenida a la muerte

40. Tomando en cuenta la prueba en el pasaje, ¿cuál describe mejor los sentimientos de la señora Mallard hacia su esposo muerto?

    a. un odio amargado

    b. desdén inconmovible

    c. amor profundo

    d. resignación suave

    e. rebeldía agresiva

▶ Respuestas

1. c. La primera frase dice que cuando se despertó Gregor, "se encontró en su cama transformado en un insecto gigantesco." Esta frase claramente expresa que él "se despertó"; pues no está soñando, y la respuesta **a** es incorrecta. La ultima frase revela que tiene que tomar un tren a las cinco y piensa levantarse para tomar el tren para que no llegue tarde, y la respuesta **b** es incorrecta. No hay ninguna prueba en el pasaje de que a Gregor no le guste su trabajo (respuesta **d**). Sí que quisiera poder dormir más y decirle a su jefe lo que piensa de él, pero no hay prueba en el pasaje de que Gregor reconozca que tiene que efectuar un cambio en su vida (respuesta **e**).

2. b. En la mesa descubrimos que "una colección de muestras de tela se había desplegado y repartido," y que Gregor "era un viajero comercial." Entonces podemos deducir que él es un vendedor ambulante de ropa. No hay prueba de que sea mago (respuesta **a**); y aunque tiene un anuncio colgado en la pared, es sólo para adornar. No es nada relacionado con su trabajo (respuesta **c**). Como el pasaje específicamente indica que es viajero comerciante, podemos eliminar las respuestas **d** y **e**.

3. a. En las líneas 41–43, Gregor informa que debe quedarse en su puesto actual porque sus padres se encuentran endeudados a su jefe: "una vez que haya ahorrado suficiente plata para saldarle las deudas de mis padres." No leemos prueba de que pueda ser aprendiz (respuesta **b**); de hecho, es probable que on aprendiz no viajara solo. Quiere decirle a su jefe lo que piensa de él y dimitir. No quiere tomar el puesto de su jefe, así que la respuesta **c** es incorrecta. La cita demuestra que sus padres no son dueños de su compañía, así que se elimina la respuesta **d**. No vemos nada para indicar que necesita dinero para comprar una casa más grande (respuesta **e**). El pasaje sí menciona que su cuarto es pequeño, pero la única razón mencionada para que Gregor se quede en su puesto es para pagar esas deudas.

4. d. Gregor claramente trabaja duro—viene a desayunar sólo después de procesar algunas órdenes (línea 29), y se levanta temprano para llegar a sus destinos. También es confiable; piensa en levantarse y tomar el tren aunque es un insecto. Esta prueba elimina la respuesta **a**; no es perezoso. Mientras que aprendemos que Gregor recibe órdenes, no sabemos su nivel de éxito como vendedor; así la respuesta **b** es incorrecta. Gregor resiente a su jefe (vea líneas 34–40), pero eso puede ser personal, no un asunto de resentimiento general de la autoridad; entonces la respuesta **c** no es la mejor respuesta. Sabemos que Gregor está trabajando para saldar las deudas de sus padres, pero no hay indicación en el pasaje de cómo apegado a su familia esté Gregor; así que la respuesta **e** es incorrecta.

5. e. Gregor está tan preocupado por el trabajo y su rutina que piensa que sólo puede levantarse e ir al trabajo, aunque parece ser un insecto. El tono y las palabras usadas en la primera frase del pasaje (que es también la primera frase de este cuento) sugieren que sea la primera vez que le ocurre esto a Gregor. También pregunta, "¿Qué me ha pasado?" Si esto le hubiera sucedido antes, no habría hecho esa pregunta; y su dialogo interno habría sido muy distinto. Así que la respuesta **a** es incorrecta. No hay prueba de que los otros personajes en el cuento sean insectos. La mujer en la foto, como quiera, es una mujer real, no un insecto. La respuesta **b** es entonces incorrecta. La primera frase claramente indica que él se despertó, así que la respuesta **c** es incorrecta. Gregor dice "Debería levantarme, ya que mi tren parte a las cinco," lo cual sugiere que todavía le queda tiempo para tomar ese tren de las 5:00. La respuesta **d** entonces es incorrecta.

6. c. La línea 1 dice, "No soy el primer poeta de mi familia," y la línea 26 dice, "Pero aprendí a escribir de Zio." Así, aprendió a escribir de Zio. No hay prueba de que cualquiera de los dos pinte, excepto a través de palabras y gestos (vea línea 30); entonces la respuesta **a** es incorrecta. Zio era pescador, pero el orador no es pescador; entonces la respuesta **b** es incorrecta. No hay prueba de que sea cantante ni carpintero, así que las respuestas **d** y **e** son incorrectas.

7. b. El orador claramente admira la forma en que Alfonso percibe la belleza en las cosas más sencillas (vea las líneas 31–35), y está impresionado por el hecho de que Alfonso puede comunicar sin su voz. El orador no está avergonzado de Alfonso (respuesta **a**) aunque Alfonso no puede leer ni escribir (líneas 20–22). El orador parece entender a Alfonso muy bien, pues no está frustrado con la inhabilidad de Alfonso de hablar con su voz (respuesta **c**). El orador enfatiza cómo aprendió a escribir y a percibir la belleza de Alfonso. El orador no se siente superior a Alfonso; más bien se siente endeudado a Alfonso (respuesta **d**). Finalmente, no hay prueba en el poema que sugiera que el orador estaba enojado con Alfonso (respuesta **e**).

8. b. El orador dice en las líneas 7–8 que Alfonso "Le perdió su voz a los cigarrillos antes de que yo [el orador] naciera." Por lo tanto, Alfonso no puede hablar con su voz aunque se comunica bien con gestos y expresiones. El orador dice en la línea 19 que Alfonso lo observó "escribir con asombro" y que Alfonso se enseñó a leer; entonces es obvio que Alfonso no podía leer (respuesta **a**). La respuesta **c** es incorrecta ya que Alfonso no podía hablar. Las opciones **d** y **e** son incorrectas porque el orador dice que Alfonso pescaba para ganarse la vida en la línea 15. La referencia a la pintura en la línea 30 es simbólica, no literal.

9. e. Alfonso no podía hablar; entonces no podía ser ruidoso (opción **a**) ni gritar siempre (opción **d**). No hay nada para indicar que siempre estaba enojado (opción **b**) o que era como un león (opción **c**). Más bien, el poema nos hace pensar que era divertido y bondadoso.

10. a. Las líneas 29–35 muestran cómo el orador ha aprendido a apreciar y a expresar la belleza del mundo. Alfonso no habla, así que no le enseña al orador a oír (opción **b**). No hay nada que demuestre que el orador aprende a apreciar a su familia o a entenderse a sí mismo (respuestas **c** y **d**). Las líneas 18–22 indican que Alfonso no podía leer, entonces la respuesta **e** es incorrecta.

11. d. Domain dice que los mejores trabajadores son aquéllos que sean "los más baratos," y "cuyas necesidades sean menores" (líneas 36–37). Para crear un animal con necesidades mínimas, Rossum creó máquinas sin alma porque el alma "no contribuía directamente al progreso del trabajo"—hacía que la gente quisiera tocar el violín, por ejemplo. Los robots tienen una anatomía más sencilla (opción **a**), pero la anatomía no tiene nada que ver con las necesidades que pudieran distraer al robot del trabajo. Los robots son más inteligentes (opción **b**); pero Domain claramente expresa que el precio, y no la inteligencia, es el factor clave. Helena sugiere que la honestidad y la ética del trabajo son más importantes, pero la declaración de Domain contradice esto. Entonces la respuesta **c** es incorrecta. Los robots se crearon para que no se quisiera nada que no fuera necesario, entonces la opción **e** es incorrecta también.

12. a. Domain nos dice que Rossum "empezó un reacondicionamiento de la anatomía y trató de ver lo que se podía eliminar o simplificar" (líneas 5–7) porque pensaba que "el hombre era demasiado complicado" (línea 3). También dice que las cosas que a los humanos les gustan (ej, tocar el violín) son "innecesarias" (líneas 12–16), y que "una máquina trabajadora no debe querer tocar el violín" (líneas 22–23) si va a ser eficiente. No cuestiona la honestidad de los seres humanos (respuesta **b**) ni menciona nada acerca del nivel de felicidad del robot (respuesta **c**); de hecho, el pasaje sugiere que los robots no sean capaces de sentir ninguna emoción. La opción **d** es incorrecta porque Rossum tenía una razón específica para crear a los robots. No existe prueba de que no hubiera número suficiente de personas para hacer el trabajo (ni hay indicación de qué clase de trabajo es); entonces la respuesta **e** es incorrecta.

13. c. Rossum quería simplificar la naturaleza. Domain dice que "el producto de un ingeniero está técnicamente a un nivel de perfección que un producto de la naturaleza" (líneas 55–56), lo cual demuestra que Rossum sentía que la naturaleza era imperfecta e innecesariamente complicada. Rossum parece pensar que las máquinas son más bellas (más perfectas) que la naturaleza, entonces la opción **a** es incorrecta. Rossum claramente trata de mejorar la naturaleza, y parece que piensa que es un mejor ingeniero. Entonces se eliminan las opciones **b** y **d**. Hay una distinción en el pasaje entre los productos de los seres humanos (ingenieros) y los productos de la naturaleza; entonces la respuesta **e** es incorrecta.

14. e. Domain le dice a Helena en las lineas ••• que "cualquiera que haya estudiado la anatomía, habrá visto en seguida que el ser humano es demasiado complicado, y que un buen ingeniero podrá diseñarlo más sencillamente. Así el joven Rossum empezó un reacondicionamiento de la anatomía." Por lo tanto, **e** es la mejor respuesta. Rossum creó los robots; entonces la respuesta **a** es incorrecta. Rossum claramente era inventor (opción **b**), pero el énfasis en el pasaje se concentra en sus destrezas del ingeniero. Domain menciona a los ingenieros otra vez en las líneas 54–56: "El producto de un ingeniero está técnicamente a un nivel de perfección que un producto de la naturaleza." No hay prueba de que Rossum fuera doctor (opción **c**) ni de que fuera capataz en la fábrica (opción **d**).

15. a. Claramente Domain admira a Rossum puesto que Domain le llama a Rossum "un buen ingeniero" y describe los robots como "lindos ejemplos de trabajo" y "Sin fallos." No hay prueba de que Domain le tema a Rossum de ninguna manera (opción **b**). Domain no demuestra interés romántico en Helena (opción **c**); sólo le está explicando los robots. Domain varias veces indica que cree que los robots son trabajadores superiores a los seres humanos; entonces la respuesta **d** es incorrecta. Finalmente, Domain continúa alabando a Rossum, y su trabajo indica admiración, no celos (opción **e**).

16. c. El autor dice en las líneas 10–12 que "las interrupciones comerciales son recordatorios constantes que el mismo medio es artificial," y que "el efecto a largo plazo de mirar la televisión comercial habitualmente es probablemente una erosión de confianza en el mismo medio de la televisión" (líneas 22–25). Entonces, la televisión comercial les enseña a los televidentes a no creer lo que ven o oyen en la televisión. La televisión es muy comercial (opción **a**), pero no tenemos un sentido del pasaje sobre el nivel de artificialidad de las emisoras de la televisión pública. La respuesta **b** es incorrecta porque la línea 7 dice que mirar los canales comerciales es una experiencia "más informal" que mirar la televisión pública. La única comparación al cine ocurre en las líneas 12–15, las cuales sólo indican que las personas en la televisión son más "realistas" porque son de tamaño normal. Entonces la opción **d** es incorrecta. Todo el tercer párrafo discute cómo los comerciales presentan a la gente de una manera muy irrealista (todos siempre están contentos); entonces la opción **e** es incorrecta.

17. d. El autor no parece pensar que mirar televisión—ya sea comercial o pública—sea algo malo; entonces la respuesta **a** es incorrecta. No dice que no deberíamos mirar la televisión comercial y mirar solamente la BBC (respuesta **b**); más bien ella está enfatizando que no debemos (es decir, no podemos) creer todo lo que veamos en la televisión comercial (opción **d**). No sugiere que no evitemos la televisión pública; entonces la respuesta **c** es incorrecta. No indica cuánto tiempo delante del televisor recomienda; entonces la opción **e** es incorrecta.

18. a. El autor escribe que "cada historia termina feliz . . . que contribuye sin parar a la irrealidad penetrante de todo." (líneas 25–32) y "la dicha crónica de todo de mundo en los anuncios comerciales que crea su divorcio final de la vida efectiva tal como la conocemos." (líneas 32–35). No menciona la música del fondo, entonces la respuesta **b** es incorrecta. No discute la duración de los comerciales, así que se puede eliminar las respuesta **c**. El autor nota que alguien enfermo en un comercial termina recuperado para el final, así la respuesta **d** es incorrecta. No discute ciertas alegaciones o el mérito de esas alegaciones; entonces la opción **e** también es incorrecta.

19. b. El autor dice, "El efecto a largo plazo de mirar la televisión comercial habitualmente es probablemente una erosión de confianza en el mismo medio de la televisión." No hay prueba en el pasaje para sugerir que el autor crea que los televidentes se conviertan en zombis (respuesta **a**), compren televisión por cable (respuesta **c**), miren películas del cine (opción **d**), o dejen de mirar la televisión (opción **e**).

20. c. Es probable que el narrador fuera un joven adolescente cuando vino a América. El autor escribe que "Perdí la mitad de un idioma a través del deseo de usar y eventualmente, ya en los últimos años de mi adolescencia, hasta perdí el francés como la lengua de mi monólogo interno" (líneas 22–26). Por consiguiente, es claro que tiene que haber estado en los Estados Unidos unos años antes de ser un "adolescente mayor," lo cual hace incorrectas las respuestas **d** y **e**. Además ya era de edad para tener amistades y "cuentos y cosas familiares y un sentido de continuidad entre el hogar y afuera" y "un sistema completo por la vida que apenas había visto" (líneas 19–21 y 26–27). Entonces las opciones **a** y **b** son incorrectas.

21. d. Mientras algunas de las cosas perdidas de la familia del narrador eran tangibles (la casa y los recuerdos), la mayoría de las cosas incluidas en la lista eran cosas no tangibles que son muy importantes en el proceso de establecer una identidad y un sentido de sí mismo. No está tratando de convencerles a los demás para que no inmigren (opción **a**); no critica ni a los Estados Unidos ni su experiencia aquí desde que llegó. No hay prueba de que las cajas se destrozaron porque su familia empacó descuidadosamente (opción **b**). En el segundo párrafo, el autor escribe que conscientemente no extrañó a su país natal; "coludía activamente" en las pérdidas que sufrieron y activamente trataba de re-inventarse. Así, la respuesta **c** es incorrecta. El enfoque de este pasaje es la importancia del ambiente al sentido de sí; no trata de enseñar que uno nunca es demasiado viejo para cambiar (opción **e**).

22. c. El autor escribe, "Quiera o no, cada uno de nosotros es formado, menos por sangre o genes, que por un proceso que es mayormente accidental, el impacto de las cosas vistas y oídas y olidas y saboreadas y aguantadas . . ." Todo el tercer párrafo enumera cosas en nuestro ambiente que contribuyen a quiénes somos. La primera frase en el párrafo contradice las opciones **a** y **d**. No se menciona la educación (respuesta **b**) ni los compañeros (opción **e**).

23. b. El autor dice que ha perdido su lengua materna por la falta de uso y que no sólo no desaprobó de perder su herencia—frecuentemente "coludía activamente." Además, declara que "había renunciado efectivamente" a la parte de él que se "había formado en otro mundo" (líneas 42, 39). Esto contradice directamente la opción **c**. Nosotros no sabemos si abrazó a la cultura americana (opción **a**) o si se volvió introvertido (opción **d**). No hay prueba de que se volviera posesivo de las cosas que le pertenecían, ya que no se mencionan las cosas que poseía en los Estados Unidos.

24. a. En el tercer párrafo, el autor enumera todos los aspectos de nuestro ambiente que tienen un impacto sobre nuestra identidad y el sentido del individuo. Aunque no pensemos conscientemente en estas cosas, son parte de nosotros. No es necesario que nos miremos dentro de nosotros mismos para descubrir nuestro pasado, así que la opción **b** es incorrecta. Tal vez todos tengamos una parte de nuestro pasado que queremos mantener sepultada (opción **c**), pero el autor no lo indica en ninguna parte del pasaje. El autor no parece ser arqueólogo, y no alega que sólo los arqueólogos son capaces de entender el impacto de nuestro ambiente, así que la respuesta **d** es incorrecta. La opción **e** puede ser cierta, y el autor parece comunicar esto en el pasaje. Sin embargo, no es a lo que se refiere con esta frase.

25. d. El segundo párrafo claramente dice que "tanto los estudiantes de bachillerato como los estudiantes graduados son elegibles para solicitar." Esto elimina las respuestas **a**, **b** y **c**. No hay requisitos de empleo mencionados, así que la opción **e** es incorrecta.

26. c. El segundo de tres puntos bajo "Ventajas" afirma que "los patrones tienen como prioridad la educación de los estudiantes y ayudarán a los estudiantes en su trabajo a acomodar su horario de clases." No se menciona sueldos ni el número de horas de empleo, así que las opciones **a** y **b** son incorrectos. El Trabajo-Estudio puede ofrecer una variedad de puestos, pero los patrones "regulares" también lo hacen. Por eso la respuesta **d** es incorrecta. No se menciona el recibir crédito académico por los puestos de Trabajo-Estudio, así que la opción **e** es incorrecta.

27. d. El primer párrafo dice que el programa Trabajo-Estudio "está diseñado para ayudarles a los estudiantes a financiar su educación después de la secundaria," y que los estudiantes del programa reciben sus "en forma de cheques de pago de sus posiciones de Trabajo-Estudio." Entonces, es razonable concluir que los estudiantes sólo deben solicitar al programa de Trabajo-Estudio si (1) necesitan dinero para financiar su educación y (2) están dispuestos a trabajar (opción **d**). Estos estudiantes pueden o no pueden vivir en la ciudad universitaria (opción **a**) y pueden o no pueden haber intentado y fallado en obtener trabajos "regulares" (opción **b**). Pueden o no pueden tener becas (opción **c**). Los estudiantes que no recibieron becas pueden haber recibido cantidades insuficientes para cubrir sus gastos; entonces pueden necesitar Trabajo-Estudio. Sería bueno que a los estudiantes que solicitaran Trabajo-Estudio les gustara trabajar con organizaciones de servicio a la comunidad (opción **e**), pero esa no es una de las razones por las cuales se solicita al programa de Trabajo-Estudio. Esos estudiantes pueden trabajar de voluntario o solicitar puestos regulares dentro de una organización de servicio a la comunidad.

28. c. Tante Atie es la guardiana de la narradora, posiblemente su tía. (Tante significa tía en francés, pero también se usa como título de respeto.) Ella claramente se encuentra en una posición de autoridad sobre la narradora. (Le agarra las orejas a Sophie, por ejemplo.) Parece que viven juntas, y parece que Tante Atie decide a dónde va Sophie y cuándo. La mandará por avión a ver a su madre. No son hermanas (opción **a**) porque no habrían tenido la misma madre. No son amigas (opción **b**) porque Tante Atie es mayor que Sophie y otra vez está en una posición de autoridad. Tante Atie no es su madre porque el "secreto" es que debe devolverle a Sophie a su madre; entonces la opción **d** es incorrecta. Sophie se acuesta (línea 20), lo cual demuestra que no están en la escuela sino que viven juntas; pues la opción **e** es incorrecta.

29. a. Ella acaba de descubrir el secreto que Tante Atie le guardaba: que debe dejar la casa de Tante Atie y vivir con su madre. Tante Atie le dice, "Yo guardé el secreto. [. . .] Fue muy repentino, sólo una cinta de Martine que decía, "quiero a mi hija," y "luego tan pronto como puedas juntar dos dedos para chasquearlos, me manda un boleto de avión con una fecha en ella" (líneas 30–33). No nos indica que Sophie irá a una escuela de internos (opción **b**) o que acaba de enterarse de que Tante Atie está enferma (opción **c**). Sabemos de las líneas que va a ir a casa de su madre, no a una nueva casa de crianza (opción **d**). No nos indican que la están castigando; así la opción **e** también es incorrecta.

30. b. La narradora no quiere irse. Puede estar afligida por no haber sabido el secreto, pero es el contenido del secreto que la perturba tanto. Las últimas líneas del pasaje son las indicaciones más fuertes. Que Tante Atie bromeara de mandarla por avión mientras estaba dormida para imaginar que su tiempo juntas fuera un sueño implica que están contentas juntas y que no se lo decía a Sophie porque sabía que Sophie no hubiera querido ir. No hay prueba de que Sophie extrañe a su madre (opción **a**), que no le agrade Tante Atie (opción **c**), ni de que tenga miedo de volar (opción **d**). Tante Atie nos dice que Sophie puede leer ("Tratas de convencerme de que existe toda sabiduría en el leer"); entonces la opción **e** es incorrecta.

31. d. Tante Atie no puede reír siquiera de su propio chiste porque está tan afectada por las circunstancias. Ella dice que no se lo dijo a Sophie porque "necesitaba tiempo para reconciliarme, para aceptarlo" (líneas 28–29). No quiere que Sophie se vaya; entonces las opciones **a** y **b** son incorrectas. Puede sentirse enojada (opción **c**), pero es probable que la tristeza sea la emoción dominante. No hay prueba de que ella tenga miedo (opción **e**).

32. b. Por todo el ensayo, el autor expresa el respeto que su gente le tiene por la Tierra. "Cada parte de esta Tierra le es sagrada a mi pueblo," dice (líneas 7–8), por ejemplo, y "La Tierra no pertenece al hombre; el hombre pertenece a la Tierra." (líneas 50–51). Claramente no piensan que sean dueños de la Tierra (opción **a**); el autor lo dice en las líneas 2–3: "Pero cómo se puede comprar o vender el cielo? ¿La Tierra? La idea nos es muy extraña. Si no somos dueños de la frescura del aire . . ." Su reverencia a la Tierra contradice las opciones **c** y **d**. No hay prueba de que piensen que la tierra esté embrujada (opción **e**).

33. c. El autor les habla a todos los nuevos americanos—las personas a quienes estaría vendiendo la tierra. Existe una distinción clara entre el "usted" de los nuevos americanos y el "nosotros" de los indios americanos; entonces **b**, **d** y **e** son incorrectas. La opción **a** es incorrecta porque se refiere al presidente Washington en la tercera persona.

34. d. Las preguntas que hace el autor y las declaraciones que hace van dirigidas para convencerles a los nuevos americanos para que traten a la tierra con respeto: "debe brindarles a los ríos la bondad que le darías a cualquier hermano" (líneas 32–34); "si le vendemos nuestra tierra, debe recordar que es sagrada" (líneas 23–24). No ofrece razones para que los nuevos americanos no compren la tierra, así que la opción **a** es incorrecta. No les habla a los indios americanos ni les sugiere que peleen; entonces la opción **b** es incorrecta. No expresa ninguna razón para no comprar la tierra, y alaba a la tierra en vez de señalar cualquier falla. Entonces la opción **c** es incorrecta. No hay prueba del poder que tenga sobre su gente; entonces la opción **e** es incorrecta también.

35. b. Para el Chief Seattle, cada parte de la naturaleza era sagrada: "Conocemos el almíbar que corre a través de los árboles tal como conocemos la sangre que corre por nuestras venas," escribe en las líneas 13–15 para indicar que cada árbol es importante y valeroso. Esto contrasta directamente con la indiferencia de la declaración de Reagan, así que la opción **a** es incorrecta (igual que la opción **e**). Parece que a Reagan no le importa la Tierra; así la opción **c** es incorrecta también. El Chief Seattle habla de los árboles, como ya se indicó; entonces la opción **d** es incorrecta.

36. c. La introducción al pasaje dice que la señora Mallard acaba de enterarse de la muerte de su esposo. Esto en sí indicaría que está llorando, pero el texto se refiere a "sollozos" y la compara con "un niño que se ha quedado llorando." El texto menciona a un niño, pero sólo con el propósito de hacer una comparación; no hay niño literal en el texto (opción **a**). Otra vez, el texto se refiere a un niño dormido; pero esto es una comparación. Pues la opción **b** es incorrecta. La opción **d** no tiene apoyo del texto, y sería muy poco probable que la señora Mallard riera en dicho momento. Más tarde en el pasaje, el autor dice que la señora Mallard siente alegría; sin embargo, no nos indica que está riéndose. La opción **e** tampoco tiene apoyo del texto. Aunque no se mueve y da una "mirada aguda," se debe a su estado mental, no a su enfermedad.

37. d. La señora Mallard "vio más allá de ese momento amargado"—el entierro de su esposo—"un largo proceso de años futuros que le pertenecerían absolutamente" (líneas 42–44). "No habría nadie por quien vivir durante los años siguientes; ella viviría por sí misma." Las líneas 46–47 revelan la raíz de su alegría. No hay sugerencia en el cuento de que haya aprendido que su esposo no estaba muerto; así la opción **a** es incorrecta. No hay prueba de que se dé cuenta de que heredará mucho dinero—de hecho, no se menciona el dinero para nada en el pasaje—entonces la opción **b** es incorrecta. No sabemos si tiene cambios del estado anímico drásticos—no hay prueba de eso en el pasaje—entonces la opción **c** es incorrecta. No menciona ningún deseo de casarse con otra persona, así que la opción **e** también es incorrecta.

38. d. La libertad, otra vez, resultará de "voluntad poderosa doblando la suya en esa persistencia ciega con que los hombres y las mujeres creen que tienen el derecho de imponer una voluntad privada sobre un animal" (líneas 48–52). No hay prueba de que viva endeudada (opción **a**) o temerosa (opción **b**) o que otros la critiquen frecuentemente (opción **c**). No sabemos nada sobre los otros familiares; entonces la opción **e** también es incorrecta.

39. a. La libertad que ella abraza es la libertad de la voluntad de otro. En su mente, es un acto criminal tratar de "doblarle la voluntad a alguien." Lo sagrado del individuo—la libertad de hacer lo que le dé la gana a uno—es un derecho fundamental, y violarla es un crimen. No hay prueba de que piense que el casarse en sí sea un crimen (opción **b**). Ella "No paró para preguntar si fuera una dicha monstruosa que la retenía o no," pues no considera un crimen su alegría (opción **c**). Ni tampoco parece considerar que hacer lo que le dé la gana a uno sea un crimen (opción **d**); más bien, piensa que el obligar a alguien a que lo haga de cualquier otra manera es un crimen. No le extiende la bienvenida a la muerte, y eso no es el enfoque de su alegría. Entonces la opción **e** es incorrecta también.

40. d. El pasaje presenta claramente que aunque el esposo de la señora Mallard era bondadosa y la quería, la señora Mallard siente un tremendo sentido de libertad por la muerte de él. No nos indica que su matrimonio fuera difícil o violenta, pero más bien que la señora Mallard se sometía calladamente a la voluntad de su esposo aunque no le gustaba la idea de hacerlo. La opción **a** es incorrecta porque la señora Mallard siente tristeza por la muerte de su esposo; no nos indica que lo odie. Aunque parece que la señora Mallard resiente que su esposo la haya sometido a su voluntad, no parece que se sienta superior a él de ninguna manera (opción **b**). La opción **c** es incorrecta porque aunque el pasaje dice que la señora Mallard "nunca la miraba salvo con amor," no hay prueba de que la señora Mallard haya querido profundamente a su esposo. Ella apreciaba su bondad y su amor, pero no parece que ella los haya reciprocado completamente. La opción **e** es incorrecta porque no hay prueba de que la señora Mallard alguna vez haya rebelado en contra de su esposo; de hecho, parte de la razón por la cual se siente tan libre se debe al hecho de que siempre asentía a la voluntad de él.

49 ▶ Examen de práctica, GED examen de ciencia

Indicaciones: Lea cuidadosamente las preguntas siguientes y escoja la mejor respuesta para cada pregunta. Algunas de las preguntas se refieren a un pasaje, una gráfica o una ilustración.

1. El punto de ebullición de los hidrocarburos (moléculas que contienen H y C) se incrementa con el peso molecular en aumento debido a las fuerzas intermoleculares más grandes. ¿Cuál de estos hidrocarburos esperaría usted que tuvieran el punto de ebullición más alto?

a.

$$H-\underset{\underset{H}{|}}{\overset{\overset{H}{|}}{C}}-H$$

b.

$$H-\underset{\underset{H}{|}}{\overset{\overset{H}{|}}{C}}-\underset{\underset{H}{|}}{\overset{\overset{H}{|}}{C}}-H$$

c.

$$H-\underset{\underset{H}{|}}{\overset{\overset{H}{|}}{C}}-\underset{\underset{H}{|}}{\overset{\overset{H}{|}}{C}}-\underset{\underset{H}{|}}{\overset{\overset{H}{|}}{C}}-H$$

d.

H   H   H

H—C—C=C

H   H   H

e.

H   H   H   H

H—C—C—C—C—H

H   H   H   H

2. Determine cuánta agua hay en el cilindro graduado, mediante la lectura del fondo del menisco
(superficie de agua).

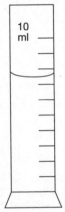

a. 3.0 ml

b. 5.5 ml

c. 6.5 ml

d. 7.5 ml

e. 10.0 ml

3. La gráfica siguiente muestra cómo la concentración (cantidad por unidad de volumen)
cambia con el tiempo. ¿Cuál es la información
que se puede obtener de los datos?

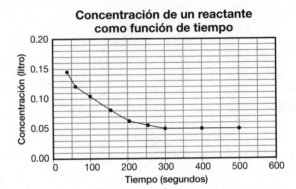

a. La cantidad del reactante no cambia con el
tiempo.

b. La cantidad del producto está disminuyendo.

c. La cantidad del reactante disminuye primero
y después se mantiene constante.

d. Después de 500 segundos, se agota todo el
reactante.

e. A 300 segundos, la concentración del
reactante está al máximo.

4. La siguiente gráfica de pastel ilustra la productividad relativa (material de plantas nuevas producido en un año) de diferentes biomasas. Según la gráfica, ¿cuál es el bioma que tiene el efecto más grande en la productividad en general?

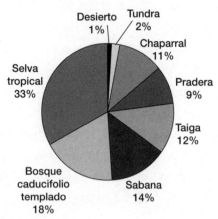

Productividad relativa de biomasas

Desierto 1%
Tundra 2%
Chaparral 11%
Selva tropical 33%
Pradera 9%
Taiga 12%
Bosque caducifolio templado 18%
Sabana 14%

a. chaparral

b. sabana

c. selva tropical

d. desierto

e. bosque caducifolio templado

5. En 1969, dos científicos realizaron un experimento para probar una hipótesis, la cual establecía que el número de especies de un ecosistema depende de la superficie del ecosistema. Contaron todas las especies de artrópodos en unas cuantas islas diminutas. Después exterminaron a todos los artrópodos (en su mayoría insectos) con un pesticida. Pasados seis meses, monitorearon la repoblación gradual de la isla y se dieron cuenta de que para el final del período de observación, cada isla tenía casi el mismo número de especies anterior a cuando se usó el pesticida. Sin embargo, el tipo de especies que llegaron fueron con frecuencia diferentes de las especies encontradas en la isla antes del uso del pesticida. En la columna siguiente se muestra un cuadro con los resultados.

Número de especies

NIVEL TRÓFICO	ANTES DEL USO DE PESTICIDAS	DESPUÉS DEL USO DE PESTICIDAS
Herbívoros	55	55
Carroñeros	7	5
Detrívoros	13	8
Polillas de Madera	8	6
Hormigas	32	23
Depredador	36	31
Parásito	12	9

Según la gráfica, ¿cuál es el nivel trófico que sufrió la pérdida neta más grande (número de especies) de diversidad?

a. herbívoros

b. carroñeros

c. detrívoros

d. polillas de madera

e. hormigas

Las preguntas 6–7 se basan en el diagrama siguiente.

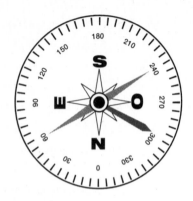

6. Este instrumento se usa para
   a. determinar la dirección del viento.
   b. determinar las direcciones en el mundo.
   c. encontrar la parcela de tierra más cercana cuando se navega por los mares.
   d. encontrar aguas subterráneas.
   e. determinar la dirección del flujo del agua

7. Este instrumento funciona porque
   a. tiene un reloj interno.
   b. la aguja apunta hacia la dirección de la presión mínima.
   c. la aguja cambia de posición según la posición del Sol.
   d. la Tierra tiene dos polos magnéticos.
   e. las temperaturas en los polos de la Tierra son muy bajas.

Las preguntas 8–10 se basan en la tabla y el pasaje que siguen.

Los minerales son componentes importantes de la dieta humana. Algunos minerales se necesitan en cantidades relativamente grandes. Entre estos se incluyen el calcio, el fósforo, el potasio, el sulfuro, el cloro y el magnesio. Otros, como el hierro, el manganeso y el iodo se necesitan en cantidades más pequeñas. Los seres humanos necesitan 26 minerales en total, aunque algunos de ellos se requieren en cantidades pequeñas. Algunos minerales, como el plomo y el selenio son dañinos en cantidades grandes. Los suplementos dietéticos enumerados en la tabla siguiente pueden disminuir el riesgo de deficiencia de minerales, pero se deben tomar con mucho cuidado porque una sobredosis puede conducir a la intoxicación.

MINERAL	FUENTES BUENAS	SÍNTOMAS DE DEFICIENCIA	FUNCIONES
sodio	sal de mesa, dieta normal	sal de mesa, dieta normal	equilibrio de agua, músculo y operación de nervio
potasio	frutas, verduras, granos	frutas, verduras, granos	músculo y operación de nervio, equilibrio a base de ácido
calcio	lechería, pescado lleno de espinas, verduras frondosas	lechería, pescado lleno de espinas, verduras frondosas	formación de hueso y de dientes, coagulación, señalización de nervio
fósforo	lechería, carnes, cereales	lechería, carnes, cereales	formación de hueso y de dientes, metabolismo de energía
magnesio	verduras, granos enteros	verduras, granos enteros	acción de enzima, señalización de nervio

8. Las indicaciones de un frasco de suplementos de hierro recomiendan como dosis adecuada una píldora por día. El tomar varias píldoras de hierro por día podría:

a. disminuir el riesgo de pérdida de huesos.

b. hacer que usted sea más fuerte.

c. ayudar a aliviar los síntomas del SPM o PSM (por sus siglas en inglés).

d. provocar una intoxicación.

e. compensar una dieta desequilibrada.

9. ¿Cuál de los minerales enumerados en la tabla es más probable que le esté haciendo falta si experimenta un latido irregular del corazón?

a. sodio

b. potasio

c. calcio

d. fósforo

e. magnesio

10. ¿Cuáles son los dos minerales necesarios para la formación de huesos y de dientes sanos?

a. calcio y magnesio

b. calcio y fósforo

c. calcio y potasio

d. calcio y sodio

e. sodio y magnesio

11. Existe más probabilidad de que una mujer se embarace si tiene relaciones sexuales sin protección días antes y el día de su ovulación, cuando el óvulo es liberado por los ovarios. La liberación del óvulo se estimula hormonalmente, lo cual significa que una hormona en el cuerpo de la mujer provoca la ovulación. En promedio, las mujeres ovulan alrededor del catorceavo día de su ciclo menstrual. A continuación se presenta una gráfica que muestra los niveles de tres hormonas a lo largo del ciclo menstrual de una mujer normal.

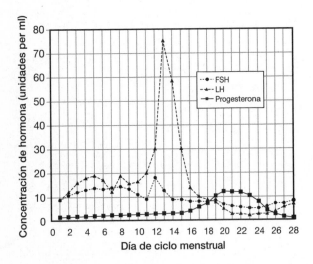

Según en la gráfica, ¿cuál es la hormona más directamente responsable de provocar la ovulación?

a. FSH

b. LH

c. progesterona

d. testosterona

e. colesterol

12. La cantidad de soluto que se puede disolver en un solvente a una temperatura dada se llama solubilidad. Para la mayoría de las substancias, la solubilidad se incrementa con la temperatura. Se puede hacer caramelo duro de las soluciones de azúcar que tienen un exceso de azúcar disuelto. La cantidad de azúcar por cada 100 gramos en una temperatura dada tiene que ser más alta que la cantidad normalmente soluble para poder hacer caramelo duro. Basándose en la solubilidad del azúcar en el agua como una función de la temperatura, trazada en la gráfica, ¿cuánto azúcar se necesita disolver en 100 gramos de agua para preparar caramelo duro a 40 grados centígrados?

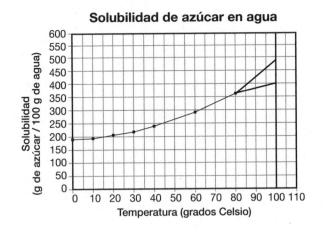

a. menos de 50 gramos

b. entre 50 y 100 gramos

c. entre 100 y 150 gramos

d. entre 150 y 200 gramos

e. más de 250 gramos

13. ¿Cuál de las siguientes fuentes de energía ocasionan la menor contaminación en el medio ambiente?

a. carbón

b. nuclear

c. gasolina

d. solar

e. petróleo

Las preguntas 14–15 se basan en el pasaje siguiente:

En 1628, el físico inglés William Harvey estableció que la sangre circula a lo largo de todo el cuerpo. Se dio cuenta de que el corazón actúa como una bomba, y no funciona mediante el gasto de sangre como pensaban los primeros anatomistas. Para poder observar cuidadosamente el latido del corazón y la dirección del flujo de la sangre, Harvey necesitaba ver el funcionamiento de la sangre a cámara lenta. Como no había manera de observar un corazón a cámara lenta, estudió los corazones de los sapos y de las serpientes en vez de los corazones que laten rápidamente como los de los mamíferos de "sangre-caliente" y de los pájaros. Al mantener frescos a estos animales, podía hacer que sus corazones funcionaran más despacio. El argumento principal para su conclusión sobre la circulación de la sangre provino de la medición de la cantidad de la sangre bombeada con cada latido del corazón. Él calculó que la cantidad de sangre bombeada cada hora excedía por mucho al total de la cantidad de sangre en el cuerpo y probó que la misma sangre pasaba a través del corazón una y otra vez.

14. ¿Cuáles son las ideas erróneas que los científicos albergaban antes del estudio de Harvey?
   a. El corazón circula sangre.
   b. El corazón bombea sangre.
   c. El corazón gasta sangre.
   d. El corazón no contiene sangre.
   e. El corazón de los pájaros late más rápido que el corazón de las ranas.

15. ¿Cuál de las siguientes hizo Harvey?
   I. Observó el latido del corazón y el flujo sanguíneo en las serpientes y en las ranas.
   II. Determinó que el corazón actúa como una bomba.
   III. Contó el número de glóbulos que pasan a través del corazón cada hora.
   IV. Demostró que la sangre circula.
   a. Sólo hizo I.
   b. Hizo I y II.
   c. Hizo I, II y IV.
   d. Hizo I, III y IV.
   e. Hizo II, III y IV.

Las preguntas 16 y 17 se basan en el pasaje siguiente:

La radiación de los radioisótopos se puede usar para matar células de cáncer. La química Marie Curie recibió dos Premios Nobel por su trabajo con los radioisótopos. Su trabajo llevó al descubrimiento del neutrón y a la síntesis de elementos radioactivos artificiales. Murió de leucemia a la edad de 67 años, causada por una extensa exposición a la radiación. Curie nunca creía que el radio y otros materiales con los que trabajaba constituyeran un riesgo para la salud. Durante la Primera Guerra Mundial, el radio incandescente se usaba en esferas de reloj para ayudar a los soldados a leer sus relojes en la noche y sincronizar sus ataques. Desafortunadamente, las obreras de las fábricas adelgazaban con sus labios las puntas de los pinceles manchados con radio. Como resultado, sus dientes brillaban en la oscuridad. Pero esta era una diversión para los niños más que una causa de preocupación. Unos diez años después, las mujeres desarrollaron cáncer en la quijada y la boca y tuvieron problemas para producir glóbulos. Esto fue lo que expuso los peligros de la radiación.

16. Según la información del pasaje, ¿cuál de los enunciados sobre radioisótopos es FALSO?

a. Los radioisótopos pueden matar células de cáncer.

b. Los radioisótopos pueden causar cáncer.

c. Un radioisótopo puede brillar en la oscuridad.

d. Einstein recibió el Premio Nobel por trabajar con isótopos.

e. Un radioisótopo se usó en esferas de reloj.

17. ¿Cuáles son los peligros de radiación mencionados en el pasaje?

I. La radiación puede ocasionar mutaciones genéticas.

II. La radiación puede producir leucemia.

III. La radiación puede causar quimioterapia.

a. Solamente I

b. Solamente II

c. Solamente III

d. I y II

e. II y III

Las preguntas 18 y 19 se basan en el pasaje siguiente:

En el pasado, la gente pensaba que la Tierra era plana y que si un barco navegaba demasiado lejos, se caería del borde del mundo. La Tierra parece plana porque la Tierra es demasiado grande para que los seres humanos puedan ver su curvatura. Varios eventos ayudaron a descartar estas ideas equivocadas. En primer lugar, durante un eclipse lunar la Tierra se posiciona entre el Sol y la Luna. Eclipsa la Luna al ensombrecerla. La sombra que la Tierra emana es redonda. En segundo lugar, cuando Magallanes circunnavegó la Tierra demostró que no era posible caerse del borde de la Tierra, porque la Tierra es redonda y no tiene bordes. Finalmente, las misiones espaciales nos han proporcionado imágenes de nuestra Tierra redonda desde lejos y nos han mostrado lo hermoso que parece nuestro planeta, incluso a distancia.

18. En el pasaje, ¿Qué se citó como prueba de que la Tierra es redonda?

I. La Tierra ensombrece la Luna durante un eclipse lunar.

II. La Tierra gira alrededor del Sol.

III. Magallanes circunnavegó la Tierra.

IV. Imágenes del espacio

a. I y II

b. I, II y III

c. I, II y IV

d. I, III y IV

e. II, III y IV

19. ¿Cuál es la idea equivocada de que se trata en el pasaje?

a. que la Tierra se volteó

b. que la Tierra estaba en el centro del Sistema Solar

c. que la Tierra era plana

d. que la Tierra se creó al mismo tiempo que el Sol

e. que la Tierra podía ser eclipsada por el Sol

Las preguntas 20–22 se basan en el pasaje siguiente:

En las reacciones químicas, los átomos reaccionan y se combinan con otros átomos para formar moléculas; o las moléculas se separan en diferentes átomos, pero los elementos involucrados no cambian. Las reacciones nucleares de hecho involucran la formación de diferentes elementos desde los primeros elementos. Las reacciones de fisión y de fusión son reacciones nucleares. Las reacciones de fisión involucran la división del núcleo de un átomo en núcleos de átomos más ligeros. Este proceso libera energía. La energía que le da poder al Sol proviene de la combinación de 4 átomos de hidrógeno con un átomo de helio. El átomo de helio resultante pesa menos que la suma de los 4 átomos de hidrógeno que se combinaron para producirlo.

20. La reacción que ocurre en el Sol se puede describir mejor como

a. una reacción de fisión porque la energía se libera.

b. una reacción de fusión porque los núcleos se combinan para formar un núcleo más pesado.

c. una reacción química porque los átomos involucrados en la reacción no cambian.

d. una reacción de fisión porque la energía se libera y una reacción de fusión porque el átomo de hidrógeno se fusiona en un elemento nuevo.

e. una reacción de fusión no nuclear

21. Según el pasaje, ¿qué se puede suponer de lo siguiente?

a. El átomo de helio producido no pesa menos; sólo parece así porque el helio es más ligero.

b. Una reacción parecida ocurre en la superficie de la Tierra.

c. El helio se divide subsecuentemente en núcleos más ligeros.

d. Esta reacción ocurre sin liberación neta de energía.

e. La energía liberada corresponde a la disminución de masa observada.

22. Debido a la reacción descrita en el pasaje, el Sol libera energía equivalente a un millón de bombas de hidrógeno cada segundo. Esta reacción causa una expansión del Sol. ¿Cuál de los siguientes enunciados explicaría por qué el Sol no ha explotado?

a. Tanto una reacción de fisión como una reacción de fusión están ocurriendo para contrabalancearse una a otra.

b. La fuerza gravitacional del Sol contrarresta la expansión.

c. Los meteoros bombardean el Sol y ocasionan que se comprima.

d. El lugar de la reacción de fisión absorbe energía de sus alrededores.

e. El jalón gravitacional neto de todos los planetas en órbita contrarrestan la fuerza de la reacción.

La pregunta 23 se basa en el pasaje siguiente:

La arteriosclerosis, una enfermedad, se produce debido a las dietas y el estilo de vida modernos y resulta en un engrosamiento y endurecimiento de las arterias a medida que la gente envejece. El colesterol, el calcio y otras substancias forman depósitos que se acumulan en la capa interna de las arterias. Los bloqueos de las placas pueden ocasionar un ataque al corazón o incluso un accidente cerebrovascular o ictus. Sin embargo, existe un pueblo en Italia cuyos residentes son resistentes a la arterioesclerosis. La resistencia se puede rastrear en el pasado hasta el huésped original de la mutación. La selección natural ha mantenido esta resistencia presente incluso en las generaciones más recientes.

20. Según el pasaje, ¿cuál de las inferencias siguientes se puede hacer?

a. Los italianos que tienen este gen de resistencia se lo transmitieron a sus hijos.

b. La arteriosclerosis finalmente amenazará la existencia humana a medida que el radio de los afectados crezca fuera de Italia.

c. Los bloqueos de placas son causados por falta de ejercicio.

d. No hay cura para la mutación genética.

e. La gente debería evitar la grasa en su dieta.

Las preguntas 24–25 se basan en el pasaje siguiente:

El aire que inhalamos se compone aproximadamente de 78% de nitrógeno, 21% de oxígeno, 0.96% de argón y 0.04% de dióxido de carbono, helio, agua y otros gases (% por volumen). Los gases presentes en el aire que exhalamos se componen de 78% de nitrógeno, 15% a 18% de oxígeno, 4% a 5% de dióxido de carbono y 0.96% de argón (% por volumen). Además, los vapores y los gases de rastreo están presentes: 5% de vapor de agua, así como cantidades pequeñas de hidrógeno y monóxido de carbono, amoníaco, acetona, metanol, etanol y otros compuestos orgánicos volátiles. No todo el oxígeno respirado es reemplazado por dióxido de carbono; alrededor del 16% de lo que exhalamos todavía es oxígeno. La cantidad exacta del oxígeno exhalado y del dióxido de carbono varía según el estado físico, el gasto de energía y la dieta de la persona en particular.

24. Según el pasaje, en cada respiro exhalado por los pulmones del ser humano, ¿cuál es aproximadamente el porcentaje de oxígeno?

a. 78%

b. 21%

c. 16%

d. 5%

e. cantidades mínimas

25. ¿Cuánto gas de nitrógeno absorbe el cuerpo humano?

a. 50%

b. 42%

c. 7%

d. nada

e. cantidades mínimas

26. ¿Cuál es la parte del pulmón humano que pasa oxígeno al torrente sanguíneo?

a. bronquios

b. laringe

c. diafragma

d. estambre

e. alveolos

27. ¿Cuál de los siguientes no es un orgánulo?

a. membrana celular

b. núcleo

c. aparato de Golgi

d. retículo endoplasmático

e. lisosoma

28. La respiración celular aeróbica tiene lugar bajo presencia del oxígeno. La respiración celular anaeróbica ocurre bajo ausencia del oxígeno. ¿Cuál es el orgánulo que proporciona combustible para la célula bajo presencia del oxígeno?

a. pared celular

b. vacuola

c. mitocondria

d. ribosoma

e. quitina

29. ¿Cuál es la función del núcleo de la célula?

a. actuar como una pared protectora

b. empacar proteínas para exportarlas a otras células

c. digerir el material orgánico

d. alojar al ADN en la célula

e. secretar hormonas

30. Existen cuatro tipos de sangre en los seres humanos: A, B, AB y O. Una persona con sangre tipo A tiene anticuerpos para B; por consiguiente, no puede recibir sangre tipo B. De igual manera, una persona con sangre tipo B tiene anticuerpos para el tipo A; y no puede recibir sangre tipo A. Una persona con el grupo sanguíneo AB no tiene anticuerpos, y puede recibir sangre de quienquiera. Una persona con sangre tipo O tiene anticuerpos para A y B y sólo puede recibir sangre de alguien con sangre tipo O.

Según esta información, alguien con el tipo de sangre B puede donar a

a. grupos sanguíneos B y O.

b. grupos sanguíneos B y AB.

c. solamente al grupo sanguíneo B.

d. solamente al grupo sanguíneo AB.

e. solamente al grupo sanguíneo O.

31. Dos productos químicos principales son responsables de la comunicación del cerebro con los órganos sobre los cuales usted no tiene control consciente (el corazón, el sistema digestivo, el sistema endocrino). El compuesto químico norepinefrina ayuda al cuerpo a alistarse para acción de lucha a lucha al provocar que se reserve la energía. En contraste, el compuesto químico acetilcolina ayuda a conservar la energía al hacer lento al corazón y al incrementar la absorción intestinal. ¿Cuál de las situaciones siguientes es la MENOS probable que conlleve a niveles incrementados de norepinefrina?

a. ser perseguido por un animal carnívoro

b. escapar de alguien que esté sosteniendo un cuchillo

c. acariciar un conejo

d. presentar un examen importante

e. salir en una primera cita con alguien

32. La mayoría de las bacterias no pueden crecer donde haya concentraciones altas de sal. Como resultado,

a. la sal actúa como conservador del jamón, la carne seca y otros alimentos salados.

b. la gente que no come suficiente sal se vuelve anémica.

c. El Gran Lago Salado de Utah está lleno de bacterias.

d. la mayoría de los antibióticos son dulces.

e. no hay bacterias en el agua fresca.

33. ¿Qué representa el diagrama siguiente?

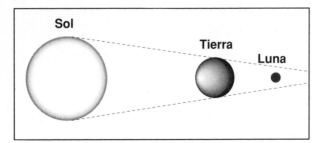

a. eclipse solar

b. eclipse lunar

c. luna nueva

d. conjunción

e. una erupción solar

Las preguntas 34–36 se basan en el pasaje siguiente:

Cuando los seres humanos llegaron por primera vez a Madagascar, existían por lo menos unas 50 especies de lémures viviendo en Madagascar; el más grande de ellos competía en tamaño del cuerpo contra la de un orangután o un gorila macho. Actualmente sólo sobreviven 33 especies de lémures en Madagascar. Ni siquiera una de las 33 especies de lémures que sobreviven en la isla es en este momento tan grande como las especies más pequeñas que habitaron Madagascar cuando los seres humanos llegaron por primera vez. Aquellas especies de lémures con tamaño de gorilas desaparecieron de Madagascar durante los milenios pasados. Junto con los lémures gigantes, Madagascar fue habitado por otra megafauna, plantas gigantes que también desaparecieron. Durante los 2,000 años pasados, todos los grandes animales endémicos se extinguieron; y se estima que menos del 3 por ciento de lo que una vez fue una gran expansión de su bosque caducifolio permanece hoy en día en existencia.

34. Según el pasaje, ¿cuál es el porcentaje de bosques caducifolios en Madagascar que se perdieron con el paso del tiempo?

a. 100%

b. 3%

c. 50%

d. 97%

e. una cantidad insignificante

35. Según la información del pasaje, ¿cuál de las siguientes es una razón admisible para que se extinguieran los lémures gigantes?

a. los lémures se hicieron caníbales

b. la desertificación

c. fueron comidos por los dinosaurios

d. los seres humanos los han capturado y mantenido en parques zoológicos

e. la deforestación

36. Madagascar es una isla que se encuentra a varias millas de la costa sureste de África. Muchas especies animales terrestres que habitan en ella se parecen a las especies terrestres que habitan en el continente; y, en algunos casos, se han encontrado ancestros comunes de fósiles. ¿Cuál es la explicación que mejor ofrece una aclaración sobre las diferencias genéticas entre las especies modernas y un tanto parecidas de hoy en día descritas aquí?

a. competencia de todas las especies por una fuente de comida limitada

b. aislamiento geográfico como resultado de un desplazamiento continental

c. intervención humana

d. convergencia

e. endogamia

Las preguntas 37 y 38 se basan en el pasaje siguiente:

Europa es una luna del planeta Júpiter. Algunos científicos mantienen la hipótesis de que bajo su superficie helada, existe un océano muy parecido al de la Tierra. Estos científicos también sostienen la teoría de que este objeto celeste tiene un centro de hierro, así como un campo magnético y una atmósfera rica en oxígeno.

La luna de la Tierra tiene una atmósfera tan delgada que apenas existe. La atmósfera de la luna de la Tierra consiste en gases liberados, como el radón, los cuales se originaron de los procesos radiactivos de deterioro dentro de la corteza y del manto. Se han detectado elementos de sodio (Na) y potasio (K) en la atmósfera usando métodos espectrales, mientras que el elemento radón-222 y el polonio se detectaron mediante el uso de instrumentos que las misiones Apolo dejaron.

37. Según pasaje, ¿cuál de los enunciados es un hecho?

   I. Existen océanos bajo el hielo en Europa.

  II. Los científicos detectaron elementos como el potasio en la atmósfera de la luna terrestre.

 III. No hay vida en la luna de la Tierra

 IV. Los seres humanos han viajado a Europa.

  a. I y II

  b. II y III

  c. Solamente II

  d. Solamente IV

  e. Solamente I

38. ¿Cuál de los enunciados siguientes es una hipótesis?

  a. I, II y III

  b. I, III y IV

  c. II y III

  d. IV

  e. I y III

39. Un estudiante trata de iluminar una bombilla usando una batería, un grupo de alambres y un interruptor. ¿Cuál de los siguientes debe ser verdadero para que la bombilla funcione?

  a. El alambre debe conectarse a la batería.

  b. La batería debe mantener una carga.

  c. El alambre debe estar conectado, negativo con negativo y positivo con positivo.

  d. a, b y c

  e. solamente b y c

40. Una pelota se empuja mientras que se encuentra en reposo en una superficie plana. ¿Qué le permite a la pelota que continúe en cierta dirección una vez que se ha empujado, salvo por el efecto de la fricción y de la resistencia del aire?

  a. inercia

  b. fuerza centrípeta

  c. movimiento perpetuo

  d. fricción

  e. aceleración centrípeta

41. ¿Cuál de los siguientes produce(n) energía a través del proceso de la fotosíntesis?

Figura I   Figura II   Figura III

  a. I
  b. II
  c. I y II
  d. II y III
  e. I, II, y III

42. A medida que la presión de un gas se incrementa a temperatura constante, el volumen del gas disminuye.

Si usted fuera buzo y quisiera llevar un tanque de oxígeno con usted, ¿qué haría?

  a. Presurizar el oxígeno para que pueda caber más de éste en un tanque de tamaño manejable.
  b. Disminuir la presión del oxígeno en el tanque para que no explote el tanque.
  c. Aumentar la temperatura de oxígeno en el tanque para que el oxígeno frío no dañe los pulmones.
  d. Disminuir la temperatura del oxígeno para que no se escape del tanque.
  e. Aumentar la temperatura del oxígeno y disminuir la presión para que el volumen se mantenga igual.

43. ¿Cuál de los siguientes describe mejor un electroimán?

  a. frotar juntos un alambre de fierro y un imán
  b. pasar corriente eléctrica a través de un alambre envuelto alrededor de un centro de hierro
  c. pasar corriente eléctrica a través de un alambre de cobre
  d. posicionar magnetitas o piedras imán en una pequeña área confinada
  e. usar el campo magnético de la tierra mediante un alambre delgado de cobre

44. La vacunación prepara el cuerpo para luchar contra algunas enfermedades. Cuando a usted se le vacuna, se le inyecta

  a. cuando contrae la enfermedad.
  b. con antibióticos.
  c. con una variación de la enfermedad antes de estar expuesto.
  d. con glóbulos blancos.
  e. con salina.

45. ¿Cuál de los siguientes NO es un anfibio?

  a. una rana
  b. un tritón
  c. un sapo
  d. una salamandra
  e. un castor

46. ¿Cuál de los siguientes NO es verdadero sobre las neuronas?

  a. Liberan neurotransmisores en una sinapsis.
  b. Se pueden comunicar con el músculo esquelético para dar lugar a la contracción.
  c. Funcionan mediante la transmisión de corriente eléctrica por el axón largo.
  d. Se pueden comunicar con los músculos suaves para dar lugar a la contracción.
  e. Sólo se pueden encontrar en el sistema nervioso central.

47. Una masa de aceleración produce una fuerza neta según la ecuación *Fuerza = masa × aceleración*, o $F = ma$. ¿Cuál de los enunciados siguientes es verdadero?

   a. Si la aceleración neta es cero, se ejerce una fuerza negativa o hacia abajo.

   b. Para una fuerza dada, duplicar el valor de m también duplicará el valor de a.

   c. El valor para a no puede ser negativo.

   d. Para una aceleración dada, duplicar el valor de m también duplicará el valor de F.

   e. Dada la fuerza de gravedad debida a la Tierra, F siempre es mayor que cero.

48. Los organismos fosilizados encontrados en las capas más bajas de la roca son

   a. las especies más complejas.

   b. en su mayoría los de los mamíferos.

   c. más jóvenes que los encontrados en las capas superiores.

   d. generalmente menos complejos y más viejos que las especies de las capas superiores.

   e. de varias eras.

49. Durante muchos años un agricultor trató su tierra con grandes cantidades de fertilizante. Una vez que se analizó el tipo de suelo se encontró que tenía menos fertilidad y era bajo en calcio. ¿Cuál de las explicaciones siguientes pueden justificar estos hallazgos?

   a. El ciclo del carbón se interrumpió, y el dióxido de carbono extra estaba reaccionando con el calcio en el suelo.

   b. El ciclo de la roca se interrumpió para que las rocas no reaccionaran con el calcio para producir suelo fértil.

   c. El ciclo del nitrógeno se interrumpió, y el exceso de nitrógeno agotó la fertilidad del suelo.

   d. El ciclo del agua se interrumpió, y el exceso de agua estaba reaccionando con el calcio y reduciendo la fertilidad del suelo.

   e. El ciclo del suelo se interrumpió, y el ciclo de rejuvenecimiento del suelo no ocurrió. Por lo tanto, el suelo se hizo menos fértil.

50. Los polos magnéticos de la Tierra no son permanentes. De hecho, pueden migrar hasta 15 km en un año. Se ha propuesto que había muchos momentos en la historia cuando de hecho los polos estaban al revés. Los científicos están estudiando rocas ricas en hierro formadas hace mucho tiempo por la lava. ¿Cómo puede el estudio de estas rocas permitirles a los científicos que aprendan más?

a. Si ellos cavan a través de las capas de roca formadas por la lava, llegarán a los polos reales de la Tierra.

b. Las rocas pueden usarse como imanes para determinar la fuerza del campo magnético de la Tierra.

c. Las rocas pueden proteger a la Tierra de las erupciones solares.

d. En el momento en que la lava se enfrió y se formaron las rocas, un registro del campo magnético de la Tierra quedó fijado en el lugar.

e. Si los científicos pueden entender los conceptos del magnetismo mediante el examen de rocas, entonces pueden explorar imanes más grandes y en última instancia estudiar la Tierra.

▶ Respuestas

1. e. La molécula en la opción **e** tiene la mayoría de los átomos, y el peso molecular más grande. Por lo tanto, tiene el punto de ebullición más alto.

2. d. La división más alta en el cilindro graduado es la marca de 10 ml. Hay 10 divisiones; entonces cada una es de 1 ml. El fondo del menisco (el punto más bajo de la curva en la superficie del agua) está entre 7 ml y 8 ml; por consiguiente, 7.5 ml es la mejor respuesta.

3. c. La cantidad de reactante comienza a casi .15; después disminuye y se mantiene estable a .01. De este modo, la opción **c** es la correcta. La opción **a** es incorrecta porque la concentración inicialmente es de casi .15 y después disminuye. La gráfica no proporciona información sobre cómo se forma el producto; entonces la opción **b** es incorrecta. (Además, si la cantidad de reactante disminuyera, esperaríamos ver aumentar la cantidad del producto). La opción **d** es incorrecta porque a los 500 segundos la concentración no es igual a cero; es igual a .05. La opción **e** es incorrecta porque a 300 segundos la concentración es más baja que la concentración mostrada las otras veces.

4. c. La rebanada más grande del pastel corresponde a la sección etiquetada: Selva tropical 33%. De este modo, las selvas tropicales son las más productivas.

5. e. El número de especies que se perdieron fue mayor para las hormigas, ya que antes había 32 especies y disminuyó hasta 23. El número de especies perdidas fue de 32 – 23 = 9. Al mirar las columnas de *antes* y *después* para todos los niveles trópicos, el 9 representa el descenso más grande.

6. b. El instrumento es una brújula, usada para encontrar la dirección ya que la aguja apunta hacia el norte debido al magnetismo de la Tierra; entonces la opción **b** es la mejor respuesta.

7. d. La aguja en la brújula responde a los polos magnéticos de la Tierra; entonces la opción correcta es **d**.

8. d. La ingestión de demasiados minerales puede llevar a la intoxicación. El último enunciado del pasaje muestra que los minerales se deben tomar con mucho cuidado porque una sobre-dosis puede llevar a la intoxicación; entonces la opción **d** es la correcta. Ninguno de estos enunciados se discute en las otras opciones del pasaje o se enumeran en la tabla.

9. b. Al observar la columna titulada Síntomas de Deficiencia, los latidos irregulares del corazón se originan de una deficiencia de potasio; por lo tanto, la opción **b** es la correcta. Ninguna otra deficiencia mineral enumerada tiene este síntoma.

10. b. La tabla muestra que el calcio y el fósforo están involucrados en la formación de huesos y de dientes sanos. Esta información se encuentra en la columna titulada Funciones. De esta manera, la opción **b** es correcta.

11. b. La gráfica muestra que el nivel de LH se eleva rápidamente antes del 14avo día del ciclo, y después decae. Es lógico suponer que este repunte en LH provoca la ovulación; por lo tanto, la opción **b** es correcta.

12. e. Según la gráfica, a una temperatura de 40 grados centígrados, se pueden disolver unos 250 gramos de azúcar en 100 gramos de agua. Para hacer caramelo duro, esta cantidad tiene que ser excedida; por consiguiente, la opción **e** es correcta.

13. d. A diferencia de las otras opciones, no hay contaminación ni desperdicio asociado con la energía solar; por lo tanto, la opción **d** es correcta.

14. c. El pasaje explica que en ese tiempo otros científicos erróneamente creían que el corazón agota la sangre; entonces la opción **c** es correcta. Las opciones **a**, **b** y **e** no son ideas equivocadas. La opción **d** no se mencionó en el pasaje.

15. c. El pasaje explicó que Harvey hizo I, II y IV; por lo tanto, la opción **c** es correcta. Aunque también calculó la cantidad de sangre que pasa a través del corazón cada hora, no contó uno por uno el número de glóbulos (III), ni tampoco contaba con la tecnología para hacerlo. Todas las opciones de respuesta que incluyen el III se pueden excluir mediante el proceso de eliminación; por eso sabemos que las opciones **d** y **e** son incorrectas. Solamente la opción **c** incluye los tres enunciados correctos.

16. d. No se menciona a Einstein en el pasaje; por eso la opción **d** es la respuesta correcta. Todos los otros enunciados se mencionaron en el pasaje.

17. b. El enunciado II se menciona en el pasaje: Curie murió de leucemia debido a su exposición a la radiación durante toda su vida (opción **b**). El enunciado I es verdadero, pero no se discute en el pasaje. (Las opciones **a** y **d** se pueden eliminar.) El enunciado III es falso; la radiación no ocasiona la quimioterapia. (Se aplica radiación en la quimioterapia.) Las opciones **c** y **e** se pueden eliminar al reconocer que el III es falso.

18. d. Los enunciados I, III y IV se mencionaron en el pasaje; entonces la opción **d** es correcta. El enunciado II es verdadero, pero no prueba que la Tierra sea redonda y no se discutió en el pasaje.

19. c. El pasaje completo se enfoca en la evidencia presentada de que la Tierra es redonda; no es plana. Entonces la opción **c** es la respuesta correcta. La opción **a** no es una idea equivocada. Las opciones **b**, **d** y **e** no se discutieron en el pasaje.

20. b. El pasaje establece que la fusión ocurre cuando los núcleos ligeros se combinan para formar un núcleo más pesado. También describe cómo se combinan 4 átomos de hidrógeno para formar un átomo de helio; por lo tanto, **b** la respuesta correcta. La opción **a** es incorrecta debido a que la fisión involucra la división de los núcleos. Esta no es una reacción química (opción **c**) porque el elemento de inicio (hidrógeno) se está transformando en un elemento diferente (helio). Esta reacción sólo es una reacción de fusión, la cual es un tipo de reacción nuclear; por consiguiente, **d** y **e** son incorrectos.

21. e. El átomo de helio que se produce, de hecho, tiene una masa más baja (y peso) que los átomos de hidrógeno que reaccionaron; por lo tanto, la opción **a** es incorrecta. El defecto de masa que se observa corresponde a la cantidad de energía liberada por esta reacción; entonces la opción **e** es correcta. Las otras opciones de respuesta son incorrectas y nada en el pasaje indicaría que cualquiera de ellas fuera admisible.

22. b. La reacción de fusión descrita le da energía al Sol mediante la liberación de cantidades enormes de energía y ocasiona la expansión de éste. Esta pregunta requiere que usted piense lógicamente en lo que pueda contrarrestar la expansión. La única opción razonable es que el jalón gravitacional del Sol impide que el Sol se expanda o explote. No hay una reacción de fisión que contrarreste la reacción de fusión (opción **a**), y las reacciones de fisión también liberan la energía. Las otras opciones no nivelarían la expansión.

23. a. Aunque la arteriosclerosis es una enfermedad que afecta la calidad de vida de otros, al parecer hasta este momento no amenazará la existencia humana. (La opción **b** es incorrecta.) El estilo de vida puede contribuir a la aparición de esta enfermedad. Ciertas personas con diferencias genéticas han sido capaces de desarrollar resistencia a esta enfermedad porque llevan un rasgo particular en su ADN. El pasaje sugiere que los rasgos se han seleccionado naturalmente porque son ventajosos para un medio ambiente dado. Estos rasgos se transmitieron a las generaciones subsecuentes; por lo tanto, la opción **a** es la correcta. No se hace referencia alguna al ejercicio como factor, ni tampoco el pasaje sugiere que la gente deba comer menos grasa. Por consiguiente, las opciones **c** y **e** son incorrectas. Nada se indicó con respecto a alguna evidencia que apoye la falta de una cura para la mutación genética; por lo tanto, la opción **d** es incorrecta.

24. c. Según el pasaje, entre el 15% y el 18% de cada respiro es oxígeno; por lo tanto, la opción **c** es la respuesta correcta.

25. d. Según el pasaje, así como se exhala, se inhala el mismo porcentaje de nitrógeno; y ese porcentaje es del 78%. Entonces, podemos suponer que los seres humanos no absorban gas de nitrógeno a través de los pulmones (opción **d**).

26. e. Los bronquios (opción **a**) son túbulos profusamente ramificados rodeados de cartílagos que se subdividen y se vuelven progresivamente más pequeños mientras van adentrándose en lo más profundo de los pulmones. La laringe (opción **b**) es la caja de voz mediante la cual el aire pasa para permitir que hagamos ruido mientras hablamos. El diafragma (opción **c**) es el músculo que permite que controlemos la inhalación y la exhalación del aire. La opción **d**, el estambre, no es parte del sistema respiratorio de los seres humanos. Los alvéolos (opción **e**) son unos diminutos sacos de aire que en realidad absorben oxígeno hacia el torrente sanguíneo.

27. a. La definición de un orgánulo es "un subcomponente dentro de la célula, el cual lleva a cabo una tarea específica." Cada opción aparte de la opción **a**, la membrana celular, se localiza dentro de la pared celular y lleva a cabo varias funciones cruciales para el funcionamiento de la célula.

28. c. La membrana celular o pared celular (opción **a**) protege el interior de la célula del mundo exterior así como también proporciona la estructura y soporte. La vacuola (opción **b**) se adhiere a la membrana celular y lleva a cabo funciones de secreción, de excreción y de reserva. La mitocondria (opción **c**) es el centro neurálgico de la célula, donde se genera la energía (se realiza el ATP) bajo presencia del oxígeno. El ribosoma (opción **d**) es el orgánulo responsable de la manufactura de proteínas. La quitina (opción **e**) no es orgánulo.

29. d. La función del núcleo es almacenar la información genética (ADN) de la célula.

30. b. Alguien que tiene sangre tipo B puede donar sangre a aquéllos que no tienen anticuerpos para B. Entre éstos se incluye gente con sangre tipo B (sólo tienen anticuerpos para A) y aquéllos con sangre tipo AB (no tienen ningún anticuerpo); por lo tanto, la opción **b** es correcta.

31. c. Los niveles de norepinefrina se elevan cuando hay posibilidades de peligro, de estrés o de excitación. La opción **c** (acariciar un conejo) es la única opción que tendería a calmar, más que a estresar o a excitar a una persona.

32. a. La comida salada es menos proclive a ataques bacteriales debido a que la mayoría de las bacterias no pueden crecer en medio ambientes que sean demasiado salados. El estar anémico (opción **b**) no está relacionado con la bacteria. La opción **c** es inconsistente con la pregunta. Las opciones **d** y **e** no son verdaderas y son inconsistentes con la pregunta.

33. b. Como la Tierra está bloqueando el paso de la luz solar a la luna, este diagrama despliega de la mejor manera un eclipse lunar.

34. d. En el pasaje, se indica que el porcentaje de bosque que permanece en Madagascar es inferior al 3% del bosque original. Esto implica que aproximadamente el 97% del bosque se ha perdido con el paso del tiempo.

35. e. Con la información proporcionada, no hay evidencia que apoye las opciones **a** y **c**, ni tampoco la opción **d**. Aunque se dice que Madagascar está perdiendo bosques, el pasaje no menciona la desertificación como la causa. La opción **e** es la razón más lógica de la extinción de los lémures gigantes.

36. b. Madagascar es una isla aislada en la costa de África. Si el registro fósil hiciera que surgieran algunos ancestros comunes a diferentes especies, podemos suponer que había un punto de divergencia. La única opción que explica esta divergencia es la opción **b**, porque si los miembros originales de una sola especie se aislaran por causa de un desplazamiento continental, con el paso del tiempo podrían evolucionar dos especies diferentes.

37. c. El enunciado II (opción **c**) es el único hecho. Si se toma el pasaje como referencia, todas las demás opciones no son hechos sino hipótesis basadas en un estudio científico.

38. e. El enunciado II es un hecho (medido con instrumentos científicos). Los seres humanos no viajaron a Europa; por lo tanto, el IV es un enunciado falso. El pasaje indica que algunos científicos hicieron una hipótesis, la cual dice que hay un océano bajo la superficie helada. Entonces la I es una hipótesis. La vida en la Luna todavía está por demostrarse hasta que la Luna entera se explore. Una hipótesis tiene que ser comprobable; entonces el III también es hipótesis.

39. d. Para que funcione una bombilla, el estudiante debe completar el circuito eléctrico al asegurarse de que la batería esté conectada, de que la batería esté cargada y de que los alambres estén conectados con las terminales correctas. La opción **d** incluye todos estos criterios.

40. a. La pelota, mientras que está en reposo en una superficie plana, debe empujarse (mediante una fuerza) para comenzar a moverse. Una vez que la pelota está en movimiento, se mantendrá en movimiento a menos que una fuerza actúe para detenerla. Un objeto en movimiento se mantendrá en movimiento, y un objeto en reposo se mantendrá en reposo a menos que se le aplique una fuerza. De este modo la opción **a** es la respuesta correcta.

41. d. En los dibujos mostrados, solamente el árbol y la flor son capaces de producir energía mediante la fotosíntesis.

42. a. Un buzo querría tomar mucho oxígeno sin permitir que el tanque sea muy voluminoso. Las otras opciones o son falsas (opciones **d** y **e**) o no consisten en una preocupación principal (opciones **b** y **c**).

43. b. Un electroimán no es más que un rollo de alambre atado a un centro metálico (generalmente hierro) y conectado a una fuente de corriente. El electroimán se energetiza y crea un campo magnético como un imán regular.

44. c. El enunciado que describe de la mejor manera una vacuna es la opción **c**. Cuando se le administra una vacuna, el sujeto recibe una (ligera) variación de una enfermedad. Como respuesta, el cuerpo produce las defensas necesarias pero no contrae la enfermedad. Si alguna vez la persona fuera expuesta a la enfermedad ya tendría anticuerpos en su sistema.

45. e. Cada uno de los animales enumerados son anfibios con la excepción del castor. Aunque el castor nada y pasa mucho tiempo en el agua, es un mamífero y no es miembro de la familia de anfibios. Las tres otras criaturas tienen la capocidad de respirar en la tierra y en el agua.

46. e. Las neuronas sí liberan neurotransmisores en una sinapsis, se pueden comunicar con el músculo esquelético para dar lugar a la contracción, funcionan mediante la transmisión de energía eléctrica por un axón largo, y se pueden comunicar con músculos suaves para dar lugar a la contracción. Las neuronas se encuentran en el sistema nervioso central y el sistema nervioso periférico; por lo tanto, la opción **e** no es verdadera.

47. d. Dado que la masa en aceleración produce una fuerza neta según la ecuación *Fuerza = masa x aceleración*, o $F = ma$, si a equivale a cero, toda la ecuación equivale a cero; entonces **a** es incorrecta. Si F es constante, duplicar el valor de m también dividirá el valor de **a**; entonces **b** es incorrecta. Una aceleración puede ser negativa, como es el caso de masas en desaceleración; entonces **c** es incorrecta. Para una aceleración dada, duplicar el valor de m también duplicará el valor de F porque estas variables están en lados opuestos de una ecuación. De este modo, **d** es correcta. La fuerza de gravedad debida a la Tierra produce una **a** negativa; entonces F definitivamente no es mayor que cero. Por consiguiente, **e** es incorrecta.

48. d. Los organismos fosilizados en la capa más baja de las rocas son generalmente más viejos y menos complejos que aquéllos encontrados en las capas superiores; entonces la opción **d** es correcta.

49. c. Los fertilizantes tienen a ser altos en nitrógeno. Entonces es probable que el ciclo de nitrógeno se haya interrumpido, con el exceso de nitrógeno agotando la fertilidad del suelo. De esta manera, la opción **c** es correcta. Típicamente los seres humanos tienen efectos adversos en el ciclo del carbón (opción **a**) mediante la contribución del efecto invernadero (con el uso de combustibles fósiles, por ejemplo). No hay tal cosa como el ciclo del suelo (opción **e**). El ciclo de la roca trata de un tipo de roca que se transforma en otra; entonces la opción **b** es incorrecta. De igual manera, es improbable que un cambio en el ciclo de agua sea la causa de problemas de fertilidad, debido a que se ocupa de la precipitación y de la evaporación.

50. d. Si los polos se revirtieran mientras que la lava se enfría, las partículas magnéticas dentro se alinearían de la manera como sabemos que los imanes se alinean a sí mismos: el polo sur de las partículas magnéticas se atraería hacia (entonces) el Polo Norte de la Tierra. Por lo tanto, en el momento en que la lava se enfrió y las rocas se formaron, un registro del campo magnético de la Tierra se habrá registrado. Entonces la opción **d** es correcta.

CAPÍTULO

50 ▶ Examen de práctica, GED examen de matemáticas

▶ **Parte I**

Usted está a punto de empezar la parte I de este examen de práctica. Puede usar su calculadora para estas preguntas.

1. Evalúe $(6 \times 10^5) \div (4 \times 10^3)$
   a. 20
   b. 100
   c. 150
   d. 1,500
   e. 2,000

2. Una caja en forma de sólido rectangular tiene una base cuadrada de 5 pies de largo y una altura de h pies. Si el volumen del sólido rectangular es de 200 pies cúbicos, ¿cuál de las ecuaciones siguientes pueden usarse para encontrar el valor de h?

a. $5h = 200$

b. $5h^2 = 200$

c. $25h = 200$

d. $h = 200 \div 5$

e. $h = 5(200)$

Las preguntas 3–5 se refieren a la información siguiente:

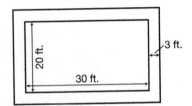

3. Un pasillo de 3 pies de ancho se construye alrededor de una piscina que mide 20 pies por 30 pies, tal como se ve en el dibujo. Para determinar cuánta laja se tiene que comprar, el dueño de casa necesita saber la superficie total, en pies cuadrados, del pasillo. ¿Cuál de las expresiones siguientes representa esta superficie?

a. $(23)(33)$

b. $(26)(36)$

c. $(23)(33) - (20)(30)$

d. $(26)(36) - (20)(30)$

e. $(26)(36) - (23)(33)$

4. Si una piscina tuviera una profundidad de 6 pies, ¿cuál sería el volumen del agua en pies cúbicos necesario para llenar la piscina?

a. 56

b. 300

c. 600

d. 3,000

e. 3,600

5. ¿Cuál es la superficie total, en pies cuadrados, de la piscina y del pasillo?

a. 50

b. 62

c. 759

d. 936

e. No hay suficiente información para contestar a esta pregunta

La pregunta 6 se refiere al dibujo siguiente:

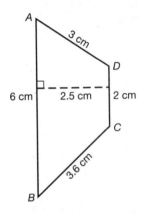

6. En cuadrilátero $ABCD$, el lado AB está paralelo al lado CD. Los lados AD y BC no son paralelos. ¿Cuál es la superficie de la figura al centímetro cuadrado más cercano? Marque su respuesta en el siguiente cuadriculado de coordinares.

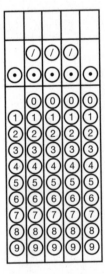

7. Se dibuja un paralelogramo en un cuadriculado en el cual tres vértices se encuentran en (3,4), (−2,4) y (−4,1). En que coordinados debe estar el cuarto vértice? Marque su respuesta en la siguiente cuadriculado de coordinares.

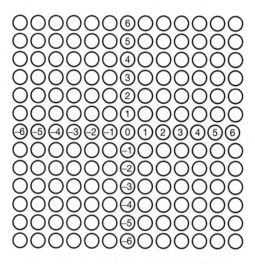

Las preguntas 8–9 se refieren a la gráfica siguiente:

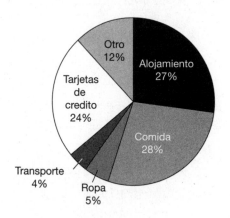

Los Klein están tratando de saldar su deuda de tarjeta de crédito, así que crearon este presupuesto basado en su ingreso mensual que llevan a casa.

8. Si la cantidad que llevan a casa después de deducciones es de $2,500, ¿cuánto tienen que pagar aproximadamente mensualmente en sus cuentas de tarjeta de crédito?

  a. $600

  b. $450

  c. $300

  d. $240

  e. No hay suficiente información

9. ¿Qué proporción del sueldo que se lleva a casa de los Klein se usa para la compra de ropa? Marque su respuesta en el cuadriculado siguiente:

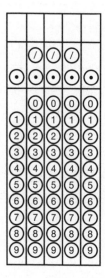

Las preguntas 10–11 se refieren a la información siguiente:

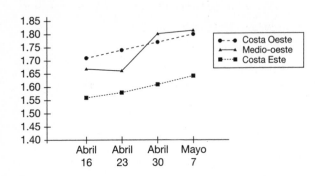

10. ¿En qué fecha y en qué lugar ocurrió el mayor aumento del precio de gasolina de una semana a otra?

  a. el 23 de abril en la Costa Oeste

  b. el 30 de abril en el Medio-oeste

  c. el 30 de abril en la Costa Oeste

  d. el 7 de mayo en la Costa Este

  e. el 7 de mayo en el Medio-oeste

11. Según la información de la grafica, ¿cuál de las frases siguientes es la mejor predicción del precio por galón para cada persona el la Costa Oeste de la semana después del 7 de mayo?

  a. $1.64

  b. $1.71

  c. $1.76

  d. $1.82

  e. $1.86

12. Los Northridge Quakers han ganado 20 partidos y han perdido 15. ¿Cuál es la razón de partidos ganados a partidos jugados?

  a. 3:4

  b. 3:7

  c. 4:3

  d. 4:7

  e. 4:10

13. Hay 35 canicas en un pote. Hay 5 cantidades iguales de canicas de diferentes colores. Cual es la probabilidad teorética de escoger cualquier color al azar?

  a. 1 de 5

  b. 5 de 35

  c. 5 de 7

  d. 1 de 7

  e. 7 de 7

14. Ocho atletas corrieron en una carrera de una milla. El tiempo del ganador fue de 4 minutos, ocho segundos. Si el tiempo mediano fue de 4 minutos 48 segundos, ¿cuál fue el tiempo del atleta que terminó último?

  a. 5 min. 28 seg.

  b. 5 min. 4 seg.

  c. 4 min. 46 seg.

  d. 4 min. 28 seg.

  e. No se ha provisto suficiente información.

15. Evalúe $y^2(4x - y)$ si $y = -2$ y $x = 8$.

  a. -18

  b. 18

  c. 86

  d. 96

  e. 136

16. Ken ganó x dólares en su trabajo de tiempo parcial el viernes. Su esposa ganó $12 más que 2 veces la paga de Ken $(2x + 12)$. Juntos, ganaron $174. ¿Cuánto ganó Ken el viernes?

  a. $54

  b. $87

  c. $108

  d. $120

  e. $162

17. Dos adultos y cuatro niños pagan $48 para entrar a una feria. Una entrada de niño cuesta $6 menos que una entrada de adulto. ¿Cuál es el costo de una entrada para adultos?

a. $18

b. $15

c. $12

d. $9

e. $6

18. Charlie le pidió prestado $1,500 a su tía. Piensa pagarle a su tía en 9 meses. Si paga 4% de interés sobre el préstamo, ¿cuál es la cantidad total que le pagará en 9 meses?

a. $540

b. $1,455

c. $1,545

d. $1,560

e. $2,040

19. Patricia quiere ordenar tarjetas de negocio. Una compañía de imprenta determina el costo (C) al cliente usando la siguiente función, donde b = el número de cajas de tarjetas y n = el número de colores de tinta.

$C = \$25.60b + \$14.00b(n - 1)$

Si Patricia ordena 4 cajas de tarjetas imprimidas en 3 colores. ¿cuánto costarán las tarjetas?

a. $214.40

b. $168.00

c. $144.40

d. $102.40

e. $56.00

20. Nick marcó 7 puntos más que Josh en un partido de baloncesto. Paul marcó 2 puntos menos que Josh en el mismo partido. Si los tres muchachos marcaron un total de 38 puntos, ¿cuántos puntos marcó Josh?

a. 5

b. 9

c. 11

d. 14

e. 15

21. Maggie y Christian decidieron compartir el costo del regalo de bodas de una amiga. Maggie contribuyó $20 menos que dos veces la cantidad que contribuyó Christian. Juntos gastaron $94. ¿Cuántos dólares contribuyó Maggie para el regalo? Marque su respuesta en el cuadriculado siguiente:

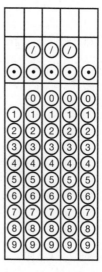

22. Si David tiene 56 años y Debra tiene la mitad de su edad más la raíz cuadrada de 16. ¿Cuántos años tiene Debra?

a. 28

b. 44

c. 60

d. 32

23. Calcule el producto de 42 y 68.

Marque su respuesta en el cuadriculado siguiente:

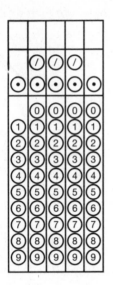

Marque su respuesta en el cuadriculado siguiente:

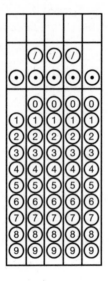

▶ Parte II

Usted empezará la parte II de este examen de práctica. En esta sección, Usted debe contestar a 25 preguntas adicionales. A diferencia de la parte I, NO debe usar su calculadora para estas preguntas, así que asegúrese de guardarla para simular la experiencia verdadera del examen del GED.

La pregunta 26 se basa en la figura siguiente:

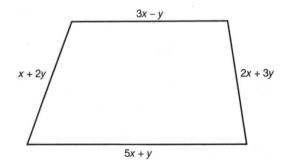

24. ¿Cuál tiene mayor valor, el valor absoluto de −28 o el valor absoluto de 15?

Marque su respuesta en el cuadriculado siguiente:

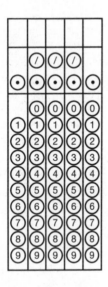

25. Una escuela recaudó $372 lavando carros para generar fondos. Si las ganancias se dividen entre 4 clases, ¿cuánto dinero recibirá cada clase?

26. ¿Cuál es el perímetro de la figura?
  a. $11x + 5y$
  b. $10x + 5y$
  c. $11x + 4y$
  d. $9x - y$
  e. $8x + 3y$

27. Si la longitud de los lados de $\triangle ABC$ son de 6 pulgadas, de 8 pulgadas y de 10 pulgadas, ¿cuál de las conclusiones siguientes debe ser verdadera?

a. $\angle C$ es un ángulo recto.

b. $\angle ABC$ es un triángulo recto.

c. $\angle ABC$ contiene un ángulo obtuso.

d. $\angle A$ es un ángulo agudo.

e. $m\angle A + m\angle B + m\angle C = 180°$

La pregunta 28 se basa en la figura siguiente:

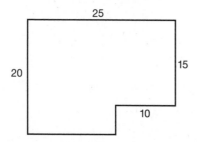

28. El diagrama representa una sala grande. ¿Cuál es la superficie, en yardas cuadradas, del cuarto?

a. 16.6

b. 33.3

c. 45

d. 50

e. 450

29. En cierta hora durante el día, un hombre de 6 pies de altura produce una sombra de 4 pies de largo. Al mismo momento, la cúpula de una iglesia produce una sombra de 28 pies de largo. ¿Cuántos pies de alto tiene la cúpula de la iglesia?

a. 30

b. 32

c. 42

d. 48

e. 56

30. Un estante tiene 3 anaqueles grandes y 4 anaqueles pequeños. Cada anaquel grande contiene 8 libros más que cada anaquel pequeño. Si el estante contiene 297 libros, ¿cuántos libros hay en cada anaquel pequeño? Marque su respuesta en el cuadriculado siguiente:

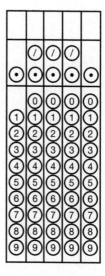

31. ¿Cuál de los siguientes es una gráfica de la desigualdad $-2 \leq x < 4$?

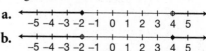

32. Un número es 12 más que 3 veces otro número. La suma de los dos números es -20. ¿Cuales son los números?

a. -2 y -18

b. -4 y -16

c. -5 y -15

d. -6 y -14

e. -8 y -12

33. ¿Cuál es el valor de la expresión $-3 \times 5^2 +$ $2(4 - 18) + 33$?

a. -130

b. -76

c. -20

d. 74

e. 130

34. Si el cuadrado de un número se suma a ese número aumentado por 4, el resultado es 60. Si n representa el número, ¿cuál ecuación se puede usar para determinar *n*?

a. $n^2 + 4 = 60$

b. $n^2 + 4n = 60$

c. $n^2 + n + 4 = 60$

d. $n^2 + 60 = 4n + 4$

e. $n^2 + n = 64$

35. En un mapa de carreteras, $\frac{1}{4}$ pulgada representa 8 millas de distancia de carretera. Los pueblos de Alton y Waverly son representados por puntos que están a $2\frac{1}{8}$ pulgadas de distancia. ¿Cuál es la distancia real, en millas, entre Alton y Waverly?

a. 17

b. 32

c. 40

d. 60

e. 68

La pregunta 36 se basa en la figura siguiente:

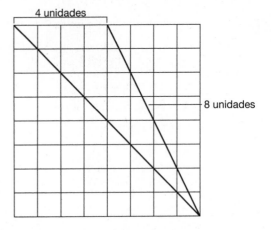

36. ¿Cuál es la superficie en unidades gráficas del triángulo?

a. 8

b. 10

c. 16

d. 32

e. 48

37. 1 kilómetro=

a. 10 metros

b. 100 metros

c. $1,000$ centímetros

d. $10,000$ centímetros

e. $1,000,000$ milímetros

La pregunta 38 se basa en la figura siguiente:

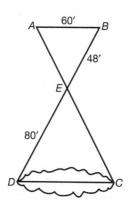

38. Para medir la distancia (*DC*) de un lado a otro de un lago, un topógrafo toma puntos *A* y *B* para que $\overrightarrow{AB}$ esté paralelo a $\overrightarrow{DC}$. Si $\overrightarrow{AB} = 60$ pies, $\overrightarrow{EB} = 48$ pies, y $\overrightarrow{ED} = 80$ pies, calcule $\overrightarrow{DC}$.

a. 72 pies

b. 84 pies

c. 96 pies

d. 100 pies

e. No hay suficiente información.

39. Jason está tirando un dado de seis lados enumerados. ¿Cuál es la probabilidad de que tire un número primo?

Marque su respuesta en el cuadriculado siguiente:

40. Los Southside Rebels han perdido 15 de 45 partidos. ¿Cuál es la proporción de partidos ganados a partidos perdidos?

Marque su respuesta en el cuadriculado siguiente:

41. Andrea está tirando una moneda. ¿Cuál es la probabilidad de que la moneda termine cara arriba dos veces seguidas?

a. $\frac{1}{2}$

b. $\frac{1}{3}$

c. $\frac{1}{4}$

d. $\frac{2}{6}$

e. 0

42. ¿Cuántas combinaciones de conjuntos puede hacer David si tiene 9 camisas, 7 pantalones, 11 pares de zapatos y 3 sombreros?

a. 2,079

b. 1,045

c. 124

d. 77

e. 30

43. Si dos monedas caen al piso, ¿cuál es la probabilidad de que ambas monedas terminen cara arriba?

  a. $\frac{1}{4}$

  b. $\frac{2}{4}$

  c. $\frac{1}{2}$

  d. $\frac{2}{2}$

  e. $\frac{4}{2}$

44. ¿Cuál es más probable: tirar un número par o un número primo en un dado de 6 lados?

  a. par

  b. impar

  c. igualmente probable

  d. primo

  e. No hay suficiente información provista.

45. Evalúe: $7\sqrt{16} \div |-14| + \sqrt{25}$

  a. 5

  b. 7

  c. 9

  d. 11

  e. 13

46. Calcule la diferencia entre el primer número primo y el quinto número primo.

  a. 1

  b. 5

  c. 7

  d. 9

  e. 11

47. James está pensando en un número de dos dígitos. La suma de los dígitos es 7. El producto de los dígitos es cero. ¿En qué número está pensando James?

  a. 81

  b. 70

  c. 61

  d. 25

  e. 16

48. ¿Cuál de los siguientes tiene el menor valor numérico?

  a. 5^2

  b. 2^5

  c. 3^3

  d. 8^2

  e. 9^2

49. ¿Cuál de los valores siguientes están en orden desde el mayor hasta el menor?

  a. $2^4, 3^3, 5^2$

  b. $5^2, 3^3, 2^4$

  c. $5^2, 2^4, 3^3$

  d. $3^3, 5^2, 2^4$

  e. $3, 2, 5$

50. ¿Cuál de los siguientes grupos de números tiene 4 como su mayor factor común?

  a. 6, 8, 16

  b. 4, 12, 20

  c. 4, 6, 8

  d. 8, 30, 36

  e. 2, 4, 6

▶ Respuestas

1. c. $6 \times 10^5 = 600{,}000$

$4 \times 10^3 = 4{,}000$

$600{,}000 \div 4{,}000 = 600 \div 4 = 150$

2. c. Use la formula $V = lwh$. En este caso, $l = 5$, $w = 5$, y $h = h$. Por lo tanto, $V = 5 \times 5 \times h = 25h$ y $25h = 200$.

3. d. Como se puede ver en la figura, para determinar la superficie del pasillo, necesita restar la superficie del rectángulo interior, $(20)(30)$ pies cuadrados, de la superficie del rectángulo exterior, $(26)(36)$ pies cuadrados: $(26)(36) - (20)(30)$ pies cuadrados.

4. e. Como la profundidad media de la piscina es de 6 pies, el agua forma un sólido rectangular con dimensiones de 30 por 20 por 6. El volumen de agua es el producto de estos tres números: $(30)(20)(6) = 3{,}600$ pies^3.

5. d. Juntos, la piscina y el pasillo forman un rectángulo con dimensiones de 36 por 26. La superficie total es el producto de estos números: $(36)(26) = 936$ pies cuadrados.

6. 10.

El cuadrilateral $ABCD$ es un trapezoide porque tiene un par de lados paralelos. Las bases son los lados paralelos, AB y CD. La altura es la longitud 2.5 cm. Use la fórmula para determinar la superficie del trapezoide.

$$A = \frac{1}{2} \times (b_1 + b_2) \times h$$
$$= \frac{1}{2} \times (6 + 2) \times 2.5$$
$$= \frac{1}{2} \times 8 \times 2.5$$
$$= 4 \times 2.5$$
$$= 10 \text{ cm}^2$$

7. (1,1).

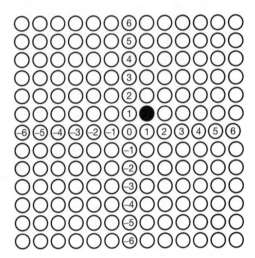

Asiente los puntos provistos en el problema y complete el paralelogramo. Recuerde que en un paralelogramo, ambos pares de lados opuestos son iguales y paralelos.

8. a. Calcule 24% de $2,500.

$$\frac{x}{2,500} = \frac{24}{100}$$
$$\frac{100x}{100} = \frac{60,000}{100}$$
$$x = 600$$

9. $\frac{1}{20}$ or $\frac{5}{100}$.

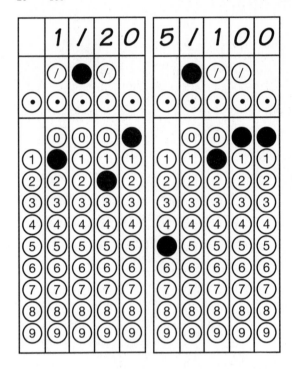

Los gastos de ropa toman 5% del sueldo de los Kleins. Cambie 5% a una fracción para obtener $\frac{5}{100}$, la cual puede reducirse a $\frac{1}{20}$.

10. b. La subida más inclinada fue desde el 23 de abril hasta el 30 de abril. El símbolo indica que se trata del Medio Oeste.

11. d. Los precios en la Costa Oeste siguen subiendo fijamente de 2 o 3 centavos cada semana. El 7 de mayo, el precio en la Costa Oeste está un poco menos de $1.80. Si sube de 2 o 3 centavos, debe llegar a $1.82 para la próxima semana. La pregunta no da ninguna razón para esperar una disminución repentina ni un aumento severo.

12. d. El número de partidos jugados es el total de las victorias y de las pérdidas (20 + 15 = 35). Escribe la proporción y simplifica. $\frac{20}{35} = \frac{4}{7}$.

13. $\frac{1}{5}$.

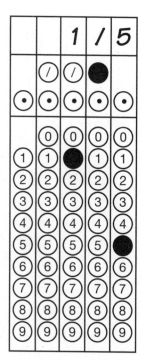

Si hay 35 canicas y 5 colores diferentes, debe haber 7 canicas de cada color; así la probabilidad de escoger cualquier color sería de $\frac{7}{35}$ o $\frac{1}{5}$.

14. e. El tiempo mediano es el tiempo del medio cuando todos los tiempos se ponen en orden. No hay manera de saber cuán atrasado estuvo el atleta mas lento.

15. e. Reemplace los variables con sus valores provistos.

$(-2)2 \, (32 - (-2)) = 4(34) = 136.$

16. a. Resuelva:

$x + (2x + 12) = \$174$

$3x + 12 = \$174$

$3x = \$162$

$x = \$54$

17. c. Deje que $x =$ el precio de una entrada adulta y $x - \$6 =$ el precio de una entrada de niño. En el problema el costo de 2 entradas adultas y 4 entradas de niño es de \$48. Escriba y resuelva la ecuación:

$2x + 4(x - 6) = \$48$

$2x + 4x - \$24 = \$48$

$6x - \$24 = \$48$

$6x = \$72$

$x = \$12$

18. c. Determine la cantidad de interés. Para el período de tiempo, use 9/12, que equivale a 3/4 o .75. Multiplique $\$1,500 \times .04 \times .75 = \$45$. Sume para determinar la cantidad devuelta. $\$1,500 + \$45 = \$1,545.$

19. a. Sustituya 4 por b y 3 por n en la función. Luego resuelva la ecuación.

$C = \$25.60(4) + \$14(4)(3 - 1)$

$= \$102.40 + \$112.00$

$= \$214.40$

20. c. Deje que $x =$ el número de puntos marcados por Josh, $x + 7 =$ el número de puntos marcados por Nick, y $x - 2 =$ el número de puntos marcados por Paul.

$x + x + 7 + x - 2 = 38$

$3x + 5 = 38$

$3x = 33$

$x = 11$

21. 56.

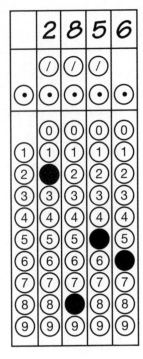

Que x representa la cantidad que aportó Christian, y que 2x – 20 represente la contribución de Maggie. Resuelva la ecuación.

$x + 2x - 20 = 94$

$3x = 114$

$x = 38$

Christian pagó $38 y Maggie pagó 94 – 38 = $56.

22. d. Primero, calcule la mitad de 56 (56 ÷ 2 = 28). Luego, calcule $\sqrt{16} = 4$ (4 × 4 = 16). Sume 28 + 4 = 32. Debra tiene 32 años.

23. 2856.

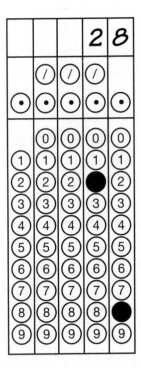

$42 \times 68 = 2856$

24. 28.

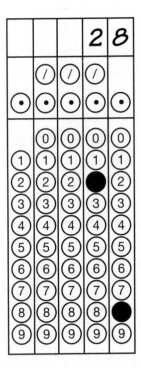

$-28 \ |-28| = 28$

$15 \ |15| = 15$

$28 > 15$

25. 93.

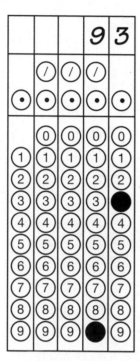

$372 \div 4$ clases= $93 por clase

26. a. El perímetro de la figura es $x + 2y + 3x - y + 2x + 3y + 5x + y = 11x + 5y$.

27. e. $\triangle ABC$ es un triángulo recto, pero no hay manera de saber cuál es el ángulo recto. Por lo tanto, elimine la respuesta **a.** No importa el tipo de triángulo; la suma de las medidas de los ángulos interiores de un triángulo debe ser de 180°.

28. d. Divida el espacio del piso en dos rectángulos al dibujar un segmento lineal. La superficie del rectángulo grande = $20 \times 15 = 300$ pies cuadrados. La superficie del rectángulo pequeño = $10 \times 15 = 150$ pies cuadrados. La superficie total del espacio del piso = $150 + 300 = 450$ pies cuadrados; como 9 pies cuadrados = 1 yarda cuadrada., 450 pies cuadrados $\div 9 = 50$ yardas cuadradas.

29. c. Deje que x = la altura de la cúpula. Prepare la proporción:

$$\frac{\text{Altura del objeto}}{\text{Longitud de la sombra}}: \frac{x}{28} = \frac{6}{4}$$

$$4x = 6(28) = 168$$

$$x = 168 \div 4 = 42 \text{ PIES}$$

30. 39.

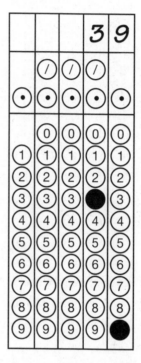

Deje que x = el número de libros en el anaquel pequeño, y $x + 8$ = el número de libros en el anaquel grande. Luego $4x$ = el número de libros en 4 anaqueles pequeños y $3(x + 8)$ = el número de libros en 3 anaqueles grandes.

$$4x + 3(x + 8) = 297$$

$$4x + 3x + 24 = 297$$

$$7x + 24 = 297$$

$$7x = 297 - 24$$

$$7x = 273 \div 7 = 39$$

31. d. Separe la desigualdad en dos desigualdades, $x < 4$ y $-2 \, '' \, x$. La respuesta **d** es la única gráfica que representa las desigualdades. Debe haber un círculo abierto para representar que el 4 no se incluye y un círculo sombreado para representar que el -2 se incluye.

32. e. $x =$ un número y $3x + 12 =$ el otro número, para la ecuación:

$x + 3x + 12 = -20$

$4x + 12 = -20$

$4x = -32$

$x = -8$

$3(-8) + 12 = -12$

33. b. Use el orden de operaciones.

$-3 \cdot 5^2 + 2(4 - 18) + 33$

$-3 \cdot 25 + 2(-14) + 27$

$-75 + (-28) + 27$

-76

34. c. Deje que $n =$ el número. Entonces $n^2 =$ el cuadrado del número, y $n^2 + n + 4 = 60$.

35. e. Como $\frac{1}{4}$ pulgada representa 8 millas;

1 pulgada representa $4 \times 8 = 32$ millas;

2 pulgadas representan $2 \times 32 = 64$ millas;

$\frac{1}{8}$ pulgada representa 4 millas. Entonces $2\frac{1}{8}$ pulgadas representan $64 + 4 = 68$ millas.

36. c. Use la fórmula para la superficie del triángulo.

$A = (\frac{1}{2})BH$

$(\frac{1}{2})(4)(8) = 16$

37. e. 1 Km. $= 1,000$ m y m $= 100$ cm. Entonces1 Km. $= 100,000$ cm y 1 Km. $= 1,000,000$ Mm.

38. d. Deje que $x = \overrightarrow{DC}$. Como $\triangle ABE$ es similar a $\triangle CED$, la longitud de sus lados correspondientes están en proporción.

$\frac{x}{60} = \frac{80}{48}$

$48x = 80(60) = 4,800$

$x = 4,800 \div 48 = 100$

100 pies es la respuesta.

39. $\frac{1}{2}$.

En un dado de seis números, hay 3 números primos (2, 3, 5). La probabilidad de tirar un número primo la primera vez sería de $\frac{1}{2}$.

40. 2/1.

El número del total de partidos jugados menos los partidos perdidos resultará en el número de partidos ganados (45 – 15 = 30). Escriba la proporción y simplifique.

30:15 = 2:1

41. **c.** Cuando tira una moneda, la probabilidad de que termine cara arriba es de $\frac{1}{2}$ (cara o cruz). Tire la moneda otra vez y las posibilidades serán Cara/Cara, Cruz/Cara, Cara/Cruz, y Cruz/Cruz. Ahora tiene 4 combinaciones de las cuales solamente una le dará Cara/Cara, así que la posibilidad de que la moneda termine cara arriba dos veces seguidas será de 1 de 4 o $\frac{1}{4}$.

42. **a.** Éste es un problema sencillo de combinaciones donde el orden importa.

$9 \times 7 \times 11 \times 3 = 2{,}079$

43. **a.**

Resultados posibles

Moneda 1	Cara	Cara	Escudo	Escudo
Moneda 2	Escudo	Cara	Escudo	Cara

Esta tabla presenta los resultados posibles del evento de 2 monedas que caen al piso. Hay 4 resultados posibles. En 1 de 4 ocasiones, ambas monedas terminarán cara arriba.

44. **c.** Los resultados posibles al tirar un dado de seis lados son:1, 2 3, 4, 5, 6. Los números pares son 2, 4 y 6. Los números impares son 1, 3 y 5. Por lo tanto, las posibilidades de tirar un número impar o par son iguales.

45. **b.** Evalúe usando las reglas para el orden de las operaciones:

$7(4) \div 14 + 5$

$(28 \div 14) + 5$

$2 + 5$

7

46. **d.** El primer número primo es 2, y el quinto es 11; 11 – 2 = 9

47. **b.** El producto de cualquier número y cero es cero. La única alternativa posible es 70 (b), porque tiene un cero como uno de sus dígitos; $7 \times 0 = 0$

48. **a.** Evalúe cada alternativa:

$5^2 = 5 \times 5 = 25$

$2^5 = 2 \times 2 \times 2 \times 2 \times 2 = 32$

$3^3 = 3 \times 3 \times 3 = 27$

$8^2 = 8 \times 8 = 64$

$9^2 = 9 \times 9 = 81$

25 es el menor valor numérico; entonces la respuesta **a** es correcta.

49. d. Cada respuesta tiene los tres mismos valores arreglados en diferentes órdenes. Primero, evalúe los tres valores:

$2^4 = 2 \times 2 \times 2 \times 2 = 16$

$3^3 = 3 \times 3 \times 3 = 27$

$5^2 = 5 \times 5 = 25$

$5^2, 3^3, 2^4$ están en orden, de mayor a menor.

50. b. Las respuestas **a** y **c** no son correctas porque 4 no es un factor de 6. La respuesta **d** tampoco es correcta porque 4 no es un factor de 30. Queda solamente la respuesta **b**.

51▶ Examen de práctica, GED examen de ciencias sociales

Instrucciones: Lea cada pregunta cuidadosamente. Las preguntas son de opción múltiple y pueden estar basadas en un pasaje, una tabla o una ilustración. Seleccione la mejor respuesta para cada pregunta. Tenga cuidado: En el GED, no se le permite escribir en el folleto de prueba. Tome apuntes en una hoja de papel aparte.

Las preguntas 1–2 se refieren al pasaje y a la fotografía que siguen.

Fuente: Administración de Registros y Archivos Nacionales.

Después de 72 años de campaña y protesta, se les concedió el derecho de votar a las mujeres en 1920. Aprobada por el Congreso y ratificada por 36 de los 48 estados que había entonces, la Enmienda Diecinueve de la Constitución de los E.U. establece "El derecho de los ciudadanos de los Estados Unidos al voto no debe ser negado ni abreviado por los Estados Unidos ni por ningún estado debido al sexo de la persona."

1. ¿A quiénes se dirigen las mujeres en esta fotografía?
   a. a otras mujeres que dicen que no quieren tener el derecho al voto
   b. al presidente Woodrow Wilson
   c. a los abolicionistas
   d. a los sufragistas
   e. a los aislacionistas

2. ¿Con cuál de los enunciados siguientes sería más probable que el fotógrafo estuviera de acuerdo?
   a. Las mujeres se deben comportar de manera digna y ordenada incluso si están protestando.
   b. Las mujeres están paradas fuera de las rejas del poder gubernamental.
   c. Las sufragistas serían más efectivas si tuvieran eslóganes más poderosos.
   d. Las manifestaciones son la manera más efectiva de influenciar la legislación.
   e. Las manifestaciones siempre son ineficaces.

Las preguntas 3–5 se refieren a las gráficas siguientes:

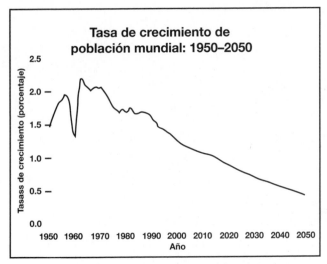

Tasa de crecimiento = tasa de natalidad – tasa de mortalidad
Fuente: Oficina del Censo de los E.U., Base de Datos Internacional, 10-2002.

Fuente: Oficina del Censo de los E.U., Base de Datos Internacional, 10-2002.

3. El aumento más grande del índice de crecimiento de población entre 1950 y 2000 ocurrió en
   a. 2001–2002.
   b. 2000–2001.
   c. 1990–2000.
   d. 1962–1963.
   e. 1956–1957.

4. El índice de población mundial bajó de un punto de porcentaje entre mediados de 1950 y 1960. ¿Cuál de los siguientes explica mejor esta incidencia?

a. La proporción de nacimientos con respeto a la proporción de mortalidad era más alta a mediados de 1950 que en 1960.

b. La explosión de la natalidad en la década posterior a la Segunda Guerra Mundial ocasionó un repunte en el índice de natalidad.

c. La introducción de la píldora en el control de la natalidad en 1960 en los Estados Unidos ayudó a disminuir el índice de natalidad.

d. Hubo más nacimientos en 1960 que a mediados de 1950.

e. Hubo más muertes en 1960 que a mediados de 1950.

5. ¿Cuál de los enunciados siguientes es demostrado por la información en las dos gráficas?

a. La población alcanzará su límite en 2050.

b. Cuando el índice de crecimiento de la población disminuye, también disminuye la población.

c. Cuando el índice de crecimiento de la población aumenta, también se incrementa la población.

d. El índice de crecimiento de la población alcanzará su punto más bajo en 2050.

e. Aunque el índice de crecimiento de población está disminuyendo, la población está aumentando.

La pregunta 6 se basa en la gráfica siguiente:

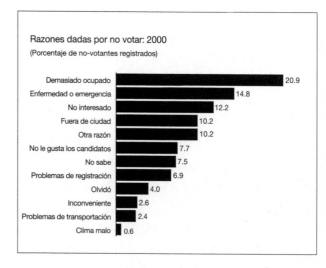

Fuente: Oficina del Censo de los E.U., Encuesta Actual de Población, noviembre 2000.

6. Según la información de la gráfica, ¿cuál de las propuestas siguientes podría mejorar el índice de votación?

a. La distribución de paraguas a todos los hogares para animar a la gente a votar en días de elecciones lluviosos.

b. La organización de autobuses que ayuden a la gente a desplazarse hacia los lugares de votación.

c. El envío de recordatorios a los votantes registrados para que no se olviden de votar.

d. La reprogramación del día de las elecciones al fin de semana para que la gente que trabaja y estudia esté disponible para votar.

e. Presentar candidatos más interesantes que inspiren a la gente a votar.

Las preguntas 7–8 se refieren al pasaje siguiente:

La Constitución de los E.U. le da al presidente el poder del veto o rechazo del proyecto de ley aprobado por el Congreso. Típicamente el presidente plantea sus objeciones al proyecto de ley cuando anuncia el veto. Debido a que un voto de dos-terceras partes de la Cámara de Representantes y del Senado puede invalidar un veto, con frecuencia el Congreso cambia el proyecto de ley para presentárselo de manera más aceptable al presidente. A veces el Congreso agrega disposiciones al proyecto de ley que el presidente favorece enérgicamente. El presidente no tiene el poder de vetar ciertos renglones, en el cual algunos renglones o partes del proyecto de ley pueden rechazarse individualmente. El presidente debe aceptar o rechazar el proyecto de ley tal como el Congreso lo ha escrito.

7. ¿Cuál de los enunciados siguientes podría usted deducir del pasaje?
   a. El Congreso es más poderoso que el presidente.
   b. El Congreso trata de lograr que el presidente acepte sus disposiciones al adjuntar disposiciones al proyecto de ley que el presidente apoya.
   c. Un presidente es más efectivo cuando los miembros de su mismo partido político constituyen la mayoría del Congreso.
   d. Si el presidente veta un proyecto de ley, no hay manera de hacer que se apruebe como ley.
   e. Los proyectos de ley que el presidente veta son anticonstitucionales.

8. ¿Cuál de las conclusiones siguientes puede usted hacer basándose en el pasaje?
   a. Es más fácil escribir de nuevo y hacer más aceptable el proyecto de ley al presidente que anular el veto.
   b. Es más fácil anular el veto que escribirlo otra vez y hacer el proyecto de ley más aceptable para el presidente.
   c. La Constitución de los Estados Unidos le otorga poder al presidente de editar los proyectos de ley que recibe del Congreso.
   d. El sistema de controles y balances asegura que el presidente no tenga influencia alguna en la rama de legislación del gobierno.
   e. Los presidentes raramente usan su poder de veto.

Las preguntas 9–10 se basa en el mapa siguiente:

Los Poderes Europeanos de la Guerra Mundiall

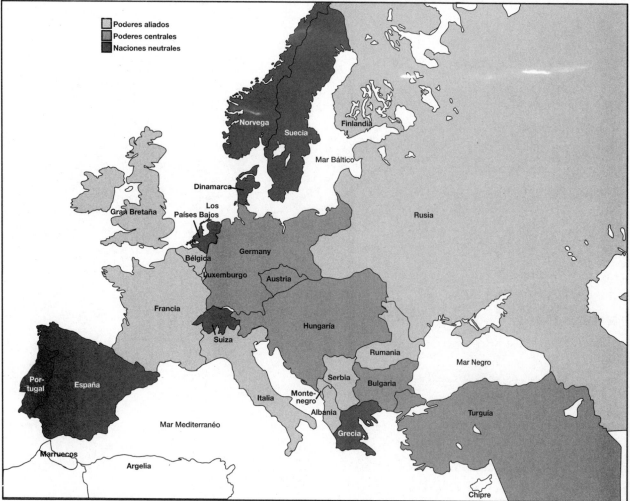

Poderes aliados
Poderes centrales
Naciones neutrales

Norvega · Suecia · Finlandia · Mar Báltico · Dinamarca · Gran Bretaña · Los Países Bajos · Rusia · Bélgica · Germany · Luxemburgo · Austria · Francia · Hungaría · Suiza · Rumania · Mar Negro · Serbia · Bulgaria · Por-tugal · España · Italia · Monte-negro · Albania · Turguía · Mar Mediterráneo · Grecia · Marruecos · Argelia · Chipre

9. Los Estados Unidos mantuvieron su neutralidad durante la guerra hasta que Alemania anunció su intención de emplear la guerra submarina ilimitada en los mares. El Congreso de los E.U. le declaró la guerra a Alemania el 6 de abril de 1917. Mediante esta acción, ¿con qué otras naciones se estaban aliando?

a. Bulgaria y Turquía

b. Grecia y Suecia

c. Dinamarca y Suecia

d. Marruecos y Argelia

e. Rusia e Italia

10. El Presidente de los E.U. Woodrow Wilson le llamó a la guerra la indicada "para hacer del mundo un lugar seguro para la democracia." Según el mapa y esta cita, ¿cuál es la conclusión a la que se podría llegar?

a. La Rusia comunista representaba una amenaza para la democracia en 1917.

b. En 1917, Italia se había convertido en un estado fascista que amenazaba la democracia.

c. España no tenía gobierno representativo en 1917.

d. Alemania y Austria-Hungría no eran democracias en 1917.

e. La Gran Bretaña era una monarquía constitucional en 1917.

La pregunta 11 se refiere al mapa siguiente:

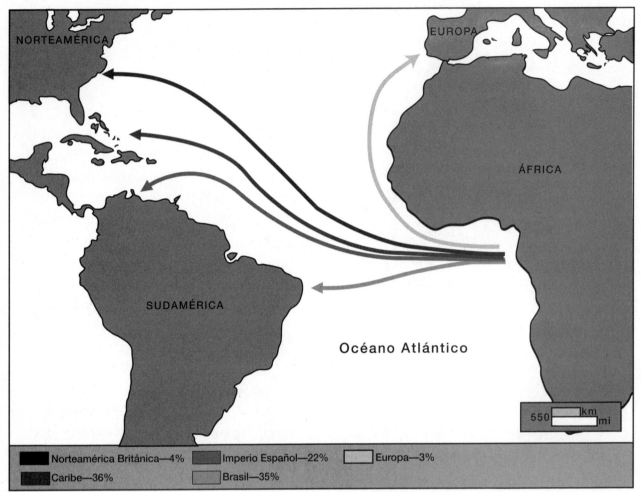

Norteamérica Británica—4%	Imperio Español—22%	Europa—3%
Caribe—36%	Brasil—35%	

11. Según la información proporcionada en el mapa, ¿a cuál de las conclusiones siguientes se puede llegar?

    a. Las colonias británicas fueron el destino principal de los esclavos africanos.

    b. Sudamérica no permitió la importación de esclavos.

    c. La mayoría de los esclavos fueron enviados a trabajar en plantaciones de azúcar en el Brasil y en el Caribe.

    d. Sudamérica tiene hoy en día una gran población de origen africano.

    e. La región principal de tráfico de esclavos en áfrica se extendió hasta 550 millas.

Las preguntas 12–13 están basadas en el pasaje siguiente:
Mohandas Gandhi, también conocido como Mahatma Gandhi, desarrolló una política de resistencia pasiva en su lucha a favor de los derechos civiles para los inmigrantes de la India en Sudáfrica, y posteriormente en la campaña a favor de la independencia de la India del reinado británico. Los escritos del autor ruso León Tolstoi y el ensayo "Desobediencia Civil," escrito por Henry David Thoreau, un norteamericano del siglo XIX, inspiraron a Gandhi. Gandhi nombró *satyagraha* a los actos de resistencia no violenta: éste es un término sánscrito que significa "verdad y firmeza." La Marcha de la Sal de 1930 ejemplificó esta política. Como protesta contra el

impuesto sobre la sal del gobierno británico, Gandhi dirigió a decenas de miles de hindúes en una marcha de 200 millas hacia el Mar Arábigo, donde extrajeron sal del agua de mar evaporada. Miles, y Gandhi también, fueron arrestados. Cuando los británicos reconocieron sus demandas, Gandhi detuvo su campaña. Cuando lo liberaron de prisión en 1931, viajó a Londres como representante del Congreso Nacional Hindú para negociar medidas de reforma.

12. ¿Cuál de los siguientes sería un buen título para este pasaje?

a. La Marcha de la Sal de 1930

b. Cómo Dirigir una Protesta Efectiva

c. Actos de Gandhi de Resistencia No Violenta

d. Liberen a la India

e. Mahatma Gandhi y Henry David Thoreau

13. ¿Cuál de las conclusiones siguientes se puede obtener del pasaje?

a. Las protestas por la no violencia de Gandhi fueron herramientas políticas efectivas.

b. Los británicos no respondieron a la Marcha de la Sal.

c. *Satyagraha* significa "verdad y firmeza" en sánscrito.

d. Gandhi se negó a apoyar al gobierno británico en la Segunda Guerra Mundial hasta que le concedieran a India su independencia.

e. La India no pudo ganar su independencia sin recurrir a la revolución violenta.

Las preguntas 14–16 se refieren al pasaje siguiente:

En enero de 1863, durante la Guerra Civil, la *Proclamación de la Emancipación* del presidente Abraham Lincoln liberó a más de tres millones de esclavos que vivían en los Estados Confederados. Lincoln declaró:

"Y mediante la virtud del poder y del propósito mencionado, ordeno y declaro que toda persona mantenida como esclavo dentro de los estados designados y partes del estado son, y de ahora en adelante serán, libres; y que el Gobierno Ejecutivo de los Estados Unidos, así como las autoridades militares y navales del mismo, reconocerán y mantendrán la libertad de dichas personas.

"Y yo por la presente impongo sobre la gente así declarada, el ser libre y abstenerse de toda violencia a menos que sea necesario como defensa propia; y yo les recomiendo que, en todos los casos permitidos, laboren fielmente por sueldos razonables.

"Y yo declaro y hago conocido que tales personas, en la condición adecuada, serán recibidas por el servicio del ejército de los Estados Unidos para proteger fuertes, posiciones, estaciones y otros lugares y para tripular navíos de todo tipo en el servicio dicho.

Fuente: HistoryCentral.com

14. Según el pasaje, ¿cuál de las siguientes NO era una de las expectativas hacia los antiguos esclavos?

a. luchar por el ejército de la Unión

b. convertirse en ciudadanos libres

c. integrarse a la fuerza de trabajo

d. defenderse a sí mismos si fuera necesario

e. incitar una rebelión entre esclavos en los estados que fueron leales a la Unión

15. Según los valores expresados en la *Proclamación de la Emancipación*, ¿cuál de los grupos siguientes lo hubiera DESAPROBADO?

 a. las naciones como la Gran Bretaña y Francia donde había un fuerte sentimiento anti-esclavista.

 b. las líderes de la Confederación

 c. las abolicionistas

 d. las fuerzas del ejército de la Unión

 e. las humanitarios

16. ¿Cuál de las siguientes fue la razón más probable para que Lincoln no emancipara a todos los esclavos?

 a. Lincoln no quería apaciguar a los grupos radicales abolicionistas.

 b. Él creía que la esclavitud constituía una necesidad económica.

 c. Él no quería alterar a los estados con posesión de esclavos leales a la Unión—Delaware, Maryland, Kentucky y Missouri.

 d. Lincoln no creía que fuera posible la abolición completa de la esclavitud.

 e. Él quería hacer respetar la decisión de la Corte Suprema sobre el caso de Dred Scott, la cual dijo que el Congreso no podía regular la esclavitud en territorios nuevos.

Las preguntas 17–19 se basa en el mapa siguiente:

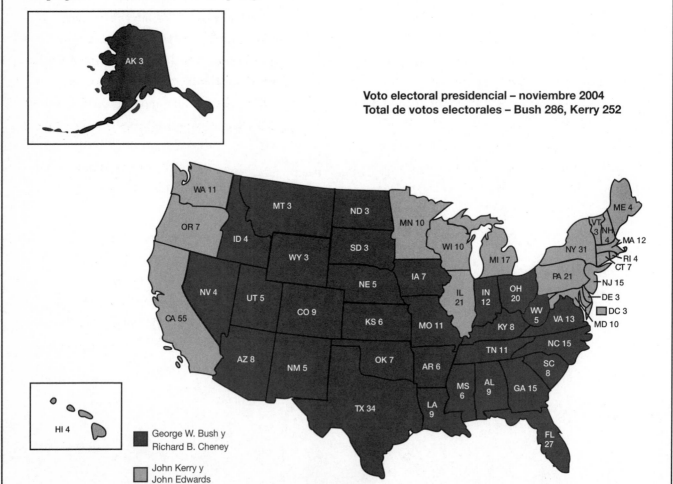

Voto electoral presidencial – noviembre 2004
Total de votos electorales – Bush 286, Kerry 252

17. Según la información del mapa, ¿cuál de los siguientes podría ser verdadero respecto a la estrategia de campaña de Kerry?

   a. Se enfocó en ganar los estados del Sureste.

   b. Kerry fijó los esfuerzos de su campaña en el estado de Massachusetts donde vive.

   c. Iba dirigida hacia los estados con grandes poblaciones y un gran número de votos electorales.

   d. Se enfocó en ganarse a la mayoría de los estados con poblaciones pequeñas.

   e. Kerry hizo una campaña vigorosa en el estado de Texas donde vive George W. Bush.

18. ¿Cuál de los siguientes NO es un enunciado verdadero?

   a. George W. Bush ganó un gran número de estados.

   b. John Kerry era popular en Nueva Inglaterra.

   c. Si Kerry hubiera ganado los votos electorales de la Florida, habría ilegado a ser presidente.

   d. Si Kerry hubiera ganado los votos electorales de Dakota del Sur, habría ilegado a ser presidente.

   e. Bush no atrajo a la mayoría de votantes en la Costa Oeste.

19. ¿Cuál de las conclusiones siguientes puede usted hacer de la información en el mapa?

   a. Las mujeres son más proclives a votar a favor del partido demócrata que los hombres.

   b. Un número creciente de norteamericanos se consideran a sí mismos independientes políticamente.

   c. La Franja del Sol—los estados sureños y del Suroeste—alguna vez fue el bastión del partido demócrata.

   d. Hubo diferencias regionales definidas en los patrones de votación.

   e. No se puede hacer ninguna predicción sobre patrones de votación basándose en las regiones.

Las preguntas 20–21 se refieren al cuadro siguiente:

Compañeros de comercio exterior de los Estados Unidos

PAÍS	COMERCIO TOTAL	EXPORTACIONES A LOS ESTADOS UNIDOS (EN MILLONES)	IMPORTACIONES DE LOS ESTADOS UNIDOS (EN MILLONES)
Canadá	407,995	178,786	229,209
México	246,837	110,926	135,911
Japón	211,831	65,254	146,577
China	116,316	16,253	100,063
Alemania	87,981	29,244	58,737
Reino Unido	85,038	41,579	43,459
Corea (Sur)	68,202	27,902	40,300

Fuente: Oficina del Censo de los E.U.

20. ¿Cuál de las conclusiones siguientes puede usted obtener de la información en el cuadro?

  a. Los Estados Unidos comercian en su mayoría con los países que geográficamente están más cerca.

  b. La ubicación geográfica no tiene influencia sobre el comercio internacional.

  c. Hay una relación entre el tamaño de un país y su estado económico.

  d. Hay una relación entre la densidad de población de un país y su estado económico.

  e. De todos los socios comerciales, el Canadá tiene el producto nacional bruto más alto (PNB o GNP por sus siglas en inglés).

21. ¿Cuál de los enunciados siguientes es mejor apoyado por la tabla?

  a. El nivel de servicios y de mercancías importadas hacia los E.U. ha aumentado en la última década.

  b. La política que restringe el comercio internacional no afecta la economía de los E.U.

  c. El Japón importa y exporta más que cualquier otro país del mundo.

  d. Los socios comerciales más importantes de los E.U. son naciones industrializadas y desarrolladas.

  e. Algunos de los productos que actualmente se importan alguna vez se fabricaron en los Estados Unidos.

Las preguntas de la 22–25 se refieren a las siguientes definiciones de normas y de creencias políticas.

El aislacionismo: una política nacional para evitar alianzas políticas con otras naciones

El nacionalismo: un sentido de lealtad hacia los intereses y la cultura de una nación

El socialismo: la creencia de que la propiedad esencial y los servicios deben ser del gobierno y manejados por éste

El pacifismo: la creencia de que las naciones deben resolver pacíficamente sus disputas

El regionalismo: una división política entre dos regiones

22. Lea la cita siguiente e identifique el término que mejor la describe.

"Esta nación entera de ciento treinta millones de hombres libres, mujeres y niños se está convirtiendo en una gran fuerza de lucha. Algunos de nosotros somos soldados o marineros; algunos de nosotros somos civiles. . . Pocos de nosotros hemos sido condecorados con medallas por hazañas heroicas; pero todos nosotros podemos tener esa satisfacción interna, permanente y profunda que viene de realizar lo mejor que sabemos hacer—cada uno de nosotros está jugando una parte honorable en la gran lucha para salvar nuestra civilización democrática."

—*Franklin D. Roosevelt en un discurso de radio,*
12 de octubre de 1942

Fuente: HistoryCentral.com.

a. el aislacionismo
b. el nacionalismo
c. el socialismo
d. el pacifismo
e. el regionalismo

23. Lea la cita e identifique el término que mejor la describa.

"Los . . . partidos solemnemente declaran en nombre de sus respectivas personas que ellos condenan el recurrir a la guerra para solucionar las controversias internacionales, y renuncian a ella como un instrumento de política nacional en sus relaciones mutuas."

—*Pacto Kellog-Briand, Artículo I, 1928*

a. el aislacionismo
b. el nacionalismo
c. el socialismo
d. el pacifismo
e. el regionalismo

24. Lea la cita e identifique cuál término es el que mejor la describe.

"Nuestra gran regla de conducta con respecto a las naciones extranjeras está en la ampliación de nuestras relaciones comerciales, para tener con ellos tan poca conexión política como sea posible. Hasta ahora, como ya hemos formado compromisos, dejemos que se realicen con perfecta buena fe."

—*Presidente George Washington,*
Discurso de Despedida, 1796

a. el aislacionismo
b. el nacionalismo
c. el socialismo
d. el pacifismo
e. el regionalismo

25. Lea la cita siguiente e identifique el término que mejor la describe.

"Los Estados libres solos, si debemos continuar solos, formarán una nación gloriosa. Veinte millones en la zona templada, extendiéndose del Atlántico al Pacífico, llenos de vigor, industria, genio inventivo, educación y moral; aumentando rápidamente debido a la inmigración, y sobre todo, libres—todos libres—formarán una confederación de veinte Estados apenas inferior en poder real a la desafortunada Unión de treinta y tres estados que tuvimos el primero de noviembre."

—*Rutherford Birchard Hayes, 4 de enero de 1861*

a. el aislacionismo
b. el nacionalismo
c. el socialismo
d. el pacifismo
e. el regionalismo

Las preguntas de la 26–29 se refieren al mapa siguiente:

Husos horarios en los Estados Unidos continental

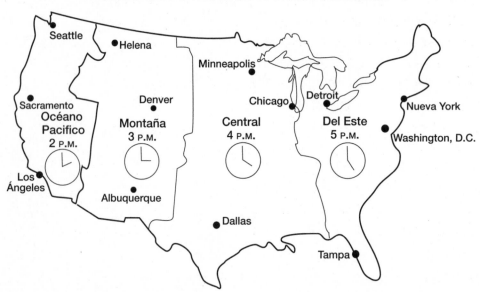

La tierra es dividida en 24 husos horarios. La tierra gira 15 grados en una hora, así que cada huso horario es igual a 15 grados de longitud. El mapa ilustra los cuatros husos horarios a traves de los Estados Unidos continental.

26. Según el mapa, ¿qué hora es en Dallas cuando es mediodía en Sacramento?
 a. 2:00 P.M.
 b. 3:00 P.M.
 c. 2:00 A.M.
 d. 1:00 A.M.
 e. 11:00 P.M.

27. ¿Qué hora es en Sacramento, CA, cuando es medianoche en Tampa, FL?
 a. 1:00 A.M.
 b. 12:00 P.M.
 c. 9:00 A.M.
 d. 9:00 P.M.
 e. 10:00 P.M.

28. A medida que una viajera se mueve hacia el oeste, puede esperar
 a. cambio de huso horario.
 b. desplazarse hacia un huso horario anterior por cada 15 grados de latitud que viaje.
 c. experimentar el desfase horario o jet lag
 d. desplazarse hacia un huso horario anterior por cada 15 grados de longitud que viaje.
 e. desplazarse hacia un huso horario posterior por cada 15 grados de latitud que viaje.

29. Durante las elecciones presidenciales, los lugares de votación típicamente cierran a eso de las 8 P.M. (hora local). Durante las elecciones pasadas, las cadenas de televisión hicieron predicciones sobre quién era el candidato con más probabilidad de ganar tan pronto como las urnas se cerraron en la Costa Este. ¿Cuál de los enunciados siguientes explica por qué esto enojaría a algunos votantes?
 a. Las urnas se cierran más tarde en Nueva York que en Chicago.
 b. Los votantes del Huso del Centro quieren saber quién ganó en los estados del Este antes de que decidan sus votaciones.
 c. Las urnas del Huso del Pacífico deberían abrirse antes si los votantes quieren que sus votos cuenten.
 d. Incluso si la elección presidencial se decide temprano, la gente todavía debería salir a votar en sus elecciones locales.
 e. Las predicciones basadas en la votación del Huso del Este pueden tener influencia sobre los que todavía no han votado en el Huso del Pacífico.

Para ciudadanos de los Estados Unidos

Este formulario se puede utilizar para:	Espacio para uso exclusivo de la oficina.
■ inscribirse para votar	
■ informar del cambio de nombre o de domicilio	
■ inscribirse en un partido	

Sírvase escribir en letras de molde con tinta azul o negra

1 | Sr. Sra. Srta. | Apellido | Nombre de pila | Segundo nombre de pila | (SI lo tiene) Jr Sr II III IV

2 | Domicilio (consulte las instrucciones) — Calle (o carretera y Nº de apartado de correos) | Nº de Apart. o Parcela | Ciudad | Estado | Distrito postal

3 | Dirección donde recibe la correspondencia, si es distinta que la indicada arriba para el domicilio (consulte las instrucciones) | Ciudad | Estado | Distrito postal

4 | Fecha de nacimiento ___/___/___ Mes Día Año | **5** | Nº de teléfono (opcional) | **6** | Nº de identidad (consulte el punto 6 de las instrucciones correspondientes a su estado)

7 | Elección de partido (consulte el punto 7 de las instrucciones correspondientes a su estado) | **8** | Raza o grupo étnico (consulte el punto 8 de las instrucciones correspondientes a su estado)

9 | Juro/afirmo que:
■ Soy ciudadano de los Estados Unidos
■ Reúno las condiciones impuestas por mi estado y presto cualquier juramento requerido.

(Consulte el punto 9 de las instrucciones correspondientes a su estado antes de firmar.)

■ La información que he facilitado es verídica a mi mejor saber y entender bajo pena de perjurio. Facilitar información falsa me puede exponer a una multa o a encarcelamiento o a ambas penas con arreglo a las leyes estatales o federales.

Firme con su nombre completo (o ponga una marca) ↓

Fecha: ___/___/___ Mes Día Año

10 | Si el solicitante no puede firmar, indíquese aquí el nombre, la dirección y el número de teléfono (el número de teléfono es opcional) de la persona que le ha ayudado a llenar esta solicitud.

Dóblese por esta línea

Si esta solicitud se presenta para informar de su **cambio de nombre**, sírvase indicar cuál era su nombre antes de cambiarlo.

A | Sr. Sra. Srta. | Apellido | Nombre de pila | Segundo nombre de pila | (SI lo tiene) Jr Sr II III IV

Si ha estado inscrito anteriormente, pero esta es la primera vez que se inscribe de la dirección indicada en la Casilla 2, indique aquí cuál era la dirección donde estaba inscrito anteriormente.

B | Calle (o carretera y Nº de apartado de correos) | Nº de Apart. o Parcela | Ciudad | Estado | Distrito postal

Si reside en una zona rural, pero no tiene número de calle, o si no tiene dirección, sírvase indicar en el mapa el lugar donde reside.

C | ■ Escriba los nombres de los cruces, o las calles más cercanas al lugar en que reside.
■ Marque con una **X** el lugar donde reside.
■ Marque con un punto toda escuela, iglesia, tienda u otra marca identificable cerca del lugar donde reside e indique el nombre de dicha marca.

NORTE ↑

Ejemplo
Route #2
Tienda de abarrotes
Woodchuck Road
Escuela pública   X

1. Escriba la dirección al dorso de esta solicitud (vea la dirección en la sección correspondiente a su estado).
2. Retire la tira plástica de la parte inferior.
3. Doble el formulario por el centro y séllelo por la parte superior.
4. Ponga un sello de correos de primera clase y deposite la solicitud en un buzón de correos.

Las preguntas 30–31 se refieren al formulario en la página 606.

30. ¿Cuál de los siguientes NO es el propósito de este formulario?

    a. notificar al gobierno que usted ha cambiado de nombre

    b. inscribirse en un partido político

    c. solicitar la ciudadanía norteamericana

    d. registrarse para votar en la próxima elección local

    e. indicar que usted se ha mudado y votará en otro distrito

31. ¿Cual de los siguientes expresa un HECHO más que una opinión?

    a. Los estados tienen diferentes requisitos sobre quién es elegible para votar.

    b. La edad para votar debería cambiarse de 18 a 21 años de edad.

    c. Cada estado debería instituir un programa de "motor-votante" mediante el cual la gente podrá registrarse para votar cuando se registre un vehículo motorizado.

    d. El gobierno debería permitirles a los no ciudadanos que voten.

    e. El votar debería considerarse como un privilegio y no como un derecho.

Las preguntas 32–33 están basadas en la tabla siguiente:

Consumidor índice de Precio (CPI)—Todos los consumidores urbanos

AÑO	CPI ANUAL	TASA DE INFLACIÓN ANUAL
1920	20.0	15.6
1930	17.5	−2.3
1940	14.0	0.7
1950	24.1	1.3
1960	29.6	1.7
1970	38.8	5.7
1980	82.4	13.5
1990	130.7	5.4
2000	172.2	3.4

El Índice de Precios de Consumo (IPC o CPI por sus siglas en inglés) mide los cambios en el costo de la vivienda mediante la comparación de las mercancías y de los servicios comunes como el alimento, la ropa, la renta y la gasolina, entre otros. Esta tabla se vale de los años 1982–1984 como un período de base (1982–1984 = 100). Un artículo que cuesta $100 en el período de base costaría la cantidad indicada en la columna IPC o CPI de ese año.

Fuente: Departamento del Trabajo de los E.U., Oficina de Estadísticas Laborales.

32. El índice de inflación llegó a su punto álgido en 1920 después de la Primera Guerra Mundial. ¿Qué otro período de tiempo fue marcado por un alto índice de inflación?

- **a.** los años que siguieron inmediatamente a la caída del mercado de valores de 1929
- **b.** el año siguiente a la crisis del petróleo de 1979
- **c.** la recesión de 1990
- **d.** los años precedentes a la entrada de E.U. en la Segunda Guerra Mundial
- **e.** el período de posguerra de la Segunda Guerra Mundial

33. Según la información dada, ¿cuál es la década que experimentó una disminución en el costo de vida?

- **a.** 1930–1940
- **b.** 1940–1950
- **c.** 1950–1960
- **d.** 1970–1980
- **e.** 1990–2000

La pregunta 34 está basada en el pasaje siguiente:

La Primera Enmienda de la Constitución de los Estados Unidos establece lo siguiente: "El Congreso no hará ley alguna con respeto a la adopción de una religión o a la prohibición del libre ejercicio de dichas actividades; o que coarte la libertad de expresión o de la prensa; o el derecho del pueblo para reunirse pacíficamente y para solicitar al Gobierno la reparación de agravios."

34. ¿Cuál de las siguientes situaciones NO protege la Primera Enmienda?

- **a.** Una editorial del *New York Times* critica la política exterior del gobierno.
- **b.** Un grupo neo-Nazi solicita un permiso y organiza un mitin en una plaza pública.
- **c.** Un criminal amenaza con matar a su víctima si la víctima no cede su cartera.
- **d.** Un grupo se reúne en una capilla para venerar.
- **e.** Los estudiantes protestan por el recorte del presupuesto federal para la educación.

Las preguntas 35–36 se refieren al párrafo siguiente:

Desde el siglo 2000 a.C. hasta el siglo XX, una sucesión de dinastías reinó en China. La palabra China proviene de la Dinastía Ch'in (221–206 a.C.), la cual primero unificó al país mediante la conquista de los beligerantes señores feudales terratenientes. King Cheng se nombró a sí mismo Shih Huang-ti, o primer emperador, y consolidó su imperio aboliendo el reinado feudal, creando una monarquía centralizada, estableciendo un sistema de leyes y un lenguaje escrito común, y construyendo caminos y canales hacia la capital. Los académicos especulan que la construcción de la Gran Muralla o chang cheng (muralla larga) comenzó durante la Dinastía Ch'in para proteger a las fronteras del Norte de los invasores. Shih Huang-ti reinó con poder absoluto, imponiendo leyes estrictas e impuestos cuantiosos y prodigando castigos severos. También tiene reputación por haber quemado libros sobre los asuntos que no consideraba útiles. Shih Huang-ti se murió en el 210 a.C. Su hijo le sucedió, pero los campesinos y los nobles anteriores se sublevaron y derrocaron a la dinastía. La Dinastía Han la reemplazó para reinar en China hasta el 220 a.C.

35. ¿Cuál de las siguientes NO fue una contribución de la Dinastía Ch'in?
  a. unificación del territorio
  b. aristocracia feudal
  c. construcción de caminos
  d. escritura estandarizada
  e. regulaciones y penalidades

36. ¿A cuál de las conclusiones siguientes puede usted llegar si se basa en el pasaje?
  a. La Dinastía Ch'in disfrutó de un reinado largo y estable.
  b. Mediante la abolición del feudalismo, Ch'in Shih Huang-ti promocionó la democracia en China.
  c. La Dinastía Ch'in era popular entre los campesinos y los nobles desplazados.
  d. La desunión y el desorden marcaron a la Dinastía Ch'in.
  e. La Dinastía Ch'in tuvo una gran influencia duradera.

37. ¿Cuál de las siguientes es la explicación más razonable para la escasez de un producto?
  a. Los consumidores encontraron demasiado caro el producto.
  b. Los productores sobrestimaron la demanda del producto.
  c. Los productores subestimaron la demanda del producto.
  d. Una compañía rival produjo una versión más barata del producto.
  e. El producto tiene muy pocos usos.

Las preguntas 38–39 se basan en el extracto siguiente:

A partir de 1958. . . las sedes locales de la NAACP (Asociación Nacional para el Desarrollo de Gente de Color) organizaron sentadas donde los afroamericanos, muchos de ellos estudiantes universitarios, tomaron asientos y exigieron servicio en las barras de almuerzo destinadas solamente a los blancos. Fueron, sin embargo, las demostraciones sentadas en la tienda Woolworth en Greensboro, Carolina del Norte, a partir del primero de febrero de 1960, lo que llamó la atención nacional y suscitó otras sentadas y demostraciones en el Sur. Uno de los cuatro estudiantes en la primera sentada de Greensboro, Joe MacNeil, posteriormente narró su experiencia: ". . . nos sentamos en la barra del almuerzo donde nunca antes se habían sentado los negros. Y la gente comenzó a mirarnos. Los empleados, muchos de los cuales eran negros, también nos miraron con incredulidad. Estaban preocupados por nuestra seguridad. Pedimos servicio, y nos lo negaron y esperábamos que nos lo negaran. Les preguntamos por qué no podían servirnos; obviamente no nos dieron una respuesta razonable. Fue nuestra intención el sentarnos ahí hasta que se decidieran a darnos servicio."

Fuente: www.congresslink.org y Henry Hampton y Steve Fayer (eds.), *Voces de Libertad: Una Historia Oral del Movimiento de los Derechos Civiles desde la década de 1950 hasta la década de 1980*, Libro de Pasta Blanda Vintage, 1995.

38. El escritor no ha afirmado directamente, pero apoyaría, ¿cuál de los enunciados siguientes?

    a. Sin la sentada en Greensboro, NC, el movimiento de los derechos civiles nunca hubiera comenzado

    b. Woolworth's servía almuerzos económicos

    c. Las sedes locales de la NAACP estaban causando líos y molestando a los ciudadanos.

    d. Nadie se sorprendió cuando los estudiantes universitarios negros se sentaron en la barra del almuerzo destinada a los blancos.

    e. Los estudiantes universitarios demostraron valor cuando participaron en la sentada de Greensboro.

39. ¿Cuál fue el propósito del autor al incluir la cita de Joe McNeil?

    a. demostrar que la gente joven es la más proclive a presionar por un cambio social

    b. demostrar que todos tienen un punto de vista diferente

    c. dar una narración de primera mano sobre lo que se ha llegado a ser un evento histórico

    d. descartar la importancia del movimiento de derechos civiles

    e. demostrar que los estudiantes universitarios no pretendían causar un revuelo

Las preguntas 40–41 se basa en la gráfica y el pasaje que siguen.

De los 250 millones de niños obreros en el mundo, 186 millones tienen menos de cinco años y 170 millones hacen trabajos peligrosos. La mayoría de los niños trabajadores de regiones rurales trabajan en la agricultura, mientras que los niños de regiones urbanas trabajan en el comercio y en los servicios, con un porcentaje más bajo que trabaja en la fabricación, la construcción y el servicio doméstico.

Fuente: Datos de la Organización Internacional del Trabajo (OIL o ILO por sus siglas en inglés), www.ilo.org.

40. Según la gráfica y el pasaje, ¿dónde serían más efectivas las reformas al trabajo de menores de edad?

    a. en Europa

    b. en las regiones rurales

    c. en el mundo en vías de desarrollo

    d. en las regiones donde se emplean niños para trabajar en minas

    e. en Latinoamérica

41. ¿A qué conclusión se puede llegar usando los detalles provistos en el cuadro?

    a. Ochenta millones de niños africanos trabajan.

    b. El trabajo de menores de edad es un problema mundial.

    c. El problema del trabajo de menores de edad ha crecido substancialmente en las últimas décadas.

    d. Si los niños trabajan, es muy probable que no vayan a la escuela

    e. La mayoría de los niños trabajadores viven en Asia.

Niños obreros en el mundo

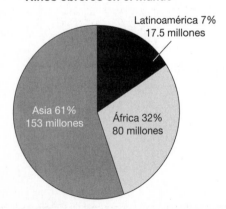

Latinoamérica 7%
17.5 millones

Asia 61%
153 millones

África 32%
80 millones

La pregunta 42 se refiere al cuadro siguiente:

Las diez ocupaciones de crecimiento más rápido, 2000–2010

OCUPACIÓN	CRECIMIENTO PROYECTADO	FILA DE INGRESOS	EDUCACIÓN Y FORMACIÓN
ingenieros de software, aplicaciones	100	1	licenciatura
especialistas de apoyo de computadora	97	2	el grado del socio
ingenieros de software, software de sistemas	90	1	licenciatura
conecte a la red y administradores de sistemas de computadora	82	1	licenciatura
sistemas de red y analistas de comunicaciones de datos	77	1	licenciatura
editores de escritorio	67	2	certificado profesional universitario
administradores de base de datos	66	1	licenciatura
ayudantes de cuidado personales y de casa	62	4	formación en el trabajo a corto plazo
analistas de sistemas de computadora	60	1	licenciatura
ayudantes médicos	57	3	formación en el trabajo moderada

Categorías de clasificación de ingresos
1 = muy alto ($39,700 y arriba)
2 = alto ($25,760 a $39,660)
3 = bajo ($18,500 a $25,760)
4 = muy bajo (hasta $18,490)

Fuente: Departamento del Trabajo de los E.U., Oficina de Estadísticas Laborales

42. ¿Cuál de los enunciados siguientes es apoyado por la información presentada?

a. El número más grande de trabajos en los Estados Unidos estará relacionado con computadoras en la década de 2000–2010.

b. Los trabajos relacionados con computadoras son los mejores pagados de la nación.

c. Entre los diez trabajos que más rápido están creciendo, los peor pagados son los de asistentes médicos.

d. Los ingenieros de software de computadoras podrán escoger entre una mayoría de trabajos de cualquier campo.

e. Entre los diez trabajos que más rápido están creciendo, el de mejor paga requiere la más educación.

Las preguntas 43–44 se basa en el grabado siguiente:

Paul Revere creó y vendió su grabado que representa la "Masacre de Boston," un encuentro prerrevolucionario entre las tropas británicas y los colonos norteamericanos, donde cinco colonos fueron asesinados.
Fuente: HistoryCentral.com

43. ¿Cuál de los mensajes siguientes querría expresar Paul Revere en su grabado?

  a. Los colonos norteamericanos no deberían protestar en presencia de las tropas británicas en Boston.

  b. Las tropas británicas se estaban defendiendo a sí mismas contra las pandillas alborotadoras de los colonos.

  c. Las tropas británicas asesinaron salvajemente a los ciudadanos desarmados.

  d. Los norteamericanos deberían pagar con gusto los impuestos británicos sobre las importaciones de vidrio, de papel, de pintura y de té.

  e. Las tropas británicas usaron solamente la fuerza necesaria para lidiar con la multitud que se amotinaba.

44. ¿Qué puede usted concluir del propósito de Revere para crear y vender el grabado?

  a. obtener una ganancia muy buena para sí mismo

  b. calmar el espíritu rebelde de los ciudadanos de Boston

  c. crear apoyo para el imperio británico

  d. representar ambos lados del evento

  e. avivar la causa revolucionaria

Las preguntas 45–46 están basadas en las citas siguientes:

"Debemos desaprobar tan fácilmente al viento este, o a la escarcha, como a un partido político, cuyos miembros, en su mayor parte, no puedan dar cuenta de su posición, pero se mantienen en defensa [sic] de aquellos intereses en los que ellos mismos se encuentran."
—Ralph Waldo Emerson (1803–1882), ensayista norteamericano

"Un partido de orden y de estabilidad, y un partido de progreso o de reforma son ambos elementos necesarios de un estado saludable de la vida política."
—John Stuart Mill (1806–1873), filósofo británico

45. ¿Cuál de los sistemas siguientes de partido apoyaría Emerson?

  a. uno donde los ciudadanos sean leales a su partido político a toda costa

  b. un sistema de un solo partido

  c. un sistema con un partido liberal que abogue por el cambio y un partido conservador que mantenga la tradición

  d. uno donde los ciudadanos sean independientes y piensen por sí mismos

  e. un sistema de partidos múltiples

46. ¿Cuál de los sistemas siguientes apoyaría Mill?

a. uno donde los ciudadanos sean leales a su partido político cueste lo que cueste

b. un sistema de un solo partido

c. un sistema con un partido liberal que abogue por el cambio y un partido conservador que mantenga la tradición

d. uno donde los ciudadanos sean independientes y piensen por sí mismos

e. un sistema de partidos múltiples

La pregunta 47 está basada en el pasaje siguiente:

Al impresor alemán Johannes Gutenberg con frecuencia se le da crédito por la invención de la primera prensa de impresión de tipos movibles. Él usó su tipo de vaciado de molde para imprimir *la Biblia Gutenberg* en 1455. Aunque su invención influenció grandemente la imprenta en Europa, ya se habían usado (tecnologías parecidas) antes en China y Corea. Los impresores chinos usaron grabados de bloques móviles y tipos hechos de arcilla a principios del año 1040, y los impresores coreanos inventaron el tipo móvil de cobre hacia de 1392.

47. ¿Cuál es el propósito del párrafo?

a. elogiar los adelantos de la tecnología de impresión

b. conectar los adelantos iniciales de la imprenta con los adelantos tecnológicos de hoy en día

c. demostrar que los adelantos tecnológicos pueden desarrollarse en diferentes regiones geográficas a lo largo del tiempo

d. darle crédito a Gutenberg por la primera prensa de impresión de tipos móviles

e. demostrar cómo el invento de Gutenberg hizo a los materiales impresos disponibles más ampliamente

48. El desempleo cíclico es la pérdida de trabajo causada por una recesión o por fluctuaciones en la economía. ¿Cuál de los siguientes es un ejemplo de desempleo cíclico?

a. trabajadores de la construcción en el noreste que se quedan sin trabajo durante los meses de invierno

b. trabajadores de la agricultura que están desempleados durante las temporadas sin cosechas

c. empleados que dejan sus trabajos porque se sienten insatisfechos

d. trabajadores de aerolíneas despedidos debido a que los malos tiempos económicos han desalentado a la gente a viajar

e. comerciantes que pierden su trabajo a causa de las máquinas que llevan a cabo sus tareas más rápidamente y por menos dinero

49. En 1878, la Standard Oil Company, cuyo dueño era John D. Rockefeller, había comprado casi a la mayoría de sus rivales de negocios y controlado el 90% de las refinerías de petróleo de los Estados Unidos. ¿Cuál de los siguientes fue un efecto probable de las prácticas de negocios de la Standard Oil?

a. La compañía les establecía límites a sus precios.

b. La compañía aumentó los precios del petróleo.

c. La competencia floreció en el mercado del petróleo.

d. La Standard Oil aumentó sus esfuerzos para atraer a los consumidores necesitados.

e. El gobierno federal ofreció un subsidio para hacer que la compañía fuera más competitiva en el extranjero.

La pregunta 50 se basa en la gráfica siguiente:

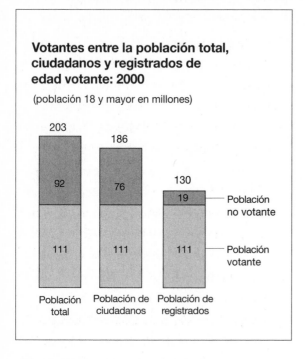

Votantes entre la población total, ciudadanos y registrados de edad votante: 2000

(población 18 y mayor en millones)

Población no votante

Población votante

Población total | Población de ciudadanos | Población de registrados

50. Según la gráfica, ¿cuántos ciudadanos aptos de E.U. NO están registrados para votar?

a. 19 millones

b. 56 millones

c. 76 millones

d. 92 millones

e. 130 millones

► Respuestas

1. b. Las mujeres en la fotografía sostienen pósters con la pregunta, "SR. PRESIDENTE, ¿CUÁNTO TIEMPO DEBEN ESPERAR LAS MUJERES POR LA LIBERTAD?" Su protesta se dirige al Presidente Wilson.

2. b. Al representar a mujeres que forman piquetes fuera de las rejas altas de la Casa Blanca, el fotógrafo está haciendo una afirmación visual que coincide con la opción **b.**

3. d. La primera gráfica muestra el punto más alto del índice de crecimiento de población entre 1962 y 1963.

4. a. El índice de crecimiento de población se incrementa cuando la proporción de natalidad en relación a la proporción de mortalidad aumenta.

5. e. Usando las dos gráficas, usted puede comparar el índice de crecimiento de la población con el crecimiento de la población. El índice de crecimiento está disminuyendo, mientras que la población está aumentando. Ninguno de los otros enunciados es apoyado por las gráficas. La opción **d** puede parecer correcta; sin embargo, la gráfica sólo proporciona información para los años comprendidos entre 1950 y 2050. Por lo tanto, es imposible sacar conclusiones sobre "el punto más bajo" del índice de crecimiento de la población mundial.

6. d. Debido a que la razón más común para no votar es "demasiado ocupado," es razonable concluir que la reprogramación del día de elecciones al día en el cual mucha gente no trabaja puede mejorar el índice de votación. Las opciones **b** y **c** pueden ser también útiles para aumentar ligeramente el número de votantes, pero menos gente menciona como problemas el olvido o la transportación como razones para no votar. Por consiguiente, estas respuestas no serían tan efectivas como la opción **d**.

7. b. La opción **b** se sugiere en el pasaje. Debido a que el presidente no puede rechazar artículos únicos dentro de un proyecto de ley, debe aceptarlos si quiere que las disposiciones de las cuales está a favor se conviertan en ley.

8. a. Debido a que el Congreso preferiría escribir de nuevo un proyecto de ley antes de tratar de anular el veto, usted puede concluir que es más fácil hacerlo así. Las opciones c y **d** no son verdaderas, y la opción **e** no se discute en el pasaje.

9. e. Al declarar la guerra a Alemania, los Estados Unidos se unieron a las fuerzas contra los Poderes Centrales o sea con los Poderes de la Alianza, los cuales incluían a Rusia e Italia.

10. d. Debido a que Wilson alió a los Estados Unidos a las fuerzas contra los Poderes Centrales, usted puede inferir que los Poderes Centrales no eran democracias. Solamente la opción **d** nombra a los Poderes Centrales.

11. c. Según el mapa, el 36% de los esclavos fueron al Caribe y el 35% fueron al Brasil, mucho más que otros destinos en las Américas.

12. c. La opción **c** es suficientemente general para abarcar las ideas principales del pasaje. Cada una de las respuestas incorrectas son demasiado generales (opciones **b** y **d**) o demasiado específicas (opciones **a** y **e**).

13. a. La concesión británica a las demandas de Gandhi demuestra que el uso de la protesta no violenta era una herramienta política efectiva. La opción **c** es un detalle del pasaje, no una conclusión que se puede sacar del pasaje; las opciones **b** y **e** no son verdaderas; y la opción **d** no es apoyada por el pasaje.

14. e. Lincoln afirmó que los esclavos liberados debían "abstenerse (rehusar) de toda violencia a menos que fuera necesaria como defensa propia." Lo más probable es que no quisiera que los esclavos libres comenzaran rebeliones en aquellas regiones donde los estados leales a la Unión todavía retenían esclavos.

15. b. El valor básico expresado por la proclamación es la libertad para la gente esclavizada. Aunque tenía sus limitaciones—liberó solamente a los esclavos en los estados que se habían separado—la proclamación marcó un cambio en la política de Lincoln. La esclavitud se abolió totalmente en 1865 con la Treceava Enmienda. Los líderes de la Confederación a favor de la esclavitud tenían la mayor razón para sentir aversión hacia la proclamación. Temían que causaría rebeliones.

16. c. Lincoln no quería levantar una orden para abolir la esclavitud en toda la nación debido a su lealtad hacia los cuatro estados de la frontera con posesión de esclavos que se mantuvieron con la Unión.

17. c. Usted puede concluir con el mapa que la estrategia de la campaña de Kerry se enfocó en los estados con poblaciones grandes que iban ganando y un gran número de votos electorales como California, Illinois, Nueva York, Pensilvania y Michigan.

18. d. Si Kerry hubiera ganado los 3 votos electorales de Dakota del Sur, el total del voto electoral final hubiera sido Bush 283, Kerry 255. Por eso, el que Kerry hubiera ganado en Dakota del Sur no hubiera sido suficiente para cambiar los resultados de la elección. Por el contrario, si Kerry hubiera ganado en la Florida (opción **c**), el voto final electoral hubiera sido Kerry 279, Bush 259. (No se olvide de sumar los 27 votos de la Florida al total de Kerry y de restar los 27 votos de la Florida al total del Bush.)

19. d. El mapa destaca las diferencias regionales en la elección presidencial de 2000. Bush claramente era más popular en el Sur y en los estados montañosos; Kerry era claramente más popular en el Noreste y en la costa del Pacífico. El mapa no proporciona ninguna información para apoyar cualquiera de los otros enunciados.

20. a. Los países con los cuales los Estados Unidos comercia más—el Canadá y México—también son vecinos geográficos. El cuadro no proporciona información para apoyar las conclusiones sobre el tamaño de los socios comerciales de los E.U. (opción **c**), la densidad de población (opción **d**), o el PNB o GNP (por sus siglas en inglés) de los socios comerciales (opción **e**).

21. d. La mayoría de los países enumerados como los socios principales de comercio de los Estados Unidos son naciones desarrolladas e industrializadas. El cuadro no proporciona información sobre el cambio de importaciones y de exportaciones a lo largo del tiempo; entonces la opción **a** no puede ser correcta. Las opciones **b** y **e** tampoco son apoyadas por la información en el cuadro; la opción **c** no es verdadera.

22. b. El propósito del discurso de Roosevelt era inspirar el espíritu del nacionalismo durante la Segunda Guerra Mundial.

23. d. Firmado por los Estados Unidos y 15 otras naciones, *el Pacto Kellog-Briand de 1928* trató de promover el pacifismo. Sin embargo, como no había manera de hacer cumplir el pacto, no fue efectivo.

24. a. Washington aboga por evitar los apegos políticos con otras naciones, lo cual es un punto de vista aislacionista.

25. e. Este comentario demuestra la división política entre el Norte y el Sur antes del estallido de la Guerra Civil.

26. a. Dallas se encuentra en el Huso del Centro, dos horas antes de Sacramento, situado en el Huse del Pacífico.

27. d. Sacramento se encuentra en el Huso del Pacífico, el cual está tres horas después de Tampa, situado en el Huse del éste.

28. b. Como se ilustra en el mapa, un viajero puede desplazarse hacia un huso horario anterior, a medida que él o ella se mueve hacia el oeste. Según el pie de foto, cada huso horario "equivale a 15 grados de longitud."

29. e. Algunos votantes en el Huso del Pacífico todavía no habían decidido sus votos cuando las urnas se cerraron en el Este. Los críticos piensan que el hacer predicciones adelantadas pueden afectar las elecciones en este huso horario.

30. c. Usted no puede usar este formulario para solicitar la ciudadanía norteamericana. Los usos del formulario aparecen en la parte superior de la esquina izquierda.

31. a. La información en el formulario de registro de votantes proporciona pruebas de que la opción **a** es un enunciado de hecho. La inclusión de la palabra "debería" en cada una de las opciones incorrectas de respuesta es un indicador fuerte de que estas opciones representan opiniones más que hechos.

32. b. El segundo índice más alto de inflación indicado en el cuadro es de 13.5% en 1980, el año que sigue a la crisis del petróleo de 1979.

33. a. La IPC o CPI (por sus siglas en inglés) disminuyó de 17.5 en 1930 a 14 en 1940.

34. c. La Primera Enmienda protege el discurso político y religioso. No le da a nadie el derecho de amenazar a otra persona.

35. b. Ch'in Shih Huang-ti abolió la aristocracia del feudalismo en vez de nombrar a oficiales para que llevaran a cabo sus reglas en todas las provincias de China.

36. e. La Dinastía Ch'in introdujo un gobierno centralizado administrado por una monarquía—una forma de gobierno que permaneció en China hasta 1911, cuando los revolucionarios derrocaron a la última dinastía. Sin embargo, la Dinastía Ch'in subsistió por sí misma solamente 16 años; pues no se puede describir como "largo y estable" (opción **a**).

37. c. Si el producto fuera demasiado caro, producido en exceso, y con pocos usos, sería probable que hubiera un excedente más que una escasez.

38. e. Aunque el autor no establece que los estudiantes universitarios fueran valientes, la narración de primera mano demuestra que los empleados afroamericanos del Woolworth "estaban preocupados" por la seguridad de los estudiantes. Esto implica que los estudiantes no podían estar seguros de las consecuencias que podrían enfrentar.

39. c. El autor usa la narración de Joe McNeil para dar una descripción de primera mano de lo que significaba formar parte de un evento significativo como el movimiento de los derechos civiles.

40. c. La mayor parte del trabajo de menores de edad se lleva a cabo en el mundo en vías de desarrollo, del cual África, Asia y Latinoamérica forman parte. Usted puede teorizar que la mayoría de las medidas efectivas de reforma se dirigirían a las regiones donde viven la mayoría de los niños que trabajan.

41. b. Las opciones **a** y **e** son hechos directamente establecidos en la gráfica; no son conclusiones obtenidas basadas en un análisis de los hechos. Las opciones **c** y **d** no son apoyadas por la información dada. La opción b es una conclusión válida.

42. e. La opción **e** es la única que no es apoyada por detalles del cuadro. Aunque el cuadro ofrece un índice de crecimiento de ocupaciones, no da la cifra general de trabajos disponibles.

43. c. Al representar a las tropas británicas que disparaban contra una multitud no protegida, lo más probable es que Revere quisiera mostrarlos como asesinos salvajes.

44. e. Lo más probable es que Revere creara y distribuyera esta imagen poderosa para incitar más a los colonos norteamericanos contra los británicos.

45. d. Emerson representa a los miembros leales del partido como seguidores que no podían defender las posiciones de su propio partido. Lo más probable es que Emerson eligiera un sistema que alentara el pensamiento individual.

46. c. Mill cree que un sistema saludable necesita partidos políticos con los objetivos opuestos de cambio y orden.

DISCARD

47. c. Aunque se le dio crédito a Gutenberg por la invención del tipo móvil, otros en diferentes partes del mundo en diferentes períodos de tiempo han usado una técnica parecida. Esto no disminuye el gran efecto que tuvo la invención de Gutenberg en la cultura europea.

48. d. Los empleados que fueron despedidos por efectos de una recesión constituyen un ejemplo de desempleo cíclico.

49. b. La opción **b** es el efecto más probable. Al eliminar a sus competidores, la Standard Oil controló la mayor parte de la producción de petróleo y pudo subir artificialmente los precios.

50. b. Reste la población registrada (130 millones) de la población ciudadana (186 millones). Cincuenta y seis millones de ciudadanos no están registrados para votar.